机动车维修技术人员
从业资格培训考试丛书

电器维修技术培训考试教材（模块A&E）

模块A：职业道德和法律法规

模块E：电器维修技术(含操作技能)

机动车维修技术人员从业资格培训考试丛书编委会 ◎编

人民交通出版社
China Communications Press

内 容 提 要

本书为《机动车维修技术人员从业资格培训考试丛书》之一，主要依据《机动车维修技术人员从业资格培训技术要求》(JT/T 698—2007)、《中华人民共和国机动车维修技术人员从业资格考试大纲》进行编写。本书主要内容为：模块A：职业道德和法律法规（包括专业知识部分、练习题及模拟试卷），模块E：电器维修技术（包括专业知识部分、操作技能部分、练习题及模拟试卷），附录1《机动车维修技术人员从业资格培训技术要求》(JT/T 698—2007)和附录2《中华人民共和国机动车维修技术人员从业资格考试大纲》。书中练习题及模拟试卷均给出参考答案。

本书为全国机动车维修技术人员从业资格培训考试用书，也可供其他有关人员学习和参考。

图书在版编目(CIP)数据

电器维修技术培训考试教材/《机动车维修技术人员从业资格培训考试丛书》编委会编. —北京：人民交通出版社，2014.5
(机动车维修技术人员从业资格培训考试丛书)
ISBN 978-7-114-11376-5

Ⅰ.①电… Ⅱ.①机… Ⅲ.①机动车－电气设备－车辆修理－技术培训－教材 Ⅳ.①U472.41

中国版本图书馆CIP数据核字(2014)第074749号

Dianqi Weixiu Jishu Peixun Kaoshi Jiaocai

书　　名： 电器维修技术培训考试教材
著 作 者： 机动车维修技术人员从业资格培训考试丛书编委会
责任编辑： 林宇峰
出版发行： 人民交通出版社
地　　址： (100011)北京市朝阳区安定门外外馆斜街3号
网　　址： http://www.ccpress.com.cn
销售电话： (010)59757973
总 经 销： 人民交通出版社发行部
经　　销： 各地新华书店
印　　刷： 北京盈盛恒通印刷有限公司
开　　本： 787×1092　1/16
印　　张： 24.5
字　　数： 627千
版　　次： 2014年5月　第1版
印　　次： 2014年5月　第1次印刷
书　　号： ISBN 978-7-114-11376-5
印　　数： 0001—3000册
定　　价： 63.00元

机动车维修技术人员从业资格培训考试丛书
编委会

机动车维修技术人员从业资格考试范围

模块 适用人员	模块 A	模块 B	模块 C	模块 D	模块 E	模块 F	模块 G	模块 H
机修人员	★			★				
电器维修人员	★				★			
车身修复人员	★					★		
车身涂装人员	★						★	
车辆技术评估（含检测）人员	★							★
机动车维修技术负责人	★	★		（D、E、F、G 模块必须选考其一）				
机动车维修质量检验员	★		★	（D、E、F、G 模块必须选考其一）				

注：★适用人员必考模块。

模块 A：职业道德和法律法规

模块 B：技术质量管理

模块 C：维修检验技术

模块 D：发动机与底盘检修技术

模块 E：电器维修技术

模块 F：车身修复

模块 G：车身涂装

模块 H：车辆技术评估

前言

FOREWORD

交通运输部颁布实施的《道路运输从业人员管理规定》，规定了机动车维修技术负责人、质量检验员、机修人员、电器维修人员、钣金(车身修复)人员、涂漆(车身涂装)人员、车辆技术评估(含检测)人员实行从业资格考试制度。《中华人民共和国机动车维修技术人员从业资格考试大纲》明确了考试内容、合格标准及考试范围。机动车维修技术人员从业资格考试制度的实施，对于加强我国机动车维修技术人员从业资格管理、提高机动车维修技术人员素质和车辆维修质量具有十分重要的意义。

为了配合交通运输部机动车维修技术人员从业资格考试，帮助广大应考人员系统地学习相关知识，在较短时间内掌握考试内容，顺利地通过考试，我们按照《机动车维修技术人员从业资格培训技术要求》(JT/T 698—2007)、《中华人民共和国机动车维修技术人员从业资格考试大纲》的要求，组织编写了《机动车维修技术人员从业资格培训考试丛书》。本套丛书共有九册：

1.《技术质量管理培训考试教材》(模块A、B)

模块A:职业道德和法律法规，模块B:技术质量管理。

2.《维修检验技术培训考试教材》(模块A、C)

模块A:职业道德和法律法规，模块C:维修检验技术。

3.《发动机与底盘检修技术培训考试教材》(模块A、D)

模块A:职业道德和法律法规，模块D:发动机与底盘检修技术。

4.《电器维修技术培训考试教材》(模块A、E)

模块A:职业道德和法律法规，模块E:电器维修技术。

5.《车身修复培训考试教材》(模块A、F)

模块A:职业道德和法律法规，模块F:车身修复。

6.《车身涂装培训考试教材》(模块A、G)

模块A:职业道德和法律法规，模块G:车身涂装。

7.《车辆技术评估培训考试教材》(模块A、H)

模块A:职业道德和法律法规，模块H:车辆技术评估。

8.《机动车维修业务接待员培训考试教材》

9.《机动车维修价格结算员培训考试教材》

本套丛书根据现代机动车维修服务的实际需要，按照理论和实践相结合的原则而编写。根据从业人员在职学习的特点，理论部分重点介绍与实际工作紧密相关的基础理论和机动车维修发展的前沿技术；实操部分旨在提高机动车维修技术人员的检测诊断技能及综合分析能力。

《电器维修技术培训考试教材》为《机动车维修技术人员从业资格培训考试丛书》之一，由张萍主编，主要内容为：模块A：职业道德和法律法规（包括专业知识部分、练习题及模拟试卷）、模块E：电器维修技术（包括专业知识部分、操作技能部分、练习题及模拟试卷）、附录1《机动车维修技术人员从业资格培训技术要求》（JT/T 698—2007）和附录2《中华人民共和国机动车维修技术人员从业资格考试大纲》。书中练习题及模拟试卷均给出参考答案。

由于编者水平有限，加之编写时间仓促，书中难免存在疏漏和不妥之处，诚请广大读者批评指正。

机动车维修技术人员从业资格培训考试丛书编委会

2014年1月

目录 CONTENTS

第一篇　模块 A:职业道德和法律法规

第二篇　模块 E:电器维修技术

附　录

第一篇

模块 A：职业道德和法律法规

第一章　专业知识部分

第一节　机动车维修从业人员职业道德

一 机动车维修职业道德

(一)职业和职业道德

1. 职业

职业是社会成员对社会所承担的职责和工作,具有一定的社会责任性。在现实生活中,人们习惯于把每个人在社会中所从事的并作为主要生活来源的工作称之为职业。职业产生于社会分工,并随着生产力的发展,不断产生新的类别。为了规范从业人员的职业行为,确保职业活动的正常进行,必须建立用于调整职业生活中发生的各种关系的职业道德规范。

2. 职业道德

职业道德是所有从业人员在职业活动中应该遵循的行为准则,涵盖了从业人员与服务对象、职业与职工、职业与职业之间的关系。随着现代社会分工的发展和专业化程度的增强,市场竞争日趋激烈,整个社会对从业人员职业观念、职业态度、职业技能、职业纪律和职业作风的要求越来越高。

职业道德不仅是从业人员在职业活动中的行为标准和要求,而且也是本行业对社会所承担的道德责任和义务。

在内容方面,职业道德必须鲜明地表达职业义务、职业责任以及职业行为上的道德准则。由于它是在特定的职业实践基础上形成的,反映的是职业、行业乃至产业特殊利益的要求,因而它往往表现为某一职业特有的道德传统和道德习惯,表现为从事某一职业的人们所特有的道德心理和道德品质。

在表现形式方面,职业道德往往比较具体、灵活、多样。它从本职业的交流活动实际出发,采用制度、守则、公约、承诺、誓言、条例,以及标语口号之类的形式,以便于为从业人员所接受和实行,也有利于形成一种职业的道德习惯。

从调节的范围来看,一方面,职业道德可以用来调节从业人员内部关系,加强职业、行业内部人员的凝聚力;另一方面,也可以用来调节从业人员与其服务对象之间的关系,用来塑造本职业从业人员的形象。

从产生的效果来看,职业道德既能使一定的社会或阶级的道德原则和规范"职业化",又能使个人道德品质"成熟化"。任何一种形式的职业道德,都在不同程度上体现着阶级道德或社会道德的要求。同时,职业道德与各种职业要求和职业生活结合,具有较强的稳定性和连续性,形成从业人员比较稳定的职业心理和职业习惯,以致在很大程度上会改变人们在学校学习阶段和少年生活阶段所形成的品行,影响道德主体的道德风貌。

3. 社会主义职业道德

社会主义职业道德是人类社会崭新的职业道德,它批判地继承了人类社会各个历史时期的优秀成果,与以往建立在私有制基础上的职业道德有着本质的区别。

(1)社会主义职业道德是一种新型职业道德。社会主义职业道德是建立在社会主义经济基础上的、以共产主义道德为指导的新型职业道德。为人民服务是社会主义道德的集中体现,也是“爱岗敬业、诚实守信、办事公道、服务群众、奉献社会”的社会主义职业道德的核心内容。社会主义职业道德的这些特点,不仅从道德领域反映了有中国特色的社会主义制度的优越性,而且成为调整社会主义社会里职业与职业,以及职业内部利益关系的调节器,成为激励从业人员提高职业认识、培养职业感情、锻炼职业意志、树立职业理想、遵守职业纪律,以及做好本职工作的强大精神力量。

(2)社会主义职业道德体现公民权利与义务相统一的精神。在社会主义社会中,无论从事哪一种职业都是为人民服务。各种职业的从业人员处在共同理想指导下建立起来的平等、互助、团结、友爱的关系之中。在社会主义社会里,人人都是服务对象,人人又都为他人服务。这种崭新的职业关系体现了公民权利与义务相统一的精神和“我为人人,人人为我”的原则,因而易于为职工接受和实践,激发履行义务的自觉性,从而有效地发挥职业道德的作用。

(3)社会主义职业道德是整个社会主义道德结构中的一个重要组成部分。社会主义社会一切职业规范的形成,都贯穿着社会主义、共产主义道德的原则和要求。所以,用社会主义职业道德规范约束从业者的职业生活和职业行为,就为人们进行社会主义道德实践活动提供了极大的可能性和现实性。

(二)职业道德的特点、作用和标准

1. 职业道德的特点

(1)适用范围的有限性。每种职业都担负着一种特定的职业责任和职业义务。由于各种职业的职业责任和义务不同,从而形成各自特定的职业道德的具体规范。

(2)发展历史的继承性。职业具有不断发展和世代延续的特征,不仅很多技术世代延续,而且管理方法、经营方式也有一定的历史继承性。因此,职业道德具有发展的历史继承性。

(3)表达形式的多样性。由于规范各种职业的职业道德根据职业不同的特性,要求得比较具体、细致,因此,其表达形式也是多种多样。如行业规范、行为公约、内部规定、章程、制度等形式,有的甚至是口耳相传、约定俗成。

(4)贯彻执行的纪律性。纪律也是一种行为规范,但它是介于法律和道德之间的一种特殊的规范。它既要求人们能自觉遵守,又带有一定的强制性。兼有道德和法律的双重色彩,具有法令的要求。职业道德有时以制度、章程、条例的形式表达,让从业人员认识到职业道德具有纪律的规范性。

2. 职业道德的作用

职业道德是社会道德体系的重要组成部分,它既具有社会道德的一般作用,又具有自身的特殊作用。

(1)有助于调节从业人员内部以及从业人员与服务对象之间的关系。职业道德的基本职能是调节职能。一方面,职业道德可以调节从业人员内部的关系,即运用职业道德规范约束职业内部人员的行为,促进职业内部人员的团结与合作。另一方面,职业道德又可以调节从业人员和服务对象之间的关系。

(2)有助于维护和提高本行业的信誉。一个行业或一个企业的信誉,也就是它们的形象、信用和声誉,是指行业或企业及其产品与服务在社会公众中的信任程度,提高企业的信誉主要靠产品的质量和服务质量,而从业人员高尚的职业道德是产品质量和服务质量的有效保证。提高行业的信誉,要靠业内企业和从业人员的共同努力。

(3)有助于促进本行业的发展。行业或企业的发展有赖于高的经济效益,而高的经济效益源于高的员工素质。员工素质主要包含知识、能力、责任心三个方面,其中责任心是最重要的。职业道德水平高的从业人员责任心是很强的,能促进本行业的发展。

(4)有助于提高全社会的道德水平。职业道德是整个社会道德的重要内容之一。一方面,职业道德涉及每个从业者如何对待职业,如何对待工作,是一个从业人员态度、价值观念的表现,是一个人道德意识、道德行为发展是否成熟的标志,具有较强的稳定性和连续性。另一方面,职业道德也是一个职业集体,甚至一个行业全体人员的行为表现。如果每个行业、每个职业集体都具备优良的道德,对整个社会道德水平的提高必然会发挥重要的作用。

3.为人民服务是社会主义职业道德的最高标准

“为人民服务”是社会主义道德的核心。《公民道德建设实施纲要》把“服务群众,奉献社会”作为公民职业道德建设的重要内容鲜明地提了出来。职业生活是人的生命历程中最重要的阶段,也是人们社会实践的最重要的舞台。为人民服务就是一切向人民负责,一切从人民利益出发的思想观点和行为准则,因此,它必然成为衡量每个行业制定具体职业道德规范的最高标准。在任何职业活动中,都必须始终坚持为人民服务的宗旨,树立“以服务人民为荣,以背离人民为耻”的社会主义荣辱观。

(1)为人民服务是社会主义道德的集中体现。为人民服务体现了社会主义道德的实质。社会主义道德克服了以往社会道德中目的和手段、权利和义务的分离,达到了四者的统一。

在社会主义社会,为人民服务既是日的,又是手段;人民既是权利和义务的主体,也是权利和义务的客体。人民都是服务对象,又都为他人服务,反映到道德上,就是倡导为人民服务,一切从人民利益出发,彼此互相关心、互相爱护、互相帮助,并同一切危害人民利益的现象作斗争。

(2)为人民服务是社会主义经济基础的客观要求。职业道德属于上层建筑,它由经济基础决定,同时又为经济基础服务。社会主义社会实行以公有制为主体、多种所有制经济共同发展的经济制度,社会主义社会的本质是解放生产力和发展生产力,改善人民群众的生活,消除两极分化,实现人民共同富裕。因此,社会主义职业道德建设不能忽视广大人民群众的最大利益,要将为人民服务视为社会主义职业道德建设的出发点和根本目的。

(3)为人民服务是建立和发展社会主义市场经济的需要。社会主义市场经济的目的是推动生产力的发展,创造更多物质财富,满足人民的需要,使人民生活上富裕、精神上充实。社会主义市场经济的本质就是为人民服务的经济;同时,为人民服务又为社会主义市场的健康发展和整个社会的全面发展,提供强有力的思想道德保证和巨大的精神动力。市场经济本身有它无法克服的弱点,发展社会主义市场经济要靠法制,也需要有社会伦理作为基础。在市场经济中,只有坚持为人民服务的价值导向,才能在市场竞争的强制作用下,培养起人们为人民服务的观念,从而消除市场经济带来的消极影响。

(4)为人民服务是履行职业职责的精神动力和衡量职业行为善恶的最高标准。人们在工作过程中,会遇到各种困难和曲折,需要付出许多努力与辛劳才能达到要求。此时,只有在为人民服务的精神鼓舞下,才能克服困难,取得最佳成绩。具体的职业道德准则可以规范人们的行为,而为人民服务的精神才能给人以热情与力量。

为人民服务的基本内容包括了把集体利益放在首位,它是正确处理社会主义社会各种利益关系的依据。在社会主义社会,既存在着个人与社会的利益关系,也存在着集体与国家及整个社会之间的利益关系。正确处理好这些关系,是为人民服务思想得到认真贯彻的重要表现。

(5)为人民服务体现了社会主义职业道德建设的先进性要求和广泛性要求的统一。为人民服务是共产党人的根本宗旨,同时也是对各行各业人员的共同要求。在社会主义社会,我们既提倡道德的先进性,即共产党员和先进分子为人民的利益公而忘私、勇于献身的崇高共产主义道德品质,也重视其广泛性,即普通劳动者只要诚实劳动,忠于职守,公平交易,按劳取酬,履行公民义务,热心社会公益事业,也属于为人民服务的范畴。社会主义职业道德建设必须从广大人民群众的实际出发,把社会主义道德的先进性要求和广泛性要求结合起来,通过不断教育逐步引导人们不断追求更高道德目标,调动广大人民群众履行为人民服务道德规范的积极性。

(三)机动车维修职业道德及其社会性

1. 机动车维修职业道德范畴

机动车维修职业道德范畴反映的是机动车维修职业与其他职业之间、机动车维修与社会之间、机动车维修职业内部职工之间最本质、最重要、最普遍的职业道德关系的概念。

1)机动车维修职业的义务和良心

(1)机动车维修职业义务。是指机动车维修从业人员在职业生活中所履行的道德义务。道德义务是从职业(或岗位)责任中引申出来的。当机动车维修从业人员认识到自己的职业责任,从而产生积极推动机动车维修行业发展进步的使命感和责任感,并落实到修车行为上,在实际工作中自觉自愿地履行职业责任,这就是一种道德行为,就是履行机动车维修职业义务的表现。机动车维修业是道路运输事业的保障体系,是发展现代化交通运输业的重要组成部分,与社会责任相联系。我国机动车维修职业和机动车维修从业人员应承担和履行的职业道德义务是:热爱机动车维修,献身机动车维修,确保道路运输车辆技术状况完好,努力发展交通运输业。

(2)机动车维修职业良心。机动车维修职业良心主要有两层含义:一是机动车维修从业人员内心对机动车维修业、对服务对象强烈的道德责任感;二是机动车维修从业人员依据机动车维修职业道德的基本要求进行自我评价的能力。机动车维修职业良心对职业行为影响很大,它可以激发、鼓励从业人员行为从善,抑制不道德行为。机动车维修职业良心是从业人员内心的道德法庭,对职业行为的后果和影响有评价作用。履行了职业义务并产生良好后果和影响,良心上会感到满足,否则,就会受到良心的谴责。我们必须在职业活动中自觉培养职业良心,使职业行为更加符合社会主义道德要求。

2)机动车维修职业的信誉和尊严

(1)机动车维修职业的信誉。包括机动车维修职业的信用和名誉,它表现为社会对机动车维修职业的信任感和机动车维修职业在社会生活中的声誉。在社会主义市场经济条件下,信誉对于机动车维修职业至关重要。信誉高,对社会产生强大的吸引力、凝聚力,增强从业者的职业荣誉感和责任感。机动车维修职业的社会声誉，是机动车维修职业形象的外在反映，是服务对象及社会各界对行业的信誉评价。因此，机动车维修从业人员，一定要重视职业信誉在道德建设中的作用，牢固树立机动车维修职业信誉的观念。

(2)机动车维修职业的尊严。是指社会或他人对机动车维修职业的尊重，也指机动车维修从业人员对机动车维修职业的尊重和爱护。机动车维修职业尊严可以使从业人员自我控制和支配职业行为，使自己的一举一动都从维护机动车维修职业尊严出发，避免发生不利于或有损于职业尊严的行为。

职业尊严是职业形象内在素质的客观反映，与职业义务、职业责任、职业纪律、职业道德有紧密联系。从业者认真履行职业义务，尽职尽责地为服务对象服务，人们就会尊重你的职业活动，尊重你的为人，从而树立起职业形象。因此，维护职业尊严就要忠实地履行职业义务，全心全意地为人民服务。

3)机动车维修职业的责任和情感

(1)机动车维修职业的责任。是指机动车维修从业人员所承担的社会责任。在社会主义社会，任何一种正当职业都承担着一定的社会责任。机动车维修职业所承担的社会责任，具体地讲，就是对机动车技术状况负责、对托修方负责。从宏观上讲，就是承担着保障道路运输事业发展的重大职能。

(2)机动车维修职业的情感。是指为履行社会责任，而必须具备的对人民高度负责的职业情感。具备了这种情感，才能主动地、自觉地为维修机动车、为托修方服务。机动车维修从业人员在机动车维修业中承担着重要的社会责任，应时时事事关心托修方的利益，以高度的责任感和热爱机动车维修职业的饱满热情，全心全意地为托修方提供机动车维修服务，保障机动车安全、顺利运行。

2. 机动车维修职业道德的社会性

机动车维修职业道德的社会性是由机动车维修职业的特点及客观要求决定的。

我国机动车维修职业的社会责任是：恢复和提高机动车技术状况，保证安全生产，充分发挥机动车的效能和降低运行消耗。

机动车维修职业最明显的特征就是以其技术上的可靠性，恢复汽车的使用性能，使汽车能正常运行。这就决定了机动车维修人员必须牢固树立为客户服务的思想，热爱本职工作，努力钻研技术，爱岗敬业、忠于职守、尽职尽责，以精湛的技术、熟练的业务、优良的服务满足客户对车辆维修的需要。

机动车维修人员为社会提供的不是实物形态的产品，而是维修服务。对车主来说，只要交付了足够的维修费用，就要求获得一个满意的服务。因此，精工细作、完工及时、安全可靠、优质高效地向用户提供维修合格的车辆，就成为每一个机动车维修从业人员的基本职业责任。

机动车维修既有工作量大的连续性作业，也有临时性的小型修理作业，维修企业内部各层次、各环节、各工种之间存在着十分密切的关系，需要相互衔接和配合。同时，机动车维修行业作为道路运输生产的保障体系，它与整个道路运输行业又有着纵横交错的联系，与整个社会有着千丝万缕的关系。

(四)机动车维修从业人员职业道德规范

机动车维修从业人员职业道德规范，是指机动车维修从业人员在机动车维修工作中必须遵循的职业道德准则和行为规范。每一位机动车维修从业人员都要自觉遵守以爱岗敬业、诚实守信、办事公道、服务群众、奉献社会为主要内容的职业道德,为机动车维修业的发展作出贡献。

1. 爱岗敬业

爱岗敬业是为人民服务思想和集体主义精神的具体体现,是社会主义职业道德基本规范的基础。

爱岗就是热爱自己的工作岗位,热爱本职工作。爱岗是对人们工作态度的一种普遍要求。热爱本职,就是职业工作者以正确的态度对待各种职业劳动,努力培养热爱自己所从事的工作的幸福感和荣誉感。一个人,一旦爱上了自己的职业,他的身心就会融合在工作中,就能在平凡的岗位上作出不平凡的业绩。

所谓敬业就是用一种严肃的态度对待自己的工作,勤勤恳恳、兢兢业业、忠于职守、尽职尽责。敬业包含两层含义:一是谋生敬业,这种职业态度所反映的敬业道德因素较少,个人利益色彩较重;二是真正认识到自己工作的意义而敬业,这是高一层次的敬业,这种内在的精神,才是鼓舞人们勤勤恳恳、认真负责工作的强大动力。

爱岗与敬业总的精神是相通的,是相互联系在一起的。爱岗是敬业的基础,敬业是爱岗的具体表现,爱岗敬业是为人民服务精神的具体体现。

爱岗敬业不仅仅是一句口号、一种精神,在工作实践中,爱岗敬业实际上是衡量一个从业人员是否合格、是否优秀的重要标准。

热爱机动车维修工作,是机动车维修从业人员职业道德规范的首要内容。它反映了机动车维修从业人员对职业价值的正确认识和对所从事职业的真挚感情。一个人只有先爱岗位,爱自己所从事的工作,才能有高尚的职业道德。

爱岗敬业对于机动车维修从业人员的具体要求是:严守岗位、尽心尽责、注重务实、服务行业,兢兢业业地干好机动车维修各个岗位的本职工作,在机动车维修工作岗位上发扬忘我的工作精神,做到认真履行岗位职责,精通专业知识,熟练掌握专业技能,并在做好本职工作的基础上,在一定程度上和范围内争取全面发展,不断增长知识,增长才干,努力成为多面手,积极为机动车维修行业发展、为整个道路运输业发展服务,从而达到为人民服务的最终目的。

2. 诚实守信

诚实守信即忠诚老实、信守诺言,是为人处世的一种美德。

所谓诚实,就是忠诚老实,不讲假话。诚实的人能忠实于事物的本来面目,不歪曲、不篡改事实,同时也不隐瞒自己的真实思想,光明磊落、言语真切、处事实在。

所谓守信,就是信守诺言、说话算数,讲信誉、重信用,履行自己应承担的义务。

诚实和守信两者意思是相通的,是互相联系在一起的。诚实是守信的基础,守信是诚实的具体表现,不诚实很难做到守信,不守信也很难说是真正的诚实。诚实侧重于对客观事实的反映,以及对自己内心的思想、情感的表达是真实的。守信侧重于对自己应承担和应履行的责任和义务的忠实,毫无保留地实践自己的诺言。

诚实守信不仅是做人的准则,也是做事的基本准则。诚实是我们对自身的一种约束和要求,讲信誉、守信用是社会对我们的一种希望和要求。一个人要想在社会立足,干出一番事业,就必须具有诚实守信的品德。

诚实守信是任何一个从业人员应遵守的职业道德,也是每一个行业树立形象的根本。机动车维修从业人员要明确：在从事机动车维修工作时，他既代表个人，又代表企业，甚至代表整个机动车维修行业和道路运输业的形象。

诚实守信对于机动车维修从业人员的具体要求，主要在三个方面：一是严格执行国家、地方及行业相关机动车维修的法律、法规、规章、标准和规范，维护国家和机动车维修行业利益，对国家、行业做到诚实守信；二是重质量、重服务、重信誉，在企业管理、生产过程中建立和实施机动车维修质量保证体系，执行安全操作规程，按工艺规范正确完成维修作业项目，维护企业利益，对企业做到诚实守信；三是诚实劳动、合法经营，正确执行机动车维修工时定额和收费标准，不使用假冒伪劣机动车配件，维护托修方的利益，对消费者做到诚实守信。

3. 办事公道

办事公道是在爱岗敬业、诚实守信的基础上提出的更高层次的职业道德的基本要求。办事公道需要有一定的道德修养基础。

所谓办事公道是指从业人员在办事情、处理问题时，要站在公正的立场上，按照同一标准和同一原则办事的职业道德规范。

公正是几千年来为人所称道的职业道德。当前，我们正处于市场经济的大潮中，市场经济确立的平等互利原则，体现了买卖双方的平等地位，因此在经济领域中要求处事公平、办事公道。人们生活在世界上，要与人打交道，要处理各种关系，这就存在办事是否公道的问题。在机动车维修行业，无论是对团体修车的大主顾，还是对于送车小修的私家车主，同样要热情接待、认真维修，这就是办事公道。

在职业活动中的公正公平，是为了保证每个人在社会上的合法地位和平等权利。在职业活动中要做到办事公道，首先要加强从业人员的个人修养，要做到相信真理，追求正义；坚持原则，不徇私情；不谋私利，反腐倡廉；不计个人得失，不怕各种权势；加强学习，不断提高认识能力，明确是非标准，分辨善恶美丑。

办事公道是衡量每一位机动车维修从业人员职业道德水平的重要标志，特别是机动车维修企业负责人、技术负责人、质量检验员和车辆技术评估人员，尤其要做到。

办事公道，对于机动车维修从业人员的具体要求：一是依法办事，严格按照机动车维修各项工艺技术标准，进行机动车维修作业，自觉维护各项技术工艺标准的严肃性，保证机动车维修质量；二是裁量公正，机动车维修质量检验、车辆技术评估的结论要力求公正、准确、合理、适当，维护消费者的合法权益，维护企业的声誉；三是尽职尽责，敢于管理、敢于负责任、敢于承担风险，把严格管理建立在热爱本职工作的基础上，不怕困难，不回避矛盾，坚持原则，任劳任怨，以对党和国家、对行业、对人民高度负责的精神，信尽职守，保证机动车维修质量和服务水平。

4. 服务群众

服务群众是为人民服务精神的直接表达。

所谓服务群众就是为人民群众服务。服务群众指出了我们的职业与人民群众的关系，指出了我们工作的主要服务对象是人民群众，指出了我们应当依靠人民群众，时时刻刻为群众着想，急群众所急，忧群众所忧，乐群众所乐。

一切依靠人民群众，一切服务于人民群众，是我们党的群众路线的重要内容。服务群众是党的群众路线在社会主义职业道德方面的具体表现，这也是社会主义职业道德与私有制社会职业道德的分水岭。

服务群众是对所有从业人员的要求。在社会主义社会,每个从业人员都是群众中的一员,既是为别人服务的主体,又是别人服务的对象。每个人都有权享受他人职业服务,同时又承担着为他人作出职业服务的义务。因此,服务群众作为职业道德,是对所有从业者的要求。

服务群众对于机动车维修从业人员的具体要求:首先,要真正做到服务群众,不仅要树立服务群众的观念,还要将群众观念落实到机动车维修职业活动中去。要做到文明礼貌,优质服务,就要求从业人员说话和气、热情主动、耐心周到。热情主动表现为热情大方、态度积极;耐心周到表现为心平气和、沉着冷静,想服务对象所想、急服务对象所急。真正把服务对象的事情当作自己的事情来办,让服务对象体会到一种宾至如归的感觉,保持承修、托修双方之间长期的良好的合作关系。其次,要认真钻研业务,具备为群众服务的技能。机动车技术发展很快,对维修工艺和维修技术方面的要求越来越高,要做好机动车维修工作,一定要学习机动车电子控制等新技术,学会使用机动车检测诊断设备,学习机动车维修企业的技术质量管理知识,学习质量检验技术的有关理论,勇于实践,不断提高自己的工作技能;要认真学习管理业务知识,熟悉机动车维修工时定额和收费标准,努力提高管理工作业务素质,实现岗位的价值;还要不断拓宽知识层面,提高综合分析、解决问题的能力,努力提高本职工作能力和水平;对国家的方针、政策、法规和标准,更要认真学习、自觉遵守,提高思想觉悟,树立正确的人生观、价值观,为促进行业的发展和提高企业经济效益而努力工作。

5. 奉献社会

奉献社会,就是全心全意为社会作贡献,这是为人民服务精神的最高体现。有这种精神境界的人,就能把自己的一切都奉献给国家、人民和社会。

所谓奉献,就是不期望等价的回报和酬劳,而愿意为他人、为社会、为真理、为正义献出自己的力量,包括宝贵的生命。奉献社会不仅有明确的信念,而且有崇高的行为。

奉献社会的精神主要强调的是一种忘我的全身心投入的精神。当一个人专注于某种事业时,他关注的是这一事业对于人类、对于社会的意义。他会为此而兢兢业业,任劳任怨,不计较个人得失,甚至不惜献出自己的生命。

奉献社会是职业道德中的最高境界。奉献社会是一种人生境界,是一种融合在事业中的高尚人格。与爱岗敬业、诚实守信、办事公道、服务群众这四项规范相比较,奉献社会是职业道德中的最高要求,同时也是做人的最高境界。爱岗敬业、诚实守信是对从业人员职业行为的基础要求,做不到这两项要求,就很难做好工作;办事公道、服务群众比前两项要求更高了一些,需要有一定的道德修养作基础;奉献社会,则是这五项要求中最高的,一个人只要达到一心为社会作奉献的境界,他的工作就必然能做得很好,就能实现全心全意为人民服务。

奉献社会对于机动车维修从业人员的具体要求是:以本业为荣,以本职为乐,积极为机动车维修行业发展奉献出自己的力量,不能只讲索取,不讲奉献。在机动车维修工作中,不计名利、勇于吃苦、任劳任怨,用"毫不利己,专门利人"的精神,最大限度地满足服务对象的需求,在奉献中充分体现自己的人生价值。

二 机动车维修行业行为规范

(一)全国汽车维修行业行为规范公约

为加强机动车维修行业精神文明建设,建立机动车维修行业诚信机制,营造良好的机动车维修市场经济秩序，切实维护车辆所有人的合法权益，2003 年，中国汽车维修行业协会制定了《全国汽车维修行业行为规范公约》。要求全国机动车维修业户共同遵守，自觉执行，相互监督。《全国汽车维修行业行为规范公约》主要内容为如下八个方面。

1. 守法经营，接受监督

遵守国家法律、法规和规章，端正经营行为，全面公开机动车维修作业规范、收费标准、监督电话；严格按照国家有关规定合理结算费用，依法开具发票；自觉接受行政监督、舆论监督、社会监督。

2. 诚信为本，公平竞争

坚持诚信为本，以优质服务、用户满意为宗旨参与市场竞争；公正签订并忠实履行机动车维修合同，不擅自减少作业项目，不使用假冒伪劣配件，不作虚假广告宣传。

3. 尊重客户，热忱服务

牢固树立"质量第一，客户至上"的观念，从业人员持证上岗，亮牌服务，举止文明；建立客户档案，定期跟踪回访，主动征求意见；开展提醒服务，答复客户咨询，排除客户疑虑；努力满足客户要求，维护客户正当权益。

4. 弘扬职业道德，建设精神文明

发展企业文化，建立服务品牌；倡导爱岗敬业精神，树立团队合作意识，充分调动企业员工的积极性，开创奋发向上的比、学、赶、帮新局面；开展服务规范化达标活动，树立行业新风尚。

5. 规范操作，保证质量

建立健全机动车维修质量保证体系，全面贯彻执行国家标准、行业标准、地方标准和企业标准；认真做好机动车维修检验记录，按规定签发汽车维修出厂合格证，及时受理客户投诉，承担质量保证责任。

6. 文明生产，保护环境

搞好文明生产和安全生产，防止污染，保护环境，不断完善设施和服务功能，做到厂区整洁，环境优美，布局合理；实现作业现场安静，维修工具、零件、场地、人身清洁，工具、零件、油水不落地。

7. 自我管理，自我发展

自觉抵制非法行为，勇于同侵害行业利益的行为作斗争，捍卫行业合法权益；通过正常渠道反映企业的意见与要求，不断提升行业整体素质。

8. 科技兴业，开拓创新

确立科技兴业新思路，积极推广应用机动车维修新技术、新工艺、新材料、新设备；更新管理理念，优化企业管理，增强市场竞争能力；加强行业培训与交流，开展业内的横向联合与协作，加速行业技术进步。

（二）守法经营，建立行业诚信机制

1. 企业诚信的重要性

对于一个企业来说，在市场经济条件下，最重要的是树立良好的信誉，树立起值得他人信赖的企业形象。所谓信誉，是由信用和名誉合成的。信用是指在职业活动中诚实可信，名誉是指在职业活动中重视名声和荣誉。信誉体现了社会承认一个行业在职业活动中的价值，从而影响到行业的地位和作用。

失信的危害主要有三点:一是破坏了企业正常经营,败坏了企业的声誉,引发信任危机;二是严重影响社会的投资和消费,企业会失去今后的市场;三是严重干扰了正常信用体系的发展,甚至造成社会风气的败坏和道德水平的滑坡。失信可能会在短时间内牟取暴利,但与种种弊端相比,实在得不偿失,最终吃亏的是自己。从长远来看,诚信就是竞争力,诚信度也将成为企业的无形资产。

2. 诚信的基础是守法经营

市场经济是法制经济,一切经济活动必须由带有普遍性、强制性的法律来规范。企业诚信的基础是守法经营,这也是企业能够长期稳定、持续发展的必要条件。作为机动车维修企业只有做到守法经营,端正经营行为,才能真正成为机动车维修市场的主体,才能建立规范有序的机动车维修市场秩序。

首先,要做到经营主体合法,即从事机动车维修经营活动的企业必须符合国家相关法律、法规要求,具备开业条件,经过审批,取得道路运输管理机构的许可证明,并在工商行政管理机关办理完工商执照,才能开展经营活动。

其次,要做到经营行为合法,应当严格按照规定的条件和行为规范开展经营活动:一要遵守国家法律、法规和规章;二要严格按照技术标准和工艺流程进行修车作业,确保修车质量,并实行质量保证期制度;三要规范收费行为,公布机动车维修工时定额和收费标准,合理收取费用;四要自觉接受行政监督、舆论监督、社会监督,依法规范经营行为,杜绝无证经营,不按规范作业,“假维护”、“假检测”,使用假冒伪劣配件,不执行质量保证期制度,不按规定明码标价,乱收费用等损害消费者合法权益的失信行为。

3. 建立机动车维修行业诚信机制

信誉是市场经济的重要基础,规范有序的机动车维修市场的经济活动需要良好的信誉环境。在机动车维修行业建立诚信机制,改革管理方式、解决维修市场信息不对称的矛盾,充分发挥优胜劣汰机制的作用,用市场的办法解决市场的问题,是对机动车维修市场实施标本兼治的有效途径。通过诚信机制的建设,促进广大机动车维修企业加强诚信意识,注重人才培养,增强技术能力,规范经营行为,提高维修质量,提供社会满意的服务,实现真正意义上的“诚信修车”,促进整个行业协调发展。

为进一步推动《全国汽车维修行业行为规范公约》的贯彻实施,促进汽车维修行业诚信机制的建设,倡导诚实守信的经营理念,营造公平竞争的市场环境,达到构建和谐社会的目的,中国汽车维修行业协会在全行业开展了创建诚信经营汽车维修企业的活动,并颁发了《全国汽车维修诚信经营企业评估指标体系》。该体系共计 9 项 39 条,几乎涵盖了与汽车维修企业诚信经营密切相关的所有内容,由接待客户、签订合同、车辆维修、车辆验交、配件保证体系、质量保证体系、服务保证体系、财务和社会资信以及客户评价等部分组成。《全国汽车维修诚信经营企业评估指标体系》在突出针对性的同时,重视保证、预防作用,注重权重差异和可操作性,包含了汽车维修诚信经营企业应当具备的物质条件、人员素质、管理水平和服务意识。

通过建立诚信企业评价体系,认真地进行等级评定,真实、及时地发布信息,使企业生产经营社会诚信透明化,让车主了解企业,到诚信企业放心修车;通过企业诚信等级发布,引导维修业务向诚信企业集中,利用市场经济资源优化配置的规律,为诚信企业创造发展机遇,促进企业开展正当竞争;进行诚信评估、定期发布信息,形成行业协会、企业、社会、媒体共同营造促进经济发展、社会进步的诚信环境。实践表明,开展“诚信维修,规范服务”为宗旨的诚信活动,有利于在全行业营造“守信用、讲信誉、重信义”的良好氛围,进一步促进维修企业强化服务意识,转变服务理念,改善服务设施,规范服务行为,提高服务质量,创建服务品牌,切实保护维修市场消费者的合法权益,树立起维修行业在社会上的良好信誉。

(三)公民道德建设的主要内容

中共中央2001年9月20日发布了《公民道德建设实施纲要》(中发〔2001〕15号)。

公民道德建设的主要内容如下:

(1)从我国历史和现实的国情出发,社会主义道德建设要坚持以为人民服务为核心,以集体主义为原则,以爱祖国、爱人民、爱劳动、爱科学、爱社会主义为基本要求,以社会公德、职业道德、家庭美德为着力点。在公民道德建设中,应当把这些主要内容具体化、规范化,使之成为全体公民普遍认同和自觉遵守的行为准则。

(2)为人民服务作为公民道德建设的核心,是社会主义道德区别和优越于其他社会形态道德的显著标志。它不仅是对共产党员和领导干部的要求,也是对广大群众的要求。每个公民不论社会分工如何、能力大小,都能够在本职岗位,通过不同形式做到为人民服务。在新的形势下,必须继续大张旗鼓地倡导为人民服务的道德观,把为人民服务的思想贯穿于各种具体道德规范之中。要引导人们正确处理个人与社会、竞争与协作、先富与共富、经济效益与社会效益等关系,提倡尊重人、理解人、关心人,发扬社会主义人道主义精神,为人民、为社会多做好事,反对拜金主义、享乐主义和极端个人主义,形成体现社会主义制度优越性、促进社会主义市场经济健康有序发展的良好道德风尚。

(3)集体主义作为公民道德建设的原则,是社会主义经济、政治和文化建设的必然要求。在社会主义社会,人民当家做主,国家利益、集体利益和个人利益根本上的一致,使集体主义成为调节三者利益关系的重要原则。要把集体主义精神渗入社会生产和生活的各个层面,引导人们正确认识和处理国家、集体、个人的利益关系,提倡个人利益服从集体利益、局部利益服从整体利益、当前利益服从长远利益,反对小团体主义、本位主义和损公肥私、损人利己,把个人的理想与奋斗融入广大人民的共同理想和奋斗之中。

(4)爱祖国、爱人民、爱劳动、爱科学、爱社会主义是作为公民道德建设的基本要求,也是每个公民都应当承担的法律义务和道德责任。必须把这些基本要求与具体道德规范融为一体,贯穿公民道德建设的全过程。要引导人们发扬爱国主义精神,提高民族自尊心、自信心和自豪感,以热爱祖国、报效人民为最大光荣,以损害祖国利益、民族尊严为最大耻辱,提倡学习科学知识、科学思想、科学精神、科学方法,艰苦创业、勤奋工作,反对封建迷信、好逸恶劳,积极投身于建设有中国特色社会主义的伟大事业。

(5)社会公德是全体公民在社会交往和公共生活中应该遵循的行为准则,涵盖了人与人、人与社会、人与自然之间的关系。在现代社会,公共生活领域不断扩大,人们相互交往日益频繁,社会公德在维护公众利益、公共秩序,保持社会稳定方面的作用更加突出,成为公民个人道德修养和社会文明程度的重要表现。要大力倡导以文明礼貌、助人为乐、爱护公物、保护环境、遵纪守法为主要内容的社会公德,鼓励人们在社会上做一个好公民。

(6)职业道德是所有从业人员在职业活动中应该遵循的行为准则,涵盖了从业人员与服务对象、职业与职工、职业与职业之间的关系。随着现代社会分工的发展和专业化程度的增强,市场竞争日趋激烈,整个社会对从业人员职业观念、职业态度、职业技能、职业纪律和职业作风的要求越来越高。要大力倡导以爱岗敬业、诚实守信、办事公道、服务群众、奉献社会为主要内容的职业道德,鼓励人们在工作中做一个好建设者。

(7)家庭美德是每个公民在家庭生活中应该遵循的行为准则,涵盖了夫妻、长幼、邻里之间的关系。家庭生活与社会生活有着密切的联系,正确对待和处理家庭问题,共同培养和发展夫妻爱情、长幼亲情、邻里友情,不仅关系到每个家庭的美满幸福,也有利于社会的安定和谐。要大力倡导以尊老爱幼、男女平等、夫妻和睦、勤俭持家、邻里团结为主要内容的家庭美德,鼓励人们在家庭中做一个好成员。

第二节　机动车维修法律法规

一《中华人民共和国道路运输条例》

《中华人民共和国道路运输条例》(以下简称《道路运输条例》)经2004年4月14日国务院第48次常务会议通过,自2004年7月1日起施行。根据2012年11月9日《国务院关于修改和废止部分行政法规的决定》修订,自2013年1月1日起施行。《道路运输条例》是我国第一部由国务院制定下达的规范道路运输经营活动和管理行为的行政法规。

机动车维修是道路运输的重要组成部分,在《道路运输条例》中对机动车维修经营与管理有专门的规定和要求。

(一)对推动我国道路运输业发展的重大意义

制定出台《道路运输条例》,主要有以下四个方面的需要。

1. 解决了我国道路运输市场管理无法可依的迫切需要

道路运输作为覆盖领域最广、线路最多、与人民群众生产生活联系最为密切的运输方式,长期以来主要依据部门规章和地方性法规进行管理,使全国统一开放、竞争有序的道路运输市场格局难以形成。《道路运输条例》的制定出台,为从根本上整治市场秩序建立了法治基础。《道路运输条例》总结了改革开放以来我国道路运输业发展的成功经验,借鉴了世界发达国家的立法经验与成果,吸收了各地在道路运输管理过程中探索的符合市场经济体制要求的成功做法,规范了政府部门的行业行政管理行为。

2. 交通行政部门落实《行政许可法》的需要

《道路运输条例》坚持以人为本和全面、协调、可持续发展观,明确了道路运输管理职责,以保障运输安全为核心,以维护旅客、货主和其他消费者的利益为重点,以建立统一开放、竞争有序的全国道路运输市场为目标,建立和完善了道路运输市场准入、市场监管、市场退出三个机制,大大减少了道路运输行政许可的项目和层次。《道路运输条例》所设定的一系列规章制度,有利于道路运输管理机构转变管理职能,有利于从被动管理向主动管理转变,从重审批弱监管向弱审批重监管方面转变,从传统管理向现代化管理转变。

3. 适应我国加入世界贸易组织后的需要

随着全球经济一体化的推进和区域经济的发展,更多的外商包括一些国际上著名的大型跨国公司将进入我国道路运输市场。《道路运输条例》的颁布实施,一方面可以确保国内企业和国外企业的公平竞争，保护国内、国外投资者的合法权益；另一方面可以为外商在我国投资道路运输业提供法律保障，履行我国政府的对外承诺。

4. 适应了建立全国统一开放、竞争有序的道路运输市场体系的需要

这部法规在规范道路运输经营者的经营行为，破除地方保护和地区封锁，打击车辆超载及非法经营等违法行为方面作出了规定，为交通部门做好市场监管、培育健康的市场发展环境和秩序等方面提供了重要依据。

（二）基本内涵和原则

《道路运输条例》根据《行政许可法》的立法精神，体现了有权必有责、用权受监督、侵权需赔偿的权力运作规律，在设立行政许可方面采取了非常慎重的态度。一方面，把关系人民群众生命财产安全的事项，如旅客运输和危险品运输，作为审批的重点，采取严格的市场准入；另一方面，对普通货物运输、运输站场经营、机动车维修和驾驶员培训等事项，放宽了市场准入条件，尽可能体现公平、公正、公开和便民、高效、降低管理成本的要求。

《道路运输条例》主要坚持了以下原则。

1. 保障运输安全生产

《道路运输条例》从市场准入、经营行为规范、市场监管等多个环节把关，设定了严格、有效的法律制度。在市场准入方面，《道路运输条例》要求有与其经营业务相适应并经检测合格的车辆、有符合规定条件的驾驶人员、有健全的安全生产管理制度，对危险货物运输管理更体现了从严管理的原则，要求必须有检测合格的专用车辆和取得上岗资格证的从业人员等。在经营行为规范方面，《道路运输条例》对旅客、运输经营者、押运人员、驾驶人员、运输站（场）经营者等作出了严格的要求。在市场监管方面，《道路运输条例》明确了道路运输管理机构的职责，并对影响运输安全的违法行为设定了相应的行政处罚条款。

2. 建立全国统一的道路运输市场

建立全国统一的道路运输市场，规范市场秩序，加强市场监管，维护公平竞争，打击扰乱市场秩序和经营欺诈等违法行为，是行政机关的重要职责。《道路运输条例》从建立诚实信用、公平竞争制度，鼓励发展乡村道路运输，打破地区封锁、地方保护，推动国内、国际市场一体化等方面提出了明确要求。由于近年来我国与周边国家间的国际道路运输发展势头增长迅猛，需求量也越来越大，《道路运输条例》专门列一章对国际道路运输进行了调整和规范，将国内运输市场和国际运输市场进行了有效衔接，实现了国内、国际运输市场和管理的一体化。

3. 维护消费者权益

保护公民、法人和其他组织的合法权益，是公共行政和公共服务的一个重要使命，是依法行政所追求的最终目标。维护人民群众利益，以人为本，是《道路运输条例》的立法重点。《道路运输条例》要求客运经营者应当为旅客提供良好的乘车环境，采取必要的措施防止在运输过程发生侵害旅客人身、财产安全的违法行为；设定了旅客和行李赔偿限额制度，规定客运经营者、危险货物运输经营者应当为旅客或者危险货物投保承运人责任险，明确规定要实行机动车维修质量保证期制度。

4. 约束和监管行政行为

道路运输管理机构依法作出的行政许可、行政处罚和行政强制措施都涉及人民群众的切身利益，如果使用不当，会直接损害人民群众的利益。为防止滥用权、乱执法，《道路运输条

例》确定了公平、公正、公开和便民的管理原则,加大了对道路运输管理机构和工作人员的监管力度,要求县级以上人民政府交通主管部门加强道路运输管理,实施对道路运输管理工作的指导监督,上级道路运输管理机构应当对下级道路运输管理机构的执法活动实施监督,道路运输管理机构及其工作人员履行职责时,应当严格按照职责权限和程序进行监督检查,不得乱设卡、乱收费、乱罚款,并自觉接受社会和公民的监督。

(三)对机动车维修经营的规定

1. 机动车维修经营属于道路运输相关业务

在总则中,规定了《道路运输条例》的立法宗旨、适用范围、道路运输经营活动的含义、基本原则、道路运输管理机关等。其中第二条规定了《道路运输条例》的适用范围和道路运输经营活动的含义,即"从事道路运输经营以及道路运输相关业务的,应当遵守本条例",以及"前款所称道路运输经营包括道路旅客运输经营(以下简称客运经营)和道路货物运输经营(以下简称货运经营);道路运输相关业务包括站(场)经营、机动车维修经营、机动车驾驶员培训"。这一条明确了机动车维修经营属于道路运输相关业务,是《道路运输条例》规范的范围,从事机动车维修经营的行为(或活动)和人(包括公民、法人或其他组织)应当遵守《道路运输条例》。本条所谓"机动车维修经营",是指经营以维持或恢复机动车技术状况和正常功能、延长机动车使用寿命为作业任务所进行的维护和修理。机动车维修分为机动车维护和机动车修理。机动车修理又分为机动车总成修理、机动车整车修理和机动车零部件修理。

在总则中,还规定了"从事道路运输经营以及道路运输相关业务,应当依法经营,诚实信用,公平竞争"。

2. 从事机动车维修经营应当具备的条件

《道路运输条例》对从事机动车维修经营应当具备的条件进行了规定,申请从事机动车维修经营的,应当具备下列条件:

(1)有相应的机动车维修场地。

(2)有必要的设备、设施和技术人员。

(3)有健全的机动车维修管理制度。

(4)有必要的环境保护措施。

申请从事机动车维修经营的,应当具备《道路运输条例》规定的条件,《道路运输条例》规定的条件是必须具备的法定条件。以上四项条件必须同时具备,缺一不可。

3. 从事机动车维修经营业务的许可程序

《道路运输条例》规范了道路运输相关业务许可程序,规定如下:

(1)维修经营业务申请。申请从事机动车维修经营业务的,应当向所在地县级道路运输管理机构提出申请。这里所说的"所在地",是指机动车维修经营者的住所地或者主要业务经营地。"提出申请",是申请人向道路运输管理机构提出从事机动车维修经营业务活动的意思表示。一般情况下,以提出书面申请为宜,一是保证提出申请的严肃性,便于道路运输管理机构审查和作出决定;二是防止因是否提出申请发生争议而无据可查。

(2)申请条件的材料。提出申请的同时,应当附送《道路运输条例》规定从事机动车维修经营应当具备的条件的相关材料。这些材料应当能够证明申请人符合《道路运输条例》规定的条件。如果申请两项以上业务的,应当同时报送相应材料。

(3)申请受理。县级道路运输管理机构应当自受理申请之日起15日内审查完毕,作出许可或者不予许可的决定,并书面通知申请人。

(4)办理营业登记。机动车维修经营者向工商行政管理机关办理有关登记手续,应当事先取得道路运输管理机构的许可证明,并必须持许可证明方可向工商行政管理机关办理有关登记手续。这里所说的"许可证明",是指县级道路运输管理机构作出许可决定后向被许可人出具的正式文书。

4.规范机动车维修行为

《道路运输条例》对规范机动车维修行为作出了规定:

(1)按照国家有关技术规范对机动车进行维修。《道路运输条例》中规定的技术规范包括国家标准或行业标准,如《汽车维护、检测、诊断技术规范》(GB/T 18344—2001)等。

(2)保证维修质量,不得使用假冒伪劣配件维修机动车。机动车维修经营者必须对所承担的机动车维修质量负责,没有达到规定要求的,必须对当事人予以赔偿。机动车维修经营者不得使用假冒伪劣配件维修机动车。

(3)公布机动车维修工时定额和收费标准,合理收取费用。机动车维修经营者应当公布机动车维修工时定额和收费标准,让消费者明明白白消费,了解维修真相;同时,必须按照公开的《汽车维修工时定额》和《汽车维修收费标准》,计算作业工时和收取维修费用,不得随意加价,乱收费。

5.机动车维修须建立机动车维修检验制度和质量保证期制度

《道路运输条例》对机动车维修须建立机动车维修检验制度和质量保证期制度作出了规定:

(1)机动车进行二级维护、总成修理或者整车修理的,必须进行维修质量检验。机动车进行二级维护、总成修理或者整车修理后的维修质量检验是法定的。维修质量检验的方式是多种多样的,鼓励各维修企业可自行建立符合维修质量检验要求的、满足二级维护、总成修理、整车修理检测功能的检验工序,作为机动车维修的一个环节;保证维修质量,方便机动车使用者。

(2)机动车维修实行质量保证期制度。质量保证期内因维修质量原因造成机动车无法正常使用的,机动车维修经营者应当无偿返修。

6.关于机动车维修的禁止性规定

(1)不得承修已报废的机动车。根据国家有关规定,报废汽车应当回收。这里所指的报废车是指达到国家报废标准,或者虽未达到国家报废标准,但发动机或者底盘严重损坏,经检验不符合国家机动车运行安全技术条件,或者达不到国家机动车污染物排放标准的机动车。

(2)不得擅自改装机动车。改装机动车是指通过改变车辆技术性能,包括动力性能、经济性能,将原车改制成其他用途车辆的行为。擅自改装机动车会影响道路运输安全,本条所指的擅自改装机动车,是指未经批准,随意对机动车进行改装。不包括合法改装机动车。

7.法律责任

(1)关于非法从事机动车维修业务的法律责任。《道路运输条例》规定,未经许可擅自从事道路运输站(场)经营、机动车维修经营、机动车驾驶员培训的,由县级以上道路运输管理机构责令停止经营;有违法所得的,没收违法所得,处违法所得2倍以上10倍以下的罚款;没有违法所得或者违法所得不足1万元的,处2万元以上5万元以下的罚款;构成犯罪的,依法追究刑事责任。

(2)关于非法转让、出租道路运输许可证件的法律责任。《道路运输条例》规定,客运经营者、货运经营者、道路运输相关业务经营者非法转让、出租道路运输许可证件的,由县级以上道路运输管理机构责令停止违法行为,收缴有关证件,处 2000 元以上 1 万元以下的罚款;有违法所得的,没收违法所得。

(3)关于违法维修机动车的法律责任。《道路运输条例》规定,机动车维修经营者使用假冒伪劣配件维修机动车,承修已报废的机动车或者擅自改装机动车的,由县级以上道路运输管理机构责令改正;有违法所得的,没收违法所得,处违法所得 2 倍以上 10 倍以下的罚款;没有违法所得或者违法所得不足 1 万元的,处 2 万元以上 5 万元以下的罚款,没收假冒伪劣配件及报废车辆;情节严重的,由原许可机关吊销其经营许可;构成犯罪的,依法追究刑事责任。

二《机动车维修管理规定》

《机动车维修管理规定》(交通部令 2005 年第 7 号,以下简称《维修管理规定》)于 2005 年 8 月 1 日起正式实施。

(一)颁布实施的意义

《维修管理规定》是机动车维修行业发展的纲领性文件,是《道路运输条例》的重要实施性规章之一,《维修管理规定》的颁布实施必将对维护机动车维修市场秩序,保护机动车维修各方当事人,特别是车主的合法权益,促进机动车维修业的健康发展等产生积极而深远的影响。

1. 是交通部门依法行政,履行维修管理职责的要求

依法行政要求交通主管部门必须严格依照法定的职权和程序履行职责,管理好、引导好机动车维修行业是交通主管部门义不容辞的责任。《维修管理规定》具体细化了《道路运输条例》及相关法律、法规的相关要求,规范了许可分类、许可条件、许可管理的层次和程序,设定了经营者应当遵循的管理制度和义务,完善了对经营者从业行为的要求,增强了管理部门实施行政许可、监督检查、行政处罚的可操作性,也为更科学、更规范地履行机动车维修管理职责搭建了服务平台。

2. 是机动车维修行业发展的迫切需要

当前,我国机动车维修行业呈现良好发展态势,机动车维修市场主体多元化、经营多样化、维修专业化日趋明显。一是品牌经营、连锁经营、专业维修、网络服务、全天候维修服务等服务方兴未艾;二是机动车维修市场中国有集体、私营、外资等不同经济成分协调发展;三是快修、连锁服务等维修经营新形式发展迅猛,特别是汽车工业的集约化发展,加快了机动车维修的专业化进程,事故车修理、品牌经营,以及汽车免拆清洗、美容等专一车型、专一维修项目和服务内容的专业维修发展迅速。同时,随着我国市场经济体制的逐步确立,汽车技术的不断进步,以及轿车进入家庭步伐的加快,机动车维修企业正处于一个从传统的“以车为本”的生产型企业向现代的“以人为本”的服务型企业转变过程中,对机动车维修服务提出了更新更高的要求。《维修管理规定》立足于解决行业发展与行业管理的热点、难点问题,对于行业发展方向、质量保证、纠纷调解等,有针对性地提出了解决措施,能动地适应了新形势下行业发展的需要。《维修管理规定》的制定下达是机动车维修行业法制化进程的重大突破,也是交通部门在机动车维修行业实现依法行政的具体体现。通过《维修管理规定》的实施,机动车维修行业服务社

会的能力将有较大幅度的提升。

（二）主要内容

《维修管理规定》共七章，即总则、经营许可、维修经营、质量管理、监督检查、法律责任和附则，共五十七条。《维修管理规定》以维护市场秩序，保障维修需求为根本出发点，特别注重管理思路的创新、管理方式的改革以及对车主权益的保护，对机动车维修经营范围及经营者义务、监督检查、法律责任等都进行了重新调整和规范。

1. 总则

主要包括《维修管理规定》的立法目的、立法依据、适用范围、基本管理思路和引导方向等内容的原则规定。

（1）立法目的。一是规范机动车维修经营活动，维护机动车维修市场秩序；二是保护机动车维修各方当事人的合法权益；三是保障机动车运行安全，保护环境，节约能源；四是促进机动车维修业的健康发展。

（2）适用范围。《维修管理规定》的适用范围，即所有从事机动车维修经营的，应当遵守《维修管理规定》。"从事机动车维修经营的"，既包含行为范围（行为或活动），又包含主体范围（公民、法人或其他组织，即个人和单位）。机动车维修经营，是指以维持或者恢复机动车技术状况和正常功能，延长机动车使用寿命为作业任务所进行的维护、修理以及维修救援等相关经营活动。

（3）机动车维修管理基本思路。机动车维修经营者的经营基本准则：机动车维修经营者应当依法经营，诚实信用，公平竞争，优质服务。

机动车维修管理工作应当遵循的基本原则：公平、公正、公开和便民。

（4）行业发展方向。《维修管理规定》在调整和规范市场经营与管理行为的同时，确立了行业发展方向，鼓励机动车维修企业实行集约化、专业化、连锁经营，促进机动车维修业的合理分工和协调发展。鼓励推广应用机动车维修环保、节能、不解体检测和故障诊断技术，推进行业信息化建设和救援、维修服务网络化建设，提高机动车维修行业整体素质，满足社会需要。

（5）机动车维修管理体制。交通运输部主管全国机动车维修管理工作。县级以上地方人民政府交通主管部门负责组织领导本行政区域的机动车维修管理工作。县级以上道路运输管理机构具体实施本行政区域内的机动车维修管理工作。

2. 经营许可

《维修管理规定》规定了机动车维修经营许可的分类、从事机动车维修经营业务的条件、许可申请程序、审批时限、许可证件有效期、许可事项变更等，是机动车维修经营许可必须坚持的最基本原则。

1）机动车维修经营许可分类

机动车维修经营依据维修车型种类、服务能力和经营项目实行分类许可。

机动车维修经营业务根据维修对象分为汽车维修经营业务、危险货物运输车辆维修经营业务、摩托车维修经营业务和其他机动车维修经营业务四类。

汽车维修经营业务、其他机动车维修经营业务根据经营项目和服务能力分为一类维修经营业务、二类维修经营业务和三类维修经营业务。

摩托车维修经营业务根据经营项目和服务能力分为一类维修经营业务和二类维修经营

业务。

2)机动车维修经营者的业务范围

(1)获得一类汽车维修经营业务、一类其他机动车维修经营业务许可的,可以从事相应车型的整车修理、总成修理、整车维护、小修、维修救援、专项修理和维修竣工检验工作。

(2)获得二类汽车维修经营业务、二类其他机动车维修经营业务许可的,可以从事相应车型的整车修理、总成修理、整车维护、小修、维修救援和专项修理工作。

(3)获得三类汽车维修经营业务、三类其他机动车维修经营业务许可的,可以分别从事发动机、车身、电气系统、自动变速器维修及车身清洁维护、涂漆、轮胎动平衡和修补、四轮定位检测调整、供油系统维护和油品更换、喷油泵和喷油器维修、曲轴修磨、汽缸镗磨、散热器(水箱)维修、空调维修、车辆装潢(篷布、坐垫及内装饰)、车辆玻璃安装等专项工作。

(4)获得一类摩托车维修经营业务许可的,可以从事摩托车整车修理、总成修理、整车维护、小修、专项修理和竣工检验工作。

(5)获得二类摩托车维修经营业务许可的,可以从事摩托车维护、小修和专项修理工作。

(6)获得危险货物运输车辆维修经营业务许可的,除可以从事危险货物运输车辆维修经营业务外,还可以从事一类汽车维修经营业务。

3)从事机动车维修经营业务应当符合的条件

(1)有与其经营业务相适应的维修车辆停车场和生产厂房。租用的场地应当有书面的租赁合同,且租赁期限不得少于1年。停车场和生产厂房面积按照国家标准《汽车维修业开业条件》(GB/T 16739—2004)相关条款的规定执行。

(2)有与其经营业务相适应的设备、设施。所配备的计量设备应当符合国家有关技术标准要求,并经法定检定机构检定合格。从事汽车维修经营业务的设备、设施的具体要求按照国家标准《汽车维修业开业条件》(GB/T 16739—2004)相关条款的规定执行;从事其他机动车维修经营业务的设备、设施的具体要求,参照国家标准《汽车维修业开业条件》(GB/T 16739—2004)执行,但所配备设施、设备应与其维修车型相适应。

(3)有必要的技术人员。具体规定如下:

①从事一类和二类维修业务的,应当各配备至少1名技术负责人员和质量检验人员。技术负责人员应当熟悉汽车或者其他机动车维修业务,并掌握汽车或者其他机动车维修及相关政策法规和技术规范;质量检验人员应当熟悉各类汽车或者其他机动车维修检测作业规范,掌握汽车或者其他机动车维修故障诊断和质量检验的相关技术,熟悉汽车或者其他机动车维修服务收费标准及相关政策法规和技术规范。技术负责人员和质量检验人员总数的60%应当经全国统一考试合格。

②从事一类和二类维修业务的,应当各配备至少1名从事机修、电器、钣金、涂漆的维修技术人员。从事机修、电器、钣金、涂漆的维修技术人员应当熟悉所从事工种的维修技术和操作规范,并了解汽车或者其他机动车维修及相关政策法规。机修、电器、钣金、涂漆维修技术人员总数的40%应当经全国统一考试合格。

③从事三类维修业务的,按照其经营项目分别配备相应的机修、电器、钣金、涂漆的维修技术人员;从事发动机维修、车身维修、电气系统维修、自动变速器维修的,还应当配备技术负责人员和质量检验人员。技术负责人员、质量检验人员及机修、电器、钣金、涂漆维修技术人员总

数的40%应当经全国统一考试合格。

(4)有健全的维修管理制度。包括质量管理制度、安全生产管理制度、车辆维修档案管理制度、人员培训制度、设备管理制度及配件管理制度。具体要求按照国家标准《汽车维修业开业条件》(GB/T 16739—2004)相关条款的规定执行。

(5)有必要的环境保护措施。具体要求按照国家标准《汽车维修业开业条件》(GB/T 16739—2004)相关条款的规定执行。

4)从事机动车维修经营的必须获得经营许可

(1)申请从事机动车维修经营的,应当向所在地的县级道路运输管理机构提出申请,并提交下列材料:

①《交通行政许可申请书》。

②经营场地、停车场面积材料、土地使用权及产权证明复印件。

③技术人员汇总表及相应职业资格证明。

④维修检测设备及计量设备检定合格证明复印件。

⑤按照汽车、其他机动车、危险货物运输车辆、摩托车维修经营,分别提供所规定条件的其他相关材料。

(2)道路运输管理机构应当按照《中华人民共和国道路运输条例》和《交通行政许可实施程序规定》规范的程序实施机动车维修经营的行政许可。

(3)道路运输管理机构对机动车维修经营申请予以受理的,应当自受理申请之日起15日内作出许可或者不予许可的决定。符合法定条件的,道路运输管理机构作出准予行政许可的决定,向申请人出具《交通行政许可决定书》,在10日内向被许可人颁发机动车维修经营许可证件,明确许可事项;不符合法定条件的,道路运输管理机构作出不予许可的决定,向申请人出具《不予交通行政许可决定书》,说明理由,并告知申请人享有依法申请行政复议或者提起行政诉讼的权利。

机动车维修经营者应当持机动车维修经营许可证件依法向工商行政管理机关办理有关登记手续。

道路运输管理机构在查验申请资料齐全有效后,应当场或在5日内予以许可,并发给相应许可证件。

(4)机动车维修经营许可证件实行有效期制。从事一、二类汽车维修业务和一类摩托车维修业务的证件有效期为6年;从事三类汽车维修业务、二类摩托车维修业务及其他机动车维修业务的证件有效期为3年。

机动车维修经营许可证件由各省、自治区、直辖市道路运输管理机构统一印制并编号,县级道路运输管理机构按照规定发放和管理。

(5)机动车维修经营者应当在许可证件有效期届满前30日到作出原许可决定的道路运输管理机构办理换证手续。

(6)机动车维修经营者变更名称、法定代表人、地址等事项的,应当向作出原许可决定的道路运输管理机构备案。机动车维修经营者需要终止经营的,应当在终止经营前30日告知作出原许可决定的道路运输管理机构办理注销手续。

3. 维修经营

《维修管理规定》规定了机动车维修经营者的基本行为准则,以及在安全生产、环保要求、收费结算、行业统计、连锁经营等经营活动中的责任和义务。

1)机动车维修经营者的基本行为准则

(1)机动车维修经营者应当按照经批准的行政许可事项开展维修服务。

(2)机动车维修经营者不得擅自改装机动车,不得承修已报废的机动车,不得利用配件拼装机动车。

(3)机动车维修经营者应当加强对从业人员的安全教育和职业道德教育,确保安全生产。机动车维修从业人员应当执行机动车维修安全生产操作规程,不得违章作业。

(4)机动车维修产生的废弃物,应当按照国家的有关规定进行处理。

(5)机动车维修经营者应当公布机动车维修工时定额和收费标准,合理收取费用。

2)关于机动车维修经营收费的规定

(1)机动车维修经营收费基本原则。公布机动车维修工时定额和收费标准,合理收取费用,以切实维护机动车维修各方当事人的合法权益。

(2)执行工时定额的方法。机动车维修工时定额可按各省机动车维修协会等行业社团组织统一制定的标准执行,也可按机动车维修经营者报所在地道路运输管理机构备案后的标准执行,也可按机动车生产厂家公布的标准执行。当上述标准不一致时,优先使用机动车维修经营者备案的标准。

(3)实行工时单价报备制度。机动车维修经营者应当将其执行的机动车维修工时单价标准报所在地道路运输管理机构备案。

(4)机动车维修经营者应当使用规定的结算票据,并向托修方交付维修结算清单。机动车维修经营者不出具规定的结算票据和结算清单的,托修方有权拒绝支付费用。

3)关于机动车维修经营统计工作的规定

(1)机动车维修经营者应当按照规定,向道路运输管理机构报送统计资料。

(2)道路运输管理机构应当为机动车维修经营者保守商业秘密。

4)关于机动车维修连锁经营企业的规定

机动车维修连锁经营企业总部应当按照统一采购、统一配送、统一标识、统一经营方针、统一服务规范和价格的要求,建立连锁经营的作业标准和管理手册,加强对连锁经营服务网点经营行为的监管和约束,杜绝不规范的商业行为。

4. 质量管理

《维修管理规定》围绕机动车维修质量工作设定了一系列法律制度,系统规范了机动车维修经营者在质量管理方面的法定义务。具体规定了机动车维修经营者从事维修作业适用的标准,使用维修配件的要求,维修技术人员的管理制度,维修竣工质量检验制度,维修质量保证期制度,维修质量信誉考核制度,维修质量纠纷的解决途径等。

1)关于机动车维修经营者维修作业适用标准的规定

机动车维修经营者应当按照国家、行业或者地方的维修标准和规范进行维修。尚无标准或规范的,可参照机动车生产企业提供的维修手册、使用说明书和有关技术资料进行维修。

2)关于机动车维修经营者在维修活动中规范使用配件的规定

(1)机动车维修经营者不得使用假冒伪劣配件维修机动车。

(2)机动车维修经营者应当建立采购配件登记制度,记录购买日期、供应商名称、地址、产品名称及规格型号等,并查验产品合格证等相关证明。

(3)机动车维修经营者对于换下的配件、总成,应当交托修方自行处理。

(4)机动车维修经营者应当将原厂配件、副厂配件和修复配件分别标识,明码标价,供用户选择。

3)关于机动车维修质量检验的规定

(1)机动车维修经营者对机动车进行二级维护、总成修理、整车修理的,应当实施维修前诊断检验、维修过程检验和竣工质量检验制度。

(2)承担机动车维修竣工质量检验的机动车维修企业或机动车综合性能检测机构,应当使用符合有关标准并在检定有效期内的检测、计量设备,按照有关标准进行检测,如实提供检测结果证明,并对检测结果承担法律责任。

4)关于机动车维修竣工出厂合格证的规定

机动车维修竣工质量检验合格的,维修质量检验人员应当签发《机动车维修竣工出厂合格证》;未签发《机动车维修竣工出厂合格证》的机动车,不得交付使用,车主可以拒绝交费或接车。《机动车维修竣工出厂合格证》由省级道路运输管理机构统一印制和编号,县级道路运输管理机构按照规定发放和管理。

禁止伪造、倒卖、转借《机动车维修竣工出厂合格证》。

5)关于机动车维修档案管理的规定

机动车维修经营者对机动车进行二级维护、总成修理、整车修理的,应当建立机动车维修档案。机动车维修档案主要内容包括:维修合同、维修项目、具体维修人员及质量检验人员、检验单、竣工出厂合格证(副本)及结算清单等。机动车维修档案保存期为两年。

6)建立机动车维修专业技术人员的考试和管理制度

道路运输管理机构应当加强对机动车维修专业技术人员的管理,严格执行专业技术人员考试和管理制度。

7)建立机动车维修竣工出厂质量保证期制度

(1)汽车和危险货物运输车辆整车修理或总成修理质量保证期为车辆行驶 2 万 km 或者 100 日;二级维护质量保证期为车辆行驶 5000km 或者 30 日;一级维护、小修及专项修理质量保证期为车辆行驶 2000km 或者 10 日。

摩托车整车修理或者总成修理质量保证期为摩托车行驶 7000km 或者 80 日;维护、小修及专项修理质量保证期为摩托车行驶 800km 或者 10 日。

其他机动车整车修理或者总成修理质量保证期为机动车行驶 6000km 或者 60 日;维护、小修及专项修理质量保证期为机动车行驶 700km 或者 7 日。

质量保证期中行驶里程和日期指标,以先达到者为准。

机动车维修质量保证期,从维修竣工出厂之日起计算。

(2)在质量保证期和承诺的质量保证期内,因维修质量原因造成机动车无法正常使用,且承修方在 3 日内不能或者无法提供因非维修原因而造成机动车无法使用的相关证据的,机动车维修经营者应当及时无偿返修,不得故意拖延或者无理拒绝。

在质量保证期内,机动车因同一故障或维修项目经两次修理仍不能正常使用的,机动车维修经营者应当负责联系其他机动车维修经营者,并承担相应修理费用。

(3)机动车维修经营者应当公示承诺的机动车维修质量保证期。

8)关于机动车维修质量投诉及调解的规定

(1)道路运输管理机构应当受理机动车维修质量投诉,积极按照维修合同约定和相关规定,调解维修质量纠纷。

(2)机动车维修质量纠纷双方当事人均有保护当事车辆原始状态的义务。必要时可拆检车辆有关部位,但双方当事人应同时在场,共同认可拆检情况。

(3)对机动车维修质量的责任认定需要进行技术分析和鉴定,且承修方和托修方共同要求道路运输管理机构出面协调的,道路运输管理机构应当组织专家组或委托具有法定检测资格的检测机构作出技术分析和鉴定。鉴定费用由责任方承担。

9)建立机动车维修经营者质量信誉考核制度

(1)机动车维修质量信誉考核内容应当包括经营者基本情况、经营业绩(含奖励情况)、不良记录等。

(2)道路运输管理机构应当建立机动车维修企业诚信档案。机动车维修质量信誉考核结果是机动车维修诚信档案的重要组成部分。

(3)道路运输管理机构建立的机动车维修企业诚信信息,除涉及国家秘密、商业秘密外,应当依法公开,供公众查阅。

5. 监督检查

(1)道路运输管理机构应当加强对机动车维修经营活动的监督检查。道路运输管理机构的工作人员应当严格按照职责权限和程序进行监督检查,不得滥用职权、徇私舞弊,不得乱收费、乱罚款。

(2)道路运输管理机构应当积极运用信息化技术手段,科学、高效地开展机动车维修管理工作。

(3)道路运输管理机构的执法人员在机动车维修经营场所实施监督检查时,应当有 2 名以上人员参加,并向当事人出示交通运输部监制的交通行政执法证件。检查的情况和处理结果应当记录,并按照规定归档。当事人有权查阅监督检查记录。

(4)从事机动车维修经营活动的单位和个人,应当自觉接受道路运输管理机构及其工作人员的检查,如实反映情况,提供有关资料。

6. 法律责任

(1)违反《维修管理规定》规定,有下列行为之一,擅自从事机动车维修相关经营活动的,由县级以上道路运输管理机构责令其停止经营;有违法所得的,没收违法所得,处违法所得 2 倍以上 10 倍以下的罚款;没有违法所得或者违法所得不足 1 万元的,处 2 万元以上 5 万元以下的罚款;构成犯罪的,依法追究刑事责任:

①未取得机动车维修经营许可,非法从事机动车维修经营的。

②使用无效、伪造、变造机动车维修经营许可证件,非法从事机动车维修经营的。

③超越许可事项,非法从事机动车维修经营的。

(2)违反《维修管理规定》规定,机动车维修经营者非法转让、出租机动车维修经营许可证件的,由县级以上道路运输管理机构责令停止违法行为,收缴转让、出租的有关证件,处以 2000 元以上 1 万元以下的罚款;有违法所得的,没收违法所得。

(3)违反《维修管理规定》规定,机动车维修经营者使用假冒伪劣配件维修机动车,承修已报废的机动车或者擅自改装机动车的,由县级以上道路运输管理机构责令改正,并没收假冒伪劣配件及报废车辆;有违法所得的,没收违法所得,处违法所得2倍以上10倍以下的罚款;没有违法所得或者违法所得不足1万元的,处2万元以上5万元以下的罚款,没收假冒伪劣配件及报废车辆;情节严重的,由原许可机关吊销其经营许可;构成犯罪的,依法追究刑事责任。

(4)违反《维修管理规定》规定,机动车维修经营者签发虚假或者不签发机动车维修竣工出厂合格证的,由县级以上道路运输管理机构责令改正;有违法所得的,没收违法所得,处以违法所得2倍以上10倍以下的罚款;没有违法所得或者违法所得不足3000元的,处以5000元以上2万元以下的罚款;情节严重的,由许可机关吊销其经营许可;构成犯罪的,依法追究刑事责任。

(5)违反《维修管理规定》规定,有下列行为之一的,由县级以上道路运输管理机构责令其限期整改;限期整改不合格的,予以通报:

①机动车维修经营者未按照规定执行机动车维修质量保证期制度的。

②机动车维修经营者未按照有关技术规范进行维修作业的。

③伪造、转借、倒卖机动车维修竣工出厂合格证的。

④机动车维修经营者只收费不维修或者虚列维修作业项目的。

⑤机动车维修经营者未在经营场所醒目位置悬挂机动车维修经营许可证件和机动车维修标志牌的。

⑥机动车维修经营者未在经营场所公布收费项目、工时定额和工时单价的。

⑦机动车维修经营者超出公布的结算工时定额、结算工时单价向托修方收费的。

⑧机动车维修经营者不按照规定建立维修档案和报送统计资料的。

⑨违反本规定其他有关规定的。

三《道路运输从业人员管理规定》

《道路运输从业人员管理规定》(交通部令2006年第9号,以下简称《从业人员管理规定》),自2007年3月1日正式实施。

(一)颁布实施的重要意义

《从业人员管理规定》是《道路运输条例》关于道路运输从业人员管理的专项配套规章。《从业人员管理规定》对道路运输从业人员的管理原则、管理范围、资格考试和认证程序,从业资格证件管理、从业行为、违章处罚等作了具体规范,是道路运输从业人员管理的一部纲领性、系统性规章。

(二)确立的立法宗旨、基本原则和制度

(1)《从业人员管理规定》集中体现了"加强道路运输从业人员管理,提高道路运输从业人员综合素质"的立法宗旨。

《从业人员管理规定》所称道路运输从业人员是指经营性道路客货运输驾驶员、道路危险货物运输从业人员、机动车维修技术人员、机动车驾驶培训教练员、道路运输经理人和其他道路运输从业人员。

(2)《从业人员管理规定》确立了道路运输从业人员管理的基本原则:道路运输从业人员应当依法经营、诚实信用、规范操作、文明作业;道路运输从业人员管理工作应当公平、公正、公开和便民。

(3)国家对道路运输从业人员实行从业资格考试制度,对道路运输从业行为实行诚信考核和计分考核制度。

(三)道路运输从业人员资格管理的主要内容

1.明确从业资格条件

从业资格是对道路运输从业人员所从事的特定岗位职业素质的基本评价。《道路运输条例》规定,道路运输从业人员应符合相应年龄、学历、职称、驾驶证件和安全驾车等基本条件,并应经过相应基本知识考试合格。

从事机动车维修的技术人员,应分别对机动车维修相关政策法规和技术规范,业务知识,维修、检测、诊断和检验技术,服务收费标准等经设区的市级道路运输管理机构考试合格。

2.组织实施从业资格考试

《从业人员管理规定》提出的从业资格考试制度具体内容如下:

(1)国家对道路运输从业人员实行从业资格考试制度。机动车维修技术人员、机动车驾驶培训教练员取得从业资格的比例分别是相关经营者依法获取机动车维修和机动车驾驶员培训经营许可的必要条件之一。

(2)道路运输从业人员从业资格考试应当按照交通运输部编制的考试大纲、考试题库、考核标准、考试工作规范和程序组织实施。

(3)机动车维修技术人员从业资格考试由设区的市级道路运输管理机构组织实施,每季度组织一次考试。

(4)申请参加机动车维修技术人员从业资格考试的,应当向其户籍地或者暂住地设区的市级道路运输管理机构提出申请,填写《机动车维修技术人员从业资格考试申请表》,并提供下列材料:

①身份证明及复印件;

②学历证明及复印件,申请参加技术负责人员从业资格考试的,也可以提供技术职称证明及复印件;

申请质量检验人员从业资格考试的,应当同时提供机动车驾驶证及复印件和维修技术工作经历证明。

(5)道路运输从业人员从业资格考试成绩有效期为1年,考试成绩逾期作废。

(6)申请人在从业资格考试中有舞弊行为的,取消当次考试资格,考试成绩无效。

3.实施从业资格管理档案

(1)交通主管部门或者道路运输管理机构应当建立道路运输从业人员从业资格管理档案。道路运输从业人员从业资格管理档案包括:从业资格考试申请材料,从业资格考试及从业资格证件记录,从业资格证件换发、补发、变更记录,违章、事故及诚信考核、继续教育记录等。

(2)交通主管部门和道路运输管理机构应当向社会提供道路运输从业人员相关从业信息的查询服务。

4. 实施从业资格证件管理

(1)经营性道路客货运输驾驶员、道路危险货物运输从业人员、机动车维修技术人员、道路运输经理人和其他道路运输从业人员经考试合格后,取得《中华人民共和国道路运输从业人员从业资格证》。

(2)已获得从业资格证件的人员需要增加相应从业资格类别的,应当向原发证机关提出申请,并按照规定参加相应培训和考试。

(3)道路运输从业人员从业资格证件由交通运输部统一印制并编号。具体工作委托交通专业人员资格评价中心负责。机动车维修技术人员从业资格证件由设区的市级道路运输管理机构发放和管理。

(4)道路运输从业人员从业资格证件有效期为6年。道路运输从业人员应当在从业资格证件有效期届满30日前到原发证机关办理换证手续。

道路运输从业人员从业资格证件遗失、毁损的,应当到原发证机关办理证件补发手续。

道路运输从业人员服务单位变更的,应当到交通主管部门或者道路运输管理机构办理从业资格证件变更手续。

道路运输从业人员从业资格档案应当由原发证机关在变更手续办结后30日内移交户籍迁入地或者现居住地的交通主管部门或者道路运输管理机构。

(5)道路运输从业人员有下列情形之一的,由发证机关注销其从业资格证件:

①持证人死亡的。

②持证人申请注销的。

③经营性道路客货运输驾驶员、道路危险货物运输从业人员、机动车驾驶培训教练员年龄超过60周岁的。

④经营性道路客货运输驾驶员、道路危险货物运输驾驶员、机动车维修质量检验人员、机动车驾驶培训教练员的机动车驾驶证被注销或者被吊销的。

⑤超过从业资格证件有效期180日未申请换证的。

凡被注销的从业资格证件,应当由发证机关予以收回,公告作废并登记归档;无法收回的,从业资格证件自行作废。

(6)交通主管部门和道路运输管理机构应当将道路运输从业人员的违章行为记录在《中华人民共和国道路运输从业人员从业资格证》的违章记录栏内,并通报发证机关。发证机关应当将该记录作为道路运输从业人员诚信考核和计分考核的依据,并存入管理档案,机动车驾驶培训教练员违章记录直接记入教练员档案,并作为诚信考核的重要内容。

(7)道路运输从业人员诚信考核和计分考核周期为12个月,从初次领取从业资格证件之日起计算,诚信考核等级分为优良、合格、基本合格和不合格,分别用AAA级、AA级、A级和B级表示。在考核周期内,累计计分超过规定的,诚信考核等级为B级。

省级交通主管部门和道路运输管理机构应当将道路运输从业人员每年的诚信考核和计分考核结果向社会公布,供公众查阅。

(四)申请道路运输从业人员资格考试的办理程序和条件

申请参加经营性道路客货运输驾驶员、机动车维修技术人员和道路危险货物运输驾驶人员、装卸管理人员、押运人员从业资格考试的,应当向其户籍地或者暂住地的设区的市级道路运输管理机构和设区的市级交通主管部门提出申请;申请参加机动车驾驶培训教练员从业资格考试的,应当向户籍地或者暂住地的省级道路运输管理机构提出申请。

申请参加道路运输从业人员资格考试,应当符合《从业人员管理规定》要求的相应条件,填写相应的《道路运输从业人员资格考试申请表》,提供《从业人员管理规定》所要求的身份证、驾驶证、学历证等复印件和安全驾驶证明、相关工作经历证明、相关培训证明等材料。

(五)道路运输从业人员从业资格证件管理及新、旧从业资格证件衔接问题

道路运输从业人员从业资格证件由交通运输部统一印制、编号,有效期6年,全国通用。道路运输从业人员在从事道路运输活动时,应当携带相应的从业资格证件。

(六)法律责任

(1)《从业人员管理规定》规定,有下列行为之一的人员,由县级以上道路运输管理机构责令改正,处200元以上2000元以下的罚款;构成犯罪的,依法追究刑事责任:

①未取得相应从业资格证件,驾驶道路客货运输车辆的。

②使用失效、伪造、变造的从业资格证件,驾驶道路客货运输车辆的。

③超越从业资格证件核定范围,驾驶道路客货运输车辆的。

(2)《从业人员管理规定》规定,有下列行为之一的人员,由设区的市级人民政府交通主管部门处2万元以上10万元以下的罚款;构成犯罪的,依法追究刑事责任:

①未取得相应从业资格证件,从事道路危险货物运输活动的。

②使用失效、伪造、变造的从业资格证件,从事道路危险货物运输活动的。

③超越从业资格证件核定范围,从事道路危险货物运输活动的。

(3)《从业人员管理规定》规定:道路运输从业人员有下列不具备安全条件情形之一的,由发证机关吊销其从业资格证件:

①经营性道路客货运输驾驶员、道路危险货物运输从业人员、机动车驾驶培训教练员身体健康状况不符合有关机动车驾驶和相关从业要求且没有主动申请注销从业资格的。

②经营性道路客货运输驾驶员、道路危险货物运输驾驶员、机动车驾驶培训教练员发生重大以上交通事故,且负主要责任的。

③机动车维修技术人员发生重大生产安全事故,且负主要责任的。

④发现重大事故隐患,不立即采取消除措施,继续作业的。

(七)对机动车维修从业人员的管理规定

1.机动车维修从业人员管理的范围

机动车维修从业技术人员包括:机动车维修技术负责人员、质量检验人员以及从事机修、电器、钣金、涂漆、车辆技术评估(含检测)作业的技术人员。

机动车维修其他从业人员是指除上述人员以外的机动车维修企业价格核算员及业务接待员。

2.机动车维修技术人员从业基本条件

(1)道路运输从业人员应当依法经营,诚实信用,规范操作,文明从业。

(2)技术负责人员应当符合下列条件:

①具有机动车维修或者相关专业大专以上学历,或者具有机动车维修或相关专业中级以

上专业技术职称。

②熟悉机动车维修业务，掌握机动车维修相关政策法规和技术规范。

(3)质量检验人员应当符合下列条件：

①具有高中以上学历。

②熟悉机动车维修检测作业规范，掌握机动车维修故障诊断和质量检验的相关技术，熟悉机动车维修服务收费标准及相关政策法规和技术规范。

(4)从事机修、电器、钣金、涂漆、车辆技术评估(含检测)作业的技术人员应当符合下列条件：

①具有初中以上学历。

②熟悉所从事工种的维修技术和操作规范，并了解机动车维修及相关政策法规。

四《机动车维修企业质量信誉考核办法(试行)》

依据《机动车维修管理规定》及有关规章，交通部(公路司)组织起草了《机动车维修企业质量信誉考核办法(试行)》(以下简称《考核办法》)，2006 年 12 月 25 日交通部以(交公路发〔2006〕719 号文)《关于印发〈机动车维修企业质量信誉考核办法(试行)〉的通知》，颁布实施。

(一)质量信誉考核的原则

质量信誉考核，是指在考核周期内对机动车维修企业的从业人员素质、安全生产、维修质量、服务质量、环境保护、遵章守纪和企业管理等方面进行的综合评价。凡在中华人民共和国境内已获取经营许可的机动车维修企业，均应遵守《考核办法》。

机动车维修企业质量信誉考核工作应当遵循公平、公正、公开和便民的原则。《考核办法》要求机动车维修企业应当自觉遵守国家有关法律、法规及规章，加强管理，诚信经营，履行社会责任，为社会提供安全、优质、方便的维修服务；各级交通主管部门和道路运输管理机构应当鼓励和支持质量信誉等级高的机动车维修企业发展。

交通运输部负责全国机动车维修企业质量信誉考核工作。县级以上人民政府交通主管部门负责组织领导本行政区域的机动车维修企业质量信誉考核工作。县级以上道路运输管理机构按照本办法规定的职责，负责具体实施机动车维修企业质量信誉考核工作。

(二)质量信誉等级与考核指标

机动车维修企业质量信誉等级分为优良、合格、基本合格和不合格，分别用 AAA 级、AA 级、A 级和 B 级表示。

机动车维修企业质量信誉考核指标包括以下内容。

(1)从业人员素质指标：维修技术人员获取从业资格证件情况。

(2)安全生产指标：安全生产制度实施情况及安全生产状况。

(3)维修质量指标：质量保证体系建设和实施情况。

(4)服务质量指标：服务公示情况、有责投诉次数、服务质量事件和用户满意度。

(5)遵章守纪指标：守法经营和违章情况。

(6)环境保护指标：环保设施设备技术状况和运用情况，废气、废水、废油以及空调制冷剂等维修废物回收处理情况。

(7)企业管理指标:质量信誉档案建立情况、企业形象、获奖情况、连锁经营情况。

(三)质量信誉考核方法

机动车维修企业质量信誉考核实行计分制,考核总分为1000分,加分为100分。在考核总分中从业人员素质考核占100分,安全生产考核占150分,维修质量考核占200分,服务质量考核占200分,遵章守纪考核占150分,环境保护考核占150分,企业管理考核占50分。企业管理指标中企业形象、获奖情况、连锁经营情况为加分项目。

一、二类汽车维修企业质量信誉考核记分标准由交通运输部统一制定;三类汽车维修企业及一、二类摩托车维修企业和其他机动车维修企业的质量信誉考核记分标准由省级道路运输管理机构参照一、二类汽车维修企业质量信誉考核记分标准统一制定。

机动车维修企业质量信誉等级,由道路运输管理机构按照下列条件进行考核。

1. AAA 级企业

(1)考核期内未发生一次死亡1人及以上的安全生产责任事故和重大、特大恶性服务质量事件。

(2)考核期内未出现超越许可事项或使用无效、伪造、变造机动车维修经营许可证件,非法从事机动车维修经营的违法违章行为。

(3)考核期内未出现使用假冒伪劣配件维修机动车、承修已报废的机动车、擅自改装机动车或利用配件拼装机动车的违法违章行为。

(4)考核总分和加分合计不低于850分,且企业从业人员素质、安全生产等考核分数在该项总分的80%以上。

2. AA 级企业

(1)未达到AAA级企业的考核条件。

(2)考核期内未发生一次死亡1人及以上的安全生产责任事故和重大、特大恶性服务质量事件。

(3)考核期内未出现超越许可事项或使用无效、伪造、变造机动车维修经营许可证件,非法从事机动车维修经营的违法违章行为。

(4)考核期内未出现使用假冒伪劣配件维修机动车、承修已报废的机动车、擅自改装机动车或利用配件拼装机动车的违法违章行为。

(5)考核总分和加分合计不低于700分,且企业从业人员素质、安全生产等考核分数在该项总分的65%以上。

3. A 级企业

(1)未达到AA级企业的考核条件。

(2)考核期内未发生一次死亡1人及以上的安全生产责任事故和特大恶性服务质量事件。

(3)考核期内未出现超越许可事项或使用无效、伪造、变造机动车维修经营许可证件,非法从事机动车维修经营的违法违章行为。

(4)考核期内未出现使用假冒伪劣配件维修机动车、承修已报废的机动车、擅自改装机动车或利用配件拼装机动车的违法违章行为。

(5)考核总分和加分合计不低于600分,且企业从业人员素质、安全生产等考核分数在该项总分的60%以上。

4. B 级企业

考核期内有下列情形之一的，质量信誉等级为 B 级：

(1)发生一次死亡 1 人及以上的安全生产责任事故或特大恶性服务质量事件。

(2)出现超越许可事项或使用无效、伪造、变造机动车维修经营许可证件，非法从事机动车维修经营的违法违章行为。

(3)出现使用假冒伪劣配件维修机动车、承修已报废的机动车、擅自改装机动车或利用配件拼装机动车的违法违章行为。

(4)考核总分和加分合计低于 600 分或者企业从业人员素质、安全生产等考核分数在该项总分的 60% 以下的。

重大恶性服务质量事件是指由于企业原因，对社会造成不良影响，而受到市级交通主管部门或者道路运输管理机构通报批评的服务质量事件；特大恶性服务质量事件是指由于企业原因，对社会造成恶劣影响，而受到省级以上交通主管部门或者道路运输管理机构通报批评的服务质量事件。

(四)建立质量信誉档案

机动车维修企业应当建立质量信誉档案，并及时将相关内容和材料记入质量信誉档案。主要内容包括：

(1)企业基本情况，包括企业名称、法人代表名称、机动车维修经营许可证件、工商执照、分公司名称及所在地、从业人员情况等。

(2)安全生产事故记录，包括每次事故的时间、地点、事故原因、死伤人数、经济损失及处理情况。

(3)服务质量事件记录，包括每次事件的时间、原因、社会影响、通报部门或机构。

(4)违章经营情况，包括每次违章经营的时间、责任人、违章事实、查处机关、行政处罚和通报情况。

(5)投诉情况，包括每次投诉的投诉人、投诉内容、受理部门、投诉方式、曝光媒体名称、社会影响及处理等情况。

(6)企业管理情况，包括质量信誉档案建立情况、连锁经营情况、服务人员统一标志及持证上岗情况，以及获得市、厅级以上集体荣誉称号的情况。

机动车维修企业所在地县级或者设区的市级道路运输管理机构应当通过企业上报、行政执法、纠纷调解、受理投诉和社会举报等多种渠道，收集并汇总有关信息，建立包含机动车维修企业各年度质量信誉考核表及考核结果为主要内容的机动车维修企业诚信档案，并将相关信息存入机动车维修企业管理信息系统。

(五)质量信誉考核程序

机动车维修企业质量信誉考核工作每年进行一次。考核周期为每年的 1 月 1 日至 12 月 31 日。考核工作应当在考核周期次年 3 月至 6 月进行。机动车维修企业应在每年的 3 月底前，根据本企业的质量信誉档案对上年度的质量信誉情况进行总结，向所在地县级或设区的市级道路运输管理机构申请考核，并提交质量信誉考核申请表、本企业上年度的质量信誉情况总结及与质量信誉考核指标相对应的相关材料。

道路运输管理机构在日常工作中已经掌握被考核机动车维修企业质量信息考核指标情况的,可不再要求机动车维修企业报送此项指标的相关材料。

在异地设有分公司的机动车维修企业,按上述要求提供材料时,应当提供分公司的质量信誉情况。分公司所在地县级或设区的市级道路运输管理机构应当对分公司的质量信誉情况进行核实,出具书面证明,并对确认结果负责。

连锁经营机动车维修企业可直接由总部向所在地县级或设区的市级道路运输管理机构提出申请,按上述要求提供材料时,应当提供连锁经营网点的质量信誉情况。连锁经营网点的质量信誉情况由连锁经营总部进行核实,出具书面保证,并承担由此引发的法律责任。道路运输管理机构对连锁网点的相关情况不再进行实质考核。

对机动车维修企业进行质量信誉考核,应当依照下列程序进行:

(1)机动车维修企业所在地的县级道路运输管理机构应当根据本机构的机动车维修企业质量信誉管理档案,对机动车维修企业报送的质量信誉材料进行核实。发现不一致的,应当要求机动车维修企业进行说明或者组织调查。核实结束后,应当根据各项考核指标的初步结果进行打分,对机动车维修企业质量信誉等级进行初评,并将各项考核指标数据和所得分数、初评结果上报设区的市级道路运输管理机构。

机动车维修企业所在地为设区市的,由所在地设区的市级道路运输管理机构负责对机动车维修企业质量信誉情况进行核实,并对企业质量信誉等级进行初评。

(2)设区的市级道路运输管理机构应当将机动车维修企业的考核数据、所得分数和初步考核结果,书面通知被考核机动车维修企业。

(3)设区的市级道路运输管理机构将辖区机动车维修企业的各项考核指标数据、所得分数和初步考核结果,在当地主要新闻媒体、本机构网站或本级交通主管部门网站上进行为期15天的公示。

(4)被考核企业或其他单位、个人对公示结果有异议的,可在公示期间向设区的市级道路运输管理机构书面申诉或举报。

举报人应如实签署姓名或单位名称,并附联系方式,否则,不予受理。

道路运输管理机构应当为举报人保密,不得向其他单位或个人泄漏举报人的姓名及有关情况。

(5)公示结束后,设区的市级道路运输管理机构应当对企业的申诉和社会反映的情况进行调查核实,根据调查核实结果对企业的质量信誉等级进行评定,并将考核结果上报省级道路运输管理机构。

省级和设区的市级道路运输管理机构应于6月30日前在当地主要新闻媒体、本机构网站或本级交通主管部门网站上公布上一年度机动车维修企业质量信誉考核结果,并在网站上建立专项查询系统,方便社会各界查询机动车维修企业历年的质量信誉等级。

AAA级机动车维修企业可由省级道路运输管理机构向社会发布,AA级及以下的机动车维修企业可由设区的市级道路运输管理机构向社会发布。具体发布权限由省级道路运输管理机构确定。

机动车维修企业下设的分公司与总公司一起进行质量信誉考核;分公司所在地县级或设区的市级道路运输管理机构应当对分公司的质量信誉情况进行核实,出具书面证明,并对确认结果负责。

连锁经营机动车维修企业可直接由总部向所在地县级或设区的市级道路运输管理机构提出申请,包括提供连锁经营网点的质量信誉情况。连锁经营网点的质量信誉情况由连锁经营总部进行核实,出具书面保证,并承担由此引发的法规责任。道路运输管理机构对连锁网点的相关情况不再进行实质考核。

具备质量信誉等级的机动车维修企业需要分立或合并,应当按照本办法规定重新进行质量信誉考核,原质量信誉等级自动失效。

(六)质量信誉管理

机动车维修企业质量信誉等级标注在机动车维修经营许可证件(副本)的备注栏内。

对新办机动车维修企业,在经营满一个日历年度后,依照本办法规定进行质量信誉考核,首次考核周期为经营许可之日至考核年度的 12 月 31 日,并在质量信誉等级后注明“新办企业”,自第二个考核年度开始直接标注质量信誉等级。

机动车维修企业发生名称、法定代表人等事项变更,应当在办理经营许可证变更手续时,一并办理质量信誉管理相关手续,原质量信誉等级不变。

道路运输管理机构可以根据机动车维修企业质量信誉等级的高低,对企业采取推荐参加政府采购招投标、重大事故车维修加入全国机动车维修救援网络等激励措施。

连续 3 年考核为 AAA 级的机动车维修企业,在许可证件有效期届满时,申请继续经营的,可由作出原许可决定的道路运输管理机构直接办理换证手续。鼓励 AAA 级的机动车维修企业投资参股(股比超过 50%)或以特许经营、品牌连锁等形式扩大维修网点,维修网点可享用原企业的质量信誉等级。

道路运输管理机构应当加强对机动车维修企业质量信誉的宣传工作,引导托修车辆的单位和个人优先选择质量信誉等级高的机动车维修企业,运用市场机制鼓励机动车维修企业注重质量、维护信誉。机动车维修企业可以使用其质量信誉等级进行新闻宣传或者从事相关的商业活动。

机动车维修企业质量信誉等级为 B 级的,道路运输管理机构应当责令其进行整改,实施重点监管,整改不合格已存在重大安全隐患或者因维修质量问题造成一次死亡 3 人以上道路交通事故的,由作出原许可决定的道路运输管理机构予以通报。

机动车维修企业有下列情形之一的,其年度质量信誉等级为 B 级:

(1)不按要求参加年度质量信誉考核或不按要求提供质量信誉考核材料,且不按要求补正的。

(2)在质量信誉考核过程中弄虚作假、隐瞒情况或提供虚假材料的。

(3)未按要求建立质量信誉档案,或在质量信誉考核过程中不配合,导致质量信誉考核工作无法进行的。

五　机动车维修管理相关法规

(一)环境保护法规

1.《中华人民共和国大气污染防治法》

1)《大气污染防治法》的主要内容

《中华人民共和国大气污染防治法》(以下简称《大气污染防治法》)由中华人民共和国第

九届全国人民代表大会常务委员会第十五次会议于 2000 年 4 月 29 日修订通过,自 2000 年 9 月 1 日起施行。《大气污染防治法》共七章:总则、大气污染防治的监督管理、防治燃煤产生的大气污染、防治机动车船排放污染、防治废气、尘和恶臭污染、法律责任、附则,共六十六条。

修订后的《大气污染防治法》对重点城市的大气污染防治突出了以下内容:一是加强对机动车的污染防治;二是加大城市扬尘的控制力度;三是禁止超过排放标准排放污染物;四是实行大气污染物排放的总量控制和许可制度;五是建立排污收费制度;六是强化法律责任。

2)《大气污染防治法》提出有关防治机动车船排放污染的措施

《大气污染防治法》提出防治机动车船排放污染的具体措施如下:

(1)机动车船必须达标排放。这是对机动车船排放大气污染物控制最基本的要求。为贯彻《环境保护法》和《大气污染防治法》,控制机动车污染物排放,改善环境空气质量,近些年国家质量技术监督局和环保局组织陆续制定或修订发布了一系列有关机动车排放污染物限值及测试方法方面的国家标准。另外,根据本法的规定,省、自治区、直辖市人民政府经国务院批准,也可以制定严于国家标准的地方机动车船大气污染物排放标准。

(2)超过排放标准的机动车船,任何单位和个人不得制造、销售或者进口。国家鼓励生产和消费使用清洁能源的机动车船。

(3)加强对机动车船排放污染的监督。要控制日益严重的机动车污染,一方面是要从新车着手,控制机动车污染物排放的源头;另一方面,对在用车排放的控制也是绝对不可忽视的。本法对机动车实行了"新车新标准,老车老标准"的办法。这也是国际上通行的惯例。

在用机动车必须符合制造当时的在用机动车污染物排放标准。这一规定正是"新车新办法,老车老办法"原则的充分体现。对于达不到制造当时的在用车污染物排放标准的机动车,一律不得上路行驶。

(4)对机动车维修单位的要求。在用车的排放控制,应当以强化检查/维护(I/M)制度为主,使其保持良好的技术状态,并根据各城市的具体情况,采取适宜的鼓励车辆淘汰和更新的措施。这是控制在用车污染物排放的基本原则。机动车维修单位,应当按照防治大气污染的要求和国家有关技术规范进行维修,使在用机动车达到规定的污染物排放标准。另外,为了防止汽车维修过程中产生的有害气体排入大气,按机动车维修企业环境保护条件要求,调试车间或调试工位应设置"汽车尾气收集净化装置"。

2.《中华人民共和国固体废物污染环境防治法》

《中华人民共和国固体废物污染环境防治法》(以下简称《固废防治法》)由中华人民共和国第十届全国人民代表大会常务委员会第十三次会议于 2004 年 12 月 29 日修订通过,自 2005 年 4 月 1 日起施行。修订后的《固废防治法》共六章九十一条,除了总则、法律责任、附则外,还包括:固体废物污染环境防治的监督管理、固体废物污染环境的防治、危险废物污染环境防治的特别规定。

3.《中华人民共和国水污染防治法》及其实施细则

1)《中华人民共和国水污染防治法》

《中华人民共和国水污染防治法》(以下简称《水污染防治法》)于 2008 年 2 月 28 日第十届全国人民代表大会常务委员会第三十二次会议修订通过,自 2008 年 6 月 1 日起施行。修订后的《水污染防治法》共八章九十二条。除了总则、法律责任、附则外,还包括:水污染防治的标准和规划、水污染防治的监督管理、水污染防治措施、饮用水水源和其他特殊水体保护、水污染事故处置等的特别规定。

2)《中华人民共和国水污染防治法实施细则》

《中华人民共和国水污染防治法实施细则》(以下简称《水污染防治法实施细则》)的颁布,对新时期我国环境保护部门实施《水污染防治法》提供了有力的法律依据,是《水污染防治法》的进一步补充和完善,特别是对加强重点流域水污染防治工作,加强监督,严格执法,具有重大的意义。《水污染防治法实施细则》共六章四十九条,具有针对性和现实性,可操作性强,更利于实施等特点。

4. 环境保护法规在机动车维修企业的实施

机动车维修企业承担着维护和修复机动车排放性能的艰巨任务,同时在自身生产过程中也会产生废油、废水、废气,以及废旧蓄电池、废旧轮胎、废旧汽车配件和生产与办公垃圾等大量固体废物,如果不加以控制,或回收、处理不当,对环境、对企业员工的职业健康都会造成一定危害。

机动车维修企业应具备的环境保护条件,应在环境保护管理制度和环境保护措施两部分加以落实。

1)环境保护管理制度

企业应针对环境保护法规的宣传贯彻、环境保护工作的责任和具体工作制定相关环境保护管理制度,内容主要包括:

(1)认真贯彻执行"预防为主、防治结合、综合治理"的环境保护方针,遵守国家《环境保护法》、《大气污染防治法》、《环境噪声污染防治法》等有关环境保护的法律法规、规章及标准。

(2)定期进行环境保护教育和环保常识培训,教育职工严格执行各工种工艺流程、工艺规范和环境保护制度。

(3)建立废油、废液、废气、废蓄电池、废轮胎及垃圾等有害物质集中收集、有效处理和保持环境整洁的环境保护管理制度,包括危险废物管理计划。

(4)对"三废"处理、通风、吸尘、净化、消声等设施落实管理责任,确保运行良好。

(5)严禁违法转移和非法经营危险废物回收的行为。

(6)全面实施在用车辆的检查/维护制度(I/M 制度),严格作业规范,确保车辆排放和噪声达标。

2)环境保护措施

(1)建造符合标准、防雨防渗的固体废物的暂存设施,尤其是危险废物的暂存设施;有害物质存储区域应界定清楚,必要时应有隔离、控制措施。

(2)作业环境以及按生产工艺安装、配置的处理"三废"、通风、吸尘、净化、消声等设施,均符合国家环境保护法规、标准的规定。

(3)涂漆车间设有专用的废水排放及处理设施,采用干打磨工艺的,设有粉尘收集装置和除尘设备,并设有通风设备。

(4)机动车维修调试车间或调试工位设置汽车尾气收集净化装置。

(5)在维修作业过程中,严禁车辆使用不合格的净化装置和消声装置。

(6)车辆竣工出厂前,要严格检查车辆尾气排放和噪声指标,对尾气排放和噪声指标不符合国家标准的,不得放行出厂。

(二)质量管理法规

1.《中华人民共和国产品质量法》

《中华人民共和国产品质量法》于 1993 年 2 月制定,2000 年 7 月作了修订。新修订的《中华人民共和国产品质量法》(以下简称《产品质量法》)自 2000 年 9 月 1 日起实施。该法对于加强产品质量监督管理、提高产品质量水平、明确产品质量责任、保护消费者的合法权益、维护社会经济秩序具有十分重要的意义。

1)《产品质量法》的立法目的和调整范围

(1)《产品质量法》的立法目的。制定《产品质量法》是为了加强对产品质量的监督管理,提高产品质量水平,明确产品质量责任,保护消费者的合法权益,维护社会经济秩序。

(2)《产品质量法》的调整范围。《产品质量法》的调整对象是产品。《产品质量法》所称的产品是指经过加工、制作,用于销售的物品。这里所指的产品必须同时具备以下三个条件:

①产品必须是经过加工、制作的物品。而未经人们加工、制作的天然物品和自然生长品不属于《产品质量法》所称的产品。

②产品必须是用于销售的。凡不是用于销售的产品,不是《产品质量法》所调整的产品。

③产品应是动产。《产品质量法》所称产品不包括不动产。

(3)《产品质量法》的适用范围。在中华人民共和国境内从事产品生产、销售活动,必须遵守本法。

机动车维修质量管理虽然不在《产品质量法》的适用范围,但必须遵循《产品质量法》提出的有关质量管理的基本原则。

2)《产品质量法》的主要内容

修订后的《产品质量法》共六章七十四条。除了总则、法律责任、附则外,还包括:产品质量的监督,生产者、销售者的产品质量责任和义务,损害赔偿等内容。

(1)总则。对本法若干重大问题作了原则规定。

(2)产品质量的监督。强调了政府作为社会经济活动的宏观组织者和管理者,也必须对产品质量进行必要的监督和宏观管理,以维护社会经济秩序,保护消费者的合法权益。

(3)生产者、销售者的产品质量责任和义务。规定了生产者、销售者对产品质量所应当承担的责任和义务。

(4)损害赔偿。介绍了关于因产品质量问题引起的损害赔偿的规定。

3)《产品质量法》在机动车维修行业的贯彻实施

(1)建立健全机动车维修质量管理体系和质量管理制度。《产品质量法》明确的产品质量的管理方针和原则,可指导本行业进一步健全机动车维修质量管理体系,完善机动车维修质量评定标准和质量管理制度,进一步强化质量监督检查工作,积极推行企业质量体系认证,促进行业质量管理工作进一步走向规范化。

(2)加强机动车配件质量监控。机动车配件质量严重影响机动车维修质量,除了配件生产者对质量负有主要责任外,机动车维修企业同样承担着配件使用质量监控和配件代销的任务。为贯彻《产品质量法》,机动车维修企业应建立健全机动车配件质量管理制度,落实配件入库检验工作和配件质量索赔工作,切实保障承、托修双方的合法权益,保障机动车维修质量。

2.《中华人民共和国标准化法》

1)《中华人民共和国标准化法》的主要内容

《中华人民共和国标准化法》(以下简称《标准化法》)由中华人民共和国第七届全国人民代表大会常务委员会第五次会议于1988年12月29日通过并公布,自1989年4月1日起施行。《标准化法》是中华人民共和国的一项重要法律,规定了我国标准化工作的方针、政策、任务和标准化体制等。《标准化法》分为五章二十六条,其主要内容是:确定了标准体制和标准化管理体制,规定了制定标准的对象与原则以及实施标准的要求,明确了违法行为的法律责任和处罚办法。

《标准化法》是制定标准,推行标准化,实施标准化管理和监督的依据。《标准化法》的颁布,标志着我国标准化工作已进入法制管理的新阶段。标准化是组织专业化生产的技术纽带,《标准化法》的颁布,有利于发展社会化大生产,有利于发展社会主义商品经济;标准是科研、生产、交换和使用的技术依据。《标准化法》规定,企业必须按标准组织生产,对于那些涉及人民生命财产安全的产品,必须强制执行,对违反者要追究其法律责任。《标准化法》的颁布,有利于维护国家、集体和个人三者的利益。

《标准化法》将我国标准分为国家标准、行业标准、地方标准、企业标准四级。国家标准、行业标准分为强制性标准和推荐性标准。保障人体健康,人身、财产安全的标准和法律、行政法规规定强制执行的标准是强制性标准;其他标准是推荐性标准。

国家标准由国务院标准化行政主管部门制定。对没有国家标准而又需要在全国某个行业范围内统一的技术要求,可以制定行业标准。行业标准由国务院有关行政主管部门制定,并报国务院标准化行政主管部门备案,在公布国家标准之后,该项行业标准即行废止。

2)《标准化法》在机动车维修行业的实施

目前,我国机动车维修行业执行的国家标准有:《汽车维修业开业条件》(GB/T 16739—2004)、《摩托车维修业开业条件》(GB/T 18189—2008)、《汽车维护、检测、诊断技术规范》(GB/T 18344—2001)、《营运车辆综合性能要求和检验方法》(GB 18565—2001)和《机动车运行安全技术条件》(GB 7258—2012)等,是规范机动车维修行业管理,指导汽车维修、检测工作的重要依据。

3.《中华人民共和国计量法》

《中华人民共和国计量法》(以下简称《计量法》)于1986年7月1日实施。根据2009年中华人民共和国第十一届全国人民代表大会常务委员会第十次会议《全国人民代表大会常务委员会关于修改部分法律的决定》进行修正,2009年8月27日施行。《计量法》共六章三十五条,除了总则、法律责任、附则外,还包括:计量基准器具、计量标准器具和计量检定、计量器具管理、计量监督等内容。

1)立法目的

为了加强计量监督管理,保障国家计量单位制的统一和量值的准确可靠,有利于生产、贸易和科学技术的发展,适应社会主义现代化建设的需要,维护国家、人民的利益,制定本法。

2)《计量法》的适用范围

在中华人民共和国境内,建立计量基准器具、计量标准器具,进行计量检定,制造、修理、销售、使用计量器具,必须遵守本法。

3)法定计量单位制

国家采用国际单位制。国际单位制计量单位和国家选定的其他计量单位,为国家法定计量单位。国家法定计量单位的名称、符号由国务院公布。非国家法定计量单位应当废除。废除的办法由国务院制定。

4)计量工作的监督管理

国务院计量行政部门对全国计量工作实施统一监督管理。县级以上地方人民政府计量行政部门对本行政区域内的计量工作实施监督管理。

5)计量基准器具和计量标准器具

(1)计量基准器具:国务院计量行政部门负责建立各种计量基准器具,作为统一全国量值的最高依据。

(2)计量标准器具:县级以上地方人民政府计量行政部门根据本地区的需要,建立社会公用计量标准器具,经上级人民政府计量行政部门主持考核,合格后使用。

6)计量检定

计量检定必须按照国家计量检定系统表进行。国家计量检定系统表由国务院计量行政部门制定。

计量检定必须执行计量检定规程。国家计量检定规程由国务院计量行政部门制定。没有国家计量检定规程的,由国务院有关主管部门和省、自治区、直辖市人民政府计量行政部门分别制定部门计量检定规程和地方计量检定规程,并向国务院计量行政部门备案。

计量检定工作应当按照经济合理的原则,就地就近进行。

7)机动车维修质量检验中的计量管理工作

(1)计量器具的购置要求:①按照计量法的总则规定,使用计量器具必须遵守《计量法》,自觉遵守《计量法》的规定,所以,机动车维修企业在购置计量器具时,一定要认准产品是否具有生产许可证和计量检定合格证;②在购买进口计量器具时,也应注意其是否符合计量检定的要求。

(2)计量器具的使用要求:①保持计量器具的清洁和测量准确度;②定期将计量器具送计量检定机构检定;③不使用准确度有误的计量器具。

(3)计量管理工作内容:①建立计量器具管理台账;②严格使用法定计量单位;③定期进行计量检定;④服从计量行政管理部门的计量监督检查。

(三)经营管理法规

1.《中华人民共和国合同法》

1)《中华人民共和国合同法》的主要内容

《中华人民共和国合同法》(以下简称《合同法》)于 1999 年 3 月 15 日经第九届全国人民代表大会第二次会议审议通过,1999 年 10 月 1 日起施行。《合同法》是民商法的重要组成部分,是规范市场交易,保护合同当事人合法权益,维护社会经济秩序,促进社会主义现代化建设的基本法律。《合同法》分为总则、分则和附则三部分,共二十三章四百二十八条。

《合同法》涉及生产、生活领域的方方面面,与企业的生产经营和人们的生活密切相关。制定一部统一的、较为完备的《合同法》,规范各类合同,能够更好地适应社会主义市场经济发展的需要,对于及时解决经济纠纷,保护当事人的合法权益,维护社会经济秩序,促进社会主义现代化建设,具有十分重要的作用。

2)《合同法》在机动车维修行业的实施

为加强机动车维修行业管理,维护机动车维修经营活动的正常秩序,保障承、托修双方当事人的合法权益,1992 年,交通部会同国家工商行政管理局联合发布了《汽车维修合同实施细则》;2005 年,交通部 7 号令《机动车维修管理规定》中有关机动车维修档案管理明确规定:机动车维修档案主要内容包括维修合同。

(1)机动车维修合同属于《合同法》规范的范围。因此,必须遵循《合同法》的一般规定。

①合同当事人的法律地位平等,一方不得将自己的意志强加给另一方。

②当事人依法享有自愿订立合同的权利,任何单位和个人不得非法干预。

③当事人应当遵循公平原则,确定各方的权利和义务。

④当事人行使权利、履行义务,应当遵循诚实信用原则。

⑤当事人订立、履行合同,应当遵守法律、行政法规,尊重社会公德,不得扰乱社会经济秩序,损害社会公共利益。

⑥依法成立的合同,对当事人具有法律约束力。当事人应当按照约定履行自己的义务,不得擅自变更或者解除合同。依法成立的合同,受法律保护。

(2)机动车维修合同在《合同法》中属于"承揽合同"规范的范畴。承揽合同是承揽人按照定作人的要求完成工作,交付工作成果,定作人给付报酬的合同。承揽合同的内容包括承揽的标的、数量、质量、报酬、承揽方式、材料的提供、履行期限、验收标准和方法等条款。

2.《中华人民共和国消费者权益保护法》

1)《消费者权益保护法》的主要内容

消费者是指为生活消费需要,购买、使用商品或者接受服务的单位和个人。

消费者权益保护法规是调整国家、经营者和消费者三者之间在保护消费者权益的过程中发生的社会关系的法律规范的总称。它是经济法的重要组成部分。1993 年 10 月 31 日第八届全国人大常委会第四次会议通过了《中华人民共和国消费者权益保护法》(以下简称《消费者权益保护法》),自 1994 年 1 月 1 日起实施。根据 2009 年中华人民共和国第十一届全国人民代表大会常务委员会第十次会议《全国人民代表大会常务委员会关于修改部分法律的决定》进行修正,自 2009 年 8 月 27 日起施行。《消费者权益保护法》共八章五十五条,除了总则、法律责任、附则外,还包括:消费者的权利、经营者的义务、国家对消费者合法权益的保护、消费者组织、争议的解决。

2)《消费者权益保护法》在机动车维修行业的实施

根据《消费者权益保护法》对消费者的法定范围,在机动车维修服务中,托修方是服务对象,是消费者。

(1)托修方的权益主要有以下几个方面:

①送修车的财产安全不受损害。

②有权了解机动车维修所用材料与配件价格和修车工时单价。

③有权选择与其报修作业项目相适应的机动车维修企业和作业项目。

④所付维修费用符合收费标准。

⑤受到损害有权索赔。

⑥有权监督、投诉机动车维修服务质量等侵害其权益的行为。

(2)承修方对托修方权益保护应尽的法律责任包括:

①严格履行双方约定的机动车维修合同。

②认真听取托修方对机动车维修的要求和意见,接受托修方的监督。

③确保生产安全。

④向托修方提供修理工时定额标准、实际消耗的工时以及维修所用的配件、材料价格的真实信息(工时清单、材料清单),供审核。

⑤严格执行机动车维修技术标准,确保机动车维修质量,出具《机动车维修竣工出厂合格证》(含质量保证卡)。

⑥建立并向托修方提供机动车维修检验记录、检测数据等机动车维修技术档案。

(四)安全与劳动保护法规

1.《中华人民共和国安全生产法》

安全生产,事关人民群众生命财产安全、国民经济持续快速健康发展和社会稳定大局,党中央、全国人大和国务院高度重视安全生产立法工作。《中华人民共和国安全生产法》(以下简称《安全生产法》)于2002年6月29日第九届全国人民代表大会常务委员会第二十八次会议通过,自2002年11月1日起施行。2011年对《中华人民共和国安全生产法》进行了修正。制定《安全生产法》,主要是要解决社会主义市场经济体制下安全生产工作如何法律化、制度化的问题。《安全生产法》共七章一百一十九条,除了总则、法律责任、附则外,还包括:生产经营单位的安全生产保障、从业人员的权利和义务、安全生产的监督管理、生产安全事故的应急救援与调查处理等内容。

1)立法目的

为了加强安全生产监督管理,防止和减少生产安全事故,保障人民群众生命和财产安全,促进经济发展。

2)适用范围

本法适用于在中华人民共和国领域内从事生产经营活动的单位的安全生产管理。

3)安全生产管理方针

安全生产管理坚持安全第一、预防为主的方针。

4)生产经营单位在安全生产方面的义务

(1)生产经营单位必须遵守有关安全生产的法律、法规。

(2)生产经营单位必须加强安全生产管理。生产经营单位加强安全生产管理,是一项法定义务。

(3)建立、健全安全生产责任制度。确保安全生产的关键是建立、健全安全生产责任制度,使安全生产有人管,安全生产责任制的落实有人抓。通过安全生产责任制度的落实,从源头上消除事故隐患,从制度上预防生产安全事故的发生。

(4)完善安全生产条件。这里的"安全生产条件"是指生产经营单位在安全生产中的设施、设备、场所、环境等"硬件"方面的条件,这些条件是与安全生产责任制度相配套的。

5)生产经营单位的从业人员在安全生产方面的权利与义务

从业人员既是安全生产保护的对象,又是实现安全生产的基本要素。为了实现安全生产,防止和减少生产安全事故，必须保障生产经营单位的从业人员依法享有获得安全保障的权利，同时，从业人员也必须履行安全生产方面的义务。

(1)从业人员在安全生产方面的权利主要包括：

①从业人员有依法获得社会保险的权利。生产经营单位在与从业人员订立的劳动合同中，应当载明有关保障从业人员劳动安全和依法为从业人员办理工伤社会保险的事项。生产经营单位与从业人员订立的合同中，不得含有免除或者减轻生产经营单位对从业人员因生产安全事故伤亡依法应承担的责任的内容。

②从业人员有了解作业场所和工作岗位存在的危险因素的权利。生产经营单位有义务将从业人员作业场所和工作岗位中存在的可能导致生产安全事故的危险因素如实、全面地告诉从业人员。

③从业人员有权了解和掌握事故的防范措施和事故应急措施，并对本单位的安全生产工作提出意见和建议。生产经营单位有义务将生产安全事故的防范措施和事故的应急措施告知从业人员。

④从业人员有对安全生产工作中存在的问题提出批评、检举和控告的权利，有权拒绝违章指挥和强令冒险作业。生产经营单位不得因从业人员对本单位安全生产工作提出批评、检举、控告或者拒绝违章指挥和强令冒险作业而降低从业人员的工资、福利等待遇或者解除与其签订的劳动合同。

⑤从业人员发现直接危及人身安全的紧急情况时，有进行紧急避险的权利。即可以停止作业或者在采取可能的应急措施后撤离作业场所。

⑥从业人员因生产安全事故受到损害时，除依法享有工伤社会保险外，还有依照民事法律的相关规定，向本单位提出赔偿要求的权利。

(2)生产经营单位的从业人员在享有安全生产保障的权利的同时，也必须履行相应的安全生产方面的义务。生产经营单位从业人员在安全生产方面的义务主要包括：

①遵守国家有关安全生产的法律、法规和规章。有关安全生产的法律、法规和规章是安全生产的基本要求和保证，每一个从业人员都有义务认真遵守。

②从业人员在作业过程中，应当严格遵守本单位的安全生产规章制度和操作规程，服从安全生产管理。

③从业人员在作业过程中，应当正确佩戴和使用劳动防护用品，严禁在作业过程中放弃使用防护、保护用品或者不正确佩戴和使用劳动防护用品。

④从业人员应当自觉地接受生产经营单位有关安全生产的教育和培训，掌握所从事工作应当具备的安全生产知识。

⑤从业人员在作业过程中发现事故隐患或者其他不安全因素的，应当立即向现场安全生产管理人员或者本单位的负责人报告。

6)安全生产工作监督管理体制

(1)国务院负责安全生产监督管理的部门依照本法，对全国安全生产工作实施综合监督管理；县级以上地方各级人民政府负责安全生产监督管理的部门依照本法，对本行政区域内安全生产工作实施综合监督管理。

(2)国务院有关部门依照本法和其他有关法律、行政法规的规定，在各自的职责范围内对有关的安全生产工作实施监督管理;县级以上地方各级人民政府有关部门依照本法和其他有关法律、法规的规定,在各自的职责范围内对有关的安全生产工作实施监督管理。

7)生产经营单位应当认真执行有关安全生产的国家标准或者行业标准

《安全生产法》中规定的保障安全生产的国家标准和行业标准,属于强制性标准,具有和法律、法规同等的效力。生产经营单位必须执行,任何单位和个人都无权擅自变更、降低这类标准。严格执行有关安全生产的法规是生产经营单位的一项法定义务,也是防患于未然、减少或者杜绝生产安全事故的基本条件。

8)国家实行生产安全事故责任追究制度

国家有关部门将依照本法和有关法律、法规的规定,追究生产安全事故责任人员的法律责任。

9)《安全生产法》在机动车维修企业中的具体实施

《机动车维修管理规定》规定:机动车维修经营者应当加强对从业人员的安全教育和职业道德教育,确保安全生产。机动车维修从业人员应当执行机动车维修安全生产操作规程,不得违章作业。

按照《安全生产法》的有关管理原则和交通部上述规定,机动车维修企业在创立之初就应该建立完善的安全生产管理制度及各项安全生产操作规程,并配备有丰富经验的人员,专职从事安全教育和安全监督管理工作。

机动车维修企业的安全生产管理工作主要体现在以下方面:

(1)企业员工生产过程中的安全管理。机动车维修企业的车间操作员工,面临着许多操作安全问题。对从业人员从进入企业的第一天开始,除了不断强化安全意识之外,必须不间断地对他们进行安全操作规范教育和实际生产时的监督管理,让他们牢记机动车维修中的安全“六防”,并由专职安全生产管理人员随时加以监督管理。

①防溜车。机动车是随时都可以吞噬生命的“铁老虎”,而维修车间以及车间周围又是车辆频繁移动的场所,职工在这样的环境中作业,首先要有足够的防范意识,具体要做到:车辆被千斤顶举升或者开进检查地沟时,必须将前后车轮用三角木块塞紧,工作人员才能接近车辆和进行维修作业;人工移动车辆或者指挥倒车,必须选择安全位置,并且应该有两人以上共同完成操作;严禁无驾驶资格的人员在作业区域驾驶操作;试车员试车时,必须悬挂试车牌照,在公安机关核定的时间和路段试车,试车时,不得随意搭乘其他人员;拖曳损坏车辆应该指派有经验的员工,按照操作要领进行作业。

②防坠落。车间举升车辆,一定要确认设备负载是否匹配,设备是否完好,确信支撑位置恰当、绑扎牢靠、锁止有效之后,作业人员才能进入车下工作;在车辆上部操作的人员,首先要顾及下部操作人员的安全,不得随意将工具、配件摆放在作业部位,以免重物下滑击打下部工位操作人员,引起伤害事故;指挥重物起吊,不能站在有可能被坠落重物击打的位置。

③防挤压。车辆之间要留有足够的操作空间;搬抬重物要有专人指挥、协调动作,以免伤及动作缓慢的个人;多人协调操作的工作,要有一人负责口令指挥。

④防中毒。机动车维修作业中涉及的有毒有害物质比较多,应该特别引起重视,主要包括:对运输危险品的车辆,维修前一定要认真冲洗,不要钻进储罐内作业;充电间要与蓄电池作业间隔离开,并且要安装通风设备;充电操作人员不进行充电操作时,要远离充电间;喷漆车间

要与漆工作业间隔离;喷漆操作人员要加强个人防护;危险品仓库与一般物品分开存放;剧毒物资要专门设库存放,指定专人保管,并且有严格的进出库审批手续和领发料登记台账。

⑤防烫伤。散热器“开锅”时严禁发动机熄火和开启散热器盖;清洗蒸煮锅没有泄压前严禁开启;利用过热蒸汽清洗零件时,必须采取有效的防护措施;焊工、锻工以及热处理车间带有余热的零件不得随意乱放,应设立明显的隔离圈;利用经验法判断零件温升时,只能用手背测试。

⑥防意外伤害。如用压缩空气吹干零件时,气管不能对着人体头、面部;所有经过机械加工的零件,不要用手触摸零件尖角处,以免割伤皮肤;不能将水倒入浓硫酸中进行稀释;车间里行走要防止误踩油污或者可以滚动的零件而滑跌等。

(2)企业用电安全管理。机动车维修企业使用的移动设备多,某些车间空气湿度高,车间里导电物体多,用电安全的责任重大,应引起高度重视。企业用电安全管理的具体工作主要包括:

①要经常检查移动用电设施完好状况,发现破损漏电器材,必须立即停止使用,进行更换或者维修。

②教育职工不能乱拉私接电线,不得在车间里扔工具和零件等,以免碰断电线引起短路或者触电事故。

③低压工作灯不能错插进高压电插座。

④一旦发生触电事故,首先切断电源,再用绝缘物对触电人员施救,以防连锁事故的发生。

(3)企业消防安全管理。机动车维修企业生产的一个显著特点是“油火不分家”,因此,消防安全是维修企业的重要职责。企业消防安全管理的具体工作主要包括:

①使用石油产品作为清洗剂和稀释剂的企业或者车间,不允许进行焊接等有明火的作业。

②运输危险品的车辆,只能在具有危险品车辆维修资格的企业维修。

③维修企业的废油废液要经常清理,不得乱堆乱放。

④机修、喷漆、充电作业等车间及仓库区,严禁烟火。

(4)环境安全管理。机动车维修企业要做好环境安全管理工作,主要包括:

①对存放剧毒品、危险品等要建立完整的安全管理规定,实行专库、专人保管。

②对送修的机动车要严格检验、识别,发现有走私、盗抢、拼装等可疑迹象时,要稳住客户,及时报警。

③严禁企业违反环保法规随意排放废液、废气。

④喷漆车间和钣金、轮胎作业等排放高噪声的车间,应该设立在下风口和尽量远离人员居住的方位。

⑤企业应加强夜间巡逻值班,防止偷盗待修或者修理竣工的机动车辆的行为发生。

(5)职业病防治安全管理工作。主要包括:

①对某些仓库保管员、涂漆工、充电工、轮胎作业工、钣金工等接触有毒有害物质和噪声危害的工作人员,要加强劳动防护,并且定期组织职工进行必要的体检,按照规定发放必须的营养补贴。

②对处于妊娠期的女工、患有慢性病的职工和已经患有职业病的职工,要调剂工种,减轻劳动强度和职业危害。

2.《中华人民共和国劳动法》

《中华人民共和国劳动法》(以下简称《劳动法》)于1994年7月5日颁布,自1995年1月1日起施行。2009年对《劳动法》进行了修正。《劳动法》共十三章一百零七条,内容丰富,规定具体,针对性强,除了总则、监督检查、法律责任、附则外,还包括促进就业、劳动合同和集体合同、工作时间和休息休假、工资、劳动安全卫生、女职工和未成年工特殊保护、职业培训、社会保险和福利、劳动争议等九章,对劳动者的权利和义务、劳动关系的确立和调整、劳动标准的确定和执行以及劳动部门的工作规范和职责,都作了明确规定。

1)《劳动法》立法的基本原则

(1)《劳动法》是依据《宪法》中有关劳动者基本权利和义务的规定制定的。

(2)《劳动法》的主要宗旨是保护劳动者的合法权益,同时也考虑到劳动者与用人单位双方的权利与义务的对等。比如在规定职工可以辞职的同时,也规定用人单位可以依法辞退职工,从而保证了劳动者择业自主权和用人单位的用人自主权。

(3)既要充分考虑到中国国情,又要借鉴外国的成功经验,承担我国已批准的国际劳工公约所应履行的义务,为逐步与国际惯例接轨创造条件。

(4)在制定《劳动法》时,既考虑到法律的统一性,又考虑到地域和经济发展水平的差异性。比如关于最低工资的规定,国家对确定和调整最低工资标准的参考因素作了明确规定,但最低工资的具体标准由各省、市、自治区自行确定。

2)《劳动法》的重大意义

(1)《劳动法》突破了计划经济按不同所有制形式分别立法的传统模式,对不同所有制下的劳动者的权利和义务,按照同一标准作了统一规定,适应了我国社会经济发展中公有制经济与非公有制经济并存的局面,有利于保护全体劳动者和不同所有制单位的合法权益,形成劳动者及企业之间平等竞争的局面,从而会促进社会主义统一市场的形成。

(2)《劳动法》以法律形式确定建立劳动关系应当建立劳动合同。

(3)按照市场经济的规律,确定了集体合同制度。《劳动法》规定工会可以代表职工与企业就劳动报酬、工作时间、休息休假、劳动安全卫生、保险福利等事项,在平等协商的基础上订立集体合同。

(4)《劳动法》以基本法律的形式第一次明确了工时休假制度,使宪法规定的劳动者这一基本权利得到具体确认。

(5)充分落实了劳动者择业、辞职自主权和企业用人、分配自主权,为劳动者成为择业主体和企业成为用人主体提供了法律保障。

(6)确立了最低工资保障制度,规定了工资支付的基本原则。

(7)《劳动法》明确了国家确定职业分类,制定职业技能标准,实行职业资格证书制度,实施职业技能考核鉴定,为我国建立职业技能开发体系,深化职业培训制度改革,全面开发劳动者的职业技能,提高我国劳动者整体素质,提供了法律依据和保障。

(8)《劳动法》肯定了社会保险制度改革的成果,充分体现了党的十四届三中全会关于社会保险制度改革的精神,明确了逐步向社会统筹过渡的方向,对基本保险、企业补充保险和个人储蓄性保险分别作了原则规定;对社会保险基金经办机构和监督机构的职责制定了法律规范,同时规定了用人单位和劳动者缴纳社会保险费的义务和法律责任,为建立有中国特色的社会保险制度指明了方向。

3）劳动者的权利和义务

（1）《劳动法》规定，劳动者的权利主要有：

①劳动权。

②民主管理权。

③休息权。

④获得劳动报酬权。

⑤劳动保护权。

⑥职业培训和业务进修权。

⑦物质帮助权等。

（2）《劳动法》规定，劳动者的义务主要有：

①按照规定的数量和质量完成生产任务和工作任务。

②遵守劳动纪律和用人单位各项规章制度。

③学习科学文化和技术业务知识。

④保守企业商业秘密。

⑤遵守各项劳动法律规范等。

4）用人单位的权利和义务

（1）《劳动法》规定，用人单位的权利主要有：

①决定录用、调动和解除与职工劳动关系的权利。

②用人单位机构设置的决定权。

③用人单位管理人员的任用、聘任权及解聘权。

④工资、奖金分配的提出权。

⑤对职工依法奖惩权等。

（2）《劳动法》规定，用人单位的义务主要有：

①依法考核录用和招聘职工。

②合理组织生产。

③保障职工代表大会和工会行使其职权。

④支付职工劳动报酬。

⑤不断改善劳动条件等。

5）关于劳动安全卫生

（1）《劳动法》规定劳动者在劳动安全卫生方面的权利主要有：

①劳动者对用人单位管理人员违章指挥、强令冒险作业，有权拒绝执行。

②对危害生命安全和身体健康的行为，有权提出批评、检举和控告。

③劳动者在劳动安全卫生方面的义务主要是：劳动者在劳动过程中必须遵守安全操作规程。

（2）《劳动法》规定用人单位在劳动安全卫生方面的义务是：

①用人单位必须建立、健全劳动安全卫生制度，严格执行国家劳动安全卫生规程和标准，对劳动者进行劳动安全卫生教育，防止劳动过程中的事故，减少职业危害。

②用人单位必须为劳动者提供符合国家规定的劳动安全卫生条件和必要的劳动防护用品,对从事有职业危害作业的劳动者应当定期进行健康检查。

③劳动安全卫生设施必须符合国家规定的标准。新建、改建、扩建工程的劳动安全卫生设施必须与主体工程同时设计、同时施工、同时投入生产和使用。

6)关于职业培训

《劳动法》规定:

(1)国家通过各种途径,采取各种措施,发展职业培训事业,开发劳动者的职业技能,提高劳动者素质,增强劳动者的就业能力和工作能力。

(2)国家确定职业分类,对规定的职业制定职业技能标准,实行职业资格证书制度,由经过政府批准的考核鉴定机构负责对劳动者实施职业技能考核鉴定。

(3)用人单位应当建立职业培训制度,按照国家规定提取和使用职业培训经费,根据本单位实际,有计划地对劳动者进行职业培训。

(4)从事技术工种的劳动者,上岗前必须经过培训。

7)《劳动法》在机动车维修企业中的具体实施

《劳动法》从法律的角度规范了劳资双方的行为,成为最直接关系到劳动者权益的法律依据,因此对《劳动法》在企业的实施广泛受到各行各业劳动者的关注。在机动车维修企业中,《劳动法》的具体实施主要体现在以下方面:

(1)与劳动者签订有效的劳动合同。机动车维修企业的劳动力资源流动比较频繁,许多企业高技能员工的流失现象,已经成为令企业经营者头痛的问题。另一方面,由于许多企业没有按时与员工签订有效的劳动合同,员工的切身利益也受到种种侵害。长此以往,这个问题将变为困扰企业良性发展的障碍之一。

签订劳动合同应该在双方自愿和平等的基础上,严格依照《劳动法》所规定的条款和劳动主管部门与合同主管部门所设定的劳动合同示范文本格式进行,不能采取实用主义和各取所需的态度,任意节选和删改这些相关条款。

机动车维修企业在与劳动者签订劳动合同时,一定要注意以下问题:

①除了明确双方的权利和义务之外,还要写明双方均认为合情合理的违约责任,以便于双方互相约束,逐步减少技术工人频繁“跳槽”、影响整个行业健康发展的问题。

②在签订劳动合同时,不要将合同期限定得过于短暂,特别是对那些具有一定技术专长的技术人员和操作能手,更要给他们一个比较稳定和宽松的工作环境,以利于促进企业的技术进步。

③在企业和劳动者之间,企业是强者,对劳动合同的格式条款,更要注意其所拟的劳动合同应该符合法律规定,否则,一旦发生劳动争议,劳动仲裁部门将会作出不利于企业的解释。

(2)按照国家有关规定,及时给付劳动者合理的报酬。按照《劳动法》的有关规定,企业在给付劳动者报酬时应该具体做到:

①企业必须向劳动者提供必要的生活保障,严格实行不低于当地政府制定的最低生活保障水平的薪酬制度。

②实行计件工资制的企业,在确定工资发放方案时,应该保证职工在生产淡季也能取得不低于当地政府规定的最低基本生活费用。

(3)对员工进行必要的技能培训。机动车维修行业不仅是一个劳动密集型产业链,同时也是一个技能密集型产业机构。企业要想取得良好的业绩,必须花大力气着力提高从业人员的业务素质、技术水平和操作技能。

(4)重视劳动保护。毋庸置疑,机动车维修企业的许多工种,作业条件都比较艰苦,其中部分工种作业中还会产生有毒有害物质,直接威胁着职工的身体健康。因此,企业一定要关注工作场所的环境治理和重视职工的劳动保护,具体工作主要包括:

①车身维修车间要单独设置,与周围其他车间有效隔离,以避免钣金作业中的噪声侵扰和喷漆作业中的芳香烃等有害气味危害,造成对职工身体的不良影响。

②喷漆车间应该具有良好通风条件和污水处理装置,要与漆工作业间有效隔离。

③为钣金工配备消声耳塞和护目眼镜,为喷漆工配备防毒口罩,并给他们发放相应营养补贴,定期进行尘肺等职业健康安全检查。

④蓄电池作业间应该与充电车间实施隔离,充电车间要阴凉通风,避免使用可能产生电火花的无屏蔽插座和禁止一切明火作业。

⑤设置专门的焊接车间、锻工车间和热处理车间、电镀车间的企业,对这些工种要按照规定发放相应的劳动防护用品,避免高温作业和有毒有害物质对这些职工的伤害。

⑥轮胎维修作业人员应佩戴护目眼镜和防尘口罩,定期对他们进行尘肺检查。

⑦危险品和剧毒品仓库应该指定专人负责,加强安全保护,防止意外发生。

⑧禁止使用含铅汽油和其他危害人体健康的清洗剂,注意车间的夏季通风和冬期保暖。

⑨定期组织职工参加常规体检。

(5)合理解决劳资纠纷。机动车维修企业和其他行业一样,都难免存在劳资纠纷。解决劳资纠纷应该体现人性化的管理思路,尽量避免激化矛盾,通过平等协商、亲情呼唤,调解纠纷,达成共识。解决劳资纠纷应特别注意以下方面:

①在企业与员工发生分歧时,严禁使用暴力手段威胁、恐吓员工,企业经营者应该心平气和地约请职工代表对话协商,或者采取召开特别职工代表大会以及通过工会组织出面广泛征求意见的方法,化解矛盾、取得谅解。

②在企业没有能力化解纠纷的情况下,可以动员职工通过向上一级主管部门反映,劳动仲裁,或者运用法律途径寻求妥善解决的办法,使劳资纠纷得到在法律规定范围内的合理解决。

第三节　汽车维修标准体系

一　标准的基本知识

(一)标准的定义和作用

标准是对重复性事物和概念所做的统一规定。它以科学、技术和实践经验的综合成果为基础,经有关方面协商一致,由主管机构批准,以特定形式发布,作为共同遵守的准则和依据。

标准定义包含下列含义:

(1)制定标准的对象是重复性事物或概念。虽然制定标准的对象,早已从生产、技术领域延伸到经济工作和社会活动的各个领域,但这里所指的并不是所有事物或概念,而是比较稳定的重复性事物或概念。如汽车维修工作。

(2)标准产生的客观基础是"科学、技术和实践经验的综合成果"。这就是说,一是科学技术成果,二是实践经验的总结,并且这些成果与经验都是经过分析、比较和选择,能综合反映其客观规律性的"成果"。

(3)标准在产生过程中要"经有关方面协商一致"。标准不能凭少数人的主观意志,而应该发扬民主、与各有关方面协商一致,"三稿定标"。

(4)标准的本质特征是统一。标准是"由标准主管机构批准以特定形式发布,作为共同遵守的准则和依据"的统一规定。不同级别的标准是在不同适用范围内进行统一,不同类型的标准是从不同侧面进行的统一。

(二)标准的分类及代号

1. 标准的分类

1)按标准的约束性分类

标准具有相对统一的、固定的特性,既具有法律的约束性,在理论上又是可协调的。依据《中华人民共和国标准化法》(以下简称《标准化法》)的规定,标准按法律的约束性程度不同分为强制性标准和推荐性标准两类。

(1)强制性标准。国家通过法律的形式明确要求对于一些标准所规定的技术内容和要求必须强制执行,不允许以任何理由或方式加以违反或变更,这样的标准称之为强制性标准。根据《标准化法》规定,保障人体健康,人身、财产安全的标准和法律、行政法规规定强制执行的标准是强制性标准,其他标准是推荐性标准。省、自治区、直辖市标准化行政主管部门制定的有关工业产品安全、卫生要求的地方标准,在本行政区域内是强制性标准。

强制性标准是国家技术法规的重要组成部分。根据《标准化法》的规定,企业和有关部门对涉及经营、生产、服务、管理有关的强制性标准都必须严格执行。对违反强制性标准而造成不良后果以至重大事故者由法律、行政法规规定的行政主管部门依法根据情节轻重给予行政处罚,直至由司法机关追究刑事责任。

(2)推荐性标准(在标准代号后加"/T")。国家鼓励自愿采用的具有指导作用而又不宜强制执行的标准属于推荐性标准。推荐性标准所规定的技术内容和要求具有普遍的指导作用,允许使用单位结合自身的实际情况,灵活加以选用。

2)按标准的适用范围或审批权限分类

标准按适用范围,即应用领域和有效范围可分为国际标准、国外先进标准(区域标准)、国家标准、行业标准、地方标准和企业标准。

(1)国际标准。是指国际标准化组织(ISO)和国际电工委员会(IEC)等所制定的标准,以及目前国际标准化组织已列入《国际标准题内关键词索引》中的27个国际组织制定的标准和公认具有国际先进水平的其他国际组织制定的某些标准。如ISO 9000质量保证标准就是由国际标准化组织(ISO)制定的国际标准。国家鼓励积极采用国际标准。

(2)国外先进标准。是指国际上有影响的区域标准。

(3)国家标准。由国务院标准化行政主管部门,包括国家质量监督检验检疫总局、中国国家标准化管理委员会等制定的需要在全国范围内统一的技术要求。

(4)行业标准。没有国家标准而又需在全国某个行业范围内统一的技术标准,由国务院有关行政主管部门制定并报国务院标准化行政主管部门备案。

(5)地方标准。没有国家标准和行业标准而又需在省、自治区、直辖市范围内统一的工业产品的安全、卫生要求,由省、自治区、直辖市标准化行政主管部门制定并报国务院标准化行政主管部门和国务院有关行业行政主管部门备案的标准。

(6)企业标准。企业生产的产品没有国家标准、行业标准和地方标准,由企业制定的作为组织生产的依据的相应标准,或在企业内制定适用的严于国家标准、行业标准或地方标准的企业标准(含内控标准),并按省、自治区、直辖市人民政府的规定备案(不含内控标准)的标准。

综上所述,虽然各类标准有各自不同的适用范围,但在权威性方面,国内各级标准中国家标准权威最高,其他标准在类似要求上不得与其抵触。

3)按标准的内容属性分类

标准可分为技术标准、管理标准和工作标准。各类标准分别介绍如下:

(1)技术标准。技术标准是对标准化领域中需要协调统一的技术事项而制定的标准。技术标准主要用以规范事物的技术性内容,主要包括:基础标准、产品标准、方法标准和安全、卫生与环保标准、信息技术标准等。

(2)管理标准。管理标准是对标准化领域中需要协调统一的管理事项所制定的标准。其主要作用是规定人们在生产活动和社会生活中的组织结构、职责权限、过程方法、程序文件以及资源分配等事宜。管理标准主要包括生产管理、技术管理、经营管理和劳动组织管理等。

(3)工作标准。工作标准是对标准化领域中需要协调统一的工作事项所制定的标准。工作标准主要包括作业方法、设计程序、工艺流程等,也包括针对具体岗位而规定的人员和组织在生产经营管理活动中的职责、权限,对各种过程的定性要求,以及活动程序和考核评价要求。

4)按标准作用的对象分类

按作用的对象分类,技术标准可分为基础标准、产品标准、方法(检测、试验)标准、安全标准、卫生标准和环境保护标准等。

(1)基础标准。在一定范围内作为其他标准的基础并普遍通用,具有广泛指导意义的标准。

(2)产品标准。为保证产品的适用性,对产品必须达到的某些或全部特性要求所制定的标准。

(3)方法(检测、试验)标准。以产品性能与质量方面的试验、检查、分析、抽样、统计、计算、测定、作业等各种方法为对象而制定的标准。

(4)安全标准。以保护人和物的安全为目的而制定的标准。如《机动车安全运行技术条件》(GB 7258—2012)。

(5)卫生标准。为保护人的健康,对食品、医药及其他方面的卫生要求而制定的标准。

(6)环境保护标准。为保护环境和有利于生态平衡对大气、水体、土壤、噪声、振动、电磁波等环境质量、污染管理、监测方法及其他事项而制定的标准。

2. 标准的代号

为便于研究和应用标准,国家规定了标准的编号规则。标准代号由4部分组成,例如"《汽车维护、检测、诊断技术规范》(GB/T 18344—2001)"。标准代号第1部分为标准级别代号(如例中的"GB/T",表示推荐性国家标准);第2部分为标准顺序号(如例中的"18344");第

3 部分为标准发布年号(如例中的“2001”);第 4 部分为标准名称(如例中的“《汽车维护、检测、诊断技术规范》”)。标准级别代号的编制规则如下:

(1)国家标准代号。强制性国家标准代号为 GB,推荐性国家标准代号为 GB/T。

(2)行业标准代号。按行业不同分别代号,一般取行业汉语拼音的前两个字母。如机械行业标准代号为 JB,汽车行业标准代号为 QC,交通行业标准代号为 JT。推荐性行业标准为行业标准代号后加“/T”。

(3)地方标准代号。由汉语拼音字母“DB”加上省、自治区、直辖市行政区划代码前两位数再加斜线,组成强制性地方标准代号。再加“/T”,组成推荐性地方标准代号。各省、自治区、直辖市代码,如:北京市为 110000、上海市为 310000。

(4)企业标准代号。由符号“Q/”加企业代号(3 位字母)组成企业标准代号。

(三)标准的制定、发布、管理、实施与监督

1. 标准的制定与发布

目前,世界上有近 300 个国际和区域性组织制定标准或技术规则,其中最大的是国际标准化组织(ISO)、国际电工委员会(IEC)、国际电信联盟(ITU)。ISO、IEC、ITU 标准为国际标准。此外,被 ISO 认可的其他国际组织制定的标准也视为国际标准。

我国的标准化工作职责,按照《标准化法》规定,具体分工和落实要求如下:

(1)国家标准由国务院标准化行政主管部门制定。

(2)行业标准由国务院有关行政主管部门按行业标准计划的安排,组织行业标准负责起草单位提出行业标准征求意见稿,经征求各有关方面意见的修改稿为送审稿,送全国专业标准化技术委员会或专业标准化技术归口单位,并报国务院标准化行政主管部门备案,在公布相关国家标准之后,该项行业标准即行废止。行业标准由行业标准归口部门审批、编号、发布。

(3)地方标准由省、自治区、直辖市标准化行政主管部门制定,并报国务院标准化行政主管部门和国务院有关行政主管部门备案,在公布国家标准或者行业标准之后,该项地方标准即行废止。

(4)企业的产品标准须报当地政府标准化行政主管部门和有关行政主管部门备案。已有国家标准或者行业标准的,国家鼓励企业制定严于国家标准或者行业标准的企业标准,在企业内部适用。法律对标准的制定另有规定的,依照法律的规定执行。

2. 标准的管理、实施与监督

(1)标准的修订、更新与废止。《标准化法》要求:标准实施后,制定标准的部门应当根据科学技术的发展和经济建设的需要适时进行复审,以确认现行标准继续有效或者予以修订或废止。标准复审周期一般不超过 5 年。

(2)标准的组织实施。标准的实施,即有组织、有计划、有措施地将标准规定的内容贯彻到生产、流通、使用等领域中去的过程。它是标准化工作的任务之一,也是标准化工作的目的。标准的组织实施工作,大致分为计划、准备、实施、检查和总结 5 个阶段。标准实施的主要形式有 3 种:①直接贯彻,即对标准的条文不作任何压缩和补充,原原本本地进行贯彻;②压缩贯彻,即标准贯彻时,对标准的内容进行压缩与部分选用;③补充贯彻,即其内容比较概括、标准中的指标不能满足需要时,对其内容和质量指标补充,以技术规范的形式下达,包括质量手册、维修手册(作业指导书)等贯彻落实。

(3)标准实施的监督。标准实施的监督是国家行政机关对标准贯彻执行情况进行督促、检查、处理的活动。它是政府标准化行政主管部门和其他有关行政主管部门领导和管理标准化活动的重要手段,也是标准化工作任务之一,其目的是促进标准的贯彻,监督标准贯彻执行的效果,考核标准的先进性和合理性。通过对标准实施的监督,随时发现标准中存在的问题,为进一步修订标准提供依据。

二 汽车维修标准体系

多年来,我国的汽车维修行业已初步建立健全了汽车维修与检测方面的标准体系。汽车维修标准化技术委员会遵循“全面成套、层次恰当、划分明确”的原则,结合国外成功经验,把汽车维修专业范围内的标准按标准对象、标准项目、标准级别与性质及相互间内在联系,编制成系统性技术文件,形成标准体系表,使其按内在联系形成一个整体,既便于标准制定与管理部门对标准不断更新和完善,更方便标准使用部门对标准更好地掌握和运用。

(一)汽车维修标准体系结构

汽车维修标准体系总结构分为两个部分三个层次,如图 1-1-1 所示。其中,两个部分为“汽车维修管理、服务标准”和“汽车维修基础和通用标准”;三个层次的第一层(101 ~ 102)为基础和通用标准,这类标准在一定范围内作为其他标准的基础并普遍使用,对汽车维修工作具有广泛的指导作用;第二层(201 ~ 203)为专用修理技术标准,也可称为方法标准,是以试验、检查、分析、抽样、统计、计算、测定、作业等各种方法为对象制定的标准;第三层(301 ~ 303)为维护、修理、检测设备标准,属于产品标准,包括品种规格、技术性能、试验方法、检验规则、包装、储存、运输等标准。每个层次的类别不同,但是标准内在之间都有着密切联系。考虑到标准的发展,结构框图中预留了“质量保证”的位置。

(二)汽车维修检测技术标准的发展方向

为了进一步发挥汽车维修标准在推动行业技术进步、规范市场秩序方面的作用,根据我国目前有关汽车维修标准的现状与国外先进国家的差距,全国汽车维修标准化技术委员会提出发展我国汽车维修标准步骤的设想,主要包括:

1. 优先制定、修订汽车维修行业最高层次的基础标准

基础标准的重要性已被标准化工作者所认识,近几年来,已陆续组织制定并发布了如《汽车维修术语》(GB/T 5624—2005)、《汽车维修业开业条件》(GB/T 16739—2004)、《汽车综合性能检测站通用技术条件》(GB/T 17993—2005)、《汽车修理业质量检验人员技术水平要求》(JT/T 425—2000)等标准,被排在“体系表”中“101”、“102”的基础标准之中。这些标准都是为政府或行业规范汽车维修市场、提高汽车维修行业整体素质及水平的一些重要标准,今后还应优先考虑这些基础标准的制定、修订工作。

2. 重视有关安全、环保、节能方面的标准

这类标准有《在用燃气汽车改装技术要求》、《汽车防抱制动系统检测技术条件》(JT/T 510—2004)、《汽车举升机》(JT/T 155—2004)、《滚筒反力式汽车制动检验台》(GB/T 13564—2005)、《汽车排气分析仪》(JT/T 386—2004)等。这些标准紧紧围绕了国家可持续发展的战略方针。

3. 发动企业开发产品标准

产品标准在“体系表”中占了很大的比重,主要有汽车维护设备、修理加工设备和检测诊断设备。这类标准是提高汽车维修行业汽车维修质量和效率的基础。随着汽车的技术进步和汽车维修向专业化方向发展,产品不断更新换代,产品标准将发挥越来越重要的作用。制定、修订产品标准应发挥企业的优势和积极性,尽可能多使企业参加到产品标准的制定、修订工作中来。

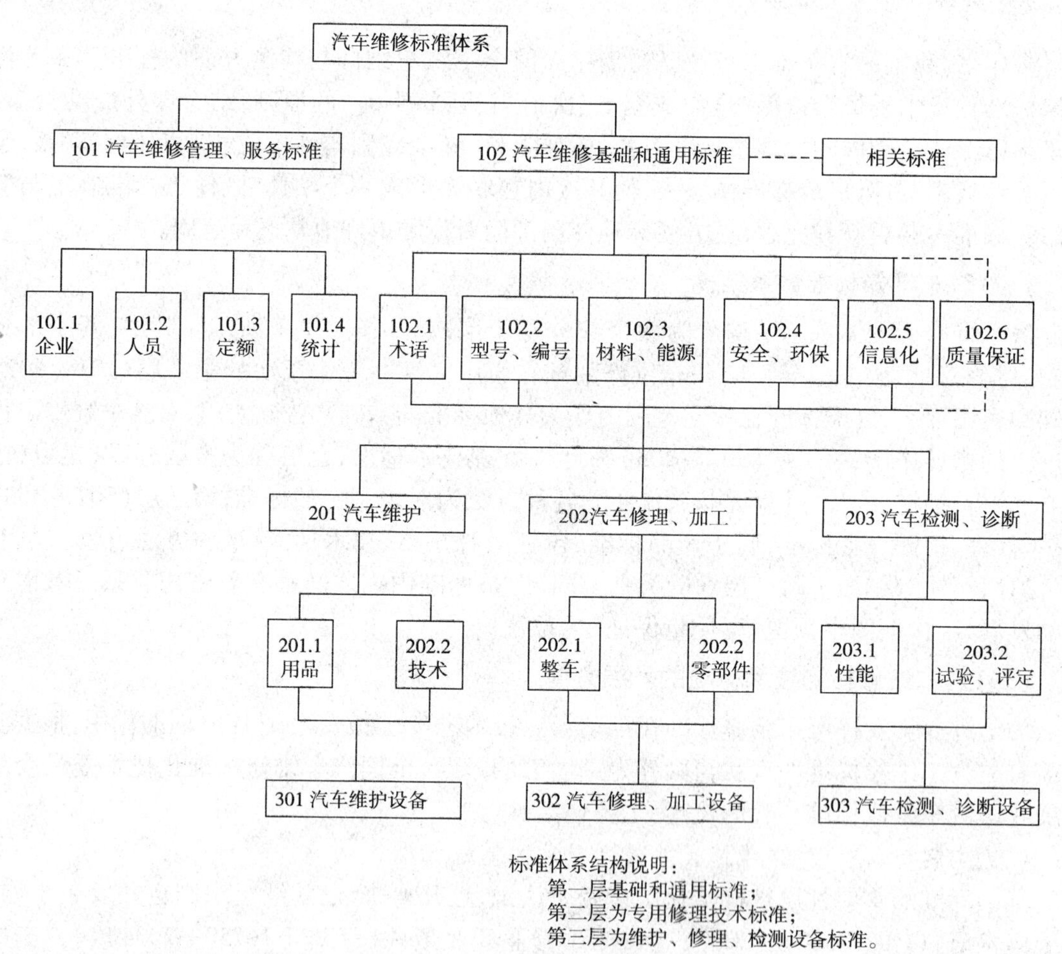

图1-1-1 汽车维修标准体系结构

三 汽车维修企业标准化工作

(一)企业标准化工作的重要性

1. 技术标准是企业科学管理的基础

(1)技术标准是合同中确认质量的重要依据。市场经济进行的商品交换和经济往来,主要通过合同的形式来实现,在这些合同中,技术标准是质量的技术依据。如汽车维修竣工出厂质量验收的技术标准,合同中应明确规定,并以此作为供需双方检验产品质量的依据,当然首先是作为生产单位的质量考核依据。

(2)技术标准是企业组织生产的重要技术依据。企业进行正常生产,必须有适合的原辅材料,只有使用合格的原辅材料,只有规范的操作工艺才能生产出合格的产品。何谓"合格"、"规范",其衡量的载体就是技术标准。只有严格按照技术标准组织生产、进行质量把关,才能确保最终产品的合格。因此,技术标准是企业正常生产过程中必不可少的技术支撑。

(3)技术标准是质量纠纷仲裁的重要依据。随着汽车维修质量保证期的法定化,车主维权意识的日益增强,汽车维修质量纠纷处理会越来越成为困扰企业经营者和维修行业管理部门的难题。汽车维修质量问题主要反映在维修过程中执行操作规范的到位程度,因而,质量纠纷的调解、仲裁或判决,很大程度上取决于技术标准的执行情况。

2. 运用技术标准战略提高企业竞争能力

在当今知识经济时代,专利、著作权、商标、专有权、政策、互联网域名等,所有有价值的知识资源,都正在成为新经济的先知先觉者们"争圈"的对象。如今,若对知识做一个全新的分类,可分为:内容类知识、方法类知识、规则类知识等。方法类知识比内容类知识重要,规则类知识则是最有力量的知识。因为内容类知识是关于"是什么"和"为什么"的知识,方法类知识是关于"怎么做"及"谁来做"的知识,而规则类知识不但约束了怎么做事,约束了什么人做事,更重要的是约束了竞争对手:你只能这样做,不能那样做。人们当今流行的一种说法,即:三流企业卖力气,二流企业卖产品,一流企业卖技术,而超一流企业则是卖规则！这里讲的规则是什么？在技术领域与知识产权战略领域就是技术标准,在市场经济中就是"游戏规则"。超一流企业是通过创造和运作标准或规则获得超额利润的。因此,企业实施技术标准战略的最高目标就是要形成自己的技术标准,然后推而广之有效地用它来左右市场,跨越技术性的贸易壁垒。

但是,在目前我国总体技术标准水平比较落后的大背景下,企业直接引进、使用别国或国际先进的技术标准,既有利于提高产品质量和市场竞争力,也有助于扩大服务领域,也是技术标准战略在企业层面运用的重点。因此,目前在许多以引进国外先进的管理规范和维修技术标准而建立的集汽车销售、维修、配件供应及质量信息反馈为一体的4S站,在市场上的技术竞争力是突出的,得到了广泛的社会认可,就是一个很好的例证。

(二)企业标准化工作的任务

根据《企业标准化管理办法》的规定,企业标准化管理工作的基本任务是:执行国家有关标准化的法律、法规,实施国家标准、行业标准和地方标准,制定和实施企业标准,并对标准的实施进行检查。

作为专业从事汽车维修的企业或业户,应根据企业规模的大小,酌情在企业技术质量管理层次设置专门机构(技术科或质检科)或专人(技术员、质量检验员、档案员),专职负责企业标准化工作。其任务是:

(1)贯彻国家的标准化工作方针、政策、法律、法规,编制本企业标准化工作计划。

(2)搜集、整理、更新、统一归口管理各类企业相关技术、管理标准和国内外标准化资料,建立档案;组织制定、修订企业标准,健全企业标准体系。

(3)组织实施国家标准、行业标准、地方标准和企业标准。

(4)负责对本企业实施标准的情况进行监督检查。

(5)参与研制新产品、改进产品、技术改造和技术引进中的标准化工作,提出标准化要求,做好标准化审查。

(6)做好标准化效果的评价与计算,总结标准化工作经验。

(7)对本企业有关人员进行标准化宣传教育,对本企业有关部门的标准化工作进行指导。

(8)承担上级标准化行政主管部门和有关行政主管部门委托的标准化工作任务。

(三)企业标准的搜集、选用、制定和管理

1. 企业标准选用和制定的基本原则

(1)贯彻国家和地方有关的方针、政策、法律、法规,全面搜集并及时更新有关标准版本,严格执行强制性国家标准、行业标准和地方标准,即企业标准一定要保证严于上级标准,包括国家、行业及地方标准。

(2)保证安全、卫生,充分考虑使用要求,保护消费者利益,保护环境。

(3)有利于企业技术进步,保证和提高产品质量,改善经营管理和增加社会经济效益。

(4)积极采用国际标准和国外先进标准。

(5)有利于合理利用国家资源、能源,推广科学技术成果,有利于产品的通用互换,符合使用要求,技术先进,经济合理。

(6)有利于对外经济技术合作和对外贸易。

(7)本企业内的企业标准之间应协调一致。

2. 制定企业标准的程序

制定企业标准的程序主要包括:编制计划、调查研究,起草标准草案、征求意见,对标准草案进行必要的验证,审查、批准、编号,发布标准。

(四)标准与规范的实施和监督

汽车维修标准是指导企业生产过程与经营管理的基本准则,标准可以通过相配套的技术规范,包括维修手册、检验规程等,在企业生产技术管理过程中得到具体实施,主要体现在以下方面:

(1)用国家标准《汽车维修业开业条件》等来指导企业建设和经营发展的决策。

(2)用国家标准《机动车维修从业人员从业资格条件》等实施企业人力资源管理。

(3)用国家标准《汽车维护、检测、诊断技术规范》及维护工艺规程、车型维修手册等维修技术标准和规范指导维修作业,实施生产技术管理。

(4)用国家标准《机动车安全运行技术条件》、《营运车辆综合性能要求和检验方法》和具体各项检验规范,指导维修质量检验工作。

对标准与规范的执行实施监督是企业管理的重要手段,目前通过企业建立健全ISO质量管理体系的形式,完善企业标准化工作,使技术规范渗透到每个工位、每一个生产经营管理过程,是经实践证明行之有效的一种技术质量管理模式,值得推广。

第四节　汽车维修检测主要技术标准

一　汽车维修管理主要技术标准

汽车维修管理标准在“汽车维修标准体系结构”中属于“基础和通用标准”类,是为协调统一汽车维修行业管理事项所制定的标准，如规范企业市场准入条件的标准、规范行业从业人员技术要求的标准等，是行业管理和企业管理的重要依据。此类标准主要内容介绍如下。

（一）《汽车维修业开业条件》（GB/T 16739—2004）

该标准由中华人民共和国国家质量监督检验检疫总局、中国国家标准化管理委员会2004年1月6日发布，2005年1月1日起实施。

该标准分为两部分：《汽车维修业开业条件　第1部分：汽车整车维修企业》（GB/T 16739.1—2004）；《汽车维修业开业条件　第2部分：汽车专项维修业户》（GB/T 16739.2—2004）。两部分分别规定了汽车整车维修企业和汽车专项维修业户必须具备的人员、组织管理、设施、设备等条件。

该标准属于推荐性国家标准，但是，交通部门规章《机动车维修管理规定》（交通部令2005年第7号）将其确定为汽车维修企业开业的必要条件，而具有强制力。该标准是交通行政主管部门对汽车整车维修企业（一类、二类）和专项维修业户（三类）进行开业审核和管理的依据。标准第1部分适用于汽车整车维修企业；第2部分适用于汽车专项维修业户，分别介绍如下。

1.《汽车维修业开业条件　第1部分：汽车整车维修企业》（GB/T 16739.1—2004）

1）汽车整车维修企业的定义及分类

标准定义的"汽车整车维修企业"为：有能力对所维修车型的整车、各个总成及主要零部件进行各级维护、修理及更换，使汽车的技术状况和运行性能完全（或接近完全）恢复到原车的技术要求，并符合相应国家标准和行业标准的规定的汽车维修企业。整车维修企业按规模大小分为一类汽车整车维修企业和二类汽车整车维修企业。

2）汽车整车维修企业按主修车型的分类

整车维修企业可以有主修车型，并根据主修车型的不同在开业条件方面有所区别。标准将主修车型分为三种情形，具体划分规定是：

（1）小型车——车身总长不超过6m的载客车辆和最大设计总质量不超过3500kg的载货车辆。

（2）大中型客车——车身总长超过6m的载客车辆。

（3）大型货车——最大设计总质量超过3500kg的载货车辆、挂车及专用汽车的车辆部分。

3）汽车整车维修企业人员条件

标准对企业关键岗位人员的数量配备和持证上岗等人员条件作了明确规定。企业关键岗位人员包括：管理负责人、技术负责人及检验、业务、价格核算、维修（机修、电器、钣金、涂漆）等。

（1）企业管理负责人、技术负责人及检验、业务、价格核算、维修（机修、电器、钣金、涂漆）等关键岗位至少应配备1人，并应经过有关培训，取得行业主管部门颁发的从业资格证书，持证上岗。

（2）企业管理负责人应熟悉汽车维修业务，具备企业经营、管理能力，并了解汽车维修及相关行业的法规及标准。

（3）技术负责人应具有汽车维修或相关专业的大专以上文化程度，或具有汽车维修或相关专业的中级以上专业技术职称。应熟悉汽车维修业务,并掌握汽车维修及相关行业的法规及标准。

(4)检验人员数量应与其经营规模相适应,其中至少应有 1 名总检验员和 1 名进厂检验员。

(5)业务人员应熟悉各类汽车维修检测作业,从事汽车维修工作 3 年以上,具备丰富的汽车技术状况诊断经验,熟练掌握汽车维修服务收费标准及相关政策法规。

(6)企业工种设置应覆盖维修业务中涉及的各专业。维修人员的专业知识和业务技能应达到行业主管部门规定的要求。

4)汽车整车维修企业组织管理条件

标准重点对汽车整车维修企业在经营管理和质量管理条件方面作出相应规定。

(1)经营管理条件。标准从具备相关法规等文件资料、规范业务工作流程、健全经营管理体系、实行计算机管理等制度 4 个方面对整车维修企业经营管理条件作出相应规定。

①应具有与汽车维修有关的法规等文件资料。

②应具有规范的业务工作流程,并明示业务受理程序、服务承诺、用户抱怨受理制度等。

③应具有健全的经营管理体系,设置技术负责、业务受理、质量检验、文件资料管理、材料管理、仪器设备管理、价格结算等岗位并落实责任人。

④应实行计算机管理。

(2)质量管理条件。标准从具备技术标准和相关维修资料、健全各项制度、建立技术档案等制度 4 个方面对整车维修企业质量管理条件作出相应规定。

①应具有汽车维修的国家标准和行业标准以及相关技术标准。

②应具有所维修车型的维修技术资料及工艺文件,确保完整有效并及时更新。

③应具有汽车维修质量承诺、进出厂登记、检验、竣工出厂合格证管理、技术档案管理、标准和计量管理、设备管理及维护、人员技术培训等制度。

④应建立汽车维修档案和进出厂登记台账。汽车维修档案应包括维修合同,进厂、过程、竣工检验记录,出厂合格证副页,结算凭证和工时、材料清单等。

5)汽车整车维修企业安全生产条件

标准重点对汽车整车维修企业在建立安全管理制度和安全保护措施,健全安全操作规程,具有危险品使用与存储安全防护措施和设施,厂房场地符合安全、环保和消防的要求 4 个方面提出汽车整车维修企业安全生产条件。

(1)企业应具有与其维修作业内容相适应的安全管理制度和安全保护措施,建立并实施安全生产责任制。安全保护设施、消防设施等应符合有关规定。

(2)企业应有各工种、各类机电设备的安全操作规程,并将安全操作规程明示在相应的工位或设备处。

(3)使用、存储有毒、易燃、易爆物品,腐蚀剂,压力容器等均应有相应的安全防护措施和设施。

(4)生产厂房和停车场应符合安全、环保和消防等各项要求。

6)汽车整车维修企业环境保护条件

标准对建立环境保护管理制度,“三废”处理,涂漆车间和测试车间的环境保护 4 个方面作出规定。

(1)企业应具有废油、废液、废气、废蓄电池、废轮胎及垃圾等有害物质集中收集、有效处理和保持整洁的环境保护管理制度。有害物质存储区域应界定清楚，必要时应有隔离、控制措施。

(2)作业环境以及按生产工艺配置的处理"三废"(废油、废液、废气)、通风、吸尘、净化、消声等设施，均应符合有关规定。

(3)涂漆车间应设有专用的废水排放及处理设施，采用干打磨工艺的，应用粉尘收集装置和除尘设备，应设有通风设备。

(4)调试车间或调试工位应设置汽车尾气收集净化装置。

7)汽车整车维修企业设施条件

标准规定汽车整车维修企业接待室、停车场、生产厂房三者在面积和设置方面应满足相关设施条件。

(1)接待室(含客户休息室)。企业应设有接待室，一类企业的面积不少于40m^2，二类企业的面积不少于20m^2。接待室应整洁明亮，明示各类证、照、主修车型、作业项目、工时定额及单价等，并应有客户休息的设施。

(2)停车场。企业应有与承修车型、经营规模相适应的合法停车场地，一类企业的面积不少于200m^2，二类企业的面积不少于150m^2。企业租赁的停车场地，应具有合法的书面合同书。停车场地面平整坚实，区域界定标志明显。

(3)生产厂房。生产厂房地面应平整坚实，面积应能满足所有设备的工位布置、生产工艺和正常作业。一类企业的面积不少于800m^2，二类企业的面积不少于200m^2。租赁的生产厂房应具有合法的书面合同书。

8)汽车整车维修企业设备条件

标准规定汽车整车维修企业应配备与其所承修车型相适应的量具、机工具及手工具。量具应定期进行检定。通用设备、专用设备及检测设备，其规格和数量应与其生产纲领和生产工艺相适应。各种设备应符合相应的产品技术条件等国家标准和行业标准的要求。在汽车维修专用设备配置方面，对维修不同类型车辆的企业提出不同的设备配置要求，并规定部分不常用设备或大型设备允许外协，主要检测设备中检测排放污染以外的设备对二类企业允许外协，强调了一类企业和二类企业在规模和功能上的区别，也充分体现了标准的科学性和合理性。

(1)整车维修企业通用设备配置要求见表1-1-1，对一、二类企业有统一要求。

整车维修企业通用设备　　表1-1-1

序　号	设 备 名 称	序　号	设 备 名 称
1	钻床	4	压力机
2	电焊及气体保护焊设备	5	空气压缩机
3	气焊设备		

(2)整车维修企业专用设备配置要求见表1-1-2，其中对主修车型不同的企业分别提出不同要求。

整车维修企业专用设备

表 1-1-2

序号	设备名称	大中型客车	大型货车	小型车	其他要求
1	换油设备		√		
2	轮胎轮辋拆装设备		√		
3	轮胎螺母拆装机	√	√	—	
4	车轮动平衡机		√		
5	四轮定位仪	—	—	√	
6	转向轮定位仪	√	√	—	
7	制动鼓和制动盘维修设备	√	√	—	
8	汽车空调制冷剂加注回收设备	√	—	√	
9	总成吊装设备		√		
10	汽车举升机	—	—	√	一类应不少于 5 台
11	地沟设施	√	√	—	一类应不少于 2 个
12	发动机检测诊断设备		√		应具备示波器、转速表、发动机检测专用真空表的功能
13	数字式万用电表		√		
14	故障诊断设备	—	—	√	
15	汽缸压力表		√		
16	汽油喷油器清洗及流量测量仪	—	—	√	
17	正时仪		√		
18	燃油压力表	—	—	√	
19	液压油压力表		√		
20	连杆校正器		√		允许外协
21	无损探伤设备		√		修理大中型客车必备,其他允许外协
22	车身清洗设备	—	—	√	
23	打磨抛光设备	√	—	√	
24	除尘除垢设备	√	—	√	
25	型材切割机		√		
26	车身整形设备		√		
27	车身校正设备	—	—	√	
28	车架校正设备	√	√	—	二类允许外协
29	悬架试验台	—	—	√	二类允许外协
30	喷烤漆房及设备	√	—	√	

续上表

序号	设备名称	大中型客车	大型货车	小型车	其他要求
31	喷油泵试验设备		✓		允许外协
32	喷油器试验设备		✓		
33	调漆设备	✓	—	✓	
34	自动变速器维修设备(见 GB/T 16739.2—2004 中 5.4.4)	—	—	✓	
35	立式精镗床		✓		
36	立式珩磨机		✓		
37	曲轴磨床		✓		
38	曲轴校正设备		✓		
39	凸轮轴磨床		✓		
40	激光淬火设备		✓		
41	曲轴、飞轮与离合器总成动平衡机		✓		

注:✓——要求具备。

—— ——不要求具备。

(3)整车维修企业主要检测设备配置要求见表 1-1-3,对一、二类企业有不同要求。

整车维修企业主要检测设备 表 1-1-3

序 号	设备名称	其他要求	序 号	设备名称	其他要求
1	声级计		5	制动检验台	修理大型货车及二类允许外协
2	排气分析仪或烟度计				
3	汽车前照灯检测设备	二类允许外协	6	车速表检验台	二类允许外协
4	侧滑试验台	二类允许外协	7	底盘测功机	允许外协

2.《汽车维修业开业条件 第 2 部分:汽车专项维修业户》(GB/T 16739.2—2004)

1)汽车专项维修业户的定义及分类

该标准将汽车专项维修业户定义为:从事汽车发动机、车身、电气系统、自动变速器、车身清洁维护、涂漆、轮胎动平衡及修补、四轮定位检测调整、供油系统维护及油品更换、喷油泵和喷油器维修、曲轴修磨、汽缸镗磨、散热器(水箱)、空调维修、汽车装潢(篷布、坐垫及内装饰)、门窗玻璃安装等专项维修作业的业户(三类),共 16 项。

2)汽车专项维修业户开业通用条件

对汽车专项维修业户开业通用条件,即在其服务技术能力上的基本要求,标准作了详细规定,包括:

(1)人员条件。从事专项维修关键岗位的人员数量应能满足生产的需要,并取得行业主管部门颁发的从业资格证书,持证上岗。

(2)法规、标准、技术文件要求。应具有相关的法规、标准、规章等文件以及相关的维修技术资料和工艺文件等,并确保完整有效、及时更新。

(3)业务工作流程与明示内容的要求。应具有规范的业务工作流程,并明示业务受理程序、服务承诺、用户抱怨受理制度等。

(4)设施条件(一般性要求)。生产厂房的面积、结构及设施应满足专项维修作业设备的工位布置、生产工艺和正常作业要求。停车场地界定标志明显,不得占用道路和公共场所进行作业和停车,地面应平整坚实。租赁的生产厂房、停车场地应具有合法的书面合同书。应符合安全生产、环保和消防等各项要求。

(5)设备条件(一般性要求)。配备的设备应与其生产作业规模及生产工艺相适应,其技术状况应完好,符合相应的产品技术条件等国家标准或行业标准的要求,并能满足加工、检测精度的要求和使用要求。检测设备及量具应按规定经有资质的计量检定机构检定合格。

(6)安全生产与环境保护条件。使用、存储有毒、易燃、易爆物品,粉尘、腐蚀剂、污染物、压力容器等均应有安全防护措施和设施。作业环境以及按生产工艺安装、配置的处理"三废"(废油、废液、废气)、通风、吸尘、净化、消声等设施,均应符合国家有关法规、标准的规定。

3)汽车专项维修业户开业专用条件

汽车专项维修业户开业,除必须具备通用技术条件外,标准还分别就各类专项维修的不同经营范围规定了开业的专用条件,分别简述如下:

(1)发动机专项修理开业专用条件:

①人员条件。企业管理负责人、技术负责人及检验人员等均应经过有关培训,并取得行业主管部门颁发的从业资格证书,持证上岗。企业管理负责人应熟悉汽车维修业务,具备企业经营、管理能力,并了解发动机维修及相关行业的法规及标准。技术负责人应具有汽车维修或相关专业的大专以上文化程度,或具有汽车维修或相关专业的中级以上专业技术职称。应熟悉汽车维修业务,并掌握汽车维修相关行业的法规及标准。检验人员应不少于2名。发动机主修人员应不少于2名。

②组织管理。应具有健全的经营管理体系,设置技术负责、业务受理、质量检验、文件资料管理、材料管理、仪器设备管理、价格结算等岗位并落实责任人。应具有汽车维修质量承诺、进出厂登记、检验记录及技术档案管理、标准和计量管理、设备管理及维护、人员技术培训等制度并严格实施。

③设施条件。应设有接待室,其面积应不少于$20m^2$。接待室应整洁明亮,明示各类证、照、作业项目及计费工时定额等,并应有客户休息的设施。停车场面积应不少于$30m^2$。生产厂房应不少于$200m^2$。

④主要设备。从发动机总成修理工艺需求出发,标准规定应配置:压力机,空气压缩机,发动机解体清洗设备,发动机等总成吊装设备,发动机试验设备,废油收集机,数字式万用电表,汽缸压力表,量缸表,正时仪,汽油喷油器清洗及流量测量仪,燃油压力表,喷油泵试验设备,喷油器试验设备,连杆校正器,排气分析仪,烟度计,无损探伤设备,立式精镗床,立式珩磨机,曲轴磨床,曲轴校正设备,凸轮轴磨床,激光淬火设备,曲轴、飞轮与离合器总成动平衡机等,共

25 项维修设备。

(2)车身专项维修开业专用条件:

①人员条件。企业管理负责人、技术负责人及检验人员条件与"发动机专项修理开业专用条件"中的要求相同。检验人员应不少于 1 名。车身主修及维修涂漆人员均不少于 2 名。

②组织管理条件。企业的组织管理条件与"发动机专项修理开业专用条件"中的的要求相同。

③设施条件。应设有接待室,其面积应不少于 $20m^2$。接待室应整洁明亮,明示各类证、照、作业项目及计费工时定额等,并应有客户休息的设施。停车场面积应不少于 $30m^2$。生产厂房应不少于 $120m^2$。

④主要设备。从车身维修工艺需求出发,标准规定应配置:电焊及气体保护焊设备,气焊设备,压力机,空气压缩机,汽车外部清洗设备,打磨抛光设备,除尘除垢设备,型材切割机,车身整形设备,车身校正设备,车身尺寸测量设备,喷烤漆房及设备,调漆设备(允许外协),共 13 项维修设备。

(3)电气系统专项维修开业专用条件:

①人员条件。企业管理负责人、技术负责人及检验人员条件与"发动机专项修理开业专用条件"中的要求相同。检验人员应不少于 1 名。电子电器主修人员应不少于 2 名。

②组织管理条件。企业的组织管理条件与"发动机专项修理开业专用条件"中的要求相同。

③设施条件。应设有接待室,其面积应不少于 $20m^2$。接待室应整洁明亮,明示各类证、照、作业项目及计费工时定额等,并应有客户休息的设施。停车场面积应不少于 $30m^2$。生产厂房应不少于 $120m^2$。

④主要设备。从电气系统维修工艺需求出发,标准规定应配置:空气压缩机,故障诊断设备,数字式万用电表,充电机,电解液比重计,高频放电叉,汽车前照灯检测设备(允许外协),电路检测设备等,共 8 项维修设备。

(4)自动变速器专项修理开业专用条件:

①人员条件。企业管理负责人、技术负责人及检验人员条件与"发动机专项修理开业专用条件"中的要求相同。检验人员应不少于 1 名。自动变速器专业主修人员应不少于 2 名。

②组织管理条件。企业的组织管理条件与"发动机专项修理开业专用条件"中的要求相同。

③设施条件。应设有接待室,其面积应不少于 $20m^2$。接待室应整洁明亮,明示各类证、照、作业项目及计费工时定额等,并应有客户休息的设施。停车场面积应不少于 $30m^2$。生产厂房应不少于 $200m^2$。

④主要设备。从自动变速器修理工艺需求出发,标准规定应配置:自动变速器翻转设备,自动变速器拆解设备,变矩器维修设备,变矩器切割设备,变矩器焊接设备,变矩器检测(漏)设备,零件高压清洗设备,电控变速器测试仪,油路总成测试机,液压油压力表,自动变速器总成测试机,自动变速器专用测量器具,共 12 项维修设备。

(5)车身清洁维护专项维修开业专用条件:

①人员条件。至少有2名经过专业培训的车身清洁人员。

②设施条件。生产厂房面积不少于40m^2。停车场面积不少于30m^2。

③主要设备。标准规定应配置:举升设备或地沟,汽车外部清洗设备及污水处理设备,吸尘设备,除尘、除垢设备,打蜡设备,抛光设备,共6项维修设备。

④节水条件。取得节水管理部门的批准,符合当地节水及环保要求。

(6)车身涂漆专项维修开业专用条件:

①人员条件。至少有1名经过专业培训的汽车维修涂漆人员。

②设施条件。生产厂房面积不少于120m^2。停车场面积不少于40m^2。

③主要设备。标准规定应配置:举升设备,除锈设备,砂轮机,空气压缩机,喷烤漆房(从事轿车喷漆必备)或喷漆设备,调漆设备(允许外协),吸尘、通风设备,共7项维修设备。

(7)轮胎动平衡及修补专项维修开业专用条件:

①人员条件。至少有1名经过专业培训的轮胎维修人员。

②设施条件。生产厂房面积不少于30m^2。停车场面积不少于30m^2。

③主要设备。标准规定应配置:空气压缩机,漏气试验设备,轮胎气压表,千斤顶,轮胎螺母拆装机或专用拆装工具,轮胎轮辋拆装、除锈设备或专用工具,轮胎修补设备,车轮动平衡机,共9项维修设备。

(8)四轮定位检测调整专项维修开业专用条件:

①人员条件。至少有1名经过专业培训的汽车四轮定位检测调整维修人员。

②设施条件。生产厂房面积不少于40m^2。停车场面积不少于30m^2。

③主要设备。标准规定应配置:举升设备,四轮定位仪,空气压缩机,轮胎气压表,共4项维修机具设备。

(9)供油系统维护及油品更换专项维修开业专用条件:

①人员条件。至少有1名经过专业培训的汽车供油系统维护及油品更换维修人员。

②设施条件。生产厂房面积不少于40m^2。停车场面积不少于30m^2。

③主要设备。标准规定应配置:不解体油路清洗设备,换油设备,废油收集设备,举升设备或地沟,空气压缩机,共5项维修设备。

(10)喷油泵、喷油器专项维修开业专用条件:

①人员条件。至少有1名经过专业培训的汽车高压油泵维修人员。

②设施条件。生产厂房面积不少于30m^2。停车场面积不少于30m^2。

③主要设备。标准规定应配置:喷油泵、喷油器清洗和试验设备,喷油泵、喷油器密封性试验设备(从事喷油泵、喷油器维修的业户),弹簧试验仪,千分尺,塞尺,共5项维修机具设备。

(11)曲轴修磨专项维修开业专用条件:

①人员条件。至少有1名经过专业培训的曲轴修磨人员。

②设施条件。生产厂房面积不少于60m^2。停车场面积不少于30m^2。

③主要设备。标准规定应配置:曲轴磨床,曲轴校正设备,曲轴动平衡设备,平板,V形块,百分表及磁力表座,外径千分尺,无损探伤设备,吊装设备,共9项维修机具设备。

(12)汽缸镗磨专项维修开业专用条件:

①人员条件。至少有1名经过专业培训的汽缸镗磨人员。

②设施条件。生产厂房面积不少于60m^2。停车场面积不少于30m^2。

③主要设备。标准规定应配置:立式精镗床,立式珩磨机,压力机,吊装起重设备,汽缸体水压试验设备,量缸表,外径千分尺,塞尺,激光淬火设备(从事激光淬火必备),平板,共10项维修机具设备。

(13)散热器专项维修开业专用条件:

①人员条件。至少有1名经过专业培训的散热器维修人员。

②设施条件。生产厂房面积不少于30m^2。停车场面积不少于30m^2。

③主要设备。标准规定应配置:清洗及管道疏通设备,气焊设备,钎焊设备,空气压缩机,喷漆设备,散热器密封试验设备,共6项维修机具设备。

(14)空调专项维修开业专用条件:

①人员条件。至少有1名经过专业培训的汽车空调维修人员。

②设施条件。生产厂房面积不少于40m^2。停车场面积不少于30m^2。

③主要设备。标准规定应配置:汽车空调制冷剂加注回收设备,气焊设备,空调电器检测设备,空调专用检测设备,数字式万用电表,共5项维修机具设备。

(15)汽车装潢(篷布、坐垫及内装饰)专项维修开业专用条件:

①人员条件。至少有1名经过专业培训的汽车装潢维修人员。

②设施条件。生产厂房面积不少于30m^2。停车场面积不少于30m^2。

③主要设备。标准规定应配置:缝纫机,锁边机,工作台或工作案,台钻或手电钻,电熨斗,裁剪工具,烘干设备,共7项维修机具设备。

(16)汽车玻璃安装专项维修开业专用条件:

①人员条件。至少有1名经过专业培训的汽车玻璃安装维修人员。

②设施条件。生产厂房面积不少于30m^2,停车场面积不少于30m^2。

③主要设备。标准规定应配置:工作台,玻璃切割工具,注胶工具,玻璃固定工具,直尺、弯尺,玻璃拆装工具,吸尘器,共7项维修机具设备。

(二)《摩托车维修业开业条件》(GB/T 18189—2008)

该标准由中华人民共和国国家质量监督检验检疫总局、中国国家标准化管理委员会于2008年10月21日发布,2009年4月1日起实施。该标准规定了摩托车维修业的分类及开业应具备的人员、组织管理、安全生产与环境保护、设施、设备等条件。该标准属于推荐性国家标准,适用于一类、二类摩托车维修企业的经营许可审验,是交通行政主管部门对摩托车维修企业开业审核和管理的依据。标准的主要内容介绍如下。

1.摩托车维修业的分类

标准规定:摩托车维修业按经营规模大小分为一类摩托车维修企业和二类摩托车维修企业。

2.摩托车维修企业开业条件

1)人员

(1)岗位设置及人员数量要求见表1-1-4。

人员数量、生产厂房面积、维修工具及设备要求 表 1-1-4

项　目	一类摩托车维修企业	二类摩托车维修企业
人员数量	应设置技术负责人岗位至少配备 1 名检验员和 4 名维修技术人员	应设置技术负责人和检验员岗位至少配备 2 名维修技术人员
生产厂房面积（m^2）	≥50	≥20
维修工具及设备	①轮胎拆装设备或专用工具; ②补胎专用工具; ③充电设备; ④空气压缩机; ⑤砂轮机; ⑥钳工作业台及工具; ⑦扭力扳手; ⑧塞尺; ⑨万用表; ⑩手电钻; ⑪轮胎气压表; ⑫汽缸压力表; ⑬外径千分尺; ⑭内径千分表; ⑮游标卡尺; ⑯气门研磨设备或工具; ⑰维修专用工具及各种拉压具; ⑱台钻; ⑲举升作业平台; ⑳焊接设备; ㉑镗缸设备; ㉒磨缸设备; ㉓涂漆设备; ㉔排气分析仪	①轮胎拆装工具; ②补胎专用工具; ③充电设备; ④空气压缩机; ⑤砂轮机; ⑥钳工作业台及工具; ⑦扭力扳手; ⑧塞尺; ⑨万用表; ⑩手电钻; ⑪轮胎气压表; ⑫汽缸压力表; ⑬外径千分尺; ⑭内径千分表; ⑮游标卡尺; ⑯气门研磨设备或工具; ⑰镗缸设备(允许外协); ⑱磨缸设备(允许外协); ⑲涂漆设备(允许外协); ⑳排气分析仪(允许外协)

(2)技术负责人应熟悉摩托车维修业务及专业知识,了解相关的行业法规及标准。

(3)检验员应熟悉摩托车维修的相关标准、政策法规和技术要求,具有行业主管部门颁发的从业资格证书。

(4)维修技术人员应熟悉所从事工种的维修技术和操作规范,并了解摩托车维修及相关技术要求。

2)组织管理、安全生产与环境保护

(1)应明示各类证、照、作业项目、收费标准及服务承诺等。

(2)应备有国家、行业和地方的摩托车维修技术标准及所承修摩托车的维修技术资料。

(3)应制定质量保证、检验、设备及配件管理、技术档案管理、安全管理等各项制度。

(4)应建立安全生产责任制,制定安全操作规程并明示。安全防护、消防设施等应符合有关规定。

(5)摩托车维修产生的废弃物,其收集、存放和处理应符合国家有关的环保规定。

3)设施

(1)应有与维修作业相适应的生产厂房和停车场地。

(2)租赁的生产厂房和停车场,应具有合法的租赁合同,租赁期限不得少于1年。

(3)生产厂房应整洁、明亮,通风、排水、照明设施良好,地面平整坚实。

(4)摩托车配件应按类别摆放整齐,存放在清洁、干燥处。

4)设备

应配备与其维修作业相适应的维修工具及设备,其技术状况应完好,符合相应的产品技术条件等国家标准或行业标准的要求。应配备的维修工具及设备见表1-1-4。

(三)《机动车维修从业人员从业资格条件》(GB/T 21338—2008)

《机动车维修从业人员从业资格条件》(GB/T 21338—2008)由中华人民共和国国家质量监督检验检疫总局中国国家标准化管理委员会于2008年1月9日发布,2008年7月1日实施。该标准规定了机动车维修从业人员的岗位职责、任职资格等要求。适用于机动车维修企业负责人、机动车维修企业技术负责人、机动车维修质量检验员、机修人员、电器维修人员、钣金(车身修复)人员和涂漆(车身涂装)人员、车辆技术评估人员、机动车维修业务员和机动车维修价格结算员等从业人员的资格判定和审核。

1. 有关机动车维修从业人员的定义

(1)机动车维修企业负责人:机动车维修企业中全面负责各项经营活动的责任人。

(2)机动车维修技术负责人:机动车维修企业中全面负责各项技术管理工作的责任人。

(3)机动车维修质量检验员:机动车维修企业中从事各项质量检验的人员。

(4)机修人员:机动车维修企业中从事机动车机械及其控制系统维修作业的人员。

(5)电器维修人员:机动车维修企业中从事机动车电气系统维修作业的人员。

(6)钣金(车身修复)人员:机动车维修企业中从事车身修复作业(涂装作业除外)的人员。

(7)涂漆(车身涂装)人员:机动车维修企业中从事车身涂装作业的人员。

(8)车辆技术评估人员:机动车维修企业或机动车综合性能检测站中从事机动车性能检测和机动车技术状态评定的人员。

(9)机动车维修业务员:机动车维修企业中从事客户接待工作的人员。

(10)机动车维修价格核算员:机动车维修企业中对机动车维修进行价格核定和结算的人员。

2. 从业资格条件

1)机动车维修企业负责人

(1)岗位职责。

①执行国家、地方和行业相关法律、法规、规章、标准和规范,依法经营企业。

②负责企业的经营管理工作,对企业的经营和企业的发展全面负责。

③负责制定企业的各项管理制度,并组织实施。

④负责设置企业内部管理机构,领导、协调、监督各职能部门的工作。

⑤负责建立健全维修质量保证体系,并组织实施。

⑥负责建立健全安全生产、环境保护等管理体系,并组织实施。

(2)任职资格。

①基本条件:具有大专(含)以上文化程度;具有3年以上的机动车维修企业管理实践。

②专业知识:掌握国家、地方和行业相关的法律、法规、规章及制度;了解机动车维修专业知识及相关的标准和规范;熟悉机动车维修企业管理知识;掌握机动车维修企业管理软件操作知识;了解机动车维修专业知识;熟悉机动车维修企业管理(包括人事、财务、行政、业务、配件、质量等)知识;熟悉机动车后市场相关知识。

③专业技能:具有经营和策划能力;具有人力资源管理及组织协调能力;具有生产、技术和质量管理能力;具有计划、统计、分析及基本的资金运作能力。

2)机动车维修技术负责人

(1)岗位职责。

①负责建立和实施企业机动车维修质量保证体系,对质量保证体系进行监控及文件修订。

②负责制定企业各项技术质量管理制度和工艺文件,并组织实施、检查和修订。

③负责企业日常技术管理工作,对机动车维修质量负责,组织解决机动车维修中出现的疑难技术问题,对机动车维修质量事故和质量纠纷提出处理意见和改进措施。

④负责制定本企业技术开发、技术改造、技术革新方案并组织实施,对技术成果组织推广运用。

⑤负责制定技术培训计划并组织实施。

⑥贯彻执行机动车维修工时定额和收费标准。

(2)任职资格。

①基本条件:具有机动车维修或相关专业的大专(含)以上学历,或具有机动车维修或相关专业的中级(含)以上专业技术职称;具有在机动车维修企业5年以上的工作实践。

②专业知识:熟悉与机动车维修相关的法律、法规、规章及制度;掌握与机动车维修相关标准和规范;掌握机动车维修专业知识;掌握机动车维修企业的技术质量管理知识;熟悉机动车维修工时定额和收费标准。

③专业技能:能熟练使用机动车检测诊断设备,对车辆进行检测诊断;具有机动车故障分析诊断能力,组织解决机动车维修中出现的疑难技术问题;具有制定企业各项技术质量管理制度和工艺文件的能力;具有处理机动车维修质量事故和质量纠纷的能力;能搜集和整理技术资料,指导生产实践;能制定完善的技术培训计划并组织实施;具有机动车维修企业管理软件的操作应用能力。

3)机动车维修质量检验员

(1)岗位职责。

①负责机动车维修进厂检验,确定维修项目,填写进厂检验单。

②负责机动车维修过程的质量监控,填写过程检验单,并指导维修人员对维修车辆的故障进行深入诊断。

③负责机动车维修竣工出厂检验,填写维修竣工出厂检验单,签发维修竣工出厂合格证。

④协助技术负责人分析处理质量事故和纠纷,提出改进和预防措施,并组织实施。

⑤配合业务员完成机动车或总成维修进厂和竣工出厂的交接工作。

⑥负责对机动车配件的质量进行监控。

⑦负责指导和培训相关人员对机动车维修质量进行检验。

(2)任职资格。

①基本条件:具有高中(含)以上学历,获得机修人员或电器维修人员职业资格并连续在该岗位工作2年以上;具有与本企业承修车型相适应的机动车驾驶证,并安全驾驶1年以上。

②专业知识:熟悉机动车维修管理的相关法律、法规、规章及制度;掌握机动车的结构、原理和性能以及主修车型的维修技术标准和规范;掌握机动车检测诊断和机动车维修质量检验原理、方法和技术规范;掌握常用仪器、仪表和量具的工作原理、性能和使用方法;掌握常用检测诊断设备的工作原理、性能和使用方法;熟悉机动车维修质量保证体系知识;熟悉机动车常用材料的性能和机动车配件质量控制知识;了解机动车综合性能要求和检验方法。

③专业技能:能熟练运用相应检验仪器、仪表和量具以及检测诊断设备完成机动车维修进厂、维修过程和维修竣工出厂的各项质量检验工作,正确填写机动车维修进厂检验单、过程检验单和维修竣工出厂检验单和维修竣工出厂合格证;能协助技术负责人对机动车维修质量事故进行分析和鉴定,提出改进和预防措施,并组织实施;能配合业务员进行车辆或总成维修进厂和维修竣工出厂的检验交接;能对机动车配件质量进行常规检验;能指导和培训相关人员对机动车维修质量进行检验;具有查阅和运用技术资料对维修车辆的故障进行深入诊断的能力;具有正确执行标准判定检验结果的能力。

4)机修人员

(1)岗位职责。

①在生产过程中执行安全操作规程,按工艺规范正确完成机动车机械及其控制系统的维修作业。

②协助质量检验员工作,对机修质量负责。

③指导本岗位其他人员的技术操作。

④配合协调其他岗位的工作。

⑤负责本岗位技术问题的搜集、整理和上报。

⑥负责本岗位的现场管理。

(2)任职资格。

①基本条件。具有初中(含)以上文化程度。连续从事机修工作3年以上,或本专业中职毕业连续从事机修工作2年以上,或本专业高职(含)以上毕业连续从事机修工作1年以上。

②专业知识。了解本岗位工艺、工时、标准和规范。熟悉安全生产、环境保护和质量管理的知识。熟悉电工电子学的基本知识,掌握机动车电路图识图知识。掌握机械制图、液压传动、公差与配合、机动车常用材料知识。掌握机动车维修专业知识,了解机动车新材料、新工艺、新设备和新技术。掌握发动机、底盘及其控制系统零部件的常规检验方法。掌握发动机、底盘及其控制系统维修工艺规程和竣工验收标准。掌握发动机、底盘及其控制系统故障诊断原理和方法。了解常用维修检测仪器和设备的工作原理及使用方法。

③专业技能。具有按工艺规范完成机动车发动机、底盘及其控制系统的故障诊断和维修作业的能力。能熟练使用维修检测仪器和设备准确诊断并排除车辆故障。能熟练应用技术资料解决本岗位的技术问题。具有搜集、整理、分析和处理本岗位技术问题的能力。能指导本岗位其他人员完成机修作业。

5)电器维修人员

(1)岗位职责。

①负责机动车电气系统的检测诊断和维修作业。

②在生产过程中执行安全操作规程,按工艺规范正确完成机动车电气系统的维修作业。

③协助质量检验员工作,对机动车电器维修质量负责。

④指导本岗位其他人员的技术操作。

⑤配合协调其他岗位的工作。

⑥负责本岗位技术问题的搜集、整理和上报。

⑦负责本岗位的设备的日常管理。

⑧负责本岗位的现场管理。

(2)任职条件。

①基本条件:具有初中(含)以上文化程度;连续从事机动车电器维修工作 3 年以上,或本专业中职毕业连续从事机动车电器维修工作 2 年以上,或本专业高职(含)以上毕业连续从事机动车电器维修工作 1 年以上。

②专业知识:了解本岗位工艺、工时、标准和规范;熟悉安全生产、环境保护和质量管理的知识;掌握电工电子学的基本知识、电路图识图知识,掌握车用传感器的基本知识;掌握机动车电器的结构、电路原理和检测诊断方法;熟悉发动机、底盘及其控制系统的结构和基本工作原理;熟悉常用机动车维修检测仪器和设备的工作原理及使用方法。

③专业技能:具有完成机动车电气系统故障诊断和维修作业的能力;能熟练使用电器维修所需要的各种检测仪器和设备,准确判断并排除车辆电气系统故障;能应用技术资料解决机动车电器维修的技术问题;具有搜集、整理、分析处理机动车电器维修技术问题的能力;能指导本岗位其他人员完成机动车电器维修作业。

6)钣金(车身修复)人员

(1)岗位职责。

①负责制定合理的车身修复工艺方案并实施车身修复作业。

②配合协调其他岗位的工作。

③指导本岗位其他人员的技术操作。

④协助质量检验员工作,对车身修复质量负责。

⑤负责本岗位技术问题的搜集、整理和上报。

⑥负责本岗位设备的日常管理、使用与维护。

⑦负责本岗位的现场管理。

(2)任职资格。

①基本条件:具有初中(含)以上文化程度;连续从事车身修复工作 3 年(含)以上,或相关专业中职毕业连续从事车身修复工作 2 年以上,或相关专业高职毕业连续从事车身修复工作 1 年以上;应持有相关部门发放的具有焊工初级以上的职业资格证书。

②专业知识:了解本岗位工艺、工时、标准和规范;熟悉劳动安全与环境保护知识;了解机动车构造知识与维修知识、机械基础知识,熟悉车身材料知识;了解机动车碰撞知识及定损知识;了解机械制图知识,掌握车身测量知识;掌握车身修复工艺知识与车身修复相关的技术标

准;掌握车身修复设备的工作原理与使用、维护知识;掌握材料加热及焊接知识。

③专业技能:能制定合理的车身修复工艺方案,并实施车身修复作业;能应用车身技术资料正确实施车身修复;能正确使用和维护车身检测、维修设备;能根据车身材料采取相应的防腐工艺;能对车身修复过程记录并正确填写车身修复档案;能指导本岗位其他人员完成车身修复作业;能按照劳动安全和环境保护操作规程作业,能正确使用各种防护器具,能实施简单救护。

7)涂漆(车身涂装)人员

(1)岗位职责。

①负责制定合理的车身涂装工艺方案并实施车身涂装作业。

②配合协调其他岗位的工作。

③指导本岗位其他人员的技术操作。

④协助质量检验员工作,对车身涂装质量负责。

⑤负责本岗位技术问题的搜集、整理和上报。

⑥负责本岗位的设备的日常管理。

⑦负责本岗位的现场管理。

(2)任职资格。

①基本条件:具有初中(含)以上文化程度;连续从事车身涂装工作3年(含)以上,或相关专业中职毕业连续从事车身涂装工作2年以上,或相关专业高职毕业连续从事车身涂装工作1年以上;具有与从事本岗位工作需求相适应的身体条件。

②专业知识:了解本岗位工艺、工时、标准和规范;了解劳动安全与环境保护知识;了解机动车结构与机动车维修的基本知识;掌握机动车车身材料知识及车身涂装材料知识,掌握车身涂装颜色知识;掌握机动车涂装设备的工作原理与使用、维护知识;掌握车身涂装工艺知识与相关技术标准;掌握车身养护基本知识。

③专业技能:能制定合理的车身涂装工艺方案,并实施车身涂装作业;能熟练进行调漆操作;能根据车身材料采取相应的防腐工艺;能进行车身维护的基本作业和划痕修复;能熟练使用3种以上品牌的涂料进行涂装作业;能熟练使用、维护涂装工具和设备;能对车身涂装过程检验进行记录并正确填写车身涂装档案;能对本岗位其他人员进行培训并指导其完成车身涂装作业;能按照劳动安全和环境保护操作规程作业,能正确使用各种防护器具,能实施简单救护。

8)车辆技术评估人员

(1)岗位职责。

①严格执行国家检测标准,把好质量关。

②负责实施机动车技术性能检测,对检测的机动车做出技术状态的评定。

③负责向委托单位提供技术咨询,并提供客观真实的检测数据。

④对检测有疑问的车辆进行复检,对发生的检测质量问题及时处理解决。

(2)任职资格。

①基本条件:具有机动车维修或相关专业的高中(含)以上文化程度;具有机动车检测站连续3年以上的工作实践;具有相应机动车驾驶证,且2年以上驾龄。

②专业知识:掌握国家、地方和行业相关的法律、法规、规章、标准和规范;掌握机动车结构、原理和性能及主要车型的相关检测标准;掌握机动车检测诊断原理、方法和技术规范;掌握常用检测诊断设备、仪器、仪表和量具的工作原理和性能,掌握其使用及校准方法;掌握机动车性能要求和检验方法,熟悉车辆技术评定的基本知识;熟悉质量保证体系的知识;熟悉机动车检测站计算机控制系统、联网的使用和维护知识。

③专业技能;能熟练使用机动车检测设备,对车辆进行检测;具有组织实施机动车性能检测,并对机动车作出技术状态评定的能力;具有车辆技术评估检测质量管理及处理检测质量纠纷的能力;能制订技术培训计划并付诸实施;具有计算机控制系统操作应用能力。

9)机动车维修业务员

(1)岗位职责。

①负责机动车维修业务接待工作。

②负责对报修车辆进行初步诊断、估算维修费用、签订维修合同。

③负责跟踪检查维修过程、维修进度和维修质量。

④协助质量检验员对车辆进行竣工检查验收和车辆移交工作,协助办理维修费用结算手续。

⑤负责客户的跟踪服务,建立和管理客户档案,接待及协助处理客户投诉。

(2)任职资格。

①基本条件:具有机动车维修专业中职(含)以上的文化水平;具有 2 年以上机动车维修工作经验,有机动车驾驶证。

②专业知识:熟悉与本行业相关的各种法律法规;熟悉机动车维修工时、收费标准及零配件价格;掌握机动车构造和工作原理;了解机动车常见故障及故障诊断的基本方法;熟悉机动车各工种维修工艺流程及技术要求;熟悉机动车零配件常识。

③专业技能:能制定及实施业务接待流程;能对车辆进行初步诊断,确定维修项目,估算维修费用,签订维修合同,引导客户正确进行车辆维护和修理;能协助相关人员对维修过程、维修进度和维修质量进行跟踪;能协助质量检验员对竣工车辆进行检查验收;能熟练操作计算机;能建立客户档案。

10)价格结算人员

(1)岗位职责:执行国家、地方有关汽车维修价格的政策和标准;负责机动车维修价格的核算和结算。

(2)任职资格。

①基本条件:具有高中以上(含高中)文化程度;具有在机动车维修企业 2 年以上工作实践。

②专业知识:熟悉国家、地方、行业有关机动车维修价格的政策和标准;熟悉机动车维修工时定额及机动车零配件定价方法;了解机动车维修工艺流程及技术要求;了解零部件的修复工艺和常用材料;了解机动车零配件知识;掌握计算机办公软件及机动车维修企业管理软件。

③专业技能:能进行机动车维修价格核算和结算,能进行信息搜集、统计和分析,能熟练使用计算机办公软件及机动车维修企业管理软件。

(四)《汽车维修行业计算机管理信息系统技术规范》(JT/T 640—2005)

该标准由中华人民共和国交通部于2005年9月21日发布,2006年1月1日起实施。该标准规定了汽车维修行业计算机管理信息系统的构成、数据信息、系统功能、配置、接口和性能,以及系统的安装和维护要求。该标准属于推荐性交通行业标准,适用于道路运输管理机构的汽车维修行业计算机信息管理和汽车维修企业计算机信息管理。其他机动车维修行业的计算机信息管理可参照执行。标准的主要内容介绍如下。

1.系统构成和数据信息

1)系统构成

该标准规定,汽车维修行业计算机管理信息系统由两部分组成:一是汽车维修行业管理信息系统;二是汽车维修企业管理信息系统。

2)汽车维修行业管理信息系统建立的基本原则

该标准规定:汽车维修行业管理信息系统数据信息集应符合要求,主要数据信息包括:业户信息、车辆信息、人员信息、单证信息,并以附录A规定了该系统的详细数据信息项目。

3)汽车维修企业管理信息系统建立的基本原则

该标准规定:汽车维修企业管理信息系统数据信息集应符合要求,主要数据信息包括:基本信息、车辆维修业务管理信息,并以附录B规定了该系统的详细数据信息项目。

2.系统功能

1)汽车维修行业管理信息系统功能

该标准规定:汽车维修行业管理信息系统对业户、车辆、从业人员等管理应具有相应的增加、删除、修改等权限控制机制,实现业务办理、业户管理、车辆管理、从业人员管理、单据管理、查询统计等功能。

2)汽车维修企业管理信息系统功能

该标准规定:汽车维修企业管理信息系统对业务接待、采购进货、配件销售、工具、人员等管理应具有相应的增加、删除、修改等权限控制机制,实现以下功能:

(1)车辆维修管理,包括业务接待、生产调度、检验、车辆维修技术档案、维修结算、查询统计等。

(2)配件管理,包括采购进货、配件销售储存管理、账务管理、工具设备管理、人员管理、基本信息管理、查询统计等。

(五)《汽车综合性能检测站能力的通用要求》(GB/T 17993—2005)

该标准由中华人民共和国国家质量监督检验检疫总局、中国国家标准化管理委员会于2005年7月21日发布,2005年12月1日起实施。该标准规定了汽车综合性能检测站开展汽车综合性能检测工作应具备的服务功能,管理、技术能力,以及场地和设施的要求。

1.汽车综合性能及汽车综合性能检测站的定义

1)汽车综合性能

该标准将汽车综合性能定义为:在用汽车动力性、安全性、燃料经济性、使用可靠性、排气污染物和噪声,以及整车装备完整性与状态、防雨密封性等多种技术性能的组合。

2)汽车综合性能检测站

该标准将汽车综合性能检测站定义为:按照规定程序、方法,通过一系列技术操作行为,对在用汽车综合性能进行检测(验)评价工作并提供检测数据、报告的社会化服务机构,简称综检站。

2. 综检站的功能

(1)依法对营运车辆的技术状况进行检测;

(2)依法对车辆维修竣工质量进行检测;

(3)接受委托,对车辆改装(造)、延长报废期,及其相关新技术、科研鉴定等项目进行检测;

(4)接受交通、公安、环保、商检、计量、保险和司法机关等部门、机构的委托,对其进行规定项目的检测。

3. 综检站管理要求

该标准对综检站在组织,质量体系,文件控制,服务,抱怨处理,事故、差错控制,记录、报告的控制,质量审核和评审等方面的具体管理要求作了详细规定。

4. 综检站技术能力要求

综检站作为一个提供技术性能检测服务的机构,应该具有一定的技术能力,为此,该标准从人员、检测项目与参数、检测仪器设备、计算机控制检测系统等方面的技术能力要求作了具体规定。

5. 综检站场地和设施要求

该标准对综检站在场地和设施方面规定了基本要求,并对检测线的工位设计、检测工艺流程布置、检测线出入口指示及安全防护装置,检测间的空间布局、通风和防雨设施、通道地面平整度以及采光照明、停车场和试车道路等的设计要求作了严格规定。

二 汽车维修主要技术标准

汽车维修技术标准在“汽车维修标准体系结构”中属于“专用修理技术标准”类,也称为“方法”类标准,用以规范汽车维修作业行为,如有关汽车维护作业规范、汽车修理竣工技术要求方面的标准等,是汽车维修技术质量管理的重要依据。此类标准主要介绍如下。

(一)《汽车维护、检测、诊断技术规范》(GB/T 18344—2001)

该标准由中华人民共和国国家质量监督检验检疫总局、中国国家标准化管理委员会于2001年3月26日发布,2001年12月1日起实施。该标准规定了汽车日常维护、一级维护、二级维护的周期,作业内容和技术规范。该标准属于推荐性国家标准,适用于所有在用汽车。

1. 汽车维护的定义及作业中心内容

(1)日常维护。以清洁、补给和安全检视为作业中心内容,由驾驶员负责执行的车辆维护作业。

(2)一级维护。除日常维护作业外,以清洁、润滑、紧固为作业中心内容。并检查有关制动、操纵等安全部件,由维修企业负责执行的车辆维护作业。

(3)二级维护。除一级维护作业外。以检查、调整转向节、转向摇臂、制动蹄片、悬架等经过一定时间的使用容易磨损或变形的安全部件为主,并拆检轮胎,进行轮胎换位,检查调整发动机工作状况和排气污染控制装置等,由维修企业负责执行的车辆维护作业。

2. 汽车维护分级和周期

该标准规定:汽车维护分为日常维护、一级维护和二级维护,各级维护周期分别是:

(1)日常维护的周期为出车前,行车中,收车后。

(2)汽车一、二级维护周期的确定,应以汽车行驶里程为基本依据。汽车一、二级维护行驶里程依据车辆使用说明书的有关规定,同时依据汽车使用条件的不同,由省级交通行政主管部门确定。对于不便用行程里程统计、考核的汽车,可用行驶时间间隔确定一、二级维护周期。其时间(天)间隔可依据汽车使用强度和条件的不同。参照汽车一、二级维护里程周期确定。

3. 维护作业规范

在该标准中,对日常维护、一级维护和二级维护的维护作业规范作了详细说明。

(二)《液化石油气汽车维护检测规范》(JT/T 511—2004)

该标准由中华人民共和国交通部2004年4月16日发布,2004年7月15日起实施。该标准规定了液化石油气(以下简称LPG)汽车维修企业具备的技术条件,LPG汽车维护、检测的周期、作业内容和技术要求。该标准属于推荐性交通行业标准,适用于LPG汽车,包括单一燃料LPG汽车和LPG/汽油两用燃料汽车。标准的主要内容介绍如下。

1. LPG汽车相关定义

(1)单一燃料液化石油气汽车。只有一套液化石油气燃料供给系统、只能燃用液化石油气单一燃料的汽车。

(2)液化石油气/汽油两用燃料汽车。具有两套相互独立的燃料供给系统,一套供给液化石油气,另一套供给汽油,这两套燃料供给系统可分别但不可同时向发动机供给燃料的汽车。

(3)液化石油气专用装置。为了在汽车上燃用液化石油气,在汽车上专门安装的由储气部件、供气部件、控制部件或燃料转换部件等组成的一整套燃料供给系统。

2. LPG汽车维修企业应具备的条件

(1)基本条件。LPG汽车维修企业应符合《汽车维修业开业条件》(GB/T 16739—2004)的相关规定。

(2)人员条件(专项要求)。进行LPG汽车维修的作业人员需经过专业培训,经考核合格,取得行业主管部门颁发的LPG汽车维修上岗证;竣工检验人员应取得行业主管部门核准的LPG汽车检验员资格证。

(3)LPG专项维修生产技术条件。

①具备维修LPG汽车专用装置特殊要求所需的维修、检测、诊断仪器设备,包括密封性及压力检查等手段;

②设有密封性检查、卸压操作的专用场地和存放专用装置的库房;

③LPG汽车维修作业车间通风良好,不得有地沟及通往地下设施的通口,在有LPG泄漏可能的场所应明示防明火、防静电的标志;

④有可行有效的消防安全管理措施和必备的设备、消防人员等。

(4)LPG专用装置产品技术条件及使用技术条件。维修所用LPG专用装置的产品质量应符合《汽车用液化石油气加气口(螺旋式)》(GB/T 18364.1—2001)、《机动车用液化石油气钢瓶》(GB 17259—2009)、《液化石油气汽车专用装置技术条件》(QC/T 247—2002)、《汽车用液化石油气蒸发调压器》(QC/T 672—2000)、《汽车用液化石油气电磁阀》(QC/T 673—2007)、

《汽车用汽油电磁阀》(QC/T 675—2000)等相应技术法规,并由经批准具备LPG专用装置生产资质的企业提供;气瓶的运输、储存、经销和使用应符合有关部门的规定。

3. LPG汽车维护分级、周期、作业内容与安全生产技术要求

(1)LPG汽车维护的分级和周期。LPG汽车除了燃料供应系统与燃油汽车有所区别,其他部分是相同的,因此,对LPG汽车的定期强制维护,该标准规定:LPG汽车维护的分级和周期应符合《汽车维护、检测、诊断技术规范》(GB/T 18344—2001)的规定。

(2)LPG汽车各级维护作业中心内容。该标准分别对LPG汽车日常维护、一级维护和二级维护的作业中心内容作了规定,基本内容与《汽车维护、检测、诊断技术规范》(GB/T 18344—2001)相仿,重点强调了对LPG装置检查、紧固的维护要求,并规定LPG汽车一级维护以上作业必须由LPG汽车维修企业负责执行。

(3)LPG汽车维护作业的安全生产技术要求。LPG及LPG装置属于易燃易爆物品,且鉴于气体燃料的特点,维修作业应特别注意安全操作规程。标准对此作了特别规定,并规定了在发生险情时应采取的安全应急措施,内容包括LPG汽车维护作业前的安全检查规定;维护作业中操作步骤安排应先进行涉及LPG装置的维护;当需要进行焊割等有明火的作业时的安全操作规程;如需在气瓶附近打磨或切割时的安全操作规程;LPG汽车如发生漏气应采取的安全处理措施;如发生火情时应采取的安全处理措施。

4. LPG汽车维护、检测作业技术规范

在该标准中,分别LPG汽车日常维护作业规范、LPG汽车一级维护作业规范、LPG汽车二级维护作业规范和LPG汽车检验要求作了详细规定。

(三)《轿车车身维护技术要求》(JT/T 509—2004)

该标准由中华人民共和国交通部于2004年4月16日发布,2004年7月15日起实施。该标准规定了轿车车身、底盘外表及发动机舱外表维护的主要内容与工艺要求。该标准属于推荐性交通行业标准,适用于轿车车身维护。标准的主要内容介绍如下。

1. 轿车车身维护主要内容

标准对轿车车身维护部位和项目作了规定,车身维护作业部位包括车身、底盘外表和发动机舱外表三部分,各部作业内容包括:

(1)车身维护。含车身清洁,研磨,抛光,新车开蜡,打蜡,封釉,玻璃贴膜,内部清洁维护,附件清洁维护作业。

(2)底盘外表清洁。

(3)发动机舱外表清洁。

2. 轿车车身维护工艺要求

按照上述车身维护作业内容,标准逐项对其操作工艺要求作了规定,主要内容有:

(1)车身清洁工艺要求。标准分别规定了车身清洁的条件和步骤,并对各道工序的操作工艺和用料(包括高压水冲洗工艺、清洗用水和洗涤剂、擦拭工艺、清除沥青的工艺、冲净的工艺、擦干及车内清洁的要求等)分别作了规定。

(2)车身漆面研磨工艺要求。标准分别规定了车身漆面研磨的环境条件和步骤,并对各道工序的操作要点以及研磨后对车体的处理工艺作了规定。

(3)车身漆面抛光工艺要求。标准分别规定了车身漆面抛光前应进行的操作项目、抛光

时的操作要点、抛光完成后的检查和清洁要求，以及车身漆面抛光后应达到的质量标准。

(4)新车开蜡工艺要求。标准分别规定了车身漆面开蜡前应进行的操作项目、开蜡的环境温度要求、开蜡操作要点和新车开蜡完成后的清洁和应及时打蜡的要求。

(5)打蜡工艺要求。标准分别规定了车身漆面上蜡前应进行的清洁和漆面检查要求、车身表面温度要求、车蜡选用要求，以及前风窗玻璃下方的塑胶板等一些特殊部位进行清洁、上蜡处理的要求。

(6)封釉工艺要求。标准分别规定了车身漆面封釉工艺操作的环境条件、封釉前应进行的漆面处理(包括打磨、研磨、抛光、除蜡清洁等工序)的工艺要求、振抛封釉操作要点，以及封釉后的处理工艺规范。

(7)玻璃贴膜工艺要求。标准分别规定了玻璃贴膜工艺操作的环境条件、玻璃贴膜的工艺要求和质量标准。

(8)车身内部清洁维护工艺要求。标准分别规定了车身内部清洁维护作业的环境条件，规定了车身内部清洁维护内容，包括：地毯、绒布座椅及座椅面料、仪表台、空调通风口、转向盘、变速杆、驻车制动器操纵杆、安全带、车门、门柱、门框边缘、车门内衬(旁板)和拉扶手、车门锁、铰链部位、踏板的支点处、车门内侧底部的排水孔等部位清洁、检查的工艺要求和技术要点，并规定：作业完成后，打开汽车电器、仪表等应工作正常。

(9)附件清洁维护工艺要求。标准分别规定了对车身附件，包括保险杠等塑胶件、轮毂、轮胎、金属、电镀件、铝合金件等不同材料的部件的清洁维护工艺要求。

3. 底盘外表清洁工艺要求

标准分别规定了对底盘外表清洗并干燥，对车身底部和底盘、悬架等处的锈痕或伤痕的处理，对底盘部位全面喷涂底盘防护材料，喷涂操作工艺，施工后对底盘漆面的要求。

4. 发动机舱外表清洁工艺要求

标准分别规定了对发动机舱外表进行清洁、检查的工艺要求，包括"对熔断器(配电)盒、发电机、分电器、汽车控制主电控单元，以及各功能的控制模块、传感器及接插件等，应进行覆盖、包裹，防止潮湿"，"线束或塑胶物件，应喷涂胶质件润光剂加以保护"等的要求，以及电气线路清洁安全操作的技术要点。

(四)《汽车发动机电子控制系统修理技术要求》(GB/T 19910—2005)

该标准由中华人民共和国国家质量监督检验检疫总局、中国国家标准化管理委员会于2005年9月14日发布，2006年4月1日起实施。该标准规定了汽车发动机电子控制系统维修前检查、视情维修，以及维修后检验的技术要求。该标准属于推荐性国家标准，适用于装用汽车发动机电子控制系统的点燃式汽油发动机的车辆，是指导汽车维修企业对汽车发动机电子控制系统修理和维修质量管理的主要技术依据。标准的主要内容介绍如下。

1. 汽车发动机电子控制系统的术语和定义

该标准将汽车发动机电子控制系统定义为：汽车发动机电子控制单元根据各传感器传送来的信息，分析发动机运行中的各种参数，并予以综合处理，以期达到较为满意的工作效果。一般分为3个子系统，即进排气控制系统、燃油控制系统和计算机控制系统。

2. 汽车发动机电子控制系统维修前检查技术要求

标准规定了对汽车发动机电子控制系统维修前检查的要求、检查项目、检验方法、安全操作技术要点等。

3. 汽车发动机电子控制系统视情维修技术要求

标准规定:针对所检查到的非正常工作的系统部件,需更换的元器件应予以更换,根据该标准附录中的故障分析及维修方案中的提示进行维修,使之恢复正常的工作状态并记录,并提出维修技术要求。

4. 汽车发动机电子控制系统维修后检验技术要求

标准规定:系统在视情修理后,应对有故障的系统部件用专用或通用的检测仪逐项进行检查,其测量参数、信号应在正常范围内或处于正常状态,并对检验项目和操作技术要点作出相应规定。

(五)《汽车盘式制动器修理技术条件》(GB/T 18343—2001)

该标准由中华人民共和国国家质量监督检验检疫总局于 2001 年 3 月 26 日发布,自 2001 年 12 月 1 日起实施。该国家标准是汽车修理系列标准之一,以保证修理完毕车辆的制动性能为目标,与《机动车运行安全技术条件》(GB 7258—2012)配套使用,规定了汽车盘式制动器主要零部件的修理技术要求及有关参数,对盘式制动器的修理提出了具体的要求,包括盘式制动器主要零配件的拆卸、检验、修理、换新、安装等工艺过程。该标准是指导维修操作和实施维修质量检验工作的重要依据。标准的主要内容如下。

1. 盘式制动器维修总体要求

标准对盘式制动器维修的针对性(修前准备工作)、安全性及操作基本要点作了具体规定。

2. 盘式制动器主要零部件修理技术要领

标准规定了包括制动钳、制动盘和制动摩擦块的拆卸分解、检查、维修、装配的技术要领,包括具体操作工艺过程,强调液压部件检修的注意事项,并给出一般技术参数。

3. 盘式制动器维修检验规则

标准规定了盘式制动器维修检验规则,要求:汽车进行更新制动摩擦块和(或)修理制动盘之后,必须进行磨合,整车应进行制动性能的检验;标准规定了制动器磨合和制动性能检验的具体方法,并规定:经检验合格后应出具检验合格证或相关证明。

(六)《汽车制动传动装置修理技术条件》(GB/T 18275.1～.2—2000)

该标准由中华人民共和国国家质量监督检验检疫总局于 2000 年 12 月 18 日发布,2001 年 9 月 5 日起实施。该标准分为两部分:《汽车制动传动装置修理技术条件　气压制动》(GB/T 18275.1—2000)、《汽车制动传动装置修理技术条件　液压制动》(GB/T 18275.2—2000)。两部分分别规定了汽车气压或液压制动传动装置修理的基本技术要求、试验方法和检验规则,适用于汽车制动气压或液压传动装置的修理。该标准属于推荐性国家标准,为规范维修操作、使修理后制动操作装置的能量能够顺利有效地提供给制动器,确保制动安全可靠,为加强汽车修理行业技术管理提供依据。标准各部分内容分别介绍如下。

1.《汽车制动传动装置修理技术条件　气压制动》(GB/T 18275.1—2000)

本部分标准适用于汽车气压制动传动装置的修理。标准对气压制动传动装置各部件规定了修理基本技术要求、传动系统试验方法和检验规则等,主要内容包括:

(1)气压制动传动装置各部件修理基本技术要求。标准分别规定了空气压缩机修理技术要求、压力控制器修理技术要求、油水分离器修理技术要求、储气筒修理技术要求、制动阀修理技术要求、制动气室修理技术要求、制动连接件及制动管路修理技术要求、制动踏板技术要求、整车制动系统密封性技术要求。

(2)检验方法的规定。标准分别规定了制动阀密封性试验方法、制动阀静特性试验方法、制动气室密封性试验方法的技术要求和有关限值。

(3)检验规则。标准规定了制动传动系统经对各零部件检验、空气压缩机磨合试验、制动阀逐件进行密封性试验后合格方能投入使用的有关原则,明确规定:制动阀应逐件进行密封性试验,符合制动阀密封性能的要求,方能出厂和投入使用;各零部件须经检验合格后,方能出厂或交付使用;修理的空气压缩机应进行磨合试验,达到原厂规定的技术要求后,方能出厂和投入使用。

(4)其他技术要求。本标准规定未规定的技术要求,应符合原设计规定;修竣的各部件,经防锈处理后,应存放在通风、干燥、清洁之处。

2.《汽车制动传动装置修理技术条件　液压制动》(GB/T 18275.2—2000)

本部分标准适用于汽车液压制动传动装置的修理。标准对液压制动传动装置各部件规定了修理基本技术要求、传动系统试验方法和检验规则等,主要内容包括:

(1)液压制动传动装置各部件修理基本技术要求。标准分别规定了液压制动主缸和轮缸修理技术要求、真空增压器修理技术要求、真空助力器修理技术要求、气压增压器修理技术要求、气压加力器修理技术要求、其他维修技术要求。

(2)试验方法规定。标准分别规定了主缸和轮缸密封性试验、主缸和轮缸耐压性能试验、真空增压器止回阀密封性试验、真空助力器真空密封性试验的测试参数和试验操作具体方法。

(3)检验规则。标准规定了制动传动装置经对修理后各零部件检验,主缸、轮缸密封性和耐压性试验,真空增压器止回阀密封性试验,真空助力器真空密封性试验合格后方能投入使用的有关原则。

(4)其他技术要求。本标准未规定的技术要求,应符合原设计规定;修复后的各部件,经防锈处理后,应存放在通风、干燥、清洁之处。

(七)《汽车大修竣工出厂技术条件》(GB/T 3798.1~.2—2005)

该标准由中华人民共和国国家质量监督检验检疫总局、中国国家标准化管理委员会于2005年3月21日发布,2005年8月1日起实施。

该标准分为两部分:《汽车大修竣工出厂技术条件　第1部分:载客汽车》(GB/T 3798.1—2005);《汽车大修竣工出厂技术条件　第2部分:载货汽车》(GB/T 3798.2—2005)。两部分分别规定了载客汽车或载货汽车大修竣工出厂的技术要求及质量保证要求。

该标准属于推荐性国家标准,第1部分适用于大修竣工出厂的载客汽车,第2部分适用于大修竣工出厂的载货汽车。这里所指的载客汽车,标准定义为——在设计和技术特性上用于载运乘客及其随身行李的包括驾驶员座位在内座位数超过9座的汽车;载货汽车,标准定义为——在设计和技术特性上主要用于运送货物的汽车。该标准是指导汽车整车大修作业和汽车维修质量检验人员进行9座以上客车和所有各类载货汽车大修质量检验,包括过程检验和竣工检验的依据。标准的主要内容介绍如下。

1.《汽车大修竣工出厂技术条件　第 1 部分:载客汽车》(GB/T 3798.1—2005)

该标准对包括驾驶员座位在内座位数超过 9 座的载客汽车,规定了其整车大修竣工出厂的技术条件和质量保证要求。

1)竣工出厂基本要求

标准规定了载客汽车整车大修竣工出厂检验时的基本检验项目和技术要求,共 13 项,可以归纳为如下 3 部分:

(1)整车基本检查要求。标准对整车外观,主要结构参数(包括整备质量、轴距),各部运行温度和密封性,各仪表运行状况,发动机、底盘喷(涂)漆等各方面规定了基本检查项目和技术要求。

(2)各工作介质的检查要求。标准对润滑及其他工作介质的使用规定了检查的项目和技术要求,包括:各润滑脂(油)嘴,各总成润滑剂,动力转向装置、变速器、分动器、主减速器,液力传动装置,发动机冷却系统,气压制动防冻装置,液压制动装置,空调制冷剂,风窗清洗装置等,要求"加注规定品质与数量的介质"。

(3)各部安全可靠性检查要求。对各连接部位和连接件,包括各总成与车架连接部位、全车所有螺栓和螺母、一般紧固件、各铆接件、各焊接部位等,标准分别规定了检查要求,并特别强调:一次性锁止螺栓不得重复使用,不得用螺栓连接代替铆钉连接等。对"影响汽车行驶安全的转向系、制动系和行驶系的关键零部件",标准规定:"不得使用修复件。"对有关悬架减振系统的大修竣工出厂检验技术要求,标准规定:"不应改变其原车的平稳性能指标。"

2)竣工出厂各总成机构要求

标准分别规定了竣工出厂各总成机构要求,包括:①发动机的技术要求;②转向操纵机构技术要求;③转向盘的最大自由转动量、车轮定位、最大转向角、汽车转向轮的横向侧滑量等基本参数检验、测试项目与技术要求;④传动机构技术要求;⑤行走机构技术要求;⑥制动机构技术要求;⑦车身、车架技术要求;⑧照明和信号装置及其他电气设备技术要求。

3)竣工出厂主要性能指标要求

标准分别规定了竣工出厂主要性能指标要求,包括:动力性、经济性、排放性能、制动性能、滑行性能、转向轻便性、汽车噪声和喇叭声级。

4)整车大修质量保证

标准规定了整车大修质量保证的形式(签发"汽车大修出厂合格证"及有关技术文件)和质量保证期(半年或行驶 2 万 km)。

2.《汽车大修竣工出厂技术条件　第 2 部分:载货汽车》(GB/T 3798.2—2005)

该标准对载货汽车,规定了其整车大修竣工出厂的技术条件和质量保证要求。

1)竣工出厂基本要求

标准规定了载货汽车整车大修竣工出厂检验时的基本检验项目和技术要求,共 12 项。

2)竣工出厂各总成机构要求

标准分别规定了竣工出厂各总成机构要求,包括:①发动机的技术要求;②转向操纵机构技术要求;③传动机构技术要求;④行走机构技术要求;⑤制动机构技术要求;⑥车身、车架、驾驶室技术要求;⑦照明和信号装置及其他电气设备技术要求。

3)竣工出厂主要性能指标要求

标准分别规定了竣工出厂主要性能指标要求,包括:动力性、经济性、排放性能、制动性能、滑行性能、转向轻便性、汽车噪声和喇叭声级。

4)整车大修质量保证

标准规定了整车大修质量保证的形式(签发“汽车大修出厂合格证”及有关技术文件)和质量保证期(半年或行驶2万km)。

(八)《商用汽车发动机大修竣工出厂技术条件》(GB/T 3799.1～.2—2005)

该标准由中华人民共和国国家质量监督检验检疫总局、中国国家标准化管理委员会于2005年3月21日发布,2005年8月1日起实施。该标准分为两部分:《商用汽车发动机大修竣工出厂技术条件　第1部分:汽油发动机》(GB/T 3799.1—2005)、《商用汽车发动机大修竣工出厂技术条件　第2部分:柴油发动机》(GB/T 3799.2—2005)。两部分分别规定了商用汽车汽油发动机和商用汽车柴油发动机大修竣工出厂的技术要求、质量保证和包装要求。该标准所指商用汽车,按国家标准GB/T 3730.1—2001确立的术语定义应为:除乘用车(在其设计和技术特性上主要用于载运乘客及其随身行李和/或临时物品的汽车,包括驾驶员座位在内最多不超过9个座位)之外的所有车辆。该标准属于推荐性国家标准,第1部分适用于大修竣工出厂的汽油发动机,第2部分适用于大修竣工出厂的柴油发动机。该标准是汽车维修质量检验人员进行商用汽车发动机大修质量检验,包括过程检验和竣工检验的依据。主要内容介绍如下。

1.《商用汽车发动机大修竣工出厂技术条件　第1部分:汽油发动机》(GB/T 3799.1—2005)

该标准规定了商用汽车汽油发动机大修竣工出厂的技术要求、质量保证和包装要求,适用于商用汽车汽油发动机(往复活塞式)。

1)发动机大修竣工出厂外观检验技术要求

(1)发动机外观整洁与漆面检查技术要求。发动机的外观应整洁、无油污。发动机外表应按规定喷漆,漆层应牢固,不得有起泡、剥落和漏喷现象。

(2)发动机各部件及附件检查技术要求。发动机点火、燃料供给、润滑、冷却和进排气等系统的附件应齐全,安装正确、牢固。

(3)发动机各部分密封性能和电气部分检查技术要求。发动机各部分应密封良好,不得有漏油、漏水、漏气现象;电气部分应安装正确、绝缘良好。

2)发动机装备大修竣工出厂检验技术要求

标准规定了汽油发动机大修各装备过程检验和竣工检验的项目和技术要求,共8项,主要包括:

(1)外购的零部件和附件的产品质量要求。

(2)零部件修复质量及装配工艺技术要求。

(3)发动机增压装置检验技术要求。

(4)发动机限速装置安装、调整与拆除的技术要求。

(5)电子控制燃油喷射系统装置检验技术要求。

(6)发动机冷磨、热试技术要求。

3)发动机大修竣工出厂性能检测技术要求

标准规定了汽油发动机大修竣工出厂性能检测的项目和技术要求,共11项,包括:

(1)发动机运转状况检验技术要求。

(2)启动性能检验技术要求。

(3)怠速运转性能检验技术要求。

(4)进气歧管真空度(怠速时)检验技术要求。

(5)增压发动机的增压压力及温度检验技术要求。

(6)机油压力(怠速和高速时)和警示装置检验技术要求。

(7)额定功率和最大转矩测试技术要求。其中规定:在标准状态下,发动机额定功率和最大转矩不得低于原设计标定值的90%。

(8)最低燃料消耗率和机油消耗量(经济性)测试技术要求。

(9)排放性能,包括排放控制装置和排放污染物含量检验技术要求。

(10)发动机噪声测量技术要求。

(11)电子控制燃油喷射系统技术参数和性能检验技术要求。

4)发动机大修质量保证技术要求

标准规定了商用汽车汽油发动机大修质量保证的竣工质量检验技术措施、过程质量控制要求、大修技术档案和质量保证期方面的要求。其主要内容包括:

(1)必须对修竣发动机性能指标(额定功率、最大转矩、燃料经济性)进行检验。

(2)发动机在装配过程中,要进行过程检验并记录,竣工检验合格的发动机应签发合格证。

(3)发动机维修技术资料应归档管理。

(4)大修竣工出厂的发动机质量保证期。规定为:自竣工之日起,不少于半年或行驶里程为20000km(以先到者为准),并强调实施质量保证期的前提——送修方应按技术文件要求进行使用和维护。

5)发动机总成包装技术要求

标准规定了按"送修方提出的包装要求"进行发动机总成包装的技术要求。

2.《商用汽车发动机大修竣工出厂技术条件　第2部分:柴油发动机》(GB/T 3799.2—2005)

本部分规定了商用汽车柴油发动机大修竣工出厂的技术要求、质量保证和包装要求,适用于商用汽车柴油发动机(往复活塞式)。

1)发动机大修竣工出厂外观检验技术要求

标准规定了柴油发动机大修竣工出厂外观检验的项目和技术要求,共3项。

(1)发动机外观整洁与漆面检查技术要求。

(2)发动机各部件及附件,包括辅助启动装置的检查技术要求。

(3)发动机各部分密封性能和电气部分检查技术要求。

2)发动机装备大修竣工出厂检验技本要求

标准规定了柴油发动机大修各装备过程检验和竣工检验的项目和技术要求,共10项,主要包括:外购的零部件和附件的产品质量要求,零部件修复质量及装配工艺技术要求,发动机装有的排气制动装置检验技术要求,喷油泵、喷油器、调速器调试、检测技术要求,发动机增压装置检验技术要求,发动机限速装置安装、调整与拆除的技术要求,电子控制燃油喷射系统装置检验技术要求,发动机冷磨、热试技术要求。

3)发动机大修竣工出厂性能检测技术要求

标准规定了柴油发动机大修竣工出厂性能检测的项目和技术要求,共 11 项,主要包括:

(1)发动机运转状况检验技术要求,特别强调发动机超速断油控制装置和紧急停机装置检验技术要求。

(2)启动性能检验技术要求。

(3)怠速运转性能检验技术要求。

(4)增压发动机的增压压力及温度检验技术要求。

(5)柴油发动机稳定调速率检测技术要求。

(6)机油压力和警示装置检验技术要求。

(7)额定功率和最大转矩测试技术要求。规定:在标准状态下,发动机额定功率和最大转矩不得低于原设计标定值的 90%。

(8)最低燃料消耗率和机油消耗量(经济性)测试技术要求。

(9)排放性能,包括排放控制装置和排放污染物含量检验技术要求。

(10)发动机噪声测量技术要求。

(11)电子控制燃油喷射系统技术参数和性能检验技术要求。

4)发动机大修质量保证技术要求

标准规定了商用汽车柴油发动机大修质量保证的竣工质量检验技术措施、过程质量控制要求、大修技术档案和质量保证期。其主要内容包括:

(1)必须对修竣发动机性能指标(额定功率、最大转矩、燃料经济性)进行检验。

(2)发动机在装配过程中,要进行过程检验并记录,竣工检验合格的发动机应签发合格证。

(3)发动机维修技术资料应归档管理。

(4)大修竣工出厂的发动机质量保证期规定为:自竣工之日起,不少于半年或行驶里程为 2 万 km(以先到者为准),并强调实施质量保证期的前提——送修方应按技术文件要求进行使用和维护。

5)发动机总成包装技术要求

标准规定了按“送修方提出的包装要求”进行发动机总成包装的技术要求。

(九)《大客车车身修理技术条件》(GB/T 5336—2005)

该标准由中华人民共和国国家质量监督检验检疫总局、中国国家标准化管理委员会于 2005 年 3 月 21 日发布,2005 年 8 月 1 日起实施。该标准规定了大客车车身修理的技术要求、附件及电器的安装与使用要求、竣工检验及质量保证要求。该标准将所述大客车定义为:在设计和技术特性上用于载运乘客及其随身行李,包括驾驶员座位在内座位数超过 16 座的汽车。该标准属于推荐性国家标准,适用于大客车车身修理规范操作行为和质量检验,是大客车车身修理质量评定的依据之一。标准的主要内容介绍如下。

1. 车身修理技术要求

标准规定了大客车车身各部修理作业和过程检验技术要求,主要包括:①车身骨架修理技术要求;②车身内外蒙皮及饰件修理技术要求;③铆接与焊接修理技术要求;④喷漆修理技术要求;⑤其他技术要求。

2. 车身附件及电器的安装要求

标准规定了大客车车身附件安装技术要求和电器安装技术要求。

3. 车身修理竣工检验项目及技术要求

标准规定了车身修理竣工检验项目及技术要求,包括:①车身外观、外形尺寸和装备检查;②整备质量及各轴负荷分配的最大值所增加的质量要求;③各操纵机构的安装情况检查;④车窗玻璃、顶窗、安全门检查;⑤路试车身各部蒙皮安装可靠性要求;⑥电气设备及各种仪表工作状况检查。

4. 车身修理质量保证

标准规定了车身修理质量保证的要求和质量保证期(半年或行驶 2 万 km)。

三 汽车检测主要技术标准

汽车检测技术标准在“汽车维修标准体系结构”中属于“专用修理技术标准”类,为检验“方法”类标准,用以规范汽车检测和技术评定行为,如有关汽车安全性能检验标准、汽车排放检测标准等,是汽车检测技术管理和汽车维修质量评定工作的重要依据。此类标准主要介绍如下。

(一)《营运车辆综合性能要求和检验方法》(GB 18565—2001)

该标准由中华人民共和国国家质量监督检验检疫总局、中国国家标准化管理委员会于 2000 年 7 月 13 日发布,2002 年 8 月 1 日起实施。该标准规定了营运车辆,即从事道路客货运输的经营性车辆的动力性、燃料经济性、制动性、转向操纵性、照明和信号装置及其他电气设备、排放与噪声控制、密封性、整车装备的基本技术要求和检验方法。该标准是车辆综合性能检测、评定的重要依据之一。该标准属于强制性国家标准,适用于营运车辆,非营运车辆可参照执行。标准的主要内容介绍如下。

1. 营运车辆动力性要求和检验方法

标准分别规定了发动机性能和整车动力性能的要求和检验方法,其主要内容如下。

1)发动机性能要求

包括:发动机动力性,启动性能,各汽缸压缩压力及每缸压力与各缸平均压力的差,发动机点火、燃料供给、润滑、冷却和排气等系统的完好性,柴油机的停机装置技术状况。标准具体规定了各项发动机性能参数的限值及检验方法。

2)整车动力性能要求

标准分别规定了整车动力性的评价指标、检测工况、限值及合格条件等,主要内容归纳如下:

(1)整车动力性评价指标及检测工况。标准规定:整车动力性可用底盘测功机,采用汽车发动机额定转矩和额定功率时的工况,检测汽车驱动轮输出功率来评价。

(2)驱动轮输出功率的限值及动力性合格的条件。标准规定:采用校正驱动轮输出功率与相应的发动机输出总功率的百分比作为驱动轮输出功率的限值,并给出相应计算公式和国产营运车辆的校正驱动轮输出功率的限值,其他车辆可参照执行。

(3)整车动力性检测和评价工况。标准特别规定:轿车的动力性按额定转矩工况进行检测和评价。

2. 营运车辆燃油经济性要求和检验方法

标准规定了燃油经济性指标、检验方法及限值:按规定的检验方法测得的汽车百公里燃油消耗量不得大于该车型原厂规定的相应车速等速百公里燃料消耗量的110%。

3. 营运车辆制动性要求和检验方法

标准对营运车辆制动性的各项要求和检验方法作了明确规定,主要包括:①制动系统功能要求;②制动系统基本参数要求;③驻车制动性能要求;④制动装置的要求;⑤台试制动性能要求;⑥路试制动性能要求;⑦当车辆经自试后,对其制动性能有质疑时的处理规定。

4. 营运车辆转向操纵性技术要求和检验方法

标准对营运车辆转向操纵性的各项要求和检验方法作了明确规定,主要包括:①转向盘最大自由转动量的要求;②转向轻便性测试要求;③转向轮的横向侧滑量要求;④车轮定位值要求;⑤车辆的最小转弯直径、转向轮的最大转向角技术要求;⑥悬架特性要求;⑦动力转向(或助力转向)性能参数的要求;⑧转向操作稳定性和行驶稳定性要求;⑨转向机构部件检验要求。

5. 照明和信号装置及其他电气设备技术要求和检验方法

标准对营运车照明和信号装置及其他电气设备的各项要求和检验方法作了明确规定,主要包括:①前照灯光来照射位置技术要求;②前照灯远光光束发光强度要求;③汽车灯具及操作装置安装要求;④灯光照射技术要求;⑤仪表与信号装置技术要求;⑥照明和信号装置电源及线路技术要求。

6. 排放与噪声控制技术要求和检验方法

1)排气污染物控制技术要求和检验方法

标准分别对装配点燃式发动机和装配压燃式发动机车辆的排气污染物控制,规定了检测方法和排放限值。主要内容包括:①双怠速法或加速模拟工况(ASM)法测试装配点燃式发动机车辆排气污染物的规定;②怠速法测试装配点燃式发动机车辆排气污染物的规定;③自由加速排气可见污染物试验法测试装配压燃式发动机的车辆排气污染物的规定;④自由加速烟度试验测试装配压燃式发动机的车辆排气污染物的规定;⑤汽油车燃油蒸发污染物排放控制技术要求;⑥汽车曲轴箱污染物排放控制技术要求。

2)汽车噪声控制技术要求和检验方法

标准分别规定了汽车定置噪声、客车车内噪声声级、汽车驾驶员耳旁噪声声级、喇叭声级的测量方法和限值标准。

7. 密封性技术要求和检验方法

标准分别对客车防雨密封性、汽车各部连接件密封性和制动系统密封性的技术要求和检验方法作了规定。

8. 整车装备技术要求

标准对客车整车装备的各项技术要求作了明确规定,主要包括:①基本要求;②车辆尺寸参数要求;③车辆质量参数要求;④车速表检查技术要求;⑤滑行性能检测及技术要求;⑥异响检查技术要求;⑦润滑状况检查技术要求;⑧车架、车身与驾驶室技术要求;⑨行驶系统技术要求;⑩传动系统技术要求;⑪安全防护装置要求;⑫危险货物运输车辆技术要求;⑬汽车列车技术要求;⑭集装箱运输车技术要求。

9. 检验方法

标准分别对汽车驱动轮输出功率、燃料经济性、制动性能、转向操纵性、汽车噪声等各项性能参数的检验方法作了具体规定。主要内容如下:

(1)用底盘测功机按给定有关标准检测汽车驱动轮输出功率的规定。

(2)用底盘测功机或路试检测汽车等速百公里燃料消耗量,并规定了检测条件、检测步骤、检测方法、检测结果计算、检测数据校正、重复性检验等要求。

(3)分别规定了台试或路试制动性能的检验方法,并规定可采取新型制动性能测试仪器进行路试制动性能检验,如采用平板式制动试验台等。

(4)规定了转向操纵性检验,包括转向盘最大自由转动量检验、转向轮侧滑量检验的方法。

(5)分别规定了用悬架装置检测台或用平板检测台,进行悬架特性检验的方法和技术要点。

(6)分别规定了用底盘测功机或用路试方法进行滑行距离检验,以及滑行阻力测试的方法和技术要求。

(7)按相关标准进行前照灯光束照射位置检验规定。

(8)分别对各种汽车排气污染物检验方法,包括双怠速试验、加速模拟工况试验、怠速试验、自由加速试验,提出依据相应技术标准进行检验的技术要求。

(9)分别对汽车定置噪声检验、客车车内噪声检验、驾驶员耳旁噪声检验的技术要求作了规定。

(10)规定了客车防雨密封性的检验方法。

(11)规定了车速表检验方法。

(二)《机动车运行安全技术条件》(GB 7258—2012)

国家标准《机动车运行安全技术条件》(GB 7258—2012)是我国机动车运行安全管理最基本的技术标准,是进行注册登记检验和在用机动车检验、机动车查验、事故车检验的主要技术依据,同时也是我国机动车新车定型强制性检验、新车出厂检验及进口机动车检验的重要技术依据之一。

该标准于 2012 年 5 月 11 日由国家质量监督检验检疫总局和国家标准化管理委员会批准发布,自 2012 年 9 月 1 日起在全国范围内实施。本标准适用于在我国道路上行驶的所有机动车,但不适用于有轨电车及并非为在道路上行驶和使用而设计和制造、主要用于封闭道路和场所作业施工的轮式专用机械车。标准主要内容介绍如下。

1. 各类机动车的术语和定义

该标准对所提及的机动车及各类机动车等术语和定义作了规定,对区别不同机动车的安全运行技术条件有指导意义。被定义的各类机动车包括:机动车、汽车、载客汽车、乘用车客车、公路客车、长途客车、卧铺客车、旅游客车、公共汽车、城市客车、校车、幼儿校车、小学生校车、中小学生校车、专用校车、载货汽车、货车、半挂牵引车、低速汽车、三轮汽车、低速货车、低速载货汽车、危险货物运输车、专项作业车、气体燃料汽车、两用燃料汽车、双燃料汽车、纯电动汽车、插电式混合动力汽车、教练车、残疾人专用汽车、挂车、牵引杆挂车、全挂车、中置轴挂车、半挂车、汽车列车、乘用车列车、货车列车、牵引杆挂车列车、全挂拖斗车、全挂汽车列车、中置轴挂车列车、铰接列车、半挂汽车列车、摩托车、普通摩托车、两轮普通摩托车、边三轮摩托车、正三轮摩托车、轻便摩托车、两轮轻便摩托车、正三轮轻便摩托车、拖拉机运输机组、轮式专用机械车、特型机动车等。

2. 整车技术条件

标准对整车标志、外廓尺寸、后悬、轴荷和质量参数、核载、比功率、侧倾稳定角及驻车稳定角、图形和文字标志、外观、漏水检查、漏油检查、车速表指示误差、行驶轨迹、驾驶员耳旁噪声要求、环保要求、产品使用说明书、其他要求等技术要求分别作了规定。

3. 发动机技术条件

标准规定了发动机动力性能（功率限值）、启动性能、柴油机停机装置、发动机点火、燃料供给、润滑、冷却和进排气等系统完好技术要求。

4. 转向系统技术条件

标准规定了机动车转向系统设置、结构参数、技术性能、各部件的完好性等方面的要求。

5. 制动系统技术条件

标准规定了机动车制动系统基本结构要求、各制动系统的技术性能、储气筒、制动报警装置、制动性能检验等方面的技术要求。主要包括以下内容：制动系统基本要求、行车制动、应急制动、驻车制动、辅助制动、液压制动的特殊要求、气压制动的特殊要求、储气筒、制动报警装置、路试检验制动性能、台试检验制动性能等。

6. 照明、信号装置和其他电气设备技术条件

标准规定了机动车电气系统基本要求、照明和信号装置的要求、前照灯的技术要求、其他电气设备和仪表的技术。主要包括以下内容：电气系统基本要求，照明和信号装置的数量、位置、光色和最小几何可见度，照明和信号装置的一般要求，车身反光标识和车辆尾部标志板，前照灯，其他电气设备和仪表。

7. 行驶系统技术条件

标准规定了行驶系统各部件，包括轮胎、车轮总成、悬架系统及连接件的技术要求，规定了有关技术参数的标准和测试方法。

8. 传动系统技术条件

标准规定了传动系统各总成部件的技术要求、工作性能和有关技术参数的限值。主要包括以下内容：离合器、变速器和分动器、传动轴、驱动桥、超速报警和限速功能、车速受限车辆的特殊要求等。

9. 车速受限车辆的特殊要求

标准规定了三轮汽车和低速货车等车速受限车辆的技术特性要求。

10. 车身技术条件

标准规定了车身的基本要求、客车的特殊要求、货运机动车的特殊要求、摩托车的特殊要求、车门和车窗、座椅（卧铺）、内饰材料和隔声隔热材料、号牌板（架）、其他要求等。

11. 机动车安全防护装置技术要求

标准规定了对机动车各项安全防护装置的技术要求。主要包括：汽车安全带、车外后视镜和前下视镜、前风窗玻璃刮水器、应急出口、燃料系统的安全保护、气体燃料专用装置的安全防护、牵引车与被牵引车的连接装置、货车和专项作业车和挂车侧面及后下部防护装置、客车的

特殊要求、货车的特殊要求、危险货物运输车的特殊要求、三轮汽车和拖拉机运输机组的特殊要求、其他要求等。

12. 消防车、救护车、工程救险车和警车的附加要求

标准分别对消防车、救护车、工程救险车和警车提出安全技术条件方面的附加要求,主要包括:车身颜色的规定、装备与其功能相适应的装置的技术要求、安装使用的警报器和标志灯具的规定和安装技术要求。

(三)《机动车安全技术检验项目和方法》(GB 21861—2008)

该标准由中华人民共和国国家质量监督检验检疫总局、中国国家标准化管理委员会于2008 年 5 月 26 日发布,2009 年 6 月 1 日起实施。该标准规定了机动车安全技术检验的检验项目和检验方法等要求。

该标准适用于机动车安全技术检验机构对在我国道路上行驶的机动车进行安全技术检验,该标准也适用于进口机动车检验机构对入境机动车进行安全技术检验。对经有关部门批准进行实际道路试验的机动车进行安全技术检验时,可参照该标准进行。

该标准规定了机动车检验方式和检验项目、检验流程和对送检机动车的基本要求、车辆唯一性认定、联网查询、线外检验、线内检验、路试检验、二轮和三轮机动车检验的补充说明、检验结果审核和检验报告处置、检验报告签发与资料收存等要求。标准主要内容介绍如下。

1. 机动车安全技术检验方式和检验项目

该标准以表的形式分别列出机动车安全技术检验方式和检验项目。其中检验方式包括:车辆唯一性认定、联网查询、线外检验、线内检验和路试检验。

2. 机动车检验流程和对送检机动车的基本要求

(1)检验流程。该标准以流程图的形式给出"机动车安全技术检验流程",包括从"车辆登记(登录)→车辆唯一性认定→联网查询→线外检验→线内检验→审核→签章→车辆出站"全过程及其过程中的其他处理程序要求。

(2)对送检机动车的基本要求。该标准规定:送检机动车应清洁,无明显漏油、漏水、漏气现象,轮胎完好,轮胎气压正常且胎冠花纹中无异物,发动机怠速应正常。对达不到以上基本要求的送检机动车,机动车安全技术检验机构应要求整改符合要求后再进行安全技术检验。在用车检验时,送检人应提供送检机动车的机动车行驶证和有效的机动车第三者责任强制保险凭证,对不能提供以上证件、凭证的送检机动车,机动车安全技术检验机构不应予以安全技术检验。

3. 机动车安全检验方法

该标准详细规定了线外检验、线内检验、路试检验、二轮和三轮机动车检验方法的操作规程和技术要求。

(四)《点燃式发动机汽车排气污染物限值及测量方法(双怠速法和简易工况法)》(GB 18285—2005)

该标准由国家环境保护总局、国家质量监督检验检疫局于 2005 年 5 月 30 日发布,2005 年 7 月 1 日起实施。该标准规定了装用点燃式发动机汽车怠速和高怠速工况下排气污染物排放限值及测量方法,同时规定了点燃式发动机轻型汽车稳态工况法、瞬态工况法和简易瞬态工况

法三种简易工况法的测量方法。本标准具有强制执行的效力，适用于装用点燃式发动机的新生产和在用汽车。标准的主要内容介绍如下。

1. 排气污染物排放限值

(1)新生产汽车排气污染物排放限值。对装用点燃式发动机的新生产汽车，形式核准和生产一致性检查的排气污染物排放限值作了规定，其中以2005年7月1日为时限，对此期起生产的第一类轻型汽车、第二类轻型汽车和重型汽车在怠速和高怠速两种工况下CO和HC排放的体积分数分别作了规定。

(2)在用汽车排气污染物排放限值。对装用点燃式发动机的在用汽车的排气污染物排放限值作了规定。分别以1995年7月1日、2000年7月1日、2001年10月1和2004年9月1日为时限，对此期前或此期起生产的轻型、重型汽车分别作了规定。

标准对在用车辆的排放限值，紧密结合了车辆的新旧程度和技术含量，科学、合理地作了不同规定，差距较大。

(3)过量空气系数(λ)的要求。对于使用闭环控制电子燃油喷射系统和三元催化转化器技术的汽车，标准规定要进行过量空气系数(λ)的测定，并给出了发动机在高怠速转速时参数λ的标准范围(1.00±0.03或制造厂规定的范围内)和测试前应按照制造厂使用说明书的规定预热发动机的测试技术要点。

2. 排气污染物排放测量方法

(1)对排放测量仪器作了规定。该标准规定，按不同排放标准生产的汽油车，或装用不同阶段生产的发动机的车辆，排放测量仪器应分别符合相应要求。

(2)对排放测量程序，包括测量技术要求作了规定。标准规定了怠速法排放测量程序，给出了被测车的技术要求、仪器安装的技术要领、测量步骤、操作要求和数据读取等技术要点。

(3)规定了对单一燃料车和两用燃料车排放检测的不同要求。标准规定：单一燃料车按燃气进行排放检测；两用燃料车应分别进行排放检测。

3. 排放测量结果的判定规则

该标准给出两条对排放测量结果进行判定的规则：

(1)所列车型CO和HC排放测试结果有一项不合格，即判为不合格。

(2)对于使用闭环控制电子燃油喷射系统和三元催化转化器技术装置的汽车，过量空气系数(λ)超出范围，即判为不合格。

4. 在用汽车的排放监控

(1)排放监控测量方法。标准规定，自本标准实施之日起，全国点燃式发动机排放监控采用双怠速法；在机动车保有量大、污染严重的地区，也可按规定采用简易工况法。标准分别给出了稳态工况、瞬态工况和简易瞬态工况法三种简易工况的测量方法。

(2)排放监控方案的确定。标准规定：各省级环境保护行政主管部门根据当地实际情况，确定排放监控方案、选择排放监控测量方法，但同一类型车辆环保定期检测时不得采用二种或二种以上测量方法。

(3)简易工况法测量的排放限值。标准规定：采用简易工况法测量的地区，应按国务院下达的相关原则和方法，制定地方排气污染物限值，经省级人民政府批准、报国务院备案后实施。

(五)《车用压燃式发动机和压燃式发动机汽车排气烟度排放限值及测量方法》(GB 3847—2005)

该标准由国家环境保护总局、国家质量监督检验检疫总局于2005年5月30日发布,2005年7月1日起实施。该标准为贯彻《中华人民共和国环境保护法》和《中华人民共和国大气污染防治法》,控制汽车污染物排放,改善环境空气质量而制定。对车用压燃式发动机和压燃式发动机汽车的排气烟度排放限值及测量方法作了规定。本标准具有强制执行的效力,适用范围包括:

(1)压燃式发动机排气烟度的排放,包括发动机形式核准和生产一致性检查。

(2)压燃式发动机汽车排气烟度的排放,包括新车形式核准和生产一致性检查。

(3)按《柴油车自由加速烟度排放标准》(GB 14761.6—1993)生产制造的在用汽车测量方法与原《柴油车自由加速烟度测量滤纸烟度法》(GB 3846—1993)规定的波许烟度法相同,相应的排放限值及测量方法列入本标准。

(4)污染物排放符合GB 18352—2005的装用压燃式发动机的轻型汽车。

本标准不适用于低速载货汽车和三轮汽车。

标准对所采用的有关术语和定义作了规定,包括:净功率、压燃式发动机、冷启动装置、不透光烟度计、最高额定转速、最低额定转速、轮边功率、最大轮边功率(MaxHP)。光吸收系数(k)、发动机最大转速(MaxPPM)、实测最大轮边功率时的转鼓线速度(VelMaxHP)、新生产汽车和在用汽车。本标准由国家环境保护总局解释。

标准具体规定共分4个部分,包括第Ⅰ部分:压燃式发动机的排气烟度排放控制要求;第Ⅱ部分:装用发动机形式核准已批准的压燃式发动机汽车的排气烟度排放控制要求;第Ⅲ部分:装用未单独进行发动机形式核准的压燃式发动机汽车的排气烟度排放控制要求;第Ⅳ部分:在用汽车的排气烟度排放控制要求。

(六)《营运车辆技术等级划分及技术评定要求》(JT/T 198—2004)

该标准由中华人民共和国交通部于2004年3月17日发布,2004年6月1日起实施。标准规定了营运车辆技术状况等级的评定内容、评定规则、等级划分、评定项目和技术要求,适用于营运车辆,是交通行政主管部门对营运车辆进行技术管理的重要依据,也是指导汽车维修和汽车综合性能检测部门对营运车辆实施维修和检验工作的技术法规之一。标准的主要内容介绍如下。

1.营运车辆技术评定内容

标准明确规定了营运车辆技术评定内容,包括:营运车辆整车装备及外观检查、动力性、燃料经济性、制动性、转向操纵性、前照灯发光强度和光束照射位置、排放污染物限值、车速表示值误差等。

2.营运车辆技术评定规则

标准分别对营运车辆技术评定的原则和营运车辆技术等级划分作了有关规定。其中:

(1)评定原则。标准规定了营运车辆综合性能应达到的技术要求,营运车辆技术等级评定项目和技术要求,营运车辆的技术等级评定的检测方法。

(2)等级划分。标准规定:营运车辆技术等级划分为一级、二级和三级,并分别对各级应达到的技术要求作了具体规定。

3. 营运车辆技术评定项目和技术要求

标准给出营运车辆技术等级的评定项目和技术要求，评定项目包括10个部分，共43项：整车装备与外观(23项，含：整车装备与标识，车架、车身、驾驶室、车门、车窗、车轮、轮胎等各部件完好、齐全，各部密封性能，无异响，润滑良好，安全可靠)；动力性(2项，驱动轮输出功率和滑行性能)；燃料经济性(1项，等速百公里油耗)；制动性(5项，制动力、制动力平衡、制动协调时间、车轮阻滞力、驻车制动)；转向操纵性(3项，转向轮横向侧滑量、转向盘最大自由转动量、悬架特性)；前照灯(2项，发光强度、光束照射位置)；排放污染物控制(4项，汽油车怠速污染物排放、双怠速污染物排放、柴油车自由加速烟度、排气可见污染物)；喇叭声级(1项)；车辆防雨密封性(1项)；车速表示值误差(1项)。

各项评定项目的技术要求，包括参数标准和测试方法，在本标准中都有针对不同营运车辆技术等级要求给出在《营运车辆综合性能要求和检验方法》(GB 18565—2001)中相对应的规定。

第二章 练习题及模拟试卷

第一节 机动车维修技术人员职业道德

一 练习题

(一)判断题

1. 职业是社会成员对社会所承担的职责和工作。 ( )
2. 人们通常将所从事的、作为主要生活来源的工作称之为职业。 ( )
3. 职业道德是从业人员在职业活动中应该遵循的行为准则。 ( )
4. 职业道德表现为从事某一职业的人们所特有的道德心理和道德品质。 ( )
5. 职业道德可以帮助从业人员形成比较稳定的职业心理和职业习惯。 ( )
6. 职业道德在很大程度上会影响整个社会的道德风貌。 ( )
7. 职业道德往往采用制度、守则、公约、承诺、誓言、条例以及标语口号等表现形式。 ( )
8. 社会主义职业道德体现了公民权利与义务相统一的精神。 ( )
9. 从业人员职业道德水平的高低影响职业形象,与产品质量和服务质量关系不大。 ( )
10. 为人民服务是社会主义职业道德的最高标准。 ( )
11. 机动车维修职业道德反映了机动车维修职业与其他职业之间、机动车维修与社会之间、机动车维修职业内部职工之间的职业道德关系。 ( )
12. 机动车维修职业信誉表现为社会对机动车维修职业的信任感和机动车维修在社会生活中的声誉。 ( )
13. 精工细作、完工及时、安全可靠、优质高效地向用户提供维修服务,是机动车维修从业人员的基本职业责任。 ( )
14. 机动车维修职业尊严是指社会或他人对机动车维修职业的尊重,也指机动车维修从业人员对机动车维修职业的尊重和爱护。 ( )
15. 机动车维修技术人员可以利用所掌握的维修技术,利用工作之便为自己牟利。 ( )
16. 机动车维修从业人员按规范操作,不需要精打细算、点滴节约。 ( )
17. 敬业就是兢兢业业、忠于职守。 ( )
18. 诚实守信就是忠诚老实、信守承诺,是为人处世的一种美德。 ( )
19. 机动车维修严格执行国家标准、地方标准及行业相关的法律、法规、规章和规范是从业人员对托修方诚实守信的基本体现。 ( )

20. 机动车维修从业人员不能诚实守信会直接影响企业的诚信度。 ( )

21. 无论对什么样的客户都同样热情，是在机动车维修服务过程中“办事公道”的具体体现。 ( )

22. 奉献就是不期望等价的回报和酬劳，而愿意为他人、为社会、为真理、为正义献出自己的力量，包括宝贵的生命。 ( )

23. 奉献精神是一种融合在事业中的高尚人格。 ( )

24. 在市场经济条件下，倡导无私奉献的精神，目的是使企业减少劳动力成本。 ( )

25. 一个人只要达到一心为社会作奉献的境界，他的工作就必然能做得很好，就能实现全心全意为人民服务。 ( )

26.《全国汽车维修行业行为规范公约》的主要内容有 8 个方面。 ( )

27.《全国汽车维修行业行为规范公约》中的“接受监督”仅指自觉接受托修方监督。 ( )

28.“不擅自减少作业项目，不使用假冒伪劣配件，不作虚假广告宣传”是《全国汽车维修行业行为规范公约》中“守法经营，接受监督”提出的要求。 ( )

29.“开展服务规范化达标活动，树立行业新风尚”是建设机动车维修行业精神文明的有效措施之一。 ( )

30. 企业认真做好机动车维修检验记录，是具体落实《全国汽车维修行业行为规范公约》中“规范操作，保证质量”的行为之一。 ( )

31.《全国汽车维修行业行为规范公约》中“文明生产，保护环境”一条对作业现场未提出明确要求。 ( )

32.“维修工具、零件、场地、人身清洁；工具、零件、油水不落地”，是《全国汽车维修行业行为规范公约》中“文明生产，保护环境”提出的具体要求。 ( )

33.“信誉”具有信用和名誉两方面的含义。 ( )

34. 企业能够长期稳定、持续发展主要靠社会关系，企业诚信差一点不是很重要。 ( )

35. 诚信的基础是守法经营，包括经营主体合法、经营行为合法。 ( )

36. 在机动车维修行业建立诚信机制，是对机动车维修市场实施标本兼治的有效途径。 ( )

37.“企业信誉”是指企业在职业活动中的名声。 ( )

38. 为人民服务体现了社会主义职业道德建设的先进性和广泛性要求的统一。 ( )

39. 行业信誉体现了社会承认的该行业在职业活动中的价值。 ( )

40. 实践表明，开展“诚信维修，规范服务”为宗旨的诚信建设活动，有利于在全行业营造“守信用、讲信誉、重信义”的良好氛围。 ( )

41.《公民道德建设实施纲要》要求：社会主义道德建设要坚持以为人民服务为核心，以集体主义为原则。 ( )

42.《公民道德建设实施纲要》要求：要把集体主义精神渗入社会生产和生活的各个层面，引导人们正确认识和处理国家、集体、个人的利益关系。 ( )

43. 在改革开放、市场经济全球化的今天，不再强调民族自尊心、自信心和自豪感。 ( )

44.《公民道德建设实施纲要》提出:要大力倡导家庭美德,鼓励人们在家庭里做一个好成员。 (　　)

(二)单项选择题

1. 职业具有一定的(　　)。

A. 社会责任性　　B. 社会公益性　　C. 社会实践性

2.《公民道德建设实施纲要》规定,社会主义道德建设要坚持以为人民服务为(　　)。

A. 原则　　B. 核心　　C. 基本要求

3. (　　)是社会主义道德的集中体现,也是社会主义职业道德的核心内容。

A. 爱岗敬业　　B. 诚实守信　　C. 为人民服务

4. 纪律是介于法律与道德之间的一种(　　),它既要求人们能自觉遵守,又带有一定的强制性。

A. 法令　　B. 制度　　C. 行为规范

5. 职业道德的基本职能是(　　)。

A. 服务职能　　B. 调节职能　　C. 保证职能

6.《公民道德建设实施纲要》规定,社会主义道德建设要坚持以爱祖国、爱人民、爱劳动、爱科学、爱社会主义为(　　)。

A. 基本要求　　B. 核心　　C. 原则

7. 在实际工作中自觉自愿地履行职业责任,就是(　　)的具体表现。

A. 完成生产任务　　B. 履行机动车维修职业义务　　C. 遵纪守法

8. 机动车维修职业所承担的社会责任从宏观上讲,具有(　　)的职能。

A. 保障机动车技术状况　　B. 保障托修方利益　　C. 保障道路运输事业发展

9. 机动车维修从业人员应自觉控制和支配职业行为,努力维护机动车维修的(　　)。

A. 职业尊严　　B. 职业良心　　C. 职业义务

10. 恢复机动车技术状况,保证安全生产,充分发挥机动车的效能和降低运行消耗,是我国机动车维修职业的(　　)。

A. 质量要求　　B. 评价标准　　C. 社会责任

11. 机动车维修最主要的特征就是以其(　　),恢复汽车的使用性能,使汽车能正常运行。

A. 服务的周到性　　B. 技术的可靠性　　C. 设施的完备性

12. 机动车维修从业人员职业道德规范是指机动车维修从业人员在机动车维修工作中(　　)的职业道德准则和行为规范。

A. 必须遵循　　B. 努力提倡　　C. 积极推广

13. 爱岗是敬业的(　　)。

A. 结果　　B. 体现　　C. 基础

14. 办事公道是衡量机动车维修从业人员(　　)水平的重要标志。

A. 政策　　B. 职业道德　　C. 领导

15. 在职业活动中做到(　　),是为了保证每个人在社会上的合法地位和平等权利。

A. 公正公平　　B. 廉洁奉公　　C. 团结协作

16. 服务群众是(　　)的直接表达。

A. 党的群众路线　　B. 共产主义理想　　C. 为人民服务精神

17. 认真钻研业务、提高工作技能是在服务群众方面对于机动车维修从业人员的(　　)。

A. 基本条件　　B. 具体要求　　C. 具体体现

18. 在机动车维修服务工作中,不计名利、勇于吃苦、任劳任怨,最大限度地满足服务对象的需求,积极为机动车维修行业发展奉献出自己的力量,这是(　　)对于机动车维修从业人员的具体要求。

A. 爱岗敬业　　B. 诚实守信　　C. 奉献社会

19. 奉献社会就是(　　)。

A. 大公无私的情怀　　B. 克己奉公的品德　　C. 全心全意为社会作贡献

20. 与爱岗敬业、诚实守信、办事公道、服务群众这四项道德规范相比较,奉献社会是职业道德中的(　　),同时也是做人的最高境界。

A. 最高要求　　B. 基础要求　　C. 严格要求

21. 爱岗敬业、诚实守信是对从业人员职业行为的(　　)。

A. 最高要求　　B. 基础要求　　C. 严格要求

22. 为加强行业精神文明建设,(　　)组织制定了《全国汽车维修行业行为规范公约》。

A. 中国汽车维修行业协会　B. 交通部　　C. 国务院文明办

23. 公正签订并忠实履行机动车维修合同是《全国汽车维修行业行为规范公约》中所提出的“(　　)”要求的一种体现。

A. 守法经营,接受监督　　B. 诚信为本,公平竞争　　C. 尊重客户,热忱服务

24. 牢固树立“质量第一,客户至上”的观念,从业人员持证上岗,亮牌服务,举止文明,是《全国汽车维修行业行为规范公约》中所提出的“(　　)”要求的一种体现。

A. 守法经营,接受监督　　B. 尊重客户,热忱服务

C. 弘扬职业道德,建设精神文明

25. “发展企业文化,建立服务品牌,倡导爱岗敬业精神,树立团队合作意识,充分调动企业员工积极性,开创奋发向上的比、学、赶、帮新局面”是《全国汽车维修行业行为规范公约》中“(　　)”的具体要求。

A. 诚信为本,公平竞争　　B. 自我管理,自我发展

C. 弘扬职业道德,建设精神文明

26. “认真做好机动车维修检验记录,按规定签发机动车维修出厂合格证”,是《全国汽车维修行业行为规范公约》中“(　　)”的具体要求。

A. 诚信为本,公平竞争　　B. 规范操作,保证质量

C. 弘扬职业道德,建设精神文明

27. “搞好文明生产和安全生产,防止污染,保护环境,不断完善设施和服务功能,做到厂区整洁,环境优美,布局合理”是《全国汽车维修行业行为规范公约》中“(　　)”的具体要求。

A. 弘扬职业道德,建设精神文明　　B. 规范操作,保证质量

C. 文明生产,保护环境

28.《全国汽车维修行业行为规范公约》中“(　　)”提出要“确立科技兴业新思路”。

A. 诚信为本,公平竞争　　B. 科技兴业,开拓创新

C. 弘扬职业道德,建设精神文明

29.“更新管理理念,优化企业管理,增强市场竞争能力”是《全国汽车维修行业行为规范公约》中“(　　)”的具体要求。

A. 诚信为本,公平竞争　　B. 科技兴业,开拓创新

C. 弘扬职业道德,建设精神文明

30.“加强行业培训与交流,开展业内的横向联合与协作,加速行业技术进步”是《全国汽车维修行业行为规范公约》中“(　　)”的具体要求。

A. 诚信为本,公平竞争　　B. 自我管理,自我发展　　C. 科技兴业,开拓创新

31. 维修企业诚信的基础是(　　)。

A. 文明礼貌　　B. 热忱服务　　C. 守法经营

32. 市场经济是法制经济,一切经济活动必须由带有普遍性、强制性的(　　)来规范。

A. 法律　　B. 领导指示　　C. 技术标准

33. 企业守法经营,首先要做到经营主体合法,即从事机动车维修经营活动的企业必须符合国家相关法律、法规要求,具备相应开业条件,经过许可取得(　　)。

A. 工商执照　　B. 经营许可证　　C. 维修资质

34.“严格按照技术标准和工艺流程进行修车作业,并实行质量保证期制度”是企业守法经营方面有关(　　)的具体体现。

A. 经营主体合法　　B. 经营行为合法　　C. 维修工艺规范

35. 维修企业“假维护”、“假检测”,使用假冒伪劣配件,是损害(　　)合法权益的失信行为。

A. 经营者　　B. 行业　　C. 消费者

36. 通过诚信机制的建设,促进广大汽车维修企业增强(　　),增强技术能力,规范经营行为,提高维修质量,实现真正意义上的“诚信修车”。

A. 质量意识　　B. 法制意识　　C. 诚信意识

37.《公民道德建设实施纲要》要求:社会主义道德建设要坚持以(　　)为核心。

A. 四项基本原则　　B. 党的领导　　C. 为人民服务

38.《公民道德建设实施纲要》要求:社会主义道德建设要以(　　)为原则。

A. 共产主义　　B. 社会主义　　C. 集体主义

39.《公民道德建设实施纲要》要求:社会主义道德建设要以社会公德、职业道德、家庭美德为(　　)。

A. 目标　　B. 着力点　　C. 基本要求

40. 在公民道德建设中,应当把《公民道德建设实施纲要》所要求的主要内容具体化、规范化,使之成为全体公民普遍认同和自觉遵守的(　　)。

A. 法律条款　　B. 规章制度　　C. 行为准则

41. 爱祖国、爱人民、爱劳动、爱科学、爱社会主义作为公民道德建设的(　　),是每个公民都应当承担的道德责任。

A. 目标　　B. 着力点　　C. 基本要求

42. 社会公德是公民个人(　　)和社会文明程度的重要表现。

A. 文化素质　　B. 道德修养　　C. 精神状态

43. (　　)涵盖了夫妻、长幼、邻里之间的关系。

A. 社会公德　　B. 职业道德　　C. 家庭美德

44. 尊老爱幼、男女平等、夫妻和睦、勤俭持家、邻里团结是(　　)的主要表现。

A. 社会公德　　B. 职业道德　　C. 家庭美德

(三)多项选择题

1. 建立职业道德规范用于(　　)。

A. 强化人们的法制观念　　B. 规范从业人员的职业行为

C. 调整职业生活中发生的各种关系　　D. 确保职业活动正常进行

2. 职业道德涵盖了(　　)之间的关系。

A. 职工与家庭　　B. 职业与职工　　C. 职业与职业　　D. 从业人员与服务对象

3. 在内容方面,职业道德必须鲜明地表达(　　)方面的道德准则。

A. 职业义务　　B. 职业责任　　C. 职业行为　　D. 职业生涯

4. (　　)是职业道德的具体表现形式。

A. 法律　　B. 守则　　C. 公约　　D. 技术标准

5. 职业道德具有以下特点:(　　)。

A. 适用范围的有限性　　B. 发展历史的继承性

C. 表达形式的多样性　　D. 贯彻执行的纪律性

6. 职业道德是社会道德体系的重要组成部分,它既具有社会道德的一般作用,又具有自身的特殊作用,具体表现为:(　　)。

A. 有助于调节从业人员内部以及从业人员与服务对象间的关系

B. 有助于维护和提高本行业的信誉

C. 有助于促进本行业的发展

D. 有助于提高全社会的道德水平

7. 我国机动车维修职业的社会责任主要是(　　)。

A. 恢复机动车技术性能

B. 保证安全生产

C. 充分发挥机动车的效能和降低运行消耗

D. 为汽车制造业作贡献

8. 每一位机动车维修从业人员都要自觉遵守以爱岗敬业、(　　)为主要内容的职业道德,为机动车维修业的发展作出奉献。

A. 诚实守信　　B. 办事公道　　C. 服务群众　　D. 奉献社会

9.《公民道德建设实施纲要》把“(　　)”作为公民职业道德建设的重要内容。

A. 服务群众　　B. 公平竞争　　C. 爱岗敬业　　D. 奉献社会

10. 机动车维修从业人员应承担和履行的职业道德义务是(　　)。

A. 热爱机动车维修　　B. 献身机动车维修

C. 确保道路运输车辆技术状况完好　　D. 努力发展交通运输业

11. 职业尊严与(　　)有密切关系。

A. 职业义务　　B. 职业责任　　C. 职业纪律　　D. 职业道德

12. 机动车维修的社会责任具体讲就是对(　　)负责。

A. 机动车技术状况　B. 托修方　　C. 企业员工　　D. 本企业

13. 机动车维修职业道德的主要内容包括爱岗敬业、诚实守信、(　　)。

A. 办事公道　　B. 服务群众　　C. 不怕困难　　D. 奉献社会

14. "诚信"就是(　　)。

A. 忠诚老实　　B. 信守承诺　　C. 自信　　D. 宽容

15.《全国汽车维修行业行为规范公约》要求"守法经营,接受监督"包括自觉接受(　　)。

A. 行政监督　　B. 舆论监督　　C. 社会监督　　D. 同行监督

16.《全国汽车维修行业行为规范公约》中"科技兴业,开拓创新"提出"积极推广应用机动车维修(　　)"。

A. 新技术　　B. 新工艺　　C. 新材料　　D. 新设备

17. 失信的危害包括(　　)。

A. 破坏了企业正常经营,败坏了企业的声誉,引发信任危机

B. 严重影响社会的投资和消费,企业会失去今后的市场

C. 严重干扰了正常信用体系的建立

D. 造成社会风气的败坏和道德水平的滑坡

18.《公民道德建设实施纲要》提出公民道德建设要引导人们正确处理(　　)等关系。

A. 个人与社会　　B. 竞争与协作　　C. 先富与共富　　D. 经济效益与社会效益

二 练习题答案

(一)判断题

1. ✓　2. ✓　3. ✓　4. ✓　5. ✓　6. ✓　7. ✓　8. ✓　9. ×　10. ✓　11. ✓
12. ✓　13. ✓　14. ✓　15. ×　16. ×　17. ✓　18. ✓　19. ✓　20. ✓　21. ✓　22. ✓
23. ✓　24. ×　25. ✓　26. ✓　27. ×　28. ×　29. ✓　30. ✓　31. ×　32. ✓　33. ✓
34. ×　35. ✓　36. ✓　37. ×　38. ✓　39. ✓　40. ✓　41. ✓　42. ✓　43. ×　44. ✓

(二)单项选择题

1. A　2. B　3. C　4. C　5. B　6. A　7. B　8. C　9. A　10. C　11. B
12. A　13. C　14. B　15. A　16. C　17. B　18. C　19. C　20. A　21. B　22. A
23. B　24. B　25. C　26. B　27. C　28. B　29. B　30. C　31. C　32. A　33. A
34. B　35. C　36. C　37. C　38. C　39. B　40. C　41. C　42. B　43. C　44. C

(三)多项选择题

1. BCD　2. BCD　3. ABC　4. BC　5. ABCD　6. ABCD　7. ABC
8. ABCD　9. AD　10. ABCD　11. ABCD　12. AB　13. ABD　14. AB
15. ABC　16. ABCD　17. ABCD　18. ABCD

第二节 机动车维修法律法规

一 练习题

(一)判断题

1. 机动车维修经营属于道路运输相关业务。 ( )

2. 按《道路运输条例》的规定,申请机动车维修的经营者,取得机动车维修经营许可证件后,还应当依法向工商行政管理机关办理有关登记手续。 ( )

3.《道路运输条例》规定,机动车维修经营者不得使用假冒伪劣配件维修机动车。( )

4. 按《道路运输条例》的规定,机动车维修经营者不得承修已报废的机动车。 ( )

5. 机动车维修经营依据维修车型种类、服务能力和经营项目实行分类许可。 ( )

6. 一类机动车维修企业可以从事危险货物运输车辆维修。 ( )

7. 获得危险货物运输车辆维修经营许可的,可以从事相应车型一类汽车维修经营业务。 ( )

8. 获得二类汽车维修经营业务许可的,不可以从事整车修理、总成修理工作。 ( )

9. 机动车维修经营者不得擅自改装机动车,但可以利用配件拼装机动车。 ( )

10.《机动车维修管理规定》中规定,机动车维修产生的废弃物,应当按照国家的有关规定进行处理。 ( )

11. 机动车维修经营者不出具规定的结算票据和结算清单的,托修方有权拒绝支付费用。 ( )

12.《机动车维修管理规定》中规定,机动车维修经营者应当将配件明码标价,供用户选择。 ( )

13. 承担机动车维修竣工质量检验的机动车维修企业或机动车综合性能检测机构应对检测结果承担法律责任。 ( )

14.《机动车维修管理规定》所指的质量检验制度包括自检、互检和专职检验。 ( )

15. 未签发机动车维修竣工出厂合格证的机动车,不得交付使用,车主可以拒绝交费或接车。 ( )

16.《机动车维修管理规定》中规定机动车维修档案的主要内容包括:托修方、车牌号码、车型、发动机型号、底盘号、维修类别、维修合同编号和进出厂日期。 ( )

17.《机动车维修管理规定》中规定,质量保证期中行驶里程和日期指标,以行驶里程为主,以日期为参考。 ( )

18. 出现机动车维修质量纠纷,质量纠纷双方当事人均可以向道路运输管理机构提出维修质量纠纷调解申请。 ( )

19. 当出现机动车维修质量纠纷时,承修方为了查实"因非维修原因而造成机动车无法使用的相关证据",必要时可自行拆检车辆有关部位。 ( )

20. 当事人无权向道路运输管理机构提出查阅质量信誉考核监督检查记录的要求。 ( )

21.《机动车维修管理规定》中规定，承修已报废的机动车或者擅自改装机动车，情节严重的，由原许可机关吊销其经营许可；构成犯罪的，依法追究刑事责任。 ( )

22.《机动车维修管理规定》中规定，机动车维修经营者未在经营场所公布收费项目、工时定额和工时单价，由县级以上道路运输管理机构责令其停止经营。 ( )

23. 道路运输从业人员应当依法经营，诚实信用，规范操作，文明从业。 ( )

24. 机动车维修技术人员取得从业资格的比例是机动车维修经营者依法获取经营许可的必要条件之一。 ( )

25. 质量检验人员无须了解机动车维修服务收费标准及行业相关政策法规。 ( )

26. 申请参加机动车维修技术人员从业资格考试的，都必须提供学历证明及复印件。 ( )

27. 道路运输从业人员从业资格管理档案中包括违章、事故及诚信考核、继续教育记录。 ( )

28. 机动车维修技术人员经考试合格后，可以取得《道路运输从业人员从业资格证》。 ( )

29. 已获得从业资格证件的人员需要增加相应从业资格类别的，应当向原发证机关提出申请，并按照规定参加相应培训和考试。 ( )

30. 道路运输从业人员服务单位变更的，无须到交通主管部门或者道路运输管理机构办理从业资格证件变更手续。 ( )

31. 机动车维修质量检验人员的机动车驾驶证被注销或者被吊销的，由发证机关注销其从业资格证件。 ( )

32. 道路运输管理机构应当将道路运输从业人员的违章行为记录在《道路运输从业人员从业资格证》的违章记录栏内，并通报发证机关。 ( )

33. 道路运输管理机构应当将道路运输从业人员每年的诚信考核和计分考核结果向社会公布，供公众查阅。 ( )

34. 机动车维修技术人员发现重大事故隐患，不立即采取消除措施，继续作业的，由发证机关吊销其从业资格证件。 ( )

35.《机动车维修企业质量信誉考核办法（试行）》规定：质量信誉考核工作每年进行一次，机动车维修企业在每年的 12 月底前，向所在地县级或设区的市级道路运输管理机构提交相关材料。 ( )

36. 在中华人民共和国境内，已获取经营许可的机动车维修企业，自愿申请进行机动车维修企业质量信誉考核，也可以不参加。 ( )

37. 机动车维修企业质量信誉等级分为优良、合格、基本合格和不合格，分别用 AAA 级、AA 级、A 级和 B 级表示。 ( )

38. 机动车维修企业质量信誉考核中，从业人员素质指标主要考核维修技术人员获取从业资格证件的情况。 ( )

39.《机动车维修企业质量信誉考核办法（试行）》规定：机动车维修企业质量信誉考核中环境保护考核项目占 100 分。 ( )

40. 交通运输部对各类别汽车维修企业和摩托车维修企业规定了全国统一的质量信誉考

核记分标准。（　）

41. 机动车维修企业质量信誉考核期内未发生一次死亡1人及以上的安全生产责任事故和特大恶性服务质量事件，是获得机动车维修企业质量信誉等级A级以上的必要条件之一。（　）

42. 机动车维修企业质量信誉考核为A级的，考核总分和加分合计不低于600分。（　）

43. 机动车维修企业质量信誉档案不包括安全生产事故记录。（　）

44. 机动车维修企业质量信誉档案包括质量投诉情况。（　）

45. 道路运输管理机构在日常工作中，已经掌握被考核机动车维修企业质量信息考核指标情况的，可不再要求机动车维修企业报送此项指标的相关材料。（　）

46. 机动车维修企业下设的分公司与总公司单独进行质量信誉考核；子公司的质量信誉等级由其所在地道路运输管理机构单独考核。（　）

47.《机动车维修企业质量信誉考核办法（试行）》规定：连锁经营网点的质量信誉情况应由连锁经营总部进行核实，出具书面保证，道路运输管理机构对连锁网点的相关情况可不再进行实质考核。（　）

48. 被质量信誉考核企业或其他单位、个人对机动车维修企业的质量信誉考核公示结果有异议的，可随时向设区的市级道路运输管理机构书面申诉或举报。（　）

49. 道路运输管理机构应当为机动车维修企业的质量信誉考核举报人保密，不得向其他单位或个人泄露举报人的姓名及有关情况。（　）

50. 机动车维修企业发生名称、法定代表人等事项变更，原质量信誉等级失效。（　）

51. 道路运输管理机构可以根据机动车维修企业质量信誉等级的高低，对企业采取推荐参加政府采购招投标、重大事故车维修、加入全国机动车维修救援网络等激励措施。（　）

52. 机动车维修经营者，应当按照防治大气污染的要求和国家有关技术规范进行维修，使在用机动车达到规定的污染物排放标准。（　）

53. 按机动车维修企业环境保护条件要求，企业应具备废油、废液、废气、废蓄电池、废轮胎及垃圾等有害物质集中收集、有效处理和保持环境整洁的环境保护管理制度。（　）

54. 严禁机动车维修企业违反环保法规随意排放废液、废气。（　）

55. 严禁违法转移和非法经营危险废物回收的行为。（　）

56. 实施机动车排放污染控制的I/M（检查/维护）制度，是机动车维修企业贯彻《大气污染防治法》的具体体现。（　）

57.《产品质量法》明确了产品质量管理的方针和原则，与提供技术服务的机动车维修企业无关。（　）

58. 按《计量法》的要求，机动车维修企业在购置计量器具时一定要认准产品是否具有生产许可证和计量检定合格证。（　）

59. 计量器具购买时严格把好关，以后就不用送检了。（　）

60. 用人单位必须为劳动者提供符合国家规定的劳动安全卫生条件和必要的劳动防护用品。（　）

61.《劳动法》从法律的角度规范了劳资双方的行为，是最直接关系到劳动者权益的法律。（　）

62. 签订劳动合同应该在双方自愿和平等的基础上,严格依照劳动合同示范文本格式进行。 ( )

63. 按《劳动法》规定,企业要关注工作场所的环境治理和重视职工的劳动保护。 ( )

64. 机动车维修合同对承修、托修双方不具有法律约束力。 ( )

65. 可以由修理厂单方面更改机动车维修合同中的修理内容或所用配件,以保证维修质量。 ( )

66. 从业人员既是安全生产保护的对象,又是实现安全生产的基本要素。 ( )

67. 按《安全生产法》规定,从业人员有权拒绝违章指挥和强令冒险作业。 ( )

68. 从业人员发现直接危及人身安全的紧急情况时,可以停止作业或者在采取可能的应急措施后撤离作业场所。 ( )

69. 无驾驶资格的修理人员在作业区域可以驾驶车辆,但不能出厂门。 ( )

70. 维修企业危险品仓库与一般物品应分开存放,剧毒物资要专门设库存放,指定专人保管,并且有严格的进出库审批手续和领发料登记台账。 ( )

71. 按维修企业用电安全管理要求,要经常检查移动用电设施的完好状况。 ( )

72. 按维修企业消防安全管理要求,使用石油产品作为清洗剂和稀释剂的企业或者车间,不允许进行焊接等有明火的作业。 ( )

73. 机动车维修车间及仓库区,严禁烟火。 ( )

74. 轮胎维修作业人员应佩戴护目眼镜和防毒口罩。 ( )

75. 企业与员工发生分歧时,严禁使用暴力手段威胁恐吓员工。 ( )

76. 国家有关部门应当依照《安全生产法》追究生产安全事故责任人员的法律责任。 ( )

(二)单项选择题

1.《道路运输条例》是我国第一部规范道路运输经营活动和管理行为的( )。

A. 行政法规 B. 国家标准 C. 行业规章

2. 在国家行政管理中,机动车维修业是( )的组成部分。

A. 汽车制造业 B. 道路运输业 C. 机械行业

3.《道路运输条例》规定,申请从事机动车维修经营业务的,应当向所在地县级( )提出申请。

A. 道路运输管理机构 B. 公安机关交通管理部门 C. 工商管理部门

4.《机动车维修管理规定》中规定,机动车维修经营者应当持( )依法向工商行政管理机关办理有关登记手续。

A. 营业执照 B. 税务登记证 C. 机动车维修经营许可证件

5.《机动车维修管理规定》中规定,在质量保证期内因维修质量原因造成机动车无法正常行驶的,维修经营者应该( )。

A. 返修,并收取少量维修费用 B. 无偿返修

C. 仅收取返修材料费

6.《道路运输条例》规定,机动车维修经营者对机动车进行二级维护、总成修理或者整车修理的,应当进行维修质量检验。检验合格的,维修质量检验人员应当签发( )。

A. 维修记录　　B. 过程检验单

C. 机动车维修竣工出厂合格证

7.《机动车维修管理规定》中规定，机动车维修经营者应当将其执行的机动车维修工时单价标准报所在地道路运输管理机构（　　）。

A. 批准　　B. 审核　　C. 备案

8.《机动车维修管理规定》中规定，机动车维修经营业务根据维修对象分为（　　）类。

A. 二　　B. 三　　C. 四

9.《机动车维修管理规定》鼓励机动车维修企业实行集约化、专业化、（　　），促进机动车维修业的合理分工和协调发展。

A. 现代化　　B. 连锁经营　　C. 多种经营

10.《机动车维修管理规定》鼓励推广应用机动车维修环保、节能、（　　）和故障诊断技术。

A. 高科技　　B. 安全　　C. 不解体检测

11.《机动车维修管理规定》中规定，（　　）以上道路运输管理机构负责具体实施本行政区域内的机动车维修管理工作。

A. 省级　　B. 市级　　C. 县级

12.《机动车维修管理规定》中规定，获得（　　）类汽车维修经营业务许可的，可以从事相应车型的维修竣工检验工作。

A. 一　　B. 二　　C. 三

13. 按《机动车维修管理规定》，获得（　　）维修经营业务许可的，除可以从事危险货物运输车辆维修经营业务外，还可以从事一类汽车维修经营业务。

A. 汽车　　B. 危险货物运输车辆　　C. 其他机动车

14.《机动车维修管理规定》中规定，机动车维修经营许可证件实行有效期制。从事一、二类汽车维修业务和一类摩托车维修业务的证件有效期为（　　）年。

A. 3　　B. 5　　C. 6

15.《机动车维修管理规定》中规定，从事三类汽车维修业务、二类摩托车维修业务及其他机动车维修业务的证件有效期为（　　）年。

A. 3　　B. 5　　C. 6

16.《机动车维修管理规定》中规定，从事一类和二类维修业务的企业，其技术负责人员和质量检验人员总数的（　　）应当经全国统一考试合格。

A. 40%　　B. 50%　　C. 60%

17.《机动车维修管理规定》中规定，质量检验人员应当熟悉各类汽车或者其他机动车维修检测（　　）。

A. 技术参数　　B. 作业规范　　C. 程序

18.《机动车维修管理规定》中规定，从事一类和二类维修业务的应当各配备至少 1 名技术负责人员和（　　）。

A. 业务负责人员　　B. 结算员　　C. 质量检验人员

19.《机动车维修管理规定》中规定，机动车维修经营者应当加强对从业人员的安全教育和(　　),确保安全生产。

A. 操作技能教育　　B. 职业道德教育　　C. 安全操作规程教育

20.《机动车维修管理规定》中规定,为确保安全生产,机动车维修从业人员应当执行机动车维修(　　),不得违章作业。

A. 技术规范　　B. 业务流程　　C. 安全生产操作规程

21.《机动车维修管理规定》中规定,机动车维修经营者应当按照国家、行业或者地方的(　　)和规范进行维修。

A. 维修制度　　B. 法规政策　　C. 维修标准

22.《机动车维修管理规定》中规定,机动车维修经营者应当建立采购配件(　　)制度,记录购买日期、供应商名称、地址、产品名称及规格型号等。

A. 管理　　B. 出入库管理　　C. 登记

23.《机动车维修管理规定》中规定,采购配件在登记入库时,应查验(　　)等相关证明。

A. 采购发票　　B. 产品合格证　　C. 检验单

24.《机动车维修管理规定》中规定,承担机动车维修竣工质量检验的机动车维修企业或机动车综合性能检测机构应当使用符合有关标准并在检定有效期内的设备,按照(　　)进行检测。

A. 岗位职责　　B. 设备操作规范　　C. 有关标准

25.《机动车维修管理规定》中规定,机动车维修竣工出厂合格证由(　　)道路运输管理机构统一印制和编号,县级道路运输管理机构按照规定发放和管理。

A. 省级　　B. 市级　　C. 县级

26.《机动车维修管理规定》中规定,道路运输管理机构应加强对机动车维修专业技术人员的管理,严格执行专业技术人员(　　)和管理制度。

A. 培训　　B. 奖励　　C. 考试

27. 机动车维修档案保存期为(　　)年。

A. 一　　B. 二　　C. 三

28.《机动车维修管理规定》中规定,在质量保证期内,机动车因同一故障或维修项目经(　　)次修理仍不能正常使用的,机动车维修经营者应当负责联系其他机动车维修经营者,并承担相应修理费用。

A. 一　　B. 二　　C. 三

29.《机动车维修管理规定》中规定,对机动车维修经营者实行(　　)考核制度。

A. 产值利润　　B. 质量信誉　　C. 返修率

30.《机动车维修管理规定》中规定,机动车维修质量保证期,从维修(　　)之日起计算。

A. 竣工　　B. 竣工出厂　　C. 结算

31.《机动车维修管理规定》中规定,在质量保证期和承诺的质量保证期内,因维修质量原因造成机动车无法正常使用,且(　　)在3日内不能或者无法提供因非维修原因而造成机动车无法使用的相关证据的,机动车维修经营者应当及时无偿返修。

A. 车主　　B. 承修方　　C. 托修方

32.《机动车维修管理规定》中规定,道路运输管理机构应当受理机动车维修质量投诉,积极按照(　　)和相关规定调解维修质量纠纷。

A. 行业标准　　B. 维修合同约定　　C. 投诉方要求

33.《机动车维修管理规定》中规定,道路运输管理机构在调解维修质量纠纷时,组织专家组或委托具有法定检测资格的检测机构进行技术分析和鉴定所产生的费用由(　　)承担。

A. 承修方　　B. 托修方　　C. 责任方

34.《机动车维修管理规定》中规定,道路运输管理机构应当建立机动车维修企业诚信档案。机动车维修(　　)考核结果是机动车维修诚信档案的重要组成部分。

A. 上线检测一次合格率　　B. 返修率　　C. 质量信誉

35.《机动车维修管理规定》中规定,道路运输管理机构的执法人员在机动车维修经营场所实施监督检查时,应当由(　　)名以上人员参加,并向当事人出示交通部监制的交通行政执法证件。

A. 4　　B. 3　　C. 2

36.《机动车维修管理规定》中规定,机动车维修经营者使用假冒伪劣配件维修机动车,由县级以上道路运输管理机构责令改正,并没收假冒伪劣配件,有违法所得的,没收违法所得,处违法所得(　　)的罚款。

A. 2 倍以上 10 倍以下　　B. 1 倍以上 5 倍以下　　C. 1 倍以上 3 倍以下

37.《道路运输从业人员管理规定》中规定,机动车维修技术人员从业资格考试由设区的市级道路运输管理机构组织实施,每(　　)组织一次考试。

A. 年　　B. 季度　　C. 月

38.《机动车维修管理规定》中规定,机动车维修经营者超出备案的结算工时定额、结算工时单价向托修方收费的,由县级以上道路运输管理机构(　　)。

A. 处以违法所得 2 倍以上 10 倍以下的罚款

B. 责令其停止经营

C. 责令其限期整改

39.《机动车维修管理规定》中规定,机动车维修经营者不按照规定建立维修档案和报送统计资料的,由县级以上道路运输管理机构责令其限期整改;限期整改不合格的,予以(　　)。

A. 罚款处理　　B. 通报批评　　C. 吊销执照

40.《道路运输从业人员管理规定》中规定,国家对道路运输从业人员实行(　　)。

A. 持证上岗制度　　B. 从业资格考试制度　　C. 人力资源管理制度

41.《道路运输从业人员管理规定》明确指出,从业资格是对道路运输从业人员所从事的特定岗位(　　)的基本评价。

A. 职业资格　　B. 任职条件　　C. 职业素质

42.《道路运输从业人员管理规定》中规定,机动车维修技术负责人应当具有机动车维修或者相关专业(　　)以上学历,或者具有机动车维修或相关专业中级以上专业技术职称。

A. 本科　　B. 中专　　C. 大专

43.《道路运输从业人员管理规定》中规定,申请参加机动车维修技术人员从业资格考试的,应当向其户籍地或者暂住地设区的(　　)道路运输管理机构提出申请,填写《机动车维修技术人员从业资格考试申请表》。

A. 县、区级　　B. 市级　　C. 省级

44.《道路运输从业人员管理规定》中规定，道路运输从业人员从业资格证件由(　　)统一印制并编号，具体工作委托交通专业人员资格评价中心负责。

A. 市级行业管理部门　　B. 省级行业管理部门　　C. 交通部

45.《道路运输从业人员管理规定》中规定，机动车维修技术人员从业资格证件由(　　)发放和管理。

A. 交通部　　B. 省级道路运输管理机构

C. 设区的市级道路运输管理机构

46.《道路运输从业人员管理规定》中规定，道路运输从业人员诚信考核等级分为四级，最好的一级为优良，用(　　)级表示。

A. A　　B. AA　　C. AAA

47.《道路运输从业人员管理规定》中规定，道路运输从业人员诚信考核和计分考核周期为(　　)个月，从初次领取从业资格证件之日起计算。

A. 6　　B. 12　　C. 24

48.(　　)以上道路运输管理机构按照《机动车维修企业质量信誉考核办法(试行)》规定的职责，负责具体实施机动车维修企业质量信誉考核工作。

A. 省级　　B. 市级　　C. 县级

49.《机动车维修企业质量信誉考核办法(试行)》规定，质量信誉等级分为优良、合格、基本合格和不合格，分别用(　　)表示。

A. 优、良、中、差　　B. AAA 级、AA 级、A 级和 B 级

C. 甲、乙、丙、丁

50. 机动车维修企业质量信誉考核中，安全生产指标包括(　　)实施情况及安全生产状况。

A. 质量管理制度　　B. 安全生产制度　　C. 安全生产岗位职责

51. 机动车维修企业质量信誉考核中，维修质量指标包括(　　)建设和实施情况。

A. 质量管理制度　　B. 质量管理网络　　C. 质量保证体系

52. 机动车维修企业质量信誉考核中，企业管理指标包括(　　)建立情况、企业形象、获奖情况和连锁经营情况等。

A. 质量管理制度　　B. 企业管理程序　　C. 质量信誉档案

53. 托修方有权了解机动车维修所用材料与配件的价格和修车(　　)。

A. 技术秘密　　B. 盈利状况　　C. 工时单价

54.《机动车维修企业质量信誉考核办法(试行)》规定，重大恶性服务质量事件是指由于企业原因，对社会造成不良影响，而受到(　　)交通主管部门或者道路运输管理机构通报批评的服务质量事件。

A. 县区级　　B. 市级　　C. 省级

55.《机动车维修企业质量信誉考核办法(试行)》规定，特大恶性服务质量事件是指由于企业原因，对社会造成恶劣影响，而受到省级以上交通主管部门或者道路运输管理机构

(　　)的服务质量事件。

A. 通报批评　　B. 严重警告　　C. 经济处罚

56. 按机动车维修企业安全生产条件要求，企业应具备与其维修作业相适应的安全管理制度和安全保护措施，建立并实施(　　)。

A. 安全操作规程　　B. 岗位责任制　　C. 安全生产责任制

57.《机动车维修企业质量信誉考核办法(试行)》规定，连续三年考核为(　　)级的机动车维修企业，在许可证件有效期届满时，申请继续经营的，可由作出原许可决定的道路运输管理机构直接办理换证手续。

A. A　　B. AA　　C. AAA

58.《大气污染防治法》规定，机动车船必须达标排放。这里所说的达标是指达到国家或者(　　)制定的机动车船大气污染物排放标准。

A. 行业　　B. 地方　　C. 制造厂

59. 机动车维修企业采用干打磨工艺的(　　)，设有粉尘收集装置、除尘设备和通风设备，是环境保护措施之一。

A. 钣金车间　　B. 机修车间　　C. 涂漆车间

60. 按《大气污染防治法》的要求，机动车维修调试车间或调试工位应设置(　　)。

A. 除尘设备　　B. 汽车尾气收集净化装置　　C. 消声装置

61. (　　)不符合《产品质量法》所称的产品条件。

A. 经过加工、制作的物品　　B. 用于销售　　C. 不动产

62. 对没有国家标准而又需要在全国某个行业范围内统一的技术要求，可以制定(　　)。

A. 企业标准　　B. 行业标准　　C. 国家标准

63. 按《计量法》规定，维修企业使用的计量器具应定期送到计量检定机构(　　)。

A. 检验　　B. 校正　　C. 检定

64. 机动车维修合同在《合同法》中属于(　　)规范的范畴。

A. 承揽合同　　B. 委托合同　　C. 技术合同

65. 按维修企业安全生产要求，车辆开进检查地沟，必须将前后车轮(　　)后，工作人员才能接近车辆和进行维修作业。

A. 停稳　　B. 用千斤顶顶起　　C. 用三角木块塞紧

66. 按维修企业用电安全管理要求，一旦发生触电事故，应首先(　　)。

A. 用绝缘物对触电人员施救　　B. 拨打110

C. 切断电源

67. 按职业病防治安全管理工作要求，对接触有毒有害物质和噪声危害的工作人员，要加强劳动防护，并且定期组织职工进行必要的(　　)。

A. 防护训练　　B. 体检　　C. 疗养

68. 按《劳动法》规定，企业应与劳动者签订(　　)。

A. 责任书　　B. 协议　　C. 劳动合同

69. 机动车维修企业在与劳动者签订劳动合同时，除了明确双方的权利和义务之外，还要写明双方均认为合情合理的(　　)，以便于双方互相约束。

A. 劳动报酬　　　　　　B. 违约责任　　　　　　C. 岗位职责

70. 员工出现劳动纠纷,在本企业没有能力化解的情况下,可以通过(　　)进行劳动仲裁。

A. 劳动仲裁部门　　　　B. 工会组织　　　　　　C. 上一级主管部门

71.《劳动法》明确了国家确定职业分类,制定职业技能标准,实行(　　)制度。

A. 持证上岗　　　　　　B. 职业资格证书　　　　C. 等级工

(三)多项选择题

1. 制定出台《道路运输条例》是为了(　　)。

A. 解决我国道路运输市场管理无法可依的迫切需要

B. 落实《行政许可法》管理道路运输市场的需要

C. 适应加入世界贸易组织后道路运输市场管理的需要

D. 适应建立全国统一开放、竞争有序的道路运输市场体系的需要

2. 根据《道路运输条例》的规定:"申请从事机动车维修经营的,应当具备(　　)等条件。"

A. 有相应的机动车维修场地　　　　B. 有必要的设备、设施和技术人员

C. 有健全的机动车维修管理制度　　D. 有必要的环境保护措施

3. 机动车维修经营者应当公布机动车维修(　　),合理收取费用。

A. 技术标准　　B. 工时定额　　C. 管理制度　　D. 收费标准

4. 从事机修、电器、钣金、涂漆的维修技术人员应当熟悉所从事工种的(　　),并了解汽车或者其他机动车维修及相关政策法规。

A. 岗位职责　　B. 维修技术　　C. 职业道德　　D. 操作规范

5. 从事发动机维修、车身维修、电气系统维修、自动变速器四类专项维修的,除了按照其经营项目配备相应的机修、电器、钣金、涂漆的维修技术人员外,还应当配备(　　)。

A. 技术负责人员　　B. 质量检验人员　　C. 业务人员　　D. 结算人员

6. 申请从事机动车维修经营的,应当向所在地的县级道路运输管理机构提出申请,并提交(　　)。

A. 申请书和经营场地证明　　　　B. 技术人员名单及资质证明

C. 资金账号　　　　　　　　　　D. 设备及计量检定证明

7. 机动车维修连锁经营企业总部应当按照(　　)的要求,建立连锁经营的作业标准和管理手册。

A. 统一经营方针、统一服务规范和价格　　B. 统一标识

C. 统一店面大小、统一人员数量　　　　　D. 统一采购、统一配送

8.《机动车维修管理规定》规定,机动车维修经营者对机动车进行(　　)的,应当实行维修前诊断检验、维修过程检验和竣工质量检验制度。

A. 故障排除　　B. 二级维护　　C. 总成修理　　D. 整车修理

9. 机动车维修经营者对机动车进行(　　)的,应当建立机动车维修档案。

A. 小修　　B. 二级维护　　C. 总成修理　　D. 整车修理

10. 机动车维修经营者有(　　)行为的,由县级以上道路运输管理机构责令其限期整改;限期整改不合格的,予以通报。

A. 未按照规定执行机动车维修质量保证期制度

B. 未按有关技术规范进行维修作业

C. 伪造、转借、倒卖机动车维修竣工出厂合格证

D. 机动车维修经营者只收费不维修或者虚列维修作业项目

11.《道路运输从业人员管理规定》中所指的机动车维修技术人员，包括机动车维修(　　)，以及从事机修、电器、钣金、涂漆、车辆技术评估(含检测)作业的技术人员。

A. 企业负责人　B. 质量检验人员　C. 技术负责人员　D. 业务接待员

12.《道路运输从业人员管理规定》中规定，道路运输从业人员从业资格考试应当按照交通部编制的(　　)组织实施。

A. 考试大纲　B. 考试题库　C. 考核标准　D. 考试工作规范和程序

13.《道路运输从业人员管理规定》中规定，质量检验人员应具有高中以上学历，熟悉机动车维修检测作业规范，掌握机动车维修(　　)的相关技术。

A. 操作工艺　B. 故障诊断　C. 竣工验收　D. 质量检验

14.《道路运输从业人员管理规定》中规定，申请参加质量检验人员从业资格考试，必须提供(　　)。

A. 身份证明及复印件　B. 维修技术工作经历证明

C. 学历证明及复印件　D. 机动车驾驶证及复印件

15. 质量信誉考核是指在考核周期内对机动车维修企业的(　　)等方面进行的综合评价。

A. 从业人员素质　B. 维修和服务质量

C. 安全生产和环境保护　D. 遵章守纪和企业管理

16.《机动车维修企业质量信誉考核办法(试行)》中规定，机动车维修企业质量信誉考核过程中，对服务质量的考核指标应包括：(　　)。

A. 服务公示情况　B. 有责投诉次数

C. 服务质量事件　D. 用户满意度

17.《机动车维修企业质量信誉考核办法(试行)》中规定，机动车维修企业质量信誉考核过程中，对企业环境保护的考核指标，包括：环保设施设备技术状况和运用情况，废气、废水、废油以及空调制冷剂等维修废物(　　)情况。

A. 清除　B. 回收　C. 保存　D. 处理

18.《机动车维修企业质量信誉考核办法(试行)》中规定，机动车维修企业质量信誉考核总分和加分合计低于600分或者(　　)等考核分数在该项总分的60%以下的，质量信誉等级为B级。

A. 企业从业人员素质　B. 服务质量

C. 维修质量　D. 安全生产

19.《机动车维修企业质量信誉考核办法(试行)》中规定，服务质量事件记录，包括每次事件的(　　)。

A. 时间　B. 原因　C. 社会影响　D. 通报部门或机构

20. 修订后的《大气污染防治法》对重点城市的大气污染防治突出了(　　)等内容。

A. 加强对机动车的污染防治
B. 加大城市扬尘的控制力度
C. 禁止超过排放标准排放污染物
D. 实行大气污染物排放的总量控制和许可制度

21. 机动车维修企业在维修生产中产生的固体废物,包括(　　)等。
A. 废旧蓄电池　B. 废旧轮胎　C. 废旧汽车配件　D. 生产与办公垃圾

22. 企业应按国家环境保护法规的规定,按生产工艺要求安装、配置(　　)等设施。
A. 处理"三废"　B. 通风　C. 吸尘　D. 净化和消声

23.《固体废物污染环境防治法》的主要内容包括(　　)。
A. 固体废物污染环境防治的监督管理　B. 固体废物污染环境的防治
C. 危险废物污染环境防治的特别规定　D. 法律责任

24.《中华人民共和国标准化法》规定,我国标准分为(　　)。
A. 国家标准　B. 行业标准　C. 地方标准　D. 企业标准

25. 机动车维修经营者必须按照公开的(　　)计算作业工时和收取维修费用,不得随意加价、乱收费。
A. 汽车维修技术标准　B. 汽车维修工时定额
C. 汽车维修收费标准　D. 汽车维修质量标准

26.《安全生产法》规定,国家安全生产管理坚持(　　)方针。
A. 安全第一　B. 三不放过　C. 防患未然　D. 预防为主

27. 机动车维修企业经营条件中的"安全生产条件"是指:生产经营单位在安全生产中(　　)等"硬件"方面的条件。
A. 设施　B. 设备　C. 场所　D. 环境

28.《机动车维修管理规定》中规定,机动车维修经营者应当加强对从业人员的(　　),确保安全生产。
A. 安全教育　B. 职业道德教育　C. 法制教育　D. 文化培训

29. 车间举升车辆,一定要确认(　　)。
A. 设备负载匹配　B. 设备完好　C. 支承位置恰当　D. 锁止有效

30. 从业人员在作业过程中,应当严格遵守本单位的安全生产(　　),服从安全生产管理。
A. 规章制度　B. 工作规范　C. 制度　D. 操作规程

31. 从业人员在作业过程中发现事故隐患或者其他不安全因素的,应当立即向(　　)报告。
A. 消防部门　B. 现场安全生产管理人员
C. 公安部门　D. 本单位的负责人

32.《劳动法》规定,劳动者的权利主要有:(　　);劳动保护权;职业培训和业务进修权等。
A. 劳动权　B. 享受保险和福利的权利
C. 休息权　D. 获得劳动报酬权

二 练习题答案

(一)判断题

1. ✓　2. ✓　3. ✓　4. ✓　5. ✓　6. ×　7. ✓　8. ×　9. ×　10. ✓　11. ✓
12. ✓　13. ✓　14. ×　15. ✓　16. ×　17. ×　18. ✓　19. ×　20. ×　21. ✓　22. ×
23. ✓　24. ✓　25. ×　26. ✓　27. ✓　28. ✓　29. ✓　30. ×　31. ✓　32. ✓　33. ✓
34. ✓　35. ×　36. ×　37. ✓　38. ✓　39. ×　40. ×　41. ✓　42. ✓　43. ×　44. ✓
45. ✓　46. ×　47. ✓　48. ×　49. ✓　50. ×　51. ✓　52. ✓　53. ✓　54. ✓　55. ✓
56. ✓　57. ×　58. ✓　59. ×　60. ✓　61. ✓　62. ✓　63. ✓　64. ×　65. ×　66. ✓
67. ✓　68. ✓　69. ×　70. ✓　71. ✓　72. ✓　73. ✓　74. ×　75. ✓　76. ✓

(二)单项选择题

1. A　2. B　3. A　4. C　5. B　6. C　7. C　8. C　9. B　10. C　11. C
12. A　13. B　14. C　15. A　16. C　17. B　18. C　19. B　20. C　21. C　22. C
23. B　24. C　25. A　26. C　27. B　28. B　29. B　30. B　31. B　32. B　33. C
34. C　35. C　36. A　37. B　38. C　39. B　40. B　41. C　42. C　43. B　44. C
45. C　46. C　47. B　48. C　49. B　50. B　51. C　52. C　53. C　54. B　55. A
56. C　57. C　58. B　59. C　60. B　61. C　62. B　63. C　64. A　65. C　66. C
67. B　68. C　69. B　70. C　71. B

(三)多项选择题

1. ABCD　2. ABCD　3. BD　4. BD　5. AB　6. ABD　7. ABD
8. BCD　9. BCD　10. ABCD　11. BC　12. ABCD　13. BD　14. ABCD
15. ABCD　16. ABCD　17. BD　18. AD　19. ABCD　20. ABCD　21. ABCD
22. ABCD　23. ABCD　24. ABCD　25. BC　26. AD　27. ABCD　28. AB
29. ABCD　30. AD　31. BD　32. ACD

第三节　汽车维修标准体系

一 练习题

(一)判断题

1. 标准是由主管机构批准,以特定形式发布,应该共同遵守的准则和依据。　(　　)
2. 标准是对重复性事物和概念所作的统一规定。　(　　)
3. 标准具有法律的约束性,都必须强制执行。　(　　)
4. 国家标准权威性最高,要求也最高,行业标准或企业标准可以比国家标准要求低。　(　　)
5. 强制性国家标准代号为 GB,推荐性国家标准代号为 GB/T。　(　　)
6. 对标准实施进行监督,是政府有关部门领导和管理标准化活动的重要手段。　(　　)

7. 汽车维修标准体系是在汽车维修专业范围内按标准对象、标准项目、标准级别与性质及相互间内在联系编制成的系统性技术文件。 ( )

8. 汽车维修标准体系总结构分为“汽车维修管理、服务标准”和“汽车维修基础和通用标准”两个部分。 ( )

9. 技术标准是企业科学管理的基础。 ( )

10. 对本企业实施标准的情况负责监督检查是企业标准化工作的主要任务之一。 ( )

11. 企业标准化工作的任务就是搜集、整理、更新、统一归口管理各类标准。 ( )

12. 调查研究是制定企业标准的必要程序。 ( )

13. 技术规范是为标准在企业生产技术管理过程中得到具体实施相配套的。 ( )

14. 企业建立健全ISO质量管理体系,是对标准与规范执行情况实施监督的重要手段。 ( )

(二)单项选择题

1. 标准按法律的( )程度不同分为强制性标准和推荐性标准两类。

A. 强制性　　B. 约束性　　C. 规范性

2. 涉及保障人体健康、人身财产安全的标准和法律、行政法规规定强制执行的标准,都是( )。

A. 推荐性标准　　B. 国家标准　　C. 强制性标准

3. ( )是国家技术法规的重要组成部分。

A. 推荐性标准　　B. 强制性标准　　C. 国际标准

4. 没有国家标准而又需在全国某个行业范围内统一的标准是( )。

A. 国家标准　　B. 行业标准　　C. 地方标准

5. 汽车维修标准体系第二层次为专用修理技术标准,也可称为( )。

A. 产品标准　　B. 技术管理标准　　C. 方法标准

6. 对标准实施进行( ),可以随时发现标准中存在的问题,为进一步修订标准提供依据。

A. 宣贯　　B. 动员　　C. 监督

7.《汽车维修业开业条件》是规范汽车维修市场准入的( )。

A. 国家标准　　B. 行业标准　　C. 企业标准

(三)多项选择题

1. 标准是对( )所作的统一规定。

A. 行为　　B. 重复性事物　　C. 概念　　D. 事物

2. 标准制定以( )的综合成果为基础。

A. 法规　　B. 科学　　C. 技术　　D. 实践经验

3. 我国标准按适用范围分为( )。

A. 国家标准　　B. 行业标准　　C. 地方标准　　D. 企业标准

4. 按标准的内容属性分类,通常把标准分为( )几类。

A. 技术标准　　B. 管理标准　　C. 工作标准　　D. 产品标准

5. 技术标准主要用以规范事物的技术性内容，主要包括：基础标准、(　　)、信息技术标准。

A. 产品标准　　B. 技术管理标准　　C. 方法标准　　D. 安全、卫生与环保标准

6. 汽车维修标准可以通过相配套的技术规范，包括(　　)等，在企业生产技术管理过程中得到具体实施。

A. 检验规程　　B. 维修手册　　C. 工时定额　　D. 车辆使用说明书

二 练习题答案

(一) 判断题

1. ✓　2. ✓　3. ×　4. ×　5. ✓　6. ✓　7. ✓　8. ✓　9. ✓　10. ✓　11. ×　12. ✓　13. ✓　14. ✓

(二) 单项选择题

1. B　2. C　3. B　4. B　5. C　6. C　7. A

(三) 多项选择题

1. BC　2. BCD　3. ABCD　4. ABC　5. ACD　6. AB

第四节　汽车维修检测主要技术标准

一 练习题

(一) 判断题

1.《汽车维修业开业条件》(GB/T 16739.1～.2—2004)是交通行政主管部门对汽车整车维修企业和专项维修业户进行开业审核和管理的依据。(　　)

2.《汽车维修业开业条件》(GB/T 16739.1～.2—2004)是强制性的行业标准。(　　)

3.《汽车维修业开业条件　第1部分：汽车整车维修企业》(GB/T 16739.1—2004)对汽车整车维修企业的定义是：有能力对所维修车型的整车、各个总成及主要零部件进行各级维护、修理及更换的维修企业。(　　)

4.《汽车维修业开业条件　第1部分：汽车整车维修企业》(GB/T 16739.1—2004)规定，汽车整车维修企业按服务能力分为一类汽车整车维修企业和二类汽车整车维修企业。(　　)

5.《汽车维修业开业条件　第1部分：汽车整车维修企业》(GB/T 16739.1—2004)中所指的一、二类汽车整车维修企业，其经营范围不相同。(　　)

6.《汽车维修业开业条件　第2部分：汽车专项维修业户》(GB/T 16739.2—2004)中没有设定“供油系统维护及油品更换”汽车专项维修项目。(　　)

7.《汽车维修业开业条件　第1部分：汽车整车维修企业》(GB/T 16739.1—2004)对汽车整车维修企业关键岗位的人员条件作了规定。(　　)

8.《汽车维修业开业条件　第1部分：汽车整车维修企业》(GB/T 16739.1—2004)规定，

汽车整车维修企业接待室、停车场、生产厂房在面积和设置方面应满足相关条件。 ( )

9.《汽车维修业开业条件　第 1 部分:汽车整车维修企业》(GB/T 16739. 1—2004)对维修不同类型车辆的汽车整车维修企业提出了不同的设备配置要求。 ( )

10. 按《汽车维修业开业条件　第 1 部分:汽车整车维修企业》(GB/T 16739. 1—2004)规定,汽车整车维修企业部分不常用设备或大型设备允许外协。 ( )

11.《汽车维修业开业条件　第 1 部分:汽车整车维修企业》(GB/T 16739. 1—2004)中要求汽车整车维修企业配置的所有检测设备,对二类整车维修企业均允许外协。 ( )

12.《汽车维修业开业条件　第 1 部分:汽车整车维修企业》(GB/T 16739. 1—2004)规定,汽车整车维修企业必须配置发动机检测诊断设备。 ( )

13. 按《汽车维修业开业条件　第 1 部分:汽车整车维修企业》(GB/T 16739. 1—2004)规定,汽车整车维修企业都必须配备无损探伤设备。 ( )

14. 从事汽车发动机、车身、电气系统等专项维修作业的业户是汽车专项维修业户。 ( )

15.《汽车维修业开业条件　第 2 部分:汽车专项维修业户》(GB/T 16739. 2—2004)规定,汽车专项维修业户开业,除必须满足规定的通用技术条件外,还必须满足专项维修开业的专用条件。 ( )

16.《摩托车维修业开业条件》(GB/T 18189—2008)规定了一二类摩托车维修企业的人员、组织管理、安全生产与环境保护、设施、设备等条件。 ( )

17.《摩托车维修业开业条件》(GB/T 18189—20008)规定,一类摩托车维修企业必须至少配备 1 名检验员。 ( )

18.《摩托车维修业开业条件》(GB/T 18189—2008)规定,二类摩托车维修企业应设置技术负责人和检验员岗位。 ( )

19.《机动车维修从业人员从业资格条件》(GB/T 21338—2008)规定,机动车维修企业负责人是机动车维修企业中全面负责各项技术管理工作的责任人。 ( )

20.《机动车维修从业人员从业资格条件》(GB/T 21338—2008)规定,机修人员是机动车维修企业中从事机动车机械及其控制系统维修作业的人员。 ( )

21.《机动车维修从业人员从业资格条件》(GB/T 21338—2008)规定,机动车维修质量检验员任职资格的基本条件:应具有中专以上学历,获得机修人员或电器维修人员职业资格并连续在该岗位工作 2 年以上;具有与本企业承修车型相适应的机动车驾驶证,并安全驾驶 1 年以上。 ( )

22.《机动车维修从业人员从业资格条件》(GB/T 21338—2008)规定,电器维修人员应具有初中(含)以上文化程度。 ( )

23.《汽车维修行业计算机管理信息系统技术规范》(JT/T 640—2005)规定,汽车维修行业管理信息系统应能实现业务办理、业户管理、车辆管理、从业人员管理、单据管理、查询统计等功能。 ( )

24.《汽车综合性能检测站能力的通用要求》(GB/T 17993—2005)对汽车综合性能检测站开展汽车综合性能检测工作应具备的场地和设施没有明确要求。 ( )

25.《汽车维护、检测、诊断技术规范》(GB/T 18344—2001)适用于所有在用汽车。 ( )

26.《汽车维护、检测、诊断技术规范》(GB/T 18344—2001)规定,汽车一级维护作业以清洁、润滑、紧固为中心,以确保行车安全和排放合格为目标。 ( )

27.《汽车维护、检测、诊断技术规范》(GB/T 18344—2001)规定,汽车一级维护、二级维护周期的确定,应以汽车行驶里程为基本依据。 ( )

28.《汽车维护、检测、诊断技术规范》(GB/T 18344—2001)规定,汽车二级维护以更换"三滤"为作业中心内容。 ( )

29.《汽车维护、检测、诊断技术规范》(GB/T 18344—2001)规定,汽车二级维护以检查、调整为作业中心内容。 ( )

30.《液化石油气汽车维护检测规范》(JT/T 511—2004)规定了液化石油气汽车维修企业应具备的技术条件。 ( )

31. 按《液化石油气汽车维护检测规范》(JT/T 511—2004)的定义,液化石油气专用装置包括储气部件、供气部件和控制部件或燃料转换部件等。 ( )

32. 按《液化石油气汽车维护检测规范》(JT/T 511—2004)规定,LPG 汽车各级维护作业分为 LPG 汽车日常维护、一级维护和二级维护。 ( )

33.《轿车车身维护技术要求》(JT/T 509—2004)规定了轿车车身、底盘外表及发动机舱外表维护的主要内容与工艺要求。 ( )

34.《轿车车身维护技术要求》(JT/T 509—2004)中所指车身维护,包括车身清洁、研磨、抛光、新车开蜡、打蜡、封釉、玻璃贴膜等。 ( )

35.《汽车发动机电子控制系统修理技术要求》(GB/T 19910—2005)规定了汽车发动机电子控制系统维修前检查、视情维修以及维修后检验的技术要求。 ( )

36.《汽车发动机电子控制系统修理技术要求》(GB/T 19910—2005)规定,发动机电子控制系统在视情修理后,应对有故障的系统部件用专用或通用的检测仪逐项进行检查。 ( )

37.《汽车盘式制动器修理技术条件》(GB/T 18343—2001)是指导汽车盘式制动器维修操作和实施维修质量检验工作的重要依据。 ( )

38.《汽车制动传动装置修理技术条件》(GB/T 18275.1 ~2—2000)分别规定了汽车气压或液压制动传动装置修理的基本技术要求、试验方法和检验规则。 ( )

39.《汽车大修竣工出厂技术条件》(GB/T 3798.1 ~.2—2005)中所定义载客汽车为在设计和技术特性上用于载运乘客及其随身行李的包括驾驶员座位在内座位数超过 6 座的汽车。 ( )

40.《汽车大修竣工出厂技术条件》(GB/T 3798.1 ~.2—2005)规定,一次性锁止螺栓不得重复使用。 ( )

41.《汽车大修竣工出厂技术条件》(GB/T 3798.1 ~.2—2005)规定,汽车大修质量保证的形式是签发"汽车大修出厂合格证"及有关技术文件。 ( )

42.《汽车大修竣工出厂技术条件》(GB/T 3798.1 ~.2—2005)规定,可以用螺栓连接代替铆钉连接。 ( )

43.《汽车大修竣工出厂技术条件》(GB/T 3798.1 ~.2—2005)对车辆的整备质量、轴距有规定。 ( )

44.《汽车大修竣工出厂技术条件》(GB/T 3798.1 ~.2—2005)规定,整车大修质量保证期

为半年或行驶2万km。（　　）

45.《商用汽车发动机大修竣工出厂技术条件》(GB/T 3799.1～.2—2005)规定了商用汽车汽油发动机和商用汽车柴油发动机大修竣工出厂的技术要求、质量保证和包装要求。（　　）

46.《商用汽车发动机大修竣工出厂技术条件　第1部分:汽油发动机》(GB/T 3799.1—2005)规定,汽油发动机大修竣工出厂发动机外表应视情喷漆。（　　）

47.《商用汽车发动机大修竣工出厂技术条件》(GB/T 3799.1～.2—2005)发动机大修竣工检验要求中,规定了机油压力和警示装置的检验技术要求。（　　）

48.《商用汽车发动机大修竣工出厂技术条件》(GB/T 3799.1～.2—2005)规定,在标准状态下,发动机额定功率和最大转矩不得低于原设计标定值的75%。（　　）

49.《大客车车身修理技术条件》(GB/T 5336—2005)规定了大客车车身修理的技术要求和竣工检验及质量保证要求等。（　　）

50.《大客车车身修理技术条件》(GB/T 5336—2005)规定了大客车车身附件及电器的安装与使用要求。（　　）

51.《大客车车身修理技术条件》(GB/T 5336—2005)规定的车身修理竣工检验项目中,包括修理后整备质量增加量的限值要求。（　　）

52.《营运车辆综合性能要求及检验方法》(GB 18565—2001)为强制性行业标准。（　　）

53.《营运车辆综合性能要求和检验方法》(GB 18565—2001)规定了营运车辆动力性、燃料经济性、制动性、转向操纵性、照明和信号装置及其他电气设备、排放与噪声控制、密封性、整车装备的基本技术要求和检验方法。（　　）

54.在我国道路上运行的所有车辆必须达到《营运车辆综合性能要求和检验方法》(GB 18565—2001)规定的要求。（　　）

55.《营运车辆综合性能要求和检验方法》(GB 18565—2001)规定,轿车的动力性按额定转矩工况进行检测和评价。（　　）

56.《营运车辆综合性能要求和检验方法》(GB 18565—2001)规定:按规定的检验方法测得的汽车百公里燃油消耗量不得大于该车型原厂规定的相应车速等速百公里燃料消耗量的120%。（　　）

57.《机动车运行安全技术条件》(GB 7258—2012)是我国机动车运行安全管理最基本的技术标准。（　　）

58.《机动车运行安全技术条件》(GB 7258—2012)是我国机动车新车定型强制性检验、新车出厂检验及进口机动车检验的重要技术依据之一。（　　）

59.《机动车运行安全技术条件》(GB 7258—2012)适用于在我国道路上行驶的包括有轨电车在内的所有机动车。（　　）

60.《机动车安全技术检验项目和方法》(GB 21861—2008)规定了机动车安全技术检验的检验项目和检验方法等要求。（　　）

61.《机动车安全技术检验项目和方法》(GB 21861—2008)不适用于进口机动车检验机构对入境机动车进行安全技术检验。（　　）

62. 自《点燃式发动机汽车排气污染物限值及测量方法（双怠速法和简易工况法）》（GB 18285—2005）实施之日起，所有点燃式发动机排放监控采用怠速法。（　　）

63.《点燃式发动机汽车排气污染物限值及测量方法（双怠速法和简易工况法）》（GB 18285—2005）具有强制执行的效力。（　　）

64.《点燃式发动机汽车排气污染物限值及测量方法（双怠速法和简易工况法）》（GB 18285—2005）中所指简易工况法包括稳态工况法、瞬态工况法和简易瞬态工况法三种。（　　）

65.《点燃式发动机汽车排气污染物限值及测量方法（双怠速法和简易工况法）》（GB 18285—2005）适用于装用点燃式发动机的新生产汽车，不包括在用汽车。（　　）

66.《点燃式发动机汽车排气污染物限值及测量方法（双怠速法和简易工况法）》（GB 18285—2005）规定，对于使用闭环控制电子燃油喷射系统和三元催化转化器技术的汽车进行过量空气系数（λ）的测定。（　　）

67. 在进行过量空气系数（λ）测试前，《点燃式发动机汽车排气污染物限值及测量方法（双怠速法和简易工况法）》（GB 18285—2005）没有严格规定要预热发动机。（　　）

68. 对于两用燃料汽车，《点燃式发动机汽车排气污染物限值及测量方法（双怠速法和简易工况法）》（GB 18285—2005）要求对两种燃料分别进行排放检测。（　　）

69. 对于使用闭环控制电子燃油喷射系统和三元催化转化器的车辆，《点燃式发动机汽车排气污染物限值及测量方法（双怠速法和简易工况法）》（GB 18285—2005）规定，检测的过量空气系数（λ）若超出规定范围，可提供故障分析的参考，不作为排放不合格的判定依据。（　　）

70.《点燃式发动机汽车排气污染物限值及测量方法（双怠速法和简易工况法）》（GB 18285—2005）规定，在机动车保有量大、污染严重的地区，可采用简易工况法实施在用汽车排放监控。（　　）

71.《点燃式发动机汽车排气污染物限值及测量方法（双怠速法和简易工况法）》（GB 18285—2005）规定，对于同一类型车辆环保定期检测时，可以采用二种或二种以上的排气污染物排放检测方法。（　　）

72.《车用压燃式发动机和压燃式发动机汽车排气烟度排放限值及测量方法》（GB 3847—2005）适用范围包括低速载货汽车和三轮汽车。（　　）

73. 自《车用压燃式发动机和压燃式发动机汽车排气烟度排放限值及测量方法》（GB 3847—2005）实施之日起，压燃式发动机在用汽车排放监控，采用排气烟度排放限值（自由加速）及测量方法。（　　）

74.《车用压燃式发动机和压燃式发动机汽车排气烟度排放限值及测量方法》（GB 3847—2005）对车用压燃式发动机和压燃式发动机汽车的排气烟度排放限值及测量方法作了规定。（　　）

75.《营运车辆技术等级划分和评定要求》（JT/T 198—2004）规定了营运车辆技术状况等级的评定内容、评定规则、等级划分、评定项目和技术要求。（　　）

76.《营运车辆技术等级划分和评定要求》（JT/T 198—2004）规定，营运车辆技术等级划分为一级、二级和三级。（　　）

77. 按《营运车辆技术等级划分和评定要求》(JT/T 198—2004)规定,营运汽车技术等级评定检测应依据《营运车辆综合性能要求和检验方法》(GB 18565—2001)规定的要求进行。
( )

78. 按《营运车辆技术等级划分和评定要求》(JT/T 198—2004)规定,营运车辆技术评定内容,不包括排放污染物检测。 ( )

(二)单项选择题

1.《汽车维修业开业条件》(GB/T 16739—2004)规定,汽车整车维修企业检验人员数量应与其( )相适应。

A. 维修车型　　B. 企业性质　　C. 经营规模

2.《汽车维修业开业条件》(GB/T 16739—2004)规定,具有相关汽车维修技术标准是汽车整车维修企业( )之一。

A. 经营管理条件　　B. 质量管理条件　　C. 安全生产条件

3. 按《汽车维修业开业条件》(GB/T 16739. 1—2004)规定,有各工种、各类机电设备的安全操作规程,是汽车整车维修企业( )之一。

A. 经营管理条件　　B. 质量管理条件　　C. 安全生产条件

4.《汽车维修业开业条件　第 1 部分:汽车整车维修企业》(GB/T 16739. 1—2004)中规定,大型货车整车维修企业主要检测设备中( )允许外协。

A. 声级计　　B. 排气分析仪或烟度计　　C. 制动检验台

5. 按《汽车维修业开业条件　第 2 部分:汽车专项维修业户》(GB/T 16739. 2—2004)的规定,汽车专项维修业户按专项维修作业范围不同分为( )种。

A. 10　　B. 12　　C. 16

6. 按《汽车维修业开业条件　第 2 部分:汽车专项维修业户》(GB/T 16739. 2—2004)的规定,发动机专项修理业户开业专用条件中检验员配置要求不少于( )人。

A. 1　　B. 2　　C. 3

7.《摩托车维修业开业条件》(GB/T 18189—2008)中规定,摩托车维修企业分为( )类。

A. 一　　B. 二　　C. 三

8.《机动车维修从业人员从业资格条件》(GB/T 21338—2008)规定机动车维修企业负责人任职资格基本条件:具有( )大专(含)以上文化程度;具有 3 年以上的机动车维修企业管理实践。

A. 本科　　B. 大专　　C. 高中

9.《机动车维修从业人员从业资格条件》(GB/T 21338—2008)规定机动车维修技术负责人任职资格基本条件:具有机动车维修或相关专业的大专(含)以上学历,或具有机动车维修或相关专业的中级(含)以上专业技术职称,具有在机动车维修企业( )以上的工作实践。

A. 2 年　　B. 3 年　　C. 5 年

10. 机动车维修企业应严格按( )指导汽车二级维护作业和竣工质量检验。

A.《汽车维护、检测、诊断技术规范》(GB/T 18344—2001)

B.《商用发动机大修竣工出厂技术条件》(GB/T 3799. 1 ~. 2—2005)

C.《机动车安全运行技术条件》(GB 7258—2012)

11.《汽车维护、检测、诊断技术规范》(GB/T 18344—2001)规定,由驾驶员负责执行的车辆维护作业是( )。

A. 日常维护　　B. 一级维护　　C. 二级维护

12.《汽车维护、检测、诊断技术规范》(GB/T 18344—2001)规定,日常维护作业中心内容是( )。

A. 清洁、补给和安全检视　　B. 清洁、润滑、紧固　　C. 检查、调整

13.《汽车维护、检测、诊断技术规范》(GB/T 18344—2001)规定,汽车二级维护基本作业项目的作业内容以( )为主。

A. 小修　　B. 检查、调整　　C. 拆检

14. 按《液化石油气汽车维护检测规范》(JT/T 511—2004)规定,进行 LPG 汽车维修的作业人员需经过( ),经考核合格,取得行业主管部门颁发的 LPG 汽车维修上岗证。

A. 中级工培训　　B. 专业培训　　C. 安全培训

15.《轿车车身维护技术要求》(JT/T 509—2004)中车身清洁工艺要求规定了车身清洁的( )和步骤。

A. 项目　　B. 条件　　C. 工艺

16.《轿车车身维护技术要求》(JT/T 509—2004)规定,车身清洁工艺过程最后一道工序是( )。

A. 擦干　　B. 清除车身表面的焦油、沥青等污物

C. 车内清洁

17.《轿车车身维护技术要求》(JT/T 509—2004)规定了车身漆面上蜡前应进行的清洁和( )要求。

A. 漆面检查　　B. 漆面除锈　　C. 漆面抛光

18.《汽车发动机电子控制系统修理技术要求》(GB/T 19910—2005)适用于( )的车辆。

A. 装用汽车发动机电子控制系统的点燃式汽油发动机

B. 装用汽车发动机电子控制系统的压燃式柴油发动机

C. 装用汽车发动机电子控制系统的双燃料发动机

19.《汽车发动机电子控制系统修理技术要求》(GB/T 19910—2005)是指导汽车维修企业对汽车发动机电子控制系统修理和( )的主要技术依据。

A. 经营管理　　B. 维修质量管理　　C. 安全生产

20.《汽车盘式制动器修理技术条件》(GB/T 18343—2001)规定了汽车盘式制动器( )的修理技术要求及有关参数。

A. 制动盘　　B. 主要零部件　　C. 制动摩擦块

21.《汽车制动传动装置修理技术条件 液压传动》(GB/T 18275.2—2000)规定:修复后的各部件,经防锈处理后,应存放在通风、( )、清洁之处。

A. 阴凉　　B. 干燥　　C. 潮湿

22. 按《汽车大修竣工出厂技术条件 第1部分:载客汽车》(GB/T 3798.1—2005)规定,

载客汽车是指在设计和技术特性上用于载运乘客及其随身行李的,包括驾驶员座位在内座位数超过( )座的汽车。

A. 9　　B. 19　　C. 22

23. 按《商用汽车发动机大修竣工出厂技术条件　第1部分:汽油发动机》(GB/T 3799.1—2005)规定,发动机大修出厂时,在标准状态下,发动机额定功率和最大转矩不得低于原设计标定值的( )。

A. 85%　　B. 90%　　C. 80%

24. 按《商用汽车发动机大修竣工出厂技术条件　第1部分:汽油发动机》(GB/T 3799.1—2005)规定了大修竣工出厂的发动机质量保证期为:自竣工之日起,不少于( )(以先到者为准)。

A. 半年或行驶里程为10000km　　B. 半年或行驶里程为20000km

C. 一年或行驶里程为40000km

25.《大客车车身修理技术条件》(GB/T 5336—2005)将大客车定义为包括驾驶员座位在内座位数超过( )的汽车。

A. 9座　　B. 16座　　C. 35座

26.《营运车辆综合性能要求和检验方法》(GB 18565—2001)规定,营运车辆油耗限值应小于等于该车型原厂规定的相应车速等速百公里燃料耗量的( )。

A. 100%　　B. 105%　　C. 110%

27.《机动车运行安全技术条件》(GB 7258—2012)标准规定了三轮汽车和( )等车速受限车辆的技术特性要求。

A. 载客汽车　　B. 低速货车　　C. 教练车

28. 自《点燃式发动机汽车排气污染物排放限值及测量方法(双怠速法及简易工况法)》(GB 18285—2005)实施之日起,全国点燃式发动机在用汽车排放监控,采用( )排气污染物排放限值及测量方法。

A. 怠速法　　B. 双怠速法　　C. 自由加速工况法

29.《车用压燃式发动机和压燃式发动机汽车排气烟度排放限值及测量方法》(GB 3847—2005)自( )起实施。

A. 2005年7月1日　　B. 2006年7月1日　　C. 2007年1月1日

30.《车用压燃式发动机和压燃式发动机汽车排气烟度排放限值及测量方法》(GB 3847—2005)中规定了压燃式发动机汽车( )下排气污染物排放限值及测量方法。

A. 怠速工况　　B. 高怠速工况　　C. 自由加速工况

31.《营运车辆技术等级划分和评定要求》(JT/T 198—2004)是( )。

A. 国家标准　　B. 行业标准　　C. 地方标准

32. 营运车辆技术等级评定和检测依据( )进行。

A.《营运车辆综合性能要求和检验方法》(GB 18565—2001)

B.《营运车辆技术等级划分和评定要求》(JT/T 198—2004)

C.《机动车运行安全技术条件》(GB 7258—2012)

33.《营运车辆技术等级划分和评定要求》(JT/T 198—2004)适用于( )。

A. 所有在用车　　B. 所有新车　　C. 营运车辆

34.《营运车辆技术等级划分和评定要求》(JT/T 198—2004)规定,营运车辆技术等级分(　　)级。

A. 一　　B. 二　　C. 三

(三)多项选择题

1. 国家标准《汽车维修业开业条件》(GB/T 16739.1～.2—2004)分为(　　)两部分。

A. 汽车一类维修企业　　B. 汽车二类维修企业

C. 汽车整车维修企业　　D. 汽车专项维修业户

2.《汽车维修业开业条件》(GB/T 16739.1～.2—2004)规定了汽车整车维修企业和汽车专项维修业户必须具备的(　　)等条件。

A. 人员　　B. 组织管理　　C. 设施　　D. 设备

3.《汽车维修业开业条件》(GB/T 16739.1～.2—2004)对汽车整车维修企业管理负责人、技术负责人及(　　)等关键岗位人员配备和持证上岗作了规定。

A. 检验　　B. 业务

C. 价格核算　　D. 维修(机修、电器、钣金、涂漆)

4.《汽车维修业开业条件》(GB/T 16739.1～.2—2004),将汽车整车维修企业按主修车型分为(　　)三种。

A. 小型车　　B. 中型车　　C. 大中型客车　　D. 大型货车

5.《汽车维修业开业条件》提出的汽车整车维修企业设备条件,包括(　　)配备的要求。

A. 通用设备　　B. 专用设备　　C. 主要检测设备　　D. 诊断仪表

6.《汽车维修业开业条件　第1部分:汽车整车维修企业》(GB/T 16739.1—2004)规定,汽车整车维修企业应配置发动机检测诊断设备,且应具备(　　)的功能。

A. 示波器　　B. 点火正时检测

C. 发动机检测专用真空表　　D. 转速表

7. 按《汽车维修业开业条件》(GB/T 16739.2—2004)规定,汽车专项维修业户开业通用条件包括(　　)。

A. 人员条件

B. 设施条件、设备条件一般性要求和安全生产与环境保护条件

C. 规范的业务工作流程要求

D. 法规、标准、技术文件要求

8.《汽车维修业开业条件》(GB/T 16739.2—2004)规定,从事供油系统维护及油品更换专项维修业务的业户,应具备的设备包括(　　)。

A. 不解体油路清洗设备　　B. 换油设备和废油收集设备

C. 举升设备或地沟　　D. 空气压缩机

9.《汽车维修业开业条件》(GB/T 16739.1—2004)规定了汽车整车维修企业必须具备的组织管理条件,重点包括(　　)。

A. 经营管理　　B. 生产管理　　C. 业务管理　　D. 质量管理

10.《摩托车维修业开业条件》(GB/T 18189—2008)规定了摩托车维修业的分类及开业应

具备的(　　)等条件。

A. 人员　　B. 组织管理

C. 安全生产与环境保护　　D. 设施和设备

11.《机动车维修从业人员从业资格条件》(GB/T 21338—2008)规定了(　　)等从业人员的岗位职责、任职资格等要求。

A. 机动车维修企业负责人　　B. 机动车维修业务员

C. 机动车维修价格结算员　　D. 机动车维修技术人员

12.《机动车维修从业人员从业资格条件》(GB/T 21338—2008)规定了价格结算人员所应具备的专业技能包括(　　)等。

A. 能进行机动车维修价格核算和结算　　B. 能进行信息搜集、统计和分析

C. 能熟练使用计算机办公软件　　D. 能熟练使用机动车维修企业管理软件

13.《汽车维修行业计算机管理信息系统技术规范》(JT/T 640—2005)规定了汽车维修行业计算机管理信息系统的构成、(　　)、配置、接口和性能,以及系统的安装和维护要求。

A. 数据信息　　B. 系统功能　　C. 网页设计　　D. 安全措施

14.《汽车维修行业计算机管理信息系统技术规范》(JT/T 640—2005)规定,汽车维修行业计算机管理信息系统由(　　)两部分组成。

A. 汽车维修行业管理信息系统　　B. 维修费用结算系统

C. 汽车维修企业管理信息系统　　D. 维修救援网络系统

15.《汽车维修行业计算机管理信息系统技术规范》(JT/T 640—2005)规定,车辆维修管理信息系统应具有(　　)功能。

A. 业务接待、生产调度　　B. 检验、车辆维修技术档案

C. 维修结算、查询统计　　D. 配件管理

16.《汽车综合性能检测站能力的通用要求》(GB/T 17993—2005)规定,汽车综合性能检测站的功能是(　　)。

A. 依法对营运车辆的技术状况进行检测

B. 依法对车辆维修竣工质量进行检测

C. 接受委托,对车辆改装(造)、延长报废期及相关新技术、科研鉴定等项目进行检测

D. 接受有关部门、机构的委托,进行规定项目的检测

17.《汽车综合性能检测站能力的通用要求》(GB/T 17993—2005)提出了汽车综合性能检测站技术能力要求,包括(　　)。

A. 人员　　B. 检测项目与参数

C. 检测仪器设备　　D. 计算机控制检测系统

18.《汽车维护、检测、诊断技术规范》(GB/T 18344—2001)规定了汽车日常维护、一级维护、二级维护的(　　)。

A. 周期　　B. 作业内容　　C. 工时定额　　D. 技术规范

19.《汽车维护、检测、诊断技术规范》(GB/T 18344—2001)规定,汽车一级维护,除日常维护作业外,以清洁、润滑、紧固为作业中心内容。并检查有关(　　)等安全部件,由维修企业负责执行的车辆维护作业。

A. 发动机　　B. 变速器　　C. 制动　　D. 操纵

20.《汽车维护、检测、诊断技术规范》(GB/T 18344—2001)规定,汽车二级维护以检查、调整(　　)等经过一定时间的使用容易磨损或变形的安全部件为主,由维修企业负责执行的车辆维护作业。

A. 转向节　　B. 转向摇臂　　C. 制动蹄片　　D. 悬架

21.《液化石油气汽车维护、检测规范》(JT/T 511—2004)适用于液化石油气(LPG)汽车,包括(　　)。

A. 单一燃料 LPG 汽车　　B. CNG 汽车

C. LPG/汽油两用燃料汽车　　D. 双燃料汽车

22.《液化石油气汽车维护、检测规范》(JT/T 511—2004)中,对液化石油气汽车各级维护作业内容与技术要求,强调了对液化石油气装置(　　)的要求。

A. 检查　　B. 调整　　C. 修理　　D. 紧固

23.《轿车车身维护技术要求》(JT/T 509—2004)规定了轿车车身、底盘外表及发动机舱外表维护的(　　)。

A. 周期　　B. 主要内容　　C. 技术标准　　D. 工艺要求

24.《汽车发动机电子控制系统修理技术要求》(GB/T 19910—2005)将汽车发动机电子控制系统定义为:汽车发动机电子控制单元根据各传感器传送来的信息,分析发动机运行中的各种参数,并予以综合处理,以期达到较为满意的工作效果。一般分为(　　)个子系统。

A. 进排气控制系统　B. 燃油控制系统　　C. 润滑系统　　D. 计算机控制系统

25.《汽车盘式制动器修理技术条件》(GB/T 18343—2001)规定,盘式制动器主要零配件的(　　)安装等工艺过程。

A. 拆卸　　B. 检验　　C. 修理　　D. 换新

26.《汽车制动传动装置修理技术条件》(GB/T 18275.1 ~.2—2000)分别规定了汽车(　　)修理的基本技术要求、试验方法和检验规则。

A. 制动器　　B. 制动管路

C. 气压制动传动装置　　D. 液压制动传动装置

27.《汽车制动传动装置修理技术条件　液压传动》(GB/T 18275.2—2000)主要内容包括(　　)。

A. 液压制动传动装置各部件修理基本技术要求

B. 试验方法规定

C. 检验规则

D. 其他技术要求

28.《汽车大修竣工出厂技术条件》(GB/T 3798.1 ~2—2005)适用于(　　)。

A. 载客汽车　　B. 载货汽车　　C. 轿车　　D. 乘用车

29.《汽车大修竣工出厂技术条件》(GB/T 3798.1 ~2—2005)规定了载客或载货汽车大修竣工出厂的(　　)。

A. 检验　　B. 技术条件要求　　C. 质量保证　　D. 排放性能

30.《汽车大修竣工出厂技术条件》(GB/T 3798.1 ~2—2005)规定,影响汽车行驶安全的

(　　)的关键零部件,不得使用修复件。

A. 传动系统　　B. 制动系统　　C. 转向系统　　D. 行驶系统

31.《商用汽车发动机大修竣工出厂技术条件》(GB/T 3799.1～.2—2005)规定了商用汽车大修竣工出厂的(　　)和包装要求。

A. 检验　　B. 技术要求　　C. 质量保证　　D. 排放性能

32.《商用汽车发动机大修竣工出厂技术条件　第1部分:汽油发动机》(GB/T 3799.1—2005)规定,汽油发动机大修竣工出厂外观检验的项目包括(　　)。

A. 发动机外观整洁与漆面检查　　B. 发动机各部及附件检查

C. 发动机各部分密封性能　　D. 电气部分检查

33. 按《商用汽车发动机大修竣工出厂技术条件　第1部分:汽油发动机》(GB/T 3799.1—2005)规定,发动机大修竣工要求,电子控制燃油喷射系统(　　)应符合原制造厂维修技术要求。

A. 技术参数　　B. 故障显示　　C. 性能　　D. 控制方式

34. 按《商用汽车发动机大修竣工出厂技术条件》(GB/T 3799.1～.2—2005)的规定,承修单位应按要求对修竣发动机的(　　)等性能参数进行检验。

A. 点火提前角　　B. 额定功率　　C. 最大转矩　　D. 燃料经济性

35. 按《商用汽车发动机大修竣工出厂技术条件》(GB/T 3799.1—2005)的规定,发动机大修竣工检验要求进行试机检查(　　)时的机油压力。

A. 中速　　B. 高速　　C. 怠速　　D. 最高转速

36. 按《商用汽车发动机大修竣工出厂技术条件　第1部分 汽油发动机》(GB/T 3799.1—2005)的规定,发动机大修竣工检验要求检测发动机动力性的参数是(　　)等。

A. 额定功率　　B. 最大功率　　C. 额定转矩　　D. 最大转矩

37.《大客车车身修理技术条件》(GB/T 5336—2005)标准规定了车身修理竣工检验项目及技术要求,包括(　　)等。

A. 车身外观、外形尺寸和装备检查　　B. 各操纵机构的安装情况检查

C. 电气设备及各种仪表工作状况检查　　D. 车窗玻璃、顶窗、安全门检查

38.《营运车辆综合性能要求和检验方法》(GB 18565—2001)规定,营运车辆整车动力性评价指标是(　　)。

A. 发动机性能　　B. 整车动力性能　　C. 启动性能　　D. 滑行性能

39.《机动车运行安全技术条件》(GB 7258—2012)是进行(　　)的主要技术依据。

A. 注册登记检验　　B. 机动车检验　　C. 机动车查验　　D. 事故车检验

40.《机动车运行安全技术条件》(GB 7258—2012)定义的校车包括(　　)。

A. 幼儿校车　　B. 小学生校车　　C. 中小学生校车　　D. 专用校车

41.《机动车运行安全技术条件》(GB 7258—2012)规定了机动车转向系统(　　)等方面的要求。

A. 设置　　B. 结构参数　　C. 技术性能　　D. 各部件的完好性

42.《机动车安全技术检验项目和方法》(GB 21861—2008)规定了机动车安全检验的方式有(　　)等。

A. 线外检验　　B. 线内检验　　C. 路试检验　　D. 外观检验

43.《机动车安全技术检验项目和方法》(GB 21861—2008)规定在用车检验时,送检人应提供(　　)。

A. 机动车驾驶员驾驶证　　B. 机动车行驶证

C. 有效的机动车第三者责任强制保险凭证　　D. 机动车环保凭证

44. 对(　　),国家标准《点燃式发动机汽车排气污染物排放限值及测量方法(双怠速法及简易工况法)》(GB 18285—2005)规定,要进行过量空气系数(λ)的测定。

A. 使用闭环控制电子燃油喷射系统的汽车　　B. 轿车

C. 装有三元催化转化器的汽车　　D. 污染严重超标的汽车

45.《点燃式发动机汽车排气污染物排放限值及测量方法(双怠速法及简易工况法)》(GB 18285—2005)规定,所列车型(　　)排放测试结果有一项不合格,即判为不合格。

A. CO_2　　B. CO　　C. HC　　D. NO

46.《营运车辆技术等级划分及技术评定要求》(JT/T 198—2004)规定了营运车辆技术状况等级的(　　)等。

A. 评定内容　　B. 评定规则

C. 等级划分　　D. 评定项目和技术要求

47.《营运车辆技术等级划分及技术评定要求》(JT/T 198—2004)明确规定了营运车辆技术评定内容,包括:营运车辆整车装备及外观检查(　　)等。

A. 动力性　　B. 燃料经济性　　C. 排放污染物限值　　D. 车速表示值误差

二 练习题答案

(一)判断题

1. ✓　2. ×　3. ✓　4. ✓　5. ×　6. ×　7. ✓　8. ✓　9. ✓　10. ✓　11. ×
12. ✓　13. ×　14. ✓　15. ✓　16. ✓　17. ✓　18. ✓　19. ×　20. ✓　21. ×　22. ✓
23. ✓　24. ×　25. ✓　26. ×　27. ✓　28. ×　29. ✓　30. ✓　31. ✓　32. ✓　33. ✓
34. ✓　35. ✓　36. ✓　37. ✓　38. ✓　39. ×　40. ✓　41. ✓　42. ×　43. ✓　44. ✓
45. ✓　46. ×　47. ✓　48. ×　49. ✓　50. ✓　51. ✓　52. ×　53. ✓　54. ×　55. ✓
56. ×　57. ✓　58. ✓　59. ×　60. ✓　61. ×　62. ×　63. ✓　64. ✓　65. ×　66. ✓
67. ×　68. ✓　69. ×　70. ✓　71. ×　72. ×　73. ✓　74. ✓　75. ✓　76. ✓　77. ✓
78. ×

(二)单项选择题

1. C　2. B　3. C　4. C　5. C　6. B　7. B　8. B　9. C　10. A　11. A
12. A　13. B　14. B　15. B　16. C　17. A　18. A　19. B　20. B　21. B　22. A
23. B　24. B　25. B　26. C　27. B　28. B　29. A　30. C　31. B　32. B　33. C
34. C

(三)多项选择题

1. CD　2. ABCD　3. ABCD　4. ACD　5. ABC　6. ACD　7. ABCD

8. ABCD	9. AD	10. ABCD	11. ABCD	12. ABCD	13. AB	14. AC
15. ABC	16. ABCD	17. ABCD	18. ABD	19. CD	20. ABCD	21. AC
22. AD	23. BD	24. ABD	25. ABCD	26. CD	27. ABCD	28. AB
29. BC	30. BCD	31. BC	32. ABCD	33. AC	34. BCD	35. BC
36. AD	37. ABCD	38. AB	39. ABCD	40. ABCD	41. ABCD	42. ABC
43. BC	44. AC	45. BC	46. ABCD	47. ABCD		

第五节　模拟试卷及参考答案

一 模拟试卷

(一)判断题(30 题,每题 1 分,共 30 分)

1. 人们通常将所从事的、作为主要生活来源的工作称之为职业。 (　　)

2. 为人民服务是社会主义职业道德的最高标准。 (　　)

3. 诚实守信就是忠诚老实、信守承诺,是为人处世的一种美德。 (　　)

4.《全国汽车维修行业行为规范公约》的主要内容有 8 个方面。 (　　)

5.《全国汽车维修行业行为规范公约》中“文明生产,保护环境”一条对作业现场未提出明确要求。 (　　)

6. 行业信誉体现了社会承认的该行业在职业活动中的价值。 (　　)

7. 获得二类汽车维修经营业务许可的,不可以从事整车修理、总成修理工作。 (　　)

8.《机动车维修管理规定》中规定机动车维修档案的主要内容包括:托修方、车牌号码、车型、发动机型号、底盘号、维修类别、维修合同编号和进出厂日期。 (　　)

9. 机动车维修技术人员取得从业资格的比例是机动车维修经营者依法获取经营许可的必要条件之一。 (　　)

10. 道路运输管理机构应当将道路运输从业人员的违章行为记录在《道路运输从业人员从业资格证》的违章记录栏内,并通报发证机关。 (　　)

11.《机动车维修企业质量信誉考核办法(试行)》规定:质量信誉考核工作每年进行一次,机动车维修企业在每年的 12 月底前,向所在地县级或设区的市级道路运输管理机构提交相关材料。 (　　)

12. 机动车维修企业质量信誉考核为 A 级的,考核总分和加分合计不低于 600 分。 (　　)

13. 实施机动车排放污染控制的 I/M(检查/维护)制度,是机动车维修企业贯彻《大气污染防治法》的具体体现。 (　　)

14. 用人单位必须为劳动者提供符合国家规定的劳动安全卫生条件和必要的劳动防护用品。 (　　)

15. 按《安全生产法》规定,从业人员有权拒绝违章指挥和强令冒险作业。 (　　)

16. 轮胎维修作业人员应佩戴护目眼镜和防毒口罩。 (　　)

17. 对标准实施进行监督,是政府有关部门领导和管理标准化活动的重要手段。 (　　)

18. 调查研究是制定企业标准的必要程序。 (　　)

19.《汽车维修业开业条件　第1部分:汽车整车维修企业》(GB/T 16739.1—2004)中所指的一、二类汽车整车维修企业,其经营范围不相同。 (　　)

20.《汽车维修业开业条件　第1部分:汽车整车维修企业》(GB/T 16739.1—2004)规定,汽车整车维修企业接待室、停车场、生产厂房在面积和设置方面应满足相关条件。 (　　)

21. 按《汽车维修业开业条件　第1部分:汽车整车维修企业》(GB/T 16739.1—2004)规定,汽车整车维修企业都必须配备无损探伤设备。 (　　)

22.《摩托车维修业开业条件》(GB/T 18189—20008)规定,一类摩托车维修企业必须至少配备1名检验员。 (　　)

23.《机动车维修从业人员从业资格条件》(GB/T 21338—2008)规定,机动车维修企业负责人是机动车维修企业中全面负责各项技术管理工作的责任人。 (　　)

24.《汽车维护、检测、诊断技术规范》(GB/T 18344—2001)规定,汽车一级维护、二级维护周期的确定,应以汽车行驶里程为基本依据。 (　　)

25.《汽车发动机电子控制系统修理技术要求》(GB/T 19910—2005)规定了汽车发动机电子控制系统维修前检查、视情维修,以及维修后检验的技术要求。 (　　)

26.《汽车大修竣工出厂技术条件》(GB/T 3798.1 ~ .2—2005)规定,可以用螺栓连接代替铆钉连接。 (　　)

27.《大客车车身修理技术条件》(GB/T 5336—2005)规定的车身修理竣工检验项目中,包括修理后整备质量增加量的限值要求。 (　　)

28.《机动车运行安全技术条件》(GB 7258—2012)适用于在我国道路上行驶的包括有轨电车在内的所有机动车。 (　　)

29. 在进行过量空气系数(λ)测试前,《点燃式发动机汽车排气污染物限值及测量方法(双怠速法和简易工况法)》(GB 18285—2005)没有严格规定要预热发动机。 (　　)

30.《营运车辆技术等级划分和评定要求》(JT/T 198—2004)规定了营运车辆技术状况等级的评定内容、评定规则、等级划分、评定项目和技术要求。 (　　)

(二)单项选择题(30题,每题1分,共30分)

1. 职业道德的基本职能是(　　)。

A. 服务职能　　B. 调节职能　　C. 保证职能

2. 爱岗是敬业的(　　)。

A. 结果　　B. 体现　　C. 基础

3. 爱岗敬业、诚实守信是对从业人员职业行为的(　　)。

A. 最高要求　　B. 基础要求　　C. 严格要求

4. "更新管理理念,优化企业管理,增强市场竞争能力"是《全国汽车维修行业行为规范公约》中"(　　)"的具体要求。

A. 诚信为本,公平竞争　　B. 科技兴业,开拓创新

C. 弘扬职业道德,建设精神文明

5.《公民道德建设实施纲要》要求:社会主义道德建设要坚持以(　　)为核心。

A. 四项基本原则　　B. 党的领导　　C. 为人民服务

6. 尊老爱幼、男女平等、夫妻和睦、勤俭持家、邻里团结是(　　)的主要表现。

A. 社会公德　　B. 职业道德　　C. 家庭美德

7.《道路运输条例》规定,申请从事机动车维修经营业务的,应当向所在地县级(　　)提出申请。

A. 道路运输管理机构　　B. 公安机关交通管理部门　　C. 工商管理部门

8.《道路运输条例》规定,机动车维修经营者对机动车进行二级维护、总成修理或者整车修理的,应当进行维修质量检验。检验合格的,维修质量检验人员应当签发(　　)。

A. 维修记录　　B. 过程检验单

C. 机动车维修竣工出厂合格证

9.《机动车维修管理规定》中规定,机动车维修经营业务根据维修对象分为(　　)类。

A. 二　　B. 三　　C. 四

10.《机动车维修管理规定》中规定,从事一类和二类维修业务的企业,其技术负责人员和质量检验人员总数的(　　)应当经全国统一考试合格。

A. 40%　　B. 50%　　C. 60%

11.《机动车维修管理规定》中规定,道路运输管理机构应加强对机动车维修专业技术人员的管理,严格执行专业技术人员(　　)和管理制度。

A. 培训　　B. 奖励　　C. 考试

12.《道路运输从业人员管理规定》中规定,国家对道路运输从业人员实行(　　)。

A. 持证上岗制度　　B. 从业资格考试制度　　C. 人力资源管理制度

13.《道路运输从业人员管理规定》中规定,道路运输从业人员诚信考核等级分为四级,最好的一级为优良,用(　　)级表示。

A. A　　B. AA　　C. AAA

14. 机动车维修企业质量信誉考核中,企业管理指标包括(　　)建立情况、企业形象、获奖情况和连锁经营情况等。

A. 质量管理制度　　B. 企业管理程序　　C. 质量信誉档案

15.《大气污染防治法》规定,机动车船必须达标排放。这里所说的达标是指达到国家或者(　　)制定的机动车船大气污染物排放标准。

A. 行业　　B. 地方　　C. 制造厂

16. 机动车维修合同在《合同法》中属于(　　)规范的范畴。

A. 承揽合同　　B. 委托合同　　C. 技术合同

17.《劳动法》明确了国家确定职业分类,制定职业技能标准,实行(　　)制度。

A. 持证上岗　　B. 职业资格证书　　C. 等级工

18. 汽车维修标准体系第二层次为专用修理技术标准,也可称为(　　)。

A. 产品标准　　B. 技术管理标准　　C. 方法标准

19.《汽车维修业开业条件》(GB/T 16739.1 ~ .2—2004)规定,汽车整车维修企业检验人员数量应与其(　　)相适应。

A. 维修车型　　B. 企业性质　　C. 经营规模

20. 按《汽车维修业开业条件》(GB/T 16739.1—2004)规定,有各工种、各类机电设备的安全操作规程，是汽车整车维修企业(　　)之一。

A. 经营管理条件　　B. 质量管理条件　　C. 安全生产条件

21.《汽车维修业开业条件　第1部分：汽车整车维修企业》(GB/T 16739.1—2004)中规定，大型货车整车维修企业主要检测设备中(　　)允许外协。

A. 声级计　　B. 排气分析仪或烟度计　　C. 制动检验台

22. 按《汽车维修业开业条件　第2部分：汽车专项维修业户》(GB/T 16739.2—2004)的规定，发动机专项修理业户开业专用条件中检验员配置要求不少于(　　)人。

A. 1　　B. 2　　C. 3

23.《摩托车维修业开业条件》(GB/T 18189—2008)中规定，摩托车维修企业分为(　　)类。

A. 一　　B. 二　　C. 三

24.《机动车维修从业人员从业资格条件》(GB/T 21338—2008)规定机动车维修企业负责人任职资格基本条件：具有(　　)(含)以上文化程度；具有3年以上的机动车维修企业管理实践。

A. 本科　　B. 大专　　C. 高中

25.《汽车维护、检测、诊断技术规范》(GB/T 18344—2001)规定，日常维护作业中心内容是(　　)。

A. 清洁、补给和安全检视　　B. 清洁、润滑、紧固　　C. 检查、调整

26.《轿车车身维护技术要求》(JT/T 509—2004)规定，车身清洁工艺过程最后一道工序是(　　)。

A. 擦干　　B. 清除车身表面的焦油、沥青等污物

C. 车内清洁

27.《汽车盘式制动器修理技术条件》(GB/T 18343—2001)规定了汽车盘式制动器(　　)的修理技术要求及有关参数。

A. 制动盘　　B. 主要零部件　　C. 制动摩擦块

28. 按《商用汽车发动机大修竣工出厂技术条件　第1部分：汽油发动机》(GB/T 3799.1—2005)规定了大修竣工出厂的发动机质量保证期为：自竣工之日起，不少于(　　)(以先到者为准)。

A. 半年或行驶里程为10000km　　B. 半年或行驶里程为20000km

C. 一年或行驶里程为40000km

29. 自《点燃式发动机汽车排气污染物排放限值及测量方法(双怠速法及简易工况法)》(GB 18285—2005)实施之日起，全国点燃式发动机在用汽车排放监控，采用(　　)排气污染物排放限值及测量方法。

A. 怠速法　　B. 双怠速法　　C. 自由加速工况法

30.《营运车辆技术等级划分和评定要求》(JT/T 198—2004)适用于(　　)。

A. 所有在用车　　B. 所有新车　　C. 营运车辆

(三) 多项选择题(20题，每题2分，共40分)

1. 建立职业道德规范用于(　　)。

A. 强化人们的法制观念　　B. 规范从业人员的职业行为
C. 调整职业生活中发生的各种关系　　D. 确保职业活动正常进行

2. 职业道德具有以下特点:(　　)。
A. 适用范围的有限性　　B. 发展历史的继承性
C. 表达形式的多样性　　D. 贯彻执行的纪律性

3.《公民道德建设实施纲要》把“(　　)”作为公民职业道德建设的重要内容。
A. 服务群众　　B. 公平竞争　　C. 爱岗敬业　　D. 奉献社会

4. 机动车维修职业道德的主要内容包括爱岗敬业、诚实守信、(　　)。
A. 办事公道　　B. 服务群众　　C. 不怕困难　　D. 奉献社会

5. 根据《道路运输条例》的规定:“申请从事机动车维修经营的,应当具备(　　)等条件。”
A. 有相应的机动车维修场地　　B. 有必要的设备、设施和技术人员
C. 有健全的机动车维修管理制度　　D. 有必要的环境保护措施

6. 从事发动机维修、车身维修、电气系统维修、自动变速器四类专项维修的,除了按照其经营项目配备相应的机修、电器、钣金、涂漆的维修技术人员外,还应当配备(　　)。
A. 技术负责人员　　B. 质量检验人员　　C. 业务人员　　D. 结算人员

7.《机动车维修管理规定》规定,机动车维修经营者对机动车进行(　　)的,应当实行维修前诊断检验、维修过程检验和竣工质量检验制度。
A. 故障排除　　B. 二级维护　　C. 总成修理　　D. 整车修理

8.《道路运输从业人员管理规定》中所指的机动车维修技术人员,包括机动车维修(　　),以及从事机修、电器、钣金、涂漆、车辆技术评估(含检测)作业的技术人员。
A. 企业负责人　　B. 质量检验人员　　C. 技术负责人员　　D. 业务接待员

9.《机动车维修企业质量信誉考核办法(试行)》中规定,服务质量事件记录,包括每次事件的(　　)。
A. 时间　　B. 原因　　C. 社会影响　　D. 通报部门或机构

10. 机动车维修企业经营条件中的“安全生产条件”是指:生产经营单位在安全生产中(　　)等“硬件”方面的条件。
A. 设施　　B. 设备　　C. 场所　　D. 环境

11.《劳动法》规定,劳动者的权利主要有:(　　);劳动保护权;职业培训和业务进修权等。
A. 劳动权　　B. 享受保险和福利的权利
C. 休息权　　D. 获得劳动报酬权

12. 标准是对(　　)所作的统一规定。
A. 行为　　B. 重复性事物　　C. 概念　　D. 事物

13.《汽车维修业开业条件》(GB/T 16739.1 ~.2—2004)对汽车整车维修企业管理负责人、技术负责人及(　　)等关键岗位人员配备和持证上岗作了规定。
A. 检验　　B. 业务
C. 价格核算　　D. 维修(机修、电器、钣金、涂漆)

14.《汽车维修业开业条件　第1部分:汽车整车维修企业》(GB/T 16739.1—2004)规定,

汽车整车维修企业应配置发动机检测诊断设备，且应具备(　　)的功能。

A. 示波器　　B. 点火正时检测

C. 发动机检测专用真空表　　D. 转速表

15.《摩托车维修业开业条件》(GB/T 18189—2008)规定了摩托车维修业的分类及开业应具备的(　　)等条件。

A. 人员　　B. 组织管理

C. 安全生产与环境保护　　D. 设施和设备

16.《汽车维护、检测、诊断技术规范》(GB/T 18344—2001)规定了汽车日常维护、一级维护、二级维护的(　　)。

A. 周期　　B. 作业内容　　C. 工时定额　　D. 技术规范

17.《汽车盘式制动器修理技术条件》(GB/T 18343—2001)规定，盘式制动器主要零配件的(　　)安装等工艺过程。

A. 拆卸　　B. 检验　　C. 修理　　D. 换新

18.《商用汽车发动机大修竣工出厂技术条件　第1部分：汽油发动机》(GB/T 3799.1—2005)规定，汽油发动机大修竣工出厂外观检验的项目包括：(　　)。

A. 发动机外观整洁与漆面检查　　B. 发动机各部分及附件检查

C. 发动机各部分密封性能　　D. 电气部分检查

19.《机动车运行安全技术条件》(GB 7258—2012)是进行(　　)的主要技术依据。

A. 注册登记检验　　B. 机动车检验　　C. 机动车查验　　D. 事故车检验

20.《营运车辆技术等级划分及技术评定要求》(JT/T 198—2004)规定了营运车辆技术状况等级的(　　)等。

A. 评定内容　　B. 评定规则　　C. 等级划分　　D. 评定项目和技术要求

二 模拟试卷参考答案

(一)判断题

1. ✓　2. ✓　3. ✓　4. ✓　5. ×　6. ✓　7. ×　8. ×　9. ✓　10. ✓　11. ×
12. ✓　13. ✓　14. ✓　15. ✓　16. ×　17. ✓　18. ✓　19. ×　20. ✓　21. ×　22. ✓
23. ×　24. ✓　25. ✓　26. ×　27. ✓　28. ×　29. ×　30. ✓

(二)单项选择题

1. B　2. C　3. B　4. B　5. C　6. C　7. B　8. C　9. C　10. C　11. C
12. B　13. C　14. C　15. B　16. A　17. B　18. C　19. C　20. C　21. C　22. B
23. B　24. B　25. A　26. C　27. B　28. B　29. B　30. C

(三)多项选择题

1. BCD　2. ABCD　3. AD　4. ABD　5. ABCD　6. AB　7. BCD
8. BC　9. ABCD　10. ABCD　11. ACD　12. BC　13. ABCD　14. ACD
15. ABCD　16. ABD　17. ABCD　18. ABCD　19. ABCD　20. ABCD

第二篇

模块 E：电器维修技术

第一章　专业知识部分

第一节　机械基础

一　机械识图

(一)制图的基本知识

在生产过程中,直接指导制造和检验零件用的图样为零件工作图(简称零件图),它是零件制造与检验的重要技术文件。在维修过程中,常需要按照零件图来修复和制配零件。一张完整的零件图包括标题栏、一组视图、完整的尺寸和技术要求。

(1)标题栏中要求写明零件的名称、材料、数量、质量以及设计、校核者的姓名等。

(2)一组视图是指基本视图、辅助视图、剖视图、剖面图和其他表现方法等,要求能正确、完整、清晰地表现出零件的内外结构和形状。

(3)完整合理的尺寸是指所标注的尺寸既能保证对零件使用性能的要求,同时又能满足制造加工、测量和检验简便、经济的要求。

(4)技术要求是指用规定的符号、数字或文字表达出零件在制造和检验时应达到的技术质量指标,如零件的尺寸公差、表面粗糙度、形状和位置公差、热处理等要求。

(二)看零件图的方法和步骤

看零件图时,首先看标题栏零件名称、材料比例等信息,大致了解零件的用途和形状,同时要注意看图方向,如比例为“4:1”,表示放大的比例;比例为“1:2”,表示缩小的比例。然后再找出主视图、俯视图、局部视图及其他视图,分析各视图之间的关系及表达的内容,找出各剖视、剖面的剖切位置及投影方向等,如俯视图主要表现零件的长和宽。最后分析尺寸,找出零件在长、宽、高三个方向的主要尺寸和辅助基准。

二　机械零件

(一)公差与配合的基本术语及定义

1. 轴和孔

在公差与配合标准中,轴和孔这两个术语有其特定含义,它关系到公差标准的应用范围。

轴主要指圆柱形外表面,也包括其他外表面中由单一尺寸确定的部分;孔主要指圆柱形内表面,也包括其他内表面中由单一尺寸确定的部分。从装配关系来讲,孔是包容面,轴是被包容面。

2. 尺寸

尺寸是指用特定单位表示长度值的数字,如直径、半径、深度、宽度、中心距等,以毫米

(mm)为通用单位,均可写数字,不写单位。零件尺寸包括基本尺寸、实际尺寸、极限尺寸等。

1)基本尺寸

基本尺寸是指设计给定的尺寸,是计算极限尺寸和极限偏差的起始尺寸,孔、轴配合时的基本尺寸相同。

2)实际尺寸

实际尺寸是指通过测量得到的尺寸。由于测量误差难以避免,所以实际尺寸并非尺寸的真值。例如,测得轴的尺寸为14.225mm,测量的误差为±0.001mm,则实际尺寸的真值在(14.225±0.001)mm范围内。实际尺寸一般在零件的任意正截面上用两点接触法测得。由于零件表面存在形状误差,同一表面不同部位的实际尺寸往往不同,所以实际尺寸又称为局部实际尺寸。

3)极限尺寸

极限尺寸是指允许尺寸变化的两个界限值,其中较大的一个界限值称为最大极限尺寸,较小的一个界限值称为最小极限尺寸。

3.尺寸偏差、尺寸公差及尺寸公差带

1)尺寸偏差

尺寸偏差也称偏差,是指某一尺寸减其基本尺寸所得的代数差。偏差分为极限偏差和实际偏差,而极限偏差又分为上偏差和下偏差,如图2-1-1所示。上偏差是最大极限尺寸减其基本尺寸所得的代数差,孔、轴上偏差分别用代号ES和es表示;下偏差是最小极限尺寸减其基本尺寸所得的代数差,孔、轴下偏差分别用代号EI和ei表示;实际偏差是实际尺寸减其基本尺寸所得的代数差。偏差可以为正、负或零值,合格零件的实际偏差应在规定的极限偏差范围内。

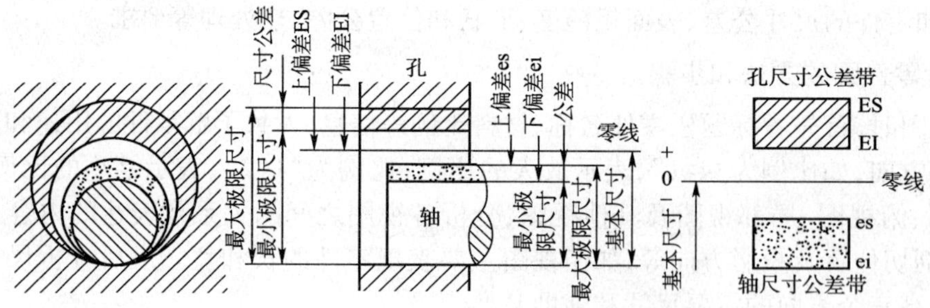

图2-1-1 尺寸偏差、尺寸公差及尺寸公差带

2)尺寸公差

尺寸公差也称公差,是指尺寸允许的变动量。公差等于最大极限尺寸与最小极限尺寸代数差的绝对值,也等于上偏差与下偏差代数差的绝对值。公差是一个无正负号的数值,且不能为零。

3)尺寸公差带

尺寸公差带也称公差带,是指上下偏差的两条直线所限定的区域。在公差带图中,确定偏差的一条基准直线称为零偏差线(零线),通常零线表示基本尺寸。正偏差位于零线之上,负偏差位于零线之下。基本偏差用来确定公差带相对零线位置的上偏差或下偏差,一般指靠近零线的那个偏差。当公差带位于零线上方时,其基本偏差为下偏差;当公差带位于零线下方时,其基本偏差为上偏差;当公差带对称于零线时,两者皆可。

4. 配合

配合是指基本尺寸相同、相互结合的孔和轴公差带之间的关系，即孔的尺寸减去与其相配合的轴的尺寸所得的代数差，此差值为正时是间隙配合，为负时是过盈配合。

1）间隙配合

间隙配合是指具有间隙（包括最小间隙等于零）的配合。间隙配合主要用于孔、轴间的活动连接。间隙的作用在于储藏润滑油，补偿温度引起的变化，补偿弹性变形及制造与安装误差等。间隙的大小影响孔、轴相对运动的活动程度。

2）过盈配合

过盈配合是指具有过盈（包括最小过盈等于零）的配合。过盈配合用于孔、轴间的紧密连接，不允许两者有相对运动。

3）过渡配合

过渡配合是指可能具有间隙或过盈的配合，此时，孔的公差带与轴的公差带值相互交叠，其极限值为最大间隙和最大过盈。过渡配合主要用于孔、轴的定位连接。

配合公差是指允许间隙或过盈的变动量。当基本尺寸一定时，配合公差表示配合的精确程度。通常用配合公差带的大小表示配合的精度。对于间隙配合，配合公差为最大间隙与最小间隙之间的公差带；对于过盈配合，配合公差为最大过盈与最小过盈之间的公差带；对于过渡配合，配合公差为最大间隙与最大过盈之间的公差带。

5. 基准制

基准制是指以两个相配零件中的一个为基准件，并选定标准公差带，然后按使用要求的最小间隙或最小过盈，确定非基准件公差带位置，从而形成各种配合的一种制度。基孔制是基本偏差为一定的孔公差带，与不同基本偏差的轴公差带形成各种配合的一种制度。基轴制是基本偏差为一定的轴公差带，与不同基本偏差的孔公差带形成各种配合的一种制度。

（二）典型零件定位方式

现以轴上零件的定位和固定为例，说明典型零件的定位方式。

1. 轴上零件的轴向定位

轴向定位和固定是指将轴上的零件沿轴线方向进行定位和固定。轴上零件轴向定位和固定的目的是保证零件在轴上有确定的轴向位置，防止零件做轴向移动，并能承受轴向力。轴上零件通常采用轴肩、轴环、圆锥面、轴端挡圈、轴套、圆螺母、弹性挡圈等零件进行轴向定位和固定。

2. 轴上零件的周向定位

周向定位和固定是指将轴上的零件在圆周方向进行定位和固定，其目的是为了传递转矩及防止零件与轴产生相对转动。轴上零件通常采用平键、半圆键、楔键、花键、销、紧定螺钉、过盈配合等进行周向定位和固定。

（三）常见机械传动形式

机械传动系统由各种传动元件或装置（如螺旋传动、带传动、链传动、齿轮传动、蜗杆传动、连杆机构、凸轮机构等），轴及轴系零部件（如轴承、联轴器等），制动器等零部件组成。按传动原理不同分为啮合传动（如齿轮传动、行星齿轮传动、链传动等）、摩擦传动（如带传动、摩擦轮传动等)和推压传动(连杆机构、凸轮机构等)。

1. 螺旋传动

螺旋传动由螺杆和螺母组成,主要用于将回转运动变换为直线运动,同时传递动力或调整零件的相互位置。按摩擦性质分为滑动螺旋传动、滚动螺旋传动两类。按用途可分为传力螺旋传动、传导螺旋传动和调整螺旋传动三类。

(1)传力螺旋传动。以传递动力为主,一般要求用较小的转矩转动螺杆(或螺母)而使螺母(或螺杆)产生直线移动和较大的轴向推力。传力螺旋多用在工作时间较短、速度较低的场合,通常需有自锁能力。

(2)传导螺旋传动。以传递运动为主,传动精度高。

(3)调整螺旋传动。用于调整并固定零部件之间的相对位置,不经常转动,受力也不大,如螺旋测微器(千分尺)中的螺旋传动。

2. 带传动

带传动是在两个或多个传动轮之间传递运动和动力的机械传动装置。主要由主动带轮、从动带轮和张紧在两轮上的环形传动带组成。按其截面形状的不同,环形传动带有平带、V 形带、圆带、多楔带和同步齿形带。带传动不适合传递大功率,对传动比没有要求。

(1)平带的横截面为扁平矩形,适用于中心距较大和传动比较小的传动。

(2)V 形带按截面尺寸由小到大分为 A、B、C、D、E、Y 和 Z 七种型号。V 形带的横截面为等腰梯形,工作时,两侧面嵌入带轮的轮槽内,底面不与带轮接触,即两侧面为工作面。在同样的张紧力下,V 形带传动较平带传动能产生更大的摩擦力,当传递相同功率时,V 形带传动的结构较平带传动紧凑,且应用比平带传动广泛。

(3)圆带的横截面为圆形,通常用皮革或合成纤维制成,圆带传动主要用于低速小功率传动。

(4)多楔带兼有平带和 V 形带的优点,柔性好,摩擦力大,能传递的功率大,并解决了多根 V 形带长短不一而使各带受力不均的问题。多楔带主要用于传递功率较大而结构要求紧凑的部位。

(5)同步齿形带的内周有齿,与带轮面上的齿槽相啮合,所以兼有链传动的优点,传动比较准确,但安装要求较高。

3. 链传动

链传动由安装在两根平行轴上的主动链轮、从动链轮以及环绕在链轮上的封闭链条所组成,依靠链轮与中间挠性件链条相啮合,将主动链轮的运动和动力传递给从动链轮,是一种具有中间挠性件的啮合传动。按用途不同可分为起重链、牵引链和传动链三种。按结构不同分为齿形链和滚子链。一般链传动适用于两轴中心距较大、平均传动比不变的部位。

齿形链承受冲击性能好,允许链速高,传动平稳,噪声小,又称为无声链,多用于高速或运动精度较高的传动装置中。滚子链的结构简单,价格低廉,质量较轻,应用广泛。

4. 齿轮传动

齿轮传动能实现空间任意位置两轴的传动,也可以实现回转运动和直线运动之间的转换,具有工作可靠、使用寿命长、传动比恒定、效率高、结构紧凑、速度和功率的适用范围广等优点,但不适用于轴间距离过大的部位。齿轮传动类型有:

(1)两轴线平行的圆柱齿轮传动。按照轮齿相对轴线的方向,圆柱齿轮传动又可分为直齿圆柱齿轮传动、斜齿圆柱齿轮传动和人字齿齿轮传动三种。圆柱齿轮传动按照啮合情况又可分为外啮合齿轮传动、内啮合齿轮传动及齿轮与齿条传动等。

(2)两轴线相交的圆锥齿轮传动。相交轴圆锥齿轮传动又有直齿和曲齿之分。圆锥齿轮用于两相交轴之间的传动,两轴间夹角通常为90°。

(3)两轴线交错的齿轮传动。按结构原理不同分为交错轴斜齿轮传动和蜗杆传动。当两轴既不平行也不相交,而在空间垂直相错时,可以采用蜗杆传动。蜗杆传动由蜗杆及与其相啮合的蜗轮组成,一般蜗杆为主动件。蜗杆传动具有传动比大、工作平稳、无噪声、具有自锁性等优点。但蜗杆传动摩擦损失大、传动效率低、发热量大、不宜功率过大、长期连续工作。

(4)开式齿轮传动。其特点是传动的齿轮外露,易落入灰尘,齿面磨损较快,不能保证良好的润滑。

(5)闭式齿轮传动。其特点是传动的齿轮全部安装在封闭的刚性箱体内,安装精确,润滑条件良好。齿面点蚀是在润滑良好的闭式齿轮传动中轮齿失效的主要形式之一。

三 汽车常用材料

(一)金属材料的性能

金属材料的性能分为使用性能和工艺性能。使用性能是指金属材料在使用条件下所表现出来的性质和适应能力,如物理性能、化学性能和机械性能(或力学性能)等。工艺性能是指金属材料在加工时所表现出来的适应能力和难易程度,如各种冷、热加工的性能,包括铸造性能、锻造性能、焊接性能、热处理性能和切削加工性能等。

1. 金属材料的机械性能

机械零件或工具在使用过程中,要受到各种载荷的作用,机械性能是指金属材料在载荷的作用下所反映出来的性能。机械性能是金属材料最基本和重要的性能,因为它是产品设计和材料选择的主要依据。金属材料的机械性能主要有强度、硬度、塑性、冲击韧性、疲劳强度等。这些性能指标是选择机械零件材料的主要依据,也是材料性能评定的依据之一。

1)强度

强度是指金属材料在载荷作用下抵抗塑性变形和断裂的能力。按载荷作用方式不同分为抗拉强度、抗压强度、抗弯强度、抗剪强度和抗扭强度等。

2)硬度

硬度是指金属材料抵抗局部变形,特别是塑性变形、压痕或划痕的能力。硬度值的大小就是金属对塑性变形抵抗力的大小。通常,材料的硬度越高,耐磨性越好,故常将硬度值作为衡量材料耐磨性的重要指标之一。常用的硬度指标有布氏硬度、洛氏硬度两种。洛氏硬度常用的表示方式有 HRA、HRB、HRC 三种。

3)塑性

塑性是指金属材料在载荷作用下,断裂前发生塑性变形(永久变形)而不被破坏的能力。通常塑性用延伸率和断面收缩率来表示。延伸率和断面收缩率的值越大,表示材料的塑性越好;反之,塑性越差。塑性越好的材料,越有利于压力加工。

4)冲击韧性

冲击韧性是指金属材料抵抗冲击载荷而不致破坏的性能。冲击韧度可用来衡量金属材料韧性的好坏,冲击韧度值越大,韧性就越好;反之,韧性越差。

5)疲劳强度

疲劳强度是指金属材料在无限多次交变载荷作用下而不破坏的最大应力。金属的疲劳是指在交变应力作用下,零件所承受的应力低于材料的屈服强度,但经过较长时间工作而产生裂纹或突然发生断裂的现象。疲劳破坏是机械零件失效的主要原因之一。

2. 金属材料的工艺性能

金属材料的工艺性能是指金属材料对不同加工工艺方法的适应能力,实际上是材料的力学性能、物理性能和化学性能的综合表现。工艺性能包括铸造性能、锻造性能、焊接性能、切削性能等。

1)铸造性能

铸造性能是指金属及合金铸造成型获得优良铸件的能力。主要包括流动性、收缩性和偏析性等。流动性是指熔融金属的流动能力,流动性好的金属,容易充满铸型,铸造出细薄精致的铸件。收缩性是指铸件凝固和冷却过程中体积和尺寸收缩的程度,收缩率越小,铸造质量越好。偏析性是指化学成分和组织不均匀,偏析越严重,铸件各部分的性能越不均匀,铸件质量越差。

2)锻造性能

锻造性能是指加热后的工件坯料通过静压力或冲击力作用而产生塑性变形,从而获得一定形状工件的工艺方法。锻造性能的好坏主要与金属的塑性和变形抗力有关。塑性越好,变形抗力越小,金属的锻造性能就越好。金属在加热中随温度的升高,其性能的变化很大。基本上随温度升高,金属的塑性上升,变形抗力下降,即金属的可锻性增加。

3)焊接性能

焊接性能是指两部分金属通过加热、加压或两者并用的焊接方法,使连接件达到原子结合的加工方法。实质是使被焊金属的原子之间相互扩散、相互结合,并形成整体的过程。焊接性是指金属材料对焊接加工的适应性,也就是在一定的焊接工艺条件下获得优质焊接接头的难易程度。焊接性包括工艺焊接性和使用焊接性两个方面。工艺焊接性是指焊接接头产生工艺缺陷的倾向,尤其是出现各种裂缝的可能性;使用焊接性是指焊接接头在使用中的可靠性,包括焊接接头的力学性能及其他特殊性能。

4)切削性能

金属切削是指利用刀具切除被加工零件多余材料的方法。通过金属切削能获得几何形状、加工精度和表面质量符合要求的零件,金属切削是机械制造业中最基本的加工方法。其主要形式有车、铣、钻、刨、磨等。金属材料接受切削加工的难易程度称为切削加工性能。切削加工性能一般从切削后的表面粗糙度以及刀具寿命等几个方面来衡量。

(二)非金属材料的性能

常用的非金属材料有塑料、橡胶、陶瓷、玻璃、复合材料、合成纤维、摩擦材料、涂装材料和胶黏剂等。

1. 塑料

塑料按受热表现,分为热塑性塑料和热固性塑料。热塑性塑料是一类可以反复通过提高温度使之软化、降低温度使之硬化的材料,常用的有聚乙烯、聚氯乙烯、尼龙等。其特点是易加工成型,力学性能较好,但耐热性和刚性较差。热固性塑料加热时软化,然后固化成型,这一过程不能重复进行。常用的热固性塑料有酚醛树脂、环氧树脂、氨基塑料等,具有耐热性高、受热不易变形、价廉等优点,但强度一般不太好。

2. 橡胶

橡胶是一种具有很高弹性、优良伸缩性能和积储能量能力的有机高分子材料,具有密封、抗振、减振及传动等功能。橡胶可分为天然橡胶和合成橡胶两类。天然橡胶有优良的综合性能,抗拉强度与回弹性比多数合成橡胶好,天然橡胶还有优良的耐磨性、耐寒性、气密性、防水性、电绝缘性、绝热性及良好的加工性,但耐热老化性和耐大气老化性较差,不耐臭氧,不耐油和有机溶剂,易燃烧。它一般用来制作轮胎、胶带、胶管、电线电缆的绝缘护套等。

3. 陶瓷

陶瓷是传统的绝缘材料,大量用于制作各种电压的绝缘器件,按性能及应用分为压电陶瓷、高温陶瓷、磁性陶瓷、电容器陶瓷及电光陶瓷等。

4. 玻璃

玻璃通常具有透明、硬而脆、隔音的特性,有较好的化学稳定性,特制的玻璃还具有绝热、导电、防爆和防辐射等一系列特殊的功能。

5. 复合材料

复合材料由两种或两种以上物理和化学性质不同的固体材料通过人工复合而成。复合材料的主要优点是使各组成材料在性能上做到取长补短并保持各自的最佳特性。

(三)汽车常用电工材料

汽车常用电工材料主要包括导电材料、绝缘材料、磁性材料及其他电工材料等。

1. 导电材料

导电材料一般有电磁导线、电线电缆及其他导电材料等。

1)电磁导线

电磁导线是一种具有绝缘层的导线。常用以绕制电动机、电工仪表中的线圈和绕组。其作用是通以电流后产生磁场,或切割磁力线后产生电流,以实现电能与磁能的相互转换。

2)电线电缆

汽车上各种电气设备之间的联系是通过导线及各种配电设备完成的。导线按材料的特征可分为铜导线芯、钢导线芯及阻尼导线芯;按照其承受电压高低的不同可分为高压导线和低压导线。

高压导线的工作电压一般为15～20kV,但工作电流较小,故截面积较小。为抑制和衰减点火中产生的无线电电磁波,点火系应选择高压阻尼点火导线。

电缆电线的主要性能有电性能、力学性能及耐油后的力学性能等,电性能主要指绝缘性能和导电性能。

在选择导线截面时,除主要考虑用电设备的负载电流大小外,还应考虑线路的电压降导线的温升及机械强度等因素。

3)其他导电材料

汽车用的其他导电材料还有熔体材料、电刷、触头材料、热双金属片材料、电阻合金、电热材料等。这些导电材料不仅具备传导电流的功能,还具有高电阻、电热、电接触等特殊功能。

(1)熔体材料。熔体是熔断器的主要组成部分,串联在电路中使用,当正常电流通过时,仅起导电作用,当出现过大的电流时,在短时间内熔体产生的热量将其自身熔断,使电路断路,从而起到保护线路和用电设备的目的。

(2)电刷。电刷是常用电工材料之一,常用于电动机换向器或集电环,它是传导电流的滑动接触体。电刷按所用材料及生产工艺的不同分为石墨电刷、碳石墨电刷、金属石墨电刷及树脂电刷。

(3)触头材料。两个带电部分连接在一起时,在接触处所用的材料即为电触头材料,它起着传递电能、接通或切断电路的作用。根据其工作过程,电触头材料应具有良好的导电、导热性,低而稳定的接触电阻,高的耐损失性、抗熔焊性和一定的机械强度。

(4)热双金属片材料。由热膨胀系数差异较大的两种金属(或合金)牢固结合而形成的组合材料即为热双金属片材料。其中热膨胀系数大的一层称为主动层,热膨胀系数小的一层称为被动层。常用的主动层材料有锰镍铜铁合金、铁镍铬合金、镍锰铁合金等,常用的被动层材料有铁镍合金。选用时可根据使用温度、加热方式、热敏感性要求或有无特殊要求等进行选择。

(5)电阻合金。是以电阻特性为主要特征的合金材料。按用途可分为调节用电阻合金、精密仪器仪表用电阻合金、传感器用电阻合金三类。常用的有康铜、新康铜、锰铜、硅锰铜、锗锰铜、镍铬、镍铬铁及铁铬铝等,如点火线圈中的附加电阻就是采用镍铬丝或铁铬铝丝制成的,具有阻值随温度升高而增大的特性。

(6)电热材料。是一种能将电能转变成热能的材料。它应具有较高的电阻率、较小的电阻温度系数、良好的抗氧化性能、加工性能和耐腐蚀性能等。按材料的性质不同,可分为金属材料和非金属材料两类。金属电热材料有贵金属电热材料及其合金、重金属电热材料、镍基电热合金、铁基电热合金、铜基电热合金等。非金属电热材料有碳化硅、硅钼棒和多孔玻璃态碳等。

2. 绝缘材料

绝缘材料是指电阻率大于10Ω · m的材料,其作用是在电气设备中把电位不同的带电部分隔离开来。绝缘强度是指绝缘材料被外部施加的电压击穿时的电压值。按材料的物理状态可分为气体绝缘材料、液体绝缘材料和固体绝缘材料;按材料的化学成分可分为有机绝缘材料和无机绝缘材料两类。

1)绝缘薄膜

绝缘薄膜由若干种高分子材料聚合而成。其特点是厚度薄、柔软、耐潮、电气性能和力学性能良好、化学稳定性高。

在薄膜的一面或两面黏合纤维材料而制成的一类绝缘材料称为复合材料。纤维材料的主要作用是加强薄膜的力学性能,提高抗拉强度和表面硬度。

2)绝缘漆

绝缘漆是以高分子聚合物为基础,在一定条件下固化成绝缘硬膜或绝缘整体的绝缘材料。

绝缘漆主要由漆基、溶剂、稀释剂和填料等组成。常用的有浸渍漆、覆盖漆和硅钢片漆。

3. 磁性材料和其他电工材料

1）磁性材料

磁性材料按特性不同分为软磁材料、硬磁材料和特殊性能的磁性材料。在汽车工业中，硬磁材料起到了相当重要的作用，如铁氧体材料用于制作车用刮水器电动机、暖风驱动电动机、座位移动升降电动机的磁极；铝镍钴硬磁材料则用于车用仪表；钐钴硬磁材料用于车用测试仪表等。

2）锡焊材料

锡焊是连接金属零件的一种方法。它是利用比母材（基体材料）熔点低的焊料作中间介质，将其加热到稍高于焊锡的熔化温度后，焊料熔化后填满被连接件的间隙，冷凝后即形成牢固的接头将零件连接起来。锡焊常用材料有焊料、焊剂和清洗剂。

3）润滑剂

汽车电器中所用的润滑剂可分为润滑油、润滑脂和固体润滑剂三类。汽车电工常用润滑脂有钙基润滑脂、通用锂基润滑脂、复合钙基润滑脂。

（1）钙基润滑脂。是由动植物脂肪与石灰制成的钙皂稠化矿物润滑油和水制成，使用温度范围为 -10 ~60℃，用于润滑分电器的凸轮。

（2）通用锂基润滑脂。是由天然脂肪酸锂皂稠化，并加抗氧剂、缓蚀剂制成。具有良好的机械安定性、胶体安定性、防锈性、氧化安定性和抗水性，使用温度范围为 -30 ~120℃，用于发电机轴承的润滑。

（3）复合钙基润滑脂。是由乙酸钙复合的脂肪酸钙皂稠化矿物润滑油制成。具有较好的机械安定性和胶体安定性，适用于较高温度及潮湿条件下的润滑。

四 汽车运行材料

汽车运行材料是指燃料、润滑剂、其他工作液和轮胎等，它们是汽车运行的重要组成部分。

（一）发动机润滑油

1. 发动机润滑油的分级方法

润滑油在机械中主要起减磨、冷却、防腐、密封和清洗等作用。润滑油可按质量和黏度进行分级。

1）质量分级

发动机润滑油根据加入添加剂的品种、数量的不同形成不同的质量级别。我国将内燃机润滑油划分为汽油润滑油（用“S”表示）和柴油润滑油（用“C”表示）两个系列。汽油润滑油分 SA—SH 等 8 个质量等级，柴油润滑油分为 CA、CB、CC、CD、CD—Ⅱ、CE、CF—4 共 7 个质量等级，级别越靠后，性能越好。为了简化品种，我国也生产汽油机和柴油机的通用润滑油，厂商在润滑油牌号中同时标有汽油润滑油和柴油润滑油的质量级别。如 SF/CD 15W/40 润滑油，表示该润滑油既可用于要求使用 SF15W/40 级润滑油的汽油机，也可用于要求使用 CD15W/40 级润滑油的柴油机。

2）黏度分级

现在新的内燃机润滑油牌号是按最大低温动力黏度、最高边界泵送温度和 100℃ 时最小运动黏度来划分的。《内燃机油黏度分类》(GB/T 14906—1994)将内燃机润滑油分为单级油和多级油,单级油共有 0W、5W、10W、15W、20W、25W 共 6 个低温黏度级号和 20、30、40、50、60 共 5 个 100℃运动黏度级号。其中低温黏度级号的内燃机润滑油适用于冬天寒冷地区,100℃运动黏度级号的内燃机润滑油适用于温度较高的地区。多级油是在一些经黏度指数改进剂调配,具有多黏度等级的内燃机润滑油,这种润滑油低温黏度小,100℃运动黏度较高。目前多级油主要有 5W/20、5W/30、10W/30、15W/40、20W/40 等牌号,其中分子 5W、10W、15W、20W 表示低温黏度等级,分母 20、30、40 表示 100℃时的运动黏度等级。多级油可以四季通用。

2. 发动机润滑油的选用

发动机润滑油主要依据发动机的结构特点、使用条件、气候条件等选择润滑油的质量等级和黏度级别。内燃机润滑油的质量等级应根据发动机结构特性和工作条件来选择。

汽油润滑油质量等级应根据发动机工况的苛刻程度、压缩比和进排气系统中的附加装置及生产年代来选择。柴油润滑油的质量等级应根据柴油机的强化系数来确定。一般来说,高等级的内燃机润滑油可代替低等级的内燃机润滑油,但低等级的内燃机润滑油绝不能代替高等级的内燃机润滑油。

汽油润滑油和柴油润滑油的黏度是根据气温进行选择的。黏度是表示液体流动性大小的能力,是评价内燃机润滑油品质的一个重要指标。它的大小直接影响内燃机润滑油的减磨、降温、清洗、除锈、防尘、吸收振动、密封等作用。内燃机润滑油黏度越小,流动性就越好,清洁、冷却效果越好,但高温油膜易受破坏,润滑效果较差;黏度越大,油膜厚度、密封等方面较好,但低温启动时上油较慢,易出现干摩擦或半流体摩擦,冷却、冲洗作用也较差。

应根据内燃机工作地区的环境温度、发动机负荷、转速,选用适宜黏度等级的内燃机润滑油,以保证零件正常润滑。南方夏季气温较高,重负荷、长距离运输、工况恶劣的汽车应选用黏度较大的内燃机润滑油。北部地区冬季气温低,应选用低黏度内燃机润滑油,以保证发动机易于启动,减少零部件磨损。

(二)齿轮油

齿轮传动装置的类型、工作条件等不同,对润滑油性质的要求也不一样,因此,应根据齿轮的类型、工作条件等来选择性能与之相适应的齿轮油。车辆齿轮油使用时低温表观黏度应不大于 150Pa · s,在这个黏度下,齿轮油能够在起步后 15s 内到达前轴承及时保证其正常润滑,这个黏度为汽车起步的极限黏度。它决定着齿轮油运用的最低气温,是齿轮油适用的依据之一。

1. 齿轮油的分类

我国车辆齿轮油按质量等级分类;有普通齿轮油、中负荷齿轮油和重负荷齿轮油三类,其特性及使用范围如下:

1)普通齿轮油

普通齿轮油以中性油为基础油,加入抗氧抗腐、极压抗磨、防锈、抗泡沫等多种添加剂调制而成。极压抗磨性良好,能保护中速、中负荷下工作的齿面不擦伤、咬合和烧结。这种齿轮油抗氧抗腐性、防锈性良好,使用寿命长,可四季通用,保护齿面不锈蚀,可延长汽车维护期,减少零部件损坏。普通车辆齿轮油用于螺旋伞齿轮传动的各种汽车、拖拉机、工程机械后桥和变速器,不能用于准双曲面齿轮后桥。

2）中负荷齿轮油

中负荷齿轮油是以原油经蒸馏精制的中性油或聚烯烃合成油为基础油，加入极压抗磨、抗氧抗腐、防锈等添加剂调制而成，多级油中加有黏度指数改进剂，具有良好的润滑、防腐和防锈性能。中负荷齿轮油主要用于进口和国产各种小汽车、载货汽车准双曲面齿轮和变速器齿轮的润滑系统。

3）重负荷齿轮油

重负荷齿轮油是以原油经蒸馏精制的中性油或聚烯烃合成油为基础油，加入极压抗磨、抗氧抗腐、防锈等添加剂调制而成的。多级油中加有黏度指数改进剂，具有优良的极压性和抗腐蚀性。通过了高转矩齿轮试验、高速冲击负荷齿轮擦伤试验和锈蚀试验。重负荷齿轮油用于进口和国产各种小汽车、载货汽车的后桥准双曲面齿轮和变速器。

2. 齿轮油的选用

齿轮油一般先根据齿轮类型、负荷大小和齿面相对滑动速度高低确定性能级别，再根据使用的最低环境温度和最高操作温度确定润滑油的黏度级别。气温低、负荷小，可选用黏度较小的齿轮油；反之，气温较高、负荷较重，则应选黏度较高的齿轮油。

（三）制动液

汽车制动液是用于汽车液压制动系统中传递压力的液体。在使用过程中，严禁混用，否则会出现混浊或沉淀现象。同时要防止制动液吸水变质，若混入的水分不能完全被制动液溶解，会使金属产生腐蚀，引起轮缸漏液、污损、异常磨损，而且水分本身凝点高、沸点低，低温时容易结冰，高温时容易产生气阻，会造成制动故障。

国内制动液分为 JG0、JG1、JG2、JG3、JG4、JG5 等级别，其中 JG3、JG4、JG5 分别对应美国联邦机动车安全委员会制定的 DOT3、DOT4、DOT5 级别。

（四）冷却液

发动机冷却液应具有低温黏度小、流动性好、冰点低、沸点高、防腐蚀性好、不损坏汽车有机涂料、不产生水垢、不起泡沫等性能。汽车发动机冷却液由水、防冻剂、添加剂三部分组成。按防冻剂成分不同，可分为酒精型、甘油型、乙二醇型。

发动机冷却液的选择主要包括防冻性的选择和产品质量的选择。一般选择的原则是发动机冷却液的冰点要低于环境最低温度 10℃左右，确保在特殊情况下冷却液不冻结。

（五）轮胎

1. 轮胎的类型

轮胎是汽车主要部件之一，轮胎主要由胎冠、胎肩、胎侧、胎体和胎圈等部分组成。按帘布材料可分为棉帘布轮胎、人造线轮胎、尼龙轮胎、钢丝轮胎、聚酯轮胎、玻璃纤维轮胎、无帘布轮胎；按胎体帘布层结构可分为子午线轮胎和斜交轮胎；按断面可分为窄基轮胎、宽基轮胎、普通断面轮胎、低断面轮胎和超低断面轮胎；按胎面花纹可分为普通花纹轮胎、越野花纹轮胎、混合花纹轮胎；按气压可分为高压轮胎、低压轮胎、超低压轮胎。

1）子午线轮胎

子午线轮胎是用钢丝或纤维植物制作的帘布层，其帘线与胎面中心的夹角接近 90°并从一侧胎边穿过胎面到另一侧胎边，帘线在轮胎上的分布好像地球的子午线，所以称为子午线轮胎。与普通斜交轮胎相比,子午线轮胎质量轻、弹性大、减振性能好、耐磨性好,具有良好的附着性能,滚动阻力小,承载能力大,行驶中胎温低,胎面耐穿刺,轮胎使用寿命长。其缺点是轮胎成本高,胎侧变形大,容易产生裂口,且侧向稳定性差。

2)无内胎轮胎

小汽车广泛采用无内胎轮胎,载货汽车也开始使用无内胎轮胎。它没有内胎,空气直接压入外胎中,因此要求外胎与轮辋之间密封性很好。其优点是消除了内外胎之间的摩擦,且散热性好,胎温低,有利于车速的提高,结构简单、质量小、寿命长、耐刺穿性好,但材料、工艺要求高,途中维修困难。

2. 轮胎的选用

轮胎的正确选用对汽车性能有直接影响,因而应正确选择轮胎类型、轮胎花纹、轮胎尺寸和气压不同的轮胎,以利于提高汽车行驶性能和延长其寿命。汽车轮胎气压过低会导致胎体变形增大、胎面接地面积增大而使磨损加剧、滚动阻力增大、油耗增加等。

第二节　电工电子基础知识

一 晶体管元件及基本电路

(一)晶体二极管与整流电路

1. 晶体二极管

1)PN 结

自然界中的物质按其导电能力不同分为导体、绝缘体和半导体三种。半导体是导电能力介于导体和绝缘体之间的物质,其中以自由电子导电为主的半导体,称为 N 型半导体;以空穴导电为主的半导体,称为 P 型半导体。自由电子和空穴同时参与导电是半导体导电的基本特征。

常用半导体器件的基本结构就是通过特殊工艺将 N 型半导体和 P 型半导体结合在一起而形成的 PN 结。PN 结具有单向导电性,可通过在 PN 结两端加正向或反向电压证实。对于 PN 结,当 P 端接电源正极,N 端接电源负极时,PN 结处于导通状态。

2)晶体二极管

(1)晶体二极管的类型。将 PN 结封装并引出两根电极就形成了晶体二极管。晶体二极管按用途可分为检波二极管、整流二极管、稳压二极管和开关二极管;按结构可分为点接触型和面接触型。点接触型一般为锗二极管,正向导通电压为 0.1V;面接触型一般为硅二极管,正向导通电压为 0.5V。

(2)晶体二极管的特性。二极管两端反向电压超过一定数值时,反向电流突然增大,此后二极管的伏安特性曲线非常陡,二极管失去单向导电性,这种现象称为反向击穿,此时的电压值称为反向击穿电压。晶体二极管加一定的正向电压时导通,加反向电压时截止,这一导电特性称为二极管的单向导电性。二极管长期工作时,允许加到二极管两端的最高反向电压为最高反向工作电压,一般取反向击穿电压的 1/3 ~ 1/2 作为最高反向工作电压,以确保二极管的安全使用。而允许通过的最大正向平均电流为最大整流电流。当电流超过该值时，二极管将因过热而损坏。

(3)晶体二极管的判断。二极管性能好坏，可利用万用表电阻挡测量其正、反向电阻来判断，一般来说正向电阻越小、反向电阻越大的二极管好。一般二极管的正向电阻约为几十欧姆到几百欧姆，反向电阻约为几十千欧到几百千欧，二极管的正反向电阻相差越大，就表明二极管的单向导电特性越好。若测得二极管的正反向电阻值相近，表示二极管已坏；若正、反向电阻值都很小或为零，则表示二极管已被击穿，两电极已短路；若正反向电阻都很大，则说明二极管内部已断路。

(4)稳压二极管。稳压二极管是一种用特殊工艺制造的面接触型二极管，和普通二极管的不同之处是它工作在反向击穿状态。稳压二极管是利用 PN 结的反向击穿电压特性来实现稳压的。当稳压二极管击穿时，电压能保持基本不变，而反向电流能在较大范围内变化。利用其反向电流变化很大，而反向击穿电压基本不变的特性，可实现稳压目的。由于稳压二极管工作在反向击穿区，因而在使用中，应该反接，使它的 PN 结承受反向电压。

(5)发光二极管。能直接把电能变为光能，其管脚有正、负极之分，一般较长的一只管脚是正极，较短的管脚是负极。用万用表检测发光二极管时，必须使用 $R\times10k$ 挡。因为发光二极管的管压降约为 2V，而万用表在 $R\times1k$ 挡及以下各电阻挡检测时，表内电池仅为 1.5V，低于管压降。所以无论正、反向接入，发光二极管都不可能导通，也就无法检测。

2. 整流和滤波电路

利用二极管的单向导电性，把交流电变成脉动直流电的电路称为整流电路。

1)整流电路

按交流电的相数可分为单相整流电路和三相整流电路，按整流波形可分为半波整流电路和全波整流电路。

(1)单相半波和全波整流电路。如图 2-1-2 所示，在单相半波整流电路中，由于电源电压只在半周内输出，故电源利用率低，负载电压脉动大，输出电压低。而全波整流相当于两个半波整流的输出，所以它的直流分量比半波整流增加一倍。在全波整流电路中，虽然负载电流增加一倍，但由于两个二极管是轮流工作的，所以流过每个二极管的平均电流只有负载电流的一半。

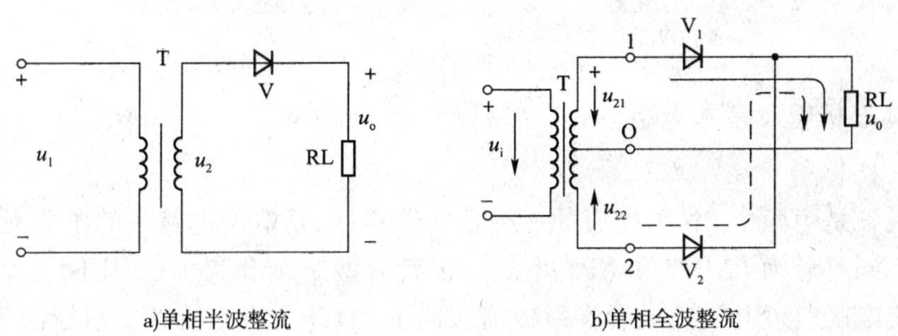

a)单相半波整流　　b)单相全波整流

图 2-1-2　单相半波和全波整流

(2)单相桥式整流电路。由变压器和四个二极管组成，如图 2-1-3 所示。桥式整流电路的整流效果与全波整流电路相同，但变压器二次绕组没有中心抽头，因此结构比较简单。不同点是每个二极管所承受的最大反向电压比全波整流小 1/2。

(3)三相桥式整流电路。三相交流电压经过三相桥式整流电路的整流,在负载上得到的是一个单向脉动的直流电压,如图 2-1-4 所示。由于三相桥式整流电路的输出电压高,脉动小,所以目前汽车交流发电机都采用三相桥式整流电路将交流电变为直流电。三相桥式整流电路由三相绕组、6 个二极管和负载组成,其中三相绕组可以是交流发电机的三相定子绕组,也可以是三相变压器的二次绕组。6 个二极管分为两组:V_1、V_3、V_5三个二极管的负极连接在一起,称为负极组;V_2、V_4、V_6三个二极管的正极连接在一起,称为正极组。在任何一个周期内,正极组和负极组中各有一个二极管导通。在负极组中,正极电位最高的二极管导通,其余两个截止;在正极组中,负极电位最低的二极管导通,其余两个截止。

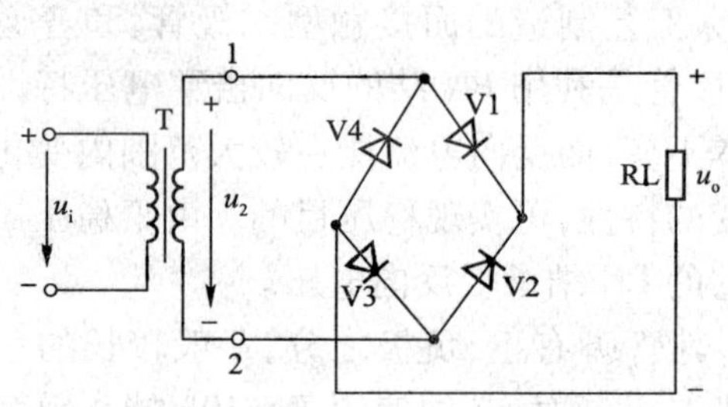

图 2-1-3 桥式整流电路

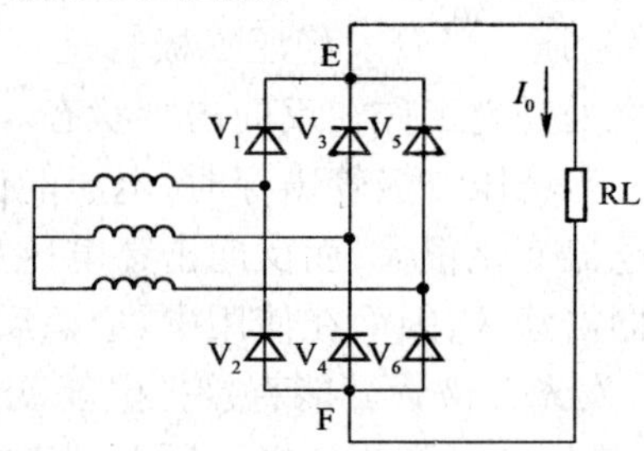

图 2-1-4 三相桥式整流电路

2)滤波电路

为了获得较平滑的直流输出电压,一般都在整流器和负载电阻之间接入一个滤波器。最简单且最常用的滤波电路是在负载两端并联一个滤波电容,接上滤波电容后,对二极管的耐压要求更高了。

滤波电路可以分为半波整流滤波电路和全波整流滤波电路,如图 2-1-5 所示。

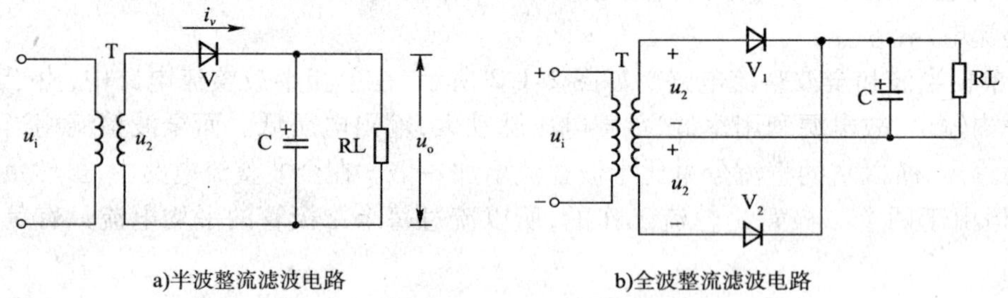

a)半波整流滤波电路

b)全波整流滤波电路

图 2-1-5 半波整流滤波电路和全波整流滤波电路

(二)晶体三极管及基本电路

1. 晶体三极管

晶体三极管是由两个 PN 结构成的一种半导体器件,是电子电路中的重要元件。按 PN 结的组合方式不同可分为 PNP 型和 NPN 型。三极管有两个结和三个区,中间为基区,两边分别为发射区和集电区。PNP 型三极管发射极箭头向里,NPN 型三极管的发射极箭头向外。

1)晶体三极管的工作状态

晶体三极管有放大、截止和饱和三种工作状态。放大状态是发射结正向偏置,集电结反向偏置;截止状态是发射结和集电结均反向偏置;饱和状态是发射结和集电结均正向偏置。集电极和发射极之间的电压值很小(硅管电压约为 0.3V,锗管电压约为 0.7V),集电极电流较大,三极管呈现低阻状态，集电极和发射极之间几乎短路。三极管发射极电流等于基极电流与集电极电流之和。

2）晶体三极管的特性

三极管的特性曲线是表示三极管各电极间电压和电流之间关系的曲线。当基极电流有微小变化时，将会引起集电极电流的较大变化，这说明三极管具有电流放大作用。图2-1-6所示为三级管特性的实验电路。该实验有两个回路：一是由GBb正极→Rw→Rb→基极b→发射极e→GBb构成的负极回路，称为三极管的基极回路；二是由GBc正极→Rc→集电极c→发射极e→GBc构成的负极回路，称为三极管的集电极回路。

3）晶体三极管的判别

用万用表可以判断三极管极性和好坏。判断极性时，可先假设某极为基极，用万用表任一测试端与其相接，另一测试端分别与其余两个电极依次相接。若测得的电阻都很大（或很小），再将两测试端对调测量，若测得的电阻都很小（或很大），则上述假设的基极是正确的。同样可用万用表分别测量b、c极间PN结正、反向电阻，电阻都很大，说明管子内部已经断路；电阻都很小或为零，说明管子极间短路；电阻相差较大，说明管子良好。

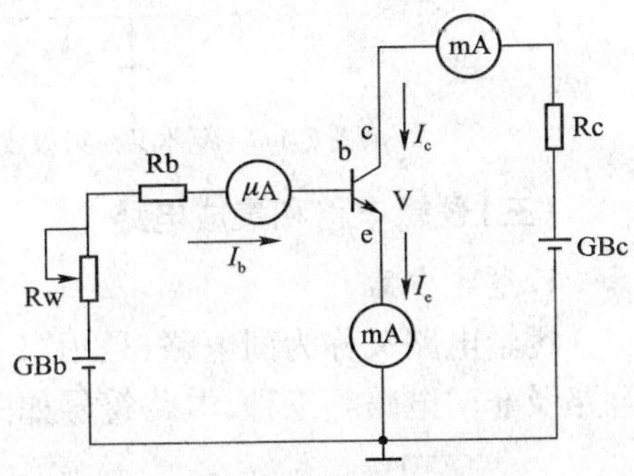

图2-1-6　三极管特性的实验电路

4）晶闸管

晶闸管是晶体闸流管的简称，它是一种功率器件，只要给它以极小的控制触发电流，它就像闸门打开一样，让大电流通过。它具有体积小、质量轻、功耗低、动作迅速、效率高、寿命长等优点。

晶闸管由四层交替叠合的半导体构成，中间形成三个PN结，可以把其看成由PNP型和NPN型的两只三极管的互连。若想要晶闸管导通，必须同时满足阳极电路加正向电压，门极电路加适当正向电压两个条件。

5）达林顿管

达林顿管是达林顿三极管的简称，指将适当电极连接在一起的两只三极管，又称复合管。具有较大的放大系数、较强的驱动能力。汽车电子点火系统中的功率开关三极管常用达林顿管。

2. 晶体三极管电路

1）放大电路

能把微弱的电信号放大，转换成较强的电信号的电路称为放大电路，简称放大器。按频率高低可分为低频放大器、中频放大器、高频放大器和直流放大器；按用途可分为电压放大器、电流放大器和功率放大器。

放大器的放大倍数（也称增益）是用来衡量放大器放大信号的能力，表示输出信号量与输入信号量之比。放大器的增益有电流增益、功率增益和电压增益三种。

基本的共发射极放大电路由晶体三极管、电阻、电容和直流电源组成，如图2-1-7所示。晶体三极管在电路中起电流放大作用。

2)开关电路

晶体管开关基本电路如图2-1-8所示。当基极中没有电流通过时,集电极中也没有电流通过,因此,可以通过控制基极电流的通、断来控制集电极电流的通断,从而起到开关的作用。在汽车电路中,继电器也具有开关作用,也经常用继电器达到用小电流来控制大电流的目的。

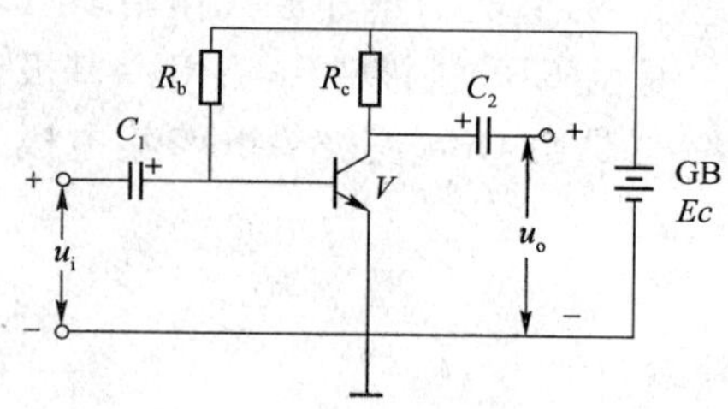

图2-1-7　基本共发射级放大电路

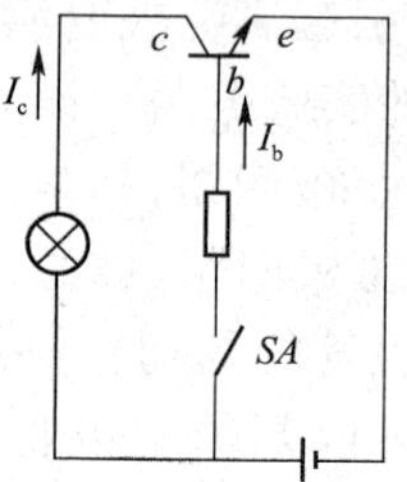

图2-1-8　晶体管开关电路

(三)逻辑电路和集成电路

1.逻辑电路

逻辑电路又称为门电路,是用"1"与"0"作为输入信号的。逻辑电路包括或门电路、与门电路及非门电路等三种,电路符号如图2-1-9所示。

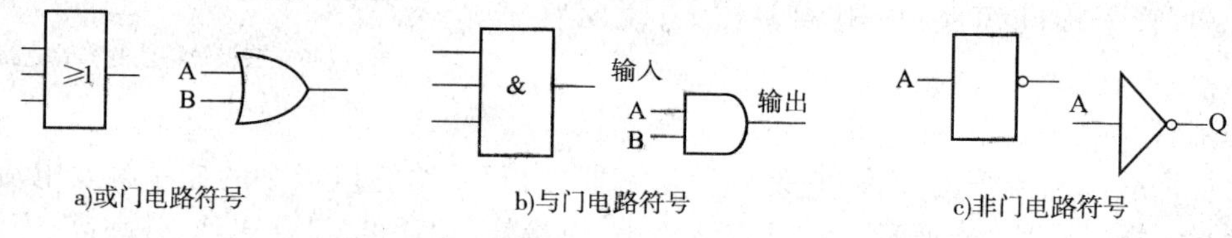

a)或门电路符号　b)与门电路符号　c)非门电路符号

图2-1-9　逻辑电路符号

2.集成电路

集成电路是(简称IC)在一块极小的硅单晶片上,利用半导体工艺制作许多晶体管、电阻、电容等电子元件,连接成具有特定功能的电子线路,并封装在一个便于安装和焊接的特制外壳中。因其具有抗干扰能力强、能耗低、便于集成等优点,所以有非常广泛的应用。按工艺结构和制作方法的不同,集成电路可分为半导体集成电路、膜集成电路(薄膜电路、厚膜电路)和混合集成电路三类。

集成电路的电路符号所表达的含义很少,通常只能表示集成电路引脚的数量和位置。至于各个引脚的具体作用、集成电路的类型等,电路符号中均无法表示。在维修汽车电子装置时,用万用表配合对电路功能的分析,可以粗略地测试集成电路的好坏。主要有测试集成电路引脚电阻或电压两种方法。

二 汽车电路基础与传感器

(一)汽车电路

用导线和车体把电源、过载保护器件、控制器件及用电设备等装置连接起来,构成能使电流流通的路径,这种路径称为汽车电路。汽车电路基本连接方式为串联和并联,汽车电路的基本状态是通路、短路和断路。电路中的元器件在电路图中用专门的符号或图框加文字标注。

1. 汽车电路的特点

汽车电路的基本特点主要有以下几方面：

(1)采用低压直流电源(12V、24V、42V)。

(2)采用负极搭铁的单线制。

(3)汽车用电器的多样性,决定了汽车电路的复杂性。

2. 汽车电路图分类

汽车电路图可分为电气线路图、电路原理图、线束图等几种类型。主要用于表达各电气系统的工作原理及电器间的连接关系,同时还可标示各电器、线束等在车上的具体位置。

1)电气线路图

电气线路图表达了各电器在车上的大致布局,图左侧代表汽车的前部,右侧代表汽车的尾部,各电器以实物轮廓图表示,导线分布大体与车上的实际位置、走向相同。

2)电路原理图

汽车电路原理图重在表达各电气系统的工作原理,既可以是全车电路图,也可以是各系统电路原理图。图中通过电气符号表示各电器,各电器旁边通常标注有电器名称及代码,所有开关及用电器均处于不工作的状态,导线一般标注有颜色和规格代码,有的车型还标注该导线所属电器系统的代码。根据以上标注,易于对照定位图,找到该电器或导线在车上的位置。

3)线束图

线束图是汽车生产厂家将车上实际线路排列好,并将有关导线汇合在一起包扎成束以后画的图,它是电路的主干,通过连接器、铰接点与车内电器或车体连接。

在对电路图进行识读时,要掌握各电路图的规律和特点。如大众车系电路图中的“30”表示常火线;“15”表示小容量电器火线;“X”表示大容量电器火线,给大功率用电器供电。

(二)传感器

汽车上的各电子控制系统都是由传感器、执行器和控制单元组成。传感器的作用是将非电量的信号转换成电量信号;执行器的作用是将电量的信号转换成非电量信号。

车用传感器按其检测的物理量不同,可以分为流量传感器、位置传感器、速度与加速度传感器、压力传感器、气体浓度传感器、振动传感器及温度传感器等。

1. 流量传感器

空气流量计(传感器)测量发动机的进气量,并将进气量信号输入ECU。热膜式空气流量计安装在空气滤清器和进气软管之间,其检测电路由热膜电阻、温度补偿电阻、精密电阻和电桥电阻组成,它们构成惠斯顿电桥电路。空气流量计(传感器)是发动机电控燃油系统的主控信号。

2. 位置传感器

1)曲轴位置传感器

曲轴位置传感器用来检测曲轴转角位移,确认曲轴位置,给发动机电脑提供转速信号和曲轴转角信号,是控制点火时刻、喷油时刻不可缺少的信号。曲轴位置传感器按结构原理不同分为磁脉冲式、光电式和霍尔式三大类。霍尔式曲轴位置传感器是利用触发叶片或齿轮来改变通过霍尔元件的磁场强度,使霍尔元件产生霍尔电压信号,经放大整形而输出信号的。曲轴位置传感器是发动机电控系统中最重要的传感器。

2)节气门位置传感器

节气门位置传感器检测节气门的开度及开度变化,并将信号输入给电控单元。现在汽车采用的节气门位置传感器大多为线性量输出型节气门位置传感器。

3)车身高度传感器

车身高度传感器是电控悬架系统重要的传感器,可以将车身高度的变化转变为电信号输入电控单元,控制单元根据该信号控制电磁式或步进电动机式的执行元件,改变悬架特性,以适应各种复杂的行驶工况对悬架特性的不同要求。目前车身高度和转角传感器大多采用光电式。

3. 速度传感器

轮速传感器有霍尔式和电磁感应式两种。电磁感应式轮速传感器由传感头和齿圈两部分构成,二者之间的间隙通常只有0.5~1.0mm。霍尔式轮速传感器和电磁感应式轮速传感器相比,具有输出信号幅值不变、频率响应高、抗电磁干扰能力强等优点。

4. 压力传感器

进气歧管绝对压力传感器测量进气管内气体的绝对压力,并将该信号输入电控单元。根据其结构和工作原理的不同分为压敏电阻式和压敏电容式两种。压敏电阻式进气歧管绝对压力传感器尺寸小、精度高且响应性、再现性、抗振性较好。

5. 气体浓度传感器

气体浓度传感器(氧传感器)根据排气管中的氧浓度测定空燃比,向 ECU 发出反馈信号,以控制空燃比的理论值。根据其结构和工作原理的不同,氧传感器可分为氧化锆式和氧化钛式两种。

1)氧化锆式氧传感器

氧化锆式氧传感器的基本元件是专用陶瓷体,即氧化锆(ZrO_2)固体电解质。当过量空气系数 $\lambda=1$ 时,氧化锆式氧传感器输出电压发生突变;$\lambda>1$ 时氧传感器输出电压几乎为零;$\lambda<1$时氧传感器输出电压接近1V。在发动机混合气闭环控制的过程中,氧传感器相当于一个浓稀开关,根据混合气空燃比变化向 ECU 输送脉冲宽度变化的电压脉冲信号。氧化锆式氧传感器输出信号的强弱与工作温度有关,输出信号在300℃左右时最明显。

2)氧化钛式氧传感器

氧化钛式氧传感器是利用二氧化钛材料的电阻值随排气中氧含量的变化而变化的特性制成的,故又称为电阻型氧传感器。电控单元将一个恒定的1V 电压加在二氧化钛式氧传感器的正极,并将传感器负极上的电压降与电控单元控制程序中设定的参考电压相比较。即二氧化钛式氧传感器负极输给电控单元的电压也是在0.1~0.9V 之间不断变化的。电压高,表示混合气较浓;电压低,表示混合气较稀。这一点与氧化锆式氧传感器是相似的。

6. 振动传感器

1)爆震传感器

发动机爆震传感器用来检测发动机有无爆震情况发生,通过爆震信号来进行发动机点火时刻的闭环控制。发动机爆震的检测方法有汽缸压力检测法、发动机机体振动检测法和燃烧噪声检测法等,目前最常用的是发动机机体振动检测法。

2)碰撞传感器

电子控制安全气囊系统采用的碰撞传感器按功用可分为碰撞烈度(激烈程度)传感器和防护碰撞传感器两大类。碰撞烈度传感器按安装位置分为前碰撞传感器(包括左前碰撞传感器、右前碰撞传感器和中央碰撞传感器)和中心碰撞传感器,检测车辆发生碰撞时的减速度或惯性力,并将信号送到安全气囊系统的控制单元。碰撞传感器按结构分为机电式、电子式和水银开关式。机电式碰撞传感器又可分为滚球式、滚轴式和偏心锤式等。

三 正弦交流电路与安全用电

(一)正弦交流电

交流电是指大小和方向随时间而变化的电动势(电压或电流),是由交流发电机产生的。最大值、频率和初相位是交流电的三要素,它能够完整地描述和表达交流电特征。最大的瞬时值称为最大值,也称振幅或峰值,最大值是用来表示交流电变化范围的物理量,交流电的有效值是最大值的0.707倍。交流电每秒钟变化的次数叫做频率,它的基本单位是赫兹(Hz)。在交流电路中,既有大小又有方向的量叫做矢量。在纯电容交流电路中,电容器不消耗能量而只与电源进行能量交换。

(二)安全用电

触电是指电流通过人体时,对人体造成的生理和病理方面的伤害。人体触电受到的伤害程度取决于通过身体电流的大小,电流越大、持续时间越长,对人体的伤害就越大。

一般情况下,人体可承受30mA以下的工频电流,50mA的工频电流就会使人有生命危险。我国用电安全规程中把36V定为安全电压值。

第三节　常用维修工具、检测仪器设备

一 常用量具

(一)游标卡尺

游标卡尺是用于直接测量机件内径、外径、长度、宽度和深度的量具。

1. 游标卡尺的结构原理

游标卡尺读数部分由尺身与游标组成。当游标在尺身两个刻线间移动时,游标零线离开尺身前一刻线的距离,等于游标刻线的标号和游标读数值的乘积,这个乘积即为读数时小数部分的值。此值加上游标零线前面尺身上的刻度值,即为测量结果。

2. 游标卡尺的规格

游标卡尺的规格常用测量范围和游标读数值来表示。常用测量范围有0~125mm和0~150mm两种。游标读数有0.02mm和0.05mm两种。比如:某游标卡尺的型号为0~125×0.02,则说明其测量范围为0~125mm,游标读数值为0.02mm。最常用的三用游标卡尺可以测量内外径尺寸、深度、孔距、环形壁厚和沟槽尺寸。

3. 游标卡尺的使用

(1)要正确读取游标卡尺上数值。用游标卡尺测量机件尺寸时,结果为游标卡尺主尺读出的整毫米数 +(与主尺对齐的前总游标刻度数 × 精度值)得出的小数值。

(2)测量前,应先检查尺身和游标的零线是否对齐,标定后再使用。

(3)禁止用游标卡尺测量旋转中的工件。

(4)禁止将游标卡尺当作扳手或刻线工具使用。

(5)若游标卡尺受到损伤后,不允许用锤子、锉刀等工具自行修理,应由专修人员修理。

(6)测量时,应使游标卡尺与被测量件垂直,并固定锁紧螺钉。

(二)外径千分尺

外径千分尺又称螺旋测微器,是一种用于测量加工精度要求较高的精密量具,其测量精度可达到 0.01mm。

1. 外径千分尺的规格

按照测量范围可分为 0 ~ 25mm、25 ~ 50mm、50 ~ 75mm、75 ~ 100mm 和 100 ~ 125mm 等多种规格,每种千分尺的测量范围为 25mm。

2. 千分尺的使用

(1)测量时,千分尺螺杆轴线与工件中心线垂直或平行。

(2)禁止重压、弯曲千分尺,且两测量端面不得接触,以免影响千分尺精度。

(3)要正确读取千分尺上的读数。先从固定套筒上露出的刻线读出工件的毫米整数和半毫米读数;再从活动套筒上由固定套筒纵向线所对准的刻线读出工件的小数部分(百分之几毫米),然后将两次读数相加就是工件的测量尺寸。

(4)测量前,先将千分尺的两个测量面擦净,并检查零位。

(5)测量时,将千分尺摆正。方法是先转动活动套管,当测量面接近工件时,改用测力装置的螺母转动,直到听到"咋咋"声为止。

(6)禁止用千分尺测量毛坯或表面粗糙的工件,不能测量正在旋转发热的工件,以免损伤测量面或得不到正确的读数。

(三)百分表

百分表是齿轮传动式测微量具,它常用来测量机器零件的各种几何形状偏差和表面相互位置偏差,也可测量工件的长度。

1. 百分表的规格

百分表架是专门用来夹持百分表的,可变换各种方向,以适应不同方向的测量工作,通常有轨道座式、磁力座式和磁力座软轴式三种。常见百分表的测量范围为 0 ~ 3mm、0 ~ 5mm 和 0 ~ 10mm等。

2. 百分表的使用

(1)用磁座百分表测量工件时,必须将其固定在可靠的支架上。

(2)用磁座百分表测量工件时,应轻提测杆,缓慢放下,使测头与工件接触。测量头抵住被测量面后,应使表针转过 1 周左右,以保持触头一定的压力,不得将工件强行推至测头下,也不得急速放下测杆,否则将造成测量误差,甚至损坏量具。

(3)测量时,应使测量头处于被测工件表面的正确位置,否则将产生较大的测量误差。

(4)百分表的夹装应牢固,夹紧力适当,夹紧后百分表不松动,测杆要运动灵活,无卡滞。

(四)量缸表

量缸表也称内径百分表,是一种借助于百分表为读数机构、配备杠杆传动系统或楔形传动系统的杆件组合而成。它是用比较法来测量孔径及其几何形状偏差的。

量缸表主要用来测量汽缸的尺寸精度和形状精度,也可以用来测量轴孔。量缸表的规格是按测量直径的范围来划分的,如 18 ~ 35mm、35 ~ 50mm、50 ~ 160mm 等。汽车维修作业中常用规格为 50 ~ 160mm。测量缸径时,量杆必须与汽缸轴线垂直,读数才能准确。测量时可稍稍摆动量缸表,当指针指示到最小数值时,即表明量杆已垂直于汽缸轴线。

二 常用仪表

(一)指针式万用表

1. 指针式万用表的功能

指针式万用表可以进行直流电压测量、交流电压测量、直流电流测量、电阻测量、音频电平测量。指针式万用表使用之前必须调整调零器,使指针准确地指示在标度尺的零位上。当不能确定被测量的大约数值时,应将量程转换开关旋到最大量限的位置上后再选择适当的量限,使指针得到最大的偏转。

(1)测量直流电流时,应将指针式万用表的测试笔串联在电路中,测量时,仪表与电路的接触应保持良好,并注意不要将测试笔跨接在直流电压的两端,以防仪表因过载而损坏。

(2)用指针式万用表进行电阻测量时,为了提高测试精度,指针所指示被测电阻之值,应尽可能指示在刻度的中间一段,即全刻度的 20% ~80% 弧度范围内。

(3)万用表 Ω×1k 量程所用直流电源是 1 节 1.5V 二号电池,万用表 Ω×10k 量程所用直流电源是 1 节 9V 层叠电池。

(4)音频电平测量方法与交流电测量方法相似。测量时,需要将电压调节旋钮调至交流电压挡,当被测音频大于 +22dB 时,应在 50V 或 250V 量限进行测量。

2. 指针式万用表使用注意事项

(1)用指针式万用表测量直流电压时,若指针向相反方向偏转,只需将测试笔的“+”、“-”极互换即可。

(2)当短路表笔调节电位器,不能使指针指示到欧姆零位时,表示万用表电池电压不足,应立刻更换新电池,以防止因电池腐蚀而影响其他零件。

(3)指针式万用表长期搁置不用时,应将电池取出。

(4)指针式万用表在测试时,不能旋转开关旋钮。

(5)测量直流电流时,万用表应该与被测电路串联。

(6)测量电路中的电阻时,应将被测电路的电源断开,如果电路中有电容器,应先将其放电后测量。切勿在带电情况下测量电阻。

(7)指针式万用表一般用于检测普通电器及其线路,对于电子控制系统的元件及其线路的检测需用高阻抗的数字式万用表。

(8)为了确保安全,用指针式万用表测量交流2500V量限时,应将一根测试笔固定接在电路的零电位端,将另一根测试笔接触被测高压电源。

(二)数字式万用表

1. 数字式万用表的功能

数字式万用表具有直流电压测量、交流电压测量、直流电流测量、交流电流测量、电阻测量、电容测量、频率测量、温度测量、二极管测试、线路通断蜂鸣声快速检测等测试功能。若数字式万用表显示屏只显示最高位“1”时,说明被测电压或电流已超过使用的量程。不知被测电压或电流范围时,应选择最大量程。

2. 数字式万用表使用注意事项

(1)“200mV”挡输入保护最大250V,其余电压量程为直流1000V(交流700V),更高电压可能损坏仪表。

(2)毫安(mA)插孔最大输入200mA,过载会熔断仪表内熔丝;10A插孔最大输入10A,过载会熔断仪表内熔丝。

(3)进行直流电流测量时,显示屏只显示最高位“1”,说明被测电流已超过使用的量程。

(4)检测在线电阻时,应关闭被测电路的电源,并使被测电路中的电容放完电,才能进行测量。

(5)进行电容测量时,应选择合适的量程,然后将表笔并接到被测电阻两端。不要用电容量程测量电压。

(6)进行二极管测试时,选择二极管—▶|—挡,将表笔跨接于被测二极管两端,仪表显示二极管正向电压,若二极管反接时,则显示超量程。

(7)测量公共端“COM”和“大地”之间的电压,不得超过1000V,以防电击和损坏仪表。

(8)进行直流电压测量时,应将黑色表笔插头插入COM孔,红色表笔插头插入VΩ孔。

(9)进行频率测量时,应将表笔并接到被测信号源两端。

(10)进入或退出万用表电流测量各挡之前,先拔出表笔,后旋动“功能/量程”开关。

汽车多功能电表可以测量汽车上一些特有的参数,如转速、闭合角、百分比、频率、压力、时间和温度等。

(三)钳形表

钳形表已由指针式发展到数字式,由单一电流测试功能发展到多种功能。它的测量范围基本上囊括了电路的全部常规电参数,比如电流、电压、电阻、功率、频率、相位角、功率因数等。钳形表按结构不同可分为互感器式钳形表、电磁式钳形表和电子数字钳形表等。

钳形表能在不影响被测电路正常运行状况下,测得所需被测电路的电参数。用钳形表测量导线电流时,若被测电流较小,可将被测导线多绕几圈,再放入钳口进行测量,实际电流值等于读数除以放在钳口的导线的圈数。

(四)蓄电池测试仪

传统判断蓄电池好坏的方法就是让其放电,通过放电来检测蓄电池目前的实际容量,从而判断其技术状况。用这种蓄电池测试仪时,要求被测蓄电池的电压必须超过12.4V,并且无法连续测试多个蓄电池。现在用的蓄电池测试仪是通过测量极板表面的情况,根据电导值判定其化学反应能力,并通过极板的变化来推断蓄电池容量变化,从而断定蓄电池的品质状况。

(五)示波器

示波器在汽车检测过程中是比较常见的检测设备,实际上示波器相当于一个二维的电压表。示波器具有波形显示、数字万用表和诊断数据库等功能。

1. 示波器原理

示波器所显示的是根据电压信号随时间的变化所描绘的曲线图,它提供了比普通数字电压表多得多的分析依据及方法。根据信号显示原理不同,示波器分为数字式和模拟式。数字示波器设备具有微处理器,可将模拟电压信号转换为数字信号。尽管微处理器运行速度非常快,但也要花费时间将信号数字化并进行显示。因此,示波器屏幕上显示的波形轨迹并不是实时状态,由于数字式示波器显示比模拟式示波器慢,所以它的图像比较稳定,也不会闪烁。

示波器的控制可分为两种,一种控制 Y 轴上的电压,一种控制 X 轴上的时间。时基是每格水平长度代表的时间值;电压比例是每格垂直高度代表的电压值,电压比例值决定了信号波形的高度,即幅度。

2. 示波器使用注意事项

(1)安装示波器的任何接线时,应先关闭其电源。

(2)使用示波器对发动机进行测量时,应该是先启动发动机后接线。

(3)严禁示波器的测试夹或测试探头与次级点火电路的导电部分直接接触。

(六)空调歧管压力计

空调歧管压力计也称歧管压力表组,是维修汽车空调制冷系统必不可少的重要工具。它与制冷系统相接,可进行抽真空、充注制冷剂及诊断制冷系统故障等。歧管压力计有两个压力表,一个压力表用于检测制冷系统高压侧的压力,另一个压力表用于检测制冷系统低压侧的压力和系统真空度。低压侧的压力表既可用于显示压力,也可用于显示真空度,真空度读数范围为 0~0.101MPa,压力刻度从 0 开始,量程不小于 0.42MPa。高压侧压力表测量的压力范围从 0 开始,量程不得小于 2.11MPa。歧管压力计由高压表、低压表、高低手动压阀、阀体以及高压接头、低压接头、制冷剂抽真空接头等组成。注意:在空调压缩机工作时,不能打开空调歧管压力表高压手动阀,不能向空调系统中加注制冷剂。

三 常用检测设备

(一)发动机综合检测仪

1. 发动机综合检测仪的组成

发动机综合检测仪主要是对发动机各系统的工作状态,如点火、喷油、电控系统、传感元件,以及排气系统和机械工作状态等静态和动态参数进行分析,为发动机技术状态判断和故障诊断提供科学依据,主要由信号提取系统、信息处理系统、采控与显示系统三大部分组成。其中,信号提取系统就是提取汽车被测点的参数值。采控与显示系统是显示操作菜单,实时显示当前动态参数和波形,同时显示极限参数的数值。为捕捉喷油、爆震等高频信号,采集卡一般具有高速采集功能,采样率可达 10Mps。

2. 发动机综合检测仪检测内容

发动机综合检测仪检测内容包括发动机动力性检测、点火系检测与波形分析、电控喷油信号的检测、进气歧管真空波形测试、各缸压缩压力判断、各缸工作均匀性判断等。

1)点火系检测

用发动机综合检测仪测试点火系统时,要注意点火系统不同,其测试接线有所不同。

(1)无触点点火系统。由非接触式断电器组成的点火系统称为无触点点火系统,其放大电路又分晶体管电路和电容放电电路两种。无触点点火系的正常点火波形如图 2-1-10 所示。

(2)ECU 控制的点火系。由 ECU 中的微处理器根据曲轴转角传感器的信号确定点火时刻,因而它没有断电器,只有分电器。

(3)无分电器点火系统。由曲轴位置传感器送来的不仅有点火时刻的信号,而且还有汽缸识别信号,从而使点火系统能向指定的汽缸在指定的时刻送去点火信号。点火提前角转速提前量和负荷提前量由微处理器直接控制,因此无法调整。无分电器点火系中两缸共用一个点火线圈,将会发生一个缸在一个循环中点火两次,一次是在压缩过程中末期,属有效点火;另一次是在排气过程的末期,属无效点火,其点火过程如图 2-1-11 所示。

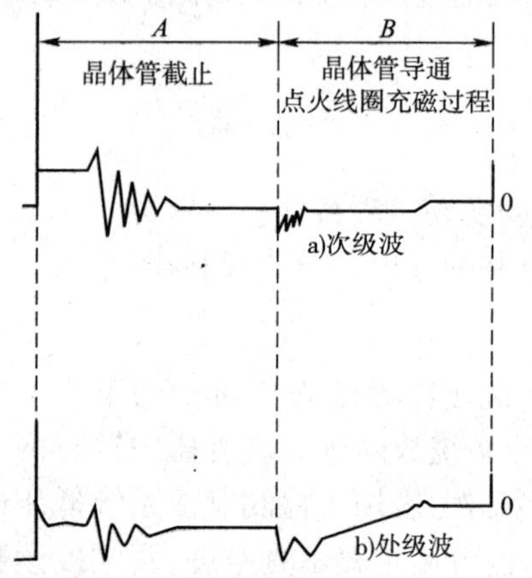

图 2-1-10　无触点点火系的正常点火波形

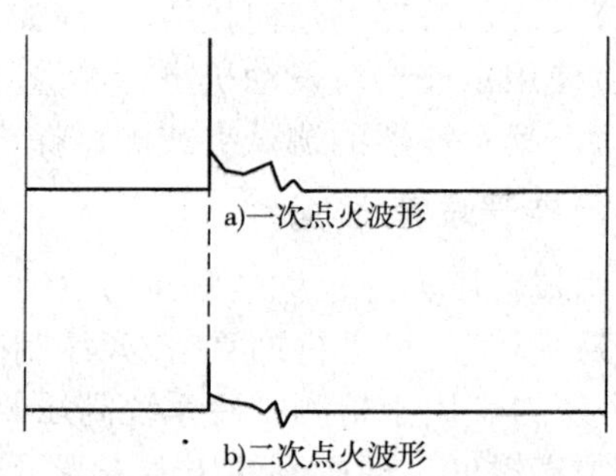

图 2-1-11　无分电器点火系中的两次点火过程

(4)测定各缸闭合角和点火提前角。四缸闭合角为 40°~45°,六缸闭合角标准值为 38°~42°,八缸闭合角为 29°~32°。有触点点火系统测试,如果闭合角角度过大,则说明机械触点间隙太小;无触点晶体管点火系,当闭合角线段不正常时也需调整点火信号的触发部件;点火系统中点火提前角的数值由负荷提前值和转速提前值组成。

(5)点火波形分析。发动机点火波形有平列波、并列波和重叠波。平列波是各缸点火波形首尾相连排成一字形的波,其作用主要是用来分析点火系统的次级电压故障;并列波是将各缸的点火波形始点对齐而由下向上按点火次序排列形成的波,如果并列波各缸火花线高低参差不齐,说明各缸工作不均匀;重叠波是将各缸的点火波形起始对齐,全部重叠在一个水平位置上的波。

2)喷油器喷油信号测试

从喷油器喷出的燃油只取决喷油器的开启时间,而这一时间是由微处理器向喷油器电磁线圈发出的指令时间来控制的。喷油器电压信号波形如图 2-1-12 所示。

3)各缸工作均匀性判断

用发动机综合检测仪对一台四缸发动机进行断缸试验(点火次序为 1—3—4—2)时,发动机综合性能分析仪显示屏上显示的参数如图 2-1-13 所示,图中编号是断火次序。由于第 2 缸

(编号4)断火后转速只下降26r/min,下降率为3%,第4缸(编号3)断火后转速下降97r/min,下降率为12%,所以得出结论是:第2缸动力不足,第4缸动力性能良好。

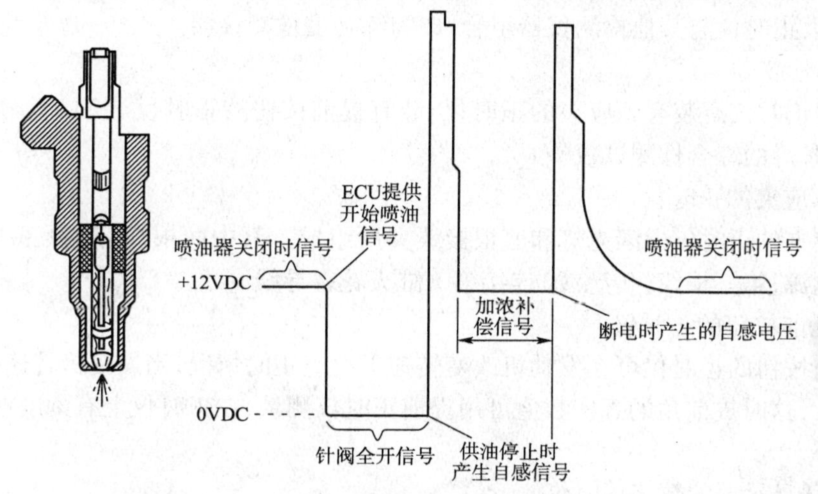

图 2-1-12 喷油器电压信号波形

(二)汽车电气万能试验台

汽车电气万能试验台是由多个电气检测仪组装成的仪器,它用于汽车、拖拉机上的发电机、调节器、启动机、分电器等电气设备的参数测试与性能试验。

(1)交流发电机维修后,为了保证其技术性能正常,应进行空载试验和负载试验。

(2)利用汽车电气万能试验台对启动机检测时,应先进行空载试验,再进行制动试验。

(3)利用汽车电气万能试验台对点火线圈性能进行检测时,若三针放电器火花连续、稳定,说明点火线圈性能良好;如果有断火现象,说明点火线圈点火性能不佳。

发动机		4汽缸
编号 1	10%	85(r/min)
2	9%	75(r/min)
3	12%	97(r/min)
4	3%	26(r/min)
		850(r/min)

图 2-1-13 发动机进行断缸试验时显示屏上显示的参数

(三)点火正时仪

点火正时仪又称正时灯,是用来测量汽油发动机点火提前角的专用仪器。

1. 点火正时仪检测原理

点火正时仪检测点火提前角有非延迟式和可调延迟式两种。

1)非延迟式点火正时仪

非延迟式点火正时仪由点火传感器、闪光灯触发电路及闪光灯等组成。检测的特点是闪光灯的闪光时刻与第1缸的点火时刻同步。这样,在发动机运转时,闪光灯照在运动部件上就会产生视觉静止图像。其上止点标记是在上止点位置之前的某一位置,通过发动机上的刻度可读出点火提前角。

2)可调延迟式点火正时仪

可调延迟式点火正时仪的测试电路中增加了开关电路、延时电路和测量仪表。测量仪表可以直接显示点火提前角。

动态检测点火提前角时,同时需要测得发动机转速,因此,有的点火正时仪上还配有转速表,也有的点火正时仪与其他检测仪器组合,成为综合型检测仪器。

2. 常用正时仪

常见点火正时仪有装有感应夹的正时仪、装有提前按钮的正时仪、带LED显示器的数字正时仪、带正时灯的综合性测试仪。

1)装有感应夹的正时仪

装有感应夹的正时仪由闪光灯和三根接线夹所组成。其中两根线与车上蓄电池相连,给闪光灯提供电源;第三根线(传感线)连接第1缸火花塞导线。

2)装有提前按钮的正时仪

装有提前按钮的正时仪可在发动机改变转速下检查正时情况,当发动机转速提高时,点火提前角应增大,这时提前角的真实数值可用提前正时仪测量,在正时仪上有刻度或有仪表指示提前角的大小。

3)带LED显示器的数字正时仪

带LED显示器的数字正时仪具有的功能:在发动机转速提高时,测量点火提前角并将其显示在发光二极管(LED)显示器上;仪器只在扳机被按压时才会发光,不像大多数正时仪在发动机工作的所有时间都发光;当不按压扳机时,LED显示器显示发动机转速,因此,这种仪器调整正时时,不需要测速计测量转速。

4)带正时灯的综合性测试仪器

带正时灯的综合性能测试仪不仅能用闪光法测出发动机的点火提前角,而且能测出发动机转速、触点闭合角以及电压、电阻等参数。

(四)制冷剂回收加注机

制冷剂回收加注机一般由主机柜、仪表组、干燥罐、制冷剂量瓶、电子秤和真空泵等组成。制冷剂回收加注机有回收、净化、抽真空和加注四种功能。加注制冷剂有两种方法,即低压加注法、高压加注法。使用制冷剂回收加注机时应注意:

(1)制冷剂回收加注机中的干燥剂,经过一定时间的使用,水分增多,这样会失去干燥功能,因此,应更换干燥剂或对干燥剂除水,但不可用微波炉进行烘干。

(2)使用制冷剂回收加注机从低压端加注制冷剂时,速度要慢,以防"液击"损坏空调压缩机。

(3)对于使用过荧光检漏剂的空调系统,制冷剂最好不要回收,否则将损坏设备。

(五)汽车前照灯检测仪

常用汽车前照灯检测仪有聚光式、屏幕式、投影式和自动追踪光轴式四种。在进行前照灯检测时,要避开外来光线的影响,对于四灯制的车辆,检测时应将同侧的两只前照灯遮住一只进行检测,然后再检测另一只。

(1)聚光式前照灯检测仪由支架、行走部分、仪器箱、仪器升降调节装置和对准器组成。检测方法有移动反射镜检测法、移动光电池检测法、移动透镜检测法。

(2)屏幕式前照灯检测仪把汽车前照灯的光束照射到屏幕上,以此来检测其发光强度和光轴偏斜量，通常测试距离为3m。

(3)投影式前照灯检测仪把前照灯光束映射到投影屏上，以此来检测其发光强度和光轴偏斜量，测试距离一般为3m。

(4)自动追踪光轴式前照灯检测仪采用受光器自动追踪光轴的方法检测汽车前照灯的发光强度和光轴偏斜量，一般检测距离为3m。

(六)空调检漏仪

空调检漏仪有电子式检漏仪、超声波检漏仪和荧光检漏仪等。荧光检漏仪是将一定数量的对紫外线敏感的颜料加到空调系统内，空调系统工作几分钟后使颜料循环，然后用一盏紫外线灯来查找制冷剂泄漏处，这是查找空调制冷剂微小泄漏最有效的方法之一。

(七)汽车故障检测仪

1. OBD—Ⅱ诊断系统

OBD—Ⅱ诊断系统也称第二代汽车微机控制系统，具体要求如下：

(1)OBD—Ⅱ诊断系统有统一规格的16脚插座，如图2-1-14所示。

OBD—Ⅱ诊断系统插座中2号、10号脚为美国统一标准(SAE—J1850)，规定用于传输信息；7号、15号脚为欧洲统一标准(ISO 9142—2)，规定用于传输信息；4号脚搭铁；5号脚供信号回路搭铁；16号脚接蓄电池正极，其余各脚供汽车制造厂自选。

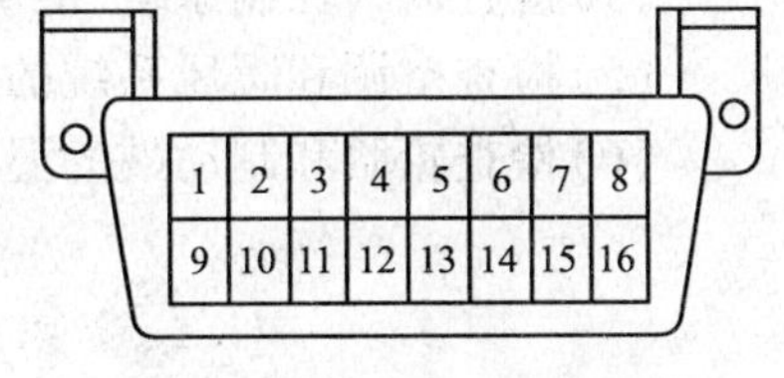

图2-1-14　OBD—Ⅱ诊断插座

(2)OBD—Ⅱ采用统一的故障代码和统一的故障含义，故障代码由五位组成，其数字和字母的含义如下：

第一位：SAE规定为字母。P代表发动机和变速器，C代表底盘，B代表车身。

第二位：数字。0代表SAE规定的故障代码，1、2、3、…、9代表汽车制造厂自行定义的故障码。

第三位：数字。故障系统的代码，见表2-1-1。

SAE规定的故障系统代码　　表2-1-1

代　码	发生故障的系统	代　码	发生故障的系统
1	燃油或进气系统	5	怠速控制系统
2	燃油或进气系统	6	微机或执行元件
3	点火系统	7	变速器控制系统
4	废气控制系统	8	变速器控制系统

第四、五位：数字。故障代码顺序号。

2. 故障检测仪功能和类型

汽车故障检测仪除了具有读码、解码、数据扫描等功能外，还具有传感器输入信号和执行器输出信号参数修正，电脑控制系统参数调整以及系统匹配和标定，防盗密码设定等专业功能。故障检测仪有专用和通用之分，常见专用检测仪类型有TECH—Ⅱ、VAS5051等。

3. 故障检测仪的结构

各种故障检测仪的结构相似，主要由主机电路板、测试软件、显示屏、键盘、电缆接口及电源线等构成。

(八)红外测温仪

红外测温仪采用先进的红外技术，快速、准确、方便地测量物体表面的温度，并可以连续测量物体表面每一点的温度。采用红外测温仪不需要直接接触被测物体的表面，就能快速测试物体表面温度，这对测量温度高、危险或难以接触的物体表面温度尤为重要。红外测温仪由光学系统、光电探测器、信号放大及处理电路、显示器等部分组成。在汽车故障诊断中，精度都在1℃内。

红外测温仪主要针对容易产生温度突变和对温度变化敏感的汽车零件进行故障诊断，主要应用于以下几个方面：

(1)迅速检查发动机某一缸不点火或工作不良。

(2)检查发动机点火系统的点火线圈工作不良。

(3)检查冷却系统故障，准确判断汽车散热器和节温器是否阻塞，以及冷却液温度传感器好坏。

(4)检查废气控制系统，准确检查三元催化转化器，诊断检查排气系统故障。

(5)检查空调和暖风系统的性能和故障。

(6)检查轮胎和制动鼓的温度突变，检查轴承、制动盘和制动鼓的温度突变。

第四节　汽车电源和启动系统

一 电源系统

(一)电源系统的组成、工作原理

汽车电源系统主要由蓄电池、发电机及其调节器、电流表(电压表或充电指示灯)等组成，如图2-1-15所示。其作用是向汽车上的用电设备和控制装置供电，满足汽车用电需要。

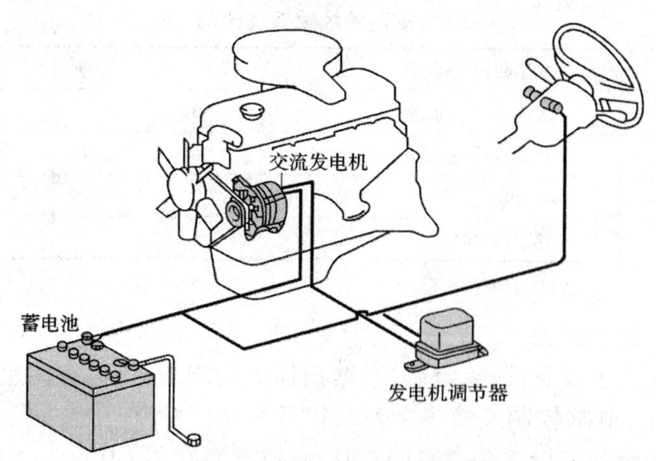

图2-1-15　汽车电源系统组成

蓄电池与发电机及汽车用电设备都是并联的。当启动发动机时，由蓄电池供给启动机工作所需的大工作电流来使发动机启动，当发动机启动后，正常运转时，发动机通过传动带驱动发电机发电，给汽车的全部电器提供所需电流，同时对蓄电池进行充电，补充启动发动机时所消耗的电能。

（二）蓄电池

汽车蓄电池是一种储能装置，可将电能转变成化学能储存起来。在放电过程中，蓄电池中的化学能转变为电能；在充电过程中，电能被转变成化学能。

蓄电池是一种低压直流电源，小汽车一般使用12V的蓄电池，大型柴油车则常用两个12V蓄电池串联而成24V系统。汽车蓄电池通常安装在发动机舱或行李舱内。

1. 蓄电池结构

汽车蓄电池由多个单格电池组成，每个单格电池的标称电压为2V，3个单格串联起来成为6V蓄电池，6个单格串联起来成为12V蓄电池。单格电池主要由极板、隔板、联条、极柱、壳体、盖板及内部的电解液等组成，如图2-1-16所示。

1）极板

极板是蓄电池的核心部分，由栅架和活性物质组成，可分为正极板和负极板。正极板为棕红色微粒结晶状的过氧化铅（PbO_2），负极板为青灰色海绵状的纯铅（Pb）。栅架是极板的骨架，其主要成分为铅（Pb），加入5%～12%的锑（Sb）制成。蓄电池在充电与放电过程中，电能和化学能的相互转换是依靠极板上的活性物质和电解液中硫酸的反应来实现的。薄形极板的使用能改善汽车的启动性能，提高蓄电池的比能量。

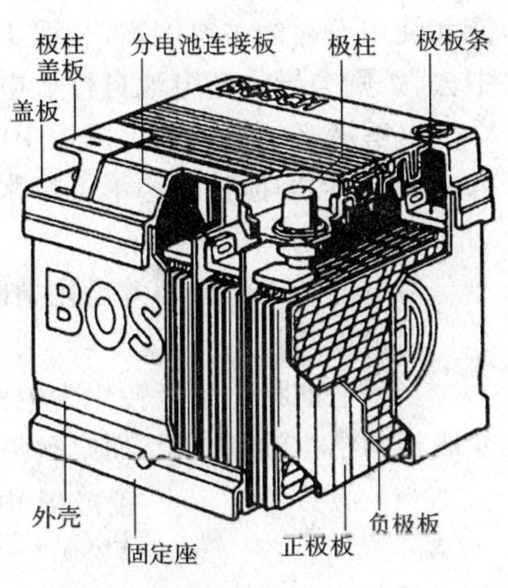

图2-1-16　蓄电池的结构

每个单格电池中，负极板的总数量比正极板多1片；正极板处于负极板之间，所有正极板都被负极板夹在中间。因为正极板活性物质较疏松，机械强度低，这样夹在负极板中间，其活性物质就不易膨胀而翘曲，也不易脱落。

为了增大蓄电池的容量，一般将多片正极板（4～13片）和多片负极板（5～14片）分别并联，组成正极板组和负极板组。

2）隔板

在正极板与负极板间使用一片多孔材质的绝缘板来分隔，称为隔板。其材质有木材、微孔硬橡胶、合成树脂、玻璃强化纤维板、玻璃纤维板等，目前以使用微孔硬橡胶及玻璃纤维板等较多。隔板一面平滑，安装时面向负极板；另一面有沟槽，面向正极板，使脱落的活性物质能够掉入沉淀室中。

3）极柱和联条

（1）极柱。蓄电池顶部有两个极柱露出，是将各分电池的极板串联后，成为输出或输入的总接头。为了便于识别，极柱的上方或旁边刻有“+”、“-”标记，也有的在正极柱上涂有红色油漆。

（2）联条。其作用是将分电池串联起来，提高整个电池的端电压。普通电池联条的串联方式一般是外露式，而新型蓄电池联条的串联方式是封闭式。

4)通气孔

旧型蓄电池每一分电池的中央均有一个加水通气盖,供添加蒸馏水或供检验电解液用,在充电时,使产生的氢气及氧气能逸出,以防聚积过多气体而发生爆炸。

5)蓄电池观察窗

免维护蓄电池在盖板上均设有密度与液面观察窗,俗称电眼,以显示蓄电池的充电情况及电解液液面是否过低。

当蓄电池液面及充电正常时,绿色浮球在中央最高点,从视窗中在黑色区可看到绿色圆圈;当蓄电池液面正常,但充电不足时,绿色浮球在球室下方,从视窗中看不到绿色圆圈,整个是黑色的;当蓄电池液面过低时,视窗中看到的是透明色,表示蓄电池需换新。

6)电解液

蓄电池中的电解液俗称电水,是由相对密度为1.84的纯硫酸和蒸馏水配制成的,密度一般在1.24~1.31g/cm^{3}的范围之内,具有较强腐蚀性。电解液的纯度是影响蓄电池的电气性能和使用寿命的主要因素,一般工业用硫酸和普通水中含有铁、铜等杂质,绝不能加到蓄电池中去,否则会导致蓄电池自行放电,损坏极板。

电解液必须保持高出极板10~15mm。配制电解液必须穿着防护器具,将稀硫酸慢慢倒入水中,且均匀搅拌。绝不可将水倒入硫酸中,否则硫酸会飞溅伤人。

2. 蓄电池工作原理

蓄电池的工作原理就是化学能与电能的相互转化,可分为充电过程和放电过程。

1)放电过程

当蓄电池将化学能转化为电能而向外供电时,称为放电过程,放电的结果是正、负极板都变成相同结构的硫酸铅,而电解液中的硫酸成分减少,水的成分增加,其放电化学反应式如下:

正极板 电解液 负极板 正极板 电解夜 负极板

$$PbO_2 + 2H_2SO_4 + Pb \rightarrow PbSO_4 + 2H_2O + PbSO_4$$

蓄电池放电终了的特征是:电解液密度降低到最小许可值(约1.11g/cm^3),单格电池的端电压降至放电终止电压值。蓄电池允许的放电终止电压与放电电流强度有关,放电电流强度越大,则放完电的时间越短,而允许的放电终止电压越低。

2)充电过程

当蓄电池与外界直流电源相连而将电能转化为化学能储存起来时,称为充电过程。充满电后,蓄电池的负极板成为海绵状铅(Pb),正极板成为过氧化铅(PbO_2),电解液为稀硫酸($H_2SO_4 + H_2O$)。其充电化学反应式如下:

正极板 电解液 负极板 正极板 电解夜 负极板

$$PbSO_4 + H_2O + PbSO_4 \rightarrow PbO_2 + H_2SO_4 + Pb$$

蓄电池充电终了的特征是:蓄电池内产生大量气泡,形成"沸腾"现象;电解液密度、端电压上升到最大值,且在2~3h内不再增加。可见,充电过程消耗了水,生成硫酸,故充电时电解液的密度是上升的,而放电时电解液密度是下降的。

3. 蓄电池型号

我国蓄电池的型号一般都标注在外壳上,其型号的编制由五部分组成。各部分含义如下:

第一部分—表示串联的单格数,用阿拉伯数字表示。

第二部分—表示蓄电池的用途，用汉语拼音字母表示。Q 表示启动用蓄电池，M 表示摩托车用蓄电池。

第三部分—表示蓄电池特征，用字母表示。A 表示干荷蓄电池，B 表示半封闭式蓄电池，W 表示免维护蓄电池。

第四部分—表示额定容量，用阿拉伯数字表示。指 20h 放电率额定容量。

第五部分—表示特殊性能，用汉语拼音字母表示。G 表示高启动率；S 表示塑料槽；D 表示低温启动性能强。

蓄电池的选择由汽车发电机和发动机的参数确定。其中，蓄电池的额定电压应与发电机的额定电压一致，蓄电池额定容量的确定取决于发动机的功率。

4. 蓄电池的充电

无论是新的蓄电池或修复的蓄电池，还是正在车上使用的蓄电池，以及存放的蓄电池，都必须对其进行充电，这关系到蓄电池使用寿命。

蓄电池的常规充电方法有定电流充电和定电压充电两种；非常规充电方法为脉冲快速充电。

1）定电流充电

定电流充电是指蓄电池在充电过程中，使其充电电流保持恒定不变，随着蓄电池电动势的逐渐提高，逐步增加充电电压的方法。当充到蓄电池单格电池电压上升至 2.4V（电解液开始冒气泡）时，再将充电电流减小一半后保持恒定，直到蓄电池完全充足。

一般使用充电机在充电工作间对蓄电池充电，常采用定电流充电法。因为它有较大适用性，可任意选择和调整电流，适应各种不同条件（新蓄电池的初充电，使用中的蓄电池补充充电以及去硫充电等）下的蓄电池充电，其主要特点是充电时间长。采用定电流充电时，各蓄电池相互串联，充电电流应按容量最小的蓄电池来进行选择。

2）定电压充电

定电压充电是指在充电过程中，加在蓄电池两端的充电电压保持恒定不变的充电方法。定电压充电时，被充蓄电池常采用并联连接法。要求各并联支路的单格电压总数相等，但各蓄电池的型号、容量以及放电程度则可不同。但要注意，并联蓄电池的数目必须按充电设备的最大输出电流来确定。汽车上使用的蓄电池进行的是定电压充电，不可能使蓄电池充足，为了有效防止极板硫化，最好每 2 ~ 3 个月应进行一次补充充电。

3）脉冲快速充电

脉冲快速充电又称为分段充电法，整个充电过程为：正脉冲充电—停充（25ms）—负脉冲（瞬间）放电或反充—停充再正脉冲充电，之后又重复循环。

该充电方法的显著特点是充电速度快，即充电时间大大缩短。但其缺点是充电速度快，易使活性物质脱落，因而对蓄电池的使用寿命会有一定影响。

5. 蓄电池维护及检查

为了延长蓄电池使用寿命，及时发现蓄电池可能出现的各种故障，要对蓄电池进行定期维护及技术性能检查。

1）蓄电池的维护

蓄电池维护的主要项目包括：

(1)观察蓄电池外壳表面有无电解液漏出或渗出。

(2)检查蓄电池在汽车上安装是否牢固,导线接头与极桩、导线接头与车架(搭铁线)是否连接紧固。

(3)经常性地清除蓄电池盖上的灰尘、泥土、酸垢,擦去蓄电池盖上的电解液,保持通气孔畅通,清除极桩和导线接头上的氧化物等。

2)蓄电池的检查

蓄电池技术性能检查主要包括液面高度检查、电解液密度检查和蓄电池端电压检查等。

(1)检查液面高度。对于壳体透明的蓄电池,可以通过观察蓄电池壳体上标示液面高度的刻线来检查电解液液面高度。电解液必须保持高出极板10~15mm,即在最高刻线与最低刻线之间,高度不足时,直接添加蒸馏水。对于有观察窗的免维护蓄电池,可直接通过观察窗观察孔的颜色进行检查,如果观察孔出现透明色,说明液面过低,应更换蓄电池。

(2)测量电解液密度。使用密度计测量蓄电池密度时,吸取各分电池的电解液后,不要拔出密度计,以免电解液溅出腐蚀机件或衣物,并读取靠浮球杆壁上的读数。

(3)测量蓄电池端电压。将高率放电计的两触针用力迅速压紧在蓄电池的正、负极桩上,观察放电计的电压值,测量时间尽可能短,一般不超过15s。对于12V整体蓄电池,若指针指示电压在9.6V以下,说明蓄电池性能不良或存电不足,需充电;若指针指示在10.6~11.6V,说明蓄电池存电充足,不需要充电;若指针指示蓄电池电压迅速下降,则说明蓄电池有故障。

6.蓄电池常见故障及诊断

蓄电池在使用过程中,由于使用或维护不当常出现许多内部和外部的故障。外部的故障有壳体破裂、封口胶破裂、极柱腐蚀、接线松动、老化等;内部故障有极板硫化、自行放电、极板短路、极板活性物质脱落和极板翘曲等。蓄电池老化的主要原因是极板表面发生硫化、腐蚀,活性材料脱落,无法再进行有效的化学反应。

1)极板硫化

蓄电池长期充电不足或放电后长期未充电,极板上会逐渐生成一层白色粗晶粒的硫酸铅,简称“硫化”。蓄电池硫化的重要表现为:极板上有较厚的白霜,容量显著下降。充电时,电压很快升高,达到“沸腾”,但密度增加很少;放电时内阻大,电压下降很快;启动时不能提供大的启动电流,甚至不能启动发动机。

长期充电不足或放电后未及时充电;蓄电池液面过低,极板上部与空气接触而强烈氧化;电解液密度过高,有害杂质含量大;蓄电池经常过量放电或小电流深放电是造成极板硫化的主要原因。

2)自放电

蓄电池自放电是指充足电的蓄电池处于静置不工作时,其容量自行损耗的现象。一般电充足的蓄电池在24h损耗的电量不超过额定容量的0.7%时,属于正常的自放电;否则,属于故障性自放电。完全消除蓄电池自放电是不可能的,从使用维护方面来说,所能做的工作,就是尽量减少自放电。

3)极板短路

极板短路一般是由于隔板损坏、极板拱曲或活性物质大量脱落,沉积在容器底部而造成的。主要现象为:蓄电池电动势很低,甚至为零;充电时,电解液温度迅速升高,电压和密度上升很慢;充电后期,气泡很少。如果汽车启动过于频繁,每次启动时间过长,极易造成蓄电池极板拱曲。

4)极板活性物质脱落

极板活性物质脱落主要是指正极板上活性物质脱落。造成极板活性物质脱落主要原因有:充电电流过大,电解液温度过高,造成活性物质松软;经常过充电,使极板孔隙中逸出大量气体,对极板孔隙造成压力;启动时间过长,长时间大电流放电,使极板拱曲、变形;蓄电池安装不当,无缓冲防振装置,承受不了汽车行驶中的剧烈振动。

(三)交流发电机

1. 交流发电机工作原理

汽车用交流发电机由三相同步交流发电机与硅整流器组成,因此也叫硅整流发电机。

1)发电原理

发电机是根据电磁感应原理发电的。发电机的三相定子绕组在铁芯槽中的空间位置彼此相差120°,且匝数相等。当激磁绕组接通直流电时,即被激磁产生南北极。当转子旋转时,磁力线与定子绕组之间便产生相对运动,根据电磁感应原理,在三相绕组中产生频率、幅值相等,相位互差120°的正弦交流电动势。

三相交流电每相绕组的电动势有效值的大小与转子的转速及磁极的磁通量成正比。即

$$E_{\Phi} = C_1 n \Phi$$

式中:E_{Φ}——相电动势的有效值;

C_1——电动机常数;

n——转子的转速;

Φ——磁极的磁通量。

2)整流原理

汽车上的电器都是使用直流电,因此交流发电机产生的交流电必须转变为直流电才能供汽车电器使用,并充电到蓄电池。交流发电机感应出的交流电动势,是通过6个硅二极管组成的三相桥式整流电路改变为直流电。有些交流发电机带有中心抽头,它是从三相绕组的中性点引出的。中性点对发电机外壳之间的电压是通过三个负二极管整流后得到的直流电压,等于发电机输出电压的一半。中心点的电压用途很广,常用来控制各种用途的继电器和充电指示灯。

3)发电机激磁方式

发电机转子激磁绕组的激磁方式有自激和它激两种。当汽车启动、发电机转速很低时,由蓄电池供给发电机磁场绕组电流,称为它激。当发动机转速达到一定值后,发电机产生的电压超过蓄电池电压时,发电机转为自激,即由发电机自身发出的电供给激磁绕组。

2. 交流发电机结构

交流发电机如图2-1-17所示,由转子、整流器、前盖板、电刷、后盖板等组成。图示的交流发电机采用IC调节器。

1)定子

交流发电机的定子又叫电枢,用来产生交流电动势。定子铁芯由许多涂有绝缘漆的硅钢片叠成,内有直槽,以容放定子线圈,槽数为转子磁极数的3倍。

定子线圈由漆包线绕成，共有三组线圈，每组线圈由与转子磁极数相等数量的线圈串联而成。定子绕组的接法有星形（Y形）和三角形两种方式。发电机一般采用星形连接，即每相绕组的首端分别与整流器的硅二极管相接，作为交流发电机的输出端，每相绕组的尾端接在一起，形成中性点N。

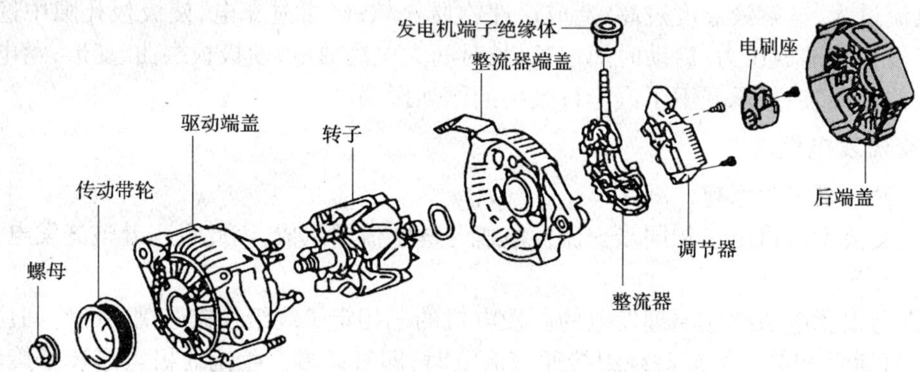

图2-1-17　交流发电机结构

2）转子

交流发电机的转子用来建立磁场，主要由磁极、磁场线圈、集电环和轴等组成。两块爪形磁极交叉组合在一起，一边全为N极，另一边全为S极，N、S极相间排列，一般为8～16极。磁场线圈在内部由磁极包住。两端以轴承支持在端壳上，前端装有V形带轮，由发动机曲轴通过V形带驱动，使转子在定子中旋转。

磁场线圈以细的漆包线绕成，线的两端各接在一个滑环上，与轴及磁极有良好绝缘。滑环装在转子轴一端，以黄铜或铜制成，与轴绝缘，供电流输入磁场线圈用。

3）整流器

整流器的作用是将定子绕组产生的三相交流电变成直流电输出。整流器由6个二极管组成，3个正极整流二极管装在一块金属板上成为正整流板，3个负极整流二极管装在另一块金属板上成为负整流板，两块整流板装在铝制的端盖上。

有些交流发电机的整流器采用9个二极管，增加的是3个小功率磁场二极管，专门用来供给励磁电流，这样可以提高发电机的电压调节精度。采用磁场二极管后，仅用简单的充电警告灯即可指示发电机的发电情况。

另外，有些交流发电机为了提高中性点电压，提高发电机输出功率，增加了两个二极管对中性点电压进行整流，汇入发电机的输出端。同时具备上述两种功能的发电机整流器共有11个整流二极管，图2-1-18为几种不同的发电机整流器。

4）电刷与电刷架

两只电刷装在电刷架的方孔内，利用弹簧的压力使其与集电环保持良好的接触。电刷与电刷架的结构有外装式和内装式两种。

5）V形带轮及风扇

V形带轮装在转子轴的前端，由发动机曲轴通过V形带驱动。风扇装在转子轴的前端或发电机的内部，以冷却转子线圈及整流管等。

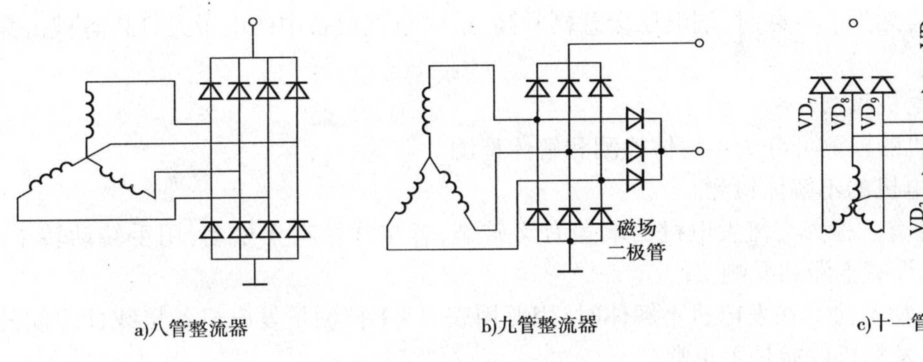

图 2-1-18 发电机整流器

3. 交流发电机的工作特性

交流发电机的工作特性是指发电机经整流后输出的直流电压、电流和转速之间的关系，它包括输出特性、空载特性和外特性，如图 2-1-19 所示。

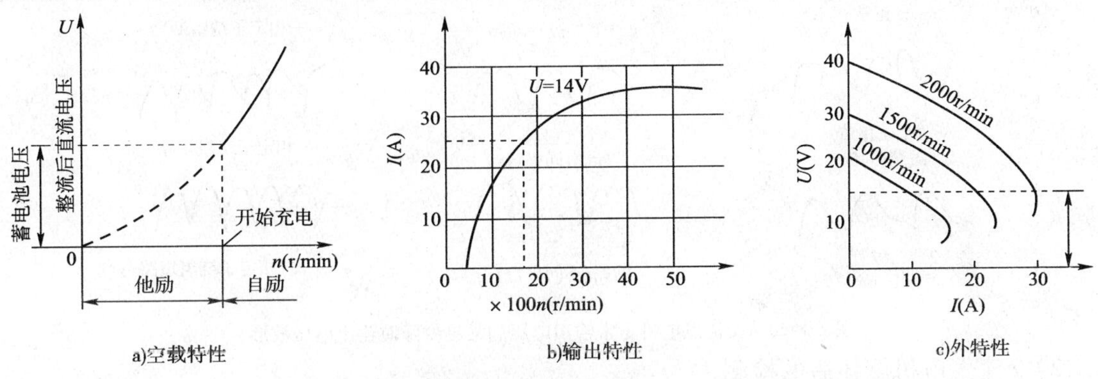

图 2-1-19 发电机的工作特性

1）空载特性

发电机的空载特性是指发电机空载运行时，发电机端电压和转速之间的关系。空载特性可以用来判断该发电机低速充电性能的好坏，同时也可以看出发电机的输出电压是随着发电机的转速升高而增高的。

2）输出特性

输出特性是指当发电机输出电压一定时，发电机输出电流随转速变化的规律。对于 12V 系列的交流发电机，规定输出电压为 14V；对于 24V 系列的交流发电机，规定输出电压为 28V。

从输出特性曲线中可以看出，当转速达到一定值后，发电机的输出电流几乎不再继续增加，具有限制输出电流的能力。这是由于随着定子绕组中的感应电动势增加，定子绕组的阻抗也随转速的升高而增加。同时，定子线圈输出电流增加时，电枢感应的增强也使感应电动势下降。由于上述两个原因，使发电机转速达到一定值后，其输出电流几乎不变。由于具有这种自我保护作用，交流发电机一般不需设置限流器。

3）外特性

外特性是指发电机转速一定时，发电机端电压与输出电流之间的关系。

从外特性曲线可以看出，在转速变化时，发电机端电压有较大的变化；在转速恒定时，由于输出电流的变化对端电压也有很大影响，因此，要使输出电流稳定，必须配用电压调节器；当发电机高速运转突然失去负载时,端电压会急剧升高,这时电气设备中的电子元件将有被击穿的危险。

4. 交流发电机检测

交流发电机的检测可分为不解体检测和解体检测。

1)交流发电机的不解体检测

(1)外部检查。检查交流发电机的端盖有无破裂,各接线柱有无松动;用手转动转子,应转动灵活自如,没有卡滞和异响。

(2)万用表检测法。在发电机不解体时,用万用表 $R\times1$ 挡测量发电机各接线柱之间的电阻,可初步判断发电机性能是否正常。

(3)示波器检测法。利用示波器观察发电机输出电压的波形。交流发电机正常输出电压和常见故障时输出电压波形如图 2-1-20 所示。

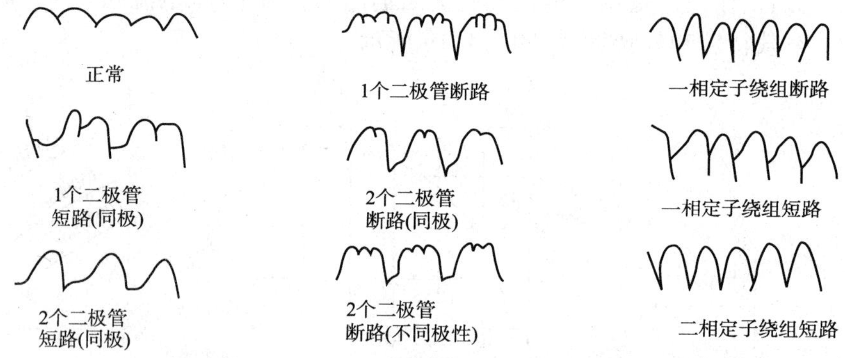

图 2-1-20 交流发电机正常输出电压和常见故障时输出电压波形

2)交流发电机解体后的检测

(1)定子的检测。定子绕组的故障一般有断路、短路和搭铁。定子绕组的阻值一般很小(150~200mΩ),用测量电阻的办法很难检测其短路故障,一般可通过示波器检测发电机端电压的波形来判断。用万用表检查定子绕组有无断路时,若用万用表测量的阻值为∞,则说明绕组有断路。用试灯检查定子绕组有无搭铁的方法时,若试灯不亮,则说明绝缘良好,否则绕组有搭铁故障。

(2)转子的检测。用万用表用 $R\times1$ 挡检查激磁绕组,若电阻为∞,则说明激磁绕组断路;若阻值符合该型发电机的标准,则说明激磁绕组良好;若阻值小于标准,则说明绕组有匝间短路故障。用万用表检查磁场绕组与转子铁芯间的绝缘情况,一表笔接触转子轴,另一表笔接触滑环,表指示∞为良好。

(3)硅二极管的检测。拆开发电机的定子绕组与硅二极管的连接线,用万用表 $R\times1$ 挡逐个检查每个硅二极管的好坏。将万用表的两个表笔分别接在二极管的两极上检测一次,交换两表笔的位置再测一次。若两次测得阻值分别为 10kΩ 左右和 8~10Ω 时,则该二极管良好;若两次均为∞,则该二极管断路;若两次检测阻值均为零,则该二极管短路。

(四)电压调节器

电压调节器的作用是在电枢转速升高时能自动调节发电机的输出电压,并将其控制在规定范围内,以防止电压过高而损坏用电设备或使蓄电池过充电。

1. 电压调节器的工作原理

根据交流发电机产生的有效电动势公式 $E_{\Phi}=C_1 n\Phi$ 可以得出:发电机产生的电动势 E_{Φ} 与发电机转速 n 和磁通量 Φ 成正比。发电机的转速 n 随发动机转速变化而在很大范围内变化。如果要在转速 n 变化时维持发电机输出电压恒定,就必须相应的改变磁极磁通量 Φ。因为磁极磁通量取决于磁场电流的大小,所以在发电机转速变化时,只要自动调节磁场电流,就能使发电机电压保持恒定。

电压调节器就是利用自动调节磁场电流使磁极磁通量改变这一原理来调节发电机输出电压的。

交流发电机在低速时就要能发出足够的电压供汽车用电器及对蓄电池充电使用,因此在低速时需以较大的电流供应磁场线圈以产生强力磁场,使发电机能产生足够的电压。当交流发电机的转速升高后,必须降低流过磁场线圈的电流,以减弱磁场强度,来保持发电机的电压不继续升高,以免烧坏电器。电压调节器通常利用功率管的开关特性,使磁场电流接通与切断,从而调节磁场电流,以控制发电机输出电压。

2. 电压调节器的类型

发电机电压调节器类型很多,按工作原理不同可分为触点式电压调节器和电子调节器两类。触点式电压调节器已经基本不用,而电子调节器又分为晶体管电压调节器、集成电路电压调节器和可控硅电压调节器。按所匹配的交流发电机搭铁形式不同分为内搭铁、外搭铁、集成电路和计算机控制的调节器。

(1)触点式电压调节器。这种调节器应用较早,触点振动频率慢,存在机械惯性和电磁惯性,电压调节精度低,触点易产生火花,对无线电干扰大,可靠性差,寿命短。触点烧结将导致发电机输出电压过高;调节线圈断路也将导致发电机输出电压过高;若搭铁不良,会导致发电机输出电压失控。

(2)晶体管电压调节器。其晶体管开关频率高,且不产生火花,调节精度高,还具有质量轻、体积小、寿命长、可靠性高、电波干扰小等优点,现广泛应用于东风、解放及多种中低档车型。在发电机电压调节过程中,当发电机输出电压高于调节电压时,电子调节器中的大功率三极管由导通状态转为截止状态。

(3)内搭铁型调节器。与内搭铁型交流发电机所匹配的电子调节器称为内搭铁型调节器。对于内搭铁交流发电机,按照发电机激磁回路,电压调节器与激磁绕组的先后关系为电压调节器在激磁绕组之前。

(4)外搭铁型调节器。与外搭铁型交流发电机所匹配的电子调节器称为外搭铁型调节器。

3. 调节器的工作原理

1)晶体管电压调节器工作原理

晶体管电压调节器也叫电子调节器。它以稳压管作为电压感受元件,通过控制晶体三极管的通断来调节励磁电流,从而使发电机电压保持稳定。这种调节器在使用过程中无需维护,结构简单,体积小,质量轻。

电子调节器基本工作原理如图 2-1-21 所示。

调节器的“+”接线柱接点火开关,F 接线柱接发电机励磁绕组,“+”和 F 之间为三极管

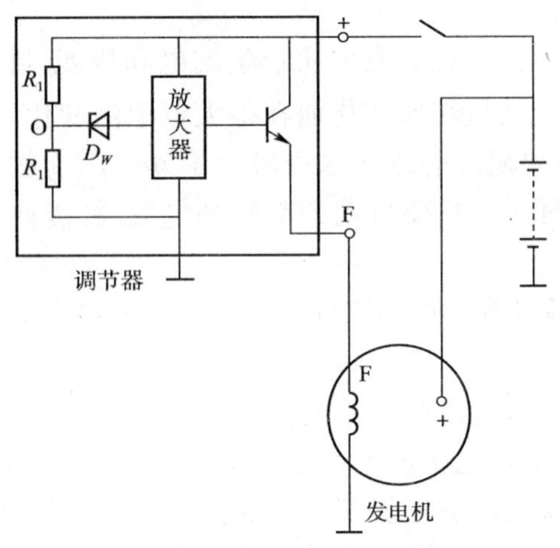

图 2-1-21 晶体管电压调节器基本工作原理

的集电极与发射极之间形成的开关电路,"+"与"-"之间有两个电阻 R_1、R_2 组成的分压器,其 O 点电压正比于发电机电压,O 点与放大器之间接有稳压管 D_W,用来感知电压。其工作过程为:在发电机电压较低的情况下,分压器中间 O 点电压也较低,此时稳压管处于截止状态,此状态经放大器放大,给三极管的基极一个高电位信号,使三极管导通,励磁电流可以通过三极管流入发电机励磁绕组,使发电机电压上升,当电压上升到调节器电压调整值时,O 点电压升高至稳压管的击穿电压,稳压管被击穿,此信号经放大器放大后给三极管一个低电位信号,使三极管截止,切断了励磁电流,发电机无励磁电流,电压便下降,这样又使三极管导通,如此反复,使发电机的电压稳定在一定值。

从上述调节器的结构和工作情况看,电子调节器共有三个接线柱,即"+"、"F"和"-",在接线时不能接错。值得注意的是,电子调节器的接线方式根据发电机和调节器的形式而有所不同。虽然调节器的接头标注都一样,但接法完全不同。图 2-1-22 为发电机和调节器的两种接线方式。

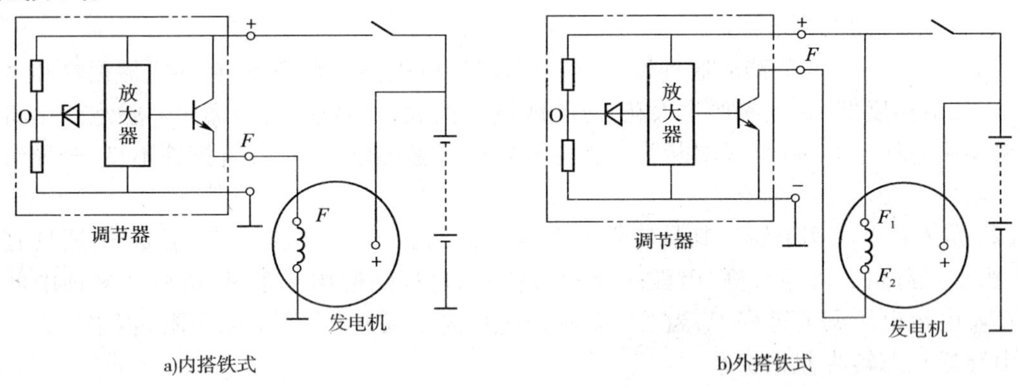

图 2-1-22 发电机和调节器的两种接线方式

2)集成电路调节器工作原理

集成电路调节器的基本工作原理与晶体管调节器完全一样,集成电路调节器除具有晶体管调节器的优点外,还具有超小型的特色,安装于发电机的内部(又称内装式调节器),减少了外接线,并且冷却效果得到了改善,现广泛应用于桑塔纳、奥迪等多种轿车车型上。

集成电路调节器按电源电压检测方式不同分为发电机电压检测和蓄电池电压检测两种,发电机电压检测电路的检测点在发电机上,蓄电池电压检测电路的检测点在蓄电池上。

(1)发电机电压检测。发电机电压检测线路如图 2-1-23 所示。加在分压器 R_1、R_2 上的电压是磁场二极管输出端 L 的电压 U_L,而交流发电机输出端 B 的电压为 U_B,因为 $U_L = U_B$,所以调节器检测点 P 加到稳压管 VD_1 两端的反向电压 U_P 与发电机的端电压 U_B 成正比,所以该线路称为发电机电压检测法。

(2)蓄电池电压检测。蓄电池电压检测线路如图 2-1-24 所示。加在分压器 R_1、R_2 上的电压为蓄电池端电压，由于检测点 P 加到稳压管 VD_1 上的反向电压与蓄电池的端电压成正比，所以该线路称为蓄电池电压检测法。

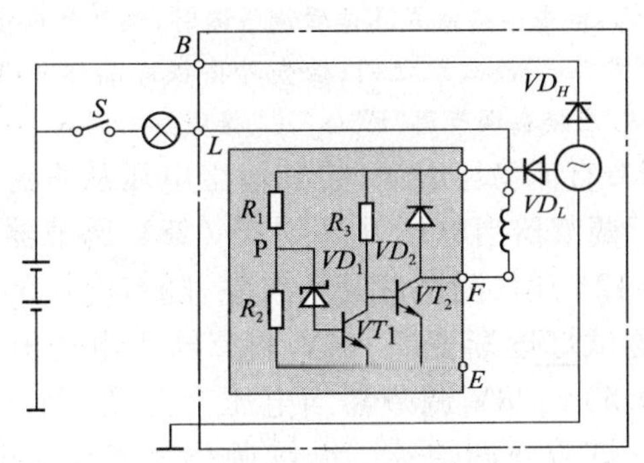

图 2-1-23　发电机电压检测法的电压调节器线路

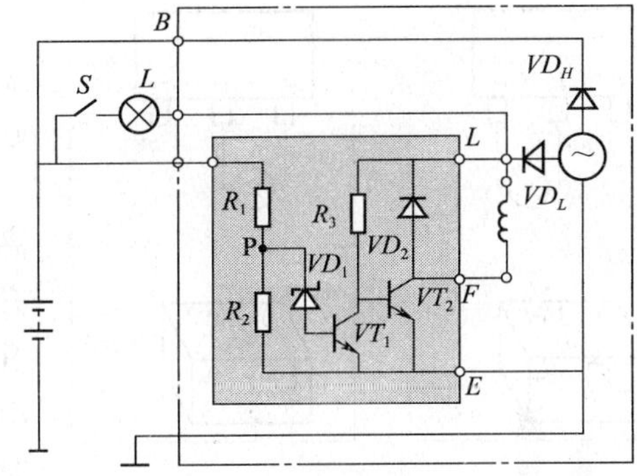

图 2-1-24　蓄电池电压检测法的电压调节器线路

在发电机电压检测法线路中，如果 B 点到蓄电池正极之间的电压降较大时，会出现蓄电池充电不足；在蓄电池电压检测法线路中，如果 B 点与蓄电池正极之间或 S 点与蓄电池正极之间断线时，由于不能检测出发电机的端电压，发电机电压将会失控。若在线路上采取一些措施，如图 2-1-25 所示，即为实际的蓄电池电压检测法线路，即在调节器的分压器与发电机 B 之间增加了一个电阻 R_6 和一个二极管 VD_2，这样当 B 点与蓄电池正极之间或 S 点与蓄电池正极之间出现断线时，由于 R_6 的存在，仍然能检测出发电机的端电压 U_B，使调节器正常工作，就可以防止发电机电压过高的现象。

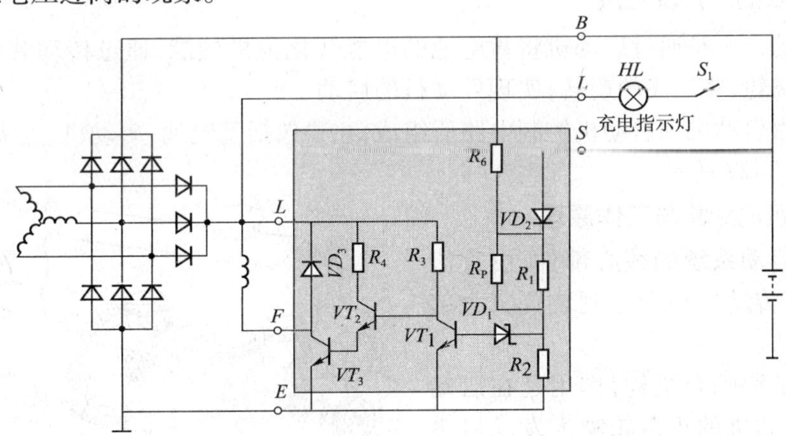

图 2-1-25　实际采用的蓄电池电压检测法线路

4. 电压调节器的检测

1）电压调节器就车检测

就车检测调节器可用一个量程为 10A 左右的电流表串联在调节器 F 与发电机 F 之间，启动发动机，如果电流表无指示，多为电子调节器大功率管断路；如果电流表有指示，但在低速时无变化，而在转速升高到 900 ~ 1000r/min 后，电流随转速的升高而增大，则说明电子调节器大功率管短路，这时的发电机电压过高；如果电流随转速的升高而减小，表明调节器是好的。

2）调节器调节电压检测方法（稳压电源检测法）

使用可调直流稳压电源和测试灯试验其性能，检测设备包括可调直流稳压电源（输出电压0~30V,电流5A)和一只20W的汽车灯泡(代替发电机磁场线圈),接线方法如图2-1-26所示。

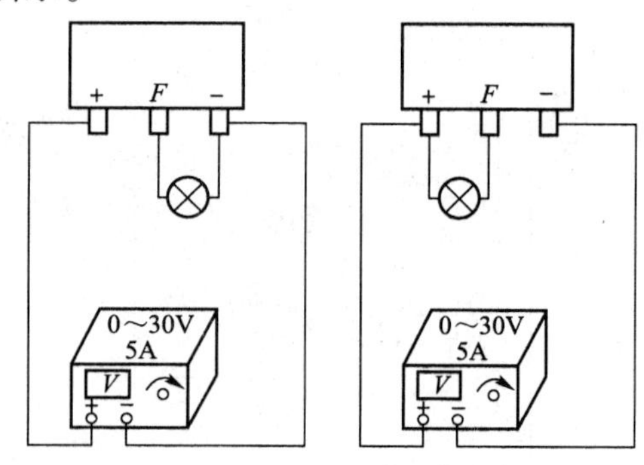

图2-1-26 用直流稳压电源检测电压调节器的电压

注意:检查内搭铁式晶体管调节器时,测试灯应接在调节器"F"与"—"接线柱之间;检查外搭铁式晶体管调节器时,测试灯应接在调节器"F"与"+"接线柱之间。

调节直流稳压电源,使其输出电压从零逐渐升高,14V调节器当电压升高到6V(28V调节器电压升高到12V)时,测试灯开始点亮;随着电压的不断升高,测试灯逐渐变亮,14V调节器当电压升高到(14±0.5)V;28V调节器当电压升高到(28±1)V时,测试灯应立即熄灭。继续调节直流稳压电源,使电压逐渐降低,测试灯又重新变亮,且亮度随电压的降低逐渐减弱,则说明调节器良好。

当施加到调节器上的电压超过调节电压规定值时,测试灯仍不熄灭,或者起控电压数值与规定值相差较大时,说明调节器有故障,已不能起调节作用;如测试灯一直不亮,也说明调节器有故障。

二 启动系统

(一)启动系的作用及组成

启动系统的作用是通过启动机将蓄电池的电能转化为机械能,通过传动装置将电磁转矩传递给发动机飞轮,驱动飞轮旋转,实现发动机的启动。

启动系统由启动机和启动机控制电路所组成,主要包括蓄电池、启动机、点火开关、启动继电器等,如图2-1-27所示。

(二)启动机的结构与工作原理

启动机是启动系统的核心部件,由直流串励式电动机、传动机构和控制装置三大部分组成。

传动机构也称啮合机构,作用是在启动发动机时,使启动机的小齿轮啮入发动机飞轮齿环,将启动机的转矩传递给发动机曲轴,在发动机启动后又能使启动机小齿轮与发动机飞轮齿环自动脱开。所以,启动机的传动装置只能单向传递转矩。

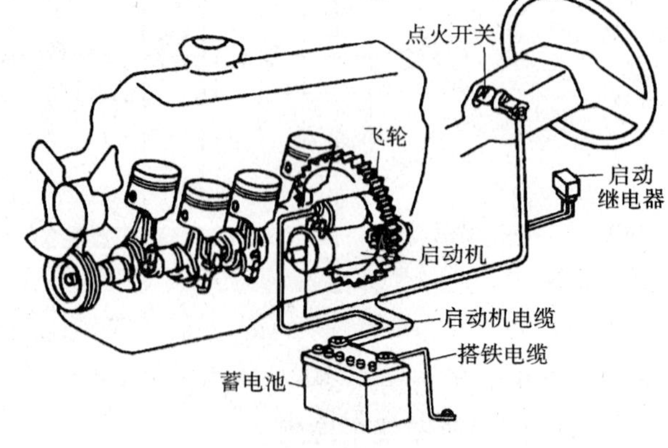

图2-1-27 启动系统的组成

控制装置即电磁开关,作用是用来接通、切断启动机与蓄电池之间的电路。

1.直流串励式电动机

直流串励式电动机将电能转换为机械能,产生转矩。

1)结构及原理

直流电动机是根据带电导体在磁场中受到电磁力作用的原理制成的,主要由定子(励磁绕组、磁极、机壳)、电枢、换向器、电刷、前后端盖等组成,如图 2-1-28 所示。

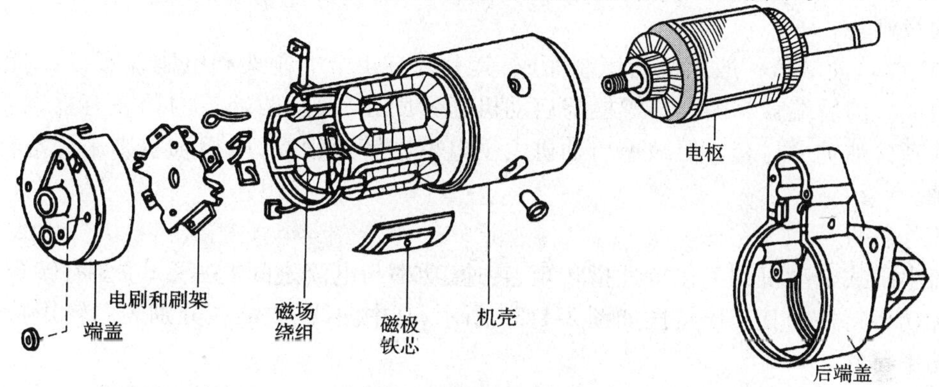

图 2-1-28　直流电动机的结构

(1)定子。又称为启动机磁轭总成。包括外壳、磁极、磁场线圈等。外壳为软钢制的圆筒,作为磁力线的回路。磁极也是软钢制成,与外壳精密配合,用螺钉固定在外壳上,通常使用 4 个磁极。

磁场线圈以扁铜条和绝缘纸绕成,通常使用 4 个磁场线圈,4 个磁场线圈的连接方法主要有两种,如图 2-1-29 所示,一种是 4 个磁场绕组相互串联,另一种是 4 个磁场绕组两两串联后再并联。

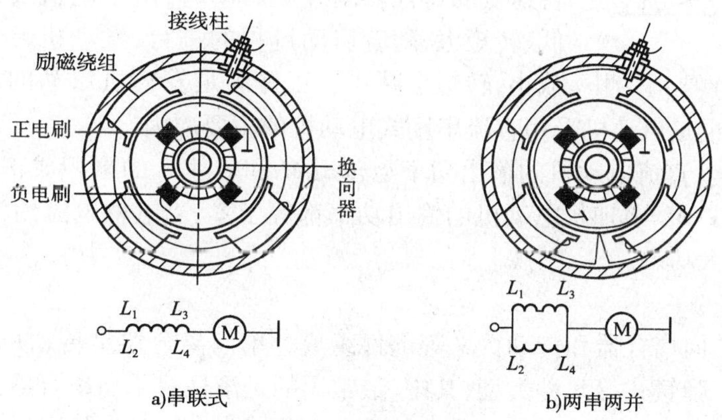

图 2-1-29　磁场绕组的接法

(2)电枢(转子)。由电枢轴、电枢铁芯、电枢绕组等组成。为了得到较大的转矩,流经电枢绕组的电流很大(一般汽油发动机为 200 ~ 600A,柴油发动机可达 1000A)因此,电枢都是采用较粗的矩形裸铜线绕制而成,一般采用波形绕法。为了防止裸体绕组之间的短路,在铜线与铁芯、铜线与铜线之间均用绝缘纸隔开,并在槽口的两侧扎稳挤紧,以免在启动机工作时,由于离心力的作用而使绕组甩出。

(3)换向器。由铜片和云母片相互叠压而成,是保证电枢绕组产生的电磁转矩的方向保持不变。云母绝缘层应比换向器铜片外表面凹下 0.8mm 左右,以免铜片磨损时云母片很快突出。电枢绕组各线圈的端头均焊接在换向器的铜片上。所以,换向器相邻两个换向片之间是绝缘的,且相邻两个换向片之间的电阻值应很小,任意两个换向片之间的电阻值也很小。

(4)电刷与电刷架。电刷的功用是将直流电引入电枢绕组中,并经搭铁电刷回到蓄电池负极形成闭合电流回路。一般采用 4 个电刷,2 个绝缘电刷和 2 个搭铁电刷,通过 4 个电刷架固定在前端盖上。电刷由铜与石墨粉压制而成,含铜量达 80% 左右,因此电刷又称为铜刷,也有的称为炭刷。

(5)端盖。前端盖一般用钢板压制而成,其上装有 4 个电刷架和电刷弹簧;后端盖为灰铸铁浇制而成。前后端盖靠两个长螺栓与启动机壳紧固在一起,两端盖内均装有青铜石墨轴承衬套或铁基含油轴承衬套。但减速启动机由于电枢轴转速很高,电枢轴承则采用滚柱轴承或滚珠承轴。

2)工作特性

直流串励式电动机的工作特性指转矩、转速、功率与电流之间的关系,主要有转矩特性、机械特性和功率特性。其工作特性如图 2-1-30 所示,其中曲线 M、n、P 分别表示转矩特性、转速特性和功率特性。

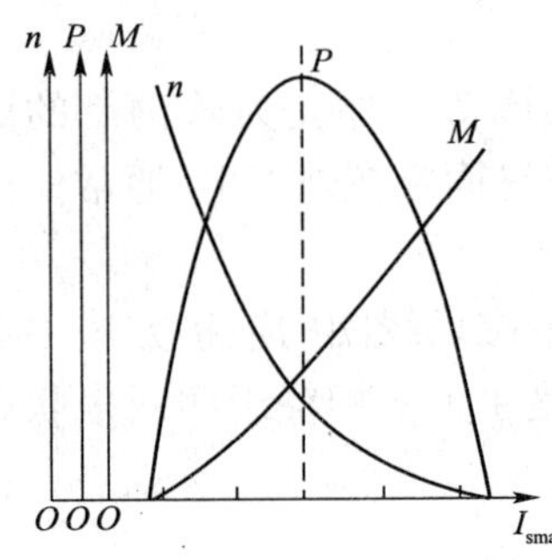

图 2-1-30 直流电动机的工作特性

(1)转矩特性。在启动机电路刚刚接通时,电动机处于完全制动状态(其转速 =0),电枢电流达到最大值(称为制动电流),电动机产生最大转矩(称为制动转矩)正好满足了发动机启动瞬间需要大转矩的要求,这是启动机采用直流串励式电动机的主要原因。

(2)机械特性。直流串励式电动机具有轻载转速高、重载转速低的特性。刚开始启动时,由于电机负载重,所以其转速低、转矩大,随着启动过程的进行,发动机转速增高,启动阻力减小,转矩也减小。正好满足发动机启动的需要,能够保证发动机可靠启动,这也是启动机采用直流串励式电动机的主要原因。

(3)功率特性。直流电动机的输出功率与转矩 M 和转速 n 的乘积成正比,当电动机完全制动($n=0$)和空载($M=0$)时,电动机的输出功率都等于零,当电枢电流约为制动电流的一半时,电动机发出最大功率。

2. 传动机构

传动机构由单向离合器和传动拨叉等部件组成。单向离合器是传动机构的主要部件,有滚柱式、摩擦片式、弹簧式等几种类型,其中,最常用的是滚柱式单向离合器。

滚柱式单向离合器的构造如图 2-1-31 所示。滚柱式单向离合器的驱动齿轮与外壳制成一体,外壳内装有十字块和 4 套滚柱、压帽和弹簧。十字块与花键套筒固定连接,传动套筒内侧带键槽,套在电枢轴的花键部位上。滚柱式单向离合器通过改变滚柱在楔槽中的位置来实现分离和接合,以实现启动机驱动发动机,而发动机不能驱动启动机的单向传递动力的作用。滚柱式单向离合器齿轮啮合稳定,且磨损少,为目前汽油机启动机使用最多的类型。

3. 电磁开关

电磁开关安装在直流电动机壳体上方,用于控制启动机驱动齿轮与飞轮的啮合或分离及电动机电路的通断。电磁开关主要由吸引线圈、保持线圈、接触盘、活动铁芯等组成,如图2-1-32所示。

吸引线圈与保持线圈的匝数相同,绕向也相同,都绕在套筒外侧。吸引线圈与电动机串联,保持线圈与电动机并联。当电磁开关通电时产生吸力吸引铁芯,铁芯的移动通过拨叉将驱动齿轮推向飞轮，同时通过电枢中的较小电流使电枢轴较缓慢地旋转，因而有利于啮合。当驱动齿轮与飞轮齿圈完全啮合时，动触点与接触盘也刚好完全闭合。此时，吸引线圈被短路，只靠保持线圈吸力将动触点与定触点保持在接通状态，强大的启动电流通过励磁绕组和电枢绕组使电动机快速转动。

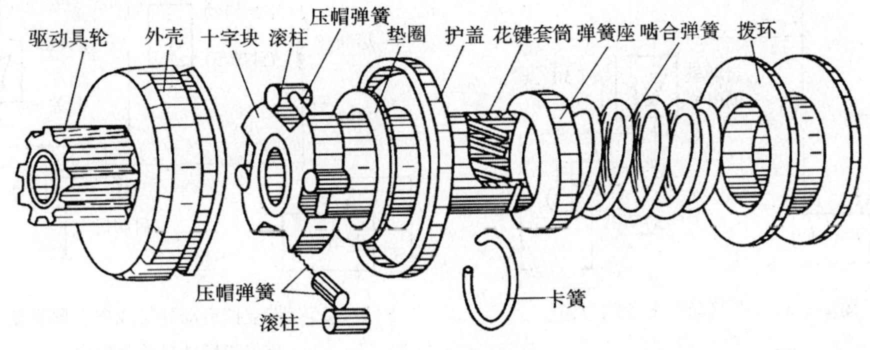

图 2-1-31　滚柱式单向离合器的结构

发动机启动后，从启动开关到保持线圈的电流被切断，但在断开启动开关的瞬间，触点仍在闭合位置，电流从触点到吸引线圈，再经保持线圈搭铁。这时，两线圈产生的电磁力大小相同，方向相反，相互抵消。在回位弹簧的作用下，铁芯返回原位，触点断开，启动机因断电而停转，同时驱动齿轮退回。

（三）启动机控制电路

启动系统控制电路可分为无启动继电器控制式、带启动继电器控制式、带空挡启动开关或离合器启动开关控制式三种。

1. 无启动继电器控制的启动机控制电路

无启动继电器控制的启动机控制电路如图 2-1-33 所示。

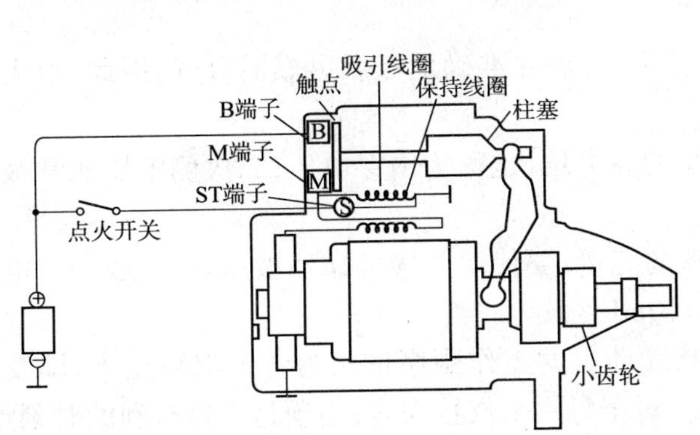

图 2-1-32　电磁开关的构造

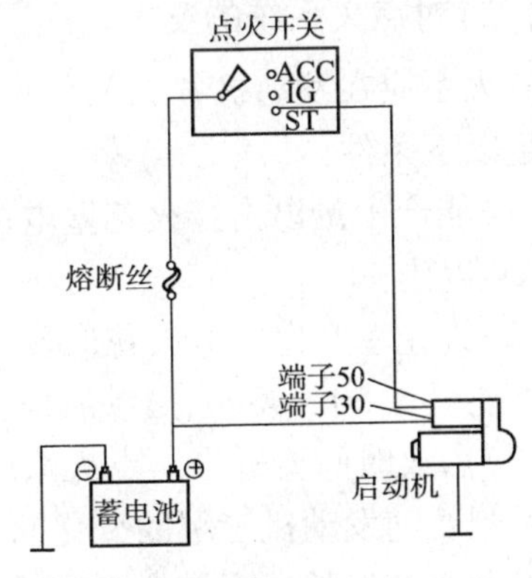

图 2-1-33　无启动继电器的电路

2. 有启动继电器控制的启动机控制电路

有启动继电器控制的启动机控制电路如图 2-1-34 所示。

3. 带空挡启动开关或离合器启动开关的启动机控制电路

带空挡启动开关或离合器启动开关控制的启动机控制电路如图 2-1-35 所示。

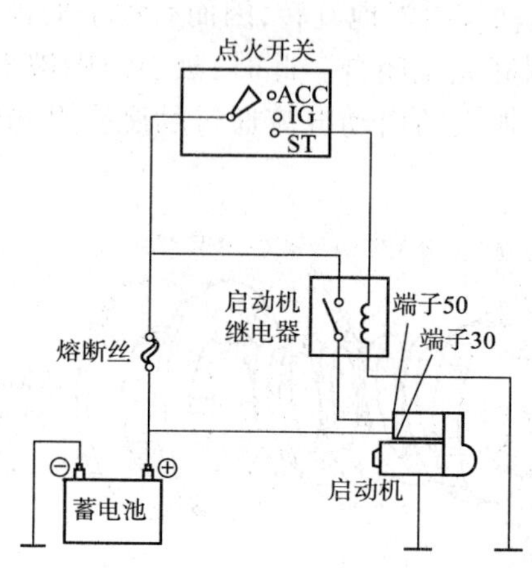

图 2-1-34 有启动继电器的电路

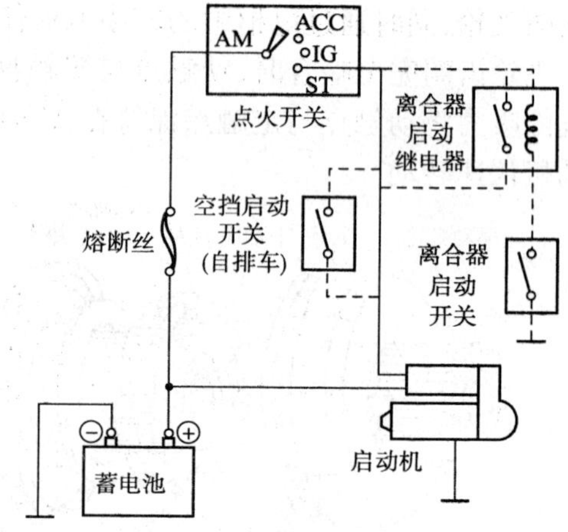

图 2-1-35 带空挡启动开关或离合器启动开关的启动机控制电路

第五节 汽车点火系统

一 汽车点火系统简介

(一)点火系统的作用

点火系统的作用是将汽车电源提供的低压电转变为高压电,并按照发动机各缸的点火顺序和点火时刻的要求,适时准确地将高压电送至各缸的火花塞,使火花塞跳火,点燃汽缸内的可燃混合气体。

(二)对点火系统的要求

点火系应在发动机各工况和使用条件下,可靠并准确地点燃可燃混合气,因此,点火系必须满足以下条件:

(1)能产生足以击穿火花塞电极间隙的高电压,也称为击穿电压;二次侧电压通常被限制在 30kV 以内。

(2)火花塞产生的电火花应具有足够的能量;要使混合气可靠地被点燃,一般要求电火花的点火能量为 50~80mJ,启动时应大于 100mJ。

(3)点火时间要适当。点火系应按照发动机的工作顺序依次为各个汽缸点火,即发动机点火时刻要随发动机工况的变化而变化。对于每一个汽缸而言,必须是在最有利的时刻点火,以使发动机产生的功率最大、油耗最小、排放污染最小。

点火时刻是用点火提前角来表示的。点火提前角是指从火花塞跳火开始到活塞压缩行程上止点为止的一段时间内发动机曲轴所转过的角度。通常把发动机发出功率最大和油耗最小时的点火提前角称为最佳点火提前角。点火提前角过大(点火过早)不仅使发动机功率下降、燃料消耗增加,还会引起爆震,加速机件的损坏。点火提前角过小(点火过迟)会导致燃烧压力降低、发动机功率下降,引起发动机过热、油耗增加。

普通点火系统中，只根据发动机转速和负荷的变化对点火提前角进行调节，点火提前随着发动机转速的升高、负荷的减小而增大。若发动机不易启动、转动无力、加速发闷，排气管放炮，发动机过热，应检查点火时间是否过迟。若启动时曲轴反转，加速时爆震，应检查点火是否过早。

（三）点火系的类型

目前汽车上点火系可按不同的分类方法进行分类，其分类方式主要有以下几种：

1）按点火控制方式

按点火控制方式不同分为传统点火系、电子点火系和电控点火系（微机控制点火系）。传统点火系低压电路是断电器触点开闭控制点火线圈次级电流通断，日前已经很少使用；电子点火系低压电路是电子点火器中的大功率三极管控制点火线圈次级电流通断；电控点火系通过ECU 控制点火线圈次级电流通断。

2）按点火系储存点火能量的方式

按点火系储存点火能量的方式分电感蓄能式点火系和电容储能式点火系。电感蓄能式点火系在产生高压前，从电源获取的能量是由电感线圈以磁场能的方式储存，即以点火线圈建立磁场能量的方式储存点火能量；电容储能式点火系在产生电压前，从电源获取的能量是以蓄能电容建立电场能量的方式储存，目前使用的绝大多数点火系为电感储能式。

3）按点火信号产生的方式

按点火信号产生的方式分为电磁感应式、霍尔效应式、光电效应式、电磁振荡式。电磁感应式由分电器轴驱动的导磁转子转动，改变磁路磁阻，使感应线圈的磁通量发生变化而产生点火电压信号；霍尔效应式由分电器轴驱动的导磁转子转动，通过霍尔元件所通过的磁通量的变化而产生点火信号；光电效应式由分电器轴驱动的遮光转子转动，通过阻挡和穿过发光二极管光线的变化，使光敏三极管产生点火信号；电磁振荡式由分电器轴驱动的耦合转子转动，通过振荡电路起振和不起振的变化，再经滤波电路滤波后得到点火信号。

二　电子点火系

（一）电子点火系统的结构及类型

电子点火系由电源、点火信号发生器、电子点火模块、点火线圈、点火提前装置、火花塞及高压导线等组成，如图 2-1-36 所示。

1. 电源

点火系的电源为蓄电池或发电机，其作用是给点火系提供低压直流电源，电压一般为 12V。

2. 点火线圈

点火线圈的作用是将 12V 低压电转变成 30kV 的高压电，以使火花塞电极产生火花点燃混合气。点火线圈由初级绕组、次级绕组和铁芯等组成。三极管导通时，点火线圈一次侧电流形成回路，点火线圈储存磁场能；三极管由导通转变为截止瞬间，点火线圈一次侧电流突然消失，使得二次侧绕组感应出 20 ~ 25kV 高电压，经分电器按点火顺序配送至工作缸火花塞跳火。按磁路的结构形式不同，点火线圈可分为开磁路和闭磁路两种。

3. 分电器

分电器是由配电器、信号发生器和机械式点火提前角调节机构等组成,如图 2-1-37 所示。

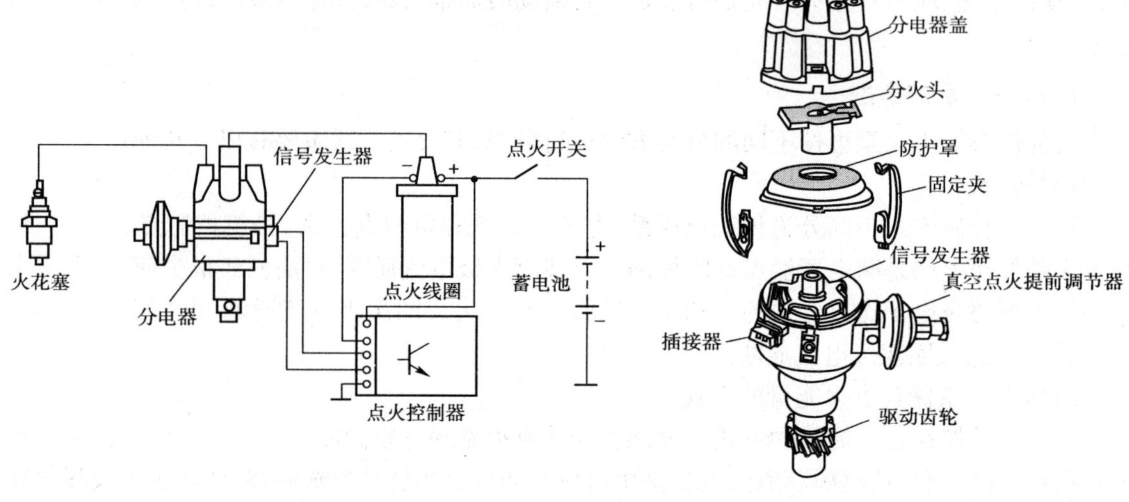

图 2-1-36　电子点火系统的组成　　图 2-1-37　分电器总成

1)配电器

配电器的作用是将点火产生的高压电,按照发动机的工作顺序送至各缸火花塞。

2)点火提前装置

点火提前装置位于分电器内,由离心点火提前装置和真空点火提前装置两部分。其作用是根据发动机转速和负荷变化对点火提前角进行控制。

3)点火信号发生器

点火信号发生器位于分电器内,它的作用是根据各缸的点火时刻产生相应的点火脉冲信号。当发动机曲轴转动时,点火信号传感器产生对应汽缸的点火脉冲信号,此脉冲信号经电子点火模块进行信号放大、波形整理、直流放大后,控制点火模块内大功率三极管的导通和截止。

根据产生信号方法的不同,点火信号发生器可分为磁感应式、霍尔式和光电式三种类型。

(1)磁感应式点火信号发生器。其结构如图 2-1-38 所示。信号发生器在分电器内,主要由转子、感应线圈和永久磁铁等组成。

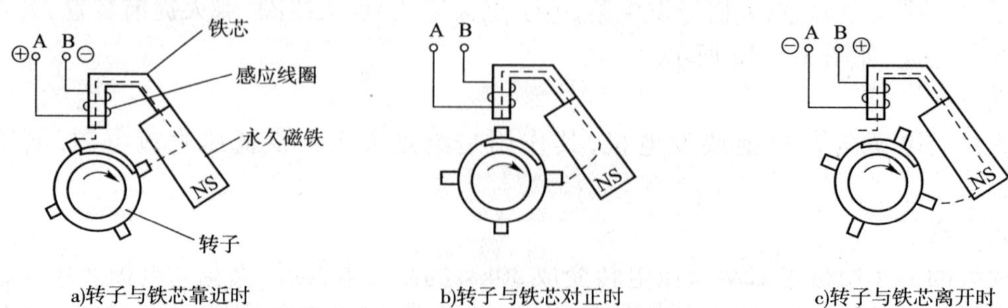

图 2-1-38　磁感应点火信号式发生器

信号发生器的转子是由分电器轴带动的,转子上的凸齿数与发动机的汽缸数相等,其工作原理如下。

永久磁铁的磁路为:N 极→空气间隙→转子→空气间隙→铁芯→S 极。当发动机工作时,分电器轴带动信号发生器的转子旋转,使转子与铁芯之间的空气间隙发生有规律的变化,因此穿过感应线圈的磁通量也变化,从而在感应线圈中产生感应电动势。

(2)霍尔式点火信号发生器。主要由转子和定子组成,其工作原理如图 2-1-39 所示。

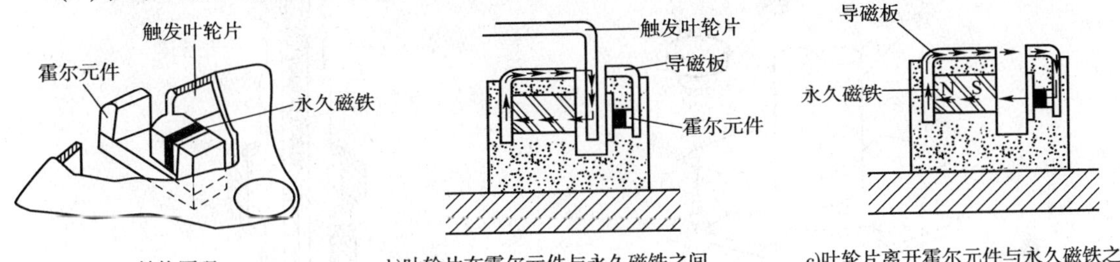

a)结构原理　b)叶轮片在霍尔元件与永久磁铁之间　c)叶轮片离开霍尔元件与永久磁铁之间

图 2-1-39 霍尔信号发生器的工作原理

转子即触发叶轮,由分电器轴带动,其叶片数与发动机汽缸数相等。

定子由永久磁铁、霍尔元件和导磁板等组成。带导磁板的永久磁铁与霍尔元件对置安装于分电器底板上,其间留有一定的间隙。触发叶轮的叶片可在间隙中转动。发动机运转时,触发叶轮随分电器轴转动。当叶片进入永久磁铁与霍尔元件之间的间隙时,磁力线便被触发叶轮的叶片所断路,而不能通过,因此,霍尔元件此时不产生霍尔电压,此时为电源电压(11 ~ 12V);当触发叶轮的叶片转离永久磁铁与霍尔元件之间的间隙时,永久磁铁的磁力线便通过导磁板穿过间隙作用于霍尔元件上,于是通电的霍尔元件便产生霍尔电压,约为 0.3 ~0.4V。

(3)光电式点火信号发生器。主要由光源(发光二极管)、光接收器(光敏三极管)和信号转子三部分构成。使用一个发光二极管(LED)及一个感光的光敏三极管以产生电压信号。信号转子是一个有槽的圆盘,随分电器轴旋转,当槽对正信号产生器时,LED 的光束触及光敏三极管,使其产生电压送出信号;遮光时无信号产生,如图 2-1-40 所示。

4. 点火模块

点火模块也称为点火控制器,是由半导体元器件组成的电子开关电路,其主要作用是接受信号传感器输出的脉冲信号,并利用晶体三极管的导通和截止来控制点火线圈一次侧电路的通、断。点火控制器控制功能有控制点火线圈的初级电流的最大值,控制闭合角的大小。

发动机工作时,分电器中信号发生器的转子也随之旋转。转子旋转时,在信号发生器的感应线圈中便产生正弦脉冲信号。当信号发生器传送给点火控制器的信号为正脉冲信号时,点火控制器中起开关作用的晶体管导通,初级绕组便产生磁场。

当信号发生器传送给点火控制器的信号为负脉冲信号时,点火控制器中起开关作用的晶体管截止,初级电路被切断,初级电流及磁场迅速消失。点火线圈的次级绕组中产生高压电。高压电由分高压线送给火花塞,使火花塞跳火,点燃混合气。

5. 火花塞

火花塞的作用是将高压电引入燃烧室,产生电火花点燃混合气。火花塞必须具有足够的强度,能承受温度的强烈变化,应有良好的热特性。火花塞的电极应采用难熔、耐腐蚀的材料制成。

火花塞的构造如图 2-1-41 所示,中心电极用镍铬合金制成,具有良好的耐高温、耐腐蚀性能,中心电极做成两段,中间加有导电玻璃,由于导电玻璃和瓷绝缘体的膨胀系数相近,因此,导电玻璃主要是起密封作用。火花塞间隙多为1.0~1.2mm。

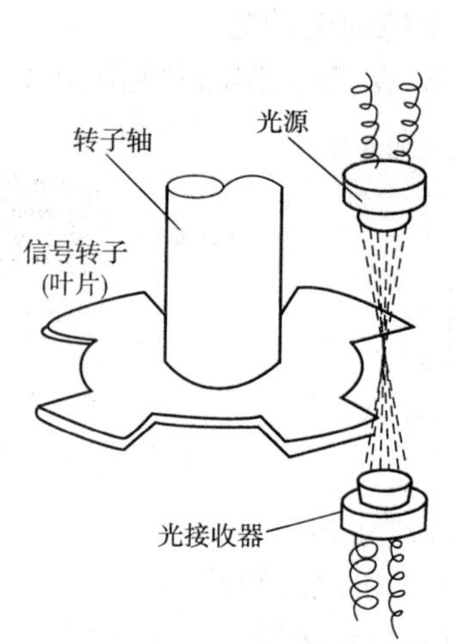

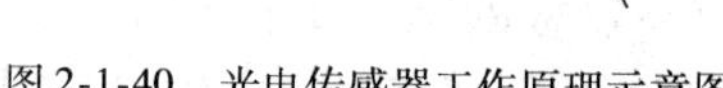
图2-1-40 光电传感器工作原理示意图

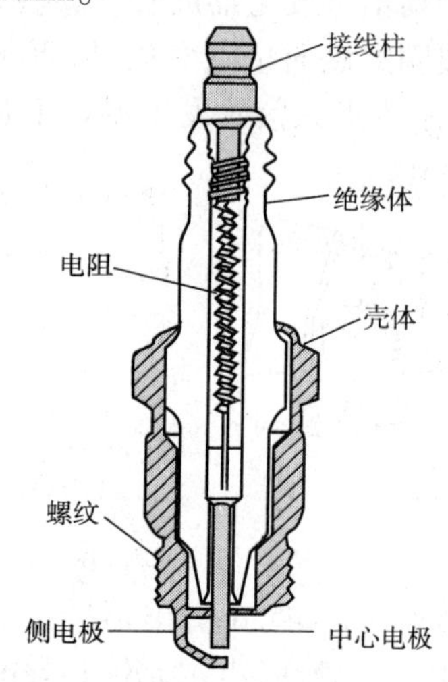

图2-1-41 火花塞的构造

根据热值不同,可分为冷型和热型火花塞。冷型火花塞的绝缘体长度短,吸热面积小,传热路径短,裙部温度低,因此,电极温度较低;热型火花塞的绝缘体长度长,受热面积大,传热路径长,散热困难,裙部温度高,因此,电极温度较高。所以,低压缩比、低转速、小功率发动机应选用热型火花塞,防止火花塞积炭;高压缩比、高转速、大功率的发动机应选用冷型火花塞,以防电极早燃,防止燃烧室产生过多的热量。

6. 高压线

高压导线就是次级电路的导线,其作用是连接点火线圈、分电器及各个火花塞。这些导线可以将高压电流从分电器或多个点火线圈送给火花塞。这些导线不是实心导线,它们是有纤维芯的导线,这些纤维芯在次级电路中起电阻器的作用。这些物质可以降低高压电压对无线电的干扰,提高点火电压,并且通过减少电流的方法降低了火花塞的损耗,高压导线两端的金属电极分别与火花塞及分电器盖上的接线柱连接,高压导线的两端的绝缘套使高压导线连接更可靠,并可防止灰尘和水进入,防止电压损失。

(二)工作原理

电子点火系的工作原理如图2-1-42所示。在点火系中,一般将点火线圈初级绕组所在的闭合电路称为初级电路(低压电路);将点火线圈的次级绕组所在的闭合电路称为次级电路(高压电路),一般将点火线圈到火花塞的电路称为高压电路。流经初级绕组的电流为初级电流,一般初级电流为7~8A,初级电路的电压为电源电压12V,次级电路的电压为30kV左右。

发动机工作时,分电器中信号发生器的转子也随之旋转。转子旋转时,在信号发生器的感应线圈中便产生正弦脉冲信号。当信号发生器传送给点火控制器的为正脉冲信号时,点火控制器中起开关作用的晶体管导通,初级电路导通,电路为:蓄电池正极→点火开关点火线圈的"+"接线柱→初级绕组→点火线圈的"一"接线柱→点火控制器→搭铁,初级电路的电流方向,如图中所示。点火系的初级电路导通时,初级绕组便产生磁场。

当信号发生器传送给点火控制器的为负脉冲信号时,点火控制器中起开关作用的晶体管截止,初级电路被切断,初级电流及磁场迅速消失。这时,在点火线圈两个绕组中都产生感应电动势。由于次级绕组的匝数多,因此,在点火线圈的次级绕组中产生高压电。

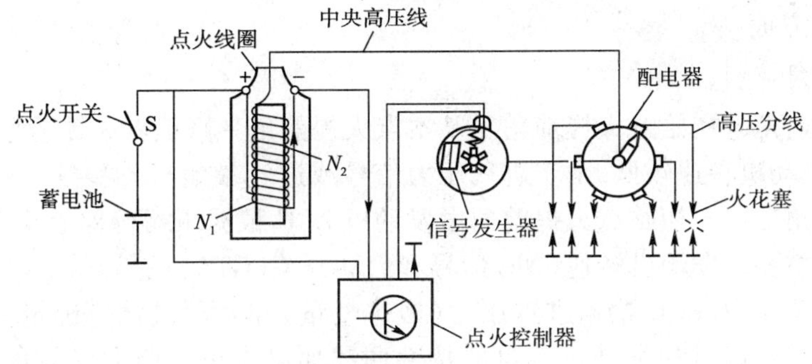

图 2-1-42 带分电器式电子点火系工作原理

此时,随分电器轴一同旋转的分火头正好对准分电器盖上某缸的旁电极,高压电由分高压线送给火花塞,使火花塞跳火,点燃混合气。

根据以上分析,点火系的工作过程可分成三个阶段,即初级电路导通,点火能量储存;初级电路截止,次级电路产生高压电;火花塞电极产生电火花,点燃混合气。

信号发生器向点火控制器每传送一个点火信号,点火线圈便产生一次高压电,信号发生器转子转动一周,即分电器每转动一圈,由配电器按照点火顺序将高压电轮流引至各汽缸,使各个汽缸火花塞点火一次。

三 电控点火系统

(一)组成

电控点火系主要由传感器、电控单元(ECU)及执行器组成,如图 2-1-43 所示。传感器用来检测发动机工作状态,并将信号传给 ECU;ECU 负责对传感器传送的信号进行分析、比较、处理,向执行器发出控制命令;执行器(点火控制器)接收 ECU 发出的控制指令,并按指令对点火线圈初级绕组电流进行控制,以产生足够的点火高压电。

(二)工作原理

在发动机工作过程中,各传感器不断地检测发动机的转速、负荷、冷却液温度、进气温度等信号,并将检测信号经接口电路输入电控单元(ECU),ECU 根据这些信号参数进行查找、运算和修正,将计算结果转变为控制信号,向点火模块发出控制指令,接通点火线圈的一次侧电路,经过最佳的导通时间后,再发出控制指令,使点火模块切断点火线圈的一次侧电路,一次侧电流中断,在点火线圈二次侧绕组中产生高压电,经分电器送到火花塞,点燃混合气。发动机工作期间,电控单元还不断地检测爆震传感器输出的信号,逐渐将点火提前角减小,爆震消除后又逐渐将点火提前角移回到爆震前的状态,实

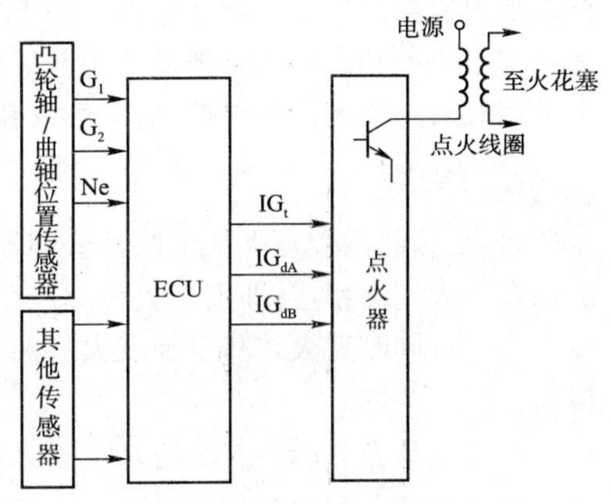

图 2-1-43 计算机控制点火系统的组成

现对点火提前角的闭环控制。

在发动机控制系统中,点火控制包括点火提前角控制(ESA)、通电时间控制(EST)和爆震控制(KNK)三个方面。

1. 点火提前角控制

实际点火提前角 = 初始点火提前角 + 基本点火提前角 + 修正点火提前角(或延迟角)

启动期间,发动机转速较低,由于进气压力信号或进气量信号不稳定,所以点火时刻固定在初始点火提前角位置。初始点火提前角由发动机 ECU 根据压缩行程上止点位置信号确定。此时的控制信号主要是发动机转速(Ne)信号和启动开关(GTA)信号。

发动机正常工作中,ECU 根据进气压力(或进气量)和发动机转速确定基本点火提前角,并根据有关传感器的信号和发动机各自的特性曲线加以修正。点火提前角修正包括暖机修正、过热修正、怠速稳定性修正和爆震修正等。发动机在暖机过程中,点火提前角将随发动机温度的升高而逐渐增大。

如果发动机实际点火提前角不合理,发动机很难正常工作。在初始点火提前角已设定的情况下,受发动机 ECU 控制的实际点火提前角只是基本点火提前角和修正点火提前角之和,该值应保证在以下范围内:最大点火提前角:35°~45°,最小点火提前角:-10°~0°

2. 通电时间的控制

所谓通电时间是指点火线圈一次侧电路的导通时间。当点火线圈的一次侧电路被接通后,一次侧电流是按指数规律增长的。发动机转速的变化会带来点火周期的增长和缩短,从而使点火线圈的通电时间增长和缩短;电源电压的变化也对一次侧断开电流的大小有影响,当蓄电池电压下降时,在相同的通电时间内,一次侧电流减小。在发动机转速和电源电压发生变化时,必须对通电时间进行修正。

3. 爆震控制

爆震是火花塞点火前汽缸内混合气自燃引起的不正常燃烧现象。利用点火提前角的闭环控制系统可有效地控制点火提前角而使发动机工作在爆震的边缘。将点火时刻控制在爆震的临界点或有轻微的爆震,此时发动机热效率最高,动力性和经济性最好。一旦产生爆震则采用推迟点火提前角的方法防止爆震。在不发生爆震的情况下,电控单元对点火采用开环控制,一般在部分负荷和高转速时则多采用开环控制。当发生爆震时,电控单元检测到爆震传感器的爆震信号对点火进行闭环控制,一般仅在大负荷、中低转速工况。

(三)类型

目前,多数电控点火系统取消分电器、主高压线、分火头等装置,直接将点火线圈次级绕组的两端与火花塞相连,即把点火线圈产生的高压电直接送给火花塞进行点火。按其配电方式可分为双缸同时点火式和单独点火式两大类,而双缸同时点火式又分为点火线圈分配式和二极管分配式两种。

1. 点火线圈分配式双缸同时点火系统

点火线圈分配式双缸同时点火方式是指点火线圈每一次产生高压,使成对的两缸火花塞跳火,如图 2-1-44 所示。当然,只有一缸是有效点火,而另一缸是无效点火。无效点火缸恰好处在排气行程,缸内的温度较高而压力很低,火花塞电极间隙的击穿电压很低,故对有效点火缸火花塞的电极电压和跳火放电能量影响很小。有些车在点火线圈二次侧还接有一个高压二极管，作用是阻止一次侧绕组通路时二次侧绕组产生的电压加在火花塞上，以防止误点火。

2. 二极管分配方式双缸同时点火系统

二极管分配方式双缸同时点火系统如图 2-1-45 所示，点火线圈采用两个一次侧绕组、一个二次侧绕组的结构形式，二次侧绕组的两端通过 4 个高压二极管与火花塞构成回路。对于点火顺序为 1—3—4—2 的发动机，1、4 缸为成对的缸，2、3 缸为成对的缸。点火模块中两个功率二极管各控制一个一次侧绕组，两个功率三极管则由电控单元按点火顺序交替触发导通或截止。两个一次侧绕组通电时的电流方向相反，在二次侧绕组中所产生的高压电动势方向也相反，当一个一次侧绕组断电时，在二次侧绕组产生的高压电动势方向使 1、4 缸的二极管正向导通，火花塞电极电压迅速升高至跳火；而 2、3 缸的二极管反向截止，故火花塞无高压电而不跳火；当另一个一次侧绕组断电时，则为 2、3 缸火花塞跳火，1、4 缸火花塞不跳火，每次跳火包括一个有效火花和一个无效火花。

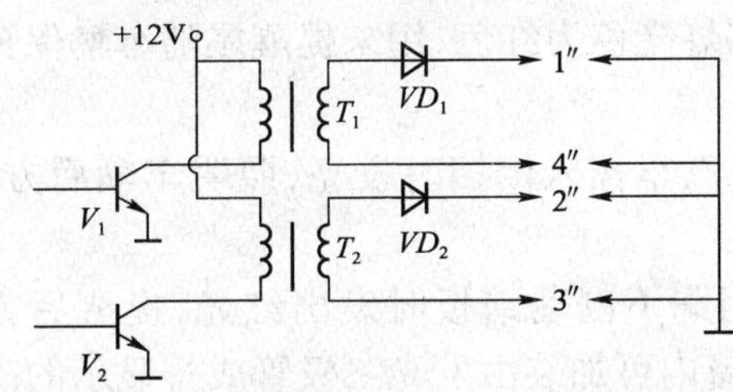

图 2-1-44　点火线圈分配式双缸同时点火方式

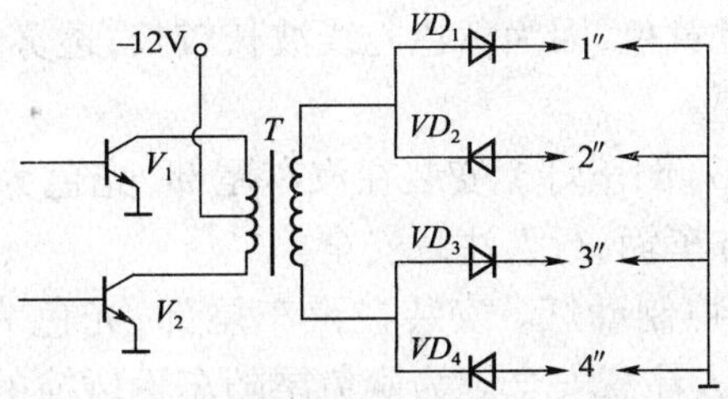

图 2-1-45　二极管分配方式双缸同时点火系统

3. 单独点火式点火系统

单独点火配电方式的点火系统如图 2-1-46 所示，发动机每一缸配一个点火线圈，可将点火线圈直接安装在火花塞的顶上，这样不仅取消了分电器，也同时取消了高压线，故分火性能较好，相比而言，其结构与点火控制电路最为复杂。

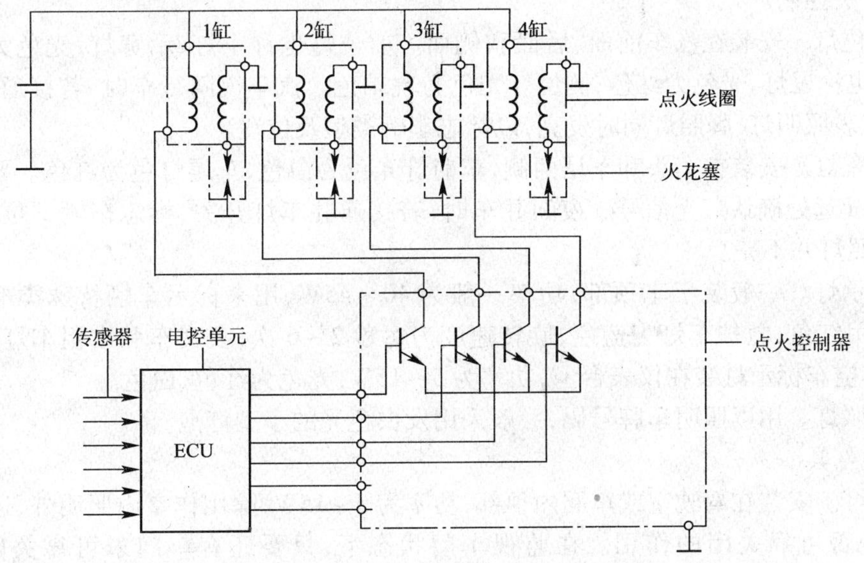

图 2-1-46　单独点火配电方式点火系统原理图

第六节　汽车照明、仪表和信号系统

一 汽车照明系统

(一)汽车灯具的种类及用途

为了保证汽车行驶安全,现代汽车上都装备了许多灯具,按功能不同可分为照明灯和信号灯,照明灯有前照灯、雾灯、顶灯、仪表灯和工作灯等;信号灯有转向灯、制动灯、小灯、尾灯、指示灯和警示灯等。按安装位置可分为外部灯具和内部灯具。

1. 外部灯具

(1)前照灯。也称大灯或头灯,用于夜间行车的道路照明。

(2)雾灯。用于雾天、下雪天、暴雨或尘埃弥漫时行车的道路照明和提供信号。前雾灯光色为橙黄色,因为黄色光线波长较长,透雾性好;后雾灯光色为红色,用来提醒尾随车辆保持安全间距。

(3)倒车灯。安装在汽车尾部,光色为白色。当汽车挂入倒挡时发亮,照明车辆后方,提醒后方车辆、行人注意安全。

(4)制动灯。安装在汽车尾部,光色为红色。当踩下制动踏板时发出红光,提醒后方车辆、行人注意安全。为避免尾随车辆碰撞的危险,后窗内可加装由发光二极管成排显示的高位制动灯。

(5)转向灯。安装在汽车头部、尾部的左右两侧,光色为琥珀色,功率一般为20W。有些车两侧中间装有侧转向灯,功率一般为5W。当汽车转弯时,灯光呈闪烁状,频率为1.5±0.5Hz,启动时间不大于1.5s,用来指示车辆转弯行驶方向。在紧急遇险状态需其他车辆注意避让时,全部转向灯可通过危险报警灯开关接通,同时闪烁,发出紧急遇险指示。危险报警灯操纵装置不受点火开关控制。

(6)示位灯。安装在汽车前面、后面和侧面。前位灯也称小灯、示宽灯,光色为白色或黄色;后位灯也称尾灯,光色为红色;侧位灯光色为琥珀色。汽车夜间行车时,若接通前照灯时,示位灯与仪表照明灯、牌照灯同时发亮,以标志车辆类型及位置。

(7)驻车灯。安装在车头和车尾两侧,车前灯光色为白色,车尾灯色为红色。要求从车前和车尾150m远处确认灯光信号。夜间驻车时,若接通驻车灯开关,标志车辆型位,此时仪表照明灯、牌照灯并不亮。

(8)警示灯。一般装于车顶部,功率一般为40~45W,用来标示车辆特殊类型。消防车灯、警车灯用红色,救护车灯为蓝色,旋转速度为每秒2~6次;公交车和出租车灯为白色、黄色。出租车空车标示灯装在仪表台上,功率为5~15W,光色为红色、白色。

(9)牌照灯。用以照明车牌号码,一般采用发白色光的小型灯泡。

2. 内部灯具

(1)顶灯。安装在驾驶室或车厢内顶部,功率为5~15W,除用作室内照明外,还可以兼起监视车门是否可靠关闭的作用。在监视车门状态下,只要还有车门未可靠关闭,顶灯就点亮。

(2)门灯。装于轿车车门内侧底部,功率为5W,光色为红色。夜间开启车门时灯亮,以告示后来行人、车辆注意避让。

(3)仪表照明灯。装在仪表板内,用来照明仪表指针及刻度板。仪表照明灯与示位灯、牌照灯并联,有些汽车仪表照明灯发光强度可调节。

(4)仪表报警及指示灯。常见的有充电指示灯、机油压力过低报警灯、转向指示灯、远光指示灯等,报警灯一般为红色、黄色,指示灯一般为绿色或蓝色。

(二)前照灯

为使汽车能在夜间和能见度低的情况下安全行驶,现代汽车要求前照灯能够保证车前100m以上明亮均匀的道路照明,并且不对迎面来车驾驶员造成炫目。

1. 前照灯的结构

前照灯一般由反射镜、配光镜和灯泡三部分组成,如图2-1-47所示。反射镜的作用是将灯泡的光线聚合并导向前方。配光镜的作用是将反射镜反射出的平行光束进行折射,使车前路面和路缘都有良好而均匀的照明。

1)灯泡

灯泡是前照灯的光源部分,目前汽车前照灯的灯泡有白炽灯泡、卤素灯泡和新型高压放电氙气灯等。

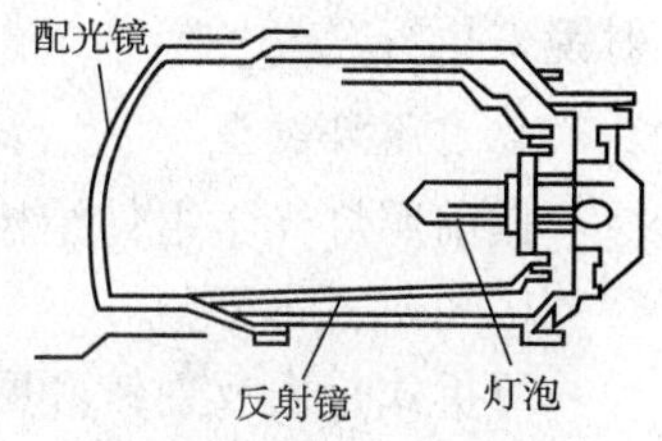

图2-1-47 前照灯的组成

(1)白炽灯泡。灯丝用钨丝制成,由于钨丝受热后会蒸发,将缩短灯泡的使用寿命,因此制造时要先从玻璃泡内抽出空气,然后充以约86%的氩和约14%的氮的混合惰性气体。由于惰性气体受热膨胀会产生较大的压力,这样可减少钨的蒸发,增强发光效率,有利于延长灯泡的寿命。为了缩小灯丝的尺寸,常把灯丝制成紧密的螺旋状,以利于聚合平行光束。

(2)卤素灯泡。在白炽灯泡内充入氟、氯、碘等卤素气体而制成的灯泡。卤素气体是一种惰性气体,防止了钨的蒸发和灯泡玻璃体的黑化现象,在此气体内灯丝烧耗慢。在相同功率情况下,卤素灯的亮度是白炽灯的1.5倍,而寿命是白炽灯的2~3倍。

(3)新型高压放电氙气灯。氙气灯由弧光灯组件、电子控制模块和升压器三部分组成。其灯泡发出的光色成分和日光灯非常相似,亮度是卤素灯泡的2.5倍,寿命可达卤素气体灯泡的5倍。由于灯泡点燃达到正常工作温度后,维持电弧放电的功耗为35W,所以可节约40%的电能。高亮度弧光灯没有传统灯泡的灯丝,在石英管内有两个电极,管内充有氙气及微量金属或金属卤化物。

2)反射镜

反射镜的作用是最大限度地将灯泡发出的光线聚合成强光束,以增加照射距离。它一般呈抛物面状,内表面镀铬、铝或银,然后抛光,目前多采用真空镀铝。依反射镜反射原理,灯丝与反射镜间的相对位置不同,反射光线的情况也不同,如图2-1-48所示。

灯丝在焦点上时,反射光线成平行状射出;灯丝在焦点与反射镜之间时,反射光线成分散状向外射出;灯丝在焦点的前面时,反射光线成收敛状向中央射出。

3)配光镜

良好的前照灯必须有强力的远距中央光束,周围并分布光源,以尽可能扩大照射路面的范围。反射的光线经镜头可再改善,镜头能再分配反射的光束及散射的光线,故可得较佳的照明。

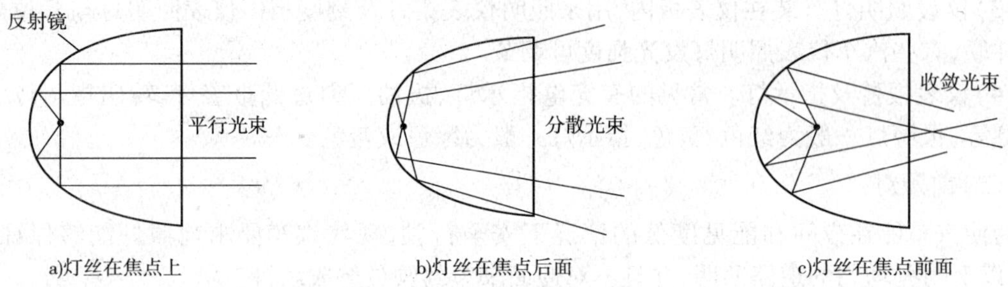

图 2-1-48　灯丝位置不同所反射光线的情况

玻璃或塑胶镜头上有许多纵、横或不规则的条纹,整个镜头可分割成极大数量的方形块,也就是每一个单独的小镜头均会引导光线,来改善光线的投射或光束的形式。

目前许多汽车的前照灯均已改用透明的镜头,因此前照灯所有光线方向的变化,都是由反射镜来执行。

2. 前照灯类型

按前照灯光学组件结构不同,分为可拆式、半封闭式和封闭式三种。

1)可拆式前照灯

可拆式是由反射镜和配光镜等安装而成的,因此气密性差,反射镜易受湿气和尘埃污染而降低反射能力,严重降低照明效果,目前已很少采用。

2)半封闭式前照灯

半封闭式前照灯的配光镜是靠卷曲反射镜边缘上的牙齿而紧固在反射镜上,二者之间垫有橡皮密封圈,灯泡只能从反射镜后端装入。当需要更换损坏的配光镜时,应撬开反射镜边缘的牙齿,安上新的配光镜后,再将牙齿处复原。由于这种灯具减少了对光学组件的影响因素且维修方便,因此得到了广泛使用。

3)封闭式前照灯

封闭式前照灯又叫真空灯,其反射镜和配光镜玻璃制成一体,形成灯泡,里面充以惰性气体。灯丝焊在反射镜底座上,反射镜的反射面经真空镀铝。由于封闭式前照灯完全避免反射镜被污染以及遭受大气的影响,因此其反射效率高,照明效果好,使用寿命长。但当灯丝烧断后,需要更换整个总成,成本高,因此限制了它的使用。

其中外形为投射式前照灯比较常见。投射式前照灯特点是装用很厚的无刻纹的凸型散光镜,反射镜是椭圆形的且外径很小。投射式前照灯的反射镜近似于椭圆形状,它具有两个焦点。第一焦点处放置灯泡,第二焦点在灯光中形成。凸形散光镜的焦点与第二焦点是一致的。来自灯泡的光利用反射镜聚成第二焦点,再通过散光镜将聚集的光投射到前方。投射式前照灯采用卤素灯泡。

3. 前照灯防炫目措施

夜间会车时,前照灯强烈的灯光可造成迎面驾驶员炫目,容易引发交通事故,所以为了避免前照灯的炫目作用,前照灯采用双丝灯泡、加装配光屏和采用 Z 型配光等防炫目措施。

1）双丝灯泡

前照灯一般采用双丝灯泡，一个灯丝为远光灯丝，功率为 45 ~ 60W，位于反射镜的焦点位置，射出的光线远而亮；另一个灯丝为近光灯丝，功率较小，位于反射镜的焦点上方或前方，由于光线较弱，且经反射后光线大部分向下倾斜，从而减少了对迎面来车驾驶员的炫目作用。

2）加装配光屏

在近光灯丝下面加装配光屏合，当接通近光灯时，配光屏能将近光灯丝下部分的光线完全遮住，消除了向上的反射光线；而接通远光灯丝时，配光屏不起作用，在安装时偏转一定角度，使其近光的光形分布不对称，形成一条明显的明暗截止线。由于这种前照灯防炫目效果好，目前绝大部分前照灯采用这种结构形式。

3）Z 型配光

Z 型配光形式是指其明暗截止线呈 Z 字形。这种配光形式使迎面来车驾驶员和非机动车人员都不炫目，提高了夜间行车的安全性。

4. 前照灯电子控制装置

目前许多汽车采用了新型前照灯光自动控制系统，主要有前照灯会车自动变光器、前照灯自动开灯/延时关灯系统等。这些电子装置的基本结构大致相同，通常由光敏器件、电子控制电路、电磁继电器（执行机构）等组成。

1）自动开灯/延时关灯系统

当白天汽车通过高架桥、林荫道、森林或突然乌云密布、天空昏暗等环境亮度降低时，该装置能自动点亮前照灯和外部照明灯。另外，当汽车停驶后，延时关灯系统可为驾驶员下车离去提供一段照明时间，以免摸黑离开车辆。

2）前照灯自动变光器

新型自动变光系统利用固体电路模块与电磁继电器等控制远光/近光的变换。系统大多数由对光照射敏感的光电管和放大器单元、远/近光继电器、变光开关和前照灯闪光超车继电器等主要部件组成。

5. 前照灯的调整

前照灯的光束达不到要求时，可按图 2-1-49 所示进行调整。调整时应在在车辆装备齐全、轮胎气压正常，车辆停在平坦场地等到情况下进行。具体调整方法参见前照灯检测仪的使用方法。

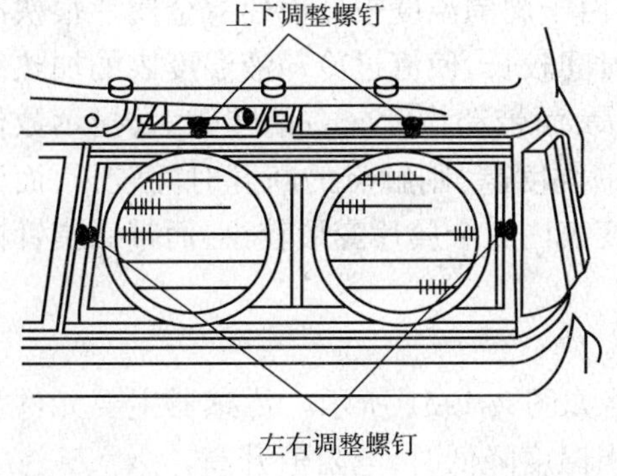

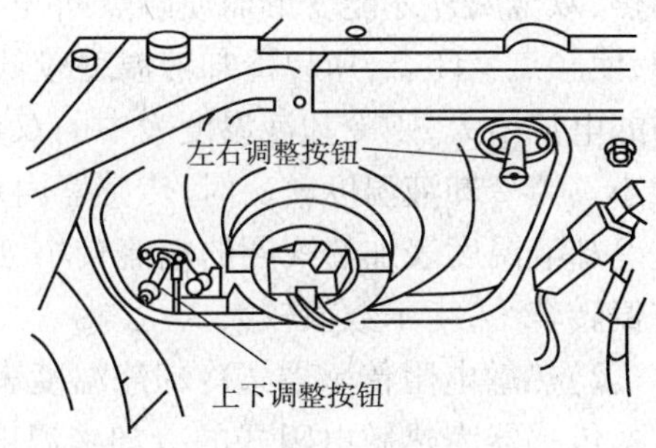

图 2-1-49　前照灯灯光调整部位

二 汽车仪表系统

为了能使驾驶员随时了解汽车主要部件的工作情况，以便及时发现和排除可能出现的故障，汽车上装有各种仪表。普通仪表系统主要由仪表和传感器组成，常见的仪表有电热式和电磁式两种。常见仪表有冷却液温度表、燃油表、车速里程表、发动机转速表、机油压力表、电流表等。

(一)冷却液温度表

冷却液温度表的作用是指示发动机冷却液温度。由装在仪表板上的冷却液温度指示表和装在发动机冷却液道上的冷却液温度传感器配合工作。冷却液温度表有电热式和电磁式两类。汽车常用电热式冷却液温度表配热敏电阻式冷却液温度传感器。

1. 电热式冷却液温度表

电热式冷却液温度表又称双金属片式冷却液温度表，与之配套的传感器有电热式和热敏电阻式两种。

1)电热传感器式冷却液水温表

传感器为电热式的冷却液温度表的工作电路如图 2-1-50 所示。传感器内的双金属片上绕有加热线圈，线圈的一端通过连接片与接线柱相连，另一端经固定点搭铁。

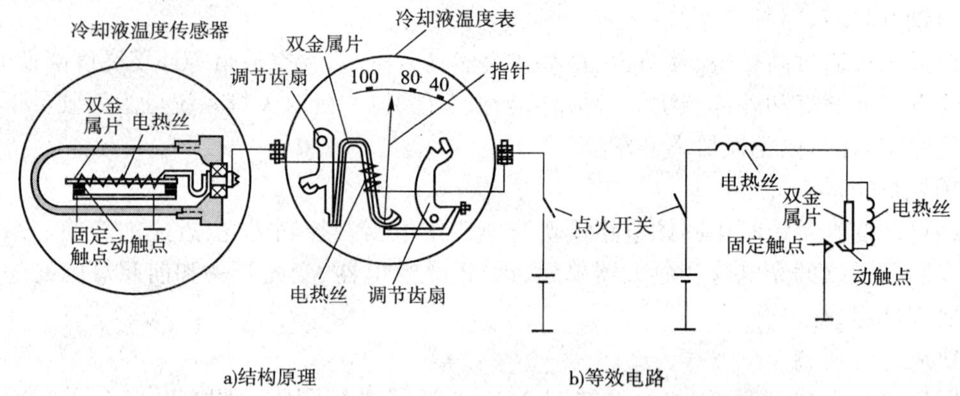

图 2-1-50　电热式冷却液温度表与电热式冷却液温度传感器电路

当冷却液温度较低时，传感器内的双金属片主要依靠加热线圈产生变形，这样需较长时间加热，双金属片才能变形而使触点断开。触点断开后，由于周围温度较低而使双金属片很快冷却，使触点又闭合，所以冷却液温度较低时，触点闭合时间较长，使流过冷却液温度表的加热线圈的电流增大，则冷却液温度表中的双金属片变形较大，而带动指针向右偏转较大，指示数值较小。当冷却液温度较高时，传感器内双金属片的周围温度高，则触点的断开时间较长，而流过冷却液温度表加热线圈的电流较小，所以冷却液温度表内双金属片变形较小，而带动指针向右偏转较小，指示数值较大。

2)热敏电阻传感器式冷却液温度表

传感器为热敏电阻式的冷却液温度表的工作电路如图 2-1-51 所示。传感器主要元件为负温度系数的热敏电阻，当温度升高时，电阻值下降；当温度降低时，电阻值升高。

当冷却液温度较低时，热敏电阻阻值较大，流过冷却液温度表加热线圈的电流较小，则加热线圈温度较低，使双金属片变形较小，指示数值较小；当冷却液温度较高时，热敏电阻阻值较小，流过冷却液温度表加热线圈的电流较大，则加热线圈温度较高，使双金属片变形较大，指示数值较大。

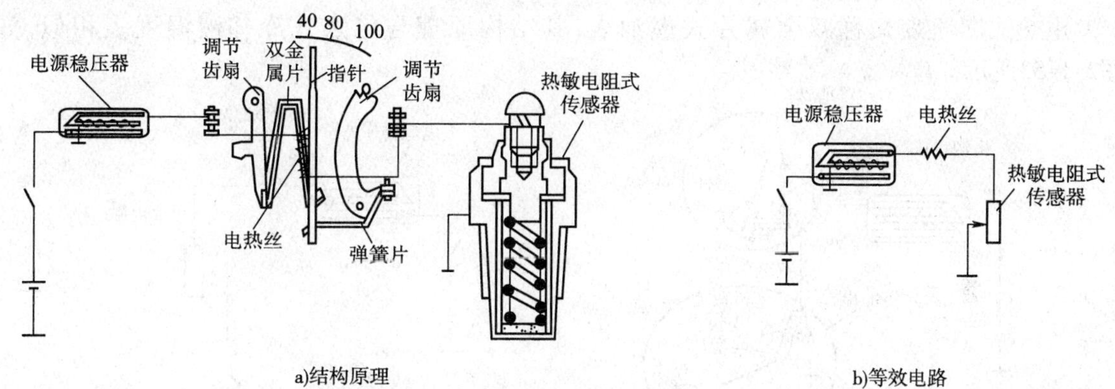

图 2-1-51　电热式冷却液温度表与热敏电阻式冷却液温度传感器电路

这种形式的电路中需配有电源稳压器，其作用是在电源电压波动时，起稳定电路电压的作用，以保护仪表的读数准确。

2. 电磁式冷却液温度表

1）结构

电磁式冷却液温度表的结构如图 2-1-52 所示。配套的传感器一般为热敏电阻式，且不需要电源稳压器。冷却液温度表内有两个互成一定角度的铁芯，铁芯上分别绕有磁化线圈，其中磁化线圈 L1 与传感器并联，磁化线圈 L2 与传感器串联，两个铁芯的下端对着带指针的偏转衔铁。

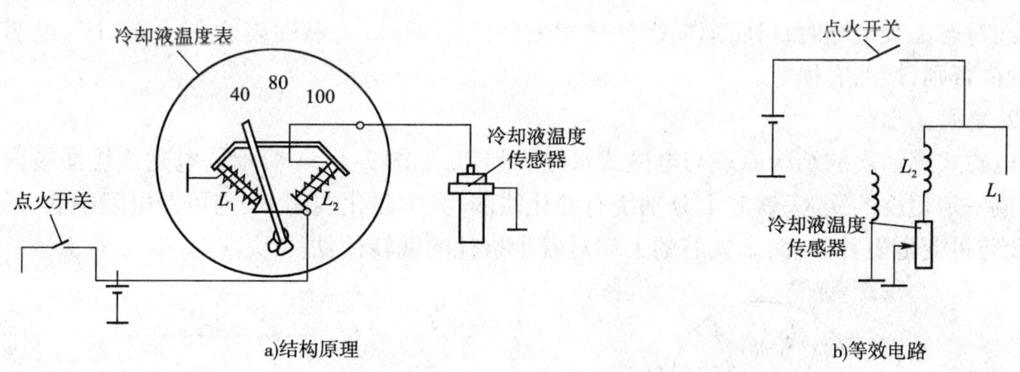

图 2-1-52　电磁式冷却液温度表结构及工作电路

2）工作原理

当冷却液温度较低时，热敏电阻传感器阻值较大，则 L2 中的电流较小，L1 中的电流较大，磁场较强，则吸引衔铁向低温方向偏转；当冷却液温度较高时，热敏电阻传感器阻值较小，则 L2 中的电流较大，磁场较强，则吸引衔铁向高温方向偏转。

（二）燃油表

燃油表用来指示油箱内储蓄油量多少。由装在仪表板上的燃油指示表和装在燃油箱内的传感器构成。燃油指示表有电磁式和电热式两种,汽车常用电热式燃油指示表配可变电阻式传感器。

1. 电热式燃油表

电热式燃油表又称双金属片式燃油表,其结构原理与电热式冷却液温度表相似,如图2-1-53所示。

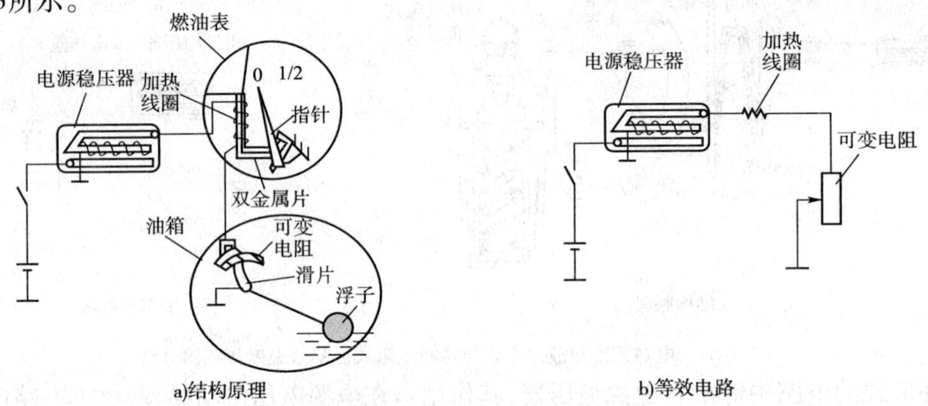

图 2-1-53 电热式燃油表结构及工作电路

传感器由可变电阻、滑片和浮子等组成。当油箱油量减少时,传感器浮子下沉,将可变电阻阻值增大,加热线圈中的电流减小,双金属片变形小,使指针指示值较小。当油箱油量增加时,传感器浮子上浮,将可变电阻阻值减小,加热线圈中的电流增大,双金属片变形大,使指针指示值变大。

由于加热线圈中的电流除与可变电阻有关外,还与电源电压有关,因此该电路中应配有电源稳压器。

在对燃油表检测时,可将通向燃油传感器的线路短路,若燃油表的指示为“1”,说明燃油表良好,否则,燃油表损坏。

2. 电磁式燃油表

电磁式燃油表的结构原理与电磁式水温表类似,如图 2-1-54 所示。电磁式燃油表内有两个互成一定角度的铁芯,铁芯上分别绕有磁化线圈,其中磁化线圈 L1 与可变电阻串联,磁化线圈 L2 与可变电阻并联,两个铁芯的下端对着带指针的偏转衔铁。

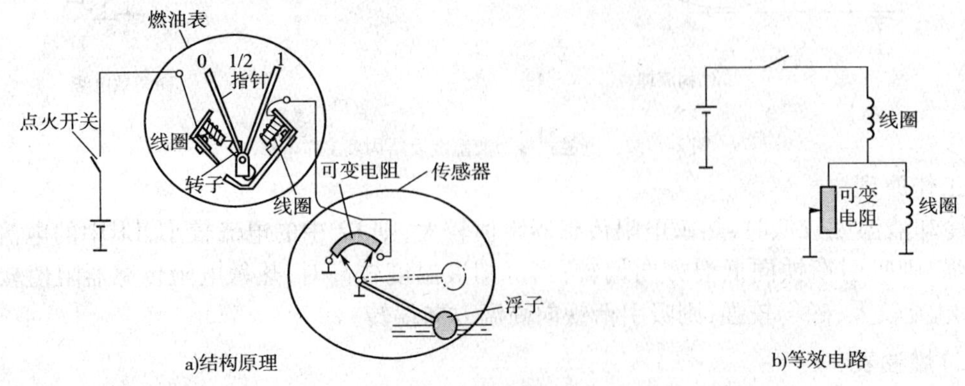

图 2-1-54 电磁式燃油表结构及工作电路

当油箱油量减少时，浮子下沉，可变电阻阻值变小，通过的电流变小，而线圈 L1 的电流增大，产生的电磁吸力增大，转子使指针逆时针转动。当油箱油量增加时，浮子上浮，可变电阻阻值变大，通过的电流变大，而线圈 L1 的电流减少，产生的电磁吸力减小，转子使指针顺时针转动。

(三)车速里程表

车速里程表用来指示汽车行驶速度和累计行驶里程，它由车速表和里程表两部分组成。按其工作原理可分为磁感应式和电子式两种。

1. 车速表

车速表用于显示汽车行驶的速度，按照其工作原理的不同可分为机械式车速表和电子式车速表。

1)机械式车速表的结构及工作过程

机械式车速表为电磁式，其构造如图 2-1-55 所示，由变速器输出轴带动的软轴所驱动。

车速表指针的指示是因软轴带动磁铁旋转时，使转盘也发生旋转力，此旋转力与游丝弹簧的弹力平衡时指示在一定位置。

旋转磁铁之所以使转盘转动，其原理是把导体置于旋转磁场中，导体便感应产生电流，而发生与旋转磁场同方向转矩。

转盘的旋转力与旋转磁铁的旋转速度(即车速)成正比，而游丝弹簧的力与此旋转力平衡时，便决定了指针的指示位置。

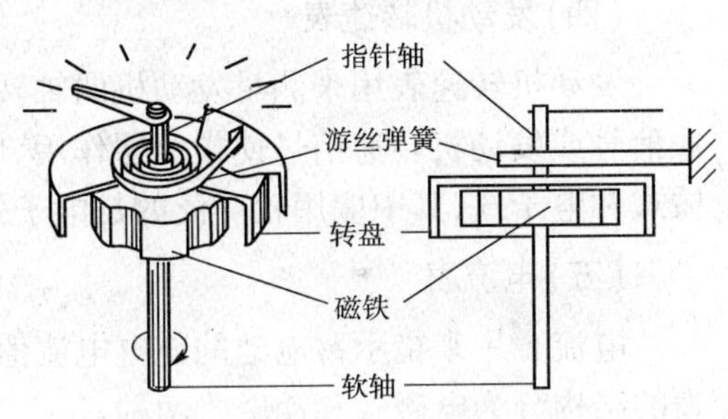

图 2-1-55 电磁式车速表

2)电子式车速表

电子式车速表是由车速传感器、处理器及指针式车速表组成。车速传感器采用电磁式，由变速器输出轴驱动，当汽车行进时，传感器产生的电压信号与车速成正比，送给处理器放大、计算及处理后，使指针摆动以显示速度。

桑塔纳 2000 型轿车采用的就是电子车速表，从装于变速器后的车速传感器中获得脉冲信号，通过导线输送给指示器。电子式车速里程表克服了机械式车速里程表用软轴传输转矩的缺点，并具有精度高、指针平稳和寿命长等特点。

2. 里程表

里程表用来显示汽车累计行驶的里程数和短里程数，按照其工作原理的不同可分为机械式里程表和电子式里程表。

1)机械式里程表

机械式里程表的结构如图 2-1-56 所示。里程表是以车速表旋转磁铁的驱动软轴来驱动特殊的齿轮，通过齿轮带动计数环来计算行驶里程。全程表通常有五个计数环，末位数每转一圈代表汽车行驶 1km。现代汽车的全程表的最右侧通常再附一组白底黑字，每一数字代表 1/10km的计数环。

短程表通常为三位数，随时可以用归零装置，使每个计数环都回到 0 位。

2)电子式里程表

电子式里程表是由车速传感器、处理器及步进电机与机械式里程表组成。传感器信号送给处理器,处理器控制步进电机作用,使机械式里程表显示正确的数字。步进电机与机械式里程表的组合,如图 2-1-57 所示。

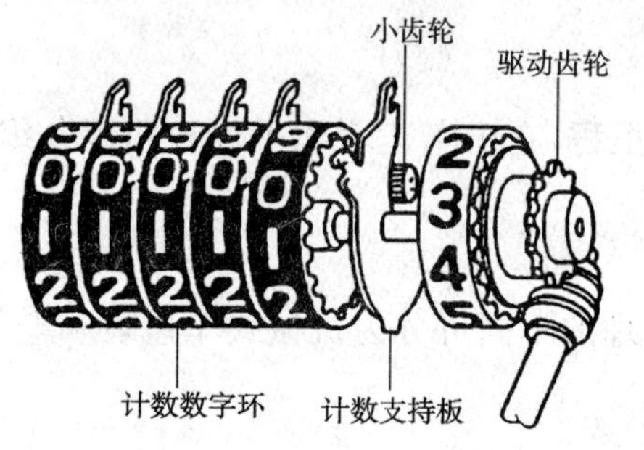

图 2-1-56　机械式里程表的构造

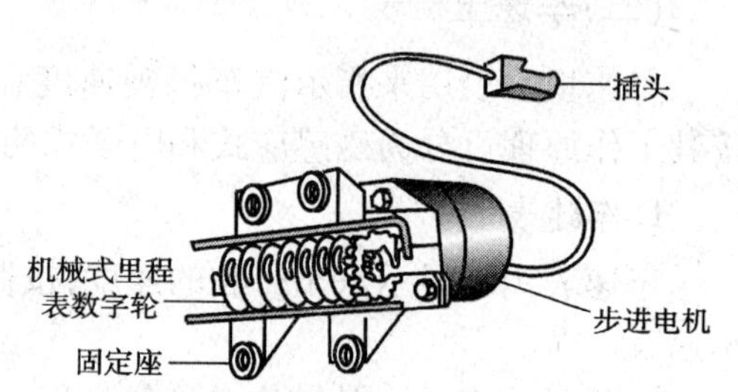

图 2-1-57　机械电子式里程表

(四)发动机转速表

发动机转速表用来测量发动机曲轴转速。发动机转速表通常都是利用送到点火线圈的脉冲信号或发动机转速信号使指示器作用,以显示发动机转速。转速表按其结构不同可分为机械式和电子式,其中应用较广泛的是电子式转速表。

(五)电流表

电流表用来指示蓄电池的充电电流值,同时还用以监视充电系是否正常工作。常用电流表的结构分为电磁式和动磁式两种。

(六)机油压力表

机油压力表的作用是在发动机运转时,指示发动机主油道机油压力。它由装在发动机主油道(或粗滤器壳)上的油压传感器配合工作。常用油压表结构有电热式和电磁式两种,汽车上大多采用电热式油压表。对于电热式机油压力表,传感器的平均电流越大,其指示表指示的压力越大。电热式油压传感器安装时,一定要使外壳上的箭头符号向上,与垂直中心线的夹角不得超过 30°,否则会造成示值误差。

三 汽车信号系统

汽车上的信号系统包括灯光信号装置和音响信号装置,其中灯光信号装置包括转向信号灯、报警信号灯、倒车信号灯、制动信号灯等;音响信号装置包括喇叭和消防车、救护车、警车上的音响报警装置。

(一)转向灯及危险报警灯

1. 作用

转向灯的作用是指示汽车的行驶趋向。当接通危险报警灯开关时,前后左右全部转向灯同时闪烁,表示车辆遇到紧急情况,请求其他车辆和行人避让。

2. 组成

转向灯及危险报警灯电路由闪光器、转向灯开关、报警灯开关、转向灯及转向指示灯等部件组成。转向灯闪烁由闪光继电器(简称闪光器)控制,常见闪光器有电容式、电热式和电子式三类。转向灯闪光器与危险报警灯闪光器可以共用,也可以单独设置。

1)电容式闪光器

电容式闪光器由一只大容量电容器和双线圈继电器组成,如图2-1-58所示。电容式闪光器是利用电容器的充放电延时特性,使两个线圈产生的电磁力时而相加,时而相减,这样使触点产生周期性开关动作,进而使转向信号灯闪烁。电容式闪光器具有监控功能,当一侧转向灯有一只或一只以上转向灯泡烧断或接触不良时,闪光器就使得该侧转向灯接通时只亮不闪,提示电路异常。

当转向开关向左(或右)闭合的瞬时,由于触点闭合而使转向灯电路导通,转向灯亮;此时串联和并联线圈同时通电产生的电磁吸力很快使触点断开,转向灯灭。触点断开后,电容充电,转向灯不亮;随着充电过程的进行,充电电流逐渐减小,电磁吸力减小,触点闭合,转向灯亮。灭弧电阻是用来减少触点火花,起保护触点的作用。

2)电热式闪光器

电热式闪光器有电热丝式和翼片式两种。电热丝式闪光器如图2-1-59所示,当转向灯开关向左(或右)接通时,转向灯电路为:蓄电池正极→闪光器接线柱→支架→电热丝→转向灯开关→转向灯左(或右)→搭铁。由于电热丝的阻值较大,则通过的电流较小,故转向灯较暗。当热丝通电使热胀条受热伸长后,动触点与静触点闭合,则电路为:蓄电池正极→闪光器接线柱→支架→叶片→闭合的触点→转向灯开关→转向灯左(或右)→搭铁。由于叶片的阻值较小,则电热丝被短路,而通过转向灯的电流增大,转向灯变亮。同时,由于电热丝被短路,热胀条逐渐冷却而收缩,又将触点打开,使转向灯变暗。如此反复,使转向灯发出闪烁信号。

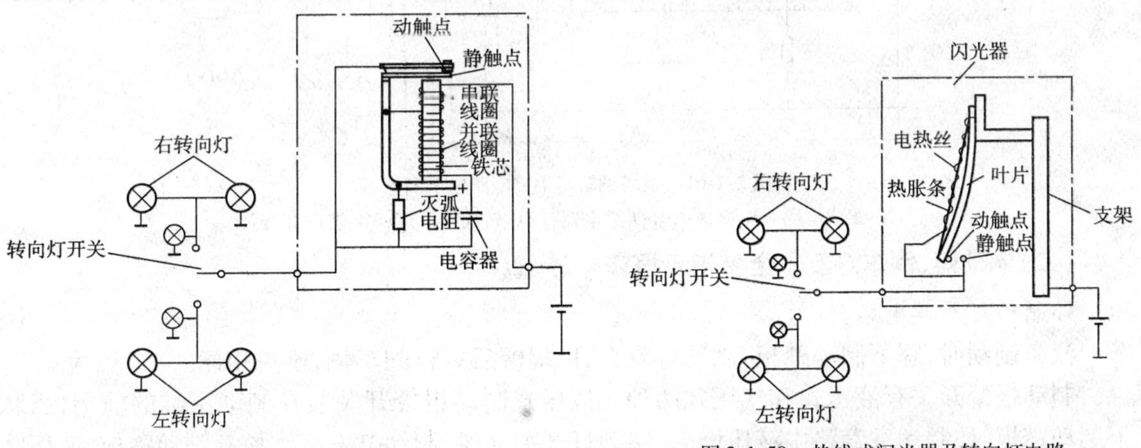

图2-1-58 电容式闪光器及转向灯电路

图2-1-59 热线式闪光器及转向灯电路

3)电子闪光器

具有闪光频率稳定,亮暗分明、清晰,无发热元件,节约电,有故障报警功能等优点。电子闪光器分晶体管式和集成电路式两类。

(1)晶体管式电子闪光器。其转向灯电路如图2-1-60所示。当转向开关向左(右)闭合时,电流由蓄电池正极→点火开关→闪光器,在R_2上产生压降,使VT_1导通,而VT_2和VT_3截止,转向灯不亮。此时电容C充电,随着电容C充电电流的减小,晶体管VT_1由导通变为截止,而

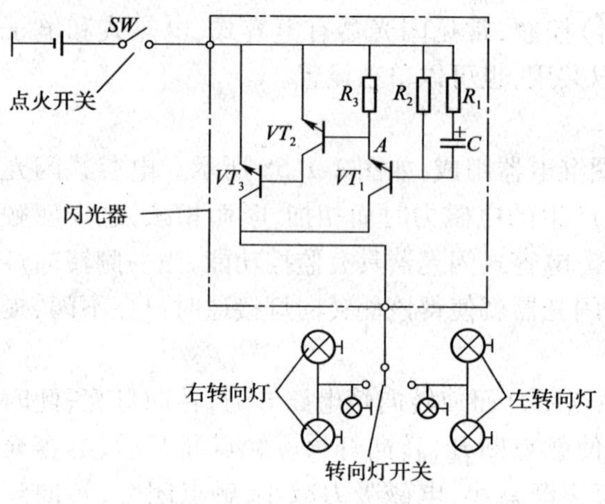

图 2-1-60　电子闪光器及转向灯电路

VT_2和VT_3导通,转向灯亮。随后电容C又开始放电,电容C放电时间即为转向灯亮的时间。当电容C放完电,而开始充电时,转向灯又熄灭。如此反复,使转向灯发出闪烁信号。

(2)集成电路电子闪光器。由IC集成电路和继电器组成。桑塔纳轿车集成电路电子闪光器及转向灯电路如图2-1-61所示,其电流电路是:当转向开关向左(右)闭合时,由B+给闪光器提供电源电压,由IC集成电路控制继电器线圈电路,使继电器触点反复开、闭,于是转向灯及转向灯信号灯就以80次/min的频率闪烁。若有一个转向灯损坏,则R_S的电流就减小,会使IC集成电路控制的闪光频率加快一倍,起故障自诊断作用。

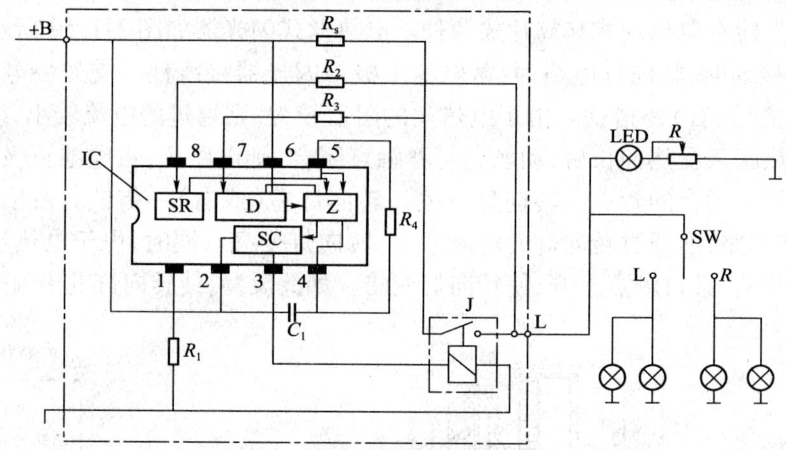

图 2-1-61　桑塔纳轿车集成电路电子闪光器

IC-集成电路;SR-取样电阻;J-继电器;LED-转向指示灯;SW-转向灯开关

(二)制动灯、倒车灯及安全带指示报警电路

1. 制动灯及其电路

汽车制动时,踩下制动踏板,制动灯发亮,以提醒后方行驶车辆,避免相撞。

制动报警开关有液压式和气压式两种。液压式制动报警开关装在制动主缸的前端,当踩下制动踏板时,制动系管路中液压增大,制动灯开关导通,制动灯发亮。松开制动踏板,液压降低,制动开关断开,制动灯熄灭。气压式制动开关的工作过程与液压式报警灯开关基本相似。

2. 倒车灯及其电路

汽车倒车时,为了提醒车后的行人和驾驶员注意避让,在汽车的后部常装有倒车灯、倒车报警器(蜂鸣器或语音报警器),它们均由装在变速器上的倒挡开关控制。

3. 安全带指示报警电路

安全带指示灯报警电路由控制开关、指示灯等组成。当点火开关接通、安全带未系时,安全带指示灯亮,以提示驾驶员。

（三）汽车喇叭

1. 喇叭的作用分类

汽车喇叭用来警告行人和其他车辆，以保证行车安全。

喇叭按发音动力不同分气喇叭和电喇叭两类。气喇叭是利用气流冲击使金属膜片振动产生声音的，外形一般为长筒形，多用在气压制动的汽车上。电喇叭是利用电磁力使金属膜片振动产生声音的，其声音悦耳，广泛使用于各种类型的汽车上。

电喇叭按有无触点可分为普通电喇叭和电子电喇叭，按外形不同电喇叭分为螺旋形、筒形、盆形三类，按音频分为高音和低音两种。普通电喇叭主要是靠触点的闭合和断开，控制电磁线圈激励膜片振动而产生声音的；电子电喇叭中无触点，它是利用晶体管电路产生的脉冲激励膜片振动产生声音的。

2. 电喇叭的结构及工作原理

1）螺旋形电喇叭

螺旋形电喇叭主要部件有铁芯、励磁线圈、衔铁、膜片、扬声器触点及电容器。如图2-1-62所示。当按下按钮时，电流由蓄电池正极→线圈→触点→喇叭按钮→搭铁，电路接通，铁心产生吸力，吸下衔铁，电路被切断；当电路被切断时，线圈吸力消失，而衔铁在弹簧作用下回位，电路重新被接通。如此反复进行上述过程，膜片不断振动，从而发出一定音调的音波，通过共鸣板产生共鸣，再由扬声器发出。触点间并联一个灭弧电容。

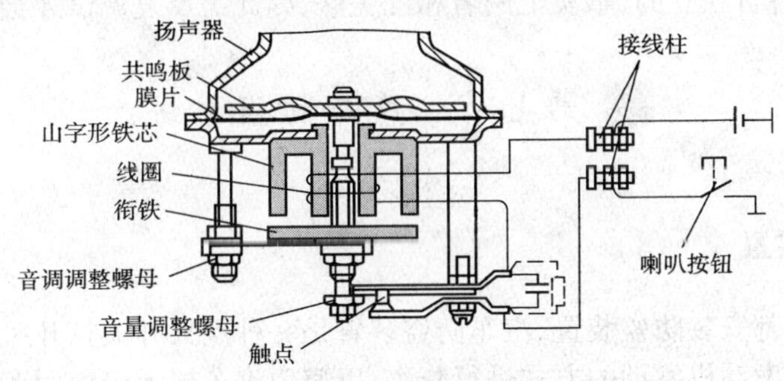

图 2-1-62 螺旋形喇叭结构

2）盆形喇叭

盆形喇叭如图2-1-63所示，工作原理与螺旋形电喇叭相同，铁芯上绕有励磁线圈，上、下铁芯间的气隙在励磁线圈中间，所以能产生较大的吸力。它无扬声筒，而是将上铁芯、膜片和共鸣片装在中心轴上。当电路接通时，励磁线圈产生吸力，上铁芯被吸下与下铁心撞击，产生较低的基本频率，并激励膜片及与膜片联成一体的共鸣片产生共鸣，从而发出比基本频率强得多且分布也比较集中的谐音。为减少触点张开时的火花，避免触点烧蚀，盆形喇叭在触点之间也并联了一只灭弧电容器。

3. 控制电路

为了得到较为和谐悦耳的声音，在汽车上常装有两个不同音调（高、低音）的电喇叭。其中高音喇叭膜片厚、扬声器短，低音喇叭则相反。汽车装有单只喇叭时，喇叭电流是由按钮直接控制的；装有两只喇叭的，两喇叭并联，由喇叭继电器控制，如图2-1-64所示。

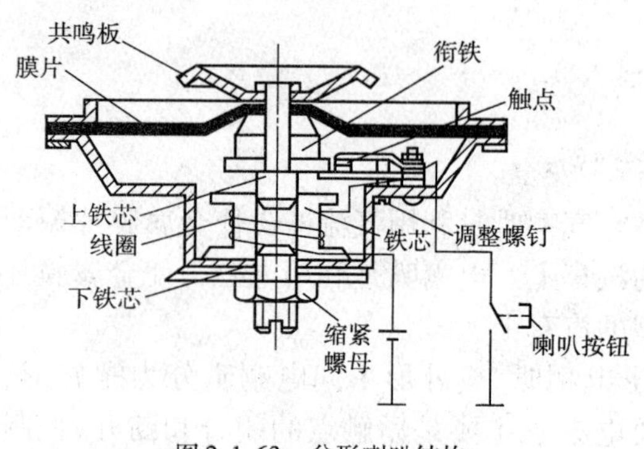

图 2-1-63　盆形喇叭结构

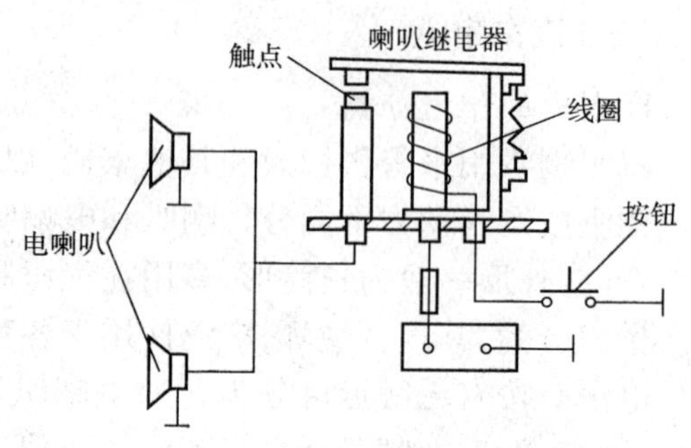

图 2-1-64　喇叭控制电路

4. 电喇叭的调整

技术状况良好的喇叭,发音响亮清晰而无沙哑声。电喇叭调整包括音调调整和音量调整。

1)音调调整

通过改变铁芯气隙可以改变喇叭发音频率。铁芯气隙越大,音调越低;反之,音调越高。螺旋形电喇叭铁芯气隙可掀开半球形盖后,用厚薄规测量,低音喇叭为 1.0 ~ 1.3mm;高音喇叭为 0.9 ~ 1.1mm。

2)音量调整

通过改变触点压力可以改变音量。触点压力越大,音量越高;反之,音量越低。喇叭音量与音调调整并不是各自独立的,事实上两者相互关联,因此需反复调试才会获得最佳声音。

第七节　汽车防盗系统

一 汽车防盗装置

目前,很多汽车都安装防盗装置,汽车防盗装置是一种点火开关打开后开始工作的电子防盗装置,它采用限制发动机发动的方式进行防盗,以避免汽车被无权使用者开走。防盗系统除了对汽车钥匙进行监控外,还对所有的车门和前、后盖进行监控。当非法工作时,防盗系统就触发,经发动机电控单元来控制发动机的油、电路,使发动机不能正常启动,同时还会使灯光闪烁、喇叭鸣叫等,以吓阻无权使用者动用车辆。

(一)防盗装置的组成及工作原理

汽车上的防盗装置种类很多,有些汽车防盗控制单元是独立的,有的是和发动机电控单元做成一体,有的则和车身控制单元做成一体,有的甚至和组合仪表做成一体(如帕萨特轿车)。以下内容以大众系列车型为例。

1. 防盗系统组成

汽车防盗系统一般由防盗控制单元、识读线圈、脉冲转发器和防盗警告灯等组成,如图2-1-65所示。

1)防盗控制单元

防盗控制单元有一个 14 位的识别代码和 4 位数的密码,4 位数的密码对应一个防盗控制单元，并且密码不变。而现在新的防盗控制系统则采用更多位数的密码，而且密码随时间滚动。

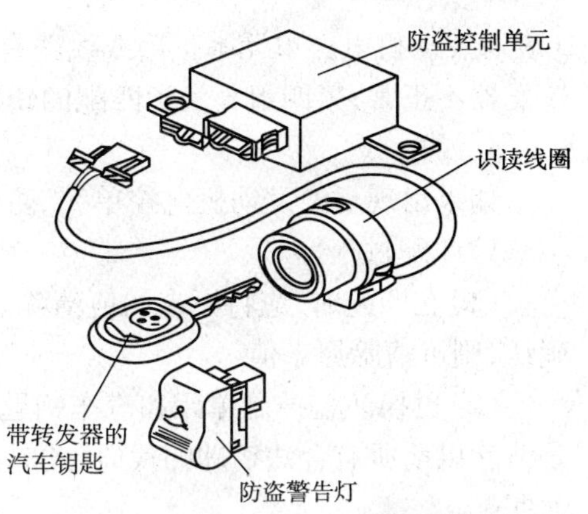

图 2-1-65　汽车防盗系统组成

2）读识线圈

读识线圈装在机械点火开关的外面，当点火开关接通时，线圈通电，它把能量传送给钥匙中的脉冲转发器，并把脉冲转发器中存储的代码输送给防盗控制单元，再由防盗控制单元对发动机电控单元进行控制。

3）脉冲转发器

脉冲转发器安装在钥匙内部，它是一种不需要电池驱动的感应和发射元件。当点火开关接通时，读识线圈把能量用感应的方式传送给脉冲转发器。这时脉冲转发器接受感应能量后立即发射出程控代码，通过读识线圈把程序代码输送给防盗控制单元。每一把钥匙的脉冲转发器有不同的程控代码。

4）防盗警告灯

防盗警告灯用来指示防盗器的工作状态，当使用合法钥匙接通点火开关时，警告灯亮几秒钟后就会熄灭。如果使用非法钥匙或系统存在故障时，打开点火开关后，防盗警告灯就会闪烁，发动机工作 2s 后将自动熄火。

2. 防盗系统工作原理

当点火开关接通时，防盗装置开始工作。防盗控制单元通过读识线圈将能量感应后传送给钥匙中的脉冲转发器，脉冲转发器被激活，通过读识线圈把它的程控代码送给防盗控制单元。在防盗控制单元里，输入的程控代码与先前存储在防盗控制单元的钥匙代码进行比较，然后再核对发动机电控单元内的代码是否正确。

该代码由发动机电控单元存储在防盗控制单元中，每次启动发动机，控制单元的随机代码发生器都会发生一个随机的代码，如果核对后代码正确，发动机就能正常启动，如果代码不一致，发动机将在启动后 2s 内自动熄火。

（二）防盗装置常见故障及诊断

防盗装置虽然有许多类型，但故障诊断方法基本相同，一般都要通过故障检测仪对其进行故障码读取、数据流读取、匹配等方法进行诊断，现以上海大众桑塔纳 2000 轿车为例进行介绍。

1. 读取故障码

读取和清除故障码时，蓄电池电压应大于 11V，对于桑塔纳 2000 轿车，用 VAG1552 故障检测仪进入通道 25，就可以看到防盗控制单元的零件号和编号等信息，再进入 02 通道，就可以读取故障代码。

2. 读取数据流

如果汽车防盗系统出现故障，可以通过用 VAG1552 故障检测仪读取数据流的方式来确定故障部位和原因。方法是：进入通道 25 – 08 – 22，则可看到四组数字，如：1 – 1 – 1 – 3，它们的含义分别是：第一组 1 表示允许启动，0 表示不允许启动；第二组 1 表示发动机电控单元正确，

0表示发动机电控单元不正确或线路有故障;第三组1表示钥匙转发器状态正常,0表示钥匙转发器不正常;第四组3表示匹配的钥匙数量。

3. 匹配

如果出现更换发动机电控单元、防盗控制单元、汽车钥匙等,则需要进行匹配。

1)匹配过程

(1)在匹配时,应将原来的值清除。方法是:接通点火开关后,进入通道25-10-00,然后确认,则可清除原来值。

(2)更换防盗控制单元和汽车钥匙,都需要对汽车钥匙进行匹配,匹配汽车钥匙这一功能是清除以前所有合法钥匙的代码,此时必须将所有的汽车钥匙,包括新配的钥匙与防盗控制单元匹配。

(3)匹配钥匙的数量最多不能超过8把。方法是:连接诊断仪,插入钥匙,接通点火开关,进入通道25-11,要求输入密码,再进入通道10-21,输入钥匙数量,然后确定,等防盗指示灯熄灭后,断开点火开关,拔出汽车钥匙;然后插入另一把钥匙,接通点火开关,等防盗指示灯熄灭后,断开点火开关,拔出汽车钥匙;重复上述操作,直到把所有的汽车钥匙都匹配完毕为止。

2)匹配注意事项

进行匹配时应注意事项:

(1)匹配全部汽车钥匙的操作不能超过30s,否则,匹配失败。而且每次匹配汽车钥匙的过程顺利完成后,防盗警告灯将会熄灭。

(2)如果只是插入汽车钥匙而没有接通点火开关,那么这把汽车钥匙匹配无效。

(3)如果系统在读汽车钥匙的过程中发现错误,比如将已匹配过的钥匙再次进行匹配等,防盗警告灯将会以2次/s的频率闪烁,且过程自动中断。

(4)当汽车钥匙匹配完毕后,应查询一下是否有故障代码存在,如果没有故障代码存在,说明汽车钥匙的匹配工作已经完成。

(5)如果匹配的汽车钥匙中脉冲转发器是坏的,或者汽车钥匙中没有脉冲转发器,故障检测仪将显示功能不清楚或此功能不能执行。

(6)若增加汽车钥匙,必须重新对所有钥匙进行匹配。如果车钥匙丢失,要将剩下的钥匙重新匹配一次,这样丢失的钥匙就不能再启动车辆了。

(7)对防盗系统进行匹配,一般要使用专用仪器,在一定的时间内按正常步骤输入正确密码。对于多数车辆,如果连续3次输入错误密码,防盗系统将会锁死一定的时间,在锁死的时间内,即使有正确的密码,也无法进行正常的匹配。

二 中央门锁装置

中央控制门锁简称中控锁。为了提高汽车使用的便利性和行车的安全性,现代汽车越来越多地安装中控锁。当驾驶员锁住其身边的车门时,其他车门也同时锁住,驾驶员可通过门锁开关同时打开各个车门,也可单独打开某个车门。当行车速度达到一定时,各个车门能自行锁上,防止乘员误操作车门把手而导致车门打开。除在驾驶员身边车门以外,还在其他门设置单独的弹簧锁开关,可独立地控制一个车门的打开和锁住。

(一)中央门锁装置的功用、组成及工作原理

1. 中央门锁的功用

中控门锁具有以下功能:

(1)单独控制功能。在车内个别车门需打开时,可分别拉开各自的锁扣,也可由驾驶员操纵门锁控制开关开启车门。

(2)后车门儿童安全锁止功能。将儿童安全锁闩拨到锁止位置时,在车内用内锁扣不能开门,而在车外用外锁扣可以开门,以防止车内儿童擅自打开车门。只有当中央门锁控制系统在开锁状态时,儿童安全锁闩才能退出。

(3)中央控制锁止功能。能同时锁止其他几个车门及行李舱门;当驾驶员车门锁扣拉起时,能同时打开其他几个车门及行李舱门;用钥匙开门,也可实现所有车门同时打开。

(4)钥匙占用预防功能。钥匙插入点火开关中未拔出,即使驾驶员侧的内部锁止开关在锁止位置时,关上车门后,所有车门也会自动锁止。防止钥匙遗忘在车内而车门被锁住。

(5)防盗功能。配合防盗系统,实现汽车防盗。

(6)速度控制功能。当车速达到一定时,能自动将所有的车门锁锁止。

2. 中央门锁的组成

中央门锁控制系统一般都由门锁开关、门锁执行机构、门锁控制器及控制电路等组成,各部件在车上的安装位置如图 2-1-66 所示。

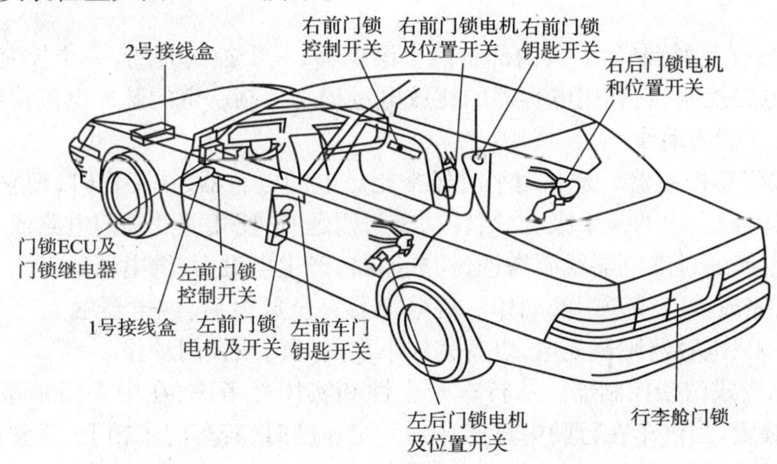

图 2-1-66 中控门锁系统各部件在车上的安装位置

1)门锁开关

大多数车辆的中央门锁系统在驾驶员侧车门上设有总开关,当驾驶员操纵此开关时,其他车门的锁扣将锁上或解开。另外,在除驾驶员侧车门以外的其他车门上也设置了单独的门锁开关,这些开关一般只能单独控制所在的车门,是为了方便乘客而设置的。

2)门锁执行机构

车门门锁驱动装置是指车门锁止(或开启)的动力装置,常见的有电动式和电磁式两种。

(1)电动式。如图 2-1-67 所示,是电动式车门门锁驱动装置,它由双向永磁电动机及齿轮和齿条等组成,电动机旋转带动齿条伸出或缩回完成车门锁止(或开启)。

(2)电磁式。图 2-1-68 所示,是电磁式车门门锁驱动装置,其工作原理是分别对锁止车门

线圈和开启车门线圈进行通电,即可锁止或开启车门。

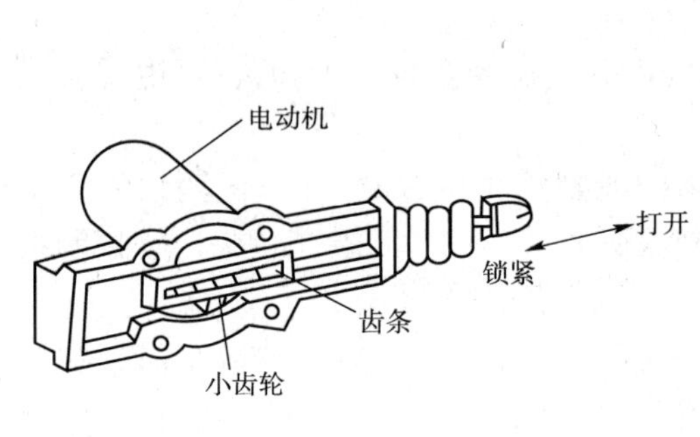

图2-1-67　电动式门锁驱动装置

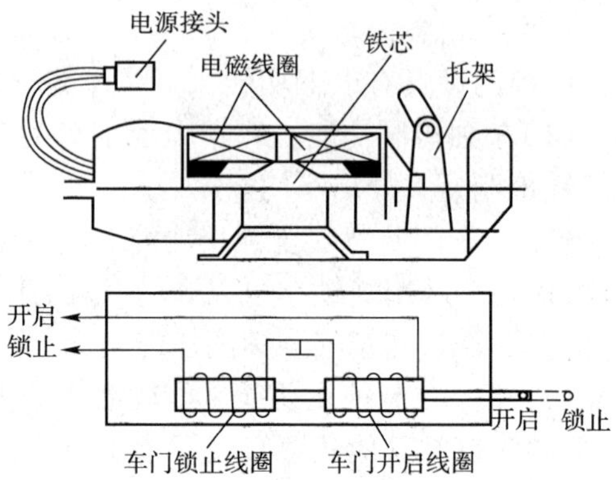

电源接头
电磁线圈
铁芯
托架
开启
锁止
开启　锁止
车门锁止线圈
车门开启线圈

图2-1-68　电磁式门锁驱动装置

3)门锁控制器

门锁控制器是为门锁执行机构提供上锁、开锁脉冲电流的控制装置。电动门锁机构在工作时要消耗大量电流,为了缩短工作时间,门锁电路有定时装置,这种装置一般是利用电容器充放电特性。当超过规定的时间后,输送给门锁机构的电流就自动中断,在正常锁门或开门时都是如此。常见的有晶体管式门锁控制器、电容式门锁控制器和车速感应式门锁控制器。

(1)晶体管式门锁控制器。其内部有两个继电器,一个控制开门,一个控制锁门。继电器由晶体管开关电路控制,它利用电容器的充放电过程来控制一定的脉冲电流持续时间,使执行机构完成上锁、开锁的动作。

(2)电容式门锁控制器。是利用平时经常充足电的电容器,在工作时,把它接入控制电路放电,使两个继电器当中的一个吸合,当转动车门钥匙时,使相应的锁门电路或开门电路接通,电容器放出的电流通过继电器线圈搭铁,构成回路,产生电磁力,继电器触点闭合,执行机构的电磁线圈通电,完成锁门或开门的动作。待电容器完全放电后,继电器触点打开,门锁系统不工作,此时,另一只电容器则被充电,以备完成下次的开门或锁门动作。

(3)车速感应式门锁控制器。从行车安全性和实用性考虑,在中央门锁系统中加装车速感应自动上锁装置,当汽车在行驶中车速达到一定速度时,若车门未锁上,驾驶员不需要动手,门锁控制器会自动将门锁锁上。一般带有这种装置的门锁控制系统,还可以用专用故障检测仪对控制器进行设定,启用或解除行车时自动锁门功能。对于有的车型,甚至还可以用专用故障检测仪改变自动锁门的车速。

4)遥控发射器

遥控发射器在一定距离内完成对汽车车门开闭装置的执行器进行遥控的装置,可为驾驶员提供一个打开车门的方便手段。图2-1-69为遥控发射器钥匙的外形图。

3. 中央门锁的工作原理

中央门锁的工作原理是通过遥控门锁的发射器发出微弱电波,此电波由汽车天线接收后送至中控门锁系统中的ECU进行识别对比,若识别对比后的代码一致,ECU将把信号送至执行器来完成相应的动作。其工作过程如图2-1-70所示。

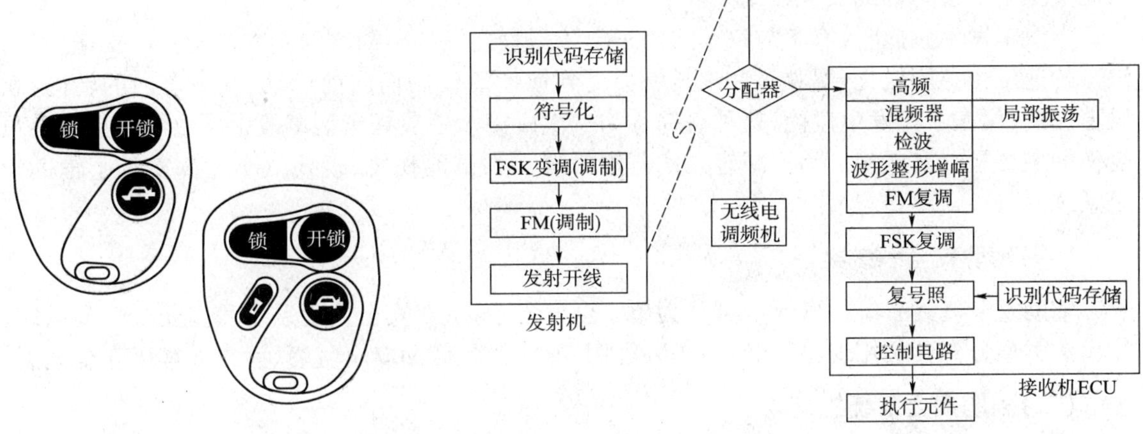

图 2-1-69 遥控发射器的外形图

图 2-1-70 无线遥控门锁系统工作原理示意图

(二)中央门锁的常见故障与诊断

中央门锁出现故障时,可能有许多原因,首先要区分是机械故障、电器故障,还是气路故障。目前有些车辆上采用真空控制的中央门锁机构,当真空管路出现问题时也会引起中央门锁工作不正常。

1)气路故障

当真空管路出现故障时会造成真空泄漏,出现故障时的特点是所有门锁执行机构都不能正常工作,甚至在门锁工作时能听到漏气声。

2)机械故障

机械故障往往是某个执行机构或某个门锁的相关连接部位出现问题,它出现故障时的特点是个别车门工作不正常。

3)电路故障

当出现电路故障时,除了要检查线路、开关和执行器外,还应检查遥控器和接受器。

(1)遥控器故障。当遥控器出现故障时,所有的门锁都不能控制,多数是由于遥控器电池原因。如果不是电池电量不足,大多数遥控器出现故障是不能修复的,只能更换。如果遥控器因程序错误,可用专用故障检测仪进行重新匹配,少数车辆的遥控器,不需要专用仪器,可以人工匹配。有些车辆还可以通过遥控器对电动车窗进行控制,按住开锁键并保持,车窗玻璃下降;接住上锁键并保持,车窗玻璃上升。

(2)接受器故障。当接受器出现故障时,所有车门锁都不能控制,有些车辆因防盗控制单元和遥控接受器直接相关,有的车辆甚至和车身控制模块做成一体,因此,当遥控接受器出现故障时,车辆的防盗功能也受影响。

第八节 辅助安全系统

一 辅助安全系统的类型、组成及工作原理

汽车上的安全系统可分为主动安全系统和被动安全系统。制动系统称为主动安全系统;

被动安全系统又称辅助安全系统(Supplemental Restraint System,简称SRS),也称安全气囊系统。当汽车发生碰撞时,汽车与汽车或汽车与障碍物之间的碰撞称为一次碰撞。一次碰撞后,汽车的速度将急剧变化,驾驶员和乘员就会受到惯性的作用而向前运动,并与车内的转向盘、风窗玻璃、仪表台等发生碰撞,这种碰撞称为二次碰撞。一般在车辆事故中导致驾驶员和乘员受伤的主要是二次碰撞。为了减轻二次碰撞对驾乘人员的伤害,现代汽车上都安装了辅助安全系统。

(一)辅助安全系统类型

辅助安全气囊系统按气囊数量分为单安全气囊系统、双安全气囊系统和多安全气囊系统;按保护类型分驾驶员用安全气囊、前排乘客用安全气囊、侧面安全气囊、后排乘客用安全气囊。

(二)辅助安全系统的组成

辅助安全系统主要由气囊控制模块、碰撞传感器、锁簧(或称螺旋线圈)、气囊组件、气囊警告灯、短路片和双锁装置、车门开锁装置等一些元件组成。辅助安全系统主要元件及在车上的位置如图2-1-71所示。

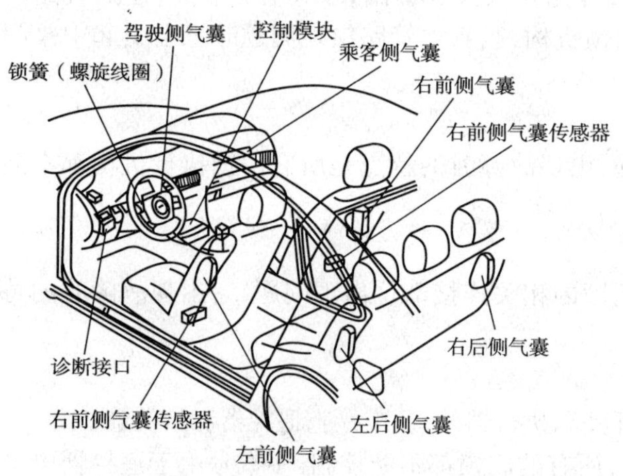

图2-1-71　辅助安全系统主要元件在车上的位置

1. 气囊控制模块

气囊控制模块内有备用电源,它利用电容储存电能,其作用是当车辆发生碰撞导致蓄电池或发电机与控制模块之间的电路切断时,备用电源能在一定的时间内提供足够的点火能量来引爆点火剂。在车辆发生碰撞时,气囊控制模块在引爆气囊的同时,也引爆安全带拉紧机构,能够更有效地保护驾乘人员的安全。

2. 碰撞传感器

碰撞传感器相当于一个控制开关,其工作状态取决于车辆碰撞时减速度的大小。现在大多数车辆的碰撞传感器都装在气囊控制模块内,因而在安装气囊控制模块时需要严格按照规定方向固定,否则,系统将不能正常工作。按结构原理不同,碰撞传感器有机电式和电子式两种。根据机械装置的不同,机电式安全气囊传感器分为偏心锤式、滚球式;电子式碰撞传感器一般为压敏电阻式。一些汽车的安全气囊将电子式碰撞传感器和安全气囊控制器一起安装在汽车的中间位置,并称其为中央安全气囊传感器。

3. 安全传感器

安全传感器也称为安全开关,一般装在安全气囊ECU内。它是串联在气囊点火器的电源电路中,用以防止气囊误膨胀。当汽车发生碰撞时,足够大的减速度惯性力将安全开关闭合,接通点火器电源电路,此时气囊充气装置在控制器的指令下工作;而在汽车正常行驶或故障检修时,由于安全传感器触点常开,即使车前碰撞传感器或有关电路短路而造成电子控制器误判,气囊充气装置会因为点火器未接通电源而不能被引爆。

4. 锁簧

锁簧又称螺旋线圈，安装在转向柱的上方和驾驶侧气囊的下部，属于机械式导线装置。其作用是连接驾驶侧气囊导线连接器和转向柱上的导线连接器，其内部结构与钢卷尺相似。它往往和喇叭线束以及自动巡行控制线束做成一体，它是气囊系统中最易损坏的部件之一，在检修转向柱或转向器时，特别是在将转向盘与转向柱拆开时，禁止转动转向盘，以免拉断或折断锁簧。

5. 气囊组件

气囊组件主要由驾驶侧气囊组件、乘员侧气囊组件、侧气囊组件等组成，每个气囊组件内都有一个气体发生器，它们的外形结构虽然有较大的区别，但工作原理相同。

1）驾驶侧气囊组件

驾驶侧气囊组件又称主气囊，用高强度织物制成，当车辆发生碰撞时，气体发生器向气囊内充气，气囊迅速膨胀在驾驶员的前方，形成一个缓冲软垫保护层，从而保护驾驶员的安全。在气囊织物的上面开有几个小孔，目的是在气囊工作后，气体能够迅速释放，如果气囊内的气体不能即时释放，将会挤压驾驶员，导致驾驶员在车辆发生碰撞后无法离开座位。

2）前乘员侧气囊组件

前乘员侧气囊组件又称副气囊，其外形虽然和主气囊有很大区别，但工作原理相同，有些车辆的副气囊装饰盖和仪表台面板总成制成一体，所以在副气囊爆炸后，往往需要更换仪表台面板总成，现在许多车辆的副气囊在乘员侧座椅下面有一个传感器，当座椅上有人时，副气囊才会引爆，否则，副气囊在车辆发生碰撞时不会引爆。

3）侧气囊组件

现在的汽车上为了提高碰撞时的安全性能，除了在前排安装安全气囊外，在侧面也装有安全气囊，车辆发生侧面碰撞时，侧安全气囊工作，在驾乘人员侧面形成一个软垫保护层。侧气囊和座椅靠背做成一体，因而更换侧气囊时需要连同座椅靠背一起更换。

4）气体发生器

气体发生器的金属容器内装有点火热线、火药与气体发生剂等。作用是当车辆发生碰撞时，点火热线通电产生高温，使火药燃烧，气体发生剂在高温作用一下发生化学反应生成氮气送入气囊内，使气囊展开。

6. 气囊警告灯

气囊警告灯通常用“SRS”或“AIR BAG”等字样表示，位于仪表盘内，作用是指示气囊系统的功能是否正常。当辅助安全系统正常时，点火开关接通后，“SRS”指示灯闪烁 6s 后自动熄灭。有的车型可以通过气囊警告灯的闪烁次数来读取本系统的故障代码，以便于检修。

7. 短路片和双锁装置

短路片和双锁装置是气囊系统的安全保护装置。

1）短路片

当分离气囊模块导线连接器时，短路片把气囊警告灯负极线路搭铁，使警告灯亮起。在分离各点火电路导线连接器时，短路片把点火电路“高”和“低”端子短路，使点火电路失效，预防安全气囊意外展开。

2）双锁装置

在气囊系统中,导线连接器接触不良和异常分离对系统会造成很大的影响,并且不能保证车内人员的安全。使用双锁装置,可以保证导线连接器在任何恶劣条件下保持良好连接状态,防止连接器接触不良和异常分离。

8. 安全带拉紧装置

在装备安全带拉紧器的车辆发生碰撞时,气囊控制模块在引爆气囊的同时,也引爆安全带拉紧机构,能够更有效地保护驾乘人员的安全。

9. 车门开锁装置

当车辆发生碰撞时,如果车门不能及时打开,将对驾乘人员的安全造成严重危害,因而安全气囊系统在工作时,气囊控制模块发出信号给门锁控制模块,直接控制门锁执行器,自动解除所有车门的门锁,让驾乘人员及时逃生。

二 辅助安全系统检测及诊断

(一) 诊断方法

安全气囊系统的故障是比较难确诊的,一般有自诊断法和仪器诊断法两种。

1. 自诊断

自诊断法利用气囊警告灯闪烁进行诊断。当发动机启动后,仪表板上的气囊(SRS 或 AIR BAG)警告灯不熄灭时,应进行安全气囊系统的故障自诊断。

如果警告灯一直亮,则说明在气囊控制模块中储存有故障代码。如果警告灯一直不亮,则说明气囊警告灯或其线路有故障。

2. 仪器检测

使用仪器检测不仅可以读取到故障代码,同时还能通过数据流看到系统的工作状态。现在多数汽车由于配置的差异,安全气囊系统的元件和控制模块的编码都有区别,因而,即使系统所有元件都正常,如果编码不对,系统也不能正常工作。

如果安全气囊系统中储存有故障代码,说明与该代码有关的控制模块、传感器或电路等有故障。

(二) 辅助安全系统维修注意事项

在检修安全气囊系统时,一定要按正确的操作顺序进行,否则,会导致气囊意外胀开,这样不仅会造成经济损失,而且可能造成严重事故。如果操作有误,也会造成气囊系统不起作用,因此在进行检修前,应仔细阅读注意事项并遵守厂家提供的相关使用规定。在对安全气囊系统检修时,应注意以下事项:

(1) 安全气囊系统的故障很难确认,自诊断系统保留在存储器的故障代码是排除故障的重要来源,因此在检查排除系统故障时,必须在拆下蓄电池负极电缆前读取故障代码。

(2) 检查工作务必在点火开关转到 OFF 挡,并将蓄电池负极电缆拆下至少 3s 后才能开始,这是因为安全气囊系统有备用电源供电,如果检查工作在拆下蓄电池负极电缆 3s 内就进行,就有可能导致气囊意外引爆。

(3) 安全气囊系统零部件的工作可靠性要求极高,所有零部件均是一次性使用,决不要试图修复安全气囊系统的部件,一次使用后必须更换新件。在发生交通事故气囊引爆后,即使气囊控制单元内部数据修改或对控制单元重新编码，故障码仍然存在，因此，气囊控制单元只能更换。

（4）在拆卸安全气囊系统的任何零部件之前，必须先将气囊组件的导线连接器断开。

（5）在检修汽车其他零部件时，如有可能对安全气囊系统的传感器产生冲击，则应在检修工作开始之前先将气囊组件拆下，以防气囊被误引爆。

（6）检测 SRS 系统线路或零部件时，必须使用高阻抗的数字万用表。不可以使用普通万用表检测 SRS 系统线路或零部件。

（7）不可直接检测点火器的电阻，否则就有可能导致气囊被引爆。

（8）前乘员侧气囊组件上面切勿放置任何物品。

（9）气囊组件内部没有任何可维修的零部件，因此严禁分解气囊组件。

（10）拆卸或搬运气囊组件时，气囊装饰盖的面应当朝上。不得将气囊组件重叠堆放或在气囊组件上放置任何物品，以防万一气囊被误引爆造成事故。

（11）气囊组件应当存放在稳定平整的平面上，并远离高温热源和磁场较强的地方。当用电焊修理汽车车身时，应在进行电焊作业之前将气囊组件的导线侧连接器断开。

（12）气囊控制模块应当存放在阴凉、干燥的地方。

（13）当出现故障代码（碰撞记录故障）时，检测仪器不能清除，说明该车以前曾经发生过碰撞，一旦确认故障代码无误后，必须更换安全气囊控制模块。

第九节　汽车空调系统

汽车空调具有调节车内温度、湿度、车内空气流速及车内空气清洁度的功能。大多数汽车空调所需的动力均来自发动机，而对于豪华大中型客车，由于所需制冷量大，一般采用专用发动机驱动制冷压缩机。汽车空调系统一般由制冷系统、采暖系统、通风装置、加湿装置、空气净化装置和控制装置等组成。

一　汽车制冷系统组成及工作原理

（一）制冷系统的组成

汽车空调制冷系统主要由蒸发器、压缩机及电磁离合器、冷凝器、储液干燥器、膨胀阀（或孔管）、高低压管路、空气循环管路及管路中的制冷介质（制冷剂）等组成，如图 2-1-72 所示。

1. 压缩机

压缩机的作用是维持制冷剂在制冷系统内的循环，吸入来自蒸发器的低温、低压的制冷剂蒸气，压缩制冷剂蒸气使其温度和压力升高，并将制冷剂蒸气送往冷凝器，在热量吸收和释放的过程中，实现热交换。常见结构类型有斜盘式和翘板式。

2. 冷凝器

冷凝器是热交换装置，通常设置在散热器前面，一般采用铜或铝材料制造。制冷系统工作时，从压缩机出来的高温、高压制冷剂气体从进入冷凝器，在外部空气冷却下而散热，再流出冷凝器，制冷剂气体变成液体，但仍处于高压状态。

3. 蒸发器

蒸发器是热交换装置,一般采用铝材料制造,制冷系统工作时,来自节流装置的低压雾状制冷剂通过蒸发器管道时,吸收车内空气的大量热量,同时低压雾状制冷剂变为低压气态制冷剂,并回到压缩机。蒸发器表面的温度不能过低,否则会造成蒸发器表面结霜、结冰,阻止空气通过蒸发器,而使整个制冷系统的制冷能力下降。

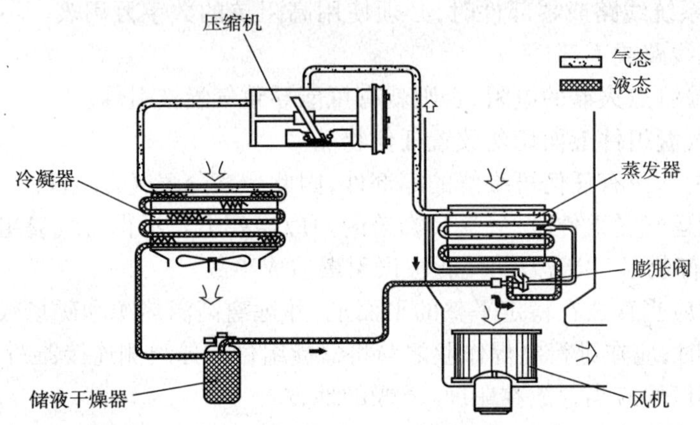

图 2-1-72　空调制冷系统组成

4. 膨胀阀和孔管

空调制冷系统根据节流膨胀装置的不同,可分为膨胀阀系统和孔管系统,如图 2-1-73 所示。它们的区别是:具有储液干燥功能的部件即储液干燥器和储液罐的安装位置不同。膨胀阀和孔管都是汽车空调系统制冷剂的节流装置,对空调的制冷效果有着直接和关键性的作用。高压制冷剂液体在通过膨胀阀时,根据蒸发温度自动调节进入蒸发器的流量和压力,使其与蒸发温度相对应。膨胀阀一般由感温包、节流阀和调节机构等组成。感温包内充满气体,它通过毛细管感应蒸发器出口温度,随蒸发器出口温度变化,感温包内气体压力也发生变化。如果感温包暴露在空气中,将使低压管表面结霜。

5. 储液干燥器

储液干燥器由过滤器、干燥剂、窥视玻璃孔、组合开关等组成。其作用是储存制冷剂,吸收制冷剂中的水分,过滤异物和高低压保护等。与膨胀阀配用的储液干燥器是液态制冷剂的一个储存器;与孔管配用的储液干燥器主要功能是使回气管路中的制冷剂气液分离,防止液态制冷剂进入压缩机。如果从储液干燥器到压缩机之间的管路都结霜,说明制冷剂循环不良。窥视玻璃孔用来观察制冷剂量和制冷系统工作是否正常。当周围环境温度较高的情况下,尽管冷气充足,储液干燥器窥视窗上也会出现气泡。

注意:当储液干燥器吸足了水分,或出现泄漏,或系统与大气相通 2h 以上时,应更换储液干燥器。

6. 鼓风机

鼓风机的作用是将空气吹过蒸发器和暖风加热器器芯。鼓风机开关由可变电阻来控制,为鼓风机提供几个挡位的速度控制。

7. 制冷剂

制冷剂主要有 R12 和 R134a 两种,由于 R12 对环境有危害,目前已用 R134a 替代 R12,

R12 和 R134a 制冷剂的干燥剂是不同的,所以,空调系统制冷剂从 R12 替换为 R134a 后,原系统储液干燥器需要替换。使用 R134a 系统的控制阀与 R12 的不同,工作压力比 R12 系统的高,所以,R134a 系统比 R12 系统更容易泄漏。

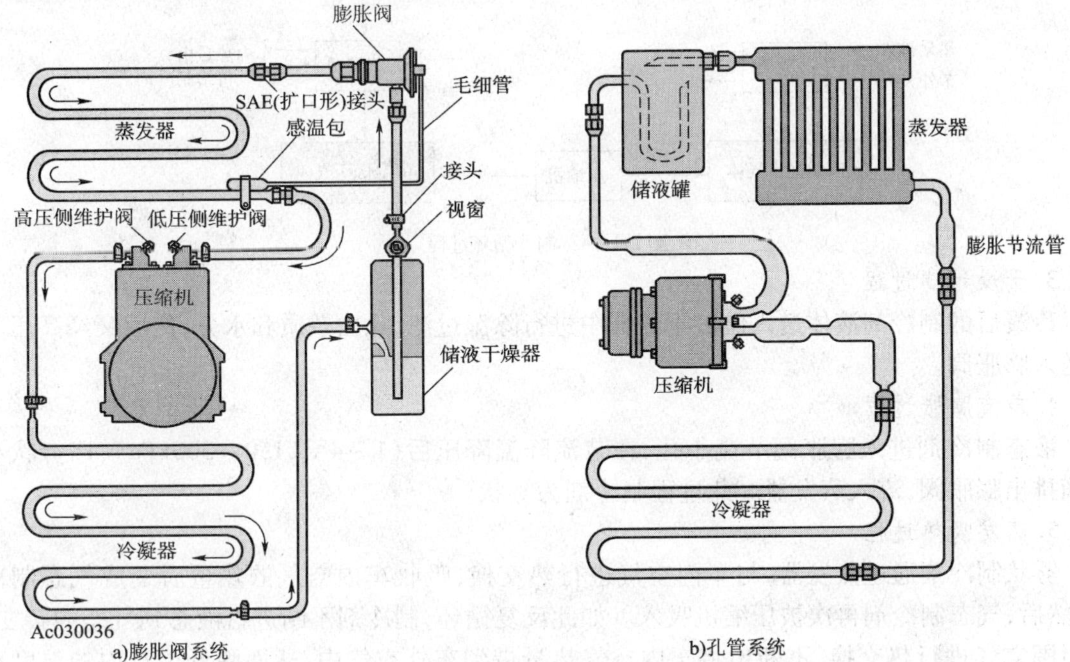

图 2-1-73 空调制冷系统类型

8. 冷冻油

冷冻油的作用有润滑压缩机内各运动部件及降低压缩机噪声。按黏度不同,国产冷冻油牌号有 13 号、18 号、25 号 30 号四种,牌号越大,其黏度也越大。用无压力的制冷剂冷冻油容器给系统加入时,应在抽真空和加注制冷剂的操作之间加入。为了保证空调系统正常工作,冷冻油应具有以下性能:

(1)在低温下应具有良好的流动性,凝固点要低。

(2)黏度受温度的影响要小。

(3)与制冷剂的溶解性能要好。

(4)热稳定性要高,在高温下不氧化、不分解、不结胶、不积炭。

(5)冷冻油中应无水分。

(二)制冷系统工作原理

制冷系统的工作循环是由压缩、冷凝、干燥过滤、节流膨胀、蒸发吸热五个过程组成,如图 2-1-74所示。

1. 压缩过程

压缩机将蒸发器内产生的低温低压制冷剂蒸气经低压软管吸入并进行压缩,使它成为高温高压(70℃、1471KPa)的制冷剂气体,并送入冷凝器。此过程中制冷剂为气态。

2. 冷凝过程

高温高压的制冷剂气体经高压软管送入冷凝器,与车外大气进行热交换,由于压力及温度的降低(40～50℃),制冷剂气体冷凝成液体。此过程制冷剂由气态变为液态。

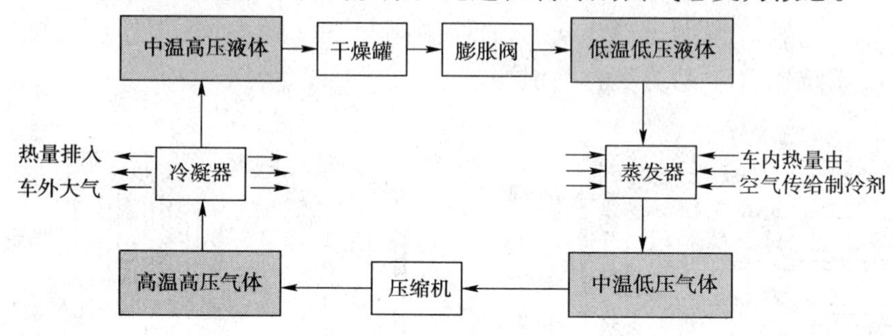

图 2-1-74 制冷循环过程

3. 干燥过滤过程

冷凝后的制冷剂液体送入储液干燥器中进行除湿过滤,除去杂质和水分,然后又经高压软管送入膨胀阀。

4. 节流膨胀过程

液态制冷剂进入膨胀阀节流小孔,在节流降温降压后(1～4℃、150～300kPa),以雾状小液滴排出膨胀阀,流入蒸发器。此过程制冷剂为雾状。

5. 蒸发吸热过程

雾状制冷剂通过蒸发器,与车内空气进行热交换,吸收车内空气的热量后变成气态制冷剂,然后,气态制冷剂再次被压缩机吸入。如此反复循环,制冷剂不断进行液态到气态的转变,与周围空气进行热交换,不断地将车内空气热量带到车外空气中,从而降低了车内的温度和湿度。

(三)制冷系统的控制

空调控制系统的功能是保证空调制冷系统正常运转,同时也要保证空调系统工作时发动机的正常运转。空调控制系统主要是通过控制压缩机电磁离合器的结合与分离实现温度控制与系统保护,通过对鼓风机的转速控制调节制冷负荷。

1. 电磁离合器

电磁离合器安装在压缩机上,其作用是控制发动机与压缩机的动力传递。空调制冷系统工作时,使发动机驱动压缩机运转;制冷系统停止运行时,切断发动机到压缩机的动力传递。

电磁离合器的结构,如图 2-1-75 所示,主要包括压力板、皮带轮和定子线圈等主要部件。压力板与压缩机轴相连,皮带轮通过轴承安装在压缩机的壳体上,皮带轮通过皮带由发动机驱动,定子线圈也安装在压缩机的壳体上。

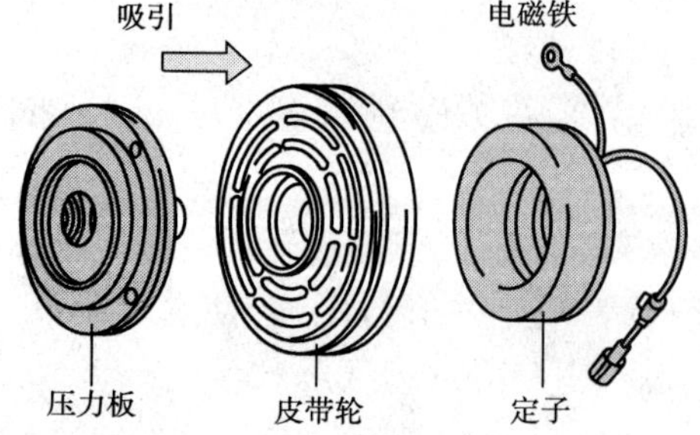

图 2-1-75 电磁离合器的结构

当接通空调开关使空调制冷系统进入工作状态时,电磁离合器的定子线圈通电,线圈通电后产生磁力,将压力板吸向皮带轮,使两者结合在一起,发动机的动力便通过皮带轮传递到压力板,带动压缩机运转。当空调制冷系统停止工作时,电磁离合器的定子线圈断电,磁力消失,压力板与皮带轮分离,此时皮带轮通过轴承在压缩机的壳体上空转,压缩机停止运转。如果衔铁和转盘之间的间隙过小,那么当离合器电源断开时，衔铁仍然会跟着转盘转动；如果衔铁和转盘之间的间隙过大，那么当离合器电源接通时，则衔铁不会跟着转盘转动。有些空调压缩机电磁线圈的两端并联有二极管，是为了抑制线圈断电时所产生的瞬间高电压，保护离合器及车载电子设备不受损坏。

2. 制冷循环压力控制

空调制冷循环系统中如果出现压力异常，将会造成系统部件的损坏。因此，在空调制冷系统工作时，必须对系统压力进行监测，防止出现系统压力异常。常采用的方法是在系统的高压管路中安装压力开关，压力开关有低压开关和高压开关之分。当系统内压力过高或过低时停止空调压缩机的工作，防止损坏制冷系统部件。低压开关为常开状态，当制冷剂压力低于0.423MPa时闭合，断开电磁离合器控制电路；高压开关为常闭状态，当压力达到2344kPa时打开。

3. 蒸发器温度控制

蒸发器温度控制是通过温控开关（温度控制器）控制压缩机电磁离合器工作电路通断来实现的。温度控制器通过感受蒸发器表面温度，防止由于蒸发器表面结冰而造成车内空气不能循环及制冷能力下降。类型有波纹管式和热敏电阻式等。

1）波纹管式温度控制器

波纹管式温度控制器的感温受压部件主要由毛细管和波纹管构成，它的主要功能是通过感温元件内工质的温度变化，导致波纹管内压力发生改变，致使其伸长或者缩短，将此信号传递出去。它的调温机构主要由凸轮、转轴、调节螺钉等组成。功能是使温度控制器能在最低至最高温度范围内任一点温度控制动作。

2）热敏电阻式温度控制器

热敏电阻式温度控制器的感温元件是热敏电阻，温度越低，热敏电阻的阻值越大，因而它是负温度系数元件。

4. 发动机怠速控制

当发动机怠速时，发动机的输出功率低，此时风扇转速低，使散热效果差，所以冷却液温度升高。如果此时空调系统也工作，会进一步影响发动机的散热，发动机容易过热，可能会造成发动机停机，为防止这种情况的发生，在空调的控制系统装有发动机怠速控制装置。

当发动机转速低到某一最低转速时，通过电磁离合器分离，使压缩机停止运转，以保证发动机正常运转。有的汽车采用怠速时加大节气门的开度以提高发动机转速的方法，使发动机带动压缩机在怠速时仍能维持正常运转。

5. 自动空调控制

自动空调系统是在手动空调系统的基础上，增加了控制系统。控制系统由传感器、空调ECU和执行元件等组成。有的汽车空调控制系统中有空调与暖风系统延时继电器，其作用是在发动机启动后转速稳定之前延迟空调系统的启动。

（1）传感器。传感器有车内外温度传感器、蒸发器出口温度传感器、水温传感器、日光传感器、压缩机锁止传感器、制冷剂流量传感器、湿度传感器等。

（2）执行元件。执行元件有进风控制伺服电动机、空气混合伺服电动机、送风控制伺服电动机、可变排量压缩机等。

（3）空调ECU。ECU能根据驾驶人设定的温度及各种传感器输入的信号，计算送风温度和空气混合风门开度值,然后向伺服电动机等执行元件发出控制信号,实现空调的各种控制功能。

(四)制冷系统检修

1. 部件检查

1)电磁离合器检查

检查电磁离合器吸合是否正常,检查离合器轴承是否有噪声,用百分表、厚薄规检查电磁离合器间隙。

2)压缩机检查

检查压缩机工作时是否有金属撞击声,若有应更换压缩机总成;检查压缩机轴的油封部分是否有制冷剂渗漏,若有则更换油封或更换压缩机总成;通过充填阀向压缩机充入制冷剂直至压力达到0.294MPa为止,用气体渗漏检测器,检查压缩机是否有渗漏现象,如果有泄漏,应检修轴封或更换压缩机。

3)冷凝器和蒸发器检查

检查冷凝器散热片是否阻塞或损坏,用气体渗漏检测器检查冷凝器接头是否渗漏;检查蒸发器的散热片是否被阻塞,检查接头是否有裂缝和划痕。

2. 系统检查

1)制冷剂量及管路渗漏检查

(1)检查制冷系统中制冷剂的量。制冷剂过量时,会引起冷却不足、油耗增大、发动机过热、压缩机"液击"及管路过热等故障。制冷剂不足时,将出现高低压侧的压力都偏低,在液视窗可看到连续的气泡,且制冷效果不良等。当空调系统制冷剂量不足时,应进行加注。空调系统一经开放就必须抽真空,以清除可能进入空调系统的空气和水分。轿车空调系统制冷量一般为4200×4.18kJ/h,正常的加注量为1.1kg。

(2)用充注制冷剂法检查渗漏。向制冷管路充入制冷剂,然后用空调电子检漏测量仪进行渗漏检查,同时也可以在可疑的区域涂肥皂水、追踪嘶嘶声的源头、逐一加紧软管或堵住相关部件等方法进行渗漏查寻。

(3)歧管压力表检查。接上歧管压力表,使发动机以2000r/min左右的转速工作,观察压力表上的压力值。高压表读数应为1.275~1.4MPa,低压表读数应为0.15~0.25MPa,表明系统正常;如果高压和低压值都偏高则表明制冷剂充注过量,如果同时伴有低压管路热则表明管路中有空气,如果同时伴有低压管路结霜或太多露水,则表明膨胀阀安装不准确或传感管路故障;如果高压和低压值都偏低,则表明制冷剂不足,如果同时伴有从储液干燥器到时压缩机管路结霜,则表明制冷剂循环不良;如果高压正常,低压有时真空,有时正常,则表时管路中有水分;如果高压偏低,低压指示真空,则表明制冷剂不循环;如果高压侧压力过低,低压侧压力过高,而且压缩机停止工作后,高低压侧的压力很快相等,说明压缩机本身有故障。

2)制冷系统抽真空

制冷系统抽真空时,首先应按照如图2-1-76所示接好歧管压力表和真空泵;然后开动真空泵,打开歧管压力表的高低压手动阀。几分钟后,当压力表上的产生大于750mm汞柱的真空度后,再持续10min后,停止抽真空。

3)制冷剂充注

(1)气态制冷剂充注。从低压侧充入气态制冷剂时,应按照图 2-1-77 所示接好中间软管和制冷剂瓶,打开制冷剂罐,再打开压力表的低压手动阀,直到低压侧的制冷剂压力不再增加时,关闭手动阀,停止加注。

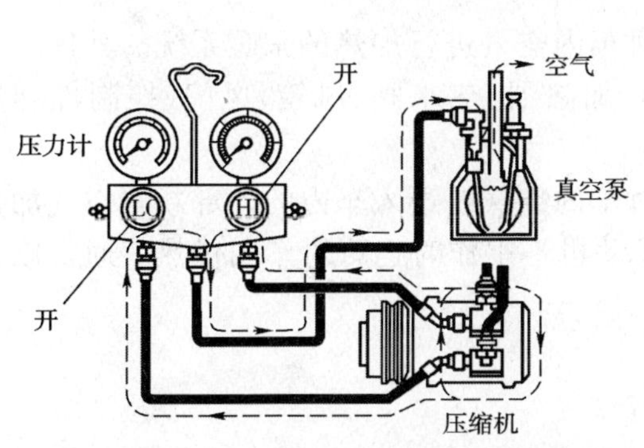

图 2-1-76　歧管压力表和真空泵的连接

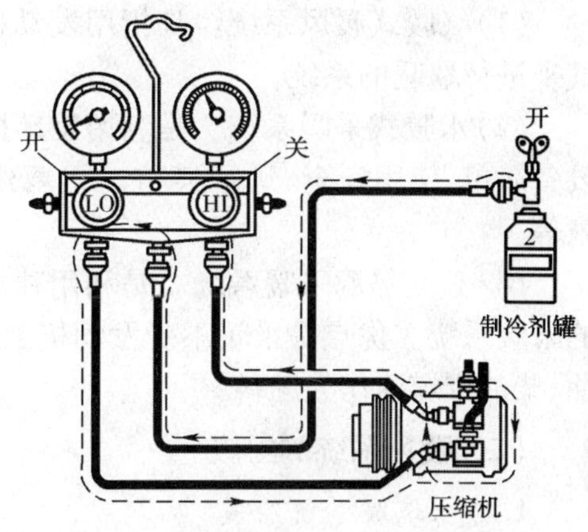

图 2-1-77　从低压侧充入气态制冷剂

(2)液态制冷剂充注。从高压侧充入气态制冷剂时,应按照图 2-1-78 所示接好中间软管和制冷剂瓶,打开制冷剂罐,再打开压力表的高压手动阀,直到高压侧的制冷剂压力不再增加时,关闭手动阀,停止加注。

3. 检修注意事项

汽车制冷系统检修时,应注意以下几点:

(1)制冷系统一经开放就必须抽真空,清除可能进入制冷系统的空气和水分,否则会影响制冷效果。

(2)抽真空时必须将高压和低压侧管接头与制冷系统相连,如果只有一侧管接头与制冷系统相连,制冷系统会通过其他管接头与大气相通,使制冷系统不能保持真空状态。

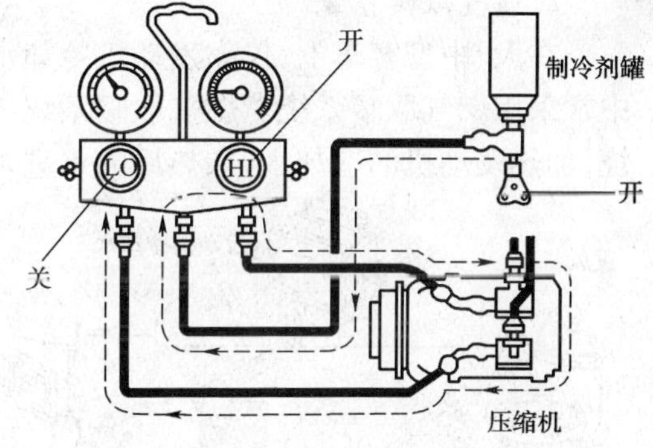

图 2-1-78　从高压侧充入气态制冷剂

(3)液态制冷剂充入时,通常在高压侧充入制冷系统。

(4)气态制冷剂充入时,通常在低压侧充入制冷系统。在充入制冷剂时,可将制冷剂罐浸入热水(最高温度 40℃)中,以保持罐内蒸气压力比制冷系统中的压力稍高。

(5)制冷系统抽真空后,必须进行渗漏检查。

(6)制冷系统工作时,压缩机的进出口处应有明显的温差。

二 暖风系统

(一)暖风系统的作用与类型

1. 暖风系统的作用

汽车暖风系统是汽车空调系统的重要组成部分,主要用于冬季驾驶室和车厢供暖、风窗玻璃除霜以及改善发动机的低温启动性能,以改善驾驶员的工作条件,提高乘坐舒适性。

2. 暖风系统的类型

汽车暖气装置的种类很多,根据热源可分为余热式和独立燃烧式;根据交换空气的循环方法可分为内气式、外气式和内外气并用式。余热式又可分为水暖式和气暖式。

(1)气暖式暖风系统。是指用发动机工作时排出高温废气,或用空气冷却发动机的热空气来进行取暖的系统。

(2)水暖式采暖系统。是利用发动机冷却水对车内空气进行加热的采暖系统。其优点是设备简单、使用安全、运行经济。主要组成部件有加热器、热水阀、风箱、风门、控制件和风扇等。

(3)独立热源采暖系统。是利用独立的热源对车内空气或送入车内的外部新鲜空气加热的采暖系统。优点是采暖不受发动机工况影响,发动机不工作时也可对车内供热。通常以汽油、柴油或煤油作为燃料。

(二)暖风系统的组成

1. 热水取暖系统组成

热水取暖系统的热源通常采用发动机的冷却水,使冷却水流过一个加热器芯,再使用鼓风机将冷空气吹过加热器芯加热空气,使车内的温度升高。热水取暖系统主要由加热器芯、水阀、鼓风机、控制面板等组成,如图2-1-79所示。

2. 燃气取暖系统

在大、中型客车上,仅靠发动机冷却水的余热取暖是远远满足不了要求的,为此,在大客车中常采用燃气取暖系统。燃气取暖系统组成如图2-1-80所示,燃油和空气在燃烧室中混合燃烧,加热发动机的冷却水,加热后的水进入加热器芯向外散热,降温后返回发动机再进行循环。

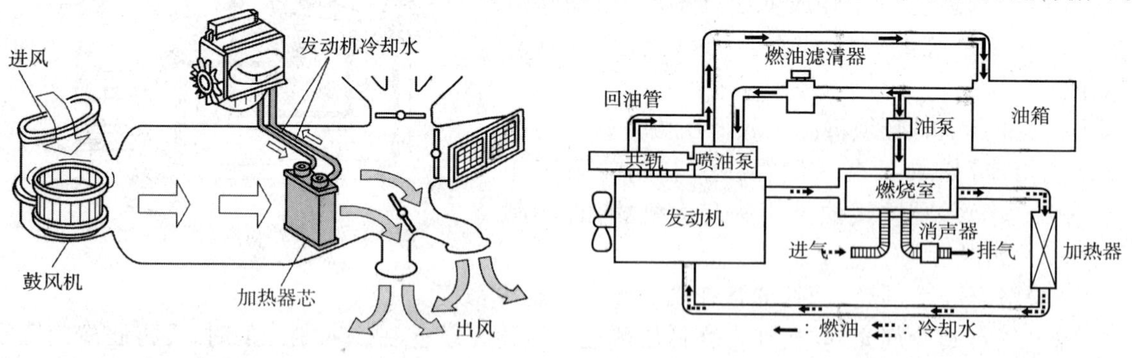

图2-1-79 热水取暖系统

图2-1-80 燃气取暖系统原理图

第十节 汽车音响系统

一 汽车音响类型及电路

现代汽车音响已经从最早的单AM(调幅)收音机,发展至具有AM/FM(调幅/调频)收音、磁带放音及CD放音,并兼容DCC、DAT(数字声频磁带收音机)数码音响,形成了多功能、数字化、高技术、高性能、大功率输出的立体声音响系统。越来越多的新技术如:车载液晶电视、可换屏幕动画的汽车音响、多媒体汽车音响、带硬盘的汽车音响、GPS 导航系统汽车音响、新型 MD 汽车音响、汽车新型 CD 音响、MP3 汽车音响和新型扬声器应用到汽车音响上。

(一)汽车音响类型

汽车音响按音响电路不同可分为 I^2C 总线控制红外遥控数字调谐数字显示汽车音响、数字调谐数字显示汽车音响、数字显示汽车音响、单片收音集成电路汽车音响和普通汽车音响。按放音机芯功能不同汽车音响分为普通型和自动换向型两大类。

1. I^2C 总线控制红外遥控数字调谐数字显示汽车音响

I^2C 总线控制红外遥控数字调谐数字显示汽车音响的收音电路都是采用一块数字调谐式微处理器为主构成。该微处理器不仅具有遥控开、关机，遥控或本机键控各种功能，而且还具有 I^2C 总线控制电路。采用了 I^2C 总线电子调节方式的音响，彻底消除了传统机械电位器调节时产生的调谐噪声，使调节更平稳可靠，而且这种调节也可采用遥控方式进行操作。

2. 数字调谐数字显示汽车音响

数字调谐数字显示汽车音响的收音电路也是以一块数字调谐式微处理器为主构成。该集成电路既包括了数字调谐选台用的各种电路，又包含了数字显示驱动电路，可以直接驱动 LCD 显示屏显示接收电台的频率。

3. 数字显示汽车音响

数字显示汽车音响的收音电路由 AM 及 FM 收音高放电路、中放电路 FM 及 FM 立体声解码集成电路构成。在这三部分电路中，有的机型采用块集成电路来完成，也有的将 FM 高放电路作为一个组件(称为 FM 收音头)，而另用两块集成电路来完成其他两种功能。

4. 单片收音集成电路汽车音响

单片收音集成电路汽车音响的收音电路采用一块单片收音集成电路来完成，放音电路是以一块双声道均衡放大集成电路为主构成。

5. 普通汽车音响

普通汽车音响的 AM/FM 立体声收放音电路较为常见，这类机型的音响是将调频收音电路与调幅收音电路安装在一起合成一个组件，并由屏蔽罩盖住，该组件俗称调频头。由于这种组件相对独立，故便于安装和生产，但却给维修带来了一定难度。调频的高放、本振、混频一般是通过调频头来完成的。

普通汽车音响常见的静音方式可通过功放实现、通过静音开关来控制和通过静音开关切断前置放大电路的供电等三种。

(二)汽车音响电路

汽车音响的电路由电源稳压滤波、放音机芯、前置放大电路、开关及音量调节电位器、功率放大器、收音电路、音箱及天线等构成。

1. 汽车音响的电源稳压滤波电路

汽车音响的工作电压有 12V 和 24V 两种，汽车音响的电源稳压滤波电路和供电流程典型结构，如图 2-1-81 所示。

(1)12V 汽车音响供电。12V 电源引线上装有 1.5～2A 熔断器，一般在机壳外在的塑料熔断管内。二极管 VD 是电源极性接反保护器件，正常时其处于截止状态，一旦电源极性接反,它将导通,使熔断器熔断,以保护汽车音响后电极路不致受损。

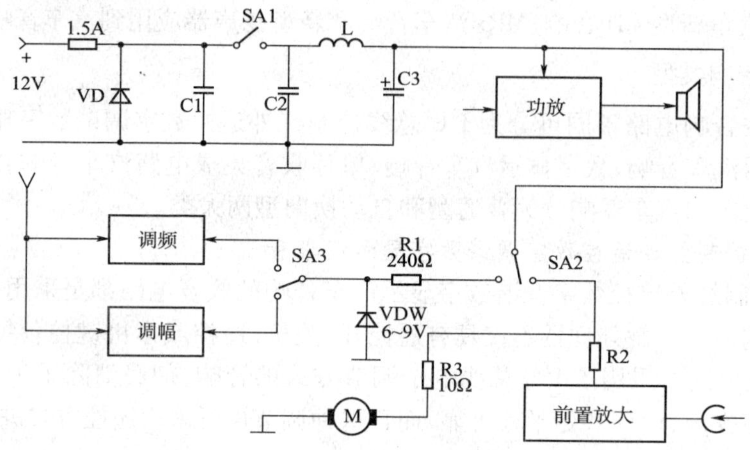

图 2-1-81　汽车音响的电源稳压滤波电路和供电流程典型结构

(2)24V 汽车音响供电。对于 24V 汽车音响供电,常见有两种情况:一种是通过降压电路将电压降低至 15V,其他部分与 12V 机型相同;另一种是采用工作电压更高的功放集成块直接用 24V 供电。

(3)数字调节汽车音响供电。数字调节汽车音响数控收音微处理器的供电多采用 5V,一般是由一块三端稳压块或由分立元件组成的简易串联型稳压电路,将整机供电稳压为 5V 后得到的。

2. 前置放大电路

磁带放音前置放大电路与家用录音机前置部分差不多。它的作用是将磁头感应到的音频信号进行放大和频率补偿后,送给后级电路(一般为音调或音量电路)。对前置放大电路进行检修时,先测量前置放大电路的供电电压,一般为 6 ~ 9V。音频功率放大电路均采用集成电路。

3. 收音电路

为了保证收音的稳定性,收音部分的调谐多采用调感方式,调感磁芯一般为 6 组,调频、调幅各用 3 组,也有的用其中的两组。采用数字调谐方式能对音量调节、音量平衡调节、高低音音调调节等进行控制。音量控制大都设置在靠近功放级的输入端。

4. 音频功率放大电路

音频功率放大电路多采用集成电路,分为单声道和双声道,少数高档机型采用多声道。

二 汽车音响电路检修

(一)检修准备

汽车音响内部出现故障,必须将其从车上拆下来才能进行维修,这就要求必须配备维修电源、音箱、天线等外部设施。

1. 维修电源

维修电源可以用 20W 左右的变压器自制,必须具有 12V 和 24V 两组电压输出。虽然汽车音响工作电流在 0.5 ~ 1A 左右,但由于内部短路故障非常多,为了使试机时不击穿整流管,故整流桥应选4A或6A的，滤波电容不小于2200μF，否则试机时会有交流电。

2. 音响

音响用一只或两只都可以，不要箱体也行，选功率5W左右，阻抗4～8Ω左右的扬声器制作而成。为了保护扬声器，在引线上串接一个1A左右的熔断器。

3. 天线

由于汽车和汽车音响都是金属壳的，有屏蔽作用，所以，收音部分必须加外接天线，才可进行正常收听。维修时，可用1～2m左右的软线或用万用表表笔代替。

(二)音响电路的故障规律

1. 收音部分故障规律

收音部分出故障的机会较小，特别是高频头组件。如果此部分出故障，多数为硬性损伤，例如线圈引脚开焊，电路板脱焊、断裂处造成的接触不良以及元件损坏等。如果放音正常，FM、AM收音均无声，那么故障部位可能在FM和AM的供电电源上。

2. 磁带放音电路故障规律

磁带放音电路出现异常时，将会出现放音无声或声小、失真等现象。例如磁头太脏长期不拆洗就会导致音小、高音衰减甚至无声。放音均衡放大电路故障率不是太高，尤其是均衡放大电路中使用的集成电路不太容易损坏。但外围元件，如小型瓷片电容等，有时会出现失效或漏电现象。

3. 功率放大器故障规律

功率放大器是汽车音响故障率最高的部分，大多都是因功放集成块被击穿而引起的，造成集成块被击穿的主要原因有两种情况：一是汽车发电机电压调节器不良，发生过压或过载而损坏；二是汽车发电机产生的瞬态峰值电压将集成块击穿。

4. 机芯故障规律

汽车音响的机芯，较普通录放机的机芯简单牢固，自身出故障的可能性较小，故障往往是使用不当造成的。有些机芯发生磁带不到位或不能出盒或转速变慢等，大都是由于机内灰垢堆积太多，或长期不保养缺油等引起的，需要经常对机芯的磁头、压带轮进行维护和清洗。

(三)检修常用方法

检修汽车音响故障的常用方法有：直流电压检查法、电流测量法、电阻测量法、温度检测法、重焊排除故障法、整机比较测量法、元器件替换和并联法、触击检查法、脱开检查法、信号追踪法、信号寻迹法、短路检查法。

1. 直流电压检测法

直流电压检测法是用万用表测量集成电路各引脚对地的直流电压值，然后与该IC正常工作时的标称电压值进行对照，从而判断是否有故障。用直流电压检测法检查集成电路的故障，可谓是最简捷、迅速、有效的方法，也是用得最多的方法。

2. 信号追踪法

信号追踪法是将低频信号发生器输出的1000Hz(或400Hz)信号，加至汽车音响前置放大电路(功放电路)的信号输入端，如果功放级工作正常的话，此时扬声器内便发出该频率的声音；否则说明功放级有问题。

3. 信号寻迹法

信号寻迹法有异于信号追踪法,其实质是利用一模拟信号源加在汽车音响第一级的信号输入端(一般可由天线处输入),然后再用示波器或其他探测仪(如检波器、高阻耳机等)逐级观测输出的电压波形(信号),从测到的波形来判断故障所在。

4. 碰触检查法

碰触检查法是用手握工具,以其金属部分轻轻触击晶体管的基极或集成电路的信号输入端,通过听扬声器中的声音反应来判断故障的一种方法。碰触检查法和信号追踪检查法都应由后往前逐级进行检查,而信号寻迹检查法则应由前往后逐级进行检查。

5. 电流测量法

电流测量法是通过测量整机电路或者某一部分电路的电流数值,并与正常工作时的数值相比较,以此来判断故障部位的一种方法。

6. 电阻测量法

是用万用表的欧姆挡测量汽车音响电路中的各种元器件、连接导线、接插件及印制板连线的直流电阻,以此来判断元器件是否开路、短路、漏电、放大性能失效等故障,以及导线、印制板、接插件等的通断情况。

7. 脱开检查法

是将某一部分电路断开,用万用表测量电阻、电压或电流,以此来判断故障的一种方法。这种方法适用于电流变大、电压变低、有短路、有噪声和自激等故障的检查。

8. 短路检查法

短路检查法是利用短路线(或串接有电阻、电容的线)将电路的某一部分短路,从扬声器中声音变化的情况来判断故障的方法。用短路检查法检查汽车音响噪声故障时,也可由后级往前逐一短路各级的信号输入端。若短路后扬声器中的噪声消失,则故障出在被短路点之前的信号流程通路中;反之,若声音没有变化,则故障出在后级。由此就可迅速找到故障部位。

利用短路检查法查找音响故障时,具体使用何种短路线,应考虑短路两点的直流电位和其内阻大小而定,要防止直流电压被短路。检查汽车音响晶体管振荡器时,可以用将振荡回路或反馈回路短路,来判断晶体管振荡器是否起振。

9. 检查故障方法的说明

汽车音响检修是一项技术性很强的工作,要迅速有效的找到故障原因,就必须灵活运用各种检修方法。上述每种方法都可用来检查和判断多种故障,同一种故障又可用多种检修方法来进行检查。高档汽车音响的接线较难判断,电源线上一般面连接有熔断管,颜色为红色或蓝色;对于搭铁线,一般用黑色线,有电源地线和扬声器地线等。有的接熔断器管的线有 2 根或 3 根,一般有一条是受电源开关控制的整机主供电电源线,有一条是不受开关控制的时钟或存储器保持电源的供电线,还有一条是在收音时控制电动天线的控制线。

对于汽车音响整机全不工作的主要是由于超压、过热等原因造成元件击穿短路,引起熔断器熔断。常见的故障部位有:电感烧毁搭铁,功放集成电路击穿短路,电源开关不通或虚焊,连接线断线,二极管 VD 因电源反接而击穿,印制线路烧断等。

三 汽车音响防盗系统

(一)汽车音响防盗系统类型

汽车音响防盗功能主要有音响随身带防盗、不可拆卸式防盗和密码式防盗三类。密码式防盗是一种电子防盗方式,它是通过音响面板上的按键给汽车音响输入所谓的设定密码后来实现防盗的。具有音响防盗功能的汽车在音响面板上或后车门三角窗等处标有ANTI—THEFT(或CODE,或SECURITY)字符。

(二)汽车音响密码的获取方法

当汽车音响锁死以后,就必须按照正确步骤输入正确密码后,音响系统才能正常工作。如果多次输入错误密码,将会导致音响被永久锁止。所以,一旦汽车音响被锁,首先应找到音响的密码,然后正确输入。

汽车音响密码的获取可通过在原车上查找和用读码器读取两种方法。

1. 原车上查找

用户在购买新车时,要注意夹在音响使用手册中的密码卡。有些车型的密码还可能在音响机壳的上面,点烟器的背面,文件箱内,驾驶员侧车门,后备箱CD机壳,发动机控制单元等地方找到。

2. 用读码器读取

现代汽车音响防盗密码存储集成一般采用EEPROM,并以串联形式连接在电路中,如果密码丢失就必须用数据编程器来读出音响里面EEPROM的密码数据。

(三)汽车音响锁止后常用的解码方法

音响解码是指音响的防盗功能将音响锁住后,使音响恢复使用功能的操作方法。

1. 已知密码的解码方法

在已知音响密码的情况下,输入正确的密码即可解码,输入方式有顺序输入和逐位输入两种。

(1)顺序输入。如密码为3456,则按音响面板上的3、4、5、6键就完成了。该方法适用于宝马、奥迪A6、本田等系列车型的音响。

(2)逐位输入。如密码为3456,则按音响面板上的选台预置键1键3次,2键4次,3键5次,4键6次就完成了。该方法适用沃尔沃、绅宝、道奇等系列车型音响。

2. 通用密码解码

在不知道本机密码的情况下,可以输入该系列音响的通用码进行解码。典型车型音响的通用码如下:

(1)宝马系列车型采用阿尔派音响的通用密码为62463或22222。

(2)起亚系列车型音响的通用密码为12345或6263。

(3)沃尔沃系列车型音响的通用密码为3111或3113。

(4)本田系列车型音响的通用密码为34443。

注意:使用通用密码解除汽车音响防盗系统的方法只能使用一次,如以前已经使用过一次,则不能再次使用。

3. 无密码的解码方法

在不知本机的密码,通用码也无法解码时,就需要用逻辑分析仪或者专用音响解码器解码,具体方法参阅相关仪器说明。

四 汽车卫星导航系统简介

(一)汽车卫星导航系统作用

汽车卫星导航系统最主要的功能就是告诉用户“身在何处、正往何处去、应该怎么走、什么时候到达”的实时信息,担供“安全、省油、舒适”的驾驶环境。

(二)汽车卫星导航系统组成及原理

1. 汽车卫星导航系统组成

GPS由空间部分、地面控制系统、用户设备三个独立部分组成。

空间部分由21颗工作卫星,3颗备用卫星。

地面控制系统由1个主控站,3个注入站和5个监测站组成。

用户设备部分的任务是接收GPS卫星发射信号,以获得必要的导航和定位信息,经数据处理,完成导航和定位工作。GPS接收机一般由主机、天线和电源组成,汽车上安装的就是用户设备部分。

2. 汽车卫星导航系统工作原理

GPS基本定位原理是卫星不间断地发送自身的星历参数和时间信息,用户接收到这些信息后,经过计算求出接收机的三维位置、三维方向以及运动速度和时间信息。GPS系统提供的定位精度是10m,而为得到更高的定位精度,通常采用差分GPS技术,即将一台GPS接收机安置在基准站上进行观测。

第十一节　其他车身电器系统

一 电动座椅

(一)电动座椅的作用

电动座椅是指以电动机为动力,通过传动装置和执行机构来调节座椅的各种位置,使驾驶员或乘员乘坐舒适的座椅。安装电动座椅对汽车结构设计提出了更高的要求,它既要满足驾驶员多种姿势下的操作安全要求,也要满足包括对乘员的舒适性和安全性的要求。电动座椅一般具有前后移动、前后端升降、靠背倾角调节、腰部支撑等功能,如图2-1-82所示。

(二)电动座椅的组成

电动座椅一般由双向电动机、传动机构、座椅调节器、调节开关和过载保险等组成。

1. 电动机

电动座椅中使用的电动机一般为永磁式双向直流电动机。它通过控制开关来改变流经电动机内部的电流方向,从而实现转动方向的改变。现代汽车电动座椅能够调节的方向比较多,许多车辆使用4个电动机,对座椅进行前后、前端上下、后端上下、倾斜等8个方向调节。

2. 传动装置

电动座椅的传动装置主要包括变速器、联轴节、软轴及齿轮传动机构等。变速器的作用是降速增扭。电动机轴与软轴相连，软轴再和变速器的输入轴相连，动力经过变速器的降速增扭以后，从变速器的输出轴输出，变速器的输出轴与蜗杆轴或齿轮轴相连，最终蜗轮蜗杆或齿轮齿条带动座椅支架产生位移。

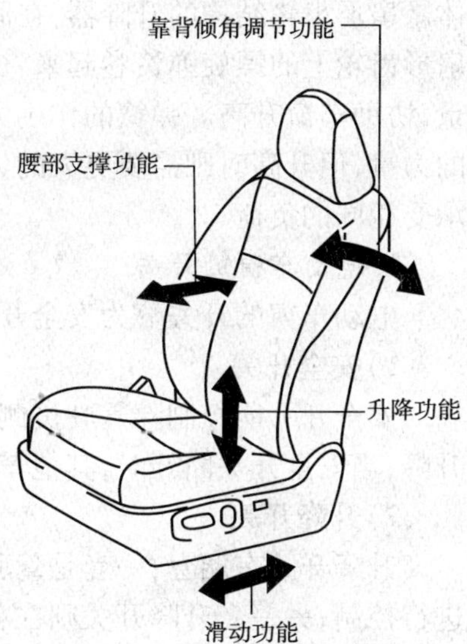

图 2-1-82　电动座椅的功能

3. 电动座椅调节开关

电动座椅调节开关为组合开关，通过调节开关可以对调节电动机分别进行控制。

(1)前后调节。可以控制座椅前后水平移动。

(2)前端上下。可以控制座椅前端上下的升降动作，改变座椅的水平角度，以适应不同身材驾乘人员的需要。

(3)后端上下调节。可以控制座椅后端上下的升降动作，它的作用和前端上下调节电动机相似，通过前、后端调节电动机除了可以控制座椅的水平调节角度外，还可以水平升高或降低座椅，使驾乘人员得到合适的座椅高度和水平倾斜角度。

(4)倾斜调节。用来调节座椅靠背的倾斜角度，使座椅的后背更能贴近驾乘人员的背部，使驾乘人员更加舒适。

4. 过载保护

现在汽车座椅过载保险一般和电动机装在一起。座椅调节过程中，往往由于某种原因电流会过大，这时过载保险就会起作用，通常它是一个热敏开关，电流过大时热敏开关断开，切断电路，冷却后又恢复到原来状态，电路又被接通。

5. 故障检测

若电动座椅出现异常，其故障多由于电路和机械这两个方面引起。机械故障常常会出现座椅运动不灵活或不到位，电路故障会引起某个方向不能调节，可通过电图对调节开关、电机和线路进行检测。

二 电动车窗

(一) 电动车窗的组成及工作原理

现代汽车的电动车窗主要由车窗电动机、车窗升降器、开关、车窗控制模块等部件组成。

1. 电动机

电动机一般为永磁型，它可以双向旋转，通过开关或继电器改变电动机的电流方向，从而使电动机得到不同的旋转方向来控制车窗玻璃的上升或下降。为了防止电动机或电路过载，在电动机内部或电路上装有热敏开关，当由于某种原因引起故障，电流过大时，热敏开关会自动断开电路，从而起到保护作用。

2. 车窗升降器

车窗升降器的主要形式有钢丝滚筒式和扇形齿轮式。钢丝结构的升降器和轨道连成一体。扇形齿轮结构的升降器,在固定架和活动臂之间有一个螺旋弹簧,当车窗下降时,连接在扇形齿轮上的螺旋弹簧卷起来,被卷绕的螺旋弹簧储存能量,当车窗升高时,弹簧松开,释放能量,协助车窗升高。弹簧的作用力补偿车窗的重力,没有螺旋弹簧,车窗下降可能只需要较小的力量,但升高时则需要更大的力量。螺旋弹簧的作用就是使车窗上升和下降时驱动电动机承受相同的负荷。

3. 电动车窗的开关

电动车窗的开关分为安全开关和升降开关。

1)安全开关

安全开关能控制除驾驶员侧以外的其他车窗,当安全开关接通时,其他车窗能够自由控制升降;当安全开关断开时,其他车窗则不能自由控制升降。

2)升降开关

升降开关有两套:一套是驾驶员侧的总升降开关,它不受安全开关的控制,可以对各车窗进行控制;另一套升降开关则在各个车门上,它只能对所在车窗进行控制,并受安全开关控制。

4. 车窗控制模块

在许多中高档汽车上,电动车窗使用控制模块,和车窗电动机装在一起,如帕萨特 B5、奥迪 A6 等轿车上都使用了车窗控制模块。使用车窗控制模块主要有以下优点:

(1)便于模块与模块之间的通讯。如车身控制模块与舒适系统控制模块之间的通讯,便于进行故障诊断。

(2)便于实现防夹功能。车窗启动防夹功能的依据有两种:一是霍尔传感器传送来的车窗电动机转速变化数据;二是电流检测电路检测到的电动机电流变化数据。帕萨特 B5 轿车的防夹功能是通过霍尔传感器传送来的车窗电动机转速信号,给车窗控制模块,来改变电动机运动的方向,从而实现防夹功能。防夹功能一个升降行程内只有一次,其后必须要初始化玻璃的上下位置才可再次实现防夹功能。

(3)可以根据不同需要设定车窗的工作模式。

5. 电动车窗控制

电动车窗控制电路有双继电器控制、开关直接控制和车窗模块控制等三种形式。

1)双继电器控制

双继电器控制的电动车窗电路是通过两个继电器来控制电路的正反倒相。当一号开关工作时,电流经一号继电器到电动机,再经过二号继电器搭铁,电动机完成一个方向的旋转运动;当二号开关工作时,电流经二号继电器到电动机,再经过一号继电器搭铁,电动机完成另一个方向的旋转运动。

2)开关直接控制

开关直接控制的电动车窗电路的特点是,控制电动机的电流方向不是用继电器完成的,而是直接使用开关来完成。

3)车窗模块控制

车窗模块控制的电动车窗电路,如大众系列车辆就采用车窗模块控制电动车窗电路,带有玻璃防夹功能。在有些车辆上玻璃的防夹功能是通过检测电路中电流的方式,当车窗玻璃在上升过程中,电路的电流超过给定值时,控制模块就改变电流方向,使玻璃下降一点,从而实现防夹功能。

(二)电动车窗常见故障分析

当电动车窗出现故障时,首先要区分是机械故障还是电器故障。一般出现机械故障时,电动车窗虽然不能工作,但在操纵升降开关时,可能听到继电器的响声和电动机的工作声;如果出现某个机械部位卡死时,则会引起熔断丝的烧断或热敏开关断开。常见故障现象及原因如下:

(1)所有车窗都不能上升或下降。原因可能是熔丝或搭铁线出现故障,如果总开关出现故障,也可能引起所有车窗的工作不正常。

(2)除驾驶员侧车窗外,其他车窗都不能工作。一般这是由于驾驶员侧总开关上面的安全开关出现故障引起的。

(3)车窗只能向一个方向运动。故障原因主要是开关原因或控制电路问题,应检查开关和控制线路是否正常。

(4)车窗上升和下降两个方向都不能运动。故障原因主要是开关、电动机或电路断路。

三 电动后视镜和风窗玻璃加热

(一)电动后视镜

装有电动后视镜系统的车辆,驾驶员可通过操纵安装在驾驶员位置的电动后视镜开关,方便地调节后视镜的位置,获得理想的后视镜位置。

电动后视镜由电动后视镜开关、调整电动机和驱动器、折回开关、折回控制模块、折回电动机及驱动器和后视镜控制模块等组成。

1. 电动后视镜开关

电动后视镜开关分别控制电动后视镜的水平方向和垂直方向的位置。在有些车辆上,当电动后视镜开关调到左侧,调整左侧后视镜位置时,右侧后视镜的位置会随左侧后视镜位置的改变而改变。

2. 调整电动机和驱动器

每个电动后视镜上有两套调整电动机和驱动器。电动机采用永磁型,可以正反向转动,驱动器一般由一组齿轮组成,一套控制水平方向,另一套控制垂直方向。

3. 折回开关

折回开关控制电动后视镜的展开或收回。当车辆在比较狭窄的车位及路边停放时,其宽大的后视镜可以折合收回,因而可以避免不必要的刮伤。

4. 折回控制模块

折回控制模块接受折回开关的信号,并发出指令使折回驱动机工作,及时准确地控制后视镜的展开或收回。

5. 折回电动机及驱动器

折回电动机及驱动器由一个能够正反向旋转的电动机和一组齿轮组成,通过它的动作可以控制电动后视镜的展开或收回。

6. 电动后视镜的控制

目前汽车上的电动后视镜控制方式主要以下几种:

(1)用开关直接控制电动机的正反向旋转。

(2)带收回装置控制方式。

(3)控制模块控制,通过开关给控制模块信号,然后由控制模块发指令使电动后视镜动作。

(二)风窗玻璃加热装置

当后风窗玻璃和后视镜上有霜雾时,就会影响驾驶员对后方的视线,因而现在很多车辆的后风窗玻璃和电动后视镜上都有电加热装置。

当接通开关后,后窗玻璃开始加热,一般加热控制都配有定时电路,在一定的时间内自动切断加热电路,从而起到安全保护作用。当打开后挡风玻璃的电加热器时,同时也打开了电动后视镜的电加热器。

风窗玻璃加热器和后视镜加热器不工作,一般情况下除了加热器自身损坏、加热电路有故障外,加热开关和定时器损坏的概率较大。

四 电动刮水器及清洗系统

刮水器的作用是用来清除风窗玻璃上的雨水、雪或尘土,以确保驾驶员有良好的视野。在行驶中,由于泥土的飞溅或其他原因污染风窗玻璃,所以刮水器还设有洗涤装置。有些轿车还装备有前照灯冲洗系统。

(一)电动刮水器与清洗系统的组成

电动刮水器与清洗系统由刮水器/清洗器开关、刮水器/清洗器控制模块、刮水器电动机和传动机构、清洗器储液罐、清洗器电动机和清洗器导管及喷嘴等组成。

1. 电动刮水器

电动刮水器由直流电动机和传动机构组成,如图 2-1-83 所示。刮水器电动机大多是永磁直流电动机,磁极多采用陶瓷材料,受冲击容易损坏,电动机旋转经蜗轮蜗杆减速,并带动拉杆和摆杆运动,使左右刮片往复摆动。

电动刮水器由开关控制工作,一般有高速挡、中速挡、低速挡和间歇挡。电动刮水器虽然能够实现间歇控制,但不能够根据雨量的变化及时调整刮水器的刮水频率,所以,很多车辆上装有电子感应式刮水器,它能根据车辆行驶速度和雨量,自动调节刮水器的刮水速度。

2. 风窗清洗装置

风窗清洗装置由洗涤液罐、永磁直流电机、洗涤泵、软管、三通阀、喷嘴及刮水器开关组成,如图 2-1-84 所示。洗涤器电动机为永磁直流电机,且与离心式叶片泵构成洗涤泵。

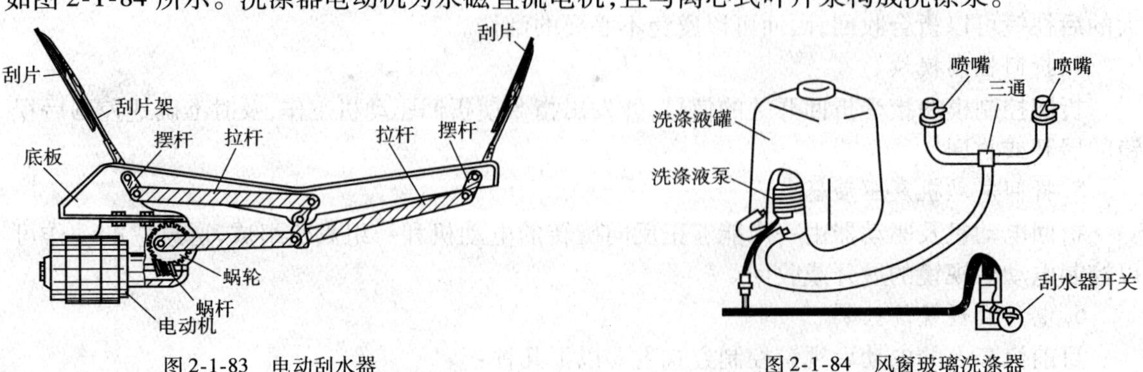

图 2-1-83 电动刮水器

图 2-1-84 风窗玻璃洗涤器

(二)电动刮水器与清洗系统使用注意事项

刮水器除了电器故障外,最常见的是刮水器片及相关的机械故障。所以在使用、维护时应注意以下几点:

(1)定期检查刮水器片是否良好。

(2)检查刮水器工作情况时,应先用水润湿风窗玻璃。

(3)断开刮水器开关后,刮水器片应回到风窗玻璃下侧后停止。

(4)冬季使用刮水器时,若刮片被冰冻住或被雪团卡住,应立即断开开关,清除冰块、雪团,否则,因刮片阻力过大而烧坏电动机。

(5)不要随意拆下电动机,因刮水电动机多为封闭式,不可随意拆卸。

(6)当刮片严重磨损或脏污时,应及时更换或清洗,否则将降低刮水器的工作效能,影响驾驶员视线。

(7)清洗刮片时,可用蘸有清洗剂的棉纱轻轻擦去刮片上的污物,不可用汽油清洗和浸泡,否则刮片会变形而影响其工作。

(8)接通刮水器开关后,电动机正常工作时应无异响。如果有异响,应立即断开刮水器开关,以防烧坏刮水器电动机。

五 停车辅助系统与汽车行驶记录仪

(一)停车辅助系统

停车辅助系统又称倒车雷达,目前汽车上的停车辅助系统一般都是利用超声波的反射原理,在低速倒车时检测驾驶员用眼睛无法监视的死角地带的障碍物,距离过近时以警告音方式警告驾驶员,避免可能发生的碰撞事故。同时,还有故障自诊断功能。

1. 停车辅助系统组成

停车辅助系统由超声波传感器、控制器和蜂鸣器等组成。

1)超声波传感器

超声波传感器按检测方式不同有直接检测和间接检测两种。其原理是发出超声波信号,碰到障碍物时,再将返回的信号送给控制单元进行处理。

超声波传感器检测范围包括车辆后部障碍物的垂直方向和水平方向。对于垂直方向的检测范围不能太大,否则将检测到车辆后部的地面,造成误报警。因此在安装传感器时,传感器的方向不能太偏向下部。

2)控制单元

当倒挡开关接通时,控制单元进行自检,如果在自检过程中发现故障,控制单元将驱动蜂鸣器工作。自检结束后将接受传感器发来的信号,根据超声波的发射和接收时间来确定车辆后部与障碍物的距离,并根据距离的远近,发出不同的指令,使蜂鸣器间断发音或连续发音。

3)蜂鸣器

蜂鸣器一般安装在靠近驾驶员的前部,当有障碍物时,蜂鸣器发出报警音,避免碰撞事故的发生。有些车辆上,除了蜂鸣器以外,还装有显示与障碍物之间距离的屏幕,可以精确标定车辆与障碍物之间的距离。

2. 停车辅助系统使用注意事项

停车辅助系统在使用过程中,应注意以下事项:

(1)如果超声波传感器表面有结冰,可能造成系统不工作。

(2)如果超声波传感器表面被异物堵住,或在夜间时,系统不能正常工作。

(3)气温过冷、过热时,会影响系统的工作。

(4)对于直径很小或很细长的物体,系统可能检测不到。

(5)当障碍物为雪时,因为雪能吸收超声波,所以系统不能正常工作。

(6)在铁路、石块路、坡路、草丛中倒车时,系统可能会误工作。

(7)车辆的强烈振动、摩托车发动机声、大型车辆气刹等,会影响系统的正常工作。

(8)当车辆处于暴雨或喷水环境中时,会影响系统的工作。

(9)传感器周围有无线电发射装置时,会引起系统误工作。

(二)行车记录仪

汽车行车记录仪也称行驶记录仪、机动车信息记录仪、车辆智能管理仪、汽车黑匣子、汽车绿匣子等,按国标定义就是安装在汽车上,记录、存储、显示、打印车辆运行速度、时间、里程以及有关车辆运行安全的其他状态信息的数字式电子记录装置。

1. 汽车行驶记录仪的作用

汽车行驶记录仪的使用,对遏止疲劳驾驶、车辆超速等交通违章,约束驾驶员的不良驾驶行为,分析、鉴定道路交通事故,提高交通管理执法水平和运输管理水平,保障车辆运行安全都具有重要作用。汽车行驶记录仪具有以下功能:

1)预防交通事故

主要内容有超速报警、超速记录、疲劳驾驶记录。

2)车辆行驶管理

主要内容有开/停车记录、月统计、行驶状态数据记录。

3)分析交通事故

能记录最后 12 次停车前 20s 内与时间相对应的车辆行驶速度值及车辆制动,左、右转弯,鸣号等状态信号。包括停车时刻、车速值、距停车点距离、刹车信号、左右转弯信号、鸣喇叭信号、倾翻信号等。以上数据可按表格或曲线形式提供给用户和交警,便于交警客观、公正地分析和处理交通事故。

4)车辆监控

有的汽车行车记录仪还运用了数字移动通信技术、汽车电子技术、计算机网络技术、卫星定位技术与地理信息系统等实现对车辆的跟踪、监控及防盗报警等。

2. 行车记录仪的组成

汽车行车记录仪由记录显示器、传感器、装车电缆、管理软件等组成,可在记录仪上通过按键查询各类行车记录,也可通过管理软件用计算机管理行车档案。汽车行车记录仪中的初始数据非专业技术人员不得随意更改。

3. 行车记录仪常见故障及处理方法

行车记录仪在使用过程中出现的一些常见故障,可按以下方法进行处理。

1)工作不正常

接通点火开关后，行车记录仪进入自检状态，如果正常则指示灯闪烁，表示记录仪的系统工作正常。如果指示灯不闪烁，说明记录仪系统不工作，应进行以下检查：

(1)检查行车记录仪的工作电路有没有断路。

(2)检查熔丝是否熔断。

(3)检查行车记录仪与线束之间的连接是否良好。

(4)检查汽车点火开关有无输出电压等。

2)采集数据不正常

汽车行驶记录仪U盘出现采集数据不正常的情况可按以下操作方法进行处理：

(1)在计算机上检查U盘的格式，记录仪能识别的格式为FAT格式，不是FAT32或NTFS等其他格式。

(2)检查U盘是不是处于写保护状态，如果是，打开写保护状态。

(3)检查U盘有无足够的剩余空间，建议先格式化后再采集数据。

(4)行车记录仪本身能否识别此U盘，可以更换另一品牌的U盘试验。

(5)检查行车记录仪是否有速度信号，如果有，必须将车速降为零。

为了确保U盘的正常使用，请每次分析完数据后将U盘上的数据保存到计算机的硬盘上，然后把U盘格式化一次。

第十二节　车载网络系统

一　车载网络基础知识

汽车上电子装置越来越多，使用传统的点到点的并行连线方式不仅使电子线路的布线越来越复杂，而且布线变得愈加困难。另外，汽车上的信息传输使用网络结构已成为必然趋势，这是车载网络系统发展的重要原因。

(一)车载网络系统组成

车载网络系统主要由模块、数据总线、网络、架构、通信协议、网关等组成。

1. 模块

模块是指汽车上各个电子控制系统的控制单元(简称电脑)，是探测信号和(或)进行信号处理的电子装置。

2. 数据总线

数据总线的速度通常用比特率来表示，比特率是每秒千字节(kbit/s)。高速数据总线及网络容易产生电噪声(电磁干扰)，这种电噪声会导致数据传输出错。

3. 网络

车辆中的控制模块通过数据总线相互连接，总线又连接到局部域网上，构成整个车载网络。

4. 架构

架构是信息高速公路的配置，其输入和输出端规定了什么信息能进和什么信息能出。架构通常包括 1 ~2 条线路。

5. 通信协议

通信协议本身取决于车辆要传输多少数据,要用多少模块,数据总线的传输速度要多快。大多数通信协议(以及使用它们的数据总线和网络)都是专用的。因此,维修诊断时需要专门的软件。

6. 网关

网关是连接异型网络的接口装置,它综合了桥接器和路由器的功能。网关主要"处理"从第一个网络读取所接收的信息,翻译信息,向第二个网络发送信息等内容。

按照汽车装有的不同电控单元对车载网络性能要求的不同,汽车上往往将车载网络分成不同的区域。如上海大众途安 CAN - BUS 数据总线共设定了动力系统总线、舒适系统总线、娱乐信息系统总线、仪表系统总线和诊断总线等五个不同的区域。由于不同区域车载网络的速率和识别代号不同,因此,一个信号要从一个车载网络区域进入到另一个车载网络区域,必须改变它的识别信号和速率,以便让另一个数据总线系统接受,这个任务由网关来完成。网关还具有改变信息优先级的功能。

(二)车载网络的分类

车载网络采用的大多是局域网(局域网指在一个特定的局部单位内连接的网络),在汽车上会有多个局域网,这些网络可以通过网关连接在一起构成互联网络。网关是连接不同网络,实现不同网络协议转换的设备。车载网络根据网络结构不同分为星型网、总线网和环型网。

1. 星型网

如图 2-1-85 所示,星型网以一台中央处理器为中心,中央处理器与每台入网电控单元有 1 个物理连接。其特点是结构简单,通信数据量较少,可以根据需要由中央处理器安排网络访问优先权。

2. 总线网

总线型网络如图 2-1-86 所示,它是由 1 条总线连接入网的电控单元,其特点是通信速率较高,分时访问优先权较前。

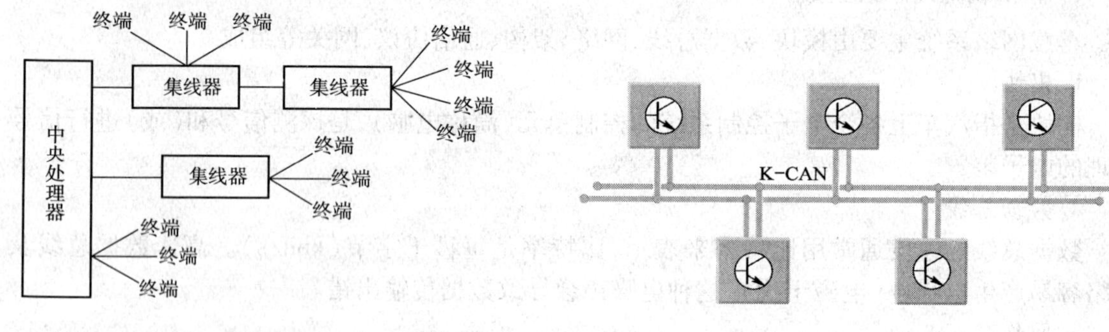

图 2-1-85　星形网

图 2-1-86　总线形网

3. 环形网

环形网络如图 2-1-87 所示,入网电控单元通过网络部件连到 1 个环行物理链路中,其优点是信息在网络中传输实时性好,传输数据量大及抗干扰能力强。

通讯，造成车辆功能异常，甚至故障检测仪也不能对该系统进行通讯诊断。一般引起该故障的原因多是电控单元内部短路。所以说，装有 CAN 数据总线的车辆在出现总线系统故障时，一般表现出来的故障现象会非常离奇，有时车上的系统会“群死群伤”，有时会集体“瘫痪”。

(五)CAN 数据总线的检测方法

1. 故障代码检测

CAN 数据总线系统具有故障自诊断功能，通过故障检测仪可以检测故障代码，并根据故障提示进行故障排除。SAE(美国汽车工程师学会)在 OBD—Ⅱ中规定，车载网络系统的故障代码以字母 U 开头；底盘电控系统的故障代码以字母 C 开头；车身电脑控制系统的故障代码以字母 B 开头；动力控制系统的故障代码以字母 P 开头。

2. 万用表检测

在同一网络中，任意节点之间同位 CAN 数据总线是导通的，因此可以用万用表电阻挡测量网络中任意两节点同位 CAN 数据总线是否存在断路故障。

(1)测量任意两节点同位 CAN 数据总线的应导通。

(2)测量 CAN – High 和 CAN – Low 之间的电阻，应有一个规定的电阻，不应直接导通。

(3)测量 CAN – High 或 CAN – Low 分别与搭铁或蓄电池正极之间应不导通。

三 光学网络总线系统

光学网络系统是车载网络系统的发展方向，具有传输速率高、传输数据量大、信号衰减小、不易受外界干扰、耐腐蚀及灵敏度高等优点。

(一)光学网络总线系统的类型和基本组成

1. 光学网络的类型

光学网络可分为无源光学网络和有源光学网络两类。无源光学网络是由光纤和光电耦合器构成的。汽车使用的主要是无源光学网络，它不能放大或产生能量；有源光学网络除了光纤和光电耦合器以外，还增加了光中继器和光放大器以增强光信号，这在有些光路损耗较大的场合应用是必要的。

光学网络中光纤传输信息的方法有时分复用(OTDM)、波分复用(WDM)和频分复用(FDM)三种。传输信息用的光纤有塑料和玻璃纤维两种，塑料光纤较为便宜和便于应用，在汽车中应用较为广泛。

2. 汽车无源光学星形网络的组成与检测

汽车无源光学星形网络主要由无源光学星形、光发送器(发光二极管 LED)、在节点上的光接收器、光纤四个部分组成。光发送器和光接收器合在一起称为光电耦合器。

1)光电耦合器

光电耦合器是以光为媒介传输电信号的电子元件，它既可以实现元件的输入端和输出端之间的电信号传输，又能将输入端与输出端相隔离。其主要用途是在信号传输中起到隔离作用，在光学网络中起到信号转换作用。

光电耦合器的种类很多，按结构不同分为光敏电阻型、达林顿型、光电二极管型及光电三极管型等；按输出特性不同分为开关输出型、线性输出型、高速输出型及组合封装型等。光电耦合器在电路图中的图形符号，如图 2-1-89 所示。

光电耦合器的输入部分和输出部分是完全隔离的,所以在检测光电耦合器时,必须将输入部分和输出部分分开检测。

(1)光电耦合器输入部分的检测。把万用表“R×1k”挡,测量输入部分二极管的正、反向电阻,其正向电阻为几百欧姆,反向电阻为几千欧姆。正向管压降一般在1.5V以下。

(2)输出部分的检测。以光电三极管为例,在输入端悬空的条件下,把万用表“R×1k”挡,测量输出端的两只引脚的正、反向电阻,应该是无穷大。

(3)光电耦合器性能检测。先将万用表置于“R×10k”挡,黑表笔连接光电耦合器输入部分发光二极管的正极,红表笔连接负极;再将另外一个万用表置于“R×1k”挡,红表笔接输出端发射集,黑表笔接集电极,此时万用表应显示导通,如图2-1-90所示。

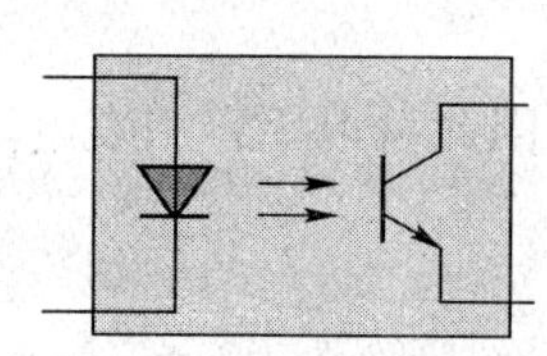

图2-1-89 在电路图中的光电耦合器图形符号

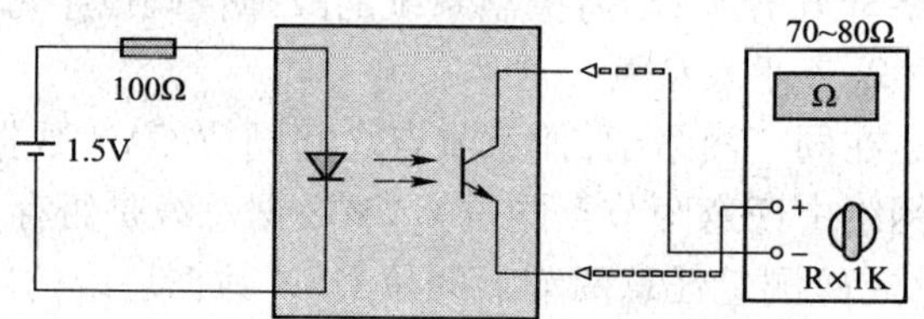

图2-1-90 光电耦合器性能检测

2)光纤

光纤是将电控单元发射机内生成的光波导向其他电控单元的接收机。光纤使用专门的光学插头与电控单元连接。插头上有一个信号方向箭头表明至接收机的输入端。为了最大限度地减小传送损失,光纤的端面必须光滑、垂直和清洁,路由光纤的弯曲半径不能小于25mm,否则会增加光源损耗和星形接入损耗。

光纤状态的评定是测量其衰减度。传送过程中发生的光波功率下降被称为衰减。衰减率用分贝(dB)表示。光纤内光脉冲的发生距离越大,衰减率越高,信号传送就越差。

(二)光学网络的应用

1. MOST数据总路线

汽车网络中常见的MOST是多媒体定向系统传输,即媒体信息传送的网络标准。MOST采用塑料光缆(POF)的网络协议。MOST网络光纤可以连接视听设备、通信设备以及信息服务设备。MOST网络支持“即插即用”方式,在网络上可以随时添加和去除设备。

MOST数据总线的一个基本特征是它不像CAN数据总线那样只传输控制数据和传感器数据,它还能传输数字音频信号和视频信号图形以及其他数据服务。

MOST总线系统为环形结构,即各电控单元之间通过一个环形数据总线连接。若某一个MOST数据总线位置上数据传送的中断就被称为环形结构中断。如果环形结构中断,就不能在MOST数据总线中进行数据传送,所以要借助于诊断导线来执行环形结构的故障诊断。可以通过中央接线连接装置将诊断导线连接至MOST数据总线中的每一个电控单元。环形结构中的中断位置必须由执行环形结构的故障诊断来确定。

2. Byteflight数据总线

宝马轿车上采用是Byteflight数据总线,使用的光纤都是由塑料制成的,是一个双向传输数据的星形总线,控制单元内只有一个光纤。

四 LIN 数据总线系统简介

局部连接网络 LIN(Local Interconnect Network)是一个汽车底层网络协议,是汽车网络层次结构中低端网络的通用协议。汽车上的传感器和执行器的联网一般是 LIN 局部连接网络。LIN 数据总线系统指的是单线数据总线,在大众/奥迪车系中,线路的颜色为紫色并标有识别色,该数据总线系统不需要屏蔽。LIN 网络中信息以帧为单位传输,每个帧由 1 ~ 8 个字节组成。

LIN 数据总线系统的网络由一个主节点(也称局部连接网络指令器电控单元)和多个从节点(也称局部连接网络执行器电控单元)构成。LIN 采用单主/多从带信息标志的广播式信息传输方式,网络节点根据在通信中的地位分为主节点和从节点。LIN 数据总线标准要求:节点数一般不超过 16 个,在单一网络线路内,传输距离不应超过 40m。

LIN 总线主要应用于车载电子控制系统。车载环境的电磁辐射和震动严重,外加控制电机较多,电路电流和电压波动较大,这就要求 LIN 总线系统有很好的电磁兼容性和耐压耐流的稳定性。

LIN 数据总线系统的电气性能对网络结构有很大的影响,网络节点数不仅受标识符长度的限制,而且受总线物理特性的限制。要求节点数不超过 16 个,否则网络阻抗会降低,因为每增加一个节点大约使网络阻抗降低 3%;LIN 数据总线最小传输速度限定为 1kb/s,最大传输速度限定为 29kb/s。

LIN 数据总线系统中,从节点的故障诊断是通过主节点来进行的。

第十三节　汽车电器综合故障分析

一 汽车电路故障检测

(一)汽车电路故障种类

把一些电气设备或元件,按其所要完成的功能,用一定方式连接而成的电流通路称为电路。电路有时会发生断路、短路、搭铁或额外电压降等使电路不正常工作的故障。

1. 断路

如果电路的连通性遭到破坏,则系统是断路的。断路可能在电路的供电线路,也可能在电路的搭铁回路。

2. 短路

如果电流不走正常的通路而是绕过部分正常的通路时,称为短路。

3. 搭铁

由于绝缘材料破损,致使电流未到达负载部件便流到搭铁点,这种情况称为电路被搭铁。出现搭铁时,会造成从蓄电池过来的电流过大,有可能严重损害电气系统的许多部件。如果该系统装了恰当的熔丝,过大的电流会“熔断”熔丝,可避免电路损坏。

4. 额外电压降

额外电压降是指加给负载部件的电压被电路别的地方“吃掉”(或“吃掉”一部分)而不是

用于该负载部件。

(二)电路故障的检测方法

当怀疑电路出现故障时,应进行检测并判断故障类型。

1. 断路的检测

可以使用电压表、试灯、欧姆表或借助跨接线来检测有无断路。断路表示电子流的路径被中断,闭合电路则表示通路没有中断,有电流通过。

2. 短路的检测

确定两导线之间短路的位置是相对比较困难的。可以通过目测检查导线有无绝缘烧焦和导线线芯熔化的迹象,还要检查两个相互影响电路共享的公共插接器。插接器的相邻两个端子之间形成腐蚀时也会导致短路。短路并不一定熔断熔丝,要检查电流的大小。

3. 搭铁回路的检测

熔丝只要一插上就熔断,说明有搭铁短路的地方。如果电路没有熔丝,则导线的绝缘层会熔化,甚至熔断线芯。为了确定电路是否在负载之前搭铁短路,应拆下熔断器,将试灯按照串联方式接在熔断器接点处。如果灯亮,则电路是搭铁短路。但必须使用一个额定值为 25 ~ 30A 的电路断电器,如果额定值太高时会损坏电路。

4. 电压降的检测

额外电压降既可以出现在供电回路,又可以出现在搭铁回路。检测电压降时,电路必须工作(有电流),必须指定源电压才能认可电压降读数。无论何时对电压降发生疑问,都必须检查电路中的供电回路和搭铁回路。

5. 汽车电路检修注意事项

在进行电路检测时,常用的仪表和工具有欧姆表、测试灯、数字万用表等。在使用欧姆表检测时,切勿使用电路断电器,也不要把欧姆表的引线接到熔断器的汇流片上。把欧姆表连接到带电流的电路,会损坏欧姆表;利用测试灯查找照明电路故障是一种较为理想的手段,但不能检测含有 ECU 的任何电子电路,否则会损坏 ECU;数字万用表的内部都有一个大于 10MΩ 的电阻,所以,对任何类型的电路均可测试;LED 测验灯或逻辑探针也是理想的测试工具,可以检测各种电路。

在检测电路时,还要注意以下事项:

(1)传统的汽车电器故障往往可以用“试火”的办法逐一判明故障部位及其原因,而在对汽车电控系统进行检测时,是不可以用“试火”的办法。

(2)拆卸蓄电池时,应先拆下负极电缆;装上蓄电池时,则应最后连接负极电缆。

(3)靠近振动部件的线束应用卡子固定,并将松弛部分拉紧,以免由于振动造成线束与其他部件碰擦;紧挨尖锐金属部件的线束部分应用胶带缠好,以免磨破;安装固定零件时,应确保线束不被夹住或损坏。

(4)安装插接器时,应确保连接器连接牢靠。

(5)维修工作中,对电器和电子元器件应轻拿轻放,不能粗暴对待;若工作时温度超过 80℃(如进行焊接作业时),应先拆下对温度敏感的器件(如继电器、ECU 等)。

(6)焊接电子元件时,用恒温或功率小于 75W 的电烙铁。

(7)检测小功率晶体管时,应使用万用表的 $R \times 100$ 低阻欧姆挡,以免因过流过载而损坏。

(8)更换三极管时,应首先接入基极;拆卸时,则应最后拆卸基极。

二 汽车电器故障诊断的典型分析方法

(一)故障代码分析及应用

1. 故障现象和故障代码的相互关系

车载故障自诊断系统显示的故障代码有两重性:一是“自生故障”,另一是“他生故障”。“自生故障”是替换被读码诊断的零件后即可排除;“他生故障”是由其他因素影响而产生的,很容易造成误诊断,需要采用读码配合系统原理分析,并了解故障代码与故障现象的相互关系。因为故障代码和故障现象之间存在着因果关系和非因果关系。

1)有故障代码,却无故障现象

车辆在运行中曾经发生过轻微的、瞬时的偶发性间歇故障,很快又恢复正常,会导致汽车电控单元内无故障代码储存,却有故障现象。例如:偶发性断火故障,瞬时断油故障;瞬时外界电磁波干扰故障;瞬时误操作又改正的故障;相关电子元件偶发性影响的故障等,对于此类问题,在进行故障检测的过程中,能读出故障代码,但启动发动机后故障指示灯熄灭。

在大众/奥迪车系中,读出的故障代码后面带“/SP”,说明故障代码为偶发性故障代码;在通用车系中,明确划分为“当前故障代码”和“历史故障代码”。

2)有故障现象,却无故障代码

凡不受 ECU 直接控制的电子元件、机械元件或电控元件,因未超出值域和时域范围的,有故障现象,但无故障代码。例如:电动燃油泵油压偏低时,有怠速不稳和加速不良的故障现象,但无故障代码。这类故障往往是由于器件老化,输出特性发生变化,使信号偏离标准信号产生。

2. 故障代码分析的基本原则

1)充分发挥故障代码表的功能

OBDⅡ要求所有的故障代码都必须按优先级储存。具有高优先级的故障代码优于低优先级的故障代码。高优先级的故障代码在第一次发生故障时就被设置,且立即点亮故障指示灯,优先级较低的故障代码是那些当故障第一次出现时就会被设置的故障代码,但此时故障指示灯并不亮,只有当故障第二次发生时,故障指示灯才会点亮。

2)查看记录故障代码时的冻结数据祯

OBDⅡ主要目的就是使汽车排放故障和工作性能故障的诊断工作更加简单和统一。法规规定要求任何使故障指示灯点亮的发动机工况都应该被捕捉并记录下来,这些被捕捉的数据被称作冻结数据帧数据。冻结数据帧或称信息捕捉(快照)是 OBD—Ⅱ中增加的一个强制性功能,可以捕捉某一时间的一些特定的数据,这是系统在点亮故障指示灯(MIL)的同时记录所有传感器和执行器数据的一种能力。

3)明确故障代码的运行和设置条件

每个故障代码在设计的时候,都设定了故障代码的运行条件。ECU 在设置故障代码时,是在一定的参数环境下,将某传感器的参数值和预计值进行比较判定是否设置故障代码的,所以如果设置该故障代码的参数环境发生错误,即使被考察的传感器参数正确,ECU 也同样判定该传感器错误,并“错误地”记录该传感器的故障代码。

每个故障代码均有特定的故障内容,故障代码的内容基本上可以提示维修技术人员一个基本的诊断思路,因此在根据故障代码进行故障诊断的时候,一定要明确故障代码的内容。不同的故障代码内容,其检测诊断方法差别是非常大的。

4)了解设置故障代码之后的应急保护措施

如果发动机某缸的汽缸压力过低,则电控单元内有可能会记录关于该缸失火的故障代码。ECU 在记录了某个故障代码之后,为了维持车辆的基本功能,往往会采取一定的应急保护措施,这就是通常所说的故障保护模式。不同的故障代码,ECU 将根据故障的性质采取不同的应急保护措施。

(二)数据流分析及应用

数据流是 ECU 对所控制的系统正运行的控制状态的数量表现形式。数据流分析是运用各种测试手段对电控系统的各类相关数据参数进行综合分析的过程。

1. 数据显示方式和测量手段

1)数据显示方式

数据显示是对 ECU 串行数据参数的数字表示方式,它对开关量(或称为数字量或非连续性)参数可以精确地描述出状态的变化,但是对模拟量参数特别是高速变化的模拟量因串行输出的原因,只能间断地反映出某个数据参数值的变化,特别是当串行数据较多而刷新速率较慢时,显示不够精确。电子点火正时电路的信号就不是串行数据信号。

2)参数测量手段

数据参数的测量手段是获取数据值的具体途径,数据流通常采用电脑通讯方式进行测量。电脑通讯方式是通过电控系统在数据连接器(诊断座)中的数据通讯线将 ECU 的实时数据参数以串行的方式传送给故障检测仪。在数据流中包括故障代码的信息、ECU 的实时运行参数、ECU 与故障检测仪之间的相互控制指令。故障诊断仪有两种,一种称为扫描仪,另一种称为专用诊断仪。

专用故障检测仪是汽车生产厂家的专业测试仪,它除了具备扫描仪的各种功能外,还有参数修改、数据设定、防盗密码设定、更改等各种特殊功能。

2. 数据流常用分析方法

数据流常用的分析方法有数值分析法、时间分析法、因果分析法、关联分析法、比较分析法等。

1)数值分析法

数值分析是对数据的数值变化规律和数值变化范围的分析,即数值的变化,如转速、车速、故障检测仪读取值与实际值的差异等。

例如在进行 ABS 测试时,应注意观察四轮的轮速信号值(对四轮 ABS),在未施加制动时,四轮轮速在正常情况下应基本一致,在施加制动但 ABS 功能尚未起作用时,四轮轮速会出现不一致,而一旦 ABS 功能起作用,四轮轮速将趋于一致,否则表示制动系统或电控系统可能存在故障。

测量发动机数据流通常是在发动机怠速工况及转速 2000r/min 无负荷工况下进行。对于发动机不能启动(启动机工作正常),在读取数据流时首先应注意发动机的转速信号,因大多数发动机电控系统在对发动机进行控制时,都必须知道发动机的转速,否则,将无法确定发动机是否在转动。

2）时间分析法

时间分析是对数据变化频率和变化周期的分析。ECU 在分析某些数据参数时，不仅要考虑传感器的数值，而且要判断其响应的速度，以获得最佳的控制效果。如氧传感器的信号，不仅要求有信号电压和电压的变化，而且信号电压的变化频率在一定时间内要超过一定的次数，当小于此值时，就会产生故障代码，表示氧传感器响应过慢。对采用 OBD—Ⅱ系统的车，三元催化转化器前后氧传感器的信号变化频率是不一样的。通常后氧传感器的信号变化频率至少应低于前氧传感器的一半，否则可能是三元催化转化器的转化效率已减低了。

3）因果分析法

因果分析是对相互联系的数据间响应情况和响应速度的分析。在各个系统的控制中，许多参数之间有因果关系。如 ECU 得到一个输入，肯定要根据此输入给出一个输出。在认为某个过程有问题时，可以将这些参数连贯起来观察，以判断故障出现在何处。

4）关联分析法

关联分析是对互为关联的数据间存在的比例关系和对应关系的分析（指几个参数之间逻辑关系）。ECU 有时对故障的判断是根据几个相关传感器信号的比较，当发现它们之间的关系不合理时，会给出一个或几个故障代码，或指出某个信号不合理。此时一定不要轻易地断定是该传感器不良，而要根据它们之间的相互关系做进一步的检测，以得到正确的结论。

5）比较分析法

比较分析是对相同车型及系统在相同条件下的相同数据组进行的对比分析。例如发动机存储有故障代码 P1151、P1152 时，其含义是长期燃油修正过稀，或长期燃油修正值超差。正确理解是：发动机由于某种故障，致使燃油混合气过浓，ECU 虽然对基本喷油时间进行了减小的调整，并且已经达到了调整能力的极限值，但是还是不能满足发动机控制系统对 $\lambda=1$ 的设计要求。发动机 ECU 超出了自己的能力范围，这时就需要维修人员排除故障，帮助发动机恢复到 ECU 可控制的范围之内。这时，应分析导致发动机混合气过浓的原因，如电动汽油泵、汽油压力、喷油器、进气/排气系统的泄漏、进气量的不足、氧传感器故障等，才能从根本上解决混合气过浓故障。

对数据流综合分析，要建立数据模块，即将某一故障现象所涉及的数据集中起来，逐一检查、对比分析。

（三）波形分析及应用

1. 电子信号分析

电控系统在整个过程中，都是以电子信号的形式进行数据传输的，因此，只要能够检测出在车辆运转过程中相关数据传输的波形，通过观察波型便可以得知系统的工作是否正常，从而判断故障所在。示波器就是用电压随时间变化的图形来反映一个电子信号，示波器所显示的实际是根据电压信号随时间的变化所描绘的曲线图。示波器按照可以同时测量信号的数量分为单通道示波器和多通道（双通道及双通道以上）示波器。单通道示波器每次只能测量和显示一个信号的波形，比较适用于观察单一信号的各个参数；多通道示波器除了具备单通道示波器的全部功能之外，可以同时测量和显示两个或多个信号的波形，便于对波形进行比较分析，对分析车辆的故障非常有利。

示波器中电压比例指每格垂直高度代表的电压值;时基指每格水平长度代表的时间值;触发电平指示波器显示时的起始电压值;触发沿指示波器显示时的波形上升沿或下降沿。

1)电控系统电子信号类型

对于电控系统而言,其电子信号一般有直流(DC)信号、交流(AC)信号、频率调制信号、脉宽调制信号、串行数据(多路)信号等五大类型。

(1)直流(DC)信号。在汽车电控系统中产生直流(DC)信号的有:蓄电池电压、模拟传感器信号(冷却液温度传感器、进气温度传感器、节气门位置传感器、废气再循环阀位置传感器、热线式空气流量传感器、燃油温度传感器)等。

(2)交流(AC)信号。在汽车电控系统中产生交流(AC)信号的有:车速传感器、磁脉冲曲轴位置传感器、凸轮轴位置传感器、模拟式进气压力传感器、爆震传感器等。

(3)频率调制信号。在汽车电控系统中产生频率调制信号的有:数字空气流量传感器、数字式进气压力传感器、霍尔式凸轮轴位置传感器、霍尔式曲轴位置传感器等。

(4)脉宽调制信号。在汽车电控系统中产生脉宽调制信号的电路或装置有:点火线圈一次侧、电子点火正时电路、废气再循环控制(EGR)阀、排气净化电磁阀、蜗轮增压电磁阀和其他控制电磁阀、喷油器、怠速控制电动机、怠速控制电磁阀等。

(5)串行数据(多路)信号。电控单元具有故障自诊断功能以及其他串行数据传输能力,而串行数据信号由发动机 ECU、车身控制模块或其他控制模块产生。

2)电子信号的判定依据

任何一辆汽车电控系统电子信号都应该具有幅值、频率、形状、脉宽和阵列等 5 个可以度量的参数指标。

(1)幅值。所谓电子信号的幅值就是指电子信号在一定点上的即时电压,也表示波形的最高和最低的差值。示波器对直流信号的判定性度量是幅值。

(2)频率。所谓电子信号的频率就是信号的循环时间,即电子信号在两个事件或循环之间的时间,一般指每秒的循环数(Hz),也表示每秒的波形周期数。

(3)脉冲宽度。所谓电子信号的脉冲宽度就是指电子信号所占的时间或占空比。

(4)形状。所谓电子信号的形状就是指电子信号的外形特征,它的曲线、轮廓和上升沿、下降沿等。

(5)阵列。所谓电子信号的阵列就是指组成专门信息信号的重复方式,例如第 1 缸传送给发动机 ECU 的上止点同步脉冲信号,或传给故障检测仪的有关冷却液温度是 210℃ 的串行数据流等。

2. 相关波形及分析方法

1)热线(热膜)式空气流量传感器波形分析

发动机运转时,热线(热膜)式空气流量传感器输出信号电压波形的幅值看上去在不断地波动,这是正常的,因为热线式空气流量传感器没有任何运动部件,因此没有惯性,所以它能快速地对空气流量的变化作出反应。加速时波形上所看到的杂波实际是在低进气真空之下各缸进气口上的空气气流脉动,发动机 ECU 中的处理电路读入后会清除这些信号,所以这些脉冲没有关系。在急减速时输出信号电压应比怠速时的电压稍低。若急加速时波形上升缓慢,而在急减速时波形下降也缓慢,则说明传感器的热线(热膜)脏污。

2)电容式进气歧管绝对压力传感器波形分析

电容式进气歧管绝对压力传感器产生的是频率调制式数字信号,它的频率随进气真空的改变而改变,当没有真空时输出信号频率为160Hz;在怠速时真空度为64.3kPa时,输出频率约为105Hz。

3)压敏电阻式进气歧管绝对压力传感器波形分析

压敏电阻式进气歧管绝对压力传感器输出电压在怠速时为1.25V,当节气门全开时略低于5V,全减速时接近0V。大多数进气歧管绝对压力传感器在真空度高时产生低的电压信号(接近0V),而在真空度低时产生高的电压信号(接近5V)。

4)磁脉冲曲轴位置传感器波形分析

磁脉冲式曲轴位置传感器波形的幅值、频率和形状在确定的条件下(如相同转速)应是一致的、可重复的、有规律的和可预测的。也就是说测得波形峰值的幅度应该足够高,两脉冲时间间隔(频率)应一致(除同步脉冲外),形状一致并可预测。但是波形在0电位时上下波动,即最大(最小)峰值电压应相差不多,不可能完全对称,但大多数传感器的波形相当接近,磁脉冲式曲轴(或凸轮轴)位置传感器的幅值随转速的增加而增加,转速增加,波形幅值相对增加。若某一个峰值电压低于其他的峰值电压,则应检查触发轮是否有缺角或弯曲。

5)霍尔式曲轴位置传感器波形分析

霍尔式曲轴位置传感器波形如图2-1-91所示,为频率调制信号。如果在示波器0电压处显示一条直线,则应确认示波器和传感器连接良好,确认相关的零件(分电器、曲轴和凸轮轴等)都在转动,用示波器检查传感器的电源电路和发动机ECU的电源及搭铁电路,检查电源电压和传感器参考电压。

如果示波器在传感器电源电压处显示一条直线,则应检查传感器搭铁电路的完整性,确认相关的零件转动情况。如果传感器的电源和搭铁良好,示波器在传感器供给电源电压处显示一条直线,则很可能是传感器损坏。

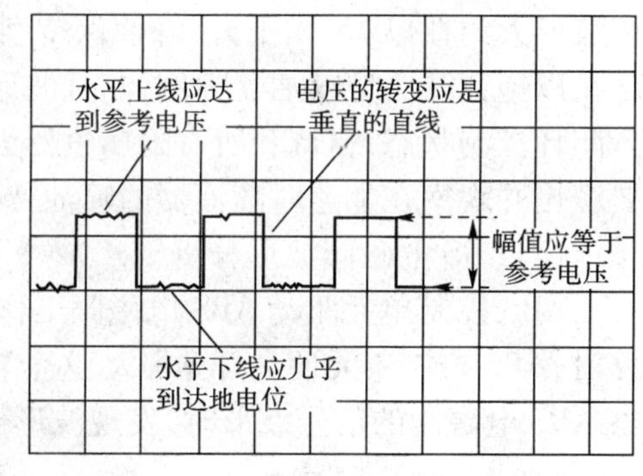

图2-1-91　霍尔式曲轴位置传感器波形

6)冷却液温度传感器信号波形分析

冷车时,发动机冷却液温度传感器的电压为3～5V之间,然后,随着发动机运转至正常温度时,电压为1V左右。发动机冷却液温度传感器电路的开路将使其信号电压波形出现向上的尖峰(到参考电压值),发动机冷却液温度传感器电路的短路将产生向下尖峰(到搭铁值)。

如果发动机工作时,冷却液温度表指示过低,且指示一直不动,则可能是冷却液温度传感器内部有断路,冷却液温度表线路有断路或熔丝熔断,指示表的加热线圈或内部电路有断路,稳压器内部有断路等。

7)氧传感器信号波形分析

氧传感器信号测试中有3个参数(最高信号电压、最低信号电压和混合气从浓到稀时信号的响应时间)需要检查,只要在这3个参数中有一个不符合规定,氧传感器就必须予以更换。

由于多点式燃油喷射系统分配至各汽缸的燃油也不完全相等,所以氧传感器的信号电压波形会产生杂波或尖峰。氧传感器信号电压波形上的杂波通常是由发动机燃烧不良、结构原因(如各缸的进气管道长度不同)、零件老化及其他各种故障(如进气管堵塞、进气门卡滞等)引起的。其中,由燃烧不良引起的氧传感器信号电压波形杂波呈高频毛刺状。氧传感器的杂波有增幅杂波、中等杂波和严重杂波三种类型。增幅杂波大多是由氧传感器自身的化学特性引起的,而不是由发动机的故障引起的。

8)爆震传感器的信号波形分析

爆震传感器的信号波形如图 2-1-92 所示,信号波形从一个脉冲至下一个脉冲的峰值电压会有些变化。波形的峰值和频率仅随发动机负载和转速的增加而增加。如果发动机因点火过早、燃烧温度不正常、废气再循环不正常流动等产生爆震或敲击声,其幅值和频率也会增加。

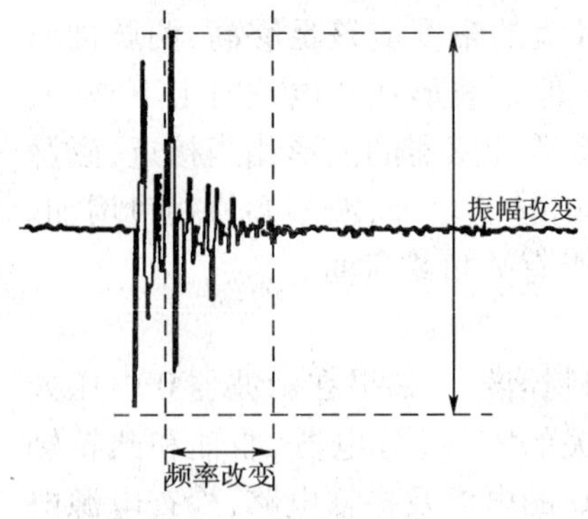

图 2-1-92　爆震传感器的信号波形

9)喷油器波型分析

喷油器的控制有饱和开关型、峰值保持型、脉冲宽度调制型和 PNP 型等四种基本类型,不同类型的喷油器产生的波形不同。

如果怀疑喷油器线圈短路或喷油驱动器有故障,可以用静态测试喷油器的线圈电阻值的方法来判断。更精确的方法是测试动态下流过线圈电流的踪迹或波形,即进行喷油器电流测试。当电流开始流入喷油器时,由喷油器线圈的特定电阻和电感特性,引起波形以一定斜率上升,上升的斜率是判断故障的依据。通常饱和开关型喷油器电流波形大约在以 45°角上升;峰值保持型喷油器波形大约以 60°角上升。

以饱和开关型喷油器为例,测试波形使发动机预热至正常温度,使空燃比反馈控制系统进入闭环控制状态,空调和所有附属电器设备应关掉,换挡操纵手柄应位于停车挡或空挡,加速要缓慢并观察在加速时喷油器的喷油持续时间的相应波形,如图 2-1-93 所示。

10)ABS 电磁阀波形分析

ABS 控制单元驱动 ABS 电磁阀工作,其波形如图 2-1-94 所示。当一个车轮抱死并开始滑移时,ABS 控制单元便会开始驱动这个轮的 ABS 电磁阀工作,以调节这个车轮的制动力。观察 ABS 电磁阀的信号波形时,发现波形尖峰高度降低,说明 ABS 电磁阀线圈短路。

(四)温度分析及应用

在汽车诊断中可采用测温仪对怀疑的故障部件进行测量温度来辅助分析判断系统故障。

常用测温仪有接触式测温仪和非接触红外测温仪,非接触红外测温仪包括便携式、在线式和扫描式三大类。非接触红外测温仪可快速、准确、方便地测量物体的表面温度,而且不需要直接接触被测物体的表面,因此能可靠地测量热的、危险的或难以接触的物体表面温度,在诊断测量中应用比较广泛。

1. 红外测温仪使用

红外线测温仪由光学系统、光电探测器、信号放大器和信号处理、显示输出等组成。红外测温仪分辨率为0.1℃或0.1℉,测试温度范围为 -50 ~550℃,距离与目标尺寸比为8∶1,具有自动选择量程,放开测量按键后数据自动保持功能。

红外测温仪只测量表面温度，不能测量内部温度。红外测温仪不能透过玻璃进行测温，玻璃有很特殊的反射和透过特性，但可通过红外窗口测温。最好不用于光亮的或抛光的金属表面的测温。

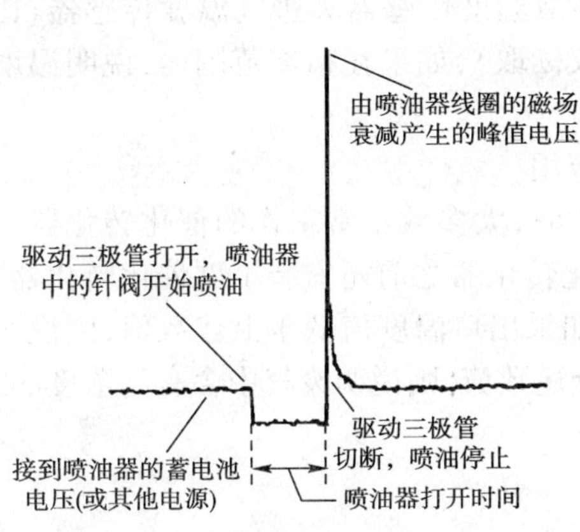

图 2-1-93　饱和开关型喷油器标准波形

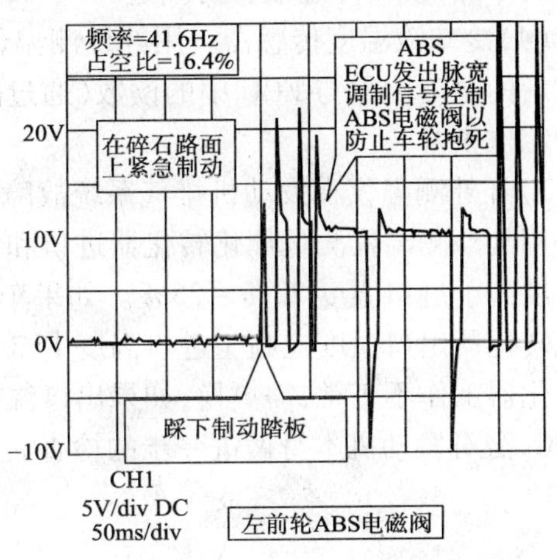

图 2-1-94　ABS 电磁阀波形

2. 红外测温仪在汽车故障中的应用

在对汽车进行故障诊断时，红外测温仪对容易产生温度突变和对温度变化敏感的零部件具有判断准确、快速、便捷的效果，主要应用在以下几方面：

(1)迅速检查发动机某一缸工作不良。

(2)检查发动机 COP 式点火系统的点火线圈工作不良。

(3)检查冷却系统故障，准确判断汽车散热器和节温器是否堵塞以及冷却液温度传感器好坏。

(4)检查废气控制系统，准确检查三效催化转化器，诊断检查排气管故障。

(5)检查空调和暖风系统的性能和故障。

(6)测量检查轮胎和制动鼓的温度突变。

(7)检查轴承、电动机、制动盘和制动鼓的温度突变。

1)红外测温仪在发动机缺缸故障中的应用

用红外测温仪照射测量发动机排气歧管的温度，如果当某一缸排气歧管的温度明显低于其他汽缸排气歧管的温度时，则说明该缸工作不良。如果该汽缸工作不良，可以继续检查点火系统、汽缸压缩压力、燃油系统等。

用红外测温仪检查 COP 式点火系统，可以检查点火线圈的温度，无效的点火线圈比其他的工作温度明显低。

2)红外测温仪在发动机冷却系统故障诊断中的应用

(1)节温器。用红外测温仪瞄准节温器壳体，测试节温器的温度变化，可以判断节温器是否打开。如果节温器的温度有突然增加的地方，表明节温器打开，如果温度没有变化，说明节温器工作不良，需要更换。

(2)散热器。用红外测温仪扫描散热器表面两边的温度，沿着冷却液流动的方向检测散热器的表面，如果检测到有温度突变的地方，表明该地方管路阻塞。

(3)暖风装置。用红外测温仪测量暖风装置,比较暖风输入和输出管的温度可以诊断暖风是否阻塞。输入和输出软管必须是热的,同时输入管的温度比输出管的温度高 20℃。如果输出管不热,说明冷却液没有经过暖风芯,主要原因是暖风阻塞或加热控制阀失效。

(4)冷却液温度传感器。用红外测温仪测量冷却液温度传感器和进气温度传感器,比较测试后的温度读数与 ECU 中的读数(通过故障检测仪读取),如果在精度范围内,说明温度传感器工作正常。

3)红外测温仪在发动机排气系统故障诊断中的应用

用红外测温仪测量催化转化器进口和出口的温度时,大多数正常工作的催化转化器出口的温度高于进口温度 20% ~25%。如果车辆在主催化转化器之前还安装了副催化转化器,主催化转化器出口温度应高于进口温度 15% ~20%。如果出口温度值低于上述数值,则说明催化转化器工作不正常,需更换,如果出口温度值超过上述数值,则说明废气中含有高浓度的 CO 和 HC,需对发动机本身做进一步的检查。

第二章　操作技能部分

实训1　蓄电池的技术状况检查及充电

一 实训目的

(1)掌握蓄电池的基本结构和特点。
(2)掌握检测蓄电池的基本方法。
(3)掌握对蓄电池充电的方法要领。

二 实训量具、工具、设备

(1)汽车启动用铅酸蓄电池。
(2)密度计。
(3)万用表。
(4)温度计。
(5)高率放电计。
(6)充电机。

三 实训技术标准及要求

(1)蓄电池液面高度标准值为10~15mm。
(2)电解液密度:1.24~1.31g/cm^3,不同温度条件下电解液密度修正值见表2-2-1。

电解液密度修正值　表2-2-1

电解液温度(℃)	密度修正值(g/cm^3)	电解液温度(℃)	密度修正值(g/cm^3)	电解液温度(℃)	密度修正值(g/cm^3)
+40	+0.0113	+10	-0.0113	-20	-0.0337
+35	+0.0075	+5	-0.00150	-25	-0.0375
+30	+0.0037	0	-0.00188	-30	-0.0412
+25	0	-5	-0.0255	-35	-0.0450
+20	-0.0037	-10	-0.0263	-40	-0.0488
+15	-0.0075	-15	-0.0300	-45	-0.0525

四 实训注意事项

(1)电解液腐蚀性很强,一定注意安全,防止飞溅到眼睛里。
(2)充电时,应旋开出气孔盖,使产生的气体能顺利逸出,以免发生事故。

(3)充电时会产生氢气,充电室要安装通风和防火设备,在充电过程中,严禁烟火。

五 实训操作步骤

1. 蓄电池的基本结构和特点

了解单格、正负极板组、隔板、加液孔盖、链条及极桩等结构,重点是正负极板组。了解普通蓄电池、免维护蓄电池及干荷蓄电池的结构特点及使用特点。

通过实物观看蓄电池的常见故障现象,如极板硫化、活性物质脱落、极板短路等故障。

2. 检测蓄电池液面高度

标准值为10~15mm,一般情况下,液面过低时应加入蒸馏水。具体检查方法有玻璃管法和上下限刻度法,如图2-2-1所示。

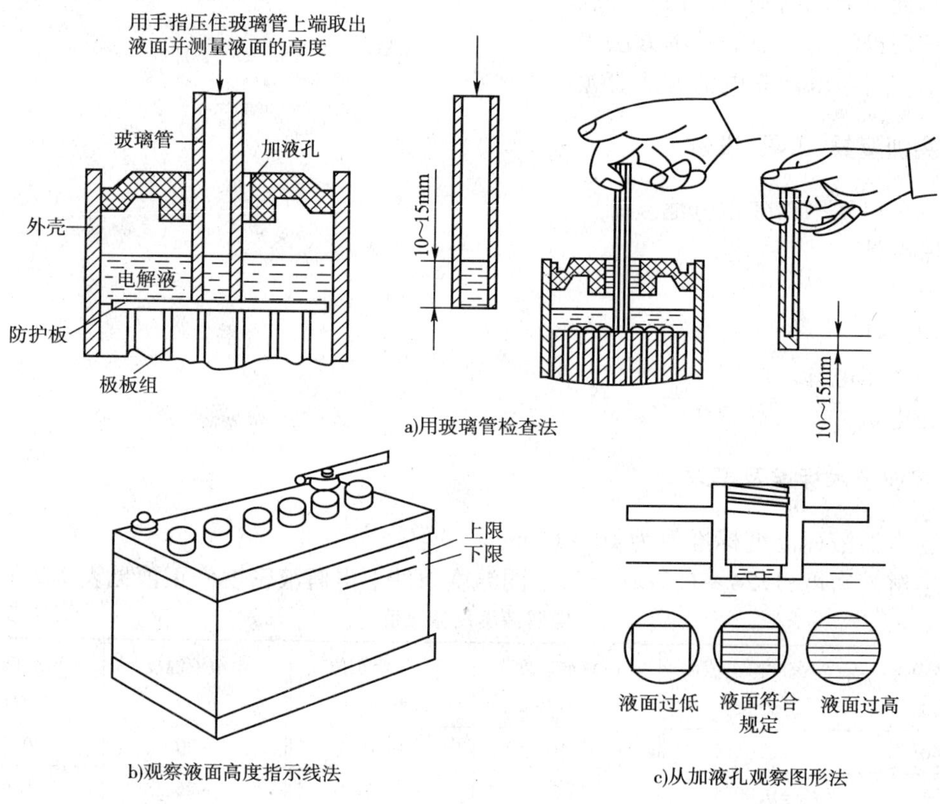

图2-2-1 电解液液面高度的检查

3. 检测蓄电池电解液密度

(1)打开蓄电池的加液盖。

(2)把密度计下端的橡皮管插入单格电池的加液孔内,如图2-2-2所示。

(3)用手将橡皮球捏瘪,再慢慢放开,电解液就会被吸到玻璃管中。

(4)使管内的浮子浮在玻璃管中央(不要相互接触),读密度计的读数。要求读数时使密度计刻度线与眼睛平齐,测量的密度值应用标准温度(+25℃)予以校正(同时测量电解液温度)。不同温度条件下电解液密度修正值见表2-2-1。

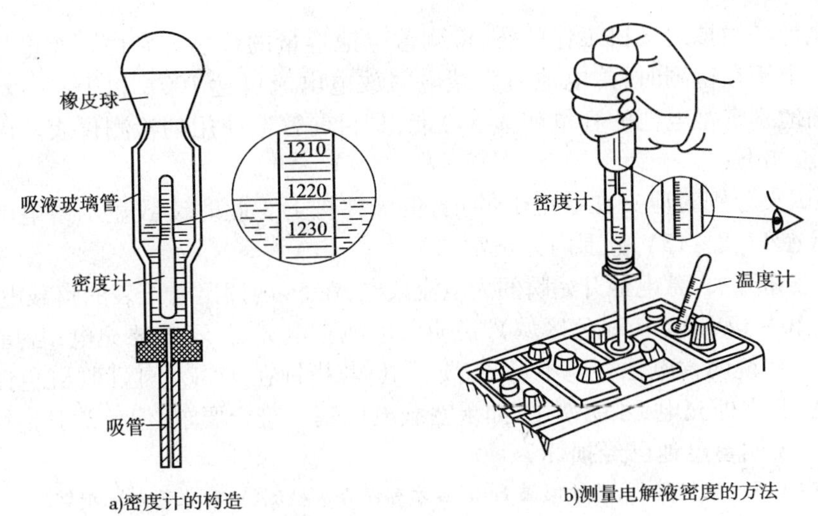

图 2-2-2 密度计及测量密度的方法

4. 测量蓄电池放电程度

使用万用表测量蓄电池端电压，只能作为检测的参考因素。通常静置时，测量端电压≥12.6V，并且电解液密度≥1.22g/cm^3，才可以基本判定蓄电池具有一定的电量储备。

1）放电程度的判断方法

电解液密度与放电程度的关系是：密度每下降0.01g/cm^{3}相当于蓄电池放电6%。将所测量的密度值、温度值与修正后的电解液密度值，以及根据密度下降的程度计算出的蓄电池剩余电量填入表2-2-2。

表 2-2-2

蓄电池密度测量记录（测量温度______℃）

参数单格	1	2	3	4	5	6
测量值（g/cm^3）						
修正值（g/cm^3）						
剩余电量（%）						

2）使用高率放电计检测

高率放电计的结构及测量方法如图2-2-3所示。

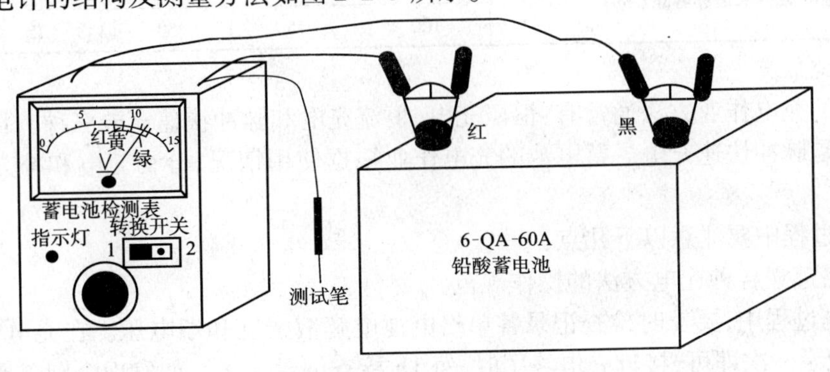

图 2-2-3 高率放电计的结构及测量方法

高率放电计是模拟启动机工作状态,检测蓄电池容量的仪表。它由一个电压表和一个负载电阻组成。由于在检测时,蓄电池对负载电阻放电电流可达100A以上,所以,高率效放电计能比较准确地判定蓄电池的容量和基本性能,是目前普遍使用的检测仪表。以12V蓄电池为例,使用方法如下:

(1)将测试夹分别对应夹在蓄电池的正、负极柱桩上。此时读数显示蓄电池的空载电压值。通常显示在11.8~13V范围内为正常。

(2)按下按钮开关,蓄电池开始瞬间大电流放电,在5s内读出电压表的负载电压指示数值。若指针稳定在10~12V区间(绿色区域),说明蓄电池存电充足,不需要充电;若指针在9~10V区间(黄色区域),说明蓄电池存电不足,需要充电;若指针在9V以下区间(红色区域),说明蓄电池严重亏电,要立即充电,才能使用;如果空载电压基本符合要求,但负载时指针迅速下降至红色区域以下,说明蓄电池已经损坏。

注意:此项测量不能连续进行,必须间隔1min后才可以再次检测,以防止蓄电池损坏。

测量电压与放电程度的关系见表2-2-3。

蓄电池测量电压与放电程度的关系　　表2-2-3

蓄电池开路端电压(V)	≥12.6	12.4	12.2	12.0	≤11.7
高率放电计检测值(V)	10~12	9~10		≤9	
高率放电计检测单格值(V)	1.7~1.8	1.6~1.7	1.5~1.6	1.4~1.5	1.3~1.4
放电程度(%)	0	25	50	75	100

(3)单格电压的检测。在负载检测后,立即进行单格电压的检测,可以发现蓄电池单格性能是否正常,方法如下:

断开红色测试夹,将功能转换开关置于2,然后用附带软测试表笔依次从高电压单格进行测量(如无外部连接条,可将表笔插入加液孔,并触及内部极板),显示数值应该逐次线性递减,如果某个单格递减数值与其他相比较大,则说明此格电池组有故障,需要检修或者更换。

将测量结果填入表2-2-4。

蓄电池电压测量记录　　表2-2-4

<table>
<tr><td>万用表测量端电压值(V)</td><td colspan="2"></td><td colspan="2">高率放电计测量电压值(V)</td><td colspan="2"></td></tr>
<tr><td>单格电压值(V)</td><td></td><td></td><td></td><td></td><td></td><td></td></tr>
<tr><td colspan="2" rowspan="2">根据测试结果估算容量(%)</td><td colspan="5"></td></tr>
<tr><td>100</td><td>75</td><td>50</td><td>25</td><td>0</td></tr>
</table>

5.蓄电池的充电

蓄电池的充电作业方法通常有:恒压充电、恒流充电和脉冲快速充电三种。目前比较流行的充电方法是脉冲快速充电。蓄电池的充电作业根据使用情况,分初充电和补充充电两种工艺过程。

在充电过程中要注意以下几点:

(1)严格遵守各种充电方法的操作规范。

(2)充电过程中,要及时检查记录各单格电池电解液密度和端电压。在充电初期和中期,每2h检查记录一次即可,接近充电终了时,每1h检查记录一次。如发现个别单格电池的端电压和电解液密度上升比其他单格电池缓慢,甚至变化不明显时,应停止充电,及时查明原因,消除故障。或单独进行小电流充电，使其恢复正常后，再与其他电池一起充电。

(3)整个充电过程中必须随时测量各单格电池的温度，以免温度过高影响蓄电池的性能。当电解液温度上升到40℃时，应立即将充电电流减半，减小充电电流后，如果电解液温度仍继续升高，应该停止充电，待温度降低到35℃以下时，再继续充电，也可以采用风冷或水冷的方法降温。

(4)初充电作业应连续进行，不可长时间间断。

六 整理现场

(1)将各个量具清洁后放入相应的量具盒里。

(2)将其他工具清洁后放回工具车里。

(3)清洁工作(操作)台，清扫地面。

(4)将抹布或棉纱等垃圾放入清洁箱中。

实训2　发电机的拆装与检测

一 实训目的

(1)学习拆解及装配发电机作业的基本方法。

(2)掌握发电机的检测方法。

二 实训量具、工具、设备

汽车交流发电机、万用表、维修工具、试灯、台虎钳、百分表、游标卡尺或直尺等。

三 实训技术标准及要求

(1)12V发电机转子绕组电阻约为3.5～6Ω，24V的约为15～21Ω。

(2)集电环圆度误差不超过0.025mm，厚度不小于1.5mm。

(3)转子轴弯曲度不超过0.05mm，径向圆跳动公差不超过0.1mm。

(4)二极管正向压降一般为500～700mV，反向电阻为几百kΩ。

四 实训注意事项

(1)铝合金端盖容易变形，因此拆卸时应均匀用力。

(2)在对电路进行检测时，严禁采用划火方法，以免损坏二极管。

五 实训操作步骤

1. 发电机拆解作业

(1)拆下电刷及电刷架(外装式)紧固螺钉，取下电刷架总成，如图2-2-4所示。

(2)在前后端盖上做记号，拆下连接前后端盖的紧固螺栓，如图2-2-5所示，将其分解为与转子连接的前端盖和与定子连接的后端盖两大部分。

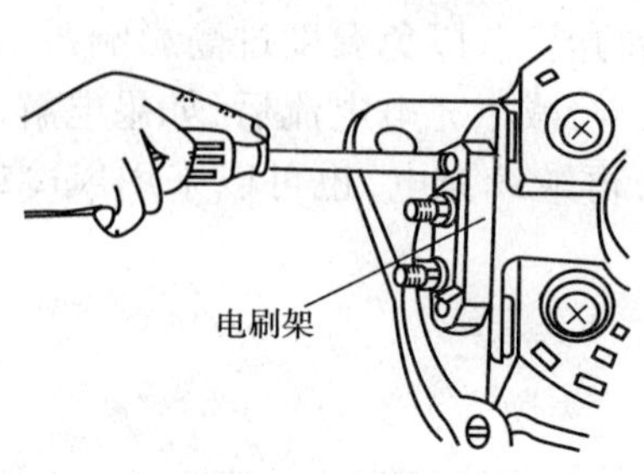

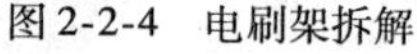

图 2-2-4　电刷架拆解

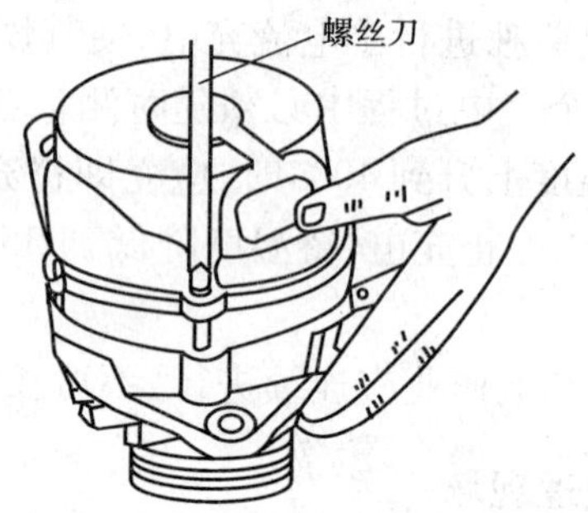

图 2-2-5　前、后端盖的分解

(3)将转子夹紧在台虎钳上,拆下带轮紧固螺母,如图 2-2-6 所示,再依次取下带轮、风扇、半圆键、定位套。

(4)将前端盖与转子分离,若该部装配过紧,可用拉器拉开或用木锤轻轻敲击,使之分离,如图 2-2-7 所示。

注意:铝合金端盖容易变形,因此拆卸时应均匀用力。

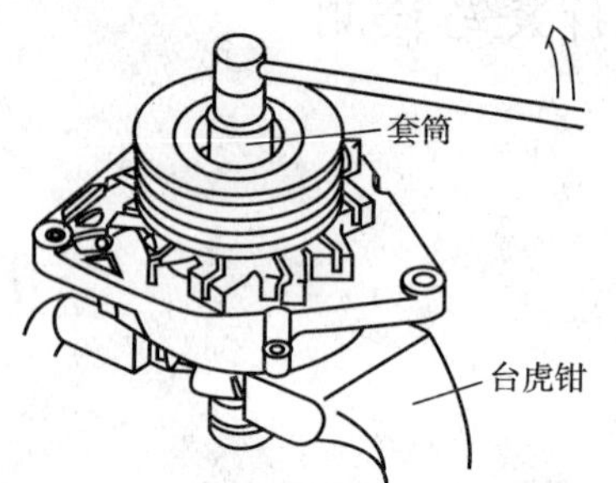

图 2-2-6　皮带轮的分解

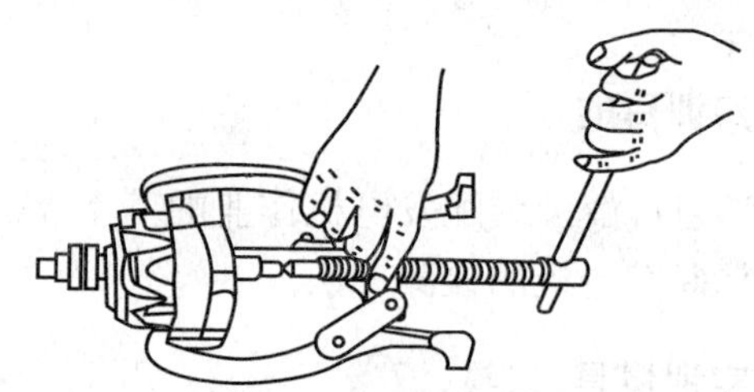

图 2-2-7　前端盖的分解

(5)拆掉防护罩,拆掉后端盖上的 3 个螺钉(其中 B 兼作“ - ”接线柱),即可将防护罩取下,如图 2-2-8 所示。

对于整体式发电机,先拧下“B”端子上的固定螺母并取下绝缘套管;再拧下后防尘盖上的 3 个带垫片的固定螺母,取下后防尘盖;然后拆下电刷组件的 2 个固定螺钉和调节器的 3 个固定螺钉,取下电刷组件和 IC 调节器总成;最后拧下整流器二极管与定子绕组的引线端子的连接螺钉,取下整体式整流器总成。

(6)拆下定子上 4 个接线端(三相绕组首端及中性点)在散热板上的连接螺母,如图 2-2-9 所示,使定子与后端盖分离。

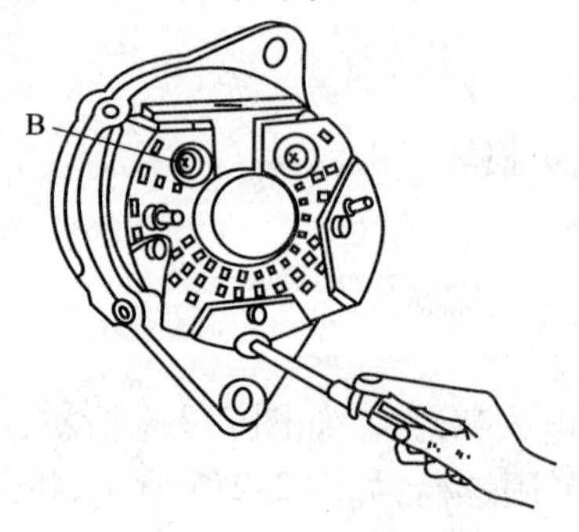

图 2-2-8　拆掉防护罩

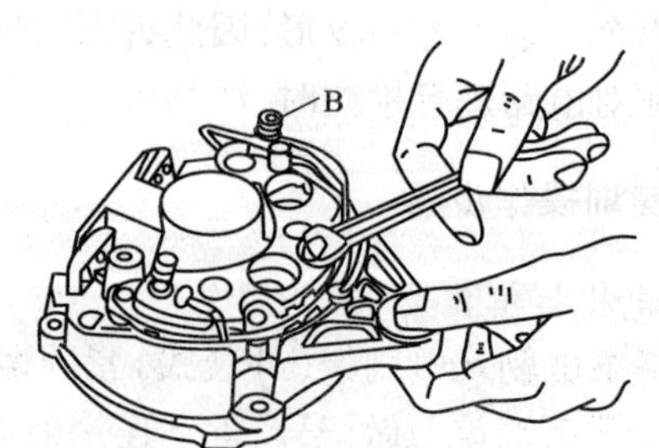

图 2-2-9　定子线圈与整流板的分解

(7)拆下后端盖上紧固整流器总成的螺钉,取下整流器总成,如图2-2-10所示。

注意:若经检验所有二极管均良好,该步骤可不进行。

2.发电机的检测

发电机拆解后检测转子、定子的电阻值及绝缘电阻,既可以使用指针式万用表,也可以使用数字式万用表。对于线圈电阻的测量,为取得较准确的数值,建议使用数字万用表。

1)检查转子

(1)转子绕组(磁场绕组)短路与断路检查。用万用表 $R\times1$ 挡检测两集电环之间电阻,应符合技术标准。若阻值为"∞",则说明断路;若阻值过小,则说明短路。一般12V发电机转子绕组电阻约为3.5~6Ω,24V的约为15~21Ω。

(2)转子绕组搭铁检查。即检查转子绕组与铁芯(或转子轴)之间的绝缘情况。用万用表电阻最大挡检测两集电环与铁芯(或转子轴)之间的电阻,若表针有偏转,则说明有搭铁故障。正常应指示"∞"。

(3)集电环(滑环)检查。集电环表面应平整光滑,无明显烧损,否则用"00"号纱布打磨。两集电环间隙处应无污垢。集电环圆度误差不超过0.025mm,厚度不小于1.5mm。

(4)转子轴检查。转子轴检测方法如图2-2-11所示。用百分表检查轴的弯曲,弯曲度不超过0.05mm,径向圆跳动公差不超过0.1mm,否则应予校正。爪形磁极在转子轴上应固定牢靠,间距相等。

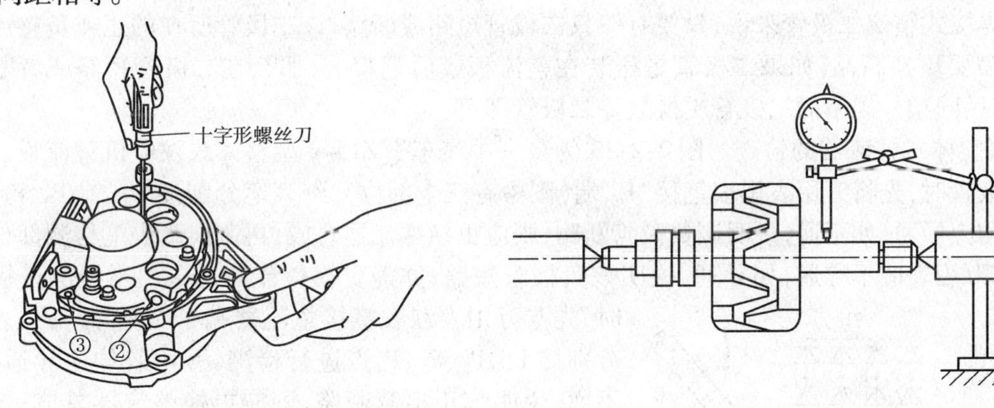

图2-2-10　整流板的分解　　图2-2-11　转子轴检测方法

2)检查定子

(1)定子绕组短路与断路检查。用数字万用表检测定子绕组3个接线端,两两相测。正常时阻值小于1Ω且相等。指针不动或阻值过大,说明断路;过小(近似等于0Ω)说明短路。

(2)定子绕组搭铁检查。即检查定子绕组与定子铁芯间绝缘情况。用数字万用表电阻最大挡检测定子绕组接线端与定子铁芯间的电阻,若绝缘电阻≤100kΩ,则说明有搭铁故障。正常指示应趋于"∞"。

3)检查整流器二极管

测量二极管,既可以使用指针式万用表,也可以使用数字式万用表。这两种仪表的测量原理如图2-2-12所示。需要注意的是:数字式万用表红表笔是内部电池的正极,当使用其二极管挡位测量时,显示数值表示二极管的正向压降值,单位是mV。

(1)检查单个二极管好坏。分解发电机后端盖和整流板,将每个二极管的中心引线从接线柱上拆下或焊下,逐一检测。

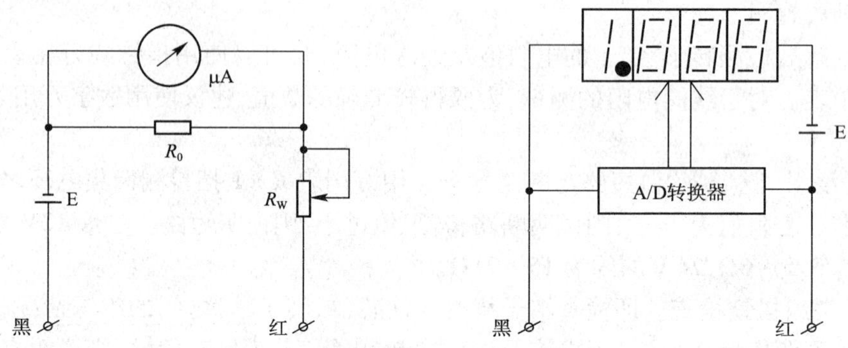

图 2-2-12　万用表结构图

当使用指针式万用表检测二极管时,二极管的阻值随万用表内部电压高低,挡位不同数值也会不同,通常使用 $R\times1$ 或者 $R\times10$ 挡,测量正向电阻值,一般为几十 Ω;反向电阻值,一般为几十 kΩ 以上。若正反向电阻值一大一小差异很大,说明二极管良好;若正反向电阻均为∞,说明断路;若均为 0Ω,说明短路。使用数字万用表测量时,质量良好的二极管正向压降一般为 500 ~ 700mV,反向电阻为几百 kΩ。

对焊接式整流二极管来说,只要有一只二极管短路或断路,该二极管所在的正或负整流板总成就需要更换新品,如果二极管是压装在整流板或后端盖上,那么在二极管短路或者断路后,只需用同型号规格的二极管更换故障二极管即可。

(2)整体式整流器的检查。图 2-2-13 为夏利小汽车 JFZ1542 型整体式发电机整流板。当检测负极管时,先将万用表黑表笔接“E”端(图中有三个部位),红表笔分别接 P_1、P_2、P_3、P_4点,万用表均应导通,如不通,说明该负极管断路,则应更换整流器总成;再调换两表笔检测部位进行测量,万用表应不导通,如导通,说明该负极管短路,亦需更换整流器总成。当检测正极管时,先与万用表红表笔接整流器端子“B”,另一只表笔分别接 P_1、P_2、P_3、P_4点进行检测,万用表均应导通,如不通,说明该正极管断路,则应更换整流器总成;再调换两表笔检测部位进行检测,此时万用表应不导通,如导通,说明该正极管短路,亦应更换整流器总成。

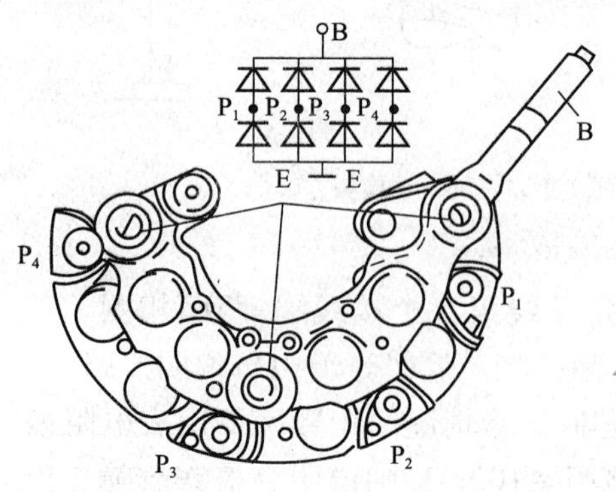

图 2-2-13　夏利小汽车 JFZ1542 型整体式发电机整流板

4)检查电刷组件

电刷表面不得有油污,且应在电刷架中活动自如,电刷磨损不得超过原高度的 1/2(用游标卡尺或钢板尺检测);检测电刷弹簧压力时,当电刷从电刷架中露出长度 2mm 时,电刷弹簧力一般为 2 ~ 3N;电刷架应无烧损、破裂或变形。

5)其他零件检查

检查轴承轴向和径向间隙均不应大于 0. 20mm,滚珠、滚道无斑点,轴承无转动异响;检查前后端盖、传动带轮等应无裂损,绝缘垫应完好。将上述检测结果填入表 2-2-5。

发电机测量记录(万用表型号:______________)　　　表 2-2-5

转子阻值(Ω)		转子绝缘电阻			定子阻值(Ω)			定子绝缘电阻		
二极管测量	二极管编号	1	2	3	4	5	6	7	8	9
	正向测量值(Ω)									
	数字表测量值(mV)									
	反向测量值(kΩ)									
集电环检测记录										
转子轴检测记录										
电刷检测记录										
轴承、端盖检测记录										

3. 发电机的装配

(1)将整流器装到后端盖上,拧上 3 个固定螺钉,整流器即被固定在后端盖上。应注意各绝缘垫片不能漏装。装复后用万用表电阻挡测量“B”接线柱与端盖间电阻应为∞。测量两散热板之间及绝缘散热板与端盖之间电阻,均应为∞。若上述电阻较小或者为零,表明漏装了绝缘垫片或套管,应拆开重装。

(2)将定子总成与后端结合:定子绕组上的 4 个接线端子从后端盖孔中穿出,将接线端分别连接在整流器的接线螺钉上。

(3)将前端盖装到转子轴上:先将前端盖上的轴承、轴承盖安装并紧固好,再将该部分套到转子轴上,若过盈量较大,可用木锤轻轻敲入。

(4)将后端盖、定子装到转子轴上:应注意使前后端盖上发电机安装挂脚位置恰当(符合拆解标记)。上述两大部分结合后,穿上前、后端盖紧固螺栓并分几次拧紧。注意各螺栓的拧紧切不可一次完成,而应轮流进行,并且不断转动转子,若转子运转受阻或者内部有摩擦,应调整拧紧力矩。

(5)装配风扇、带轮:在转子轴上套上定位套、安装半圆键、风扇叶片、带轮、弹簧垫圈,拧紧带轮紧固螺母。

(6)装复后端盖上的防护罩。

(7)安装电刷架总成。

(8)检验装配质量:使用万用表检测各接线柱与外壳间的电阻值,应该符合参数要求。否则应该拆解重装。

常用发电机各接线柱间电阻值见表 2-2-6。

常用发电机各接线柱间电阻值(电阻单位:Ω)　　　表 2-2-6

发电机型号	“F”与“E”间电阻	“B”与“E”间电阻		“N”与“E”或“B”间电阻	
		正向	反向	正向	反向
JF11、13、15、21、132N	4 ~ 7	40 ~ 50	≥10k	10 ~ 15	≥10k
JWF14(无刷)	3.5 ~ 3.8	40 ~ 50	≥10k	10 ~ 15	≥10k
夏利 JFZ1542	2.8 ~ 3.0	40 ~ 50	≥10k	10 ~ 15	≥10k
桑塔纳 JFZ1913	2.8 ~ 3.0	65 ~ 80	≥10k	10 ~ 15	≥10k

六 整理现场

(1)将各个量具清洁后放入相应的量具盒里。
(2)将其他工具清洁后放回工具车里。
(3)清洁工作(操作)台,清扫地面。
(4)将抹布或棉纱等垃圾放入清洁箱中。

实训3　启动机的拆装与检测

一 实训目的

(1)掌握启动机的结构及各零件作用。
(2)掌握启动机的检修方法。

二 实训量具、工具、设备

汽车用启动机、万用表、百分表、游标卡尺、维修工具等。

三 实训技术标准及要求

(1)铁芯表面摆差≤0.15mm。
(2)中间轴颈摆差≤0.05mm。
(3)电刷高度应不低于新电刷高度的2/3。
(4)驱动齿轮的齿长不得小于全齿长的1/3。

四 实训注意事项

(1)铝合金端盖容易变形,因此拆卸时应均匀用力。
(2)装配完毕后,转子应转动灵活,无碰擦或卡滞现象。

五 实训操作步骤

1. 启动机拆解和清洗
(1)首先清除待修启动机外部的尘污、油污。
(2)拆下连接片与电磁开关,取下电磁铁芯。
(3)拆下防尘箍,用钢丝钩子提起电刷弹簧取出电刷(共4只)。
(4)拆下启动机贯穿螺栓,使后端盖、启动机外壳、电枢分离。
(5)取下拨叉支撑销,取下驱动端盖、拨叉与转子总成。

(6)用专用工具拆下止推座圈,取下驱动齿轮、单向离合器。各总成是否继续进一步分解,应视具体情况而定。

(7)对分解的零部件进行清洗。清洗时,对所有的绝缘部件,只能用干净布蘸少量汽油擦拭,其他机械零件均可放入汽油、煤油或柴油中洗刷干净并晾干。

2. 启动机主要部件的检测

1）直流电动机的检修

（1）磁场绕组（定子）的检查。磁场绕组断路的检查：首先通过外部验视，看其是否有烧焦或断路处，若外部验视未发现问题，可用万用表电阻 $R\times1$ 挡检测，两表笔分别接触启动机外壳引线（即电流输入接线柱）与磁场绕组绝缘电刷接头，测试是否导通，如图 2-2-14 所示，如果测得的电阻无穷大，说明磁场绕组断路，应予以检修或更换。

磁场绕组搭铁的检查。用万用表电阻 $R\times10$k 挡（或数字万用表高阻挡）检测磁场绕组电刷接头与启动机外壳是否相通，如果相通，说明磁场绕组绝缘不良而搭铁；如果阻值较小，说明有绝缘不良处，应检修或更换磁场绕组。

磁场绕组短路的检查。可用 2V 直流电进行接线，如图 2-2-15 所示。电路接通后，将螺丝刀放在每个磁极上，检查磁极对改锥的吸引力是否相同。若某一磁极吸力太小，就表明该磁场绕组有匝间短路故障存在。

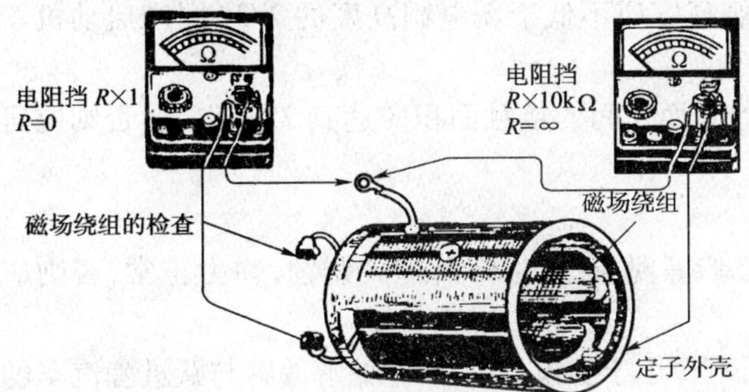

图 2-2-14　磁场绕组断路及搭铁的检查

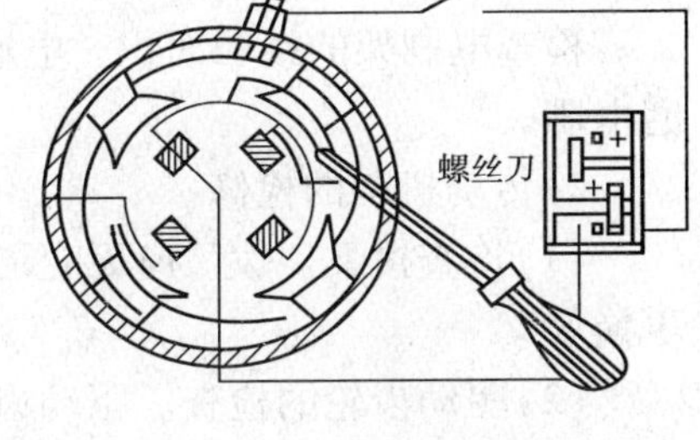

图 2-2-15　磁场绕组短路的检查

（2）电枢绕组（转子）的检查。使用万用表检查电枢绕组搭铁：用电阻 $R\times10$k 挡检测，如图 2-2-16 所示，用一根表笔接触电枢，另一根表笔依次接触换向器铜片，万用表指针不摆动即电阻为∞，否则说明电枢绕组与电枢轴之间绝缘不良，有搭铁之处。

使用万用表对电枢绕组的短路检查。用电阻 $R\times1$ 挡检查换向器和电枢铁芯之间是否导通，如图 2-2-17 所示。如有导通现象，说明电枢绕组搭铁，应更换电枢。

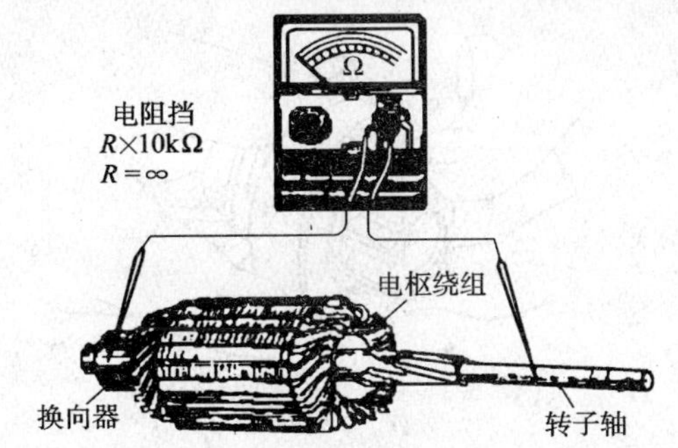

图 2-2-16　检测电枢轴与电枢绕组之间的绝缘电阻

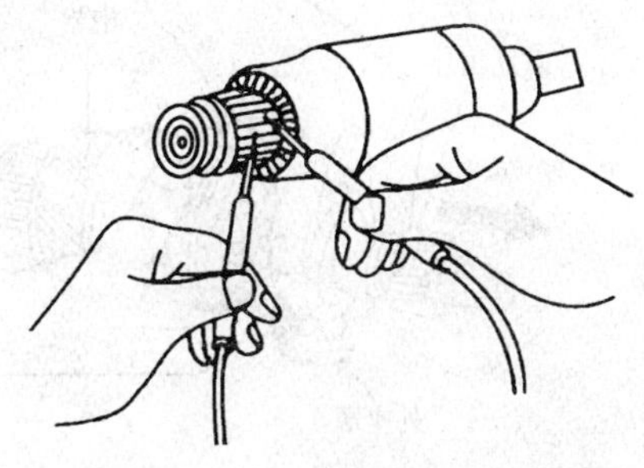

图 2-2-17　电枢绕组搭铁的检查

使用万用表检查电枢绕组断路。用电阻 $R\times1$ 挡，将两个表笔分别接触换向器相邻的铜片，如图 2-2-18 所示，测量相邻两换向片间是否相通，如万用表指针指示“0”，说明电枢绕组无断路故障；若万用表指针在某处不摆动，即电阻值为∞，说明此处有断路故障，应更换电枢。

(3)电枢轴的检查。用百分表检查电枢轴是否弯曲,如图2-2-19所示。若铁芯表面摆差超过0.15mm或中间轴颈摆差大于0.05mm时,均应进行校正或更换。另外,还应检查电枢轴上的花键齿槽,如严重磨损或损坏,则应修复或更换。

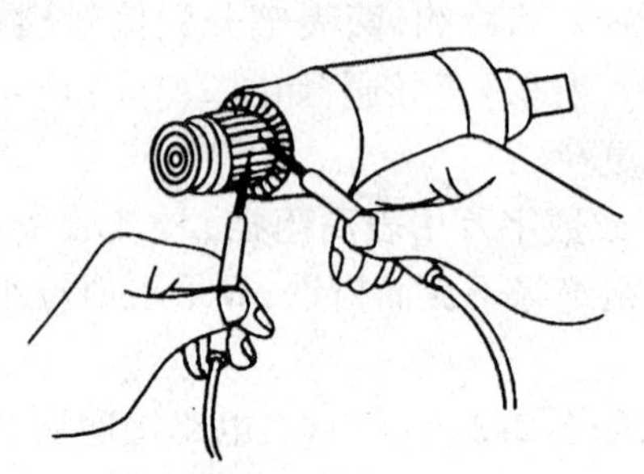

图2-2-18 电枢绕组断路的检查

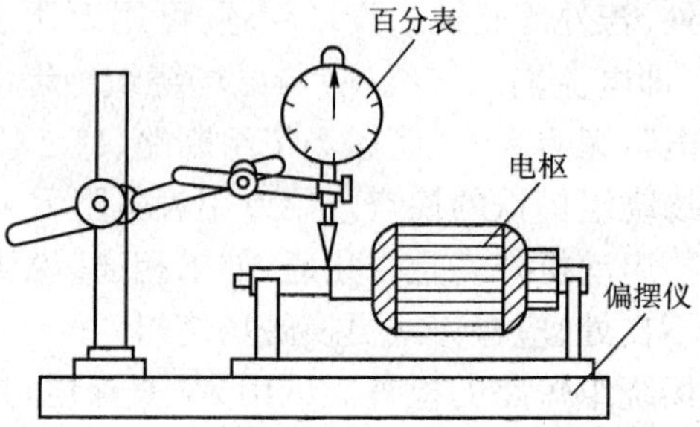

图2-2-19 电枢轴弯曲度的检验

(4)电刷的检查。检查电刷的高度:电刷高度应不低于新电刷高度的2/3(国产启动机新电刷高度一般为14mm),即7~10mm,否则应换新。

检查电刷架的接触面积。电刷与换向器表面之间的接触面积应达到75%以上,否则应研磨电刷。

2)传动机构的检修

(1)检查拨叉。拨叉应无变形、断裂、松旷等现象,复位弹簧应无锈蚀,弹力正常,否则应更换。

(2)驱动齿轮的检查。驱动齿轮的齿长不得小于全齿长的1/3(如解放牌与跃进牌汽车的齿长不应短于16mm),且不得有缺损、裂痕,否则应予更换;齿轮磨损严重或扭曲变形时,也应更换。

(3)单向离合器的安装与检查。如图2-2-20所示,将单向离合器及驱动齿轮总成装到电枢轴上,握住电枢,当转动单向离合器外座圈时,驱动齿轮总成应能沿电枢轴自如滑动。

如图2-2-21所示,握住外座圈,转动驱动齿轮,应能自由转动;反转时不应转动,否则就有故障,应更换单向离合器。

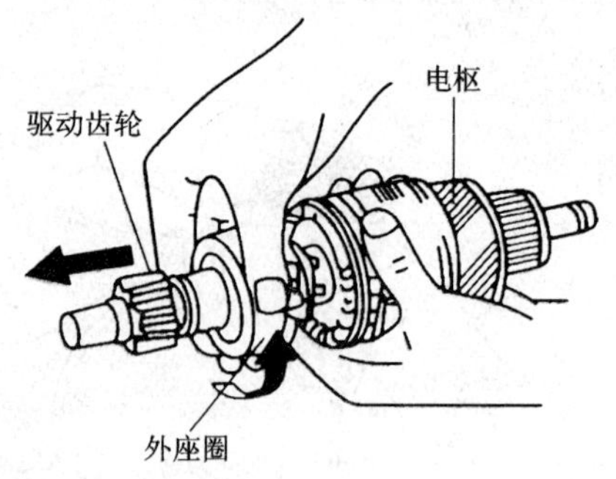

图2-2-20 单向离合器总成的安装与检查

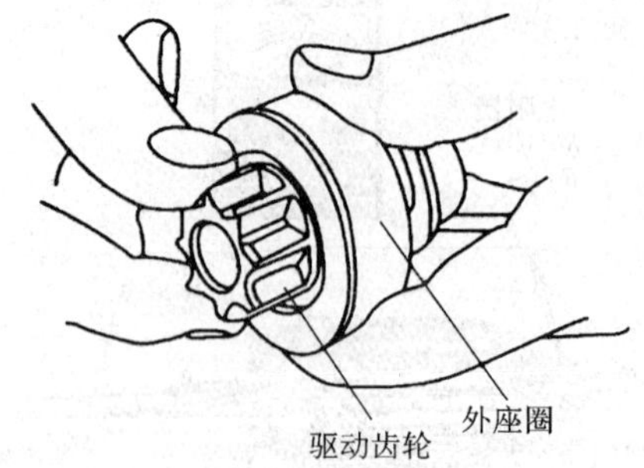

图2-2-21 单向离合器的进一步检查

电磁开关线圈的检查。用万用表 $R\times1$ 挡分别测量吸引线圈和保持线圈的电阻,吸引线圈的电阻值一般在0.6Ω以下,而保持线圈的阻值一般在1Ω左右。如万用表指针不摆动即电阻∞,说明线圈断路;若电阻值小于规定值,说明线圈有匝间短路。线圈断路或短路均需更换。

3)启动机的清洗与装配

(1)按解体的相反顺序进行安装,在将电枢轴装入电刷架时,应防止将电刷撞断,必要时使用专用工具进行安装。

(2)装配完毕后用螺丝刀沿轴向拨动驱动齿轮,应能伸出并能自动复位。

(3)装配完毕后,转子应转动灵活,无碰擦或卡滞现象。

六 整理现场

(1)将各个量具清洁后放入相应的量具盒里。

(2)将其他工具清洁后放回工具车里。

(3)清洁工作(操作)台,清扫地面。

(4)将抹布或棉纱等垃圾放入清洁箱中。

实训4　电控燃油喷射系统的拆装与检查

一 实训目的

(1)掌握电喷发动机电控燃油喷射系统的组成,各组件的安装位置及连接关系。

(2)掌握各组件的结构特点、工作情况及调整内容。

二 实训量具、工具、设备

(1)丰田花冠轿车用电喷发动机台架。

(2)电控燃油喷射系统的各解剖件。

(3)必备的拆装工具。

三 实训技术标准及要求

喷油器的电阻为3.4~14.2Ω,喷油量为40~50mL/15s。

四 实训注意事项

(1)先关闭点火开关,再拔下连接器。

(2)连接传感器端子时,先关闭点火开关,再连接端子。

(3)严禁短路或试火。

(4)拔下曲轴位置传感器时,发动机不能发动。

五 实训操作步骤

(1)在电喷发动机上观察电控燃油喷射系统的组成,各件的安装位置及相互连接关系。

(2)拆卸电控燃油喷射系统。

①拆下空气滤清器。

②拆下进气软管至ISC阀的软管,拔下进气温度传感器插头,拆下进气软管。

③拆下与进气总管相连的各种软管,拆下进气歧管与汽缸盖的连接螺栓,取下进气总管及歧管,从进气总管上拆下冷启动喷油器。

④电动汽油泵的拆卸,如图 2-2-22 所示。拆卸时,从燃油箱中排净汽油,拆下燃油箱,拧下螺钉和螺栓,从燃油箱上拆下电动汽油泵托架。从电动汽油泵托架上拆下电动汽油泵,如图 2-2-23所示,具体步骤为:拧下两个螺母并从电动汽油泵上脱开配线,从托架上拉出电动汽油泵的下侧;从燃油软管上拆下电动汽油泵。最后,从电动汽油泵上拆下电动汽油泵滤网,拆下橡胶缓冲垫,拆下夹扣并拉出滤网,如图 2-2-24 和图 2-2-25 所示。

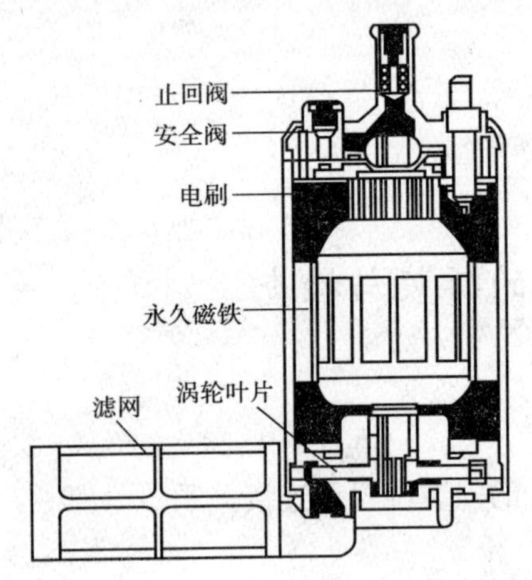

图 2-2-22　电动汽油泵的结构示意图

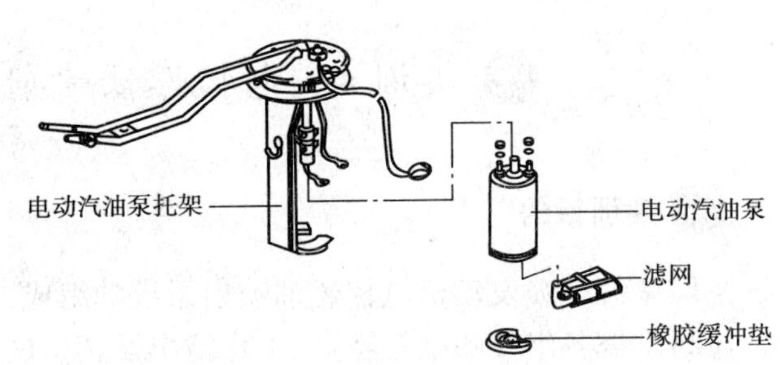

图 2-2-23　电动汽油泵的零件图

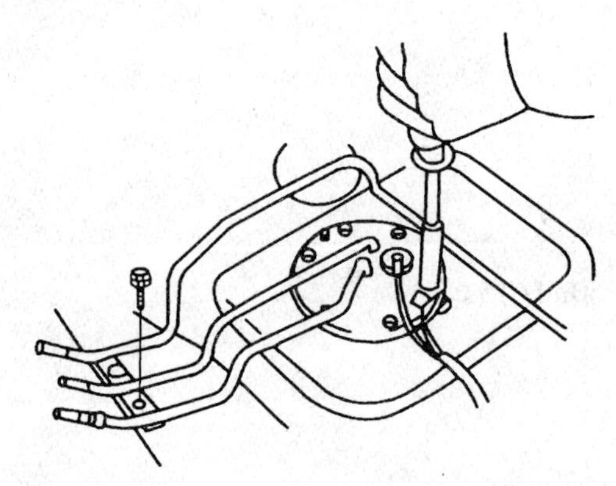

图 2-2-24　电动汽油泵的拆卸示意图(一)

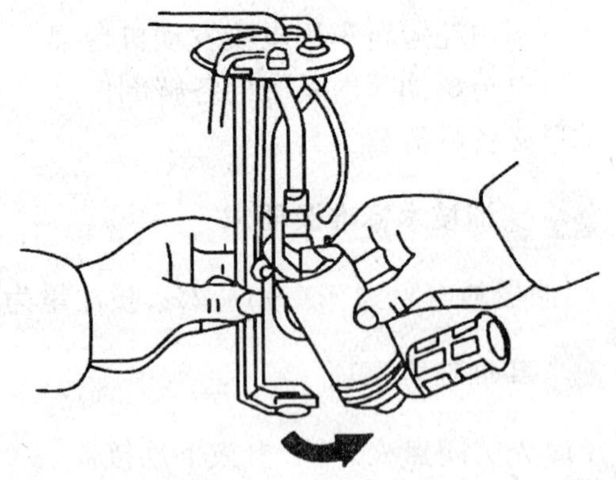

图 2-2-25　电动汽油泵的拆卸示意图(二)

⑤燃油压力调节器的拆卸,如图 2-2-26 所示。拆卸时,脱开真空软管,在压力调节器下面放一个适当的容器或抹布,脱开燃油回油软管,拧松锁紧螺母,如图 2-2-27 所示,拆下压力调节器。

⑥喷油器的拆卸,如图 2-2-28 和图 2-2-29 所示。拆卸时,脱开蓄电池负极端子电缆,放净冷却液,拆下节气门体,脱开真空和燃油软管,拧下接头螺栓,拆下冷启动喷油器管子和垫片;拆下接头螺栓和两个垫片,从出油管上脱开 1 号输油管;拧下两个螺栓,拆下连接喷油器的出油管,从喷油器上脱开接插件。

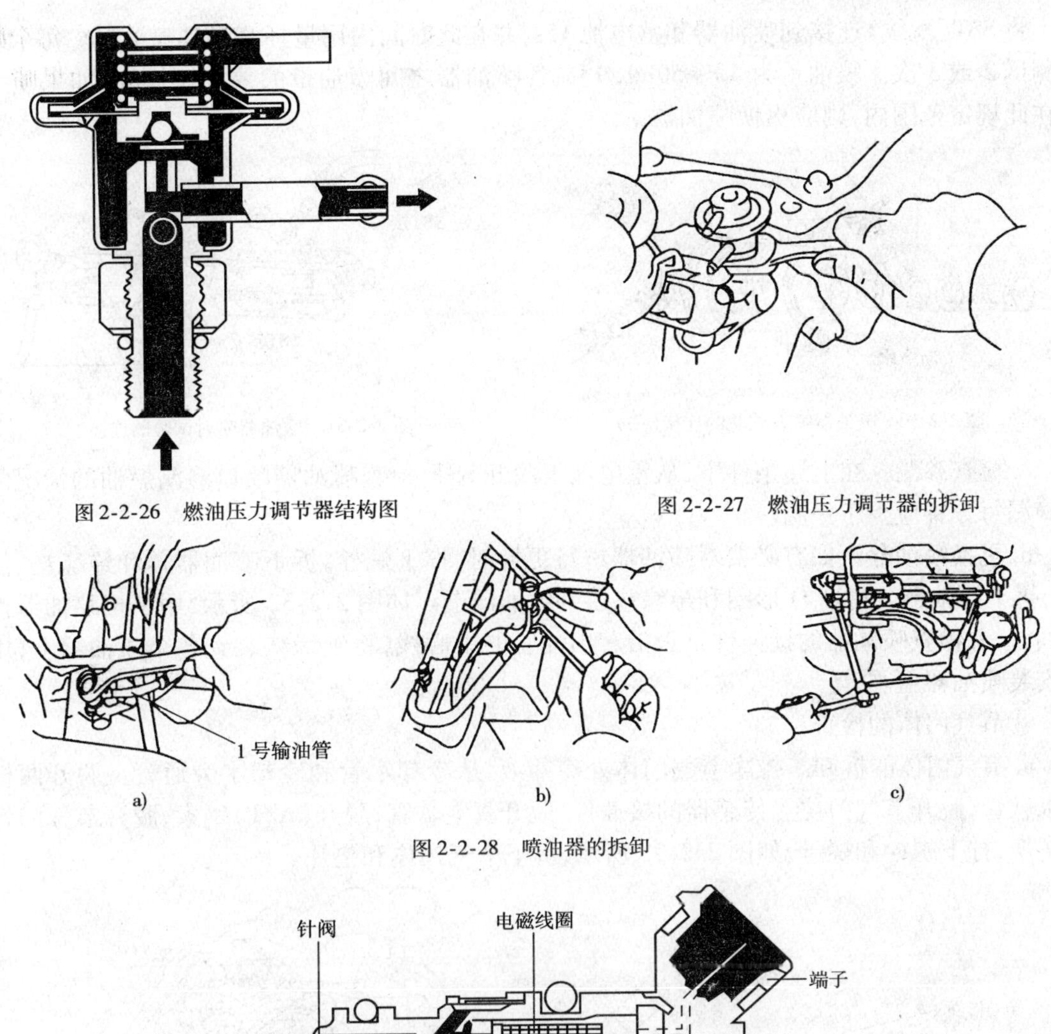

图 2-2-26　燃油压力调节器结构图

图 2-2-27　燃油压力调节器的拆卸

图 2-2-28　喷油器的拆卸

图 2-2-29　喷油器的结构图

⑦喷油器的检查：

a. 检查喷油器的电阻。使用万用表测量两个端子的电阻，电阻应为 3.4 ~ 14.2Ω，如果电阻不符合规定要求，则应更换喷油器。

b. 喷油器的喷射试验。从燃油滤清器的出口管上脱开燃油软管，如图 2-2-30 所示，将 SST 的接头连接到燃油滤清器的出口，如图 2-2-31 所示。将 SST 接头和软管安装到出油管上，将燃油回油软管连接到压力调节器上，将 SST 软管连接到三个接头上。将喷油器放入量杯，连接蓄电池导线，将点火开关置于 ON 位置，不启动发动机，使用 SST 连接检查用接插件的端子 FP 和 + B，电动汽油泵将工作。

将 SST(配线)连接到喷油器和蓄电池 15s,并在此时间内用量杯测量其喷油量。每个喷油器测试 2 或 3 次。喷油量为 40 ~ 50mL/15s,各喷油器之间喷油量的差小于 6mL,如果喷油量不在此规定范围内,则应更换喷油器。

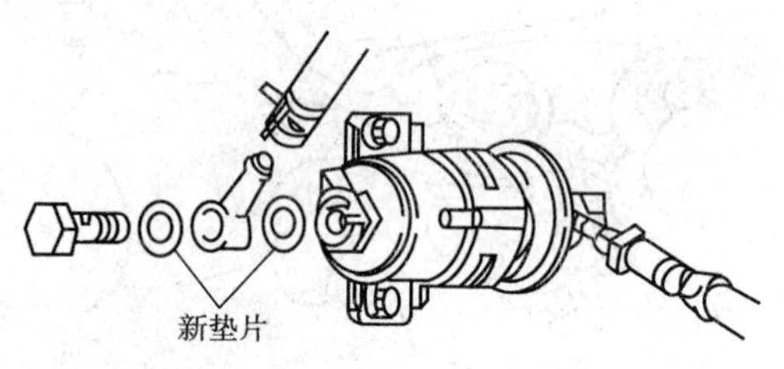

图 2-2-30 喷油器喷射试验的连接(一)

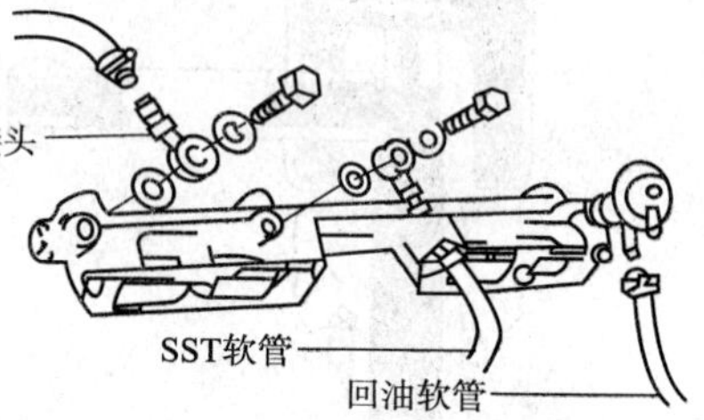

图 2-2-31 喷油器喷射试验的连接(二)

c. 检查渗漏。在上述条件下,从蓄电池上脱开 SST,检查喷油器喷口渗漏燃油的情况。燃油滴漏每分钟应少于一滴。

d. 更换喷油器。如有必要对喷油器进行更换时,拧下螺栓,拆下喷油器盖和绝缘垫,使用 SST 拆下喷油器。将新 O 形圈和绝缘垫装到喷油器上。如图 2-2-32 所示,用手把喷油器推入出油管,并检查喷油器的接插件是否沿着出油管的中心线,将绝缘垫装到各个喷油器上,用螺栓安装喷油器盖。

⑧节气门体的检查:

a. 节气门体的拆卸。排净节气门体处冷却液,从冷却水管和冷却水旁通管上脱开两根冷却水软管,脱开节气门位置传感器的接插件,脱开真空软管,脱开(A/T)钢索,脱开节气门钢索和托架,拧下螺栓和螺母,如图 2-2-33 所示,拆下节气门体和垫片。

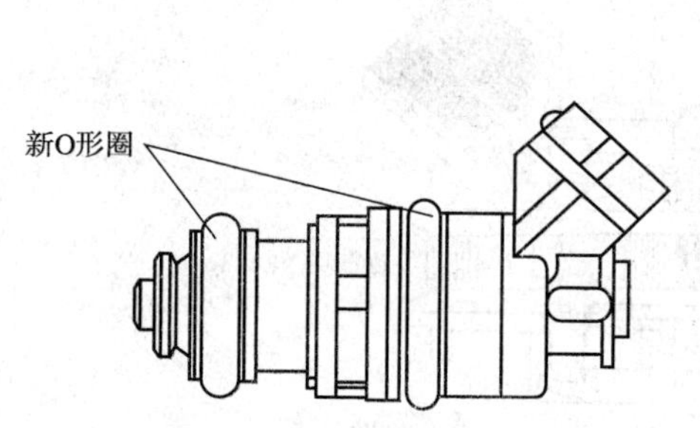

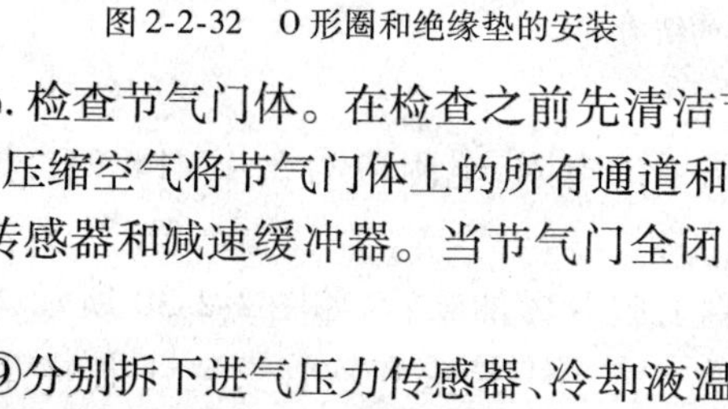

图 2-2-32 O 形圈和绝缘垫的安装

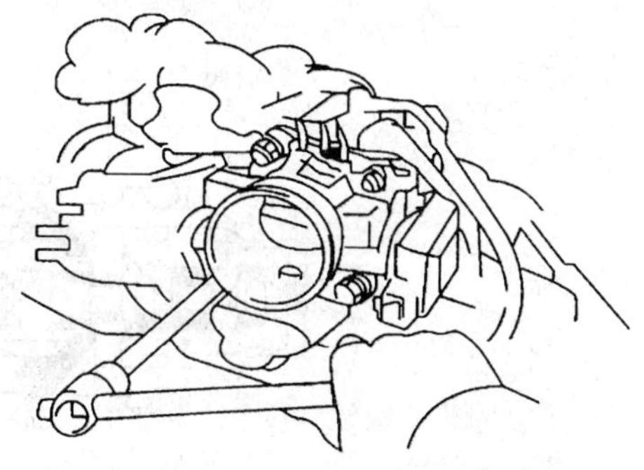

图 2-2-33 节气门体的拆卸

b. 检查节气门体。在检查之前先清洁节气门体,用软刷和清洁工具将铸件、零件擦洗干净,用压缩空气将节气门体上的所有通道和小孔吹干净。为了防止损坏零件,不要清洗节气门位置传感器和减速缓冲器。当节气门全闭时,检查节气门止动螺钉和节气门拉杆之间有无间隙。

⑨分别拆下进气压力传感器、冷却液温度传感器、进气温度传感器、转速传感器、氧传感器、节气门位置传感器等,观察其结构的特点并检查相关参数。

(3)电控燃油喷射系统的装配。

①电动汽油泵的装配。将电动汽油泵滤清器安装到电动汽油泵上,电动汽油泵的外口插

入燃油软管，橡胶缓冲垫装到电动汽油泵的下侧，再将电动汽油泵的下侧连同橡胶缓冲垫推入电动汽油泵托架。

把带有新垫片的电动汽油泵托架放到燃油箱上，装上并拧紧螺钉和螺栓。螺钉拧紧力矩为3.9N·m，螺栓拧紧力矩为5.4N·m。安装燃油箱，向燃油箱注入汽油。

②冷启动喷油器的装配。换上新垫片，用两个螺栓安装冷启动喷油器，拧紧力矩为8.3N·m。使用新垫片和接头螺栓连接冷启动喷油器管子，拧紧力矩为20N·m。连接冷启动喷油器的接插件，将电缆连接到蓄电池的负极端子上，检查是否渗漏燃油。

③燃油压力调节器的装配。完全拧松压力调节器的锁紧螺母，在新O形圈上涂敷一薄层汽油，并将它装到压力调节器上。用手将压力调节器完全推入出油管，逆时针转动压力调节器直到出口朝下为止，拧紧锁紧螺母，拧紧力矩为25N·m。连接燃油回油管，连接真空软管。

④喷油器的装配。将新的O形圈装到出油管上，将接插件连接到喷油器上，用两个螺栓将喷油器装到发动机上。用新垫片和接头螺栓将1号输油管连接到出油管上。用两个垫片和两个接头螺栓安装冷启动喷油器，并将燃油和真空软管连接到压力调节器上。

⑤节气门体的装配。将新垫片放到进气歧管上，用螺栓安装节气门体，拧紧力矩为20N·m。连接冷却液软管、节气门钢索托架和钢索、A/T节气门钢索、真空软管、节气门位置传感器的接插件、空气滤清器的软管。

⑥把上述拆下的各部件反向装复。

六 整理现场

(1)将各个量具清洁后放入相应的量具盒里。

(2)将其他工具清洁后放回工具车里。

(3)清洁工作(操作)台，清扫地面。

(4)将抹布或棉纱等垃圾放入清洁箱中。

实训5　电动汽油泵和喷油器及其控制系统的检测

一 实训目的

(1)了解喷油器的结构和工作原理。

(2)了解电动汽油泵的结构和工作原理。

(3)掌握喷油器、电动汽油泵及其控制电路的检修。

二 实训量具、工具、设备

(1)丰田佳美3VZ—FE型或丰田卡罗拉5S—FE—FC型发动机试验台一套。

(2)燃油压力表一块。

(3)解码仪一套(元征X—431、车博仕或金德K—81)。

(4)元征STS600汽车传感器测试/模拟仪一台。

(5)数字万用表一块。

(6)常用工具一套。

三 实训技术标准及要求

1. 汽油泵

(1)电动汽油泵应使用 10A 的熔断器。

(2)电动汽油泵直流电动机线圈的电阻为 2 ~ 3Ω(20℃时)。

2. 喷油器

(1)高阻型喷油器电阻为 12 ~ 16Ω,低阻型电阻为 2 ~ 5Ω。

(2)打开点火开关时,喷油器的两接线端对搭铁之间均有电源电压。

(3)导线与导线之间不得有短路和断路。

(4)30s 内怠速喷油量应为 70 ~ 80ml;喷油形状为不大于 35°的圆锥形,且雾化良好。

(5)关闭发动机后喷油器应不滴漏,正常油压下,每分钟滴漏不应超过两滴。

四 实训注意事项

(1)检查燃油管及接头处是否有破裂、挤伤、渗漏等现象。

(2)发动机熄火后,启动燃油泵,测量静态燃油压力一般应为 245kPa(车型不同,其标准值也不同)。夹住回油管使其不回油,此时,燃油管内压力应为 390kPa。在这一状态下,仔细检查燃油系统各部位有无泄漏。注意:只能用合适的夹子夹住回油软管,不能折弯软管卡住回油,否则可能会折裂回油软管。测量静态油压结束后,过 5min 再观察油压表指示的油压,此时压力称为系统保持压力,其值应不低于 147kPa。

(3)在拆卸油管时,由于喷油管中存在余压,会有大量燃油溢出。因此,在拆卸前,可将燃油泵电源线断开,再启动发动机,直至发动机自然停机,待油路中剩余燃油用完后再拆卸油管。拆卸油管时,应注意用棉纱擦净滴油,以防止检修电器时打火,发生危险。

(4)在组装燃油回路零部件时,所使用的各种垫片应更换新件。尤其是喷油器上的 O 形密封垫圈是一次性零件,不能重复使用。各接头需涂润滑油时,应涂一薄层汽油,不能涂抹钙脂等其他润滑油;其接头的拧紧力矩应符合规定。

(5)电动燃油泵损坏后一般无法代用或修复,必须更换专用的电动燃油泵。

(6)维修后,应检查燃油系统是否漏油。

(7)故障判断要慎重,应注意与点火系统、排放控制系统等的故障加以区别。

(8)在检查喷油器时,一定要了解喷油器是高电阻型还是低电阻型的。低电阻型喷油器的控制电路中串有一只大功率附加电阻,阻值一般为 5 ~ 7Ω。喷油器可按电器插头的状态来区分形式和阻值。对于高电阻型(电阻一般为 12 ~ 14Ω)的,可直接接蓄电池检查喷油器喷油性能;对于低电阻型(电阻一般只有 2 ~ 3Ω)的,则不可采用这种方式检查,因电流过大会烧坏喷油器。检查时,必须采用专门的连接器与蓄电池连接,如果采用普通导线连接,则需串联一个 8 ~ 10Ω 的电阻。同时避免在喷油器线圈两端长期施加蓄电池电压。

五 实训操作步骤

1. 燃油泵及控制电路的检查

1)燃油系统油压的检查

(1)检查油箱中的燃油,释放燃油系统压力。

(2)检查蓄电池,拆下负极电缆。

(3)将专用压力表接在脉动阻尼器位置或进油管接头处。

(4)接上负极电缆,启动发动机使其维持怠速运转。

(5)拆下燃油压力调节器上的真空软管,用手堵住进气管一侧,检查油压表指示的压力,多点喷射系统应为0.25～0.35MPa,单点喷射系统为0.07～0.10MPa。若过低,说明燃油压力调节器有故障,更换后仍过低,应检查是否有堵塞或泄露,如没有,应更换燃油泵;若过高,应检查回油管是否堵塞;若正常,说明燃油压力调节器有故障。

(6)接上燃油压力调节器的真空软管,检查燃油压力表的指示应有所下降(约为0.05MPa),否则检查真空管是否有堵塞和漏气,若正常,说明燃油压力调节器有故障。

(7)将发动机熄火,等待10min后观察压力表的压力,多点喷射系统不低于0.20MPa,单点喷射系统不低于0.05MPa。

(8)检查完毕后,应释放系统压力拆下油压表,装复燃油系统。

2)燃油泵控制电路的检查

(1)用专用导线将诊断座上的燃油泵测试端子跨接到12V电源上。

(2)将点火开关转至"ON"位置,但不要启动发动机。

(3)旋开油箱盖能听到燃油泵工作的声音,或用手捏进油软管应感觉有压力。

(4)若听不到燃油泵的工作声音或进油管无压力,应检修或更换燃油泵。

(5)若有燃油泵不工作故障,且上述检查正常,应检查燃油泵电路导线、继电器、易熔线和熔断丝有无断路。

3)燃油泵的拆装与检测

拔下电动汽油泵的导线连接器,从车上拆下电动汽油泵进行检查。

(1)电动汽油泵电阻的检测。用万用表Ω挡测量电动油泵上两个接线端子间的电阻,即为电动汽油泵直流电动机线圈的电阻,其阻值应为2～3Ω(20℃时)。如电阻值不符,则须更换电动汽油泵。

(2)电动汽油泵工作状态的检查。将电动汽油泵与蓄电池相接(正极不能接错)并使电动汽油泵尽量远离蓄电池,每次接通不超过10s(时间过长会烧坏电动汽油泵电动机的线圈)。如电动汽油泵不转动,则应更换电动汽油泵。

2.喷油器的检修

1)喷油器工作情况的检测

发动机热车后怠速运转时,用螺丝刀或听诊器(触杆式)接触喷油器,通过测听各缸喷油器工作的声音来判断喷油器是否工作。在发动机运转时应能听到喷油器有节奏的"嗒嗒"声,这是喷油器在电脉冲作用下喷油的工作声。若各缸喷油器工作声音清脆均匀,则各喷油器工作正常。

2)检查喷油器

拔下喷油器的导线连接器,用万用表Ω挡测量喷油器上两个接线端子间(电磁线圈)的电阻值,如图2-2-34所示。在20℃时,高电阻型喷油器的电阻值应为12～16Ω,低电阻型喷油器电阻值应为2～5Ω。如果电阻值不符,应更换喷油器。

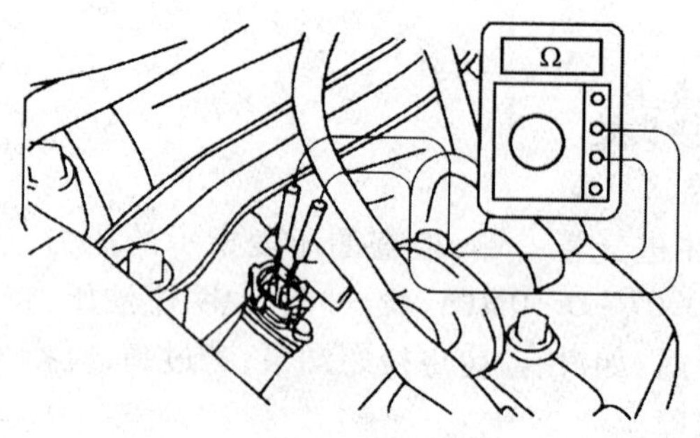

图 2-2-34　喷油器电阻值的测量

3)检查电源

关闭点火开关,拔下喷油器插头。原地启动发动机,启动瞬时电压应为电源电压。如果没有电压,则检查燃油泵继电器和连接电路。

4)检查连接线路

喷油器与电脑之间导线的电阻应小于0.5Ω,导线之间不得有短路和漏电,否则应检修或更换导线。

5)检查喷油质量

上述检查没有问题,可以检查喷油质量。关闭点火开关,取下喷油器,接好插头,在喷油器下放一量筒。打开点火开关,发动机怠速运行30s的喷油量应为70~80mL,且雾化良好。关闭发动机后,喷油器不应滴油,正常油压下,每分钟滴油不应多于两滴。

六 整理现场

(1)将各个量具清洁后放入相应的量具盒里。
(2)将其他工具清洁后放回工具车里。
(3)清洁工作(操作)台,清扫地面。
(4)将抹布或棉纱等垃圾放入清洁箱中。

实训6　汽油发动机怠速控制装置的检修

一 实训目的

(1)了解怠速控制装置的分类和功用。
(2)了解典型怠速控制装置的工作原理。
(3)掌握怠速控制装置的检测方法和调整过程。

二 实训量具、工具、设备

万用表、电喷发动机。

三 实训技术标准及要求

(1)旁通空气式(皇冠3.0):步进电动机型怠速控制阀绕组的电阻值为10~15Ω。

(2)节气门直动式(桑塔纳2000):怠速控制电动机绕组的电阻值标准为3~200Ω;当节气门限位螺钉与限位杆之间间隙为0.3mm时,怠速开关应导通;当间隙为0.4mm时,怠速开关应断开。

(3)导线与导线之间不得有短路和断路。

四 实训注意事项

(1)桑塔纳轿车怠速控制装置与节气门位置传感器做成一体,壳体不准打开。

(2)发动机怠速由电脑控制的,其怠速不能调整,标准值为750~850r/min。

五 实训操作步骤

1.怠速控制装置的就车检查

怠速控制系统的就车检测方法有以下三种,可酌情选用。

(1)发动机怠速运转状况检查:在冷车状态下启动发动机后,暖机过程开始时,发动机的怠速转速应能达到规定的快怠速转速(通常为1500r/min);在发动机达到正常工作温度后,怠速转速应能恢复正常(通常为750~850r/min)。如果冷车启动后怠速不能按上述规律变化,则怠速控制系统有故障。

发动机达到正常工作温度后,在打开空调开关时,发动机怠速转速应能上升到900r/min左右。若打开空调开关后发动机转速下降,则怠速控制系统有故障。

在发动机怠速运转中,对怠速调节螺钉作微量转动,发动机怠速转速应不会发生变化(转动后应使怠速调节螺钉恢复至原来的位置)。若在转动中怠速转速发生变化,说明怠速控制系统不工作。

(2)怠速控制阀的工作状况检查:对于脉冲线性电磁阀式怠速控制阀,可在发动机怠速运转中拔下怠速控制阀线束连接器,观察发动机的转速是否有变化。如此时发动机转速有变化,则怠速控制阀工作正常。对于步进电动机式怠速控制阀,可在发动机熄火后的一瞬间倾听怠速控制阀是否有"嗡嗡"的工作声音(此时步进电动机应工作,直到怠速控制阀完全开启,以利发动机再启动)。如怠速控制阀发出"嗡嗡"声,则怠速控制阀良好。为了检查步进电动机式怠速控制阀的工作状况,也可以在发动机启动前拔下怠速控制阀线束连接器,待发动机启动后再插上,观察发动机转速是否有变化。如果此时发动机转速发生变化,则怠速控制阀工作正常;否则,怠速控制阀或控制电路有故障。

(3)ECU控制电压的检测:对于脉冲线性电磁阀式怠速控制阀,应拔下怠速控制阀线束连接器,用万用表电压挡测量其端子电压。如果在发动机运转过程中,怠速控制阀线束连接器端子有脉冲电压输出,ECU和怠速控制系统线路无故障。若无脉冲电压输出,可打开空调开关后再测试。若仍无脉冲电压输出,则怠速控制系统不工作,应检查ECU与怠速控制阀之间的线路(是否有接触不良或断路故障);如怠速系统的线路无故障,则ECU有故障,应更换ECU。

对于步进电动机式怠速控制阀,将点火开关置于"ON"位置,然后测量ECU的端子ISC1、ISC2、ISC3、ISC4与端子E1间的电压值(应为9~14V),如无电压,则ECU有故障。

2.步进电动机型怠速控制阀的检查

皇冠3.0轿车的怠速控制阀的电路如图2-2-35所示。

(1)怠速控制阀线圈电阻的检测:拆下怠速控制阀,用万用表Ω挡测量怠速控制阀线圈的电阻值,如图2-2-36所示。脉冲线性电磁阀式怠速控制阀只有一组线圈,其电阻值为10~15Ω。步进电动机式怠速控制阀通常有2~4组线圈,各组线圈的电阻值为10~30Ω。如线圈电阻值不在上述范围内,应更换怠速控制阀。

(2)步进电动机的动作检查:将蓄电池电源以一定顺序输送给步进电动机各线圈,就可使

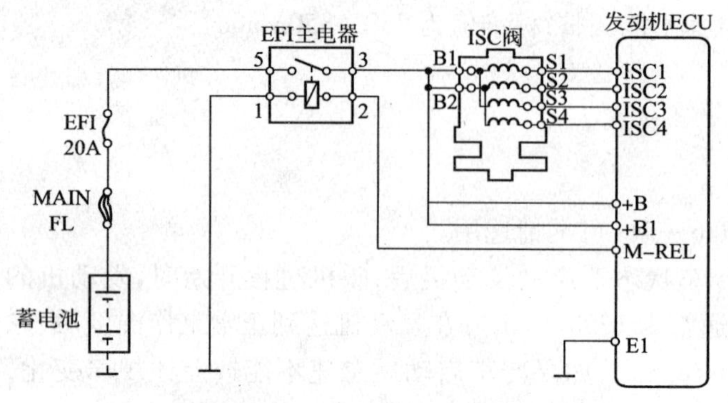

图 2-2-35 怠速控制阀的电路

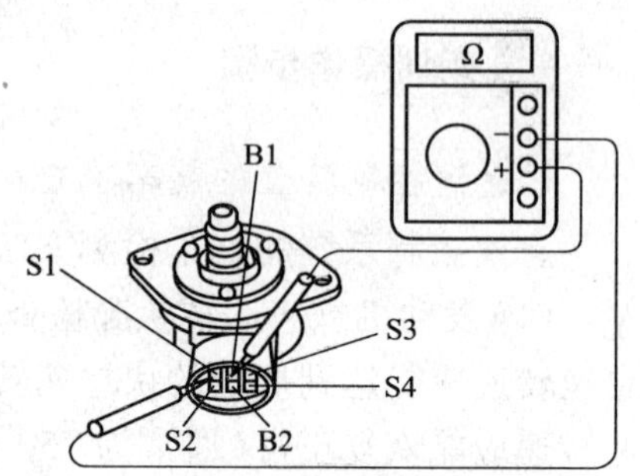

图 2-2-36 电阻值的测量

步进电动机转动。各种步进电动机的线圈形式和接线端的布置形式都不同。这里以皇冠 3.0 轿车 2JZ—GE 发动机怠速控制阀步进电动机为例说明其检查方法。首先,将步进电动机连接器端子 B1 和 B2 与蓄电池正极相连,然后将端子 S1、S2、S3、S4 依次(S1—S2—S3—S4)与蓄电池负极相接,此时步进电动机应转动,阀芯向外伸去,如图 2-2-37a)所示,若将端子 S1、S2、S3、S4 按相反的顺序(S4—S3—S2—S1)与蓄电池负极相接,步进电动机应朝相反方向转动,阀芯向内缩入,如图 2-2-37b)所示。

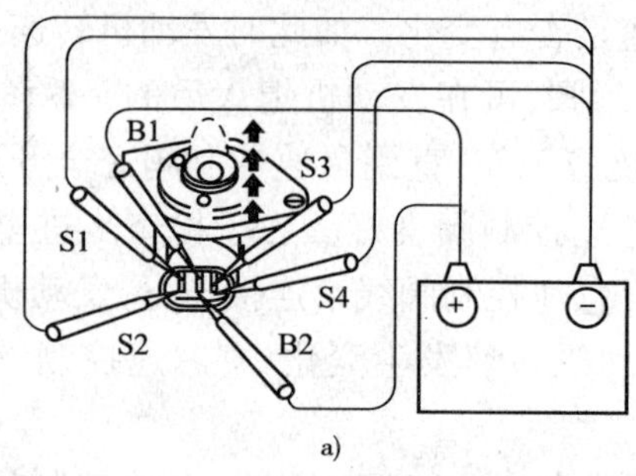

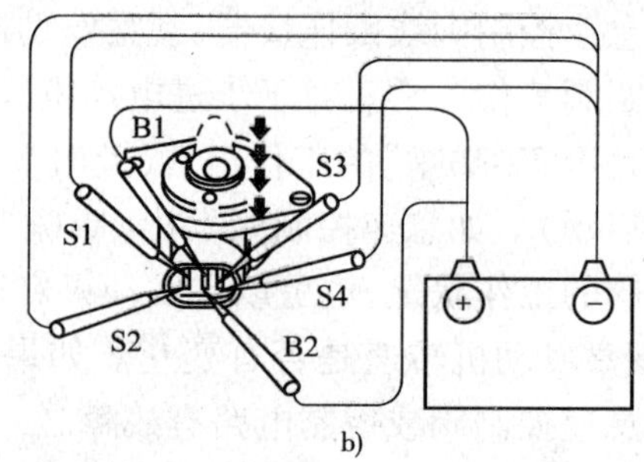

图 2-2-37 步进电动机的动作检查

3. 节气门直动式怠速控制装置的检查

桑塔纳 2000GSi 节气门直动式怠速控制装置及其电路如图 2-2-38 所示。

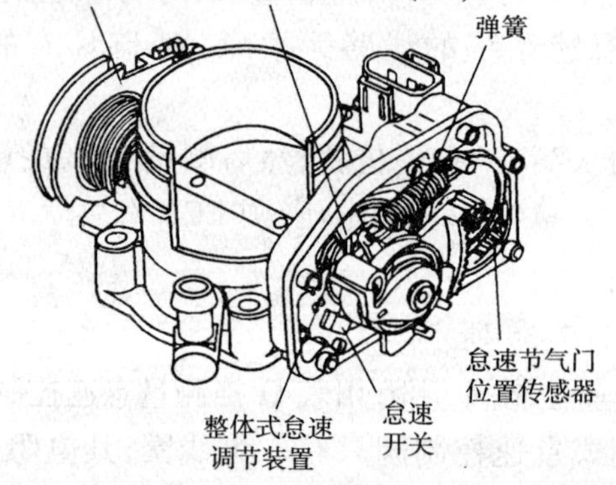

a)结构图

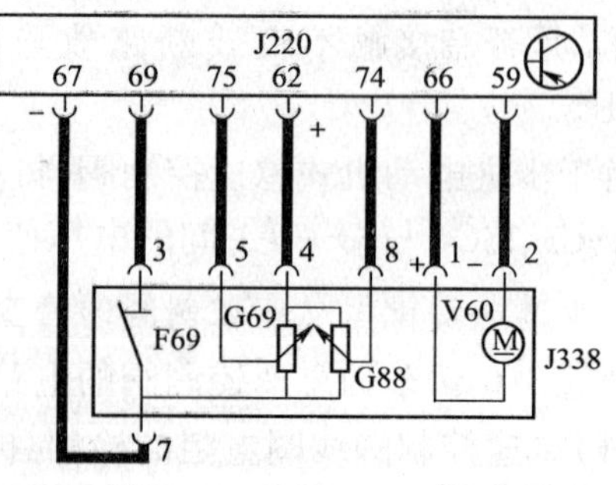

b)连接电路

图 2-2-38 桑塔纳 2000GSi 节气门直动式怠速控制装置及其电路

(1)怠速节气门位置传感器和怠速开关的检测:在关闭点火开关的状态下,装好节气门控制装置的 8 脚插座；用万用表测量 69 和 67 端子的电阻，节气门关闭时电阻应大于 1.5Ω，慢慢打开节气门，阻值应突变为∞；用万用表测量测量 62 和 74 端子的电阻，在节气门关闭的基础上微微打开，电阻应平稳变化。

(2)检查怠速电动机：关闭点火开关，用万用表测量 1 和 2 端子的电阻，其值为 3～200Ω。

(3)一般性检查：一般性检查是指节气门因为油泥沉积转动不灵活，节气门拉线调整不当，节气门控制装置线束或连接插头接触不良和蓄电池电压过低等的检查。

(4)怠速节气门位置的调整：拧紧节气门位置传感器上的两个固定螺钉，将厚度为0.35mm的厚薄规插入限位螺钉和限位杆之间，同时用万用表检测怠速开关的导通情况；逆时针转动节气门位置传感器，使怠速触点断开，然后按顺时针慢慢地转动节气门位置传感器，直至怠速触点闭合为止。

六 整理现场

(1)将各个量具清洁后放入相应的量具盒里。

(2)将其他工具清洁后放回工具车里。

(3)清洁工作(操作)台，清扫地面。

(4)将抹布或棉纱等垃圾放入清洁箱中。

实训 7　传感器的检测

一 实训目的

(1)了解叶片式空气流量传感器和进气压力传感器的结构和工作原理。

(2)了解节气门位置传感器和光电式曲轴位置传感器的结构和工作原理。

(3)掌握节气门位置传感器、光电式曲轴位置传感器和空气流量传感器的检修方法。

二 实训量具、工具、设备

(1)丰田佳美 3VZ—FE 型和丰田卡罗拉 5S—FE—FC 型发动机试验台各一套。

(2)桑塔纳 2000GSi 时代超人发动试验台一套。

(3)丰田 LEXUS—ES250 和金杯整车各一辆。

(4)解码仪一套(元征 X—431、车博仕或金德 K—81)。

(5)汽车传感器测试/模拟仪一台。

(6)数字万用表一个。

(7)常用工具一套。

三 实训技术标准及要求

1. 叶片式空气流量传感器

丰田佳美 3VZ－FE 发动机采用叶片式空气流量计。叶片全关时 VS 为 0.5～1V，叶片全开时为 7～8V。

2. 热线式空气流量计

当点火开关在 ON 位置后,流量计电源接通,流量计输出信号 0.1 ~ 0.5V;怠速时,气道内有气流通过,流量计输出信号 0.8 ~ 1.5V;加速时信号呈线性升高。

当点火开关由 ON 变成 OFF 时,由 ECU 通过 F 向流量计输出 9 ~ 12V 信号,流量计内集成电路会向"热丝"提供 10 倍的电流,使热线温度达 1000℃,使依附在热线上的杂质烧掉。

3. 卡门旋涡式传感器

1)测电压

(1)怠速进气温度 20℃:THA—E2 端子电压为 0.5 ~ 3.4V。

(2)点火开关在 ON 位置:VC—E1 端子电压为 4.5 ~ 5.5V。

(3)点火开关在 ON 位置:VS—E1 端子电压为 4.5 ~ 5.5V。

(4)怠速时:VS—E1 端子电压为 2 ~ 4V(脉冲发生)。

2)测频率

(1)点火开关在 ON 位置:0Hz。

(2)怠速时:50 ~ 60Hz。

(3)加速时:频率随节气门开度的增大而升高。

四 实训注意事项

(1)先关闭点火开关,再拔下连接器。

(2)连接传感器端子时,先关闭点火开关,再连接端子。

(3)严禁短路或试火。

(4)拔下曲轴位置传感器时,发动机不能发动。

五 实训操作步骤

1. 叶片式空气流量传感器的检测

丰田佳美 3VZ - FE 发动机采用叶片式空气流量计,其电路如图 2-2-39 所示。其检测方法有就车检测和单件检测两种。

当空气经过主通道时,叶片受到气流的压力和弹簧力作用,气流压力增大,叶片偏转角度增大,直到两力平衡为止,与此同时,电位计中的滑臂偏转,使 VC 与 VS 间电阻减小,从而使 VS 信号上升。

因此叶片全关时,VS 为 0.5 ~ 1V,叶片全开时为 7 ~ 8V。

1)就车检测

点火开关置于 OFF,拔下该流量传感器导线连接器,用万用表电阻挡测量连接器内各端子间的电阻。其电阻值应符合标准;如不符,则应更换空气流量传感器。

2)单件检测

点火开关置于 OFF,拔下空气流量传感器的导线连接器,拆下与空气流量传感器进气口连接的空气滤清器,拆开空气流量传感器出口处空气软管卡箍,拆除固定螺栓,取下空气流量传感器。

首先检查电动汽油泵开关,用万用表电阻 Ω 挡测量 E1 - FC 端子;在测量片全关闭时,

E1 - FC间不应导通，电阻为∞；在测量片开启后的任一开度上，E1 - FC 端子间均应导通，电阻为 0Ω。

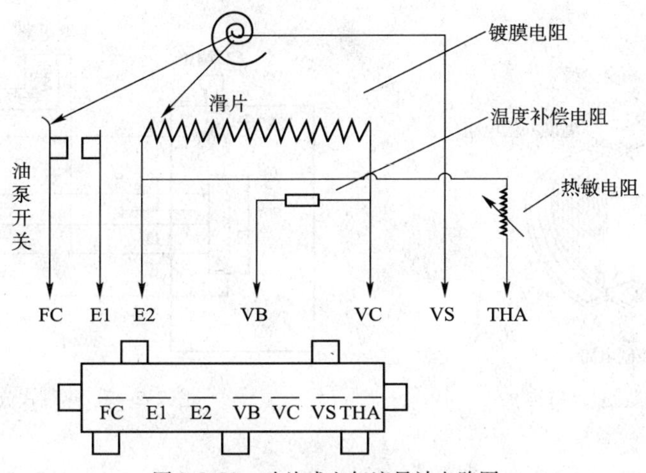

图 2-2-39　叶片式空气流量计电路图

FC-开路继电器线圈控制线；E1-搭铁（接大架）；E2-搭铁（传感器共用，接ECU）；VB-电源（接主继电器）；VC-参考电源；VS-信号线；THA-进气温度传感器信号线

然后用螺丝刀推动测量片，同时用万用表电阻挡测量电位计滑动触点 VS 与 E2 端子间的电阻；在测量片由全闭至全开的过程中，电阻值应逐渐变小，且符合规定；如不符，则须更换空气流量传感器。

2. 进气压力传感器的检修

如图 2-2-40 所示，将点火开关转至 ON，检测 VC 和 E2 间输出电压应为 5V 左右，PIM 与 E2 之间的输出电压应随着真空度增加而降低。具体测量数据见表 2-2-7。

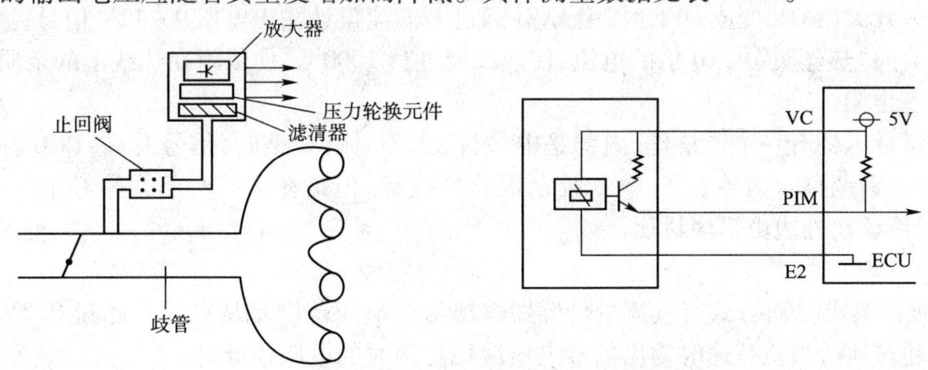

图 2-2-40　进气压力传感器的结构与电路图

不同真空度下进气压力传感器各端子输出电压值（电压单位：V）　　表 2-2-7

端子	点火开关在 ON 位置	怠速	缓加速	急加速	恒速	急减速
VC	5	5	5	5	5	5
PIM	3.3～3.9	1.3～1.9	上升	3.3～3.9	1.3～1.9	0.5～1.3
E2	0	0	0	0	0	0

3. 热线式空气流量计的检修

热线式流量计的结构如图 2-2-41 所示。流量计电路如图 2-2-42 所示。

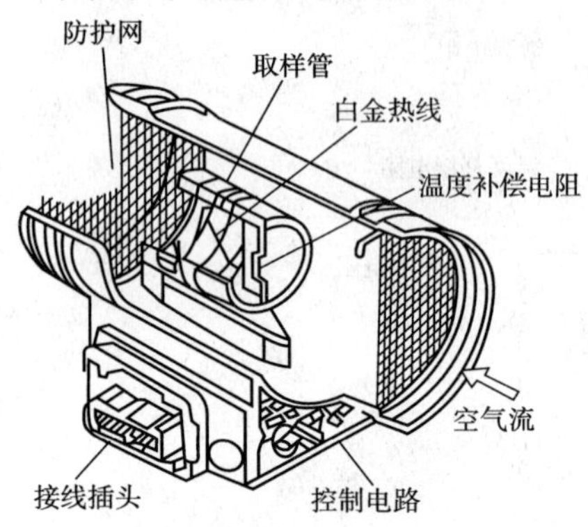

图 2-2-41 热线式流量计结构

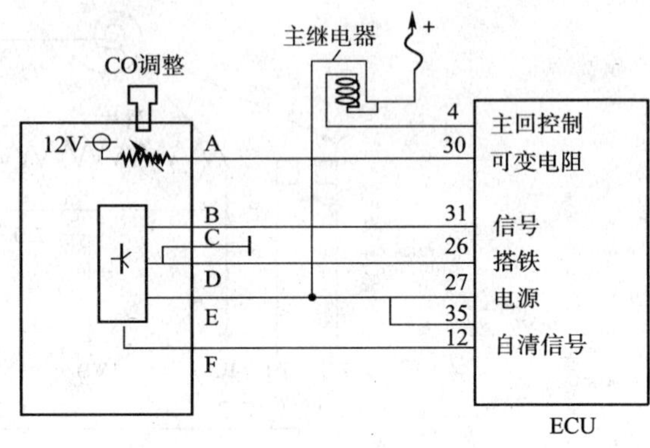

图 2-2-42 热线式流量计电路

1)接线连接

A—可变电阻(CO 调整输出);

B—流量计输出信号;

C—搭铁(右前照灯后);

D—搭铁到 ECU 26 号;

E—电源来自主继电器;

F—自清信号。

2)原理

当点火开关在 ON 位置,流量计电源接通,流量计输出信号电压为 0.1 ~0.5V,怠速时,气道内有气流通过,流量计输出信号电压为 0.8 ~1.5V,加速时信号电压呈线性升高。

当点火开关由 ON 变成 OFF 时,由 ECU 通过 F 向流量计输出电压 9 ~12V 信号,流量计内集成电路会向“热丝”提供 10 倍的电流,使热线温度达 1000℃,使依附在热线上的杂质烧掉。

3)可变电阻

在流量计一侧有一个调整丝,内部是电位计,当顺时针调整时,信号升高,ECU 控制混合气变浓,逆时针调整时信号下降,ECU 控制混合气变稀,但是在出厂时已调整好了,一般不需调整,所以调整丝外边由铅块封死。

4)分析

(1)通常热线(热膜)式空气流量传感器输出信号电压范围是从怠速时超过 0.2V 至节气门全开时超过 4V,当急减速时输出信号电压应比怠速时的电压稍低。

(2)发动机运转时,如图 2-2-43 所示波形的幅值不断波动,这是正常的。因为热线式空气流量计没有任何运动部件,因此没有惯性,它能快速地对空气流量的变化作出反应,ECU 会处理这些信号。

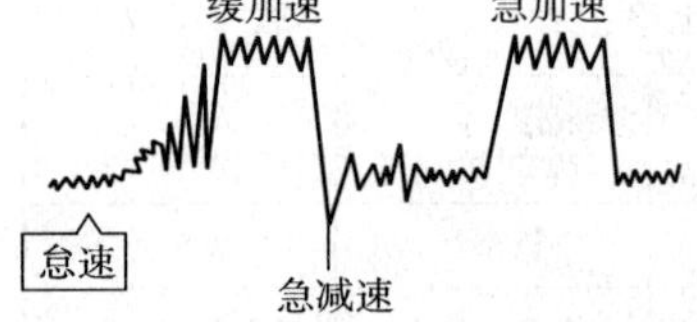

图 2-2-43 传感器波形图

(3)不同的车型输出电压将有很大差异,测怠速时的电压可以判断空气流量传感器的好坏。

(4)如果怠速时电压太高,而高速时电压又达不到 4V,则说明流量计损坏。

(5)如果在急加速时信号电压上升缓慢,而在急减速时输出信号波形下降缓慢,则说明热线(热膜)脏污。

4. 卡门旋涡式传感器

卡门旋涡式传感器结构简图如图2-2-44所示,其电路图如图2-2-45所示。

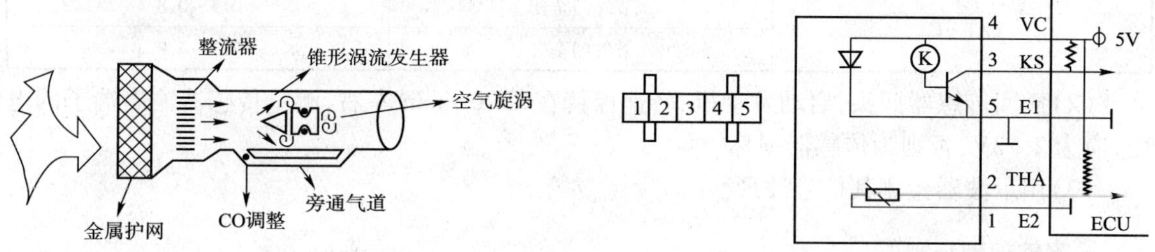

图2-2-44 卡门旋涡式传感器

图2-2-45 卡门旋涡式传感器电路图

1)测电压

(1)怠速、进气温度20℃:THA—E2端子电压为0.5~3.4V。

(2)点火开关在ON位置时:VC—E1端子电压为4.5~5.5V。

(3)点火开关在ON位置时:KS—E1端子电压为4.5~5.5V。

(4)怠速时:KS—E1端子电压为2~4V(脉冲发生)。

2)测频率

(1)点火开关在ON位置时:0Hz。

(2)怠速时:50~60Hz。

(3)加速时:频率随节气门开关的增大而升高。

若频率低于50Hz,造成混合气稀,检查导压孔是否堵塞,否则更换。

若频率高于60Hz(实测100Hz),会造成混合气浓度增加,应更换流量传感器。

5. 线性可变电阻输出型节气门位置传感器的检修

1)怠速触点导通性检测

点火开关置于OFF位置,拔下节气门位置传感器的导线连接器,用万用表Ω挡在节气门位置传感器连接器上测量怠速触点IDL的情况。当气门全闭时,IDL—E2端子间应导通;当节气门打开时,IDL—E2端子间应不导通。否则应更换节气门位置传感器。

2)测量线性电位计的电阻

点火开关置于OFF位置,拔下节气位置传感器的导线连接器,用万用表的Ω挡测量线性电位计的电阻,该电阻应能随节气门开度增大而呈线性增大。

3)电压检查

连接好节气门位置传感器的导线连接器,当点火开关置于ON位置时,发动机ECU连接器的IDL、VC、VAT三个端子处应该有电压,电压值应该符合表2-2-8。

6. 光电式曲轴位置传感器的检修

(1)拔下传感器插头,打开点火开关,检查插头上电源端子与搭铁端子之间的电压,应为5V或12V(视车型而定)。若无电压,则应检查传感器至ECU之间的线路及ECU上相应端子的电压。

节气门位置传感器各端子电压值(电压单位:V) 表2-2-8

端　　子	条　　件	标 准 电 压
IDL—E2	节气门全开	9~14
VC—E2	—	4.0~5.5
VAT—E2	节气门全闭	0.3~0.8
	节气门全开	3.2~4.9

(2)插回传感器插头,启动发动机,转速保持在2500r/min左右,测量传感器输出端子的电压,应为2~3V,否则为传感器损坏。

(3)用示波器检测其信号波形。

六 整理现场

(1)将各个量具清洁后放入相应的量具盒里。
(2)将其他工具清洁后放回工具车里。
(3)清洁工作(操作)台,清扫地面。
(4)将抹布或棉纱等垃圾放入清洁箱中。

实训8　点火正时与点火系统故障诊断

一 实训目的

(1)掌握点火正时的检测与调整方法及步骤。
(2)掌握点火故障的诊断与排除方法及技能。

二 实训量具、工具、设备

桑塔轿车一辆、正时枪、万用表、各种导线、电工常用的各种钳子、螺丝刀、绝缘胶布等。

三 实训技术标准及要求

桑塔纳点火系主要技术参数见表2-2-9。

桑塔纳点火系主要技术参数 表2-2-9

发动机型号	JV	
分电器配件号	027905205J	
点火次序	1—3—4—2	
点火正时	上止点前6°±1°	
怠速转速	(850±50)r/min	
真空管	拔下	
闭合角	调整值	47°±3°
	磨损极限	42°~58°

续上表

<table>
<tr><td colspan="3">发动机型号</td><td colspan="2">JV</td></tr>
<tr><td colspan="3" rowspan="2">离心调节装置</td><td>开始转速及角度</td><td>16000r/min,4°~8°</td></tr>
<tr><td>终止转速及角度</td><td>45000r/min,21°~31°</td></tr>
<tr><td colspan="3" rowspan="2">真空调节装置</td><td>开始</td><td>16k~20kPa</td></tr>
<tr><td>终止</td><td>30.7kPa,14°~16°</td></tr>
<tr><td colspan="3" rowspan="2">点火线圈</td><td>初级绕组电阻</td><td>1.7~2.1Ω</td></tr>
<tr><td>次级绕组电阻</td><td>7k~12kΩ</td></tr>
<tr><td colspan="3">分火头电阻</td><td colspan="2">(5±1)kΩ</td></tr>
<tr><td colspan="3">火花塞插头电阻值</td><td colspan="2">无屏蔽:(1±0.4)kΩ;有屏蔽:(5±1)kΩ</td></tr>
<tr><td colspan="3">防干扰接头电阻</td><td colspan="2">额定值:(1±0.4)kΩ</td></tr>
<tr><td rowspan="5">火花塞</td><td rowspan="3">型号</td><td>CHAMPION</td><td colspan="2">N8YC</td></tr>
<tr><td>BOSCH</td><td colspan="2">W7DC</td></tr>
<tr><td>国产</td><td colspan="2">T4196J(株州);F7T4(南瓷)</td></tr>
<tr><td colspan="2">火花塞间隙</td><td colspan="2">0.7~0.8mm</td></tr>
<tr><td colspan="2">火花塞拧紧力矩</td><td colspan="2">20N·m</td></tr>
<tr><td colspan="2" rowspan="2">高压线整体电阻</td><td>中央高压线</td><td colspan="2">额定值:0~2.8kΩ</td></tr>
<tr><td>分高压线</td><td colspan="2">额定值:0.6k~7.4kΩ</td></tr>
</table>

四 实训注意事项

(1)在操作过程中,注意操作程序与规范,注意设备的正确使用。

(2)注意安全防火和环保。

五 实训操作步骤

1.点火正时的经验检查

启动发动机,当发动机处于正常工作温度(70~80℃)时,用突然加速的方法来检查和判断发动机的点火正时。

(1)当突然加速时,如果发动机速度急速提高并伴有短促而轻微的突爆声(轻微爆震),而后很快消失则为点火正时正确。

(2)如果突然加速,发动机转速不能随节气门开大而增大,发动机发闷且排气管出现“突突”声,则为点火过迟。

(3)如果突然加速时,发动机出现严重的金属敲击声,即爆震(敲缸),则为点火过早。

点火过早或过迟的一般调整方法是:松开分电器壳体固定螺栓,将分电器轴按顺时针或逆时针方向转动少许,直至调好点火正时。

2.点火正时的设备检查

(1)查找并验证飞轮或曲轴前端传动带盘上第1缸压缩终了上止点标记和点火提前角标记,擦拭使之清晰可见,如标记不清晰,最好用粉笔或油漆将标记描白,如图2-2-46所示。

(2)将点火正时灯(仪)正确连接到汽车发动机上,将传感器夹在第 1 缸高压线上。必要时,接上转速表和真空表。

a)解放牌汽车

上止点/1-6 与飞轮壳上刻线对准

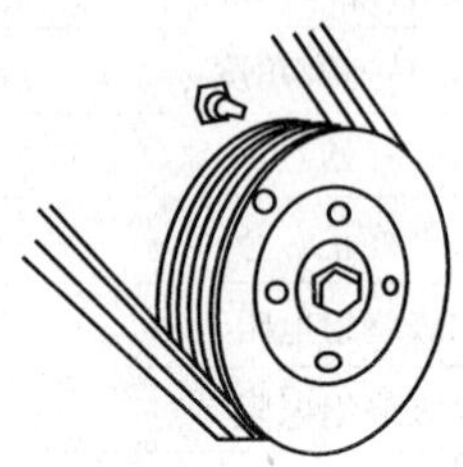

b)北京BJ212

曲轴传动带盘一个孔与正时齿轮室盖上的指针对准

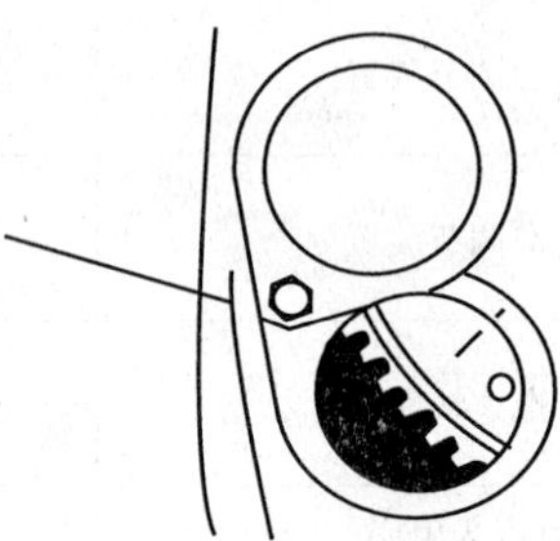

c)东风EQ1090

飞轮上的钢球与检视孔上的刻线对准,同时曲轴传动带轮上缺口对准正时齿轮室盖的凸起标记

图 2-2-46　发动机正时记号

(3)启动发动机,至正常工作温度状态,保持在怠速下稳定运转。打开正时灯并对准正时标记(正时刻度盘或正时指针),调整正时灯电位器,使正时标记清晰可见,就如同固定不动一样。此时表头读数即为发动机怠速运转时的点火提前角。用同样的方法可分别测出并记录不同工况、转速的点火提前角。

正时灯如图 2-2-47 所示,将红色线接在蓄电池正极,黑色线接负极,信号线夹在第 1 缸高压线上。

图 2-2-47　正时灯

(4)在拆下真空管接头并堵住(点火提前机构不起作用)的情况下,怠速时测出的点火提前角为初始提前角(基本点火正时)。实际上,在怠速时由于离心式和真空式调节器未起作用或作用很小,在第三步怠速时测得的提前角基本就等于初始提前角。在拆下真空管的情况下,发动机在某一转速下测得的提前角减去初始提前角,即可得到该转速下的离心提前角;反之,在连接真空管的情况下,发动机在同样转速下测得的提前角减去离心提前角和初始提前角,则又可以得到真空提前角。用同样的方法可分别测出并记录初始提前角及不同工况、转速、负荷时的离心提前角和真空提前角。

(5)测出的点火提前角应与规定标准值进行对照,判断点火提前角的大小是否符合要求。不符合要求,应调整点火正时。

3. 故障诊断

(1)先由实验教师设计点火系统故障,可设计为发动机启动不着、怠速抖动急没有急加速等故障现象。

(2)在实验教师的监护下,由学员独立完成故障的诊断与排除。

(3)在操作过程中,注意操作程序与规范,注意设备的正确使用。

六 整理现场

(1)将各个量具清洁后放入相应的量具盒里。
(2)将其他工具清洁后放回工具车里。
(3)清洁工作(操作)台,清扫地面。
(4)将抹布或棉纱等垃圾放入清洁箱中。

实训9 ABS故障诊断

一 实训目的

(1)掌握ABS故障码的读取和清除方法。
(2)掌握ABS元件的检查方法。

二 实训量具、工具、设备

(1)典型车一辆(丰田卡罗拉轿车)。
(2)扫描检测仪、车用万用表。

三 实训技术标准及要求

在制动过程中保持车轮转动,不但可保证控制行驶方向的能力,而且在大部分路面情况下,与抱死(锁死)车轮相比,能提供更强的制动力。

四 实训注意事项

(1)蓄电池电压应正常。在蓄电池电压过低时,ABS将不能进入工作状态。
(2)轮速传感器应保持清洁。
(3)储能器必须先释放高压。
(4)正确使用制动液。

五 实训操作步骤

1.准备工作

(1)以丰田车系为例设置故障。
(2)将左前轮速传感器的线束插接器断开。
(3)拔下油泵电动机继电器。

2.ABS故障码的读取

(1)把点火开关置于ON位置,检查ABS警告灯,应点亮3s。如果不正常,应检查ABS警告灯电路并排除故障。

(2)将发动机室内的维修连接器接头分开或将WA与WB之间的短接插销拔出,如图2-2-48所示。

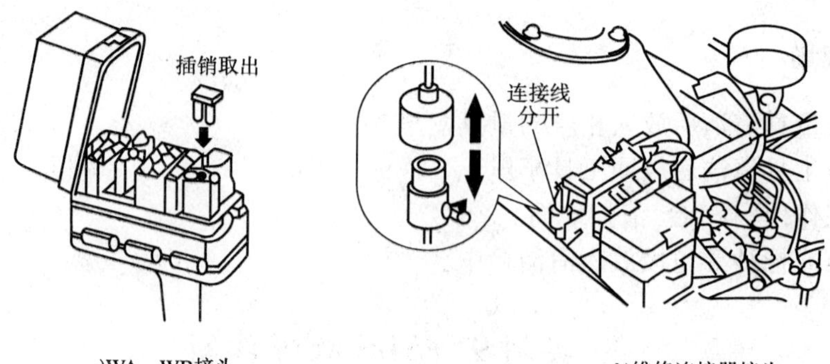

a)WA、WB接头　　b)维修连接器接头

图2-2-48　维修连接器接头

(3)将发动机室内的检查连接器或驾驶室内的TDCL的TC与E1端子用跨接线连接,如图2-2-49所示。

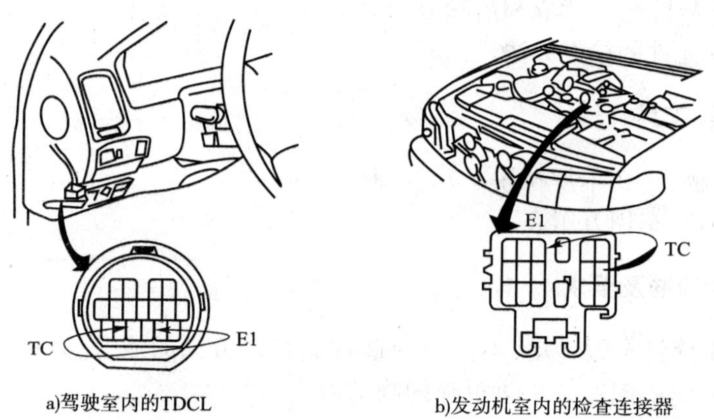

a)驾驶室内的TDCL　　b)发动机室内的检查连接器

图2-2-49　检查连接器TDCL的TC与E1端子

(4)从ABS警告灯的闪烁读取故障码。如果ECU存储有故障码,ABS警告灯先以0.5s的间隔闪烁显示故障代码的十位数,在十位数闪烁显示结束后,再隔1.5s开始以0.5s的间隔闪烁显示个位数。两个故障代码之间的闪烁间隔为2.5s。如果ECU中没有故障代码,则ABS警告灯以0.25s的间隔连续闪烁。

3.依故障码的提示进行检查

1)轮速传感器的检查

(1)如图2-2-50所示,测量轮速传感器连接器的1端子与2端子之间的电阻,应为0.9k~1.3kΩ。测量轮速传感器连接器的1、2端子与搭铁之间的电阻,应为∞。如果不正常,更换轮速传感器。

(2)检查ABS ECU与轮速传感器之间的线束和连接器。如果不正常,修理或更换线束或轮速传感器。

(3)检查齿圈有无损伤或缺齿。检查传感头的安装情况,连接螺栓应适度紧固。如果不正常,更换齿圈或传感头。

2)油泵电机继电器的检查

(1)如图2-2-51所示,检查制动压力调节器A1连接器的1端子与搭铁之间的电压,应为蓄电池电压。如果不正常,应检查蓄电池与制动压力调节器之间、制动压力调节器与搭铁之间的线束和连接器。

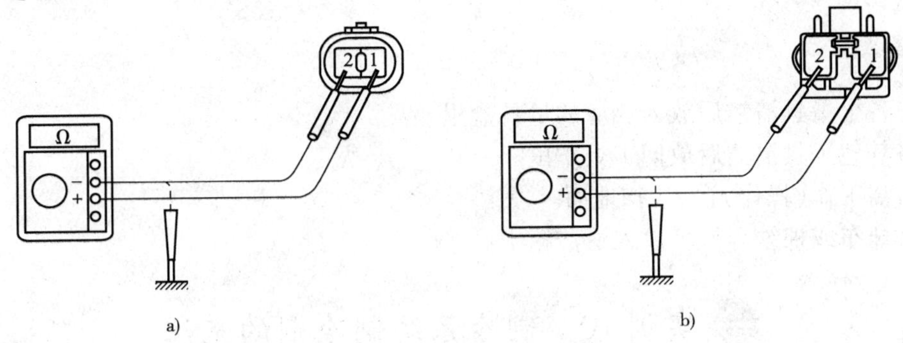

图 2-2-50 测量轮速传感器的 1 端子与 2 端子之间的电阻

(2)如图 2-2-52 所示,检查 A2 连接器的 1 端子与 A2 连接器的 5 端子是否导通、A1 连接器的 1 端子与 A3 连接器的 3 端子是否不导通。再在 A2 连接器的 1 端子与 5 端子之间加蓄电池电压,检查 A1 连接器的 1 端子与 A3 连接器的 3 端子是否导通。如果不正常,检查制动压力调节器油泵电动机继电器。

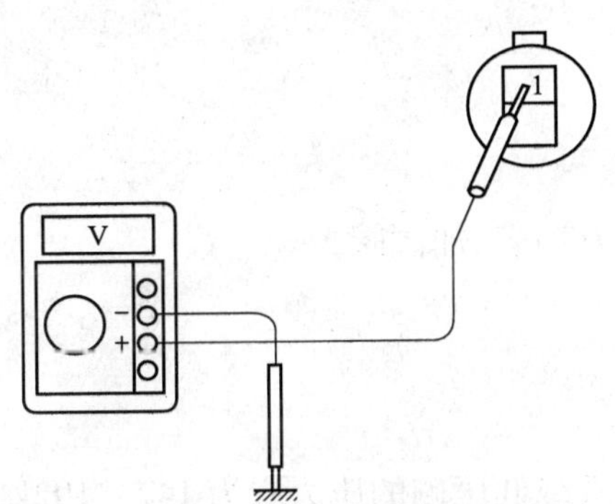

图 2-2-51 检查制动压力调节器 A1 连接器的 1 端子与搭铁之间的电压

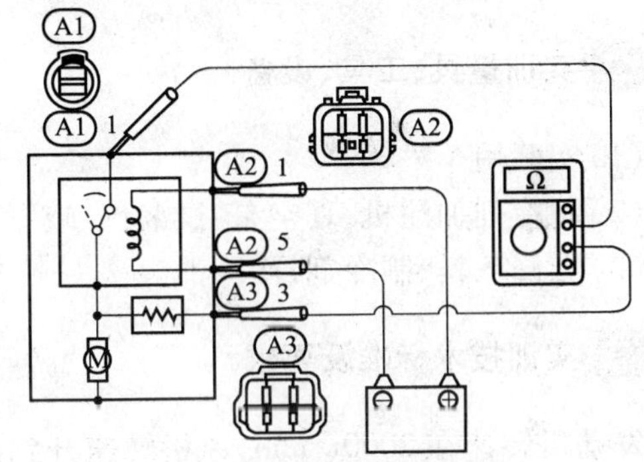

图 2-2-52 检查 A2 连接器的 1 端子与 A2 连接器的 5 端子

(3)检查 ABS ECU 与制动压力调节器之间的线束和连接器。如果正常,检查、更换 ABS ECU;如果不正常,修理或更换线束或连接器。

(4)检查制动压力调节器油泵电动机继电器。从制动压力调节器上拆下油泵电动机继电器,检查 1、2 端子之间是否导通,3、4 端子之间是否不导通。再在端子 1 与 2 之间加蓄电池电压,检查 3、4 端子之间是否导通。如果正常,则需要更换制动压力调节器;如果不正常,则需要更换油泵电动机继电器。

4. ABS 故障码的清除

ABS 的故障排除后,应将 ECU 所存储的故障码清除。在满足下列条件的情况下,在 3s 内连续踩制动踏板 8 次,即可清除故障码。

(1)汽车停稳,跨接诊断座 TC 与 E1 端子。

(2)将维修连接器接头分开或将 WA 与 WB 之间的短接插销拔出。

(3)点火开关转到 ON。

(4)清除故障码后,再将TC与E1跨接线拆去,将维修连接器接头插好或将WA与WB短接销插好。

六 整理现场

(1)将各个量具清洁后放入相应的量具盒里。
(2)将其他工具清洁后放回工具车里。
(3)清洁工作(操作)台,清扫地面。
(4)将抹布或棉纱等垃圾放入清洁箱中。

实训10 制冷系统制冷剂的充注

一 实训目的

(1)掌握制冷系统抽真空的步骤。
(2)掌握制冷系统充注制冷剂的方法。

二 实训量具、工具、设备

(1)实验用车一辆。
(2)制冷剂加注机、真空泵、试漏仪、歧管压力表、万用表、加注阀。
(3)维修工具、制冷剂、冷冻油。

三 实训技术标准及要求

发动机转速在2000r/min,风机转速开到高速挡,系统低压侧的压力应为147~192kPa,高压侧的压力应为1373~1668kPa。

四 实训注意事项

(1)不要释放制冷剂进入大气。
(2)在系统周围工作时,要戴护目镜,时刻注意不要让制冷剂接触皮肤,注意安全。
(3)在通风良好的环境下工作。
(4)制冷剂要远离明火,因为它燃烧时会产生有害气体。

五 实训操作步骤

1.制冷系统制冷剂的排放

如需要更换制冷系统中某个部件,则首先要排放制冷系统中的制冷剂,使制冷系统卸压后才能进行拆卸。排空作业要在通风良好的场所进行,其卸压步骤如下:

(1)安装歧管压力表,如图2-2-53所示。注意先关闭歧管压力表的高、低压手动阀,并在中间的排放软管出口处罩上一块干净布(或放一个杯),不要启动发动机。

(2)慢慢打开高压手动阀,注意阀不能开得太大,缓慢排放制冷剂,观察中间排放软管出口处的布块,如果有冷冻油一起流出,就要减小高压手动阀的开度。

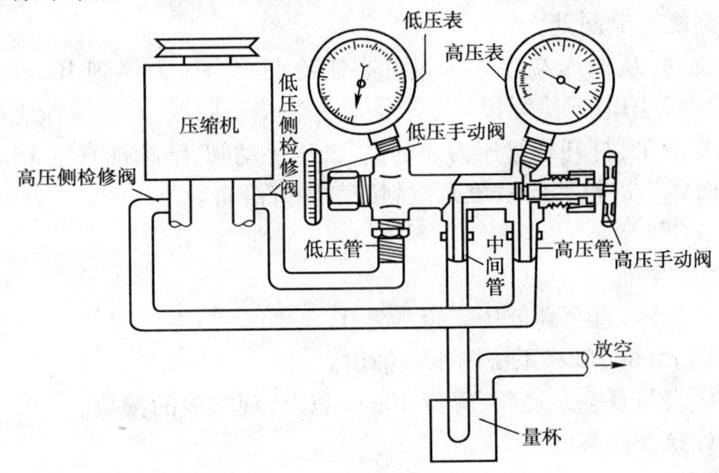

图 2-2-53　制冷系统制冷剂的排放

(3)当高压表的压力降到与低压侧接近时,再慢慢打开低压手动阀,开度不要太大,注意观察中间排放软管的布块,还是以布块没有冷冻油为准。此时制冷剂从系统的高低压两侧同时排出。

(4)注意观察歧管压力表的指示值,随着系统内的压力下降,可适当地将高、低压手动阀的开度增大,当高、低压侧压力表的指示值下降到 0 时,制冷剂排放结束,此时应关闭歧管压力表的高、低压手动阀。

(5)在排放过程中,如有不慎,使冷冻润滑油大量流出,则在充注制冷剂之前,根据量杯里流出的油量,加入等量的新的冷冻润滑油。

2. 制冷系统抽真空

(1)歧管压力表、真空泵的连接,如图 2-2-53 所示。

(2)开动真空泵,打开歧管压力表的高、低压手动阀,如图 2-2-54 所示。几分钟后,在歧管压力表上产生大于 750mm 汞柱高度的真空度,再持续 10min 后停止抽真空。

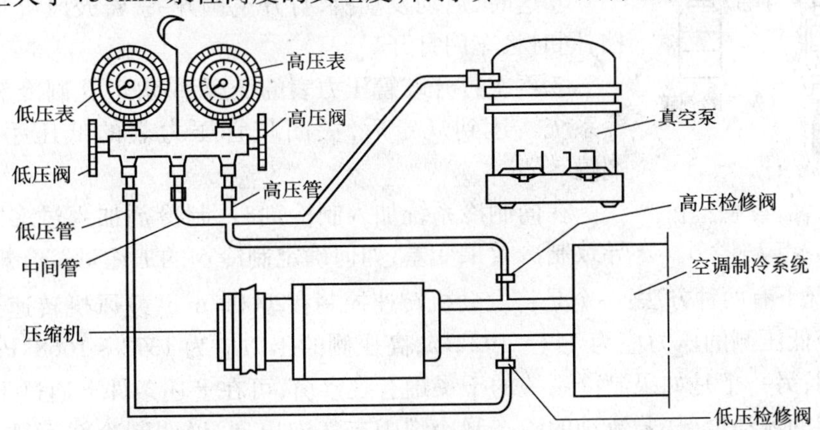

图 2-2-54　制冷系统的抽真空

(3)关闭高、低压手动阀,其表针应在10min内不得回升。这一过程就是前面所说的真空试漏。若在抽真空时系统达不到所需的真空度,或达到了所需的真空度,但在10min内表针有回升,则说明制冷系统有泄漏处。

(4)检漏。检漏时,从低压端注入少量气态制冷剂。当压力达到100kPa时,迅速关闭制冷剂瓶和低压手动阀。用电子检漏仪或肥皂液等方法检查漏点,并将漏泄之处修理好。

(5)再次开动真空泵,打开歧管压力表的高、低压手动阀,继续抽真空15min,然后关闭高、低压手动阀,为后面即将进行的向系统充注制冷剂做好准备。

3. 制冷剂的充注

1)系统抽真空及检漏

(1)抽取系统内气体,直至高低压表指示为0。

(2)继续抽真空15min,以将系统内水汽抽出。

(3)关闭高低压表与真空泵通路,等待30min以上,观察表的读数。

(4)使用检漏计检查泄漏部位。

2)系统充注制冷剂

在制冷系统抽真空和检漏以后,便可向系统充注制冷剂。制冷剂的充注方法有两种。

(1)从制冷系统低压侧充入气态制冷剂,其步骤如下:

①在对制冷系统检漏、再次抽真空后,关闭歧管压力表的高、低压手动阀,断开真空泵,将中间软管与制冷剂瓶连接好,如图2-2-55所示。

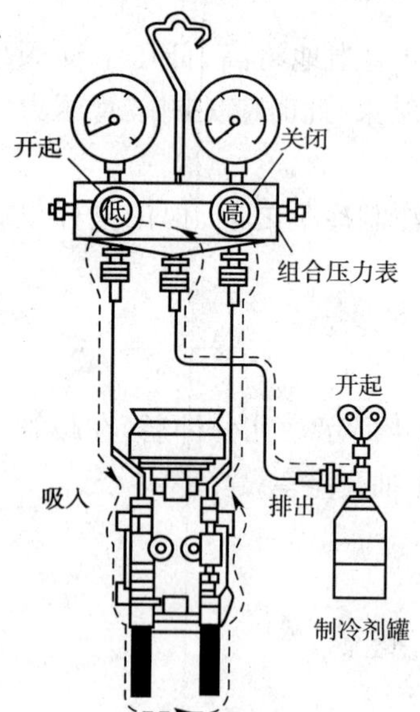

图2-2-55 从制冷系统低压侧充入气态制冷剂

②打开制冷剂罐,拧松中间注入软管歧管压力表侧的螺母,听到制冷剂排放的声音后,立刻拧紧螺母。此过程的目的是将中间注入软管中的空气排出。

③打开歧管压力表的低压手动阀,制冷剂罐正立(正立时,罐的上部为气态,下部为液态,防止液态制冷剂进入制冷系统的低压侧对空调压缩机的进、排气阀片造成"液击"),使制冷剂以气态的形式进入制冷系统的低压侧。当低压侧的制冷剂压力不再增加时,关闭歧管压力表的低压侧手动阀。

④这时,启动发动机,打开空调开关,将鼓风机开关打到高速挡,同时将车门打开。

⑤再次打开歧管压力表的低压手动阀,让制冷剂继续进入制冷系统。达到规定后,关闭歧管压力表的低压手动阀和制冷剂罐。

在向制冷系统加入制冷剂时,制冷剂加入过多或不足,都将导致制冷效果变差,如何确定制冷剂的加注量符合规定是非常重要的,一般情况下有两种方法:一个是将发动机转速控制在2000r/min,鼓风机转速开到高速挡,此时制冷系统低压侧的压力应为147~192kPa,高压侧的压力应为1373~1668kPa,不同车型,此值略有不同;另一个是如果制冷系统的干燥罐有观察窗,可在上述条件下通过干燥罐的观察窗观看制冷剂的流动情况,若流动的液态制冷剂中有气泡出现,说明制冷剂不足,需要继续加注制冷剂,直到气泡消失才说明制冷剂的加注量符合规定。

⑥加注完毕后,应按照下述方法拆除歧管压力表。

a. 关闭歧管压力表的高、低压手动阀。

b. 关闭制冷剂罐上的注入阀。

c. 关闭发动机。

d. 断开歧管压力表与制冷系统的连接软管,用布块盖在检修阀上,动作要快,防止制冷剂喷射到手上。

(2)从制冷系统高压侧充入液态制冷剂,其步骤如下:

①在对制冷系统检漏、再次抽真空后,关闭歧管压力表的高、低压手动阀,断开真空泵,将中间软管与制冷剂瓶连接好,如图2-2-56所示。

②打开制冷剂罐,拧松中间注入软管歧管压力表侧的螺母,听到制冷剂排放的声音后,立刻拧紧螺母。此过程的目的是将中间注入软管中的空气排出。

③打开歧管压力表的高压手动阀,制冷剂罐倒立(此时不准打开低压手动阀,不准启动发动机),使制冷剂以液态的形式进入制冷系统的高压侧。当高压侧的制冷剂压力不再增加时(大约注入400~600g制冷剂,或感觉制冷剂罐中的制冷剂重量不再下降时),关闭歧管压力表的高压侧手动阀。

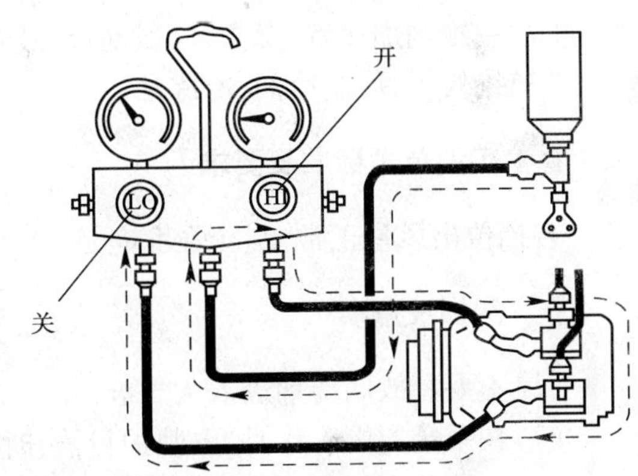

图2-2-56　从制冷系统高压侧充入液态制冷剂

④然后将制冷剂罐正立,启动发动机,打开空调开关,将鼓风机打开高速挡,打开所有车门。打开歧管压力表的低压手动阀,让制冷剂以气态的形式进入制冷系统的低压侧。

⑤达到标准后,拆下歧管压力表,结束制冷剂的加注。

4. 制冷剂的补充

当汽车的制冷系统由于制冷剂不足造成制冷效果不理想,经过检查不需要对制冷系统进行排放、拆卸等维修时,可直接对制冷系统进行制冷剂的补充加注,方法如下:

(1)在将歧管压力表、制冷系统及制冷剂罐连接之前,要将所有连接软管中的空气排出,关闭歧管压力表的高、低压手动阀,将中间软管与制冷剂罐接好并将制冷剂罐打开。然后慢慢打开高压手动阀,在高压软管开口端听到“嘶嘶”声后,立刻将高压软管与高压检修阀连接上,关闭高压手动阀。用同样的方法排出低压侧软管中的空气。

(2)关闭高压侧手动阀,打开低压侧手动阀,将制冷剂罐正立,启动发动机,打开空调开关,将鼓风机打到高速挡,打开车门。

(3)当达到规定的充注标准后,关闭低压手动阀,停止充注。

六　整理现场

(1)将工具清洁后放回工具车里。

(2)清洁工作(操作)台,清扫地面。

(3)将抹布或棉纱等垃圾放入清洁箱中。

实训11 制冷系统故障诊断

一 实训目的

掌握制冷系统故障诊断的方法及步骤。

二 实训量具、工具、设备

(1)实验用车1辆。
(2)制冷剂加注机,真空泵,试漏仪,歧管压力表,万用表,加注阀。
(3)维修工具,制冷剂,冷冻油。

三 实训技术标准及要求

各挡位出风量正常,制冷强度充足。

四 实训注意事项

(1)不要释放制冷剂进入大气。
(2)在系统周围工作时,要戴护目镜,时刻注意不要让制冷剂接触皮肤,注意安全。
(3)在通风良好的环境下工作。
(4)制冷剂要远离明火,因为它燃烧时会产生有害气体。

五 实训操作步骤

1. 故障的设置

可设置为制冷系统电路故障或无制冷剂故障。导致当打开空调开关到ON挡时,空调压缩机不工作。

2. 故障诊断的步骤

以捷达轿车空调系统不制冷故障为例。

1)故障现象

启动发动机后,打开空调开关、鼓风机工作正常,各出风口出风正常,但不是冷风。

2)故障原因

(1)空调压缩机不工作。
(2)空调压缩机损坏。
(3)压缩机皮带断裂、太松、打滑。
(4)制冷系统破损或出现泄漏。
(5)膨胀阀损坏。
(6)制冷系统内部堵塞。
(7)熔断丝烧断。

3)故障诊断

空调系统出现不制冷故障，其故障部位一般是在制冷系统或电路部分。首先应检查压缩机驱动皮带是否断裂，如皮带完好，就检查系统有无泄漏，表现为高低压皆低于正常值；检查空调压缩机工作是否正常，若不正常，须检查空调压缩机电磁离合器的控制装置及空调压缩机，空调压缩机电磁离合器的控制装置有：空调控制器、空调压缩机继电器、外部温度开关、压力开关，电磁离合器线圈等。

可按图2-2-57进行诊断。

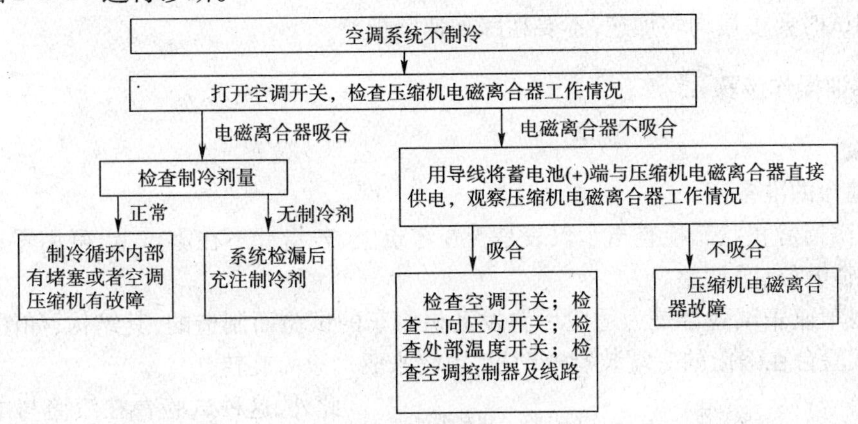

图2-2-57　故障诊断

六 整理现场

(1)将工具清洁后放回工具车里。

(2)清洁工作(操作)台，清扫地面。

(3)将抹布或棉纱等垃圾放入清洁箱中。

实训12　车速表的检验

一 实训目的

(1)掌握机动车车速表检验的内容及检验方法。

(2)掌握机动车车速表检验仪器设备的使用方法。

(3)了解影响机动车车速表检验的因素。

二 实训量具、工具、设备

(1)驱动型车速表试验台1台。

(2)汽车1辆。

(3)常用工具1套。

三 实训技术标准及要求

国家标准《机动车运行安全技术条件》(GB 7258—2012)中规定：当汽车车速表指示值为

40km/h 时,车速表检验台速度指示仪表的指示值为 32.8 ~40km/h 范围内为合格;当车速表检验台速度指示仪表的指示值为 40km/h 时,该机动车车速表的指示值在 40 ~48km/h 范围内时为合格。

四 实训注意事项

(1)检测车辆的轮胎应保持干燥,花纹中无石子。

(2)测试时要慢慢均匀加速,不要猛踩加速踏板。

五 实训操作步骤

1. 准备

1)试验台的准备

(1)在滚筒静止状态检查指示仪表是否在零点上,若指针不在零点上,可用零点调整旋钮(或零点调整电位计)调整。

驱动型车速表试验台是为适应后置发动机汽车的试验而制造的,其结构,如图 2-2-58 所示。这种试验台在滚筒的一端装有电动机,由它来驱动滚筒旋转。

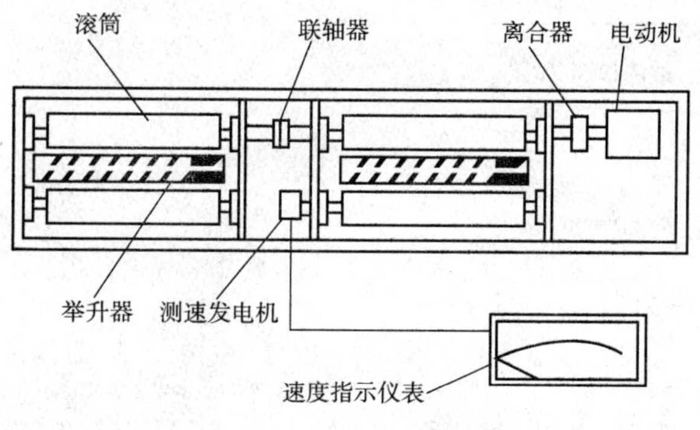

图 2-2-58 驱动型车速表试验台

此外,这种试验台在滚筒与电动机之间装有离合器,若试验时将离合器分离;又可作为标准型试验台使用。

(2)检查滚筒上是否沾有油、水、泥等杂物,若有,要清除干净。

(3)检查举升器动作是否自如和有无漏气部位。若有阻滞或有漏气部位,应予修理。

(4)检查导线的接触情况。若有接触不良或断路,应予修理或更换。

经常使用的试验台,不一定每次使用前都要进行上述检查。

2)被测车的准备

(1)按汽车制造厂的规定检查并补充轮胎气压。

(2)轮胎沾有水、油等或轮胎花纹沟槽内嵌有小石子时,应清除干净。

2. 测试

(1)接通试验台电源。

(2)升起滚筒间的举升器。

(3)将被测车输出车速信号的车轮尽可能与滚筒成垂直状态地停放在试验台上。

(4)降下滚筒间的举升器,至轮胎与举升器托板脱离为止。

(5)用挡块抵住位于试验台滚筒之外的一对车轮,防止汽车在测试时滑出试验台。

(6)使用标准型试验台时应作如下操作:

①启动汽车,待汽车的驱动轮在滚筒上稳定后,挂入最高挡,踩下加速踏板使驱动轮平稳地加速运转。

②当汽车车速表的指示值达到规定检测车速(40km/h)时,读出试验台速度指示仪表的指示值;或当试验台速度指示仪表的指示值达到检测车速时,读取车速表的指示值。

(7)使用驱动型试验台时应作如下操作:

①接合试验台离合器,使滚筒与电动机联在一起。

②将汽车的变速器挂入空挡,接通试验台电源,使电动机驱动滚筒旋转。

③当汽车车速表达到检测车速时,读取试验台速度指示仪表的指示值;或当试验台速度指示仪表达到检测车速时,读取汽车车速表的指示值。

(8)测试结束后,轻轻踩下汽车制动踏板,使滚筒停止转动。对于驱动型试验台,必须先关断电源再踩制动踏板。

(9)升起举升器,去掉挡块,汽车驶离试验台。

(10)切断试验台电源。

六 整理现场

(1)清洁整理所有仪器、设备。

(2)清洁、整理所有工具。

(3)清洁、清扫实训场地。

实训 13　前照灯的检验

一 实训目的

(1)掌握机动车前照灯检验的内容及检验方法。

(2)掌握机动车前照灯检验的仪器设备的使用方法。

(3)了解影响机动车前照灯检验的因素。

二 实训量具、工具、设备

(1)投影式前照灯检验仪 1 台。

(2)屏幕式前照灯检验仪 1 台。

(3)聚光式前照灯检验仪 1 台。

(4)自动追踪光轴式前照灯检验仪 1 台。

(5)汽车 1 辆。

(6)常用工具 1 套。

三 实训技术标准及要求

国家标准《机动车运行安全技术条件》(GB 7258—2012)中,对机动车前照灯光束照射位置和前照灯光束发光强度作了规定。

1. 前照灯光束照射位置

(1)检验前照灯近光光束照射位置时,前照灯照射在距离 10m 的屏幕上,乘用车前照灯近光光束明暗截止线转角或中点的高度应为(0.7～0.9)H(H为前照灯基准中心高度,下同),其他机动车(拖拉机运输机组除外)应为(0.6～0.8)H。机动车(装用一只前照灯的机动车除外)前照灯近光光束水平方向位置向左偏应小于等于170mm,向右偏应小于等于350mm。

(2)检验前照灯远光照射位置时,对于能单独调整远光光束的前照灯,前照灯照射在距离10m的屏幕上时,要求在屏幕光束中心离地高度,对乘用车为(0.85～0.95)H(但不得低于前照灯近光光束明暗截止线转角或中点的高度),对其他机动车为(0.8～0.95)H;机动车(装用一只前照灯的机动车除外)前照灯远光光束水平位置要求,左灯向左偏应小于等于170mm,向右偏应小于等于350mm,右灯向左或向右偏均应小于等于350mm。

2.前照灯光束发光强度

机动车每只前照灯的远光光束发光强度应符合表2-2-10要求。

前照灯远光光束发光强度最小值要求(单位:cd) 表2-2-10

机动车类型	发光强度要求					
	新注册车			在用车		
	一灯制	二灯制	四灯制*	一灯制	二灯制	四灯制*
最高设计车速小于70km/h的汽车	—	10000	8000	—	8000	6000
其他汽车	—	18000	15000	—	15000	12000

注:*四灯制是前照灯具有四个远光光束。采用四灯制的机动车,其中两只对称的灯达到两灯制的要求时视为合格。

四 实训注意事项

(1)测试前要清洁灯罩。

(2)测试时保证轮胎气压应符合汽车制造厂的规定。

(3)汽车蓄电池应处于充足电状态。

五 实训操作步骤

1.检验前照灯的准备工作

1)检验仪的准备

(1)在不受光的情况下,调整前照灯检验仪光度计和光轴偏斜指示计指针的机械零点。

(2)检查聚光透镜和反射镜的镜面上有无污物。若有,用柔软的布或镜头纸擦拭干净。

(3)检查水准器的技术状况。若水准器无气泡,应进行修理;若气泡不在红线框内时,可用水准器调节器或垫片进行调整。

(4)检查导轨是否沾有泥土等杂物。若有,应扫除干净。

2)被测车的准备

(1)清除前照灯上的污垢。

(2)轮胎气压应符合汽车制造厂的规定。

(3)汽车蓄电池应处于充足电状态。

2.前照灯发光强度和光轴偏斜量的检验

1)聚光式前照灯检验仪的检验方法

(1)聚光式前照灯检验仪如图2-2-59所示。将被测车尽可能地与检验仪的导轨保持垂直方向驶近检验仪，直至前照灯与检验仪受光器之间达到检验所要求的距离（1m、0.5m、0.3m）。

（2）用汽车摆正找准器，使检验仪与被检车对正。

（3）开亮前照灯，用前照灯照准器使检验仪与被检车前照灯对正。

（4）将“光度·光轴”转换开关扭向光轴一边，然后转动上下和左右光轴刻度盘，使光轴偏斜指示计的指示值为零。此时，两光轴刻度盘上指示值即为光轴偏斜量，如图 2-2-60 所示。

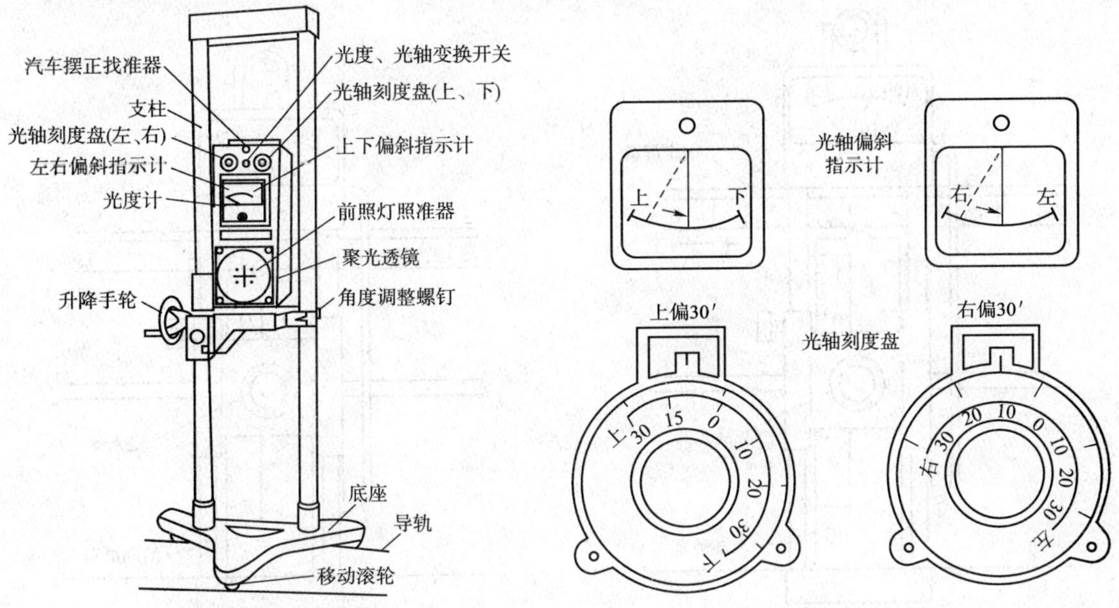

图 2-2-59　聚光式前照灯检验仪

图 2-2-60　光轴偏斜的检验

（5）保持光轴刻度盘位置不动，将“光度·光轴”转换开关扭到光度一边，此时光度计的指示值即为前照灯的发光强度。

2）屏幕式前照灯检验仪的检验方法

（1）屏幕式前照灯检验仪如图 2-2-61 所示。将被测车尽可能地与检验仪的屏幕或导轨保持垂直方向驶近检验仪，使前照灯与检验仪受光器相距 3m。

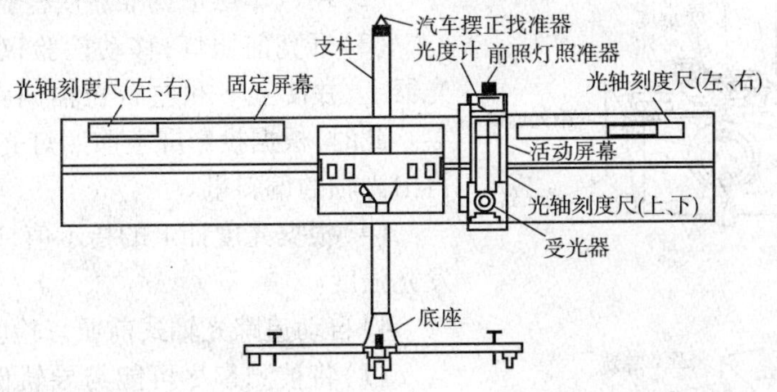

图 2-2-61　屏幕式前照灯检验仪

（2）用汽车摆正找准器使检验仪与被测车对正。

（3）开亮前照灯，用前照灯照准器使检验仪与被检前照灯对正，然后把固定屏幕调整到与前照灯等高，要特别注意使受光器与被检前照灯配光镜的表面中心重合。

(4)使固定屏幕上左右光轴刻度尺的零点与活动屏幕上的基准指针对正,如图 2-2-62 所示。

上下和左右移动受光器,使光度计指示值达到最大值。此时,根据受光器上的基准指针所指活动屏幕上的上下刻度值和活动屏幕上的基准指针所指固定屏幕上的左右刻度值,即可得出光轴偏斜量。根据此时光度计上的指示值,可得出前照灯发光强度,如图 2-2-63 所示。

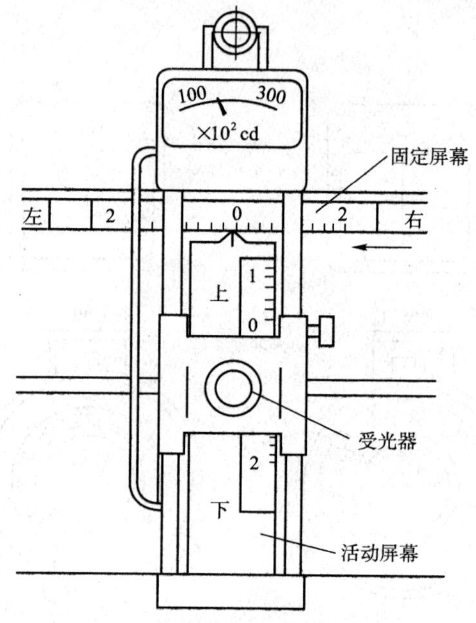

图 2-2-62　左右光轴刻度尺零点校准

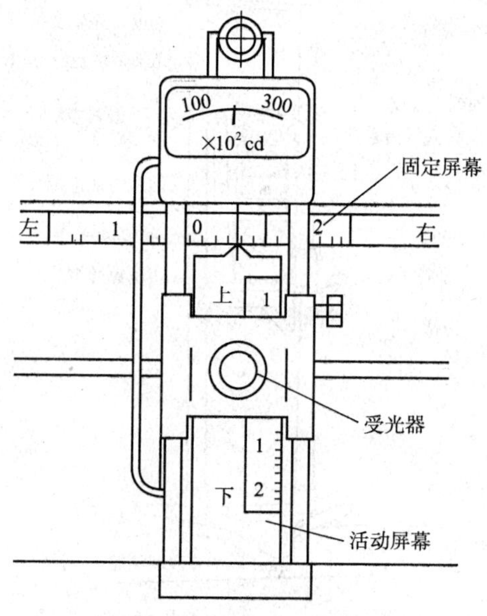

图 2-2-63　光轴偏斜量和发光强度的显示

3)投影式前照灯检验仪的检验方法

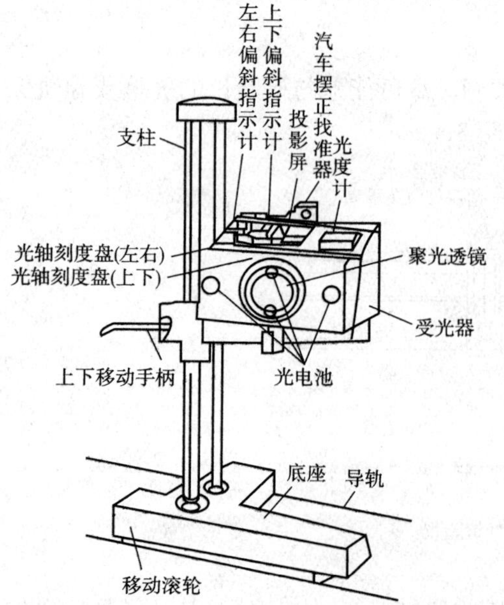

图 2-2-64　投影式前照灯检验仪

(1)将被测车尽可能与导轨保持垂直方向驶近检验仪,使前照灯与检验仪受光器相距 3m。投影式前照灯检验仪如图 2-2-64 所示。

(2)用汽车摆正找准器使检验仪与被测车对正。

(3)开亮前照灯,移动检验仪,使光束照射到受光器上,并使上下和左右光轴偏斜指示计指示值为零。此时,根据投影屏上前照灯光束影像位置,即可得出光轴的偏斜量。

(4)根据光度计上的指示值,即可得出前照灯的发光强度。

4)自动追踪光轴式前照灯检验仪的检验方法

(1)将被测车尽可能与导轨保持垂直方向驶近检验仪,使前照灯与检验仪受光器相距 3m。自动追踪光轴式前照灯检验仪如图 2-2-65 所示。

(2)用汽车摆正找准器使检验仪与被测车对正。

(3)开亮前照灯,接通检验仪电源,用控制器上的上下、左右控制开关移动检验仪的位置,使前照灯光束照射到受光器上。

(4)按下控制器上的测量开关,受光器随即追踪前照灯光轴,根据光轴偏斜指示计和光度计的指示值,即可得出光轴偏斜量和发光强度。

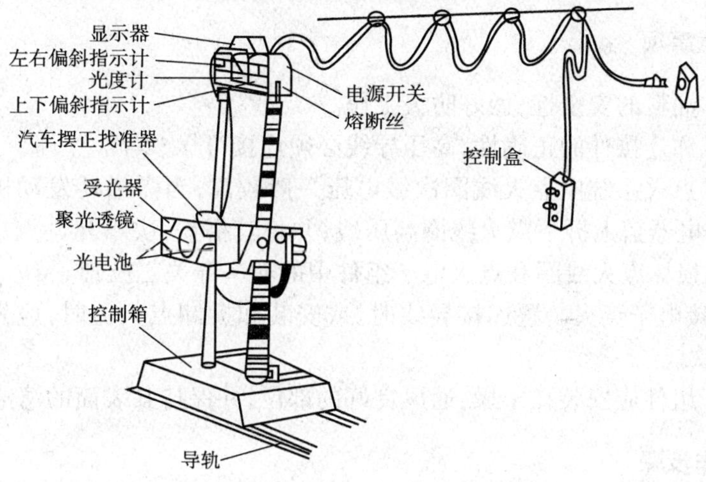

图 2-2-65 自动追踪光轴式前照灯检验仪

六 整理现场

(1)清洁整理所有仪器、设备。

(2)清洁、整理所有工具。

(3)清洁、清扫实训场地。

实训 14 发动机无着车征兆的故障诊断与检修

一 实训目的

掌握发动机不能启动故障诊断方法和检修排除技能。

二 实训量具、工具、设备

(1)技术状况良好的经检验合格的发动机台架或整车一辆(丰田花冠轿车)。

(2)汽车专用万用表、解码仪(K81)各1台。

(3)一字形、十字形螺丝刀(100mm)各1个。

(4)测试导线若干。

(5)可供调换用的性能完好的相应型号的分电器、分火头、高压线圈、断电器等零部件。

三 实训技术标准及要求

(1)汽油发动机能顺利启动,怠速、中速、加速各工况良好。

(2)蓄电池电压符合标准,火花塞的间隙一般为0.7~0.9mm。

(3)汽缸缸压为 1.0M ~ 1.3MPa,各缸缸压不低于标准值的 15%,缸压差不大于 3%。

(4)曲轴窜气量为 2 ~ 4L/min,汽缸漏气率极限为 30% ~ 40%,怠速运转时,进气管真空度为 57k ~ 72kPa。

四 实训注意事项

(1)注意操作油料的安全性,做好防火工作。

(2)注意接线和连接件的正确性,高压导线必须连接可靠、牢固。

(3)由于电子点火系统中点火线圈次级电压一般较高,当需摇转发动机而又不需要发动机启动时,应从分电器盖上拆下点火线圈高压线,并将其搭铁,决不允许点火线圈在开路状态下工作,否则极易损坏点火线圈和点火电子组件中的功率开关三极管。

(4)当需拆、接电子点火装置连接导线时,或安装和拆卸点火器时,应先关断点火开关或断开蓄电池的搭铁线。

(5)点火电子组件应安装在干燥、通风良好的部位,并保持其表面的清洁以利散热。

五 实训操作步骤

1.发动机故障现象综合分析原则

1)了解故障原因再检查

避免检查时的盲目性,不要对与故障现象无关的部位作无效的检查,避免对一些部位漏检,从而迅速排除故障。

2)先外后内

在发动机出现故障时,先对电控系统之外的可能故障部位予以检查。这样可避免本来是一个与电控系统无关的故障,却对电控系统的控制器、传感器、执行器及线路等进行复杂且又费时费力的检查,而真正的故障部位却未找到。

3)先简后繁

能以简单方法检查的可能故障部位应优先检查。比如,直观检查最为简单,可以用问、看、摸、听、嗅、试等直观检查方法,将一些较为显露的故障部位迅速找出来。

(1)问:就是调查。除驾驶员诊断自己所驾车辆的故障外,任何人在诊断之前,应先问明情况。如:车辆已行驶的里程、行驶的道路状况、近期的维修情况、故障发生之前有何预兆,是突变还是渐变等。即便是经验丰富的诊断人员,不问清情况去盲目诊断,也会影响诊断的速度和质量。

(2)看:用眼睛查看线路是否松脱、断路;油路是否漏油;进气管是否破裂漏气,真空管是否漏插、错插,高压分线是否插错等。

(3)摸:用手摸一摸可疑线路插头是否松动;摸一摸火花塞的温度、喷油器或怠速控制阀的振动情况,以判断火花塞、喷油器和怠速控制阀是否工作:摸一摸线路连接处是否有不正常的高温,以判断该处是否接触不良等。

(4)听:用耳朵(或借助于长柄螺丝刀、听诊器等)听一听有无漏气声、发动机是否有异响、喷油器是否有规律的"嗒嗒"声等。

(5)嗅:就是根据在发动机运转时散发出的某些特殊气味,来判断故障之所在。这对于诊断线路、传动带打滑、尾气排放等处的故障是简便有效的。

上述五个方面，并非是每一种故障诊断的必需程序，不同的故障可视其具体情况灵活运用。

若直观检查未找出故障，需借助于仪器、仪表或其他专用工具等进行检查时，也应对较易检查的部位优先检查，能就车检查的项目应先进行检查。

4）先易后难

由于结构特点和使用环境等原因，发动机的某一故障现象通常是由某些总成或部件的原因引起的，应先对这些常见故障部位进行检查。若未找出故障，再对其他不常见的故障部位检查，这样可以迅速排除故障，省时省力。

5）代码优先

微机控制系统一般都有故障自诊断功能，当电控系统出现某种故障，故障自诊断系统就会立刻监测到故障，并通过"检测发动机"故障警告灯向驾驶员报警，与此同时以代码的方式储存该故障的信息。但是对于某些故障，自诊断系统只储存该故障代码，并不报警。因此，在对发动机作系统检查前，应先按制造厂提供的方法，读出故障代码，再按照故障代码的内容排除该故障。

6）先备后用

微机控制系统元件性能的好坏、电气线路是否正常，常以其电压或电阻等参数来判断。如果没有这些数据资料，系统的故障检修将会很困难，往往只能采取新件替换的方法，这些方法有时会造成维修费用增加且费工费时。所谓先备后用是指在检修该车型前，应准备好与该车型有关的检修数据资料。除了从维修手册、专业书刊上收集整理这些检修数据资料外，另一个有效的途径是随时检测记录无故障车辆的有关参数，这样逐渐积累，作为日后检修同类型车辆的检测比较参数。

2. 发动机不能发动的故障诊断（启动机能带动发动机正常转动，但不能发动，且无着车征兆

发动机不能发动的现象主要有以下几种：启动机带不动发动机转动，或能带动，但转动缓慢；启动机能带动发动机正常转动，但不能发动，且无着车征兆；有着车征兆，但不能发动。造成发动机不能发动的原因很多，有启动系、点火系统、汽油喷射系统及发动机机械故障等。发动机机械故障应在排除了汽油喷射系统和电子点火系统的故障后再作进一步的检查。

1）故障现象

接通启动机时，启动机能带动发动机正常转动，但不能发动，且无着车征兆。

2）故障原因

（1）油箱中无油。

（2）启动时节气门全开。

（3）点火系统故障。

（4）电动汽油泵不工作。

3）故障诊断与排除

电喷发动机在设计上具有很好的启动性能，汽油喷射系统的一般故障通常不会导致发动机不能发动。如果出现不能发动且无着车征兆的故障，其原因是发动机的点火系统、燃油系统、控制系统或配气正时之中的一个或一个以上的系统（因素）完全丧失了功能。因此，不能

发动的故障诊断与排除应重点集中在上述前三个系统中（如果有着车征兆，首先要进行故障码的读取，如有故障码，按故障码提示进行排除）。

（1）对于不能发动的故障，一般应先检查油箱存油情况。打开点火开关，若汽油表指针不动或油量警告灯亮，则说明油箱内无油，应加满汽油后再启动发动机。

（2）应采用正确的启动操作方法。通常电喷发动机的启动控制系统要求在启动时不踩加速踏板。如果在启动时将加速踏板完全踩下或反复踩加速踏板以求增加供油量，往往会使电控系统的溢油消除功能起作用，从而导致喷油器不喷油，造成发动机不能启动。

（3）检查点火系统。导致不能启动的最主要原因是点火系统不能点火。因此，在作进一步的检查之前，应先排除点火系统的故障。在检查电喷发动机的电子点火系统有无高压火花时应采用正确的方法，不可沿用检查传统触点式点火系统高压火花的做法，以防损坏点火系统中的电子元件。

正确的检查方法是：从分电器上拔下高压总线，让高压总线末端距离缸体 5～6mm，或从缸体上拔下高压分线，将一个火花塞接在高压线上，将火花塞接铁；接通点火开关的启动挡，用启动机带动发动机转动，同时观察高压总线末端或火花塞电极处有无强烈的蓝色高压火花。

如果没有高压火花或火花很弱，说明点火系统有故障。在查找故障部位之前，可先进行发动机故障自诊断，检查有无故障代码。目前电喷发动机的故障自诊断系统都能检测出曲轴位置传感器及点火器的故障。如有故障代码，则按显示的故障代码内容查找故障部位：如无故障代码，则应分别检查点火系统的高压线圈、高压线、分电器盖和分电器等。点火系统最容易损坏的元件是点火器，应重点检查。

（4）检查电动汽油泵是否工作正常（见实训 5）。电动汽油泵不工作也是造成发动机不能发动的最常见原因之一。若油泵不工作，可用一根导线将电动汽油泵的两个检测插孔短接，然后接通点火开关，此时应能从油箱口处听到汽油泵运转的声音；或用手捏住进油管时能感觉到进油管的油压脉动；或拆下油压调节器上的回油管，应有汽油流出。

如果短接后电动汽油泵仍不工作，应检查油泵熔断丝、主继电器、电动汽油泵的电路导线、插头等。如果电路正常，则说明电动汽油泵有故障，应更换。

如果短接后电动汽油泵工作了，可试一下在短接状态下发动机能否发动。若可以发动，说明是油泵继电器及其控制电路有故障，使汽油泵在发动机正常启动时不工作。对此，应检查油泵继电器及其控制电路。

（5）检查喷油器是否喷油，如果点火系统和电动汽油泵工作正常，则应进一步检查喷油控制系统。在启动发动机时，检查各喷油器有无工作的声音。如果喷油器不工作，可用一个大阻抗的试灯接在喷油器的线束插头上（该试灯的阻值要明显大于原喷油器线圈的阻值，并注意绝对不要短路，否则将会损坏电脑）。如果在启动发动机时试灯能闪亮，说明喷油控制系统工作正常，喷油器有故障，应清洗或更换喷油器。

如果试灯不闪亮，则说明喷油控制系统或控制线路有故障。对此，应检查喷油器电源熔断丝有无烧断，喷油器降压电阻（指低阻值喷油器的车上）有无烧断，喷油器与电源之间的接线是否良好，喷油器与电脑之间的接线是否良好，电脑的电源继电器与电脑之间的接线是否良好。如果外部电路均正常，则可能是电脑内部有故障，可用电脑检测仪（解码器）或采用测量电脑各端子电压的方法来检查电脑有无故障；也可以换一个好的同型号电脑试一下（有防盗功能的电脑不可互换，否则将锁死电脑），如能启动，可确定为电脑故障，应修复或更换电脑。

（6）检查燃油系统压力（见实训5）。燃油系统油压过低会造成喷油量太少，也会导致发动机不能启动。在电动汽油泵运转时检查燃油系统油压，正常燃油压力应达300kPa左右（可查看该车的有关数据资料）。如果燃油压力过低，可用软布包住钳口，将油压调节器的回油管夹住，阻断回油通路。此时，若燃油压力迅速上升，说明是油压调节器漏油造成油压过低，应更换油压调节器；若燃油压力上升缓慢或基本不上升，则说明油路堵塞或电动汽油泵有故障。对此，应先拆检汽油滤清器或汽油泵上的进油滤网。如有堵塞，应清洗或更换；如滤清器良好，则应更换电动汽油泵。

（7）检查进气系统是否漏气。对于装有直接测量式空气流量计的L型电喷发动机，若空气流量计与进气门之间的气路中有漏气部位，将造成混合气过稀，发动机无法发动。检查气路中的波纹管、密封垫、真空管及其连接的真空拉力器等是否漏气、脱落等。判断节气进气门之间是否漏气，可在节气门关闭时启动发动机，用接在进气歧管上的真空表的读数判断，若真空度过低，则有漏气部位存在。

（8）检查汽缸压缩压力。若上述检查均正常，应检查汽缸压缩压力。若汽缸压缩压力小于0.8MPa，则说明活塞环、气门或汽缸垫等处漏气，应拆检发动机。若汽缸压缩压力合格，应拆检发动机正时系统。

发动机不能启动的故障诊断流程，如图2-2-66和图2-2-67所示。

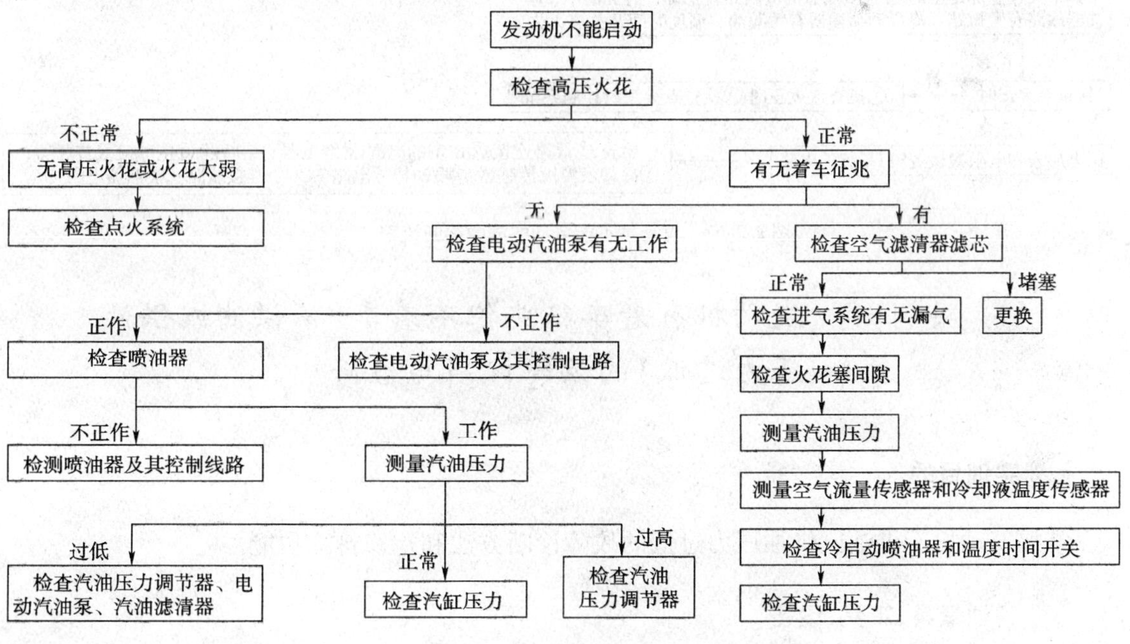

图2-2-66　发动机不能启动的故障诊断流程（一）

六　整理现场

（1）将各个量具清洁后放入相应的量具盒里。

（2）将其他工具清洁后放回工具车里。

(3)清洁工作(操作)台,清扫地面。

(4)将抹布或棉纱等垃圾放入清洁箱中。

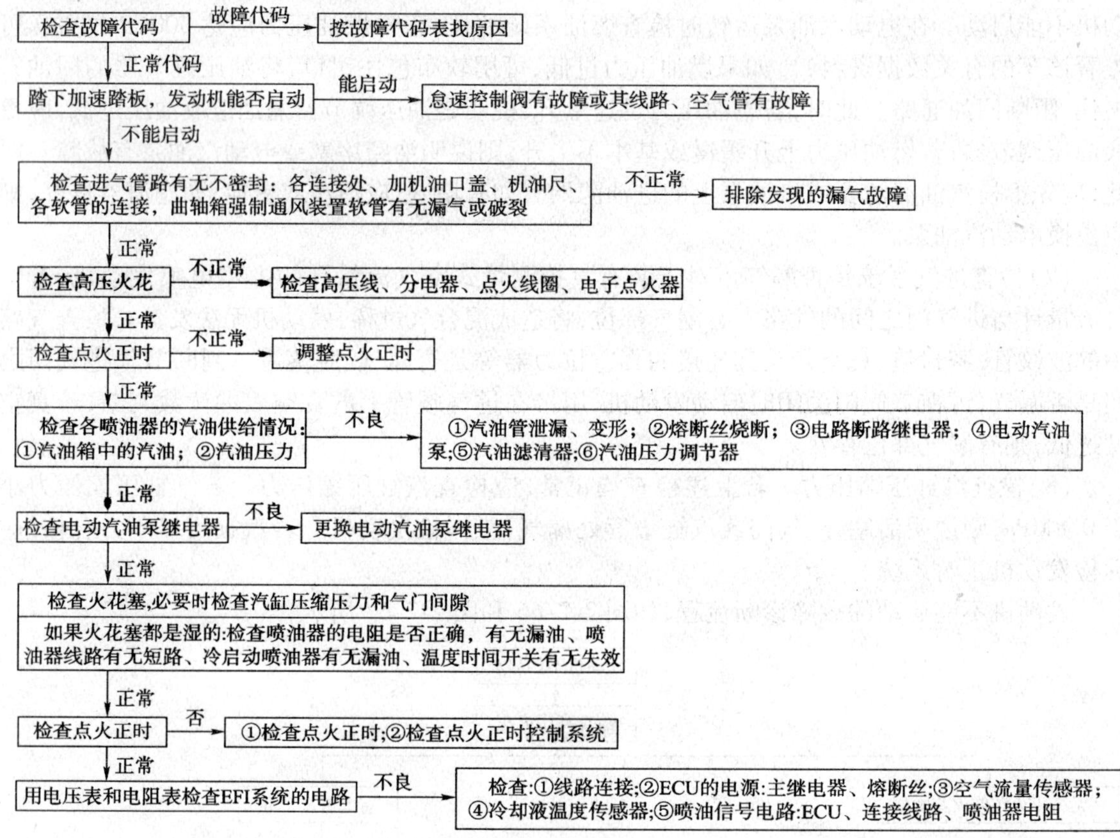

图 2-2-67 发动机不能启动的故障诊断流程(二)

实训 15 发动机有着车征兆但不着车(不供油或供油压力过低)的故障诊断与检修

一 实训目的

掌握发动机不供油或供油压力过低的故障诊断方法和检修排除技能。

二 实训量具、工具、设备

(1)技术状况良好的经检验合格的发动机台架或整车一辆(丰田花冠轿车)。

(2)汽车专用万用表、解码仪(K81)各 1 台。

(3)一字形、十字形螺丝刀(100mm)各 1 个。

(4)测试导线若干。

(5)燃油压力表 1 套。

三 实训技术标准及要求

图 2-2-68 所示为用 ECU(电脑)控制的油泵控制电路。

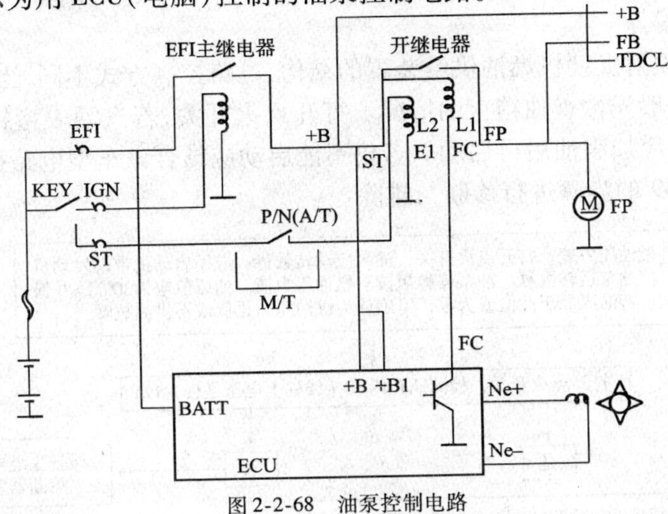

图 2-2-68 油泵控制电路

四 实训注意事项

(1)注意操作油料的安全性,做好防火工作。

(2)注意接线和连接件的正确性,高压导线必须连接可靠、牢固。

(3)由于电子点火系统中点火线圈次级电压一般较高,当需摇转发动机而又不需要发动机启动时,应从分电器盖上拆下点火线圈高压线,并将其搭铁,决不允许点火线圈在开路状态下工作,否则极易损坏点火线圈和点火电子组件中的功率开关三极管。

(4)当需拆、接电子点火装置连接导线时,或安装和拆卸点火器时,应先关断点火开关或断开蓄电池的搭铁线。

(5)点火电子组件应安装在干燥、通风良好的部位,并保持其表面的清洁以利散热。

五 实训操作步骤

1. 故障现象

(1)发动机不能启动或工作中逐渐熄火。

(2)检测燃油供给装置的供油压力,油压过低或为零。

(3)发动机能启动,但动力明显不足,加速不良。

2. 故障原因

(1)油箱内无油或油箱开关未打开。

(2)从油箱吸油管经汽油滤清器、汽油泵至燃油分配管进油管接头的管路,有堵塞、漏油、积水、结冰或气阻等故障。

(3)电动汽油泵工作不良或失效。

(4)油压调节器工作不良。

(5)油泵继电器工作不良。

(6)油泵开关不能闭合。

(7)控制电路有断路或短路现象。

(8)油泵ECU损坏。

3. 故障诊断与排除

电子控制汽油喷射发动机燃油供给装置的结构、电路控制方式不同,当出现供油压力过低或不供油故障时,一般先检查油箱存油情况。打开点火开关,若汽油表指针或油量警告灯亮,则说明油箱内无油,应加满油后再启动。若仍不能启动应结合该车型电路控制特点诊断。

一般按图2-2-69的步骤进行诊断与排除。

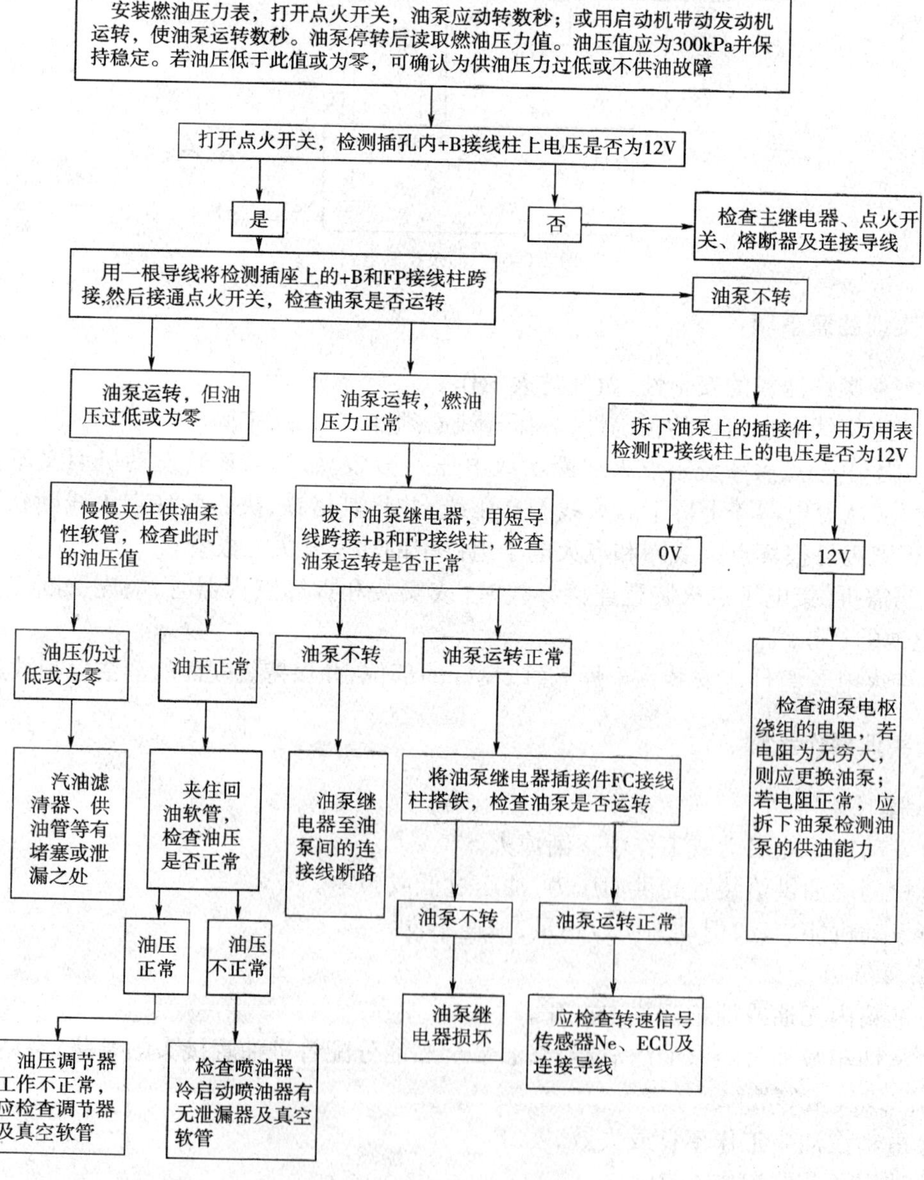

图2-2-69 诊断步骤

六 整理现场

(1)将各个量具清洁后放入相应的量具盒里。
(2)将其他工具清洁后放回工具车里。
(3)清洁工作(操作)台,清扫地面。
(4)将抹布或棉纱等垃圾放入清洁箱中。

实训 16　喷油器不喷油的故障诊断与排除

一 实训目的

掌握发动机喷油器不喷油的故障诊断方法和检修排除技能。

二 实训量具、工具、设备

(1)技术状况良好的经检验合格的发动机台架或整车一辆(丰田花冠轿车)。
(2)汽车专用万用表、解码仪(K81)各 1 台。
(3)一字形、十字形起子(100mm)各 1 个。
(4)测试导线若干。
(5)燃油压力表 1 套。

三 实训技术标准及要求

图 2-2-70 所示为喷油器的控制电路。

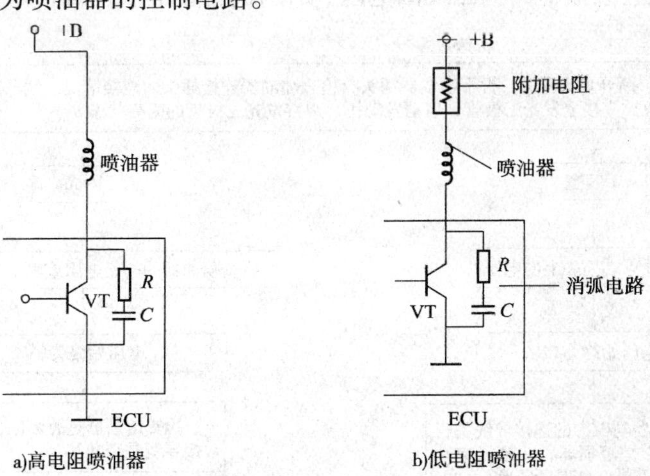

图 2-2-70　喷油器控制电路

四 实训注意事项

(1)注意操作油料的安全性,做好防火工作。
(2)注意接线和连接件的正确性,高压导线必须连接可靠、牢固。

(3)由于电子点火系统中点火线圈次级电压一般较高,当需摇转发动机而又不需要发动机启动时,应从分电器盖上拆下点火线圈高压线,并将其搭铁,决不允许点火线圈在开路状态下工作,否则极易损坏点火线圈和点火电子组件中的功率开关三极管。

(4)当需拆、接电子点火装置连接导线时,或安装和拆卸点火器时,应先关断点火开关或断开蓄电池的搭铁线。

(5)点火电子组件应安装在干燥、通风良好的部位,并保持其表面的清洁以利散热。

五 实训操作步骤

1. 故障现象

(1)发动机不能启动。

(2)发动机不易启动,怠速运转不稳,动力不足,加速不良。

2. 故障原因

(1)喷油器电磁线圈断路。

(2)喷油器针阀卡滞。

(3)喷油器电源线路断路。

(4)ECU 接收不到曲轴位置、曲轴转速信号。

(5)ECU 损坏。

3. 故障诊断与排除

将一个 330Ω 电阻串联一个发光二极管作试灯,断开点火开关,拔出喷油器线插头,在线束插头上接发光二极管试灯。启动发动机运行,观察发光二极管的闪亮状况。信号正常时发光二极管闪烁,若发光二极管不闪烁,说明没有喷油脉冲信号,应检查喷油器控制电路;若发光二极管闪烁,则应检查喷油器的电磁线圈电阻、喷油器针阀的工作状况。诊断程序如图 2-2-71 所示。

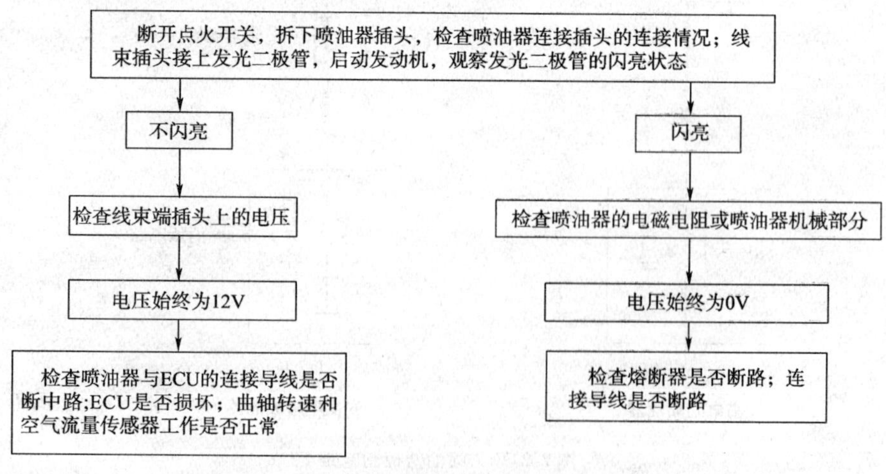

图 2-2-71 发动机喷油器不喷油故障的诊断与排除步骤

六 整理现场

(1)将各个量具清洁后放入相应的量具盒里。

(2)将其他工具清洁后放回工具车里。

(3)清洁工作(操作)台,清扫地面。

(4)将抹布或棉纱等垃圾放入清洁箱中。

实训17 发动机动力不足的故障诊断与检修

一 实训目的

掌握发动机动力不足的故障诊断方法和检修排除技能。

二 实训量具、工具、设备

(1)技术状况良好的经检验合格的发动机台架或整车一辆(丰田花冠轿车)。

(2)汽车专用万用表、解码仪(K81)各1台。

(3)一字形、十字形起子(100mm)各1个。

(4)测试导线若干。

三 实训技术标准及要求

发动机怠速稳定、工作平稳、加速有力。

四 实训注意事项

(1)注意操作油料的安全性,做好防火工作。

(2)注意接线和连接件的正确性,高压导线必须连接可靠、牢固。

(3)由于电子点火系统中点火线圈次级电压一般较高,当需摇转发动机而又不需要发动机启动时,应从分电器盖上拆下点火线圈高压线,并将其搭铁,决不允许点火线圈在开路状态下工作,否则极易损坏点火线圈和点火电子组件中的功率开关三极管。

(4)当需拆、接电子点火装置连接导线时,或安装和拆卸点火器时,应先关断点火开关或断开蓄电池的搭铁线。

(5)点火电子组件应安装在干燥、通风良好的部位,并保持其表面的清洁以利散热。

五 实训操作步骤

1. 故障现象

发动机无负荷运转时基本正常,但带负荷运转时加速缓慢,上坡无力,运行中感到动力不足,发动机转速不能提高,达不到最高车速。

2. 故障原因

(1)空气滤清器堵塞。

(2)节气门调整不当,不能全开。

(3)燃油压力过低。

(4)喷油器堵塞或雾化不良。

(5)冷却液温度传感器故障。

(6)空气流量传感器故障。

(7)点火正时不当或高压火花太弱、断火。

(8)发动机汽缸压力过低。

(9)配气相位不正确。

3. 故障诊断与排除

诊断流程如图 2-2-72 所示。

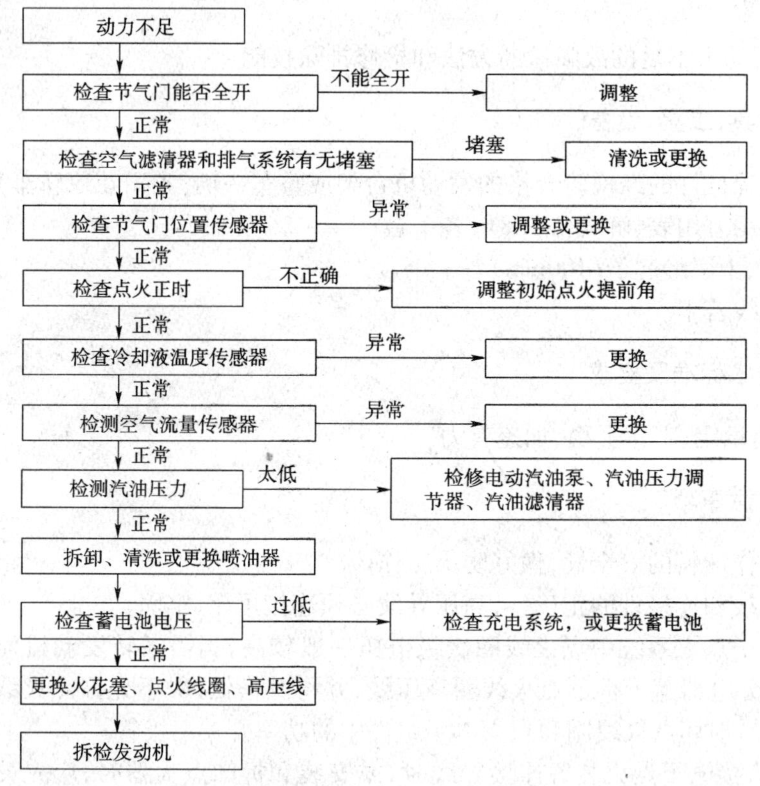

图 2-2-72　发动机动力不足的故障诊断流程

(1)将加速踏板踩到底,检查节气门能否全开,如不能全开,应调整节气门拉索或踏板。

(2)检查空气滤清器滤芯是否堵塞,如堵塞,应清洁或更换。

(3)进行故障自诊断,检查是否有故障代码出现。影响动力性的传感器和执行器有:冷却液温度传感器、空气流量计或进气管压力传感器、点火器、喷油器等。按所显示的故障代码内容查找故障部位。

(4)检查节气门位置传感器是否接触良好(如怠速触点、全负荷触点、滑片与弧形电阻膜的接触情况),如接触不良,应按标准重新调整或更换新件。

(5)检查点火正时,在热态怠速时检查点火提前角,应能自动提前至 20°~30°。如怠速时的点火提前角不正确,应调整点火提前角;如果加速时点火提前角不正确,应检查点火提前控制线路及曲轴位置传感器、点火器等。

(6)检查冷却液温度传感器,测量冷却液温度传感器电阻的方法是在不同温度下;冷却液温度传感器的电阻应能按规定值变化。如不符合规定值，应更换水温传感器。

(7)检测空气流量传感器或进气管压力传感器，如有异常，应更换。

(8)检查所有火花塞、高压线、点火线圈，如有异常，应更换。

(9)检查燃油压力，如压力过低，应进一步检查电动汽油泵、油压调节器、汽油滤清器及汽油泵的进油滤网等。

(10)拆检喷油器，检查喷油量是否正常，如喷油量不正常或喷油雾化不良，应清洗或更换喷油器。

(11)检查校对配气正时，如不正确应调整。测量汽缸压缩压力，如压力过低，应拆检发动机。

六 整理现场

(1)将各个量具清洁后放入相应的量具盒里。

(2)将其他工具清洁后放回工具车里。

(3)清洁工作(操作)台，清扫地面。

(4)将抹布或棉纱等垃圾放入清洁箱中。

实训 18　发动机动力良好，但耗油量过大，加速时排气管冒黑烟的故障诊断与检修

一 实训目的

掌握发动机耗油量过大，加速时排气管冒黑烟的故障诊断方法和检修排除技能。

二 实训量具、工具、设备

(1)技术状况良好的经检验合格的发动机台架或整车一辆(丰田花冠轿车)。

(2)汽车专用万用表、解码仪(K81)各 1 台。

(3)一字形、十字形起子(100mm)各 1 个。

(4)测试导线若干。

三 实训技术标准及要求

发动机怠速稳定、工作平稳、加速有力。

四 实训注意事项

(1)注意操作油料的安全性，做好防火工作。

(2)注意接线和连接件的正确性，高压导线必须连接可靠、牢固。

(3)由于电子点火系统中点火线圈次级电压一般较高，当需摇转发动机而又不需要发动机启动时，应从分电器盖上拆下点火线圈高压线，并将其搭铁，决不允许点火线圈在开路状态下工作，否则极易损坏点火线圈和点火电子组件中的功率开关三极管。

(4)当需拆、接电子点火装置连接导线时,或安装和拆卸点火器时,应先关断点火开关或断开蓄电池的搭铁线。

(5)点火电子组件应安装在干燥、通风良好的部位,并保持其表面的清洁以利散热。

五 实训操作步骤

1. 故障现象

发动机动力良好,但耗油量过大,加速时排气管冒黑烟。

2. 故障原因

(1)冷却液温度传感器失常。

(2)空气流量传感器或进气歧管绝对压力传感器失常。

(3)节气门位置传感器失常。

(4)汽油压力过高。

(5)冷启动喷油器漏油或冷启动控制失常。

(6)喷油器漏油。

3. 故障诊断与排除

(1)检测冷却液温度传感器,其在不同温度下的电阻值应符合标准。电阻太大,会使 ECU 误认为发动机处于低温状态,从而进行冷车加浓控制,使油耗增加。也可以用故障检测仪来检测,它能在发动机运转中显示冷却液温度传感器传给 ECU 的信号所表示的冷却液温度数值,将这一数值与发动机实际冷却液温度相比较,就能直观地反映出冷却液温度传感器是否工作正常。

(2)检测空气流量传感器或进气歧管绝对压力传感器,其数值应符合标准。空气流量传感器或进气歧管绝对压力传感器的误差会直接影响喷油量。检测结果如有异常,应更换空气流量传感器或进气歧管绝对压力传感器。

(3)检查节气门位置传感器。在节气门处于中小开度时,全负荷开关触点应断开。若全负荷开关触点始终闭合或闭合时间过早,会使 ECU 始终或过早地进行全负荷加浓,从而增大油耗。

(4)测量汽油压力。怠速时的汽油压力应符合规定值,随着节气门的开启,汽油压力应逐渐上升,节气门全开时的汽油压力约比怠速时高 50kPa。若汽油压力能随节气门开度变化而改变,但压力始终偏高,则说明汽油压力调节器有故障,应更换。若汽油压力不能随节气门开度变化而改变,则说明汽油压力调节器的真空软管破裂或脱落,若汽油压力调节控制电磁阀有故障,使进气管真空度没有作用在汽油压力调节器的真空膜片室,导致油压过高,对此,应更换软管或电子阀。

(5)检查冷启动喷油器控制是否正常。用万用表电压挡或试灯接在冷启动喷油器导线连接器上,检查发动机启动时冷启动喷油器工作的持续时间是否符合标准值。若工作时间过长或启动后一直工作,则说明冷启动喷油控制失常,应检查冷启动温度时间开关及控制电路。

(6)拆卸喷油器,检查各喷油器有无漏油。如有异常,应清洗或更换喷油器。

电控汽油喷射发动机油耗过大的故障诊断与排除程序,如图 2-2-73 所示。

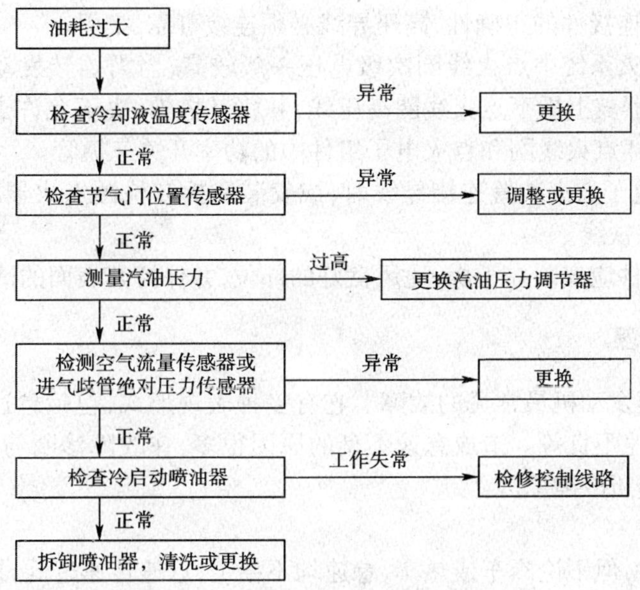

图 2-2-73　发动机油耗过大的故障诊断流程

六 整理现场

(1)将各个量具清洁后放入相应的量具盒里。
(2)将其他工具清洁后放回工具车里。
(3)清洁工作(操作)台,清扫地面。
(4)将抹布或棉纱等垃圾放入清洁箱中。

实训 19　发动机怠速不良的故障诊断与检修

一 实训目的

掌握发动机怠速不稳,容易熄火的故障诊断方法和检修排除技能。

二 实训量具、工具、设备

(1)技术状况良好的经检验合格的发动机台架或整车一辆(丰田花冠轿车)。
(2)汽车专用万用表、解码仪(K81)各 1 台。
(3)一字形、十字形起子(100mm)各 1 个。
(4)测试导线若干。

三 实训技术标准及要求

发动机怠速稳定、工作平稳、加速有力。

四 实训注意事项

(1)注意操作油料的安全性,做好防火工作。

(2)注意接线和连接件的正确性,高压导线必须连接可靠、牢固。

(3)由于电子点火系统中点火线圈次级电压一般较高,当需摇转发动机而又不需要发动机启动时,应从分电器盖上拆下点火线圈高压线,并将其搭铁,决不允许点火线圈在开路状态下工作,否则极易损坏点火线圈和点火电子组件中的功率开关三极管。

(4)当需拆、接电子点火装置连接导线时,或安装和拆卸检测点火器时,应先关断点火开关或断开蓄电池的搭铁线。

(5)点火电子组件应安装在干燥、通风良好的部位,并保持其表面的清洁以利散热。

五 实训操作步骤

怠速不良是电喷发动机最常见的故障。它有多种表现形式,包括怠速不稳、怠速熄火、冷车怠速不良、热车怠速不良等。造成怠速不良的原因很多,在故障诊断与排除过程中,要根据故障的具体表现来分析故障原因。

1. 故障现象

发动机启动正常,但不论冷车或热车,怠速均不稳定,怠速转速过低,易熄火。

2. 故障原因

(1)进气系统有漏气处。

(2)燃油压力太低。

(3)空气滤清器堵塞。

(4)喷油器雾化不良、漏油或堵塞。

(5)怠速调整不当。

(6)怠速控制阀或旁通空气阀工作不良。

(7)火花塞工作不良。

(8)空气流量传感器有故障。

(9)汽缸压缩压力过低、不均。

3. 故障诊断与排除

(1)先进行故障自诊断,检查有无故障代码出现。如有,则按所显示的故障代码内容查找故障部位。

(2)检查进气系统各管路接头、真空软管、废气再循环系统和燃油蒸气回收系统是否漏气。

(3)检查怠速控制阀的工作是否正常。拔下怠速控制阀接线插头,如果发动机转速无变化,说明怠速控制阀或控制电路有故障,应检修电路、清洗插头如转速有变,应清洁或更换曲轴箱强制通风阀。

发动机怠速不稳,容易熄火的故障诊断流程如图 2-2-74 所示。

六 整理现场

(1)将各个量具清洁后放入相应的量具盒里。

(2)将其他工具清洁后放回工具车里。

(3)清洁工作(操作)台,清扫地面。

(4)将抹布或棉纱等垃圾放入清洁箱中。

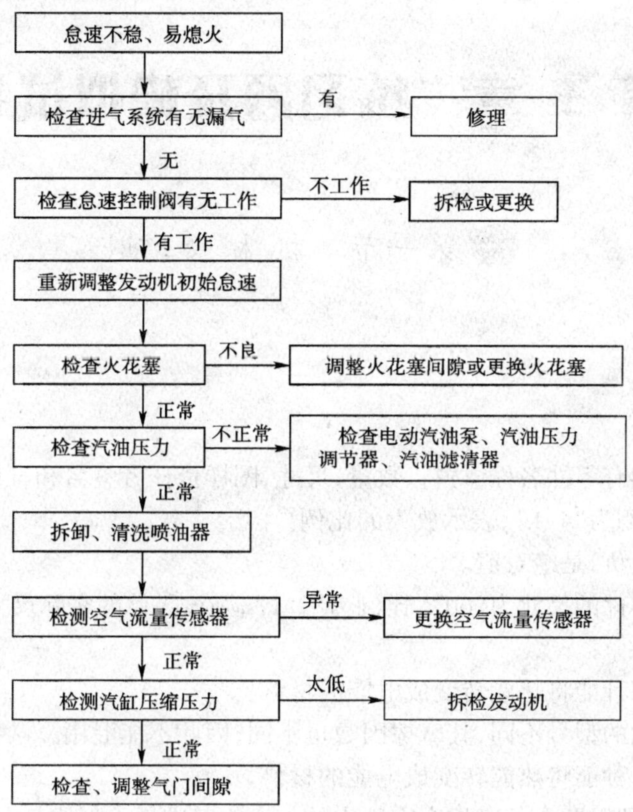

图 2-2-74　发动机怠速不稳,容易熄火的故障诊断流程

第三章 练习题及模拟试卷

第一节 机械基础

一 练习题

(一)判断题

1. 标题栏的内容有零件名称、材料、数量、尺寸、图样责任者签名和日期等。 ( )
2. 零件图中,比例为"4:1",表示放大的比例。 ( )
3. 公差值没有正负,是绝对值。 ( )
4. 图样上标注零件的尺寸为"60",比例为"2:1",则该零件的实际尺寸为120mm。 ( )
5. 电热材料是一种能将热能转变成电能的材料。 ( )
6. 自动变速器油的型号不同,其摩擦因数也不同,因此不能混用。 ( )
7. 电热材料是一种能将热能转变成电能的材料。 ( )
8. 所谓基准制,即以两个相互配合零件中的一个为基准件而形成各种配合的一种制度。 ( )
9. 带传动是在两个或多个传动轮之间传递运动和动力的机械传动装置。 ( )
10. 链的种类较多,按用途不同可分为起重链、牵引链和传动链三种。 ( )
11. 圆锥齿轮用于两相交轴间的传动,两轴间夹角通常为90°。 ( )
12. 硬度是指金属材料抵抗局部变形,特别是塑性变形、压痕或划痕的能力。硬度值的大小就是金属对塑性变形抵抗力的大小。 ( )
13. 汽车上各种电气设备之间的联系是通过电磁导线及各种配电设备完成的。 ( )
14. 双色电线的颜色标注中,第一位为辅助色,第二位为主色。 ( )
15. 高性能的熔断器多采用低熔点的熔体材料。 ( )
16. 电触头材料起着传递电能、接通或切断电路的作用。 ( )
17. 绝缘强度是指绝缘材料被外部施加的电压击穿时的电压值。 ( )
18. 汽油机和柴油机润滑油的黏度是根据发动机的工作特性进行选择的。 ( )
19. 车辆齿轮油黏度的选择,是根据最低油温和最高气温而决定的。 ( )
20. 汽车发动机冷却液的低温黏度越小,说明冷却液流动性越差,其散热效果也越差。 ( )
21. 轮胎按照帘布层结构可分为棉帘布轮胎、人造线轮胎、尼龙轮胎、钢丝轮胎、聚酯轮胎、玻璃纤维轮胎、无帘布轮胎。 ( )

(二)单项选择题

1. 零件图上的技术要求包括表面粗糙度、公差与配合、(　　)、形位公差、热处理或表面处理后的各种技术要求等。

A. 位置公差　　B. 比例　　C. 尺寸

2. 轴上的零件在圆周方向定位和固定的方式有键、花键、销、紧定螺钉和(　　)。

A. 轴环　　B. 圆螺母　　C. 过盈配合

3. 轴上零件常用轴向固定方式有套筒、(　　)、轴端挡圈、弹性挡圈、轴肩和圆锥面等结构。

A. 半圆键　　B. 花键　　C. 圆螺母

4. 导线的电性能主要指(　　)和导电性。

A. 弹性　　B. 绝缘性　　C. 防屏蔽性

5. 一般情况下,红色的熔断器表示标称电流为(　　)A 的熔断器。

A. 10　　B. 15　　C. 30

6. 电阻合金按用途可分为调节用电阻合金、精密仪器仪表用电阻合金、(　　)用电阻合金三类。

A. 电缆　　B. 压电　　C. 传感器

7. 冷却液由水、防冻剂和(　　)三部分组成。

A. 甘油　　B. 酒精　　C. 添加剂

8. 下列(　　)传动方式,能实现空间任意两轴的传动,也可实现回转运动和直线运动之间的转换,具有工作可靠、传动比恒定等特点。

A. 带　　B. 链　　C. 齿轮

9. 高压导线在点火系统中承担高压电输送任务,其工作电压一般为(　　)kV。

A. 0.15 ~ 0.2　　B. 1.5 ~ 2　　C. 超过 15

10. 轮胎主要由(　　)、胎肩、胎侧、胎体和胎圈等部分组成。

A. 胎面　　B. 胎冠　　C. 帘布层

11. 金属零件的疲劳是指金属零件长期在(　　)作用下工作,突然发生断裂的现象。

A. 静载荷　　B. 动载荷　　C. 交变载荷

12. (　　)能反映物体各结构之间上下和前后的位置关系。

A. 主视图　　B. 俯视图　　C. 左视图

13. 子午线轮胎帘布层帘线与胎面中心线成(　　)角。

A. 90°　　B. 30°　　C. 60°

14. V 形带传动的主要失效形式是(　　)。

A. 带轮损坏　　B. 带断裂　　C. 打滑

15. 当两轴既不平行也不相交,且在空间垂直相错时,可以采用(　　)传动。

A. 圆锥齿轮　　B. 链传动　　C. 蜗杆传动

16. 关于过渡配合,说法正确的是(　　)。

A. 具有过盈的配合　　B. 具有间隙的配合　　C. 具有间隙或过盈的配合

17. 压电陶瓷是利用陶瓷具有(　　)的特点而制成的。

A. 高的抗压强度　　B. 高的硬度　　C. 绝缘性

18. 汽车常用电工材料主要包括导电材料、绝缘材料、(　　)材料及其他电工材料等。

A. 金属　　B. 磁性　　C. 橡胶

19. 汽车点火线圈上的附加电阻采用的是(　　)。

A. 电热材料　　B. 热双金属片材料　　C. 电阻合金

20. 金属材料抵抗外力的能力称为(　　)。

A. 物理性能　　B. 化学性能　　C. 力学性能

21. 易熔线主要用于保护(　　)电路。

A. 小电流　　B. 一般电流　　C. 大电流

(三)多项选择题

1. 汽车用导线截面积的确定,除主要考虑用电设备的负载电流大小外,还应考虑(　　)等内容。

A. 线路的电压降　　B. 导线的温升　　C. 具有足够的机械强度　　D. 综合防护性能

2. 除电线电缆外,(　　)也属于导电材料的范畴之内。

A. 熔体材料、电刷、电阻合金　　B. 电热合金、热电偶材料

C. 磁性材料　　D. 双金属材料

3. 子午线轮胎与普通轮胎相比具有(　　)的特点。

A. 耐磨性好　　B. 滚动阻力小

C. 胎侧不易裂口,侧向稳定性好　　D. 承载能力大,自重轻

4. 汽车轮胎气压过低会导致(　　)。

A. 胎体变形增大　　B. 胎面接地面积增大,磨损加剧

C. 材料过度拉伸,易产生胎冠爆裂　　D. 滚动阻力大,油耗增加

5. 防止汽车电气设备对无线电干扰的措施是(　　)。

A. 加装阻尼电阻　　B. 加装电容器　　C. 提高电压　　D. 金属屏蔽

6. 金属的铸造性主要包括(　　)。

A. 流动性　　B. 收缩性　　C. 偏析性　　D. 凝固性

二 练习题答案

(一)判断题

1. ×　2. ✓　3. ✓　4. ×　5. ×　6. ✓　7. ×　8. ✓　9. ✓　10. ✓
11. ✓　12. ✓　13. ×　14. ×　15. ×　16. ✓　17. ✓　18. ×　19. ×　20. ×
21. ×

(二)单项选择题

1. A　2. C　3. C　4. B　5. B　6. C　7. C　8. C　9. C　10. B
11. C　12. C　13. A　14. C　15. C　16. C　17. C　18. B　19. C　20. C
21. C

(三)多项选择题

1. ABC　2. ABD　3. ABD　4. ABD　5. ABD
6. ABC

第二节 电工电子基础知识

一 练习题

(一)判断题

1. PN 结具有单向导电性,可通过在 PN 结两端加正向或反向电压来证实。 ( )
2. 硅二极管的正向电压约为 0.2V。 ( )
3. 整流电路是利用二极管的单向导电性把交流电变为直流电的电路。 ( )
4. 整流电路虽然能把交流电转变为直流电,但经整流后输出的直流电压脉动较大。( )
5. 晶体三极管有放大、截止和饱和 3 种工作状态。 ( )
6. 用万用表分别测量 b、c 极间 PN 结正、反向电阻的方法,可以简单判断三极管的好坏。 ( )
7. 放大器按频率高低,可分为低频放大器、中频放大器和高频放大器。 ( )
8. 继电器和晶体管都可用小电流来控制大电流。 ( )
9. 发光二极管的管脚有正、负极之分,一般较长的一只管脚是正极,较短的管脚是负极。 ( )
10. 晶闸管导通必须同时满足两个条件:阳极电路加正向电压;门极电路加适当的正向电压。 ( )
11. 按集成电路所处理的信号的性质或处理方式的不同,可分为半导体集成电路、膜集成电路和混合集成电路三类。 ( )
12. 汽车电路基本连接方式为串联和并联;汽车电路的基本状态是通路、短路和断路。 ( )
13. 汽车电路图大致可分为电气线路图、电路原理图和线束图。 ( )
14. 汽车用各种传感器在本质上都是一样的,都是将非电量的信号转换成电信号。 ( )
15. 霍尔式曲轴位置传感器是利用触发叶片或齿轮改变通过霍尔元件的磁场强度,使霍尔元件产生脉冲的霍尔电压信号,经放大整形而输出信号的。 ( )
16. 现在汽车采用的节气门位置传感器大多为开关量输出型节气门位置传感器。 ( )
17. 氧化锆式氧传感器的基本元件是专用陶瓷体,即氧化锆(ZrO_2)固体电解质。 ( )
18. 电控单元将一个恒定的 1V 电压加在二氧化钛式氧传感器的正极,并将传感器负极上的电压降与电控单元控制程序中设定的参考电压相比较。 ( )
19. 交流电的三要素是频率、周期和角频率。 ( )
20. 发动机爆震的检测方法有汽缸压力检测法、发动机机体振动检测法和燃烧噪声检测法 3 种,目前最常用的检测法是发动机汽缸压力检测法。 ( )

(二)单项选择题

1. 由晶体三极管的输出特性曲线可知,晶体三极管有( )个工作区域。

A. 1　　B. 2　　C. 3

2. 对于硅三极管,发射极的死区电压约为(　　)V。

A. 0.7　　B. 0.5　　C. 0.2

3. 轮速传感器通常有(　　)和霍尔式两种。

A. 电磁感应式　　B. 光电式　　C. 磁脉冲式

4. 一般情况下,人体可承受(　　)mA以下的工频电流。

A. 20　　B. 50　　C. 30

5. 负温度系数热敏电阻的阻值,随温度变化的规律是(　　)。

A. 温度高,电阻变小　　B. 温度低,电阻变小　　C. 温度高,电阻变大

6. 二极管性能好坏,可利用万用表电阻挡测量其正、反向电阻来判断,一般来说(　　)。

A. 正向电阻和反向电阻都越小越好

B. 正向电阻和反向电阻都越大越好

C. 正向电阻越小,反向电阻越大好

7. 在电控燃油喷射系统中承担信息反馈的是(　　)传感器。

A. 爆震　　B. EGR位置　　C. 氧

8. 大众车系电路图中,接中间继电器的电源线为(　　)。

A. 30号线　　B. 15号线　　C. X号线

9. 如果曲轴位置传感器的工作正常,数字万用表连接到该传感器的输出端,当发动机启动时,该表将(　　)。

A. 在低和高的读数之间变动

B. 显示恒定的低电压

C. 显示恒定的高电压

10. 氧传感器产生的电压将在过量空气系数λ(　　)时产生突变。

A. =1　　B. <1　　C. >1

11. 带氧传感器的发动机控制系统,在(　　)情况下进行闭环控制。

A. 发动机启动　　B. 发动机部分负荷　　C. 节气门全开

12. 晶闸管具有(　　)个PN结。

A. 1　　B. 2　　C. 3

13. 在晶体管开关电路中,三极管工作在(　　)状态。

A. 放大　　B. 放大或饱和　　C. 饱和或截止

14. 对于PN结,当P端接电源正极,N端接电源负极时,PN结处于(　　)状态。

A. 导通　　B. 截止　　C. 时通时断

15. 我国用电安全规程中把(　　)V定为安全电压。

A. 12　　B. 24　　C. 36

16. 桥式整流与全波整流相似,不同的是每个二极管所承受的最大反向电压为全波整流电路的(　　)倍。

A. 2　　B. 1　　C. 1/2

(三)多项选择题

1. 达林顿三极管具有(　　)特性。

A. 较高的工作频率 B. 较大的放大系数 C. 很高的灵敏度 D. 较强的驱动能力

2. 霍尔式轮速传感器和电磁感应式轮速传感器相比有( )的优点。

A. 频率响应高 B. 输出信号幅值不变

C. 抗电磁干扰能力强 D. 制造成本低

3. 曲轴位置传感器有( )的作用。

A. 确定点火时刻 B. 确定第1缸压缩上止点位置

C. 确定发动机转速 D. 确定喷油时刻

4. 发动机电子系统中主控信号输入装置是( )。

A. 空气流量传感器 B. 喷油器

C. 曲轴位置传感器 D. 冷却液温度传感器

5. 用万用表分别测量b、c极间PN结的正、反向电阻粗略判别半导体三极管的好坏,下面说法正确的是( )。

A. 正、反向电阻相差较大,说明管子击穿

B. 正、反向电阻都很大,说明三极管内部已经断路

C. 正、反向电阻都很小或为零,说明三极管极间短路

D. 正、反向电阻相差较大,说明三极管是好的

6. 下面关于用万用表判断二极管的说法,正确的是( )。

A. 一般小功率晶体二极管反向电阻约为几十千欧到几百千欧

B. 正向电阻一般约为几十欧到几百欧

C. 正、反向电阻相差越大,表明二极管的单向导电性越差

D. 若测得二极管的正、反向电阻值相近,表示二极管已坏

7. 对于三相桥式整流电路,下述( )说法是正确的。

A. 在任何一个1/6的周期内,共正极组和共负极组中各有 个二极管导通。在共负极组中,哪个二极管正极电位最高,哪个二极管就导通,其余两个截止

B. 在共正极组中,哪个二极管的负极电位最低,哪个二极管就截止,其余两个导通

C. 经过整流后在负载上得到的是一个单向脉动的直流电压

D. 三相桥式整流电路的输出电压高,脉动小

8. 使晶闸管导通的条件是( )。

A. 阳极电路加正向电压

B. 阳极电压减小到不能维持其正反馈的程度

C. 在晶闸管的阳极和阴极间施加反向电压

D. 门极电路加适当的正向电压

二 练习题答案

(一)判断题

1. √ 2. × 3. √ 4. √ 5. √ 6. √ 7. × 8. √ 9. √ 10. √
11. × 12. √ 13. √ 14. √ 15. × 16. × 17. √ 18. √ 19. × 20. ×

(二)单项选择题

1. C　2. B　3. A　4. C　5. A　6. C　7. C　8. C　9. A　10. A
11. B　12. C　13. C　14. A　15. C　16. C

(三)多项选择题

1. BD　ABC　3. ABCD　4. AC　5. BCD
6. ABD　7. ACD　8. AD

第三节　常用量具和检测仪器设备

一　练习题

(一)判断题

1. 游标卡尺是只用于直接测量机件内、外径的量具。(　　)

2. 螺旋测微器有多种规格,但每种的测量范围均为25mm。(　　)

3. 外径千分尺又称螺旋测微器,是一种用于测量加工精度要求较高的精密量具,其测量精度可达到0.02mm。(　　)

4. 使用百分表测量时,测量头抵住被测量面后,应使表针转过1周左右,以保持测量头有一定的预压缩量。(　　)

5. 使用百分表测量汽缸内径时,量杆必须与汽缸轴线垂直,读数才能准确,测量时可稍稍摆动量缸表,当指针指示到最大数值时,此时的读数即为汽缸的内径。(　　)

6. 指针式万用表Ω×1k量限所用直流电源是1节9V层叠电池。(　　)

7. 进行音频电平测量时,需要将电压调节旋钮调至直流电压挡。(　　)

8. 测量直流电流时,指针式万用表应该与被测电路并联。(　　)

9. 用数字万用表进行直流电压测量时应将红色表笔插头插入COM孔,黑色表笔插头插入VΩ孔。(　　)

10. 数字万用表电容量程各挡可以测量电压。(　　)

11. 用数字万用表进行二极管测试,二极管反接时,显示超量程。(　　)

12. 钳形表能在不影响被测电路正常运行状况下,测得所需被测电路的电参数。(　　)

13. 汽车多功能电表可以测量汽车上一些特有的参数,如转速、闭合角、百分比、频率、压力、时间和温度等。(　　)

14. 可以将示波器看成是一个二维的电压表。(　　)

15. 数字式示波器设备具有微处理器,可将模拟电压信号转换为数字信号。(　　)

16. 示波器所显示的是根据电压信号随时间的变化所描绘的曲线图,它提供给了比普通数字电压表多得多的分析依据及方法。(　　)

17. 安装示波器的任何接线时,应先关闭其电源。(　　)

18. 示波器的测试夹或测试探头可以与次级点火电路的导电部分直接接触。(　　)

19. 空调压缩机工作时,可打开空调歧管压力表高压手动阀,快速向空调系统中加注制

冷剂。（　　）

20. 空调歧管压力计有两个压力表，一个压力表用于检测制冷系统高压侧的压力，另一个压力表用于检测制冷系统低压侧的压力和系统真空度。（　　）

21. 无分电器点火系统中，曲轴位置传感器送来的不仅有点火时刻的信号，而且还有汽缸识别信号，从而使点火系统能向指定的汽缸在指定的时刻送去点火信号。（　　）

22. 对于无触点晶体管点火系，当闭合角线段不正常时也需调整点火信号的触发部件。（　　）

23. 无分电器的直接点火系统中，点火提前角转速提前量和负荷提前量由微处理器直接控制，因此无法调整。（　　）

24. 汽车电气万能试验台是由多个电气检测仪组装构成的仪器，它用于汽车空调、灯光等车身电器的性能试验。（　　）

25. 利用汽车电气万能试验台对启动机检测时，应先进行制动试验。（　　）

26. 点火正时仪检测点火提前角有两种基本形式，一种为可调延迟式，另一种为延迟式。（　　）

27. 动态检测点火提前角是不需要测得发动机转速的。（　　）

28. 在进行前照灯检测时，要避开外来光线的影响，对于四灯制的车辆，检测时应将同侧的两只前照灯遮住一只进行检测，然后再检测另一只。（　　）

29. 聚光式前照灯检测仪由支架、行走部分、仪器箱、仪器升降调节装置组成。（　　）

30. 紫外线检漏法是查找空调制冷剂微小泄漏最有效的方法之一。（　　）

31. 使用制冷剂回收加注机从低压端加注制冷剂时，速度要慢，以防“液击”损坏空调压缩机。（　　）

32. 汽车故障检测仪仅有读码、解码、数据扫描等功能。（　　）

33. 标准 OBD—Ⅱ故障代码中的第一个大写英文字母为 B，代表是底盘的故障代码。（　　）

34. 示波器用语中，时基是每格垂直高度代表的电压值。（　　）

（二）单项选择题

1. 用指针式万用表测量音频电平，当被测量音频电平大于 +22dB 时，电压应调节到（　　）V 的量程。

A. 0 ~ 50　　B. 50 ~ 150　　C. 50 ~ 250

2. 蓄电池测试仪是通过测量蓄电池的（　　）来判断蓄电池的简单状况的。

A. 电压　　B. 容量　　C. 电导值

3.（　　）属于高速信号。

A. 氧传感器信号　　B. 节气门位置信号　　C. 喷油器喷油信号

4. 空调歧管压力计的低压侧的压力表既可用于显示压力，也可用于显示真空度，真空度读数范围为（　　）MPa。

A. 0 ~ 0.42　　B. 0 ~ 0.101　　C. 0.101 ~ 0.25

5. 六缸发动机的断电器凸轮角为 60°，闭合角标准值为（　　）。

A. 38° ~ 42°　　B. 29° ~ 32°　　C. 40° ~ 45°

6. 八缸发动机的凸轮角为45°,闭合角标准值为(　　)。

A. 38°~42°　　B. 29°~32°　　C. 40°~45°

7. 聚光式前照灯检测仪的检测方法有移动反射镜检测法、移动光电池检测法和(　　)三种。

A. 移动吸光法　　B. 移动透镜检测法　　C. 移动玻璃检测法

8. 屏幕式前照灯检测仪在检测时,将汽车前照灯的光束照射到屏幕上,通常测试距离为(　　)m。

A. 1　　B. 3　　C. 2

9. 投影式前照灯检测仪通常测试距离为(　　)m。

A. 1　　B. 2　　C. 3

10. 常用外径千分尺按测量范围划分,每(　　)mm 为一挡。

A. 10　　B. 20　　C. 25

11. 示波器可以把被测信号随(　　)变化的规律用图形显示出来。

A. 电压　　B. 电流　　C. 时间

12. 依据 OBD—Ⅱ标准设计的汽车微机控制系统,应采用统一规格的(　　)脚检测插座。

A. 16　　B. 14　　C. 12

13. OBD—Ⅱ故障代码 P0341 中的 41 表示(　　)。

A. SAE 定义的故障代码　　B. 故障代码序号　　C. 故障系统代码号

14. 点火波形的重叠波主要用来分析点火系统的(　　)。

A. 各缸点火击穿电压均匀性

B. 各缸点火火花电压均匀性

C. 各缸点火提前角均匀性

15. 利用千分尺测量读数时,如果微分筒锥面边缘的前面露出主尺纵线下边的刻线,则小数部分(　　)0.5mm。

A. 大于　　B. 小于　　C. 等于

16. 百分表的分度值为(　　)mm。

A. 0.02　　B. 0.05　　C. 0.01

17. 汽车维修作业中常用的量缸表的规格是(　　)mm。

A. 50~160　　B. 35~150　　C. 80~170

18. 指针式万用表的 Ω×10k 量限所用直流电源是 1 节(　　)V 的电池。

A. 3　　B. 1.5　　C. 9

19. 用指针式万用表测量音频电平,当音频大于(　　)dB 时,应在 50V 量限进行测量。

A. 15　　B. 22　　C. 30

20. 空调歧管压力计的高压表的量程一般不小于(　　)MPa。

A. 0.101　　B. 0.40　　C. 2.11

21. 模拟式万用表表头实际是一只灵敏的(　　)直流电流表。

A. 磁电式　　B. 电动式　　C. 感应式

（三）多项选择题

1. 发动机综合性能分析仪可以进行（　　）。

A. 无外载测功　　B. 前照灯状况测试　　C. 进气歧管真空度波形测定与分析

D. 电控供油系统各传感器的参数测定　　E. 点火系统测试

2. 检验前照灯光束照射位置的方法有（　　）。

A. 屏幕法　　B. 用前照灯检测仪　　C. 投影法　　D. 用标准灯法

3. 红外测温仪主要针对容易产生温度突变和对温度变化敏感的汽车零件进行故障诊断，主要应用在（　　）等。

A. 迅速检查发动机某一缸不点火或工作不良

B. 检查发动机点火系统的点火线圈工作不良

C. 检查冷却系统故障，准确判断汽车散热器和节温器是否阻塞，以及冷却液温度传感器好坏

D. 检查废气控制系统，准确检查三元催化转化器，诊断检查排气系统故障

4. 带 LED 显示器的数字正时仪具有（　　）等功能。

A. 在发动机转速提高时，测量点火提前角并将其显示在发光二极管（LED）显示器上

B. 仪器只在扳机被按压时才会发光，不像大多数正时仪在发动机工作的所有时间都发光

C. 当不按压扳机时，LED 显示器显示发动机转速

D. 能测出触点闭合角以及电压、电阻等参数

5. 用数字万用表测量电阻时，以下使用方式正确的是（　　）。

A. 必须带电测电阻

B. 严禁带电测电阻

C. 测电阻前两表笔先短接测出引线电阻以修正测量结果

D. 用高阻挡时须防止人体电阻并入待测电阻引起误差

6. 以下汽车故障检测仪器中，专用的检测仪器是（　　）。

A. TECH—Ⅱ　　B. K81　　C. VAS5051　　D. OTC

二 练习题答案

（一）判断题

1. ×　2. ✓　3. ×　4. ✓　5. ×　6. ×　7. ×　8. ×　9. ×　10. ×
11. ✓　12. ✓　13. ✓　14. ✓　15. ✓　16. ✓　17. ✓　18. ×　19. ×　20. ✓
21. ✓　22. ✓　23. ✓　24. ×　25. ×　26. ×　27. ×　28. ✓　29. ×　30. ✓
31. ✓　32. ×　33. ×　34. ×

（二）单项选择题

1. C　2. C　3. C　4. B　5. A　6. B　7. B　8. B　9. C　10. C
11. C　12. A　13. B　14. C　15. A　16. C　17. A　18. C　19. B　20. C
21. A

(三)多项选择题

1. ACDE 2. ABC 3. ABCD 4. ABC 5. BCD
6. AC

第四节 汽车电源和启动系统

一 练习题

(一)判断题

1. 汽车电源系统主要由蓄电池、发电机及其调节器、电流表(电压表或充电指示灯)等组成,蓄电池与发电机及汽车用电设备都是串联的。 ( )

2. 使用薄形极板的蓄电池能改善汽车的启动性能,提高其比能量。 ( )

3. 蓄电池的常规充电方法有定电流充电和定电压充电两种,非常规充电有脉冲快速充电。 ( )

4. 定电压充电时蓄电池的连接与定电流充电时不同,被充蓄电池常采用并联连接法。 ( )

5. 蓄电池硫化的重要表现为:极板上有较厚的白霜,容量显著下降,充放电时会有异常现象。 ( )

6. 启动机的传动装置只能单向传递转矩。 ( )

7. 启动过程中,电磁开关内的保持线圈被短路,由吸拉线圈维持启动状态。 ( )

8. 十一管交流发电机中既有中性二极管,又有激磁二极管。 ( )

9. 直流串激式电动机的工作特性指转矩、转速、功率与电流之间的关系。 ( )

10. 启动机激磁绕组的一端接在电源接线柱上,另一端与两个绝缘电刷相连。 ( )

11. 定子绕组的故障一般有断路、短路和搭铁。定子绕组的阻值一般很大,所以可用测量电阻的办法来检测其是否有短路故障。 ( )

(二)单项选择题

1. 汽车上的发电机对蓄电池的充电为( )充电。

A. 定电压 B. 定电流 C. 脉冲快速

2. 选择定电流充电时,充电电流选择应该依据( )来选定。

A. 容量大的蓄电池 B. 容量小的蓄电池 C. 蓄电池的平均容量

3. 发电机的激磁过程是( )。

A. 先自激,后他激 B. 先他激,后自激 C. 不分先后

4. 发电机定子绕组的阻值一般为( )mΩ。

A. 150 ~200 B. 3000 ~6000 C. 15 ~35

5. 交流发电机中性点电压为发电机输出电压的( )。

A. 1/2 B. 1/3 C. 1/4

6. 触点式电压调节器搭铁不良,会导致( )。

A. 发电机输出电压为零　B. 发电机输出电压失控　C. 发电机输出电压下降

7. 轿车起动机通常采用(　　)单向离合器。

A. 摩擦片式　B. 弹簧式　C. 滚柱式

8. 启动过程中,电磁开关内的(　　)被短路。

A. 保持线圈　B. 吸拉线圈　C. 保持线圈和吸拉线圈

9. 九管交流发电机中的三个功率较小的二极管是用来(　　)的。

A. 供给磁场电流　B. 自激　C. 整流

10. 启动机采用直流串励式电动机的主要原因是(　　)。

A. 轻载转速高　B. 重载转速低　C. 启动转矩大

11. 电枢都是采用较粗的矩形裸铜线绕制而成,一般采用(　　)绕法。

A. 波形　B. Y 形　C. 三角形

(三)多项选择题

1. 关于蓄电池作用,下列描述正确的是(　　)。

A. 启动时向启动机和用电设备供电

B. 当用电设备过多时,协助发动机供电

C. 蓄电池能吸收电气系统中出现的过电压,起稳压作用

D. 启动后发电机正常发电,此时蓄电池不起作用

2. 发电机根据电磁感应原理发电,在三相绕组中产生正弦电动势,三相正弦电动势的(　　)。

A. 频率相同　B. 幅值相等　C. 波形重叠　D. 相位互差 120°

3. 关于交流发电机中性点电压,以下说法正确的是(　　)。

A. 利用中性点电压可以控制充电指示灯　B. 利用中性点电压可以控制继电器

C. 中性点电压为零　D. 中性点电压具有交流成分

4. 关于触点式电压调节器,以下说法正确的是(　　)。

A. 触点烧结将导致发电机输出电压过高

B. 调节线圈断路将导致发电机输出电压过高

C. 弹簧弹力下降将导致发电机输出电压过高

D. 以上说法都对

5. 关于启动机换向器,下列(　　)的描述是正确的。

A. 相邻两个换向片之间是绝缘的

B. 测量相邻两个换向片之间的电阻值应为无穷大

C. 测量相邻两个换向片之间的电阻值应很小

D. 测量任意两个换向片之间的电阻值都很小

6. 启动机中,单向离合器的作用是(　　)。

A. 单向传递转矩　B. 防止启动机过载

C. 防止启动后发动机反拖启动机　D. 以上说法都对

7. 启动发动机时,启动机内发出周期性的敲击声,无法转动,原因可能是(　　)。

A. 电磁开关内保持线圈短路　B. 电磁开关内保持线圈断路

C. 蓄电池亏电　D. A 和 C 的情况都存在

8. 触点式电压调节器的缺点有(　　)。

A. 触点振动频率慢　　B. 机械惯性和电磁惯性大

C. 电压调节精度低　　D. 对无线电干扰大

二 练习题答案

(一)判断题

1. ×　2. ✓　3. ✓　4. ✓　5. ✓　6. ✓　7. ×　8. ✓　9. ✓　10. ×
11. ×

(二)单项选择题

1. A　2. B　3. B　4. A　5. A　6. B　7. C　8. B　9. A　10. C
11. A

(三)多项选择题

1. ABD　2. ABD　3. ABD　4. AB　5. ACD
6. AC　7. BC　8. ABCD

第五节　汽车点火系统

一 练习题

(一)判断题

1. 点火时刻用点火提前角来表示。　(　　)

2. 点火提前角过大,会导致燃烧压力降低、发动机功率下降、发动机过热和油耗增加。(　　)

3. 摇转曲轴启动时发动机反转,加速时爆震,应检查点火时间是否过迟。　(　　)

4. 点火信号传感器的作用是根据各缸的点火时刻产生相应的点火脉冲信号。　(　　)

5. 电控点火系统中,发动机电控单元只根据发动机转速和负荷的变化确定点火时刻。(　　)

6. 发动机点火时刻要随发动机工况的变化而变化。　(　　)

7. 霍尔式电子点火系统中,信号发生器产生的点火信号电压高低随发动机转速的变化而变化。　(　　)

8. 电控发动机转速传感器断线,发动机一般会立即熄火。　(　　)

9. 爆震控制一般仅在大负荷、中低转速工况下进行,而在部分负荷和高转速时则采用开环控制。　(　　)

10. 电控发动机点火系统如果点火反馈信号中断,则燃油喷射系统切断喷油。　(　　)

11. 霍尔信号发生器主要由触发叶轮、永久磁铁、霍尔元件(集成电路)等组成。　(　　)

(二)单项选择题

1. 一般要求电火花的点火能量为 50 ~ 80mJ,启动时应大于(　　)mJ。

A. 100　　B. 150　　C. 80

2. 按点火系储存点火能量的方式不同,点火系可分为(　　)。

A. 传统点火系和电子点火系

B. 电感蓄能式点火系和电容蓄能式点火系

C. 电磁感应式和光电式点火系

3. 若发动机工作时过热,行驶无力,加速发闷,排气管放炮,应检查点火时间是否(　　)。

A. 过迟　　B. 过早　　C. 不工作

4. 电子点火模块是由半导体元器件组成的电子(　　)电路。

A. 放大　　B. 开关　　C. 整流

5. 关于电子点火器的作用,下述说法错误的是(　　)。

A. 控制点火时刻

B. 控制点火线圈初级电流的最大值

C. 控制闭合角

6. 关于点火信号,下述(　　)的描述是正确的。

A. 霍尔式点火信号电压随发动机转速的增大而增大

B. 磁感应式点火信号电压随发动机转速的增大而增大

C. 磁感应式点火信号电压随发动机转速的增大而减小

7. 磁感应式点火系统中,点火信号产生的时刻随着发动机转速的升高而(　　)。

A. 提前　　B. 推迟　　C. 不变

8. 电控发动机暖机过程中,随着温度的上升,点火提前角(　　)

A. 逐渐减小　　B. 逐渐增大　　C. 不变

9. 微机控制的电子点火系具有点火提前角控制功能,其控制的最大点火提前角一般为(　　)。

A. 35°~45°　　B. 0°~45°　　C. 38°~55°

(三)多项选择题

1. 关于点火线圈,下列(　　)说法是正确的。

A. 点火线圈初级绕组通电时,次级绕组产生点火电压

B. 点火线圈初级绕组断电时,次级绕组产生点火电压

C. 点火线圈初级电流越大,次级产生的电压越高

D. 点火线圈初级电流越大,次级产生的电压越低

2. 关于点火提前角,下列说法正确的是(　　)。

A. 点火提前角应随发动机转速的增大而增大

B. 点火提前角应随发动机负荷的增大而减小

C. 点火提前角只随发动机负荷的增大而减小

D. 点火提前角只随发动机转速的增大而增大

3. 普通桑塔纳轿车电子点火系统中,当(　　)时,点火线圈产生点火电压。

A. 点火信号电压为高电平

B. 电子点火器中大功率三极管由导通转为截止

C. 电子点火器中大功率三极管由截止转为导通

D. 点火信号电压为低电平

4. 点火时间过迟对发动机的影响有( )。

A. 动力不足 B. 发动机过热 C. 排放污染严重 D. 油耗增加

5. 随着发动机负荷的增大,下列说法正确的是( )。

A. 燃烧速度将变快 B. 燃烧速度将变慢

C. 点火提前角应减小 D. 需要更高的点火电压

6. 关于双缸同时点火系统,下列( )说法是正确的。

A. 同组的一缸火花塞积炭会使另一缸点火电压下降

B. 双缸同时点火,则两缸同时工作

C. 双缸同时点火,其中一缸为有效点火,另一缸为无效点火

D. 如果某缸的分缸线脱落,则同组的另一缸不能正常点火

7. 发动机电控单元根据爆震传感器信号进行点火控制的过程称为闭环控制,下述说法正确的是( )。

A. 发动机运转时,始终进行闭环控制

B. 闭环控制能防止发动机产生爆震

C. 采用闭环控制,能提高发动机的动力性

D. 发动机在中小负荷工况下工作时进行闭环控制

二 练习题答案

(一)判断题

1. √ 2. × 3. × 4. × 5. × 6. √ 7. × 8. √ 9. √ 10. √
11. √

(二)单项选择题

1. A 2. B 3. A 4. B 5. A 6. B 7. A 8. B 9. A

(三)多项选择题

1. BC 2. AB 3. BD 4. ABCD 5. ACD
6. CD 7. BC

第六节　汽车照明、仪表和信号系统

一 练习题

(一)判断题

1. 前后雾灯的光色为橙黄色,因为黄色光线波长较长,透雾性好。( )

2. 倒车灯安装在汽车尾部,光色为红色,提醒后方车辆、行人注意安全。( )

3. 一般情况下,主转向灯的功率为20W,侧转向灯为5W,光色为琥珀色。( )

4. 前照灯的照明效果，应能保证车前有明亮而均匀的照明，使驾驶员能看清车前100m内路面上的障碍物。（　　）

5. 卤素灯泡内的惰性气体掺有某种卤族元素气体是为了防止钨的蒸发和灯泡玻璃体的黑化。（　　）

6. 投射式前照灯采用白炽灯泡。（　　）

7. 高亮度弧光灯有传统灯泡的灯丝，充有氙及微量金属或金属卤化物。（　　）

8. 弧光放电前照灯由弧光灯组件、电子控制器和升压器三大部件组成。（　　）

9. 常用电流表的结构分为动铁式和动磁式两种。（　　）

10. 汽车常用电热式冷却液温度指示表配热敏电阻式冷却液温度传感器。（　　）

11. 前照灯调整时双光束灯以调整远光光束为主。（　　）

12. 前照灯光学系统主要由灯泡、反射镜和配光屏组成。（　　）

13. 电容式闪光器安装在转向开关和灯泡之间，用以控制闪光频率。（　　）

14. 对于电热式机油压力表，传感器的平均电流越大，其指示表指示的压力越大。（　　）

15. 电子式车速里程表克服了机械式车速里程表用软轴传输转矩的缺点，但精度不高。（　　）

16. 普通仪表系统主要由仪表和传感器组成，常见的仪表有电热式和电磁式两种。（　　）

17. 电热式闪光器具有监控功能，一侧转向灯有一只或一只以上转向灯泡烧断或接触不良时，闪光器就使该侧转向灯接通时只亮不闪，提示电路异常。（　　）

（二）单项选择题

1. 为了防止夜间会车炫目，将前照灯远光灯切换为近光灯，近光灯丝位于（　　）。

A. 反射镜焦点处　　B. 反射镜焦点上方或前方　　C. 反射镜焦点下方

2. 控制转向灯闪光频率的是（　　）。

A. 转向开关　　B. 点火开关　　C. 闪光继电器

3. 两侧转向灯闪烁频率不同的原因可能是（　　）。

A. 闪光器故障　　B. 电源电压过高或过低　　C. 两侧灯泡功率不同

4. 为不使射出光束过窄，前照灯前部装有（　　）。

A. 配光镜　　B. 反射镜　　C. 遮光屏

5. 电热式燃油表中，若将通向燃油传感器的线路短路，则燃油表的指示值是（　　）。

A. 0　　B. 1　　C. 跳动

6. 传统汽车的车速里程表的车速信号来自（　　）。

A. 点火线圈负极　　B. 发动机转速传感器　　C. 变速器的输出轴

7. 下列关于报警灯的说法正确的是（　　）。

A. 当点火开关接通、安全带未系时安全带指示灯亮

B. 一般地，当发动机冷却液温度超过80℃时，冷却液温度报警灯亮

C. 当驻车制动松开时，驻车制动指示灯亮

8. 卤素灯的亮度是白炽灯的（　　）倍。

A. 1.5　　B. 2　　C. 2.5

9. 主转向灯功率一般为(　　)W。

A. 40　　B. 20　　C. 5

10. 弧光放电前照灯的亮度是卤素前照灯的(　　)倍。

A. 2　　B. 5　　C. 2.5

11. 弧光放电前照灯的使用寿命一般可达卤素前照灯的(　　)倍。

A. 2.5　　B. 5　　C. 3

12. 电热式闪光器有(　　)式和翼片式两种。

A. 电热丝　　B. 电容　　C. 电子

13. 弧光放电前照灯在灯泡点燃达到正常工作温度后,维持电弧放电的功耗仅为(　　)W。

A. 35　　B. 30　　C. 40

14. 前照灯电子控制装置通常主要由(　　)、电子控制电路、电磁继电器组成。

A. 执行器　　B. 光敏器件　　C. 传感器

15. 关于电子闪光器,下述(　　)的说法是正确的。

A. 无故障报警功能　　B. 容易发热　　C. 闪光频率稳定,亮暗分明

(三) 多项选择题

1. 白炽灯泡要先从玻璃泡内抽出空气,然后充以约 86% 的氩和约 14% 的氮的混合惰性气体,其目的是(　　)。

A. 减少钨的蒸发　　B. 增强发光效率　　C. 聚合平行光束　　D. 延长灯泡的寿命

2. 关于前照灯,下述(　　)的说法是正确的。

A. 应能保证车前明亮而均匀的照明

B. 应能防止炫目

C. 使驾驶员至少能看清车前 100 m 内路面上的障碍物

D. 使驾驶员至少能看清车前 200 m 内路面上的障碍物

3. 关于电喇叭的调整,下述(　　)的说法是正确的。

A. 改变铁芯气隙,可以改变喇叭发音音调

B. 铁芯气隙越大,音调越高;反之,音调越低

C. 螺旋形电喇叭铁芯气隙,低音喇叭为 1.0 ~ 1.3mm;高音喇叭为 0.9 ~ 1.1mm

D. 改变触点压力可以改变音量

4. 电喇叭在触点间并联了电容,其目的是(　　)。

A. 灭弧　　B. 避免触电烧蚀

C. 减小触点张开时的火花　　D. 使其声音悦耳

5. 在用前照灯检测仪调整前照灯前,车辆必须要做的准备工作是(　　)。

A. 前照灯灯罩清洁　　B. 轮胎气压符合标准

C. 打开空调等辅助用电器　　D. 车辆必须停在平坦路面

二 练习题答案

(一) 判断题

1. ×　2. ×　3. ✓　4. ✓　5. ✓　6. ×　7. ×　8. ✓　9. ✓　10. ✓

11. ×　12. ✓　13. ×　14. ✓　15. ✓　16. ✓　17. ×

（二）单项选择题

1. B　2. C　3. C　4. A　5. B　6. C　7. A　8. A　9. B　10. C
11. B　12. A　13. A　14. B　15. C

（三）多项选择题

1. ABD　2. ABC　3. ACD　4. ABC　5. ABD

第七节　汽车防盗系统

一　练习题

（一）判断题

1. 汽车防盗装置是一种点火开关接通后开始工作的电子防盗装置。（　）
2. 防盗控制单元 4 位数据的密码是随机改变的。（　）
3. 每次启动发动机时，控制单元的随机代码发生器都会发生一个可变的代码。（　）
4. 识读线圈在点火开关接通时，把能量传送给钥匙中的脉冲转发器。（　）
5. 更换防盗控制单元和更换汽车钥匙，都需要对汽车钥匙进行匹配。（　）
6. 更换防盗控制单元和更换汽车钥匙，都需要对汽车钥匙进行匹配。（　）
7. 大多数车辆的中央门锁系统在驾驶员侧车门上设有总开关。（　）
8. 门锁电路的定时装置一般是利用电容器的充、放电特征。（　）
9. 一般情况下如果连续 3 次输入错误密码，防盗系统将会锁死一定的时间。（　）
10. 增加点火钥匙，只需要对新增加的钥匙进行匹配。（　）
11. 一般情况下，遥控器出现故障是不能修复的，只能更换。（　）
12. 如果防盗系统出现故障，也可以通过读取数据流的方式来确定故障部位和原因。（　）

（二）单项选择题

1. 点火开关接通时，读识线圈把能量用（　　）的方式传送给脉冲转发器。
　A. 导线传输　B. 互感　C. 感应
2. 门锁电路配有定时装置的目的是（　　）。
　A. 减小工作电流　B. 缩短工作时间　C. A 和 B 都不正确
3. 遥控接收器出现故障时，其故障特点是（　　）。
　A. 所有的门锁都不能控制　B. 个别车门锁不能控制　C. 没规律
4. 大众车系中央门锁或舒适系统的地址码为（　　）。
　A. 17 或 25　B. 46 或 35　C. 98 或 60
5. 带转发器的汽车钥匙，在钥匙内部装有一个脉冲转发器，它是一种不需要电池驱动的感应和（　　）元件。
　A. 接收　B. 发射　C. 开关

6. 遥控器出现故障时,多数情况是由于遥控器的(　　)损坏造成的,多数遥控器出现故障后,是不能修复的,只能更换。

A. 电池　　B. 电路　　C. 按钮

7. 大众车系防盗控制单元有一个(　　)位的识别代码。

A. 4　　B. 8　　C. 14

(三) 多项选择题

1. 在进行钥匙匹配过程中,故障检测仪显示的是“功能不清楚”或“此项功能不能执行”,则可能的原因为(　　)。

A. 防盗控制单元内储存有故障代码　　B. 汽车钥匙中脉冲转发器损坏

C. 汽车钥匙中没有脉冲转发器　　D. 故障检测仪故障

2. 汽车防盗装置由(　　)和防盗警告灯等组成。

A. 防盗控制单元　　B. 开关　　C. 脉冲转发器　　D. 识读线圈

3. 中央门锁出现故障时可能有许多原因,首先要区分是(　　)还是气路故障。

A. 机械故障　　B. 油路故障　　C. 电器故障　　D. 线路故障

二 练习题答案

(一) 判断题

1. ✓　2. ×　3. ✓　4. ✓　5. ✓　6. ✓　7. ✓　8. ✓　9. ✓　10. ×
11. ✓　12. ✓

(二) 单项选择题

1. C　2. B　3. A　4. B　5. B　6. A　7. C

(三) 多项选择题

1. BC　2. ACD　3. ACD

第八节　辅助安全系统

一 练习题

(一) 判断题

1. 汽车的安全系统可分为主动安全系统和被动安全系统,制动系统属于被动安全系统。(　　)

2. 气囊控制模块内有备用电源,它是利用电容储存电能的。(　　)

3. 大多数车辆的碰撞传感器都装在气囊控制模块内,因而在安装气囊控制模块时需要严格按照规定方向固定。(　　)

4. 螺旋线圈的作用是连接驾驶侧气囊导线连接器和点火开关连接器。(　　)

5. 气体发生器的作用是,车辆发生碰撞时,将碰撞信号输送给气囊控制单元。(　　)

6. 车辆发生碰撞后，气囊控制模块发出信号给门锁控制模块，直接控制门锁执行器，将所有门锁紧，以防止乘员被甩出车外。（　　）

7. 更换侧气囊时需要连座椅靠背一同更换。（　　）

8. 短路片和双锁装置是气囊系统的安全保护装置。（　　）

9. 如果安全气囊系统中储存有故障代码，说明与该代码有关的传感器电路有故障。（　　）

10. 安全气囊系统的检修主要是指读取或清除故障代码、零件检查与更换。（　　）

11. 在发生交通事故气囊引爆后，可以修改安全气囊控制单元内部数据，继续使用。（　　）

12. 可以使用普通万用表检测 SRS 系统线路或零部件。（　　）

13. 在拆卸、检查和更换气囊组件时，切勿将身体正面朝向安全气囊。（　　）

14. 气囊控制模块应当存放在阴凉、干燥的地方。（　　）

（二）单项选择题

1. 碰撞传感器的工作状态取决于车辆碰撞时（　　）的大小。

A. 减速度　　B. 撞击力　　C. 偏转角度

2. 气体发生剂在高温作用下发生化学反应生成（　　）送入气囊内，使气囊展开。

A. 氧气　　B. 氩气　　C. 氮气

3. 在气囊织物的上面开有几个小孔，目的是（　　）。

A. 形成一个缓冲软垫保护层

B. 在气囊展开后，气体能够迅速释放

C. 便于被保护者呼吸

4. 许多车辆的副气囊在前乘员侧座椅下面有一个传感器，其作用是（　　）。

A. 检测碰撞减速度　　B. 检测撞击力　　C. 检测前乘员座上是否有人

5. 安全气囊系统导线连接器上安装短路片的目的是（　　）。

A. 防止线路接触不良

B. 防止意外触发 SRS 故障指示灯

C. 防止造成意外点火

6. 在装备安全带拉紧器的车辆发生碰撞时，（　　）在引爆气囊的同时，也引爆安全带拉紧机构，能够更有效地保护驾乘人员的安全。

A. 气囊控制模块　　B. 车身控制模块　　C. 动力控制模块

7. 当车辆发生碰撞，如果车门不能及时打开，将对驾乘人员的安全造成严重危害，因而安全气囊系统在工作时，气囊控制模块发出信号给门锁控制模块，直接控制（　　），自动解除所有门的门锁，能够让驾乘人员及时逃生。

A. 车身　　B. 发动机　　C. 门锁执行器

8. 拆卸或搬运气囊组件时，气囊装饰盖的面应当（　　），不得将气囊组件重叠堆放或在气囊组件上放置任何物品，以防万一气囊被误引爆造成事故。

A. 朝下　　B. 朝上　　C. 朝前

9. 安全气囊系统的检查工作务必在点火开关转到 OFF 位，并将蓄电池负极电缆拆下至少（　　）s 后才能开始。

A. 10　　B. 5　　C. 3

10. 汽车上的安全系统有主动安全系统和被动安全系统,(　　)为主动安全系统。

A. 制动系统　　B. 安全气囊系统　　C. 巡航系统

11. 当分离气囊模块导线连接器时,短路片将(　　)。

A. 把点火电路“高”和“低”端子短路

B. 气囊警告灯负极线路搭铁

C. 点火电路搭铁

12. 被动安全系统又称(　　)。

A. 制动系统　　B. 辅助安全系统　　C. 安全气囊系统

(三)多项选择题

1. 辅助安全气囊系统按保护类型可分为(　　)。

A. 驾驶员用安全气囊　　B. 前排乘客用安全气囊

C. 侧面安全气囊　　D. 后排乘客用安全气囊

2. 在安全气囊系统中,导线连接器使用双锁装置的目的是(　　)。

A. 防止误点火　　B. 防止导线连接器接触不良

C. 防止导线连接器异常　　D. 防止误触发系统故障指示灯

二 练习题答案

(一)判断题

1. ×　2. ✓　3. ✓　4. ×　5. ×　6. ×　7. ✓　8. ✓　9. ×　10. ✓

11. ×　12. ×　13. ✓　14. ✓

(二)单项选择题

1. A　2. C　3. B　4. C　5. C　6. A　7. C　8. B　9. C　10. A

11. B　12. B

(三)多项选择题

1. ABCD　2. BC

第九节　汽车空调系统

一 练习题

(一)判断题

1. 空调系统的制冷剂高压部分压力过高可能是由于制冷剂过量或系统内有空气。(　　)

2. 对于空调压缩机的电磁离合器,如果衔铁和转盘间的间隙过大,那么当离合器电源断开后,衔铁仍然会跟着转盘转动。(　　)

3. 轿车空调所需的动力和驱动汽车的动力都来自同一发动机，而采用专用发动机驱动制冷压缩机的一般是大客车空调系统。（　　）

4. 空调压缩机润滑油的牌号越大，黏度越大，凝固点越高。（　　）

5. 空调热交换器中，蒸发器是用来散热的，冷凝器是用来吸热的。（　　）

6. 用于 R12 和 R134a 制冷剂的干燥剂是不相同的。（　　）

7. 空调电子检漏仪探头长时间置于制冷剂严重泄漏的地方很容易被损坏。（　　）

8. 蒸发器表面的温度越低越好。（　　）

9. 如果汽车空调系统膨胀阀的感温包暴露在空气中，将使低压管表面结霜。（　　）

10. 空调压缩机的电磁离合器是用来控制制冷剂流量的。（　　）

11. 储液干燥器一定要垂直安装。（　　）

12. 汽车空调系统内凡是有堵塞的地方，该处的外表均会结霜。（　　）

13. 蒸发器是热交换装置，使制冷剂由低压气态变为低压雾状。（　　）

14. 孔管系统储液干燥器的主要功能是使回气管路中的制冷剂气液分离，防止液态制冷剂液击压缩机。（　　）

15. 抽真空时可以将高压和低压侧管接头的一个与空调系统相连。（　　）

16. 向空调系统中充入过量的制冷剂会引起诸如冷却不足、油耗增大及发动机过热之类的故障。（　　）

17. 空调系统在工作期间，低压侧压力有时变成真空，有时正常，而且会间歇性制冷，说明系统中有水分。（　　）

18. 如果从储液干燥器到空调压缩机间的管路都结霜，说明制冷剂循环不良。（　　）

19. 如果空调系统的低压和高压侧压力都太高，而且低压管路是热的，说明系统中有空气。（　　）

20. R134a 空调系统中的蒸发器压力调节器是金属波形管。（　　）

21. 空调怠速稳定放大器实际上就是控制速度和温度的电路。（　　）

22. 利用发动机工作时排出高温废气或用空气冷却发动机的热空气取暖的装置称为气暖式暖风装置。（　　）

23. 热交换的介质为水的汽车加热器称为水加热器，水加热器仅用于汽车车厢内取暖。（　　）

24. 轿车制冷系统控制电路一般由电源控制部分、压缩机电磁离合器控制电路部分组成。（　　）

25. 在周围环境温度较高的情况下，尽管冷气充足，储液干燥器液窗上也会出现气泡。（　　）

（二）单项选择题

1. 用气体渗漏试验空调压缩机，通过充填阀向空调压缩机充入制冷剂的压力需要达到（　　）MPa。

A. 0.294　　B. 0.101　　C. 0.402

2. 空调系统温度控制器有波纹管式和（　　）式等。

A. 感温　　B. 热敏电阻　　C. 毛细管

3. 怠速继电器的作用是(　　)。

A. 保护空调压缩机

B. 当发动机转速低到某一最低转速时,使空调压缩机停止运转

C. 避免空调电路因大电流而烧坏

4. 空调系统中的发动机转速检测电路的转速信号来自(　　)。

A. 点火信号　　B. 转速传感器　　C. 曲轴位置传感器

5. 制冷剂离开蒸发器后在管路中是(　　)。

A. 高压液态　　B. 低压液态　　C. 低压气态

6. 当空调系统内有空气时,下面说法正确的是(　　)。

A. 空气不会被冷凝

B. 当空调循环停止时空气会聚集在蒸发器内

C. 高低压侧压力均过低

7. 甲说:“空调系统的问题能引起冷却系统问题。”乙说:“冷却系统问题能引起空调系统的问题。”(　　)是正确的。

A. 甲　　B. 乙　　C. 两人都对

8. 空调系统工作时,若蒸发器内制冷剂不足,离开蒸发器的制冷剂会是(　　)。

A. 高于正常压力,温度较低

B. 低于正常压力,温度较高

C. 高于正常压力,温度较高

9. 空调系统的高压开关是(　　)。

A. 常开、在2965kPa时关闭

B. 常开、在2344kPa时关闭

C. 常闭、在2344kPa时打开

10. 空调系统电路中可变电阻的作用是(　　)。

A. 使鼓风机无级变速

B. 为鼓风机提供几个挡位的速度控制

C. 保护鼓风机驱动电路

11. 空调与暖风系统延时继电器的作用是(　　)。

A. 在发动机冷却液达到预定温度之前防止加热循环

B. 在发动机启动后转速稳定之前延迟空调系统的启动

C. 在发动机冷却液达到预定温度之前防止制冷循环

12. 如果轿车空调系统制冷量为4200 ×4.18kJ/h,则正常的加注制冷剂量一般应为(　　)kg。

A. 0.5　　B. 0.9　　C. 1.1

13. 空调器运行后储液干燥器外壳有一层白霜,说明(　　)。

A. 制冷剂过量　　B. 储液干燥器脏堵　　C. 制冷剂泄漏

14. 某空调系统当高压侧压力达到规定值后,空调压缩机离合器分离,原因可能为(　　)。

A. 高压开关致使空调压缩机离合器电路断开

B. 安全阀起作用导致空调压缩机离合器断路

C. 空调压缩机损坏

15. 空调系统工作时出风口温度显得不够凉，关闭空调压缩机后出风口有热气，可能的原因有（　　）。

A. 发动机过热　　B. 制冷剂加得过量　　C. 暖水阀关闭不严

16. 用无压力的制冷剂润滑油容器给空调系统加润滑油时，应该（　　）。

A. 在充入制冷剂的过程中加入

B. 在测试系统是否泄漏之前加入

C. 在真空和加注制冷剂的操作之间加入

17. 如果空调系统低压和高压侧压力都偏低，从储液干燥器到空调压缩机间的管路都结霜，可能的故障原因是（　　）。

A. 制冷剂过量　　B. 制冷剂不足　　C. 制冷剂循环不良

18. 如果空调系统的低压和高压侧压力都太高，感觉低压管路是热的，可能的原因是（　　）。

A. 制冷剂过量　　B. 制冷剂不足　　C. 制冷剂中有空气

19. 如果空调系统低压和高压侧压力太高，在低压侧的管路结霜或有大量的露水，可能的原因是（　　）。

A. 制冷剂过量

B. 膨胀阀故障或热传感管安装不当

C. 制冷剂中有空气

20. 安装歧管压力表检查空调膨胀阀时，起动发动机，使之在2000r/min运转至少5min，然后检查高压表读数，应为（　　）MPa。

A. 1.275～1.4　　B. 1.50～1.8　　C. 1.0～1.221

21. 空调怠速稳定放大器是由发动机转速检测电路、（　　）电路和继电器三部分组成。

A. 压力检测　　B. 温度检测　　C. 压力保护

（三）多项选择题

1. 膨胀阀和孔管都是节流装置，下面说法正确的是（　　）。

A. 解除液态制冷剂的压力　　B. 使制冷剂由蒸气变成液态

C. 是制冷系统高低压的分界点　　D. 使制冷剂能在蒸发器中膨胀变成蒸气

2. 空调系统制冷剂储液罐的功能是（　　）。

A. 储液　　B. 干燥　　C. 过滤　　D. 节流

3. 当空调系统管路中有湿气时，可能会导致（　　）。

A. 制冷剂罐堵塞　　B. 间歇性制冷　　C. 系统腐蚀　　D. 管路过热

4. 空调系统中制冷剂加得过量，会导致（　　）。

A. 蒸发器制冷不足　　B. 空调压缩机产生液击

C. 制冷剂罐堵塞　　D. 管路过热

5. 将空调压力表上两个手动阀关闭后，（　　）。

A. 两表均不显示系统压力　　B. 高压表显示高压侧压力

C. 低压表显示低压侧压力　　D. 两表均显示大气压力

6. 若空调压缩机离合器接合后，听到“哒哒”声，可能原因是（　　）。

A. 空调压缩机轴承故障　　B. 冷凝器堵塞
C. 张紧轮损坏　　D. 空调压缩机油太少

7. 空调系统高压侧压力高于正常值,可能是(　　)。
A. 制冷剂加注过量　　B. 空调压缩机有故障
C. 冷却系统不良　　D. 冷凝器受阻

8. 下列(　　)情况需要更换储液干燥器。
A. 储液干燥器泄漏　　B. 储液干燥器吸足了水分
C. 空调系统与大气相通 2h 以上　　D. 储液干燥器凹陷

9. 下列(　　)是检查真空系统泄漏的好方法。
A. 追踪“嘶嘶”声的源头　　B. 在可疑的区域涂肥皂水
C. 用好的真空管或元件逐一替换　　D. 逐一夹紧软管或堵住相关部件

10. 某空调系统高压侧压力偏低,而低压侧压力偏高,可能原因有(　　)。
A. 系统的高压侧有堵塞　　B. 膨胀阀被卡在打开位置
C. 空调压缩机簧片阀损坏　　D. 空调压缩机磨损

11. 某车空调系统高压侧和低压侧压力均偏高,可能原因有(　　)。
A. 冷凝器外表脏污　　B. 系统内有空气
C. 膨胀阀开度过小　　D. 制冷剂过量

12. 关于 R134a 说法,(　　)是正确的。
A. 它的工作压力比使用 R12 时高　　B. 它比 R12 更容易泄漏
C. 对环境的污染要大一些　　D. 使用与 R12 系统不同的控制阀

13. 向制冷系统中充入过量的制冷剂,会导致(　　)。
A. 冷气不足　　B. 油耗增大　　C. 发动机过热　　D. 低压管路上结冰

二 练习题答案

(一)判断题

1. ✓　2. ×　3. ✓　4. ×　5. ×　6. ✓　7. ✓　8. ×　9. ✓　10. ×
11. ✓　12. ×　13. ×　14. ×　15. ×　16. ✓　17. ✓　18. ✓　19. ✓　20. ✓
21. ✓　22. ✓　23. ×　24. ×　25. ✓

(二)单项选择题

1. A　2. B　3. B　4. A　5. C　6. A　7. C　8. B　9. C　10. B
11. B　12. C　13. B　14. A　15. C　16. C　17. C　18. B　19. B　20. A
21. B

(三)多项选择题

1. ACD　2. ABC　3. BCD　4. ABD　5. BC
6. ABC　7. ACD　8. ABC　9. ABD　10. BCD
11. ABD　12. ABD　13. ABC

第十节　汽车音响系统

一 练习题

(一)判断题

1. 数字显示汽车音响的收音电路由AM及FM收音高放电路、中放电路、FM及FM立体声解码集成电路为主构成。（　　）

2. 汽车音响从放音机芯功能上分,可分为普通型和自动换向型两大类。（　　）

3. 汽车音响的电路由电源稳压滤波、放音机芯、前置放大电路、开关及音量调节电位器、功率放大器、收音电路、音箱及天线等构成。（　　）

4. 磁带放音前置放大电路与家用录音机前置部分相似,作用是将磁头感应到的音频信号进行放大后,送给后级电路。（　　）

5. 汽车音响内部出现了故障,必须将其从车上拆下来才能进行维修,要求配备维修电源、音箱、天线等外部设施。（　　）

6. 收音部分的高频头组件出故障的机会较小,如果此部分出故障,多数为硬性损伤。（　　）

7. 对于音响电源线,一般上面连接有熔断管,颜色为红色或白色。（　　）

8. 信号寻迹法有异于信号追踪法(信号注入法),其实质是利用一模拟信号源加在汽车音响第一级的信号输入端。（　　）

9. 对于采用24V电源的音响,在维修时首先要断开降压电路后面的负载。（　　）

10. 当更换功放集成电路以后,上好散热器就可以试机了。（　　）

11. 密码式防盗是一种电子防盗方式,它是通过音响面板上的按键给汽车音响输入所谓的设定密码后来实现防盗的。（　　）

12. 在进行维修时,若不知道音响密码,不要轻易断开蓄电池的电源线。（　　）

13. 汽车音响的机芯出现故障往往是使用不当造成的,如机内灰垢堆积太多等。（　　）

14. 汽车卫星导航系统最主要的功能就是告诉用户“身在何处、正往何处去、应该怎么走”的实时信息。（　　）

(二)单项选择题

1. 数字调节汽车音响数控收音微处理器的供电多采用(　　)V。

A. 12　　B. 5　　C. 24

2. 对于采用24V电源的音响,在维修时先断开降压电路后面的负载,接上一个50Ω/20W左右的大功率电阻作为负载,再接入24V的电源试机,并测量降压后的电压。如果该电压等于(　　)V,则说明降压电路正常。

A. 0　　B. 24　　C. 15

3. 汽车音响按照放音机芯的功能可分为(　　)。

A. 普通型换向机芯和自动换向机芯

B. 中频放大机芯和调频中频信号放大机芯

C. 调频高频信号放大电路机芯、混频电路机芯、本振电路机芯、调频选频机芯及预中频放大电路机芯等

4. 常见的静音方式主要有在功放上实现、通过静音开关来控制和(　　)三种。

A. 使磁头升降

B. 通过静音开关切断前置放大电路的供电

C. 切断放音电路电源

5. 一般汽车音响的工作电流为(　　)A。

A. 5　　B. 0.5 ~ 1　　C. 低于 0.5

6. 汽车音响出现故障从车上拆下维修时,需要配备外接电源(变压器),为了使试机时不击穿整流管,故整流桥应选(　　)A 的。

A. 0.5 或 2　　B. 3 或 4　　C. 4 或 6

7. 汽车音响出现故障从车上拆下维修时,需要配备外接电源(变压器)电路,为了使试机时没有交流声,滤波电容不小于(　　)μF,否则试机时会有交流声。

A. 2200　　B. 280　　C. 4200

8. 汽车卫星导航系统的地面控制系统由 1 个主控站,3 个注入站和(　　)个监测站组成。

A. 5　　B. 3　　C. 21

9. GPS 系统提供的定位精度是(　　)m,而为得到更高的定位精度,通常采用差分 GPS 技术,即将一台 GPS 接收机安置在基准站上进行观测。

A. 1　　B. 3　　C. 10

10. 用加温法检测音响故障时,电烙铁头部需要距元件(　　)mm 左右进行烘烤。

A. 100　　B. 10　　C. 50

(三)多项选择题

1. 对于汽车音响的机芯,需要经常维护、清洗的部位主要有(　　)。

A. 机芯滑板　　B. 调频头　　C. 磁头　　D. 压带轮

2. 功率放大器是汽车音响故障率最高的部分,大多都是因功放集成块被击穿而引起的,造成集成块被击穿的原因有(　　)。

A. 汽车发电机电压调节器不良,发生过压或过载而损坏

B. 汽车发电机产生的瞬态峰值电压将集成块击穿

C. 不了解音响性能,使用不当

D. 集成块搭铁不良

3. 顺序输入汽车音响防盗密码的方法,适用于(　　)等系列车型。

A. 丰田　　B. 雪铁龙　　C. 宝马　　D. 奥迪 A6

E. 本田

4. 一般来说,收音部分出故障的机会较小,如果此部分出故障,一般是硬伤所致,如(　　)。

A. 引脚开焊　　B. 电路板有脱焊处　　C. 电路板有断裂处　　D. 高频头损坏

5. 汽车音响整机全不工作的故障部位可能为(　　)。

A. 电感烧毁搭铁　　B. 功放集成电路击穿短路

C. 电源开关不通或虚焊　　　　D. 功放部分及音量电位器损坏
E. 二极管 VD 因电源反接而击穿

6. 汽车音响如果放音正常，FM、AM 收音均无声，那么故障部位可能在(　　)。
A. FM 收音相关的电路　　　　B. AM 收音相关的电路
C. FM 和 AM 的供电电源　　　　D. 音量控制电位器
E. 选台调谐电压电路

7. 汽车音响常用检查方法中，脱开检查法特别适用音响出现(　　)等故障的检查。
A. 电流变大　　B. 电压变低　　C. 短路　　D. 有噪声

8. 在音响面板上或后车门三角窗等处发现(　　)标志，则就说明该车音响具有防盗功能。
A. ANTI—THEFT　　B. CODE　　C. ASR　　D. SECURITY

9. 宝马系列车型采用阿尔派音响的通用密码为(　　)。
A. 12345　　B. 22222　　C. 3111　　D. 62463

二 练习题答案

(一)判断题

1. ✓　2. ✓　3. ✓　4. ×　5. ✓　6. ✓　7. ×　8. ✓　9. ✓　10. ×
11. ✓　12. ✓　13. ✓　14. ✓

(二)单项选择题

1. B　2. C　3. A　4. B　5. B　6. C　7. A　8. A　9. C　10. B

(三)多项选择题

1. CD　2. AB　3. CDE　4. ABC　5. ABCE
6. CE　7. ABCD　8. ABD　9. BD

第十一节　其他车身电器系统

一 练习题

(一)判断题

1. 安装电动座椅既要满足驾驶员多种姿势下的操作安全要求，也要满足乘员的舒适性和安全性要求。(　　)
2. 座椅调节过程中，若电动座椅调节电动机电路电流过大，过载保险就会熔断。(　　)
3. 电动座椅故障主要包括电路和机械两方面故障。(　　)
4. 当代汽车电动车窗的电动机一般有 2 个，分别控制玻璃的上升和下降。(　　)
5. 电动车窗的开关分为安全开关和升降开关，安全开关能控制所有车门上的车窗。(　　)
6. 使用车窗控制模块优点之一是便于模块间的通讯。(　　)

7. 电动车窗实现防夹功能的依据全是用霍尔传感器传来的车窗升降电动机轴的转速变化数据。（ ）

8. 将电动后视镜开关调到调整左侧后视镜位置时,右侧后视镜的位置会随左侧后视镜位置的改变而改变。（ ）

9. 每个电动后视镜上有两套调整电动机和驱动器。（ ）

10. 电动后视镜折回电动机及驱动器由两个能够正反向旋转的电动机和两组齿轮组成。（ ）

11. 风窗玻璃加热器不工作,加热开关和定时器损坏的概率较大。（ ）

12. 电子感应式刮水器是根据雨量自动调节刮水器的刮水速度。（ ）

13. 如果刮水器片上有油污可用汽油进行清洗。（ ）

14. 冬季使用刮水器时,若其刮片被冰冻住或被雪团卡住,应立即断开开关,清除冰块、雪团后方可继续使用,否则会因刮片阻力过大而烧坏电动机。（ ）

15. 超声波传感器有直接检测和间接检测两种检测方式。（ ）

16. 倒车雷达检测车辆后部障碍物的检测范围分为垂直方向和水平方向,对于这两个方向的检测范围越大越好。（ ）

17. 超声波传感器表面结冰时依旧能照常工作。（ ）

18. 在超声波传感器周围使用无线电发射装置时会引起传感器误工作。（ ）

19. 超声波传感器十分灵敏,可以感知到车后很小的物体。（ ）

20. 车窗只能向一个方向运动时,应检查开关和控制线路是否正常。（ ）

21. 停车辅助系统具有故障自诊断功能。（ ）

22. 汽车行驶记录仪具有超速报警功能。（ ）

23. 汽车行驶记录仪的初始数据可以随意改变。（ ）

24. 现在有的汽车行驶记录仪能够实现对车辆的跟踪、监控及防盗报警等功能。（ ）

(二)单项选择题

1. 汽车电动座椅能调节的方向比较多,许多车辆使用4个电动机,能够对座椅的（ ）个方向进行调节。

A. 8　　B. 6　　C. 4

2. 座椅过载保险安装位置有所区别,但现在一般过载保险和（ ）装在一起。

A. 电动机　　B. 开关　　C. 熔断丝盒

3. 汽车的电动车窗电动机一般为（ ）,它可以双向旋转,通过改变电动机的电流方向,使电动机得到不同的旋转方向来控制车窗玻璃的上升或下降。

A. 交流型　　B. 直流型　　C. 永磁型

4. 清洗刮水器刮片时,可用蘸有（ ）的棉纱轻轻擦去刮片上的污物,刮水器刮片不可用汽油清洗和浸泡,否则刮片会变形而影响其工作。

A. 酒精　　B. 香蕉水　　C. 清洗剂

5. 目前汽车上的停车辅助系统(倒车雷达)一般都是利用（ ）的反射原理,在低速倒车时检测驾驶员用眼睛无法监视的死角地带的障碍物,距离过近时以警告音方式警告驾驶员,避免发生碰撞事故。

A. 红外线　　B. 超声波　　C. 直接检测

6. 在安装停车辅助系统(倒车雷达)传感器时,传感器的方向不能太偏向(　　),否则会造成误报警。

A. 上部　　B. 下部　　C. 左侧

7. 停车辅助系统的传感器表面(　　)时,不能正常工作。

A. 结冰　　B. 有雾气时　　C. 有水时

8. (　　)会吸收超声波,因而停车辅助系统遇有此类障碍物时,不能正常工作。

A. 石块　　B. 雪　　C. 金属

9. 在超声波传感器周围使用(　　)时,可能会引起停车辅助系统误工作。

A. 空调　　B. 无线电发射装置　　C. 氙气灯

10. 风窗玻璃加热器不工作,出现故障概率最大的是(　　)。

A. 熔丝　　B. 电路　　C. 加热开关和定时器

(三) 多项选择题

1. 使用车窗控制模块的优点有(　　)。

A. 便于驾驶员控制　　B. 可以根据不同需要设定车窗的工作模式

C. 便于模块间的通讯　　D. 便于实现防夹功能

2. 车窗启动防夹功能的依据可能为(　　)。

A. 车窗电动机的运转噪声

B. 霍尔传感器传送来的车窗电动机转速变化数据

C. 车窗控制模块改变电流方向信号

D. 电流检测电路检测到的电动机电流变化数据

3. 接通点火开关后,行驶记录仪进入自检状态,如果指示灯不闪烁,则应(　　)。

A. 检查行驶记录仪的工作电路是否断路

B. 检查行驶记录仪与线束间的连接是否良好

C. 检查汽车点火开关有无输出电压

D. 检查 U 盘的格式

4. 停车辅助系统(倒车雷达)在(　　)时,系统的工作会受到影响。

A. 过冷　　B. 过热　　C. 夜间　　D. 下雨

二 练习题答案

(一) 判断题

1. ✓　2. ×　3. ✓　4. ×　5. ×　6. ✓　7. ×　8. ✓　9. ✓　10. ×
11. ✓　12. ×　13. ×　14. ✓　15. ✓　16. ×　17. ×　18. ✓　19. ×　20. ✓
21. ✓　22. ✓　23. ×　24. ✓

(二) 单项选择题

1. A　2. A　3. C　4. A　5. B　6. B　7. A　8. B　9. B　10. C

(三)多项选择题

1. BCD　　2. BD　　3. ABC　　4. ABCD

第十二节　车载网络系统

一 练习题

(一)判断题

1. 车载网络系统中的模块是探测信号和(或)进行信号处理的电子装置。　(　　)

2. 数据总线的速度通常用比特率来表示,比特率的单位是每秒千字节(kb/s)。　(　　)

3. 车载网络中的网关综合了桥接器和路由器的功能。　(　　)

4. CAN 收发器从数据总线上接收到数据后,直接传输给微处理器。　(　　)

5. CAN—BUS 数据总线是用来传输数据的双绞数据线,分为 CAN—high(高位)和 CAN—low(低位)数据线。　(　　)

6. 用万用表电阻挡测量 CAN—high 和 CAN—low 之间的导通性,正常情况应直接导通。　(　　)

7. 装有 CAN 数据总线的车辆在出现总线系统故障时,一般表现出来的故障现象会非常离奇,有时车上的系统会“群死群伤”,有时会集体“瘫痪”。　(　　)

8. 节点就是 CAN—BUS 数据总线中的电控单元。　(　　)

9. 汽车无源光学星形网络主要由无源光学星形、光发送器(光二极管 LED)、在节点上的接收器、节点与星形之间的发送和接收的光纤四部分组成。　(　　)

10. 光电耦合器内部的主要结构是由一只发光二极管和一只光敏器件组成。　(　　)

11. 光电耦合器的输入部分和输出部分是完全隔离的,所以在检测光电耦合器时必须将其输入部分和输出部分分开检测。　(　　)

12. 光纤衰减率是用分贝(dB)来表示的。　(　　)

13. LIN 网络中信息以帧为单位传输,每个帧包括 4 个字节的控制与安全信息。　(　　)

(二)单项选择题

1. 根据网络结构,车载网络分星型网、(　　)和环型网。

A. 总线网　　B. 局域网　　C. LIN—BUS

2. 用万用表电阻挡测量 CAN—high 和 CAN—low 之间的电阻,正常情况下应该(　　)。

A. 电阻为∞　　B. 一个固定的电阻值　　C. 直接导通

3. 无源光学星形网络路由光纤的弯曲半径不能小于(　　)mm。

A. 15　　B. 25　　C. 40

4. 光纤状态的评定包括测量它的衰减度,衰减率用(　　)来表示。

A. kb/s　　B. dB　　C. A

5. CAN—BUS 数据总线传递数据的状态域由(　　)位构成。

A. 1　　B. 11　　C. 2

6. CAN—BUS 数据总线采用了 2 条数据线绕在一起的方式，如果一条线上的电压是 0V，另一条线上的电压是（　　）V。

A. 12　　B. 0　　C. 5

7. CAN—BUS 数据总线中的数据传输终端有（　　）个。

A. 1　　B. 2　　C. 5

8. CAN—BUS 数据总线传递数据的开始域将带有 5V 的 1 位送入（　　）。

A. ECU　　B. CAN—high　　C. CAN—low

9. 光电耦合器的正向管压降一般在（　　）V 以下。

A. 30　　B. 5　　C. 1.5

10. Byteflight 数据总线是一个（　　）传输数据的星形总线。

A. 单向　　B. 双向　　C. 多向

11. LIN 数据总线系统中，从节点的故障诊断是通过（　　）来进行的。

A. 主节点　　B. 从节点　　C. 发动机电控单元

（三）多项选择题

1. 网关所“处理”的工作是（　　）。

A. 从第一个网络读取所接收的信息　　B. 确定优先权

C. 向第二个网络发送信息　　D. 翻译信息

2. 光电耦合器的作用是（　　）。

A. 在信号传输中起到隔离作用　　B. 在光电网络中进行信号转换

C. 防止信号损失　　D. 抗电磁干扰

3. LIN 数据总线系统的电气性能对网络结构有很大的影响，网络节点数不仅受标识符长度的限制，而且受总线物理特性的限制。下面说法正确的是（　　）。

A. 节点数不要超过 16 个，否则网络阻抗会降低

B. LIN 数据总线系统每增加一个节点大约使网络阻抗降低 3%

C. LIN 数据总线最小位流传输速度限定为 1kb/s

D. 节点可以达到 64 个

二 练习题答案

（一）判断题

1. ✓　2. ✓　3. ✓　4. ×　5. ✓　6. ×　7. ✓　8. ✓　9. ✓　10. ✓

11. ✓　12. ✓　13. ×

（二）单项选择题

1. A　2. B　3. B　4. B　5. B　6. C　7. B　8. B　9. C　10. B

11. A

（三）多项选择题

1. ACD　2. AB　3. ABC

第十三节　汽车电器综合故障分析

一 练习题

(一)判断题

1. 电路的故障有断路、短路、搭铁或额外电压降。　（　）
2. 断路故障一般是在电路的供电回路发生的。　（　）
3. 电路被搭铁含义是电流流到预定负载之前便返回搭铁。　（　）
4. 检测电路搭铁短路故障时,必须接上一个30A以上的熔丝。　（　）
5. 额外的电压降仅出现在供电回路。　（　）
6. 数字万用表对任何类型的电路均可测试,因为万用表内部都有一个大于10MΩ的电阻。　（　）
7. 检测小功率晶体管时不允许使用万用表的 $R\times100$ 以下低阻欧姆挡。　（　）
8. 检修汽车电器故障拆卸蓄电池时,应先拆下正极电缆;装上蓄电池时,则应最后连接负极电缆。　（　）
9. 维修汽车电路更换三极管时,应首先接入基极;拆卸时,则应最后拆卸基极。　（　）
10. 车载故障自诊断系统显示的故障代码有两重性:一是自生故障;另一种他生故障。　（　）
11. 故障代码和故障现象之间存在着因果关系。　（　）
12. 凡不受ECU直接控制的电子元件和机械元件异常,会有故障现象,但无故障代码。　（　）
13. 每个故障代码在设计时都设定了故障代码的运行条件。　（　）
14. 数据流只能对模拟量参数间断地反映参数的变化。　（　）
15. 数据流通常采用电脑通信方式进行测量。　（　）
16. 数据流中仅包括故障代码的信息和电控单元与故障诊断仪之间的相互控制指令。　（　）
17. 数据流常用分析方法有数值分析法、时间分析法、因果分析法、关联分析法和比较分析法。　（　）
18. 如果设置该故障代码的参数环境发生错误,即使被考察的传感器参数正确,电控单元也同样判定该传感器错误。　（　）
19. 冻结数据帧是系统在点亮故障指示灯(MIL)的同时,记录了所有传感器数据的一种能力。　（　）
20. 数据流的时间分析法是对数据变化的频率和周期进行分析。　（　）
21. 示波器是用电流随时间的变化的图形来反映电子信号的。　（　）
22. 汽车电控系统电子信号都应该具有幅值、频率、形状、脉宽等4个可以度量的参数指标。　（　）

23. 电容式进气歧管绝对压力传感器其实就是数字输出式进气歧管绝对压力传感器。 (　　)

24. 两个或多个电子信号之间的相位关系是否正确,用普通示波器可以检测出。 (　　)

25. 自然界中一切温度在绝对零度以上的物体,由于自身的分子热运动都在不停地向周围空间辐射包括红外波在内的电磁波,但其辐射能量与物体本身的温度无关。 (　　)

26. 汽车专用红外测温仪的测温范围要能达到0～650℃为佳。 (　　)

27. 红外测温仪能透过玻璃进行测温。 (　　)

28. 红外测温仪不要用于光亮的或抛光的金属表面的测温。 (　　)

29. 爆震传感器的信号波形的峰值和频率仅随发动机转速的增加而增加。 (　　)

30. 示波器对直流信号的判定性度量是幅值。 (　　)

31. 用示波器检测时,如果发动机冷却液温度传感器电路短路,其信号波形将产生向上的尖峰。 (　　)

32. 建立数据群模块就是将某一故障现象所涉及的数据集中起来,逐一检查、对比及分析。 (　　)

33. OBD—Ⅱ要求所有的故障代码都必须按优先级储存,具有高优先级的故障代码优于低优先级的故障代码。 (　　)

34. 利用测试灯查找电路故障是一种较为快捷的手段,但不能用它测量含有 ECU 等元件的电子电路。 (　　)

35. 二极管(LED)测试灯可以检测各种电路。 (　　)

36. 电子点火正时电路的信号是串行数据信号。 (　　)

37. 串行数据信号一般是由各类控制模块产生的。 (　　)

38. 通常情况下三效催化转化器前后氧传感器的信号变化频率是一样的。 (　　)

39. 如果发动机某缸的汽缸压力过低,则电控单元内有可能会记录关于该缸失火的故障代码。 (　　)

(二)单项选择题

1. 汽车专用红外测温仪应该选择分辨率为(　　)℃的。

A. 0.1　　B. 1　　C. 2

2. 观察 ABS 电磁阀的信号波形时,发现波形尖峰高度降低,说明(　　)。

A. ABS 电磁阀线圈断路　　B. ABS 电磁阀线圈短路　　C. ABS 电磁阀线圈损坏

3. 下列(　　)的信号是脉宽调制信号。

A. 节气门位置传感器　　B. 排气净化电磁阀　　C. 发动机冷却液温度

4. 如果电路的连通性遭到破坏,则电路是(　　)。

A. 短路　　B. 断路　　C. 搭铁

5. 如果电路中有额外电压降,则应该检查(　　)。

A. 供电回路　　B. 搭铁回路　　C. 供电和搭铁回路

6. 通常情况下,电路中有大于(　　)V 的电压降表明在搭铁回路中存在接触电阻。

A. 1　　B. 5　　C. 0.1

7. 对汽车电器故障维修需要拆下蓄电池时,则首先要断开(　　)的接线电缆。

A. 蓄电池正极　　　　B. 蓄电池负极　　　　C. 断开点火开关

8. 对汽车电子电路进行焊接,需要用恒温或功率小于(　　)W 的电烙铁。

A. 25　　　　B. 75　　　　C. 100

9. (　　)出现故障时 ECU 不产生故障代码。

A. 燃油泵　　　　B. 空气流量传感器　　　　C. 氧传感器

10. 利用故障检测仪的(　　)功能可以实现在系统点亮故障指示灯(MIL)的同时记录所有传感器和执行器数据。

A. 读取故障代码　　　　B. 冻结数据帧　　　　C. 执行器功能测试

11. 发动机出现不能启动故障(启动机工作正常),在读取数据流时首先应该注意发动机的(　　)信号。

A. 转速信号　　　　B. 启动信号　　　　C. 空气流量传感器

12. 测量发动机数据流通常采取的发动机工况是(　　)。

A. 怠速

B. 发动机转速为 2000r/min

C. 怠速和发动机转速为 2000r/min 无负荷工况

13. 汽车电控系统电子信号都应该具有幅值、频率、(　　)、脉宽和阵列等 5 个可以度量的参数指标。

A. 最大值　　　　B. 形状　　　　C. 误差

14. 电子信号的幅值就是指电子信号在一定点上的(　　)。

A. 时间　　　　B. 即时电压　　　　C. 即时电流

15. 大多数进气歧管绝对压力传感器在真空度高时产生的电压信号接近(　　)V。

A. 0　　　　B. 5　　　　C. 2.5

16. 一般情况下,发动机达到正常工作温度后,冷却液温度传感器的信号电压一般为(　　)V。

A. 3 ~ 7　　　　B. 0　　　　C. 1

17. 发动机爆震传感器的信号波形峰值随(　　)的变化而变化。

A. 发动机负荷　　　　B. 发动机转速　　　　C. 发动机负荷和转速

(三)多项选择题

1. 下列传感器中,发出直流电压信号的传感器是(　　)。

A. 燃油温度传感器　　　　B. 废气再循环阀位置传感器

C. 热线式空气流量传感器　　　　D. 爆震传感器

2. 下列传感器中,发出频率调制信号的传感器是(　　)。

A. 数字式进气歧管绝对压力传感器　　　　B. 磁脉冲式曲轴位置传感器

C. 数字式空气流量传感器　　　　D. 霍尔式车速传感器

3. 下面(　　)情况会导致汽车电控单元内无故障代码储存,却有故障现象。

A. 车辆在运行中曾经发生过轻微的、瞬时的偶发性故障,很快又恢复正常

B. 偶发性 1、2 次断火故障,瞬时断油故障

C. 空气流量传感器信号超差

D. 瞬时外界电磁波干扰故障

4. 红外测温仪可以( )。
A. 迅速检查发动机某一缸工作状况
B. 检查空调和暖风系统的性能
C. 检查冷却系统故障
D. 检查废气控制系统,准确检查三效催化转化器

二 练习题答案

(一)判断题

1. ✓	2. ×	3. ✓	4. ×	5. ×	6. ✓	7. ×	8. ×	9. ✓	10. ✓
11. ×	12. ×	13. ✓	14. ✓	15. ✓	16. ×	17. ✓	18. ✓	19. ×	20. ✓
21. ×	22. ×	23. ✓	24. ×	25. ×	26. ×	27. ×	28. ✓	29. ×	30. ✓
31. ×	32. ✓	33. ✓	34. ✓	35. ✓	36. ×	37. ✓	38. ×	39. ✓	

(二)单项选择题

1. A	2. B	3. B	4. B	5. C	6. C	7. B	8. B	9. A	10. B
11. A	12. C	13. B	14. B	15. A	16. C	17. C			

(三)多项选择题

1. ABC　2. ACD　3. ABD　4. ABCD

第十四节 模拟试卷及参考答案

一 模拟试卷

(一)判断题(30 题,每题 1 分,共 30 分)

1. 电热材料是一种能将热能转变成电能的材料。 ( )
2. 双色电线的颜色标注中,第一位为辅助色,第二位为主色。 ( )
3. 汽车发动机冷却液的低温黏度越小,说明冷却液流动性越差,其散热效果也越差。 ( )
4. 轮胎按照帘布层结构可分为棉帘布轮胎、人造线轮胎、尼龙轮胎、钢丝轮胎、聚酯轮胎、玻璃纤维轮胎、无帘布轮胎。 ( )
5. PN 结具有单向导电性,可通过在 PN 结两端加正向或反向电压来证实。 ( )
6. 晶闸管导通必须同时满足两个条件:阳极电路加正向电压;门极电路加适当的正向电压。 ( )
7. 现在汽车采用的节气门位置传感器大多为开关量输出型节气门位置传感器。 ( )
8. 测量直流电流时,指针式万用表应该与被测电路并联。 ( )
9. 示波器所显示的是根据电压信号随时间的变化所描绘的曲线图,它提供给了比普通数字电压表多得多的分析依据及方法。 ( )
10. 汽车电气万能试验台是由多个电气检测仪组装构成的仪器,它用于汽车空调、灯光等车身电器的性能试验。 ( )

11. 启动过程中,电磁开关内的保持线圈被短路,由吸拉线圈维持启动状态。 (　　)
12. 电控发动机转速传感器断线,发动机一般会立即熄火。 (　　)
13. 前照灯调整时双光束灯以调整远光光束为主。 (　　)
14. 大多数车辆的中央门锁系统在驾驶员侧车门上设有总开关。 (　　)
15. 螺旋线圈的作用是连接驾驶侧气囊导线连接器和点火开关连接器。 (　　)
16. 空调电子检漏仪探头长时间置于制冷剂严重泄漏的地方很容易被损坏。 (　　)
17. 抽真空时可以将高压和低压侧管接头的一个与空调系统相连。 (　　)
18. 空调怠速稳定放大器实际上就是控制速度和温度的电路。 (　　)
19. 信号寻迹法有异于信号追踪法(信号注入法),其实质是利用一模拟信号源加在汽车音响第一级的信号输入端。 (　　)
20. 电动车窗的开关分为安全开关和升降开关,安全开关能控制所有车门上的车窗。 (　　)
21. 在超声波传感器周围使用无线电发射装置时会引起传感器误工作。 (　　)
22. 用万用表电阻挡测量CAN—high和CAN—low之间的导通性,正常情况应直接导通。 (　　)
23. 光纤衰减率是用分贝(dB)来表示的。 (　　)
24. 数字万用表对任何类型的电路均可测试,因为万用表内部都有一个大于10MΩ的电阻。 (　　)
25. 凡不受ECU直接控制的电子元件和机械元件异常,会有故障现象,但无故障代码。 (　　)
26. 如果设置该故障代码的参数环境发生错误,即使被考察的传感器参数正确,电控单元也同样判定该传感器错误。 (　　)
27. 两个或多个电子信号之间的相位关系是否正确,用普通示波器可以检测出。 (　　)
28. 示波器对直流信号的判定性度量是幅值。 (　　)
29. 电子点火正时电路的信号是串行数据信号。 (　　)
30. 通常情况下三效催化转化器前后氧传感器的信号变化频率是一样的。 (　　)

(二)单项选择题(30题,每题1分,共30分)

1. 下列(　　)传动方式,能实现空间任意两轴的传动,也可实现回转运动和直线运动之间的转换,具有工作可靠,传动比恒定等特点。

A. 带　　B. 链　　C. 齿轮

2. 金属材料抵抗外力的能力称为(　　)。

A. 物理性能　　B. 化学性能　　C. 力学性能

3. 负温度系数热敏电阻的阻值,随温度变化的规律是(　　)。

A. 温度高,电阻变小　　B. 温度低,电阻变小　　C. 温度高,电阻变大

4. 氧传感器产生的电压将在过量空气系数 λ(　　)时产生突变。

A. $=1$　　B. <1　　C. >1

5. 我国用电安全规程中把(　　)V定为安全电压。

A. 12　　B. 24　　C. 36

6. 用指针式万用表测量音频电平，当被测量音频电平大于 +22dB 时，电压应调节到（　　）V 的量程。

A. 0 ~ 50　　B. 50 ~ 150　　C. 50 ~ 250

7. 六缸发动机的断电器凸轮角为 60°，闭合角标准值为（　　）。

A. 38° ~ 42°　　B. 29° ~ 32°　　C. 40° ~ 45°

8. 常用外径千分尺按测量范围划分，每（　　）mm 为一挡。

A. 10　　B. 20　　C. 25

9. 百分表的分度值为（　　）mm。

A. 0.02　　B. 0.05　　C. 0.01

10. 模拟式万用表表头实际是一只灵敏的（　　）直流电流表。

A. 磁电式　　B. 电动式　　C. 感应式

11. 九管交流发电机中的三个功率较小的二极管是用来（　　）的。

A. 供给磁场电流　　B. 自激　　C. 整流

12. 电子点火模块是由半导体元器件组成的电子（　　）电路。

A. 放大　　B. 开关　　C. 整流

13. 卤素灯的亮度是白炽灯的（　　）倍。

A. 1.5　　B. 2　　C. 2.5

14. 大众车系中央门锁或舒适系统的地址码为（　　）。

A. 17 或 25　　B. 46 或 35　　C. 98 或 60

15. 许多车辆的副气囊在前乘员侧座椅下面有一个传感器，其作用是（　　）。

A. 检测碰撞减速度　　B. 检测撞击力　　C. 检测前乘员座上是否有人

16. 用气体渗漏试验空调压缩机，通过充填阀向空调压缩机充入制冷剂的压力需要达到（　　）MPa。

A. 0.294　　B. 0.101　　C. 0.402

17. 制冷剂离开蒸发器后在管路中是（　　）。

A. 高压液态　　B. 低压液态　　C. 低压气态

18. 空调系统电路中可变电阻的作用是（　　）。

A. 使鼓风机无级变速

B. 为鼓风机提供几个挡位的速度控制

C. 保护鼓风机驱动电路

19. 用无压力的制冷剂润滑油容器给空调系统加润滑油时，应该（　　）。

A. 在充入制冷剂的过程中加入

B. 在测试系统是否泄漏之前加入

C. 在真空和加注制冷剂的操作之间加入

20. 数字调节汽车音响数控收音微处理器的供电多采用（　　）V。

A. 12　　B. 5　　C. 24

21. 汽车卫星导航系统的地面控制系统由 1 个主控站，3 个注入站和（　　）个监测站组成。

A. 5　　B. 3　　C. 21

22. 座椅过载保险安装位置有所区别,但现在一般过载保险和(　　)装在一起。

A. 电动机　　B. 开关　　C. 熔断丝盒

23. 停车辅助系统的传感器表面(　　)时,不能正常工作。

A. 结冰　　B. 有雾气时　　C. 有水时

24. CAN—BUS 数据总线传递数据的状态域由(　　)位构成。

A. 1　　B. 11　　C. 2

25. 观察 ABS 电磁阀的信号波形时,发现波形尖峰高度降低,说明(　　)。

A. ABS 电磁阀线圈断路　　B. ABS 电磁阀线圈短路　　C. ABS 电磁阀线圈损坏

26. 如果电路的连通性遭到破坏,则电路是(　　)。

A. 短路　　B. 断路　　C. 搭铁

27. 通常情况下,电路中有大于(　　)V 的电压降表明在搭铁回路中存在接触电阻。

A. 1　　B. 5　　C. 0. 1

28. 对汽车电子电路进行焊接,需要用恒温或功率小于(　　)W 的电烙铁。

A. 25　　B. 75　　C. 100

29. 利用故障检测仪的(　　)功能可以实现在系统点亮故障指示灯(MIL)的同时记录所有传感器和执行器数据。

A. 读取故障代码　　B. 冻结数据帧　　C. 执行器功能测试

30. 测量发动机数据流通常采取的发动机工况是(　　)。

A. 怠速

B. 发动机转速为 2000r/min

C. 怠速和发动机转速为 2000r/min 无负荷工况

(三)多项选择题(20 题,每题 2 分,共 40 分)

1. 除电线电缆外,(　　)也属于导电材料的范畴之内。

A. 熔体材料、电刷、电阻合金　　B. 电热合金、热电偶材料

C. 磁性材料　　D. 双金属材料

2. 防止汽车电气设备对无线电干扰的措施是(　　)。

A. 加装阻尼电阻　　B. 加装电容器　　C. 提高电压　　D. 金属屏蔽

3. 霍尔式轮速传感器和电磁感应式轮速传感器相比有(　　)的优点。

A. 频率响应高　　B. 输出信号幅值不变

C. 抗电磁干扰能力强　　D. 制造成本低

4. 使晶闸管导通的条件是(　　)。

A. 阳极电路加正向电压

B. 阳极电压减小到不能维持其正反馈的程度

C. 在晶闸管的阳极和阴极间施加反向电压

D. 门极电路加适当的正向电压

5. 发动机综合性能分析仪可以进行(　　)。

A. 无外载测功　　B. 前照灯状况测试　　C. 进气歧管真空度波形测定与分析

D. 电控供油系统各传感器的参数测定　　E. 点火系统测试

6. 以下汽车故障检测仪器中，专用的检测仪器是(　　)。

A. TECH—Ⅱ　　B. K81　　C. VAS5051　　D. OTC

7. 电喇叭在触点间并联了电容，其目的是(　　)。

A. 灭弧　　B. 避免触电烧蚀

C. 减小触点张开时的火花　　D. 使其声音悦耳

8. 汽车防盗装置由(　　)和防盗警告灯等组成。

A. 防盗控制单元　　B. 开关　　C. 脉冲转发器　　D. 识读线圈

9. 在安全气囊系统中，导线连接器使用双锁装置的目的是(　　)。

A. 防止误点火　　B. 防止导线连接器接触不良

C. 防止导线连接器异常　　D. 防止误触发系统故障指示灯

10. 空调系统中制冷剂加得过量，会导致(　　)。

A. 蒸发器制冷不足　　B. 空调压缩机产生液击

C. 制冷剂罐堵塞　　D. 管路过热

11. 下列(　　)情况需要更换储液干燥器。

A. 储液干燥器泄漏　　B. 储液干燥器吸足了水分

C. 空调系统与大气相通 2h 以上　　D. 储液干燥器凹陷

12. 某空调系统高压侧压力偏低，而低压侧压力偏高，可能原因有(　　)。

A. 系统的高压侧有堵塞　　B. 膨胀阀被卡在打开位置

C. 空调压缩机簧片阀损坏　　D. 空调压缩机磨损

13. 向制冷系统中充入过量的制冷剂，会导致(　　)。

A. 冷气不足　　B. 油耗增大　　C. 发动机过热　　D. 低压管路上结冰

14. 使用车窗控制模块的优点有(　　)。

A. 便于驾驶员控制　　B. 可以根据不同需要设定车窗的工作模式

C. 便于模块间的通讯　　D. 便于实现防夹功能

15. 接通点火开关后，行驶记录仪进入自检状态，如果指示灯不闪烁，则应(　　)。

A. 检查行驶记录仪的工作电路是否断路

B. 检查行驶记录仪与线束间的连接是否良好

C. 检查汽车点火开关有无输出电压

D. 检查 U 盘的格式

16. 光电耦合器的作用是(　　)。

A. 在信号传输中起到隔离作用　　B. 在光电网络中进行信号转换

C. 防止信号损失　　D. 抗电磁干扰

17. 下列传感器中，发出直流电压信号的传感器是(　　)。

A. 燃油温度传感器　　B. 废气再循环阀位置传感器

C. 热线式空气流量传感器　　D. 爆震传感器

18. 下列传感器中，发出频率调制信号的传感器是(　　)。

A. 数字式进气歧管绝对压力传感器　　B. 磁脉冲式曲轴位置传感器

C. 数字式空气流量传感器　　　　D. 霍尔式车速传感器

19. 下面(　　)情况会导致汽车电控单元内无故障代码储存,却有故障现象。

A. 车辆在运行中曾经发生过轻微的、瞬时的偶发性故障,很快又恢复正常

B. 偶发性1、2次断火故障,瞬时断油故障

C. 空气流量传感器信号超差

D. 瞬时外界电磁波干扰故障

20. 红外测温仪可以(　　)。

A. 迅速检查发动机某一缸工作状况

B. 检查空调和暖风系统的性能

C. 检查冷却系统故障

D. 检查废气控制系统,准确检查三效催化转化器

二 模拟试卷参考答案

(一)判断题

1. ×	2. ×	3. ×	4. ×	5. ✓	6. ✓	7. ×	8. ×	9. ✓	10. ×
11. ×	12. ✓	13. ×	14. ✓	15. ×	16. ✓	17. ×	18. ✓	19. ✓	20. ×
21. ✓	22. ×	23. ✓	24. ✓	25. ×	26. ✓	27. ×	28. ✓	29. ×	30. ×

(二)单项选择题

1. C	2. C	3. A	4. A	5. C	6. C	7. A	8. C	9. C	10. A
11. A	12. B	13. A	14. B	15. C	16. A	17. C	18. B	19. C	20. B
21. A	22. A	23. A	24. B	25. B	26. B	27. C	28. B	29. B	30. C

(三)多项选择题

1. ABD	2. ABD	3. ABC	4. AD	5. ACDE
6. AC	7. ABC	8. ACD	9. BC	10. ABD
11. ABC	12. BCD	13. ABC	14. BCD	15. ABC
16. AB	17. ABC	18. ACD	19. ABD	20. ABCD

附　　录

附录1　机动车维修技术人员从业资格培训技术要求(JT/T 698—2007)

1　范围

本标准规定了机动车维修技术人员从业资格培训技术要求。

本标准适用于机动车维修技术负责人、质量检验员、机修、电器维修、钣金(车身修复)、涂漆(车身涂装)和车辆技术评估(含检测)等岗位的机动车维修技术人员的从业培训。

2　规范性引用文件

下列文件的条款通过本标准的引用而成为本标准的条款。凡是注日期的引用文件,其随后所有的修改单(不包括勘误的内容)或修订版均不适用于本标准,然而,鼓励根据本标准达成协议的各方研究是否可使用这些文件的最新版本。凡是不注日期的引用文件,其最新版本适用于本标准。

GB/T 3798　整车大修竣工出厂技术条件

GB/T 3799　商用汽车发动机大修竣工出厂技术条件

GB 3847　车用压燃式发动机和压燃式发动机汽车排气烟度排放限值及测量方法

GB/T 5336　大客车车身大修技术条件

GB/T 5624　汽车维修术语

GB 7258　机动车运行安全技术条件

GB/T 16739.1、16739.2　汽车维修业开业条件

GB/T 17933　汽车综合性能检测站能力的通用要求

GB/T 18189　摩托车维修业开业条件

GB/T 18275　汽车制动传动装置修理技术条件

GB 18285　点燃式发动机汽车排放污染物限值及测量方法(双怠速法及简易工况法)

GB/T 18344　汽车维护、检测、诊断技术规范

GB 18565　营运车辆综合性能要求和检验方法

GB/T 19910　汽车发动机电子控制系统修理技术要求

GA 468　机动车辆安全检验项目和方法[该标准已被《机动车安全技术检验项目和方法》(GB 21861—2008)所代替,以下同]

JT/T 198　营运车辆技术等级划分及技术评定要求

JT/T 478　汽车综合性能检测站计算机控制系统技术规范

JT/T 509　轿车车身维护技术要求

JT/T 640　汽车维修行业计算机管理信息系统技术规范

3　术语和定义

GB/T 5624 确立的以及下列术语和定义适用于本标准。

3.1

机修　machine maintenance

机动车维修企业中机动车机械及其控制系统维修作业。

3.2

电器维修　electrical equipment maintenance

机动车电器、电子器件、线路的检测、调整、修理作业。

3.3

钣金(车身修复)　autobody rehabilitation

机动车维修中的车身修复(涂装除外)作业。

3.4

涂漆(车身涂装)　autobody japanning

机动车维修中的车身涂装作业。

3.5

车辆技术评估(含检测)　vehicle technique evaluation

机动车维修企业或机动车综合性能检测站中机动车性能检测和技术状态评定。

4　培训技术要求

注:下列表中“学时”栏中,带“+”号的,前面数字表示理论学时,后面表示实操学时。

4.1　职业道德和法律法规培训技术要求

职业道德和法律法规培训技术要求见表1,相关文件见附录A。

职业道德和法律法规培训技术要求　　表1

培训项目	培训内容	培训技术要求	学时
机动车维修技术人员职业道德	职业道德	①了解职业和职业道德的概念; ②了解职业道德的特点和标准; ③熟悉机动车维修行业职业道德要求及其社会性; ④掌握机动车维修职业道德; ⑤掌握爱岗敬业、诚实守信、忠于职守、服务群众、奉献社会等机动车维修从业人员须遵循的具体职业道德规范	8
	行业行为规范公约	①掌握八条行规行约的具体内容; ②掌握行规行约中对“守法经营、接受监督,诚信为本、公平竞争”的要求; ③掌握行规行约中对“尊重客户、热忱服务,弘扬职业道德,建设精神文明”的要求; ④掌握行规行约中对“规范操作、保证质量,文明生产、保护环境”的要求; ⑤掌握行规行约中对“自我管理、自我发展,科技兴业、开拓创新”的要求	

续上表

培训项目	培训内容	培训技术要求	学时
机动车维修法律法规	《中华人民共和国道路运输条例》(以下简称《道条》)	①了解《道条》对推动我国道路运输业发展的重大意义; ②了解《道条》的基本内涵和原则; ③掌握《道条》的总则、第三十八条、第四十条、第四十四条、第四十五条、第四十六条等与机动车维修相关的规定及其释义; ④掌握《道条》第六章法律责任中第六十六条、第六十七条、第七十三条、第七十四条的内容	4
	《机动车维修管理规定》	①熟悉《机动车维修管理规定》的立法目的和重大意义; ②掌握机动车维修经营许可的分类、从事机动车维修经营业务的条件、许可申请程序、审批时限、许可证件有效期、许可事项变更登记等; ③掌握机动车维修经营者在维修经营方面的责任和义务; ④掌握机动车维修经营者在质量管理方面的法定义务; ⑤了解道路运输管理机构应当履行的职责; ⑥掌握机动车维修经营者应当配合和服从监督检查的义务; ⑦了解道路运输管理人员违反《机动车维修管理规定》应承担的法律责任; ⑧掌握机动车维修经营者违反《机动车维修管理规定》应承担的法律责任	6
	机动车维修管理相关法规概述	①了解《大气污染防治法》的主要内容并掌握第四章"防治机动车船排放污染"; ②了解《合同法》主要内容,掌握与机动车维修行业相关的条款; ③了解《标准化法》主要内容,掌握与机动车维修行业相关的条款; ④了解《产品质量法》主要内容,掌握在机动车维修行业实施的条款; ⑤了解《消费者权益法》、《劳动法》、《固体废物污染环境防治法》、《水污染防治法》、《安全生产法》、《计量法》等法规的主要内容及其在机动车维修行业适用的条款	6
标准与规范	标准的基本知识	①了解标准定义、属性、分类及标准代号的含义; ②了解标准制定的原则和过程,标准发布与管理的有关规定; ③了解标准贯彻实施的形式,以及标准化监督机制的有关规定; ④了解汽车维修标准体系结构及其内容	4
	机动车维修管理、服务技术标准	①了解 GB/T 16739.1、16739.2 对各类汽车维修企业(业户)应具备的人员、组织管理、设备、设施等条件方面的规定; ②了解 GB/T 18189 对各类摩托车维修企业(业户)开业技术条件方面的规定; ③了解 JT/T 640 对汽车维修行业包括行业管理、企业管理建立计算机管理信息系统的技术要求方面的规定; ④了解 JT/T 478 对汽车综合性能检测站建立计算机管理信息系统,包括运行环境、检测系统、业务处理、系统维护等方面的规定; ⑤了解 GB/T 17933 对汽车综合性能检测站开展汽车综合性能检测工作应具备的服务功能、管理、技术能力以及场地和设施方面的规定	12

续上表

<table>
<tr><th>培训项目</th><th>培训内容</th><th>培训技术要求</th><th>学时</th></tr>
<tr><td rowspan="2">标准与规范</td><td>机动车维修技术标准</td><td>①了解 GB/T 18344 对汽车维护作业的分级与周期、维护作业工艺过程、维护作业(包括检测诊断、竣工检验技术要求)等所作的有关规定；
②掌握汽车二级维护的工艺过程及各工序的技术要求；
③了解 GB/T 19910 对汽车发动机(点燃式汽油发动机)电子控制系统维修前检查、视情维修以及维修后检验的技术要求方面的规定；
④掌握汽车发动机电子控制系统维修的基本要求；
⑤了解 GB/T 18275 对汽车制动传动装置,包括气压制动、液压制动传动装置修理的基本技术要求、试验方法和检验规则方面的规定；
⑥掌握汽车制动传动装置修理的基本要求和检验规则；
⑦了解 GB/T 3798 中如何进行汽车整车大修出厂技术检验以及在整车大修质量保证方面的规定；
⑧掌握汽车整车大修竣工验收的基本要求和质量保证期；
⑨了解 GB/T 3799 在商用汽车发动机大修出厂技术检验、发动机大修质量保证和包装要求方面的规定；
⑩掌握发动机大修竣工验收的基本要求和质量保证期；
⑪了解 GB/T 5336 对大客车车身修理的技术要求、附件及电器的安装与使用要求,竣工检验及质量保证要求方面的规定；
⑫掌握大客车车身修理竣工验收的基本要求和质量保证期；
⑬掌握 JT/T 509</td><td>12</td></tr>
<tr><td>汽车检测技术标准</td><td>①了解 GB 18565 对营运车辆综合性能,包括动力性、燃料经济性、制动性、转向操纵性、照明和信号装置及其他电器设备、排放与噪声控制、密封性整车装备的基本技术要求和检验方法方面的规定；
②掌握营运车辆综合性能检验的基本要求；
③了解 GB 7258 对机动车整车及主要总成、安全防护装置等有关运行安全的基本技术要求及检验方法方面的规定；
④掌握机动车安全性能检验的基本要求；
⑤了解 GA 468 对机动车安全性能检验的方式、工位、项目、常用设备和工具,检验流程、检验方法、检验结果及审核等方面的规定；
⑥掌握机动车安全性能检验项目、检验流程和检验结果及审核的基本要求；
⑦了解 GB 18285 对点燃式发动机汽车怠速和高怠速工况下排气污染物排放限值及测量方法,以及采用稳态工况法、瞬态工况法和简易瞬态工况法三种简易工况法进行排放测量方法方面的规定；
⑧掌握 GB 18285 的适用范围和几种不同排放测量方法的基本原则；
⑨了解 GB 3847 对在用汽车车用压燃式发动机和压燃式发动机汽车排气烟度排放限值及排放测试方法方面的规定；
⑩掌握在用汽车排气烟度排放控制要求及测量方法；
⑪掌握 JT/T 198 对营运车辆技术状况等级的评定内容、等级划分、评定项目和技术要求方面的规定</td><td>12</td></tr>
</table>

4.2 技术质量管理培训技术要求

技术质量管理培训技术要求见表2。

技术质量管理培训技术要求 表2

培训项目	培训内容	培训技术要求	学时
技术质量管理	质量管理	①熟悉机动车维修质量管理的各项制度(质量检验制度、合格证管理制度、质量保证期制度、返修制度、质量信誉考核制度和技术档案管理制度); ②了解ISO 9000族标准体系和八项质量管理原则在机动车维修企业管理中的实际应用; ③掌握质量管理体系的策划,并建立机动车维修企业质量保证体系; ④熟悉编制机动车维修企业质量手册、程序文件和作业指导书的要求	20
	设备管理	①掌握机动车维修检测设备和工具的选购、正确使用、维修、保管的全过程管理,并能实施机动车维修检测设备的更新; ②能制定各类机动车维修检测设备的安全技术操作规程	
	配件管理	①了解常用机动车配件的使用性能; ②熟悉配件采购、入库、出库管理流程; ③掌握配件库存管理方法	
	计量管理	①熟悉计量管理规定; ②熟悉计量器具的检定周期和检定要求; ③掌握计量器具的选购、正确使用、维护和更新的全过程管理	
维修质量控制	质量检验	①掌握机动车维修进厂检验、过程检验、竣工出厂检验的内容、方法和要求,能对检验记录进行分析; ②了解机动车安全、综合性能检测的方法和技术要求,并能对检测报告进行分析; ③掌握营运车辆技术等级评定的项目、技术要求和检测方法	20
	质量分析	能根据维修车辆一次合格率、返修率、质量事故、质量投诉等对机动车维修质量进行分析,并能根据分析结果提出合理的改进措施	
	维修质量纠纷处理	①熟悉维修质量纠纷处理适用的法律、法规; ②熟悉维修质量纠纷的调解程序; ③掌握维修质量纠纷技术鉴定的基本原则; ④掌握返修认定的程序和处理方法	
技术支持	人员培训与考核	①掌握机动车维修技术人员从业资格条件; ②能根据企业实际情况制订人员培训和考核计划; ③能够组织实施各类人员的技术培训和考核	22
	技术文件管理	①能收集和整理技术资料; ②能制订各类工艺文件; ③熟悉工时定额与收费标准的制定方法	
	疑难故障处理	熟悉疑难故障处理的程序及方法	
	计算机管理	①熟悉业务接待、生产调度、配件档案管理等计算机管理流程; ②掌握计算机管理的方法	
	技术创新	掌握制订机动车维修企业技术开发、技术改造、技术革新方案的方法并组织实施,对技术成果组织推广运用	
	安全生产与环境保护	①熟悉机动车维修对安全生产和环境保护要求; ②能制订维修企业安全生产和环境保护措施并贯彻实施	
现场管理	现场管理	①熟悉5S现场管理的内容; ②掌握5S现场管理的方法,并能够组织实施机动车维修企业的5S现场管理	4

4.3　维修检验培训技本要求

维修检验培训技术要求见表3。

维修检验培训技术要求　表3

培训项目	培训内容	培训技术要求	学时
质量管理知识	机动车维修质量及质量评定	①了解机动车维修质量的定义； ②掌握机动车维修质量评定的主要参数； ③了解质量管理的概念； ④掌握机动车维修企业质量管理的基础工作内容； ⑤了解机动车维修质量保证体系的组成； ⑥了解ISO 9000质量体系认证的有关知识	2
	机动车维修质量管理制度	①了解行业各项质量管理制度的有关规定； ②熟悉各项质量管理具体工作的程序及要求	2
	机动车维修质量检验技术档案	①掌握进厂检验单、过程检验单和竣工检验单的内容以及检验记录要求； ②能够正确填写各类检验单； ③能够读懂检测报告单； ④对综合性能检测结果能够进行分析、处理； ⑤掌握返修记录要求； ⑥正确使用返修记录单，做好返修统计考核工作	3+3
	机动车维修返修与质量事故的鉴定与处理	①掌握返修认定的基本程序与处理方法； ②掌握质量事故分析与鉴定的基本原则、程序与处理方法； ③通过典型案例分析，掌握和积累质量纠纷处理的实践经验，提高质量管理和服务水平	3+3
常用量具、仪表和仪器	常用量具和仪表的使用与检验	①懂得游标卡尺、外径千分尺和内径千分尺的工作原理，掌握使用方法与检定方法； ②掌握百分表和量缸表的工作原理、使用方法与检定方法； ③掌握汽缸压力表、轮胎气压表、排气管背压表和真空表的工作原理、使用方法与检定方法	2+1
	常用仪器的使用与检验	掌握万用表、示波器、故障检测仪和红外线测温仪的工作原理、使用方法与检定方法	4+2
机动车维修质量检验	机动车性能检验	①掌握机动车动力性能的检验标准和检验方法； ②熟悉底盘测功机和发动机综合性能分析仪的结构原理、性能与使用方法，并了解其标定方法； ③掌握机动车制动性能、转向操纵性能、悬架特性、照明和信号装置及车速表的检验标准与检验方法； ④熟悉制动检验台、侧滑检验台、四轮定位仪、悬架装置检测台、车轮平衡机、前照灯检验仪和车速表检验台的结构原理、性能与使用方法，并了解其标定方法； ⑤掌握机动车燃油经济性能的检验标准和检验方法； ⑥熟悉油耗仪的结构原理、性能和使用方法，并了解其标定方法； ⑦掌握机动车排气污染物及噪声的检验标准和检验方法； ⑧熟悉机动车排气分析仪和声级计的结构原理、性能与使用方法，并了解其标定方法； ⑨掌握整车检验的基本项目和车辆维修竣工技术要求、检验项目和路试检验的方法； ⑩能根据检验结果分析、判断存在的故障及其排除方法	9+12

续上表

培训项目	培训内容	培训技术要求	学时
机动车维修质量检验	机动车主要零部件的检验	①发动机:掌握汽缸与汽缸体,曲柄连杆机构和配气机构的主要零件,冷却系统、润滑系统和燃油系统主要零部件的技术要求与检验方法; ②底盘:掌握离合器、变速器、传动轴、驱动桥、制动系统、转向系统和悬架(包括货车车架)主要零部件的技术要求与检验方法; ③电器与电子设备部件及总成:掌握蓄电池、发电机及调节器、启动机及启动继电器、点火装置、照明设备、信号装置、仪表和辅助电器的技术要求与检验方法; ④空调装置:掌握空调装置工作压力和密封性的检验方法及空调装置的故障诊断方法	3+6
	机动车电控和液压系统的检验	①掌握电控系统 ECU、传感器和执行器的检验方法; ②能根据检验结果分析、判断电控系统 ECU、传感器和执行器的性能状况; ③掌握发动机电控系统、自动变速器电控系统、ABS 电控系统、悬架高度调整电控系统、前照灯高度调整电控系统、ESP 系统、空调电控系统的检验方法,防盗系统和辅助安全系统控制装置的技术要求与检验方法;并能根据检验结果分析、判断存在的故障及故障排除方法; ④掌握车载网络系统的结构和检验方法,并能根据检验结果分析、判断存在的故障及故障排除方法; ⑤掌握自动变速器等油路油压检验方法,并能根据检验结果分析、判断油路故障及故障排除方法	6+6
	车身修复质量的检验知识	①了解车身的性能要求(安全性、防腐、防漏和降噪); ②掌握车身的损伤类型、测量和检验方法,以及维修质量标准; ③掌握车身的密封性检验方法; ④熟悉车身吸能区的设计; ⑤熟悉车身修复的方法:整平和校正,应力的消除,焊接修理(气体保护焊和电阻点焊等)以及塑料和玻璃纤维件的修理(包括黏结剂的应用); ⑥掌握二氧化碳气体保护焊和电阻点焊的质量检验方法	3+3
	车身涂装质量的检验知识	①了解涂层的种类和应用范围; ②掌握涂层破坏程度的评估方法; ③了解涂层的特性; ④掌握涂层主要质量检验指标和质量检验用仪器与工具的使用; ⑤掌握涂料的识别方法; ⑥了解涂层修复工艺(包括涂装前处理)和所使用的主要设备; ⑦了解涂层的主要缺陷种类、产生的原因和可能采取的补救措施	3+3
机动车配件质量检验和控制	机动车常用材料性能与质量控制常识	①熟悉常用金属材料(铸铁,碳素钢,合金钢,铝、铜及其合金)的性能(机械性能、物理性能、化学性能和工艺性能); ②熟悉常用非金属材料(橡胶、塑料和摩擦片材料)的性能,掌握其质量控制常识; ③掌握常用运行材料的性能及其质量控制常识	4+5
	机动车配件质量鉴别和检验方法	①了解机动车配件的类型; ②熟悉机动车配件选购的基本原则和注意事项; ③掌握机动车配件质量鉴别和检验的一般方法	6+6

4.4 机修培训技术要求

机修培训技术要求见表4。

机修培训技术要求 表4

培训项目	培训内容	培训技术要求	学时
机修基础知识	机械基础	①能够读懂零件图及装配图； ②熟悉公差及公差配合的概念； ③了解轴类零件的定位方式； ④熟悉齿轮传动、带传动、链传动等常见机械传动类型及工作原理和特点； ⑤了解机动车用钢、铸铁、铝等金属材料的性能； ⑥了解机动车用橡胶、塑料、玻璃纤维等非金属材料的性能； ⑦了解润滑油、齿轮油、自动变速器油、动力转向油、制动液等的特性及分级方法； ⑧掌握润滑油、齿轮油、自动变速器油、动力转向油、制动液、冷却液等的选用方法	4
	电工电子基础	①熟悉二极管、三极管、电容器、电机、继电器等电子组件的结构和工作原理及检测方法； ②熟悉机动车基本电路的组成和工作原理； ③掌握机动车基本电路的检测方法； ④了解磁和电磁的概念； ⑤了解电磁干扰和抗干扰措施； ⑥熟悉常用机动车元器件的电路符号； ⑦掌握机动车电路图读图的基本方法和步骤； ⑧能够熟练阅读机动车整车电路	2+2
	微机控制基础	①熟悉常用传感器的类型、工作原理及检测方法； ②了解机动车电控系统的基本构成和工作原理； ③熟悉机动车典型控制的控制方法	2+2
	液压与气压传动基础	①了解液压传动的基本原理； ②熟悉液压传动在机动车上的典型应用； ③了解气压传动的基本原理； ④熟悉气压传动在机动车上的典型应用	2
	车辆识别代码(VIN)和机动车配件编码规则	①熟悉车辆识别代码的编码规则和各组成部分的含义； ②熟悉机动车配件的编码规则	2
发动机结构与检修	发动机概论	①熟悉发动机的分类方法和发动机的总体构造； ②熟悉发动机的基本工作原理； ③了解发动机主要技术、性能参数的概念； ④了解评价发动机技术性能的方法	2
	曲柄连杆机构结构与检修	①了解曲柄连杆机构的组成； ②掌握汽缸、连杆、曲柄、活塞等主要部件检测及维修方法； ③了解曲柄连杆机构故障的特征； ④掌握曲柄连杆机构常见故障检测诊断方法	1+1

续上表

培训项目	培训内容	培训技术要求	学时
发动机结构与检修	配气机构结构与检修	①了解配气机构的组成； ②掌握进行凸轮轴等主要部件检测及维修的方法； ③能进行活塞和轴瓦的选配、气门密封性能的检查； ④掌握配气相位、可变配气相位的概念； ⑤了解影响配气相位的因素； ⑥能正确进行配气机构的安装、检查和调整； ⑦熟悉可变配气机构的结构和工作原理； ⑧了解配气机构故障的特征； ⑨掌握配气相位错误引发故障的检测诊断方法； ⑩能检测诊断配气机构异响故障	2+2
	汽油机燃油供给系统结构与检修	①了解化油器式燃油供给系统的组成； ②掌握典型化油器的结构、工作原理和调整方法； ③能进行化油器供油系统的故障检测诊断和排除； ④熟悉汽油喷射式燃油供给系统的基本构成； ⑤掌握汽油喷射式燃油供给系统各主要传感器、执行器的结构和工作原理； ⑥熟练使用万用表对传感器、执行器进行单件检测，并根据检测结果确认部件的性能； ⑦能熟练使用示波器对传感器信号波形、执行器驱动波形进行检测，并根据检测结果判断故障部位； ⑧能进行汽油喷射式燃油供给系统故障的检测诊断和排除	8+8
	柴油机燃油供给系统结构与检修	①了解泵—管—嘴、泵—喷嘴、P—T和共轨式柴油供给系统的组成； ②熟悉泵—管—嘴、泵—喷嘴、P—T和共轨式柴油供给系统主要部件的结构和工作； ③能对喷油泵和喷油器等进行性能检查、调整，能进行喷油泵的调校； ④熟悉柴油机燃油供给系统常见故障的原因； ⑤能进行柴油机燃油供给系统常见故障的检测诊断和排除	6+6
	启动、点火系统结构与检修	①了解发动机启动系统的组成和功能； ②熟悉启动机的结构、工作原理，掌握启动性能的检测； ③掌握机动车启动控制电路，掌握启动控制电路的检测方法； ④能进行启动系统常见故障的检测诊断和排除； ⑤了解触点式、电子式及电控点火系统(含独立点火系统)的组成； ⑥熟悉点火系统主要组成部件的结构和工作原理； ⑦能熟练使用万用表等检测设备对点火系统主要部件进行性能检测； ⑧掌握点火控制电路，并掌握点火控制电路的检测方法； ⑨能熟练使用示波器进行点火波形的检测，并能根据点火波形进行点火系统故障分析； ⑩能进行点火系统常见故障的检测诊断和排除	7+9

续上表

培训项目	培训内容	培训技术要求	学时
发动机结构与检修	冷却、润滑系统结构与检修	①了解冷却系统的组成; ②熟悉冷却系统主要部件的结构和工作原理,并能进行其性能检测; ③了解冷却风扇控制方式,熟悉冷却风扇控制电路,并能进行冷却风扇控制电路的检测; ④能进行冷却系统常见故障的检测诊断和排除; ⑤了解润滑系统的功能和组成; ⑥熟悉润滑系统主要部件的结构和工作原理,并能进行部件的性能检测; ⑦熟悉机油压力报警系统的功能、组成和工作原理,熟悉导致机油压力报警的原因; ⑧能进行润滑系统常见故障的检测诊断和排除	1+1
	发动机进排气系统结构与检修	①了解怠速控制系统类型,熟悉怠速控制系统的组成和工作原理,掌握怠速控制系统常见故障的检测诊断方法; ②了解涡轮增压系统的功能、组成,熟悉涡轮增压器的结构和性能检测方法; ③了解电子供油系统的组成,熟悉其结构和工作原理,掌握电子供油系统的检测方法; ④了解可变进气系统的组成,熟悉可变进气系统的结构和工作原理,掌握可变进气系统的检测方法; ⑤了解发动机排放污染物的形成和控制原理; ⑥熟悉发动机排放控制系统的类型、基本组成和工作原理; ⑦掌握燃油蒸发控制、EGR、TWC、二次空气喷射系统的性能检测方法	3+3
	混合动力系统结构与检修	①了解混合动力系统的分类; ②熟悉混合动力系统的组成和工作原理; ③熟悉典型机动车混合动力系统的构成和故障检测方法	2
	发动机防盗系统结构与检修	①了解发动机防盗系统的分类; ②熟悉发动机防盗系统的组成和工作原理; ③熟悉典型机动车发动机防盗系统的构成和故障检测方法; ④能够进行发动机防盗系统的匹配作业	1+1
	传动系统结构与检修	①了解离合器的功能和分类; ②熟悉离合器的结构和工作原理; ③掌握离合器的检查调整方法; ④能进行离合器常见故障的检测诊断和排除;	2
		⑤了解手动变速器和手动变速驱动桥的功能; ⑥掌握手动变速器和手动变速驱动桥的结构和工作原理; ⑦能正确进行手动变速器和手动变速驱动桥的拆装; ⑧能进行手动变速器和手动变速驱动桥常见故障的检测诊断和排除;	2+2
		⑨了解自动变速器和自动变速驱动桥的类型; ⑩掌握自动变速器和自动变速驱动桥(含 CVT)的结构和工作原理,能进行动力传递线路的分析; ⑪能进行自动变速器和自动变速驱动桥的性能试验,并能根据试验结果进行故障分析; ⑫能正确进行自动变速器和自动变速驱动桥的拆装; ⑬能进行自动变速器和自动变速驱动桥常见故障的检测诊断和排除;	6+6
		⑭了解传动轴的结构,掌握传动轴动平衡的检测方法; ⑮熟悉驱动桥的结构,掌握其检查调整方法	1

续上表

培训项目	培训内容	培训技术要求	学时
车辆底盘结构与检修	转向系统结构与检修	①了解机械式、液压动力式和电控动力式转向系统的组成； ②掌握机械式、液压动力式和电控动力式转向系统转向器的结构和工作原理，并能对转向器的性能进行检测； ③能进行转向盘自由行程、转向力的检查调整； ④能进行转向系统常见故障的检测诊断和排除	2 +2
	行驶系统结构与检修	①了解车桥和车轮的结构； ②能进行车轮动平衡； ③了解悬架及电控悬架的组成； ④熟悉悬架主要组成部件的结构，并掌握其检测方法； ⑤能进行悬架常见故障的检测诊断和排除； ⑥掌握车轮定位的概念、各车轮定位参数的含义及功能； ⑦能熟练使用四轮定位仪对车辆定位参数进行检测，并根据检测结果进行故障分析	2 +2
	制动系统结构与检修	掌握制动系统的结构组成、工作原理、检测及维修方法	3 +3
车载网络系统与车身电控系统	车载网络系统结构与检修	①了解车载网络基础知识； ②熟悉 CAN 双线式数据总线、MOST 网络系统、LIN 网络系统的结构和检修方法； ③了解车载网络系统的故障特点； ④熟悉车载网络系统故障检测诊断的方法	
	车身电控系统简介	①了解车辆防盗系统的功能、类型、组成和工作原理； ②了解中控门锁的结构和工作原理； ③了解机动车空调系统和电控自动空调系统的组成、结构和工作原理； ④了解乘员辅助保护系统的组成、结构和工作原理； ⑤了解机动车仪表系统的组成、结构和工作原理	
车辆故障综合检测诊断	车辆故障检测诊断基础知识	①了解机动车故障的定义； ②了解故障模式和故障类型； ③了解故障诊断分类、故障诊断的条件； ④了解机动车故障诊断参数、故障诊断标准； ⑤熟悉机动车零部件失效的概念和失效的基本类型； ⑥熟悉机动车零部件失效的基本原因； ⑦熟悉机动车零部件失效的分析方法； ⑧掌握失效分析的步骤； ⑨熟悉电控组件故障类型及特点； ⑩了解 ECU 对电控组件故障的确认方法； ⑪熟悉电控系统故障类型及特点； ⑫掌握机动车故障诊断的基本程序； ⑬掌握机动车故障诊断的基本方法	

续上表

培训项目	培训内容	培训技术要求	学时
车辆故障综合检测诊断	典型故障分析方法在机动车故障诊断中的应用	①了解机动车故障电脑诊断仪的结构和工作原理,熟悉典型机动车故障电脑诊断仪的功能; ②能熟练使用机动车故障电脑诊断仪对车辆电控系统进行故障代码的读取和清除; ③掌握故障代码的分析方法和技巧; ④能根据故障代码进行车辆故障分析和排除; ⑤能熟练使用机动车故障电脑诊断仪对车辆电控系统进行动态数据读取; ⑥掌握动态数据的分析方法和技巧; ⑦能够利用动态数据进行车辆故障分析和排除; ⑧了解示波器的结构和工作原理; ⑨能熟练使用示波器进行波形检测; ⑩掌握波形的分析方法和技巧; ⑪能利用波形进行车辆故障分析和排除,了解真空度的形成; ⑫了解真空表的结构和工作原理; ⑬能熟练使用真空表进行真空度的测量; ⑭掌握真空度的分析方法和技巧; ⑮能利用真空度进行车辆故障分析和排除; ⑯了解尾气成分及成因; ⑰了解尾气分析仪的结构和工作原理; ⑱能熟练使用尾气分析仪进行尾气参数的测量; ⑲掌握尾气分析方法和技巧; ⑳能根据尾气检测结果进行车辆故障分析和排除; ㉑能拓展尾气分析仪在机动车故障检测诊断中的应用; ㉒了解红外测温仪的结构和工作原理; ㉓了解温度分析在机动车故障诊断中的应用范围; ㉔熟练使用红外测温仪进行温度参数测量; ㉕掌握温度分析方法和技巧; ㉖能够根据温度检测结果进行车辆故障分析和排除	10 + 10
	机动车故障综合诊断分析	①了解车辆典型异响的故障特征; ②掌握车辆异响故障的诊断方法; ③能正确排除车辆异响故障; ④掌握发动机综合故障的分析方法和思路; ⑤能排除发动机典型综合故障; ⑥掌握机动车底盘综合故障的分析方法和思路; ⑦能排除底盘典型综合故障	6 + 6

4.5 电器维修培训技术要求

电器维修培训技术要求见表5。

表5

电器维修培训技术要求

培训项目	培训内容	培训技术要求	学时
机械基础	机械识图	①熟悉机械制图及零件图的绘制方法; ②了解公差与配合、表面粗糙度等基本概念,了解公差与配合、形位公差、表面粗糙度等的标注方法	8+2
	机械常识	①了解机动车用金属材料、非金属材料、机动车运行材料等基本知识,熟悉机械零件基础常识; ②熟悉导电材料、绝缘材料、磁性材料等机动车电工常用材料性能及其应用	
	工具、量具及检测仪器设备	①了解机动车维修常用工具、量具及检测仪器设备的结构、工作原理和标定方法; ②能熟练使用机动车维修常用工具、量具及检测仪器设备	
电工电子基础	电工基础	①掌握基本电路的运算知识; ②了解单相、三相交流电路的基本知识; ③熟悉安全用电常识,以及与机动车相关的安全用电知识	12+3
	电子基础	①掌握电子组件的结构、工作原理; ②掌握集成电路和逻辑电路的基本概念; ③熟悉晶体管电路、集成电路和逻辑电路等在机动车上的应用知识; ④了解机动车电磁干扰及防护	
	电路识图	①熟悉机动车电路的组成、分类和特点; ②掌握机动车电气线路图的识图方法	
	车用传感器	①掌握车用传感器的种类、结构和作用; ②熟悉车用传感器的工作原理和性能检测方法	
机动车电源、启动系统	电源系统	①熟悉电源系统的组成与基本电路; ②掌握蓄电池基本构造、工作原理和检测方法; ③掌握发电机、调节器的构造、工作原理和检测方法; ④掌握电源系统常见故障的诊断方法	4+2
	启动系统	①熟悉启动系统的组成和基本电路; ②掌握启动机的构造、工作原理和检测方法; ③掌握启动系统电路的检测方法和系统常见故障的诊断、排除方法	
点火系统	传统点火系统	①掌握传统点火系统的组成和工作过程; ②掌握传统点火系统主要部件的构造和检测方法; ③掌握传统点火系统故障诊断和排除方法	7+5
	电子点火系统	①熟悉电子式及电控点火系统组成和工作原理; ②掌握电子式及电控点火系统主要部件的性能检测方法;能熟练使用万用表等检测仪器对点火系统主要部件进行性能检测; ③掌握点火控制电路,并掌握点火控制电路的检测方法; ④能熟练使用示波器进行点火波形的检测,并能根据点火波形进行点火系统故障分析; ⑤掌握电控点火系统点火提前角控制和爆震控制工作原理及故障诊断方法	

续上表

培训项目	培训内容	培训技术要求	学时
照明、仪表和信号系统	照明系统	①熟悉机动车照明系统的组成和功用,掌握对机动车照明电路的检测方法; ②熟悉前照灯的结构、调整方法; ③熟悉氙气前照灯电路,掌握相关的检测、调整方法	5+2
	仪表和信号系统	①掌握各种仪表结构、工作原理; ②掌握仪表系统的检测和故障排除方法; ③掌握转向灯、制动灯、倒车灯等信号控制电路的故障检测方法; ④掌握电喇叭的类型、构造、工作原理和控制电路的检测方法	
防盗系统	防盗系统	①熟悉防盗系统的组成、工作原理和组件检测方法; ②熟悉防盗系统的检修方法; ③掌握防盗系统常见故障及诊断方法; ④掌握防盗系统的设定和匹配知识	7+4
	中央门锁系统	①熟悉中央门锁装置的组成、工作原理和组件检测方法; ②熟悉中央门锁装置的常见故障及检修方法; ③掌握常见车型遥控器的更换和匹配方法	
	机动车防盗系统对发动机的影响	①熟悉防盗器发生故障时对发动机及相关部件的影响; ②掌握典型车型的防盗系统与发动机的匹配方法	
辅助安全系统	辅助安全系统组成工作原理和组件检测	①了解辅助安全系统的常见类型; ②熟悉辅助安全系统组成、工作原理和组件检测方法	5+2
	辅助安全系统检测	掌握辅助安全系统故障检测方法	
	辅助安全系统常见故障及诊断	①熟悉辅助安全系统出现故障时的现象及对其他系统的影响; ②掌握辅助安全系统的常见故障及诊断方法; ③掌握更换辅助安全系统的组件及模块的方法; ④掌握使用相关检测仪器,对辅助安全模块进行编码的方法	
车载网络系统	车载网络基础知识,CAN双线式数据总线结构及检修	了解车载网络的类型、工作原理,掌握CAN双线式数据总线结构与检修方法	5+2
	MOST网络系统结构和检修	掌握MOST网络系统结构与检修方法	
	LIN网络系统和检修	掌握LIN网络系统结构与检修方法	
	车载网络系统常见故障检测诊断	①熟悉车载网络系统的故障特点; ②掌握车载网络系统故障检测诊断的方法	

续上表

培训项目	培训内容	培训技术要求	学时
空调系统	空调制冷系统工作原理及检修	①熟悉机动车空调制冷系统的组成、工作原理及检测方法,掌握常用检测仪器、设备的种类和使用方法; ②掌握机动车空调制冷系统抽真空、试漏、加注冷冻机油和制冷剂的方法	8+4
	空调制冷系统常见故障检测诊断	掌握机动车空调制冷系统常见故障的特点、检测和排除方法	
	空调制暖系统组成及检修	①熟悉机动车空调制暖系统的结构、工作原理; ②熟悉机动车空调制暖系统零部件性能检测方法; ③掌握机动车空调制暖系统常见故障检测和排除方法	
车身附件电器系统	电动座椅	①熟悉电动座椅组成、工作原理和组件检测方法; ②掌握电动座椅常见故障及诊断方法	7+5
	电动窗	①熟悉电动窗组成、工作原理; ②掌握电动窗常见故障及诊断方法	
	电动后视镜和风挡加热	①熟悉电动后视镜和风挡加热系统的组成及工作原理; ②掌握电动后视镜及风挡加热的常见故障及检测方法	
	电动刮水器	①熟悉电动刮水器的组成、工作原理; ②掌握电动刮水器常见故障及诊断方法	
	停车辅助系统(倒车雷达)	①熟悉停车辅助系统的组成、工作原理; ②掌握停车辅助系统的常见故障检测方法	
机动车多媒体和导航系统	多媒体和导航系统	①熟悉机动车音响的结构原理; ②掌握机动车音响常见故障的检测方法; ③熟悉 CD、DVD 的结构原理; ④掌握 CD、DVD 常见故障的检测方法	4+2
	导航系统	①熟悉机动车导航系统的组成和工作原理; ②掌握机动车导航系统常见故障的诊断方法	
机动车电器故障综合诊断分析	根据电路图分析电路故障	根据车型的电路图综合分析并排除机动车电路故障	5+5
	根据机动车故障电脑诊断仪、示波器等检测仪器、工具诊断分析故障原因	①熟练使用各类检测仪器设备进行故障诊断检测; ②根据检测的结果对机动车电器故障进行综合分析,准确判断故障原因; ③掌握对机动车电器综合故障的分析排除方法	

4.6　车身修复培训技术要求

车身修复培训技术要求见表6。

车身修复培训技术要求　　表6

培训项目	培训内容	培训技术要求	学时
车身材料及性能	金属材料的基本性能	①掌握车身中各部位材料的类型； ②了解材料的弹性变形、塑性变形的力学特点； ③掌握热量对钢材强度的影响	7
	高强度钢板材的种类、特点及应用维修特点	①了解车身中高强度钢板材的种类及在车身上的应用； ②掌握高强度钢构件的维修特点； ③掌握高强度钢构件的焊接要求	
	超高强度钢的种类、特点及应用维修特点	①了解车身超高强度钢板的种类及在车身上的应用； ②掌握超高强度钢的维修要求	
	车身用有色合金材料	①了解铝、镁、铜合金在车身中的应用及性能； ②了解铝合金车身的结构特点； ③掌握铝合金构件的维修、焊接要求	
	车身用非金属材料	①了解车身非金属材料的类型及特点； ②了解车身非金属材料的维修要求	
机械基础知识及常用机械零件	常见机械传动	①了解常见机械传动的形式； ②了解不同传动形式的特点及应用	2
	零件连接方式	了解零件连接的类型、特点及应用	
	液压传动知识	①了解液压传动的原理； ②了解液压传动的特点及应用	
车身制图及绘制展开图	三视图的识读	了解零件图、简单装配图的识读	2
	车身识图	掌握车身图的识读	
	绘制展开图	了解用求线段实长、截交线、相贯线展开放样绘制展开图	
	典型零件的展开图	了解圆管展开图、两节弯头展开图、圆锥展开图、方圆接头展开图等典型零件的展开图绘制方法	
安全教育	安全生产	掌握在生产中的安全事项	1
	安全防护	掌握生产中的个人安全防护事项	

续上表

培训项目	培训内容	培训技术要求	学时
车身结构	车身结构的类型及特点	①了解车身结构的发展历史； ②掌握车架车身的结构特点； ③了解承载式车身结构及力学特点； ④掌握承载车身的FF、FR、MR结构特点	6
	碰撞对车身结构的影响	①了解车架式车身在碰撞中的变形特点； ②了解承载式车身在碰撞中的变形特点； ③掌握两种车身碰撞后在维修中的区别	
	车身零部件	①了解车身主要结构件的特点及作用； ②掌握车身主要结构件的修理要点	
车身修复常用工具、设备	常用板件加工设备	了解剪床、压力机、卷板机、弯管机等设备的工作原理、使用和维护事项	2+1
	电动及风动工具	掌握电动及风动工具的使用方法及维护	
	测量工具	①掌握通用量具(游标卡尺、万能角度尺、水平尺)的使用方法； ②掌握车身三维测量系统的特点及使用方法	
车身连接技术	车身连接类型	了解车身部件的不同连接方式及特点	11+5
	气体保护焊	①了解气体保护焊的特点； ②了解气体保护焊设备的工作原理； ③掌握焊接操作中的安全事项； ④掌握车身不同材料对焊接的要求； ⑤掌握车身板件焊接参数选择、焊接方法及质量检验的方法	
	电阻点焊	①了解电阻点焊的特点； ②了解电阻点焊设备的工作原理； ③掌握焊接操作中的安全事项； ④掌握车身不同材料对焊接的要求； ⑤掌握车身板件焊接参数选择、焊接方法及质量检验的方法	
	钎焊	①了解钎焊的特点和焊接原理； ②掌握焊接操作中的安全事项； ③掌握车身板件钎焊焊接方法及质量检验的方法	
	黏结	了解黏结的特点及在车身修复中的应用	
	工艺制订	掌握焊接和黏结工艺的制订	

续上表

培训项目	培训内容	培训技术要求	学时
车身板件修复(钣金)	钢板变形及修复特点	①了解钢板变形的分类及特点； ②了解钢板变形加工硬化对修理的影响； ③了解直接损坏和间接损坏的差异及修理特点； ④了解钢板变形的单纯的铰折、凹陷铰折、凹陷卷曲、单纯的卷曲折损的特点； ⑤掌握钢板变形部位存在的不同受力情况及施力方向的确定	8+3
	外形修复的安全操作	了解板件修复中的安全事项及个人防护	
	板件加工方法	①掌握使用垫铁、钣金锤、修平刀对钢板不同变形的修理方法； ②掌握使用外形修复机修理不同变形的方法； ③掌握热收缩的原理和使用外形修复机对钢板进行热收缩	
	板件修复工艺	①掌握手工成形工艺； ②掌握钣金修理加工工艺的制订要求	
车身测量	车身三维测量的原理及测量方法	①了解车身长宽高基准的确定； ②了解车身不同部位的控制点； ③了解车身发动机舱等上部车身尺寸点对点测量的方法和工具	4+8
	车身结构数据图的识读	①掌握认读不同类型的车身结构数据图的方法； ②掌握根据车身数据图在车身找到相应的测量控制点位置	
	车身测量	①掌握车辆基准的找正方法； ②掌握使用机械测量和电子测量系统对车身进行三维测量的方法； ③掌握根据测量数据进行车身变形分析的方法	
车身损坏分析	车身结构中的被动安全设计及变形特点	①了解车身被动安全结构的类型和特点； ②了解车辆安全结构的变形特点	5
	车架式车身的损坏分析	①了解车架式车身的吸能区特点； ②掌握车架式车身损坏后修理要点	
	承载式车身的损坏分析	①了解承载式车身的吸能区特点； ②掌握承载式车身损坏后修理要点	
	吸能区修理	掌握车身吸能区的修理要点	
	车身修复工艺方案制订	掌握通过车身损坏分析制订修复工艺方案的程序及方法	

续上表

培训项目	培训内容	培训技术要求	学时
车身校正技术	车身校正的基本原则	①了解承载式车身钢板的受力特点； ②了解拉伸力的分解及基本原则	10+6
	校正设备的种类及使用方法	①了解车身结构发展对车身校正设备的要求； ②掌握车身校正设备各部件的用途； ③掌握车身校正设备的使用方法； ④了解车身校正操作中的安全操作事项	
	车辆定位基准	掌握车辆基准的找正及定位方法	
	修理程序设计	①掌握车身损坏分析过程； ②掌握车身修复工艺的制订过程	
	承载式车身拉伸修理	①了解单拉系统、复合牵拉系统的使用； ②了解车身修理程序； ③掌握车身前端损坏的修复； ④掌握车身后部损坏的修复； ⑤掌握车身侧面损坏的修复； ⑥掌握其他部位不同变形的修复	
	应力消除	①了解应力对车身的损坏； ②了解应力的消除方法	
车身板件更换方法	结构性板件的更换要点	①了解结构性板件的更换特点； ②了解吸能区高强度钢板区板件更换特点	9+8
	板件的分离工具及使用方法	①了解等离子切割机的原理和使用方法； ②了解不同部位分离所使用的专用工具的使用方法； ③了解切割分离更换操作中的安全事项	
	焊接的分离	掌握焊接接头的分离方法	
	板件更换方法	①了解板件更换的准备步骤； ②掌握使用测量系统对车身结构件进行定位操作的方法； ③掌握用目测方法对覆盖件进行定位操作的方法	
	结构件的分割方法	①掌握整体式车身不同部位的切割要点； ②掌握吸能区部位的切割要点	
	结构件的连接方式	①了解分割接头的基本类型和方法； ②了解连接部位准备程序； ③掌握车身梁、车门槛板、车身立柱、地板和后行李舱地板的切割连接方法	
	板件更换工艺	掌握板件更换工艺的制订	

续上表

培训项目	培训内容	培训技术要求	学时
车身防腐	腐蚀的特点	①了解车身腐蚀的成因; ②了解车身腐蚀防护的必要性和防腐失效的原因	4+2
	防腐材料	了解防腐蚀材料、车身密封胶(剂)、防锈剂的种类和用途	
	防腐表面处理	了解防腐表面预处理步骤	
	不同表面的防腐处理	①掌握封闭的内表面的防腐处理过程; ②掌握外露的接头的防腐处理过程; ③掌握外露的内表面的防腐处理过程; ④掌握外露的外表面和外部附件的防腐处理过程	
	防腐工艺	掌握车身防腐工艺的制订	

4.7 车身涂装培训技术要求

车身涂装培训技术要求见表7。

车身涂装培训技术要求 表7

培训项目	培训内容	培训技术要求	学时
涂装车间安全生产和环境保护	涂料施工安全管理	①熟悉涂装施工的要求和一般安全防护措施; ②掌握涂料储存、保管知识	8
	安全用电	①了解安全用电的重要性; ②掌握安全用电的方法	
	灭火技术	①了解涂料施工中引发火灾的主要原因; ②熟悉常用灭火器的类型和作用; ③掌握灭火的基本方法	
	机动车修理厂的环境保护工作	①了解涂料对环境及人体健康的影响; ②熟悉机动车修理厂环境保护措施	
车身结构与维修要求	车身结构分类方法	了解轿车、客车、货车车身结构的分类方法	4
	车身损坏与维修要求	①了解车身损坏的常见原因; ②熟悉车身维修的特点与要求; ③了解车身维修技术的发展前景	
有机化学基础	有机化合物的分类	了解有机物的分类方法	12
	饱和链烃化合物的分类	①熟悉烷烃的分类和命名; ②熟悉烷烃的性质	
	不饱和烃	①熟悉不饱和烃的分类和命名; ②熟悉不饱和烃的性质	
	链烃的衍生物	熟悉常见链烃衍生物及其化学性质	
	环烃及其衍生物	①了解常见的环烃及其衍生物; ②熟悉这些化合物的化学性质	
	高分子化合物	了解高分子化合物的基本概念	

续上表

培训项目	培训内容	培训技术要求	学时
金属防腐蚀	金属腐蚀的种类、原理,防腐蚀的方法	①了解金属腐蚀的外在原因; ②了解金属腐蚀的原理; ③了解金属防腐蚀的主要方法	5
	车身防腐蚀	①了解车身腐蚀的主要原因; ②熟悉车身防腐蚀的主要方法	
涂料知识	涂料及其发展	①简单了解涂料发展史; ②了解涂料的分类和命名; ③熟悉涂料的成膜原理	9
	环保型涂料	①环保型涂料的概念; ②了解水性涂料在机动车修补业中的应用; ③了解紫外光固化涂料在机动车修补业中的应用	
	涂料的组成	了解涂料中的树脂、颜料、溶剂和助剂的作用	
	常用机动车修补涂料及其特性	①熟悉常用的机动车涂料的类型; ②了解不同类型修补漆的优缺点	
机动车修补工具	常用工具及使用	熟悉机动车涂装修补的常用工具及使用方法	9
	烘干设备	①掌握对流干燥烤漆房的工作原理和维护方法; ②掌握红外线干燥的原理和使用维护方法	
	空气喷枪	①了解空气喷枪的类型和工作原理; ②掌握空气喷枪的维护方法	
	空气压缩机和分配系统	①了解空气压缩机的构造、工作原理和维护方法; ②了解空气输送系统中的设备和管道排布原则; ③了解空气净化装置的组成	
	打磨设备	了解打磨机的工作原理并掌握其使用方法	
	抛光机	了解抛光机的工作原理并掌握其使用方法	
机动车修补漆的施工	涂装前处理	①了解涂装表面预处理的重要性; ②了解机动车常用金属底材的特点; ③了解典型的表面预处理工艺	2+2
	腻子的施工	①了解腻子的作用和类型; ②掌握腻子的施工方法; ③掌握腻子的打磨	1+2
	底漆的施工	①了解底漆的种类; ②掌握常用底漆的施工方法	1+2

续上表

培训项目	培训内容	培训技术要求	学时
机动车修补漆的施工	中涂底漆的施工	①了解中涂底漆的作用和特点； ②掌握中涂底漆的施工方法； ③掌握中涂底漆的打磨方法	1+2
	面漆的施工	①了解面漆的类型； ②掌握双组分纯色漆的施工方法； ③掌握双工序金属漆的施工方法； ④掌握三工序珍珠漆的施工方法	2+3
	金属底材的涂装	①了解车身上常用的金属材料的特点； ②掌握不同金属底材前处理的特点； ③掌握不同金属底材对底漆的要求	2
	塑料底材的涂装	①了解车身上塑料底材的特点； ②了解塑料底材的前处理工艺； ③掌握塑料底材的涂装工艺	2+2
	轿车涂装实例	①了解轿车的涂装施工流程； ②能够独立准备材料和工具； ③独立完成前处理、贴护、喷涂和精饰	2+22
	机动车修补技术	①掌握喷枪调节方法； ②掌握双组分纯色漆局部修补技术； ③掌握双工序金属漆局部修补技术； ④掌握三工序珍珠漆局部修补技术	4+7
	抛光打蜡	①了解抛光打蜡的程序； ②用抛光打蜡的方法去除涂膜上的尘点和垂流； ③用抛光方法处理局部修补的接口	1+2
涂料检测及涂膜质量	涂料的检测	①了解涂料的常规检测项目； ②了解涂膜的常规检测项目； ③掌握涂膜附着力、硬度等检测方法	5+2
	涂膜的缺陷及解决方法	①掌握常见涂膜缺陷的辨别方法； ②了解产生涂膜缺陷的原因； ③掌握消除涂膜缺陷的方法	
调色理论与实践	调色基础	①了解颜色的属性； ②熟悉孟塞尔颜色定位系统； ③了解调色微调的一般原则	9+18
	调色理论与实践	①掌握素色漆的调色要点； ②掌握双工序金属漆的调色要点； ③掌握三工序珍珠漆的调色要点	
	影响颜色的因素	了解施工条件及其他因素对颜色的影响	

4.8　车辆技术评估(含检测)培训要求

车辆技术评估(含检测)培训要求见表8。

车辆技术评估(含检测)培训要求　　表8

培训项目	培训内容	培训技术要求	学时
发动机	可变气门正时机构	①熟悉可变配气相位的概念; ②熟悉可变气门正时机构的结构和工作原理	12
	电控汽油喷射系统	①熟悉电控汽油喷射系统的组成和功能; ②熟悉电控汽油喷射系统各主要传感器、执行器的功能	
	柴油供给系统	①了解共轨式柴油供给系统的组成,熟悉共轨式柴油供给系统各主要部件的结构和工作原理; ②了解泵—喷嘴燃油供给系统的组成,熟悉泵—喷嘴的结构和工作原理	
	发动机电控点火系统(含独立点火系统)	①了解电控点火系统的组成,熟悉电控点火系统各主要部件的结构和工作原理; ②熟悉独立点火系统的结构和工作原理	
	发动机进气控制系统	①了解怠速控制系统的类型,熟悉怠速控制系统的组成和工作原理; ②了解电子节气门的组成,熟悉其结构和工作原理; ③了解可变进气系统的组成和工作原理	
	混合动力系统	①了解混合动力系统的分类; ②了解混合动力系统的组成和工作原理	
	发动机防盗系统	①了解发动机防盗系统的分类; ②了解发动机防盗系统的组成和工作原理	
底盘	自动变速器	①了解自动变速器和自动变速驱动桥的类型; ②掌握自动变速器和自动变速驱动桥(含CVT)的结构和工作原理	12
	电控悬架	①了解电控悬架的组成; ②熟悉电控悬架的结构和工作原理	
	轮胎气压监控系统	了解轮胎气压监控系统的结构和工作原理	
	轮胎充氮技术	①了解轮胎充氮设备的结构与工作原理; ②了解轮胎充氮工艺	
	电控动力转向系统	①了解电控动力转向系统的功能和组成; ②熟悉电控动力转向系统的结构和工作原理	
	电控制动系统	①熟悉电控制动力分配系统(EBD)的功能和结构原理; ②熟悉电子稳定化控制系统(ESP)的功能和结构原理; ③熟悉动态稳定性控制系统(DSC)的功能和结构原理	
	车身电控系统	①了解车辆防盗系统的功能、类型、组成和工作原理; ②了解中控门锁的结构和工作原理	
	车载网络基础	①了解车载网络系统的基础知识; ②了解CAN双线式数据总线、MOST网络系统和LIN网络系统的结构	

续上表

培训项目	培训内容	培训技术要求	学时
机动车综合性能检测站计算机控制系统	检测站计算机控制系统的结构	①了解计算机控制系统的硬件配置； ②熟悉计算机控制系统的控制方式	5
	计算机控制系统各子系统的功能和结构	①了解登录、测控子系统的功能； ②了解监控、检测业务管理、财务管理及系统维护子系统的功能	
	检测站计算机控制系统的发展动态	了解检测站计算机控制系统的发展动态	
机动车动力性检测	机动车动力性评价指标	①掌握机动车动力性评价指标； ②了解在用车检测整车动力性采用的评价指标	7+3
	发动机综合性能检测	①熟悉发动机综合性能分析仪的结构和检测原理； ②熟悉发动机综合性能分析仪的检测项目、检测流程、规范的操作方法和安全操作规程； ③掌握发动机综合性能检测方法，能熟练使用发动机综合性能分析仪进行发动机综合性能检测	
	机动车动力性检测	①熟悉底盘测功机的结构和检测原理； ②熟悉底盘测功机的安全操作规程与维护； ③熟悉底盘测功机的检测项目、检测流程和规范的操作方法，能熟练使用底盘测功机进行机动车动力性检测； ④熟悉驱动轮输出功率的限值； ⑤掌握整车动力性检测工况和检测方法	
	机动车动力性检测技术评定	能够根据检测结果，分析和判断机动车（含发动机）动力性指标不合格的原因、可能存在的故障及其诊断和排除方法	
机动车燃料经济性检测	油耗仪的结构原理	①熟悉油耗仪的类型、结构原理及使用方法； ②熟悉油耗仪的安全操作规程； ③熟悉油耗仪的检测流程和规范的操作方法，能熟练使用油耗仪进行燃油消耗量检测	6+1
	燃料消耗量的检测方法	①熟悉机动车燃料经济性的评价指标； ②熟悉机动车燃料消耗量的限值； ③掌握机动车燃料消耗量的台架检测和路试检测方法	
	燃料经济性检测技术评定	能够根据检测结果，分析和判断机动车燃料经济性指标不合格的原因、可能存在的故障及其诊断和排除方法	

续上表

培训项目	培训内容	培训技术要求	学时
机动车制动性检测	制动检验台结构原理	①熟悉制动检验台(反力式滚筒制动检验台和平板式制动检验台)的结构和检测原理; ②熟悉制动检验台的安全操作规程与维护; ③熟悉制动检验台的检测项目、检测流程和规范的操作方法,能熟练使用制动检验台进行机动车制动性检测	7+2
	机动车制动性能的评价指标	①掌握制动装置的基本要求; ②掌握制动性能的评价指标	
	台试检测机动车制动性能	①掌握台试检测机动车制动性能要求; ②掌握台试机动车制动性能的检测方法	
	路试检测机动车制动性能	①熟悉路试检测机动车制动性能要求; ②掌握路试机动车制动性能的检测方法	
	机动车制动性检测技术评定	能够根据检测结果,分析和判断机动车制动性能指标不合格的原因、可能存在的故障及其诊断和排除方法	
机动车转向操纵性检测	转向操纵性的一般要求	熟悉转向操纵性的一般要求	6+2
	四轮定位仪的结构原理及车轮定位检测	①熟悉四轮定位仪的结构和检测原理; ②熟悉四轮定位仪的检测流程、规范的操作方法和安全操作规程,能熟练使用四轮定位仪进行车轮定位参数检测; ③掌握车轮定位的检测要求和检测方法	
	测滑检验台的结构原理及车轮侧滑量检测	①熟悉测滑检验台的结构和检测原理; ②熟悉测滑检验台的检测项目、检测流程、规范的操作方法和安全操作规程,能熟练使用测滑检验台进行车轮侧滑量检测; ③掌握车轮侧滑量的检测要求和检测方法	
	机动车转向操纵性检测技术评定	能够根据检测结果,分析和判断机动车转向操纵性指标不合格的原因、可能存在的故障及其诊断和排除方法	
悬架特性检测	悬架装置检验台检测评价悬架特性	①熟悉悬架装置检验台的结构和检测原理; ②熟悉悬架装置检验台的检测流程、规范的操作方法和安全操作规程,能熟练使用悬架装置检验台进行车辆悬架特性检测; ③掌握悬架装置检验台检测悬架特性的评价指标、检测要求和检测方法	3+2
	平板式制动检验台检测悬架特性	①熟悉平板式制动检验台检测悬架特性的检测流程、规范的操作方法和安全操作规程,能熟练使用平板式制动检验台进行车辆悬架特性检测; ②掌握平板式制动检验台检测悬架特性的评价指标、检测要求和检测方法	
	悬架特性检测技术评定	能够根据检测结果,分析和判断悬架特性检测指标不合格的原因、可能存在的故障及其诊断和排除方法	

续上表

培训项目	培训内容	培训技术要求	学时
机动车排放污染物检验	机动车排放污染物的控制	熟悉机动车排放污染物的限值要求	7+1
	机动车排气分析仪的结构原理	①熟悉机动车(含汽油车和柴油车)排气分析仪的结构原理; ②熟悉排气分析仪的检测项目、检测流程、规范的操作方法和安全操作规程; ③能熟练使用排气分析仪进行机动车尾气检测	
	机动车排气污染物的检验	①掌握装配点燃式发动机车辆排气污染物的检验方法; ②掌握装配压燃式发动机车辆排气污染物的检验方法	
	机动车排放污染物检验技术评定	能够根据检测结果,分析和判断机动车排放污染物指标不合格的原因、可能存在的故障及其诊断和排除方法	
机动车噪声控制与检验	声级计的结构原理	①熟悉声级计的结构原理及使用方法; ②熟悉声级计的检测项目、检测流程、规范的操作方法和安全操作规程,能熟练使用声级计进行机动车噪声测量	3+1
	机动车噪声控制及检验	掌握机动车定置噪声、车内噪声、驾驶员耳旁噪声和喇叭噪声的限值和检验方法	
	机动车噪声检验技术评定	能够根据检验结果,分析和判断机动车噪声指标不合格的原因、可能存在的故障及其诊断和排除方法	
照明和信号装置及其他电气设备检验	前照灯检验仪的结构原理	①熟悉前照灯检验仪的类型、结构原理; ②熟悉前照灯检验仪的使用和安全操作规程; ③熟悉前照灯检验仪的检验项目、检验流程和规范的操作方法,能熟练使用前照灯检验仪进行前照灯检验	5+2
	照明和信号装置及其他电气设备的一般要求	掌握照明和信号装置及其他电气设备的一般要求和检查方法	
	前照灯检验	①掌握前照灯光束照射位置的检验方法; ②掌握前照灯发光强度的检验方法	
	前照灯检验技术评定	能够根据检验结果,分析和判断前照灯指标不合格的原因、可能存在的故障及其诊断和排除方法	

续上表

培训项目	培训内容	培训技术要求	学时
机动车车速表检验	车速表误差的形成原因及检测原理	①熟悉车速表误差的形成原因； ②熟悉车速表误差的检测原理	3+1
	车速表检验台的结构原理	①熟悉车速表检验台的结构和检测原理； ②熟悉车速表检验台的安全操作规程与维护； ③熟悉车速表检验台的检测项目、检测流程和规范的操作方法，能熟练使用车速表检验台进行机动车车速表检验	
	机动车车速表检测	掌握车速表检测标准和检测方法	
	机动车车速表检测技术评定	能够根据检测结果，分析和判断机动车车速表检测指标不合格的原因、可能存在的故障及其诊断和排除方法	
整车装备检验	整车检验	①熟悉整车检验常用仪表、工量具的使用和安全操作规程； ②掌握整车检验的流程、正确的检验方法和操作规范； ③掌握整车检验的基本要求； ④能熟练地进行整车尺寸和质量参数检验、滑行性能检验、密封性检验、异响检查和润滑检查	5+4
	车辆总成及技术装备检验	能熟练地进行车辆总成及技术装备（车架、车身与驾驶室、行驶系统、传动系统、安全防护装置）的检验	
	特种车辆的检验	能熟练地进行危险货物运输车辆检验、机动车列车检验，熟悉集装箱运输车的要求	
	整车装备检验技术评定	能够根据检验结果，分析和判断机动车整车检验指标不合格的原因、可能存在的故障及其诊断和排除方法	
营运车辆技术等级评定	营运车辆技术等级评定内容和规则	掌握营运车辆技术等级评定的内容和规则	2
	营运车辆技术等级评定项目和技术要求	①掌握营运车辆技术等级评定的项目和技术要求； ②了解营运车辆技术等级评定的检测方法	

附录 A
（资料性附录）

与机动车维修相关的法律、法规

A.1　相关的法律

《中华人民共和国劳动法》
《中华人民共和国合同法》
《中华人民共和国消费者权益保护法》
《中华人民共和国安全生产法》
《中华人民共和国标准化法》
《中华人民共和国计量法》
《中华人民共和国产品质量法》
《中华人民共和国大气污染防治法》
《中华人民共和国水污染防治法》
《中华人民共和国固体废物污染环境防治法》

A.2　相关法规和规章

《中华人民共和国道路运输条例》
《机动车维修管理规定》

附录2 中华人民共和国机动车维修技术人员从业资格考试大纲

为加强机动车维修技术人员从业资格管理，提高机动车维修技术人员素质，确保机动车维修质量，根据《机动车维修管理规定》及相关法律法规和技术标准的规定，制定本大纲。

一 适用范围

申请从事机动车维修技术负责人、质量检验员、机修、电器维修、钣金（车身修复）、涂漆（车身涂装）和车辆技术评估（含检测）等岗位的机动车维修技术人员。

二 考试内容分类及合格标准

（1）考试分为理论考试和技能考核两部分，全部采用模块化考试。

（2）理论考试采用计算机，使用全国统一题库，试题有判断题、单项选择题和多项选择题等三种类型，每套试题为80题，每个模块理论考试时间为90min。

（3）技能考核的内容和考核时间见各模块技能考核要求。

（4）各模块理论考试和各项技能考核的满分均为100分，技能考核成绩为各项技能考核成绩的综合平均，理论考试和技能考核均达到80分及以上方为合格。

（5）理论考试和技能考试成绩必须由2名考试员签字确认，单项考试成绩一年内有效。

三 考试范围

（1）机动车维修技术负责人考试范围：模块A和模块B必考，模块D、E、F、G必须选考其一，写一篇不少于3000字的技术管理论文，并通过专家审查。

（2）机动车维修质量检验员考试范围：模块A和模块C必考，模块D、E、F、G必须选考其一。

（3）机修人员考试范围：模块A和模块D。

（4）电器维修人员考试范围：模块A和模块E。

（5）钣金（车身修复）人员考试范围：模块A和模块F。

（6）涂漆（车身涂装）人员考试范围：模块A和模块G。

（7）车辆技术评估（含检测）人员考试范围：模块A和模块H。

四 考试模块

1. 模块A　职业道德和法律法规（附表1）

职业道德和法律法规模块考试内容及参考分值　　附表1

考试内容		参考分值
1. 职业道德	①交通运输部及有关部门规定的职业道德规范； ②机动车维修行规行约	20

续上表

考试内容		参考分值
2. 法律、法规、规章	①《道路运输条例》中与机动车维修相关的内容； ②《机动车维修管理规定》的目的、意义及各条款的内涵	15
	③《大气污染防治法》中与机动车排放相关的内容； ④《合同法》的相关内容； ⑤《标准化法》的相关内容； ⑥《产品质量法》的相关内容	10
	⑦《消费者权益保护法》的相关内容； ⑧《劳动法》中与劳动保护和安全生产方面有关的内容； ⑨《固体废物污染环境防治法》的相关内容； ⑩《水污染防治法》及其实施细则等相关机动车维修方面的法律法规； ⑪《安全生产法》的相关内容； ⑫《计量法》的相关内容	10
3. 标准、规范	①汽车维修标准化体系	5
	②《汽车维修业开业条件》(GB/T 16739.1 ~ 16739.2)； ③《摩托车维修业开业条件》(GB/T 18189)	15
	④《汽车维护、检测、诊断技术规范》(GB/T 18344)； ⑤《营运车辆综合性能要求和检验方法》(GB 18565)； ⑥《机动车运行安全技术条件》(GB 7258)； ⑦《在用汽车排放污染物限值及测试方法》(GB 18285)	20
	⑧其他相关标准	5

2. 模块 B　技术质量管理(附表 2)

技术质量管理模块考试内容及参考分值

附表 2

考试内容		参考分值
1. 技术质量管理	①ISO 9000(族)质量认证体系； ②质量管理	15
	③设备管理； ④配件管理	10
	⑤计量管理； ⑥技术档案和工艺文件管理	10
	⑦环境保护和安全生产管理	15
2. 维修质量纠纷处理	维修质量和纠纷鉴定分析及调解	15
3. 技术支持	①技术培训； ②疑难故障处理和工艺制定； ③技术保障体系(人员、设备、资料)	15
4. 维修企业计算机管理	维修企业计算机管理知识	5
5. 工时定额	制定和组织实施机动车维修工时定额	5
6. 现场管理	机动车维修企业现场管理知识	10

3. 模块C　维修检验技术(附表3)

维修检验技术模块考试内容及参考分值　附表3

考试内容			参考分值
理论考试	1. 质量管理	质量管理知识	10
	2. 常用仪器、仪表和量具	①机动车维修质量检验常用仪器、仪表和量具的原理及使用方法 ②机动车维修质量检验常用仪器、仪表和量具的检定方法	10
	3. 维修质量检验	①机动车维修质量检验的分类和内容	8
		②机动车维修质量检验的方法	9
		③机动车维修质量检验的技术要求	9
		④车身修复质量的检验知识	8
		⑤车身涂装质量的检验知识	8
		⑥车辆综合性能检测主要检测设备的原理、检测参数、使用要求	8
	4. 机动车配件质量检验和控制	①机动车常用材料的性能	10
		②机动车配件质量检验方法	10
		③机动车配件质量控制知识	10
技能考核	1. 配件质量检验(对指定配件进行质量检验,考核时间为20min)	①安全操作	10
		②仪器、仪表和量具使用的规范性	10
		③配件质量的检验方法	25
		④检测结果分析	30
		⑤配件质量检验结论	25
	2. 维修质量检验(机动车维修进厂、过程、出厂检验并正确填写检验单,考核时间为40min)	①安全操作	10
		②仪器、仪表和量具使用的规范性	10
		③检验项目及项目填写的完整性	15
		④检验项目填写的规范性	10
		⑤检测结果分析	30
		⑥质量检验结论	25

4. 模块D　机动车维修专业知识(机修模块)(附表4)

机动车维修专业知识(机修模块)技术考试内容及参考分值　附表4

考试内容				参考分值
理论考试	1. 机修基础知识	1)机械基础	①机械识图; ②典型机械零件; ③机动车常用材料; ④机动车运行材料	8
		2)电工基础	①电子学基础知识; ②安全用电; ③电路图识图; ④车用传感器	7
		3)液压基础	①液压传动; ②液压控制	4
		4)维修设备、工具、量具	①维修常用维修设备的使用维护; ②维修常用仪器、仪表、量具和工具的使用维护	4
		5)车用计算机控制基础	①控制基本理论; ②典型控制系统; ③车载网络技术	7

续上表

考试内容				参考分值
理论考试	2. 机修专业知识	1)结构原理	①发动机(发动机基本结构、发动机控制系统、发动机性能检测)	9
			②传动系(变速器—机械变速器、自动变速器、传动轴、差速器、分动箱)	7
			③制动系(传统制动系、电控制动系)	6
			④转向系(普通转向系、液压动力转向系、电动转向系)	6
			⑤悬架(普通悬架、液压悬架、气压悬架、车轮定位)	4
			⑥电控柴油机	4
			⑦机动车新技术的应用	4
		2)故障检测、诊断、维修的基本理论和知识	①检验检测的基本原理及方法	11
			②常用检测仪器的结构原理和测试方法	8
			③典型故障分析	11
技能考核	1. 机械零部件测量	对指定机械零部件进行测量作业(考核时间为20min)	①安全操作	10
			②量具、仪器、仪表、工具使用的规范性	10
			③测量方法	25
			④测量结果的分析	30
			⑤机械零部件检验结论	25
	2. 整车竣工检验	进行全面的整车维修竣工检验作业(考核时间为40min)	①安全操作	10
			②量具、仪器、仪表、工具使用的规范性	10
			③检验项目及项目填写的完整性	10
			④检验方法的有效性	20
			⑤检验结果分析	25
			⑥整车竣工检验结论	25
	3. 发动机基本参数调整	按照要求进行发动机基本参数的调整作业(考核时间为25min)	①安全操作	10
			②量具、仪器、仪表、工具使用的规范性	10
			③资料查阅能力	20
			④调整方法(包括零部件正确拆装)	35
			⑤调整结果	25
	4. 故障诊断排除	综合利用检测手段进行发动机故障排除(考核时间为35min)	①安全操作	10
			②量具、仪器、仪表、工具使用的规范性	10
			③故障检测方法及有效性	20
			④资料查阅能力	20
			⑤检测结果分析	25
			⑥故障排除方法(包括零部件的拆装等)	15

5. 模块E　机动车维修专业知识(电器维修模块)(附表5)

机动车维修专业知识(电器维修模块)考试内容及参考分值　　附表5

考试内容				参考分值
理论考试	1. 电器维修基础知识	1)电工电子知识	①电工电子学基础知识; ②安全用电; ③电路图识图; ④车用传感器	10
		2)机械基础	①机械识图; ②机动车运行材料	9
		3)机动车维修设备、工具使用维护	①电器维修常用维修设备的使用维护; ②电器维修常用仪器、仪表、量具和工具的使用维护	9
	2. 电器维修专业知识	1)结构原理	①整车线路及电源分配中心	6
			②机动车电源系统、启动系、点火系统结构原理	4
			③机动车灯光、仪表信号系统结构原理	4
			④机动车防盗中央门锁系统的结构原理	4
			⑤辅助安全系统(安全气囊、安全带)	5
			⑥车载网络系统的结构原理	3
			⑦空调系统的结构原理	5
			⑧多媒体及导航系统	3
			⑨车身附件控制系统(电动座椅、电动后视镜等)	5
			⑩机动车新技术应用	3
		2)故障检测诊断的基本理论知识	①电气系统故障检测的基本原理及方法	6
			②常用检测仪器的结构原理和测试方法	5
			③空调系统故障检测诊断方法	8
			④典型故障分析	11
技能考核	1. 电器元器件(含传感器)的检测	对指定电器元器件进行测量作业(考核时间为20min)	①安全操作	10
			②量具、仪器、仪表和工具使用的规范性	10
			③检测方法(含电器元器件的拆装)	25
			④检测结果分析	30
			⑤电器元器件检测结论	25
	2. 电器性能检测	对指定电器进行性能检测(考核时间为30min)	①安全操作	10
			②量具、仪器、仪表和工具使用的规范性	10
			③电器性能检测方法(含相关零部件的拆装方法)	25
			④检测结果分析	30
			⑤电器性能检测结论	25
	3. 空调性能检测	进行机动车空调性能的检测(考核时间为30min)	①安全操作	10
			②量具、仪器、仪表和工具使用的规范性	10
			③空调性能检测方法(含相关零部件的拆装方法)	25
			④资料查阅能力	10
			⑤检测结果分析	20
			⑥空调性能检测结论	25

续上表

考 试 内 容				参考分值
技能考核	4. 故障诊断排除	综合利用检测手段进行车身电器故障排除(考核时间为30min)	①安全操作	10
			②量具、仪器、仪表和工具使用的规范性	10
			③故障检测方法	20
			④资料查阅能力	20
			⑤检测结果分析	25
			⑥故障排除方法(包括零部件的拆装等)	15

6. 模块F　机动车维修专业知识(车身修复模块)(附表6)

机动车维修专业知识(车身修复模块)考试内容及参考分值　　附表6

考 试 内 容				参考分值
理论考试	1. 车身修复基础知识	1)机动车材料及钢的热处理	①金属材料的基本性能	4
			②钢及其热处理	2
			③有色金属及合金	2
			④非金属材料	2
			⑤焊接和黏结	4
		2)机械基础知识及常用机械零件	①常见的机械传动	2
			②连接零件	2
			③液压传动知识	2
		3)机械制图、车身制图的识读,绘制展开图	①三视图的识读(零件图、简单装配图)	1
			②车身识图	3
			③绘制展开图(求线段实长,截交线、相贯线求法,展开放样)	3
			④典型零件的展开图(圆管展开图,两节弯头展开图,圆锥展开图,方圆接头展开图)	3
		4)安全教育	安全生产及安全防护	3
	2. 车身修复专业知识	1)机动车车身结构	①车架式车身结构	1
			②承载式车身结构	1
			③车身零部件	4
			④安全设计要求	2
		2)常用设备、钣金工具和量具	①剪床、压力机、卷板机、弯管机的结构原理、使用和维护	2
			②电动和风动工具的使用	1
			③量具(游标卡尺、万能角度尺、水平仪)的使用	2
			④焊接设备	2

续上表

考　试　内　容				参考分值
理论考试	2. 车身修复专业知识	3）车身维修设备（测量系统、夹紧系统、钣金系统）及基本操作	①车身维修设备的结构	2
			②车身测量的基本原理及方法	4
			③车身维修设备的使用	4
			④碰撞事故车车身校正	6
			⑤车身尺寸的测量	4
			⑥专用工作台及定位器测量系统	2
		4）车身修复工艺	①编制车身修复工艺	3
			②钣金手工成形工艺	4
			③车身钣金修理加工工艺	4
			④车身钣金焊接、黏结工艺	4
			⑤车身防腐工艺	4
		5）车身碰撞损伤诊断、评估及制定车身修复工艺方案	①碰撞的类型及对车辆的影响	2
			②碰撞损坏分析	4
			③车身损伤诊断、评估	3
			④车身修复工艺方案的制订	2
技能考核	1. 电子和机械测量（考核时间为20min）	利用车身测量设备进行车身三维尺寸的测量	①安全操作	10
			②车身测量设备使用的规范性	10
			③车身测量方法	25
			④车身测量结果分析	25
			⑤车身资料的使用	30
	2. 拉伸（考核时间为60min）	对车辆进行拉伸及测量作业	①安全操作	10
			②拉伸和测量设备使用的规范性	10
			③拉伸工艺	35
			④车身资料的使用	20
			⑤拉伸质量	25
	3. 焊接工艺（考核时间为60min）	使用气体保护焊接设备进行立焊、仰焊和定位焊	①安全操作	10
			②焊接设备使用的规范性	10
			③焊接工艺	55
			④焊接质量	25

7. 模块G　机动车维修专业知识(车身涂装模块)(附表7)

机动车维修专业知识(车身涂装模块)考试内容及参考分值　　附表7

考试内容				参考分值
理论考试	1. 车身涂装基础知识	1)车身材料	①车身金属材料及性能	2
			②车身非金属材料及性能	2
			③车身各种材料的表面处理	4
		2)有机化合物、高分子化合物等相关的化工知识	①喷涂材料有机化合物、高分子化合物的种类、特性和用途	4
			②树脂、颜料、溶剂的种类、特性和用途	4
			③涂装辅料	3
		3)车身喷涂材料的组成、性能、用途及成膜机理	①车身底漆、中间层、面漆材料的性能	4
			②常见喷涂材料的成膜机理	4
		4)车身喷涂材料的调配、调色程序及相关知识	①涂料的调配、调色程序、配比	4
			②涂料色彩三要素	2
		5)安全教育	安全生产及安全防护	3
	2. 车身涂装专业知识	1)机动车车身结构	①车架式车身结构	1
			②承载式车身结构	1
			③车身零部件	2
		2)常用喷涂设备、工具的使用维护	①干式和喷淋式喷涂室	2
			②对流烘干室、远红外辐射烘干室	2
			③喷烤漆房	2
			④喷涂工具	2
			⑤气动干磨机	1
			⑥净化装置	1
			⑦电子调漆设备	1
		3)车身涂装工艺	①喷涂材料的配套	3
			②打磨工艺	6
			③工艺流程的编制	4
			④防腐处理	6
			⑤涂层的质量检验	6
			⑥涂层的养护	4
		4)常见涂层的病态、防治方法及修复	①常见涂层的病态(橘皮、流痕、水迹、油迹、灰尘、色差等)的产生原因和防治方法	10
			②涂层病态的修复工艺	10
技能考核	车身涂装技能考核	进行车辆涂装的全套工艺作业(考核时间为150min)	①安全操作	10
			②涂装设备使用的规范性	10
			③涂装工艺	55
			④质量检验	25

8. 模块H 车辆技术评估(含检测)(附表8)

车辆技术评估(含检测)模块考试内容及参考分值

附表8

考试内容			参考分值
理论考试	1. 机动车结构原理	①发动机、底盘、车身系统的结构原理; ②机动车技术发展	15
	2. 常用检测设备	①机动车性能检测常用检测设备的结构和检测原理	10
		②机动车性能检测设备的技术发展	8
		③检测站计算机控制系统	7
	3. 机动车辆性能检测和车辆技术评估	①整车检验	6
		②车辆总成及技术装备检验	6
		③机动车动力性检测:机动车动力性能及技术状况检查、机动车动力性评价指标、机动车动力性要求、机动车动力性检验方法	6
		④机动车燃料经济性检测:燃料经济性的评价指标、燃油消耗量检验方法	6
		⑤机动车制动性检测:制动装置的基本要求、制动性能评价指标、制动性能要求、制动性能检验方法	6
		⑥机动车转向操纵性检测:转向操纵性一般要求、车轮定位及车轮稳定效应检验、悬架特性检验	6
		⑦机动车排放污染物控制及排放检测	6
		⑧机动车噪声控制及检验	6
		⑨照明和信号装置及其他电气设备的一般检查、前照灯检测	6
		⑩营运车辆技术等级评定项目、内容和技术要求	6
技能考核	1. 整车检验(考核时间为60min)	①安全操作	10
		②整车检验项目的完整性	15
		③整车检验流程的正确性	20
		④整车检验记录的规范性	20
		⑤整车检验结果分析	20
		⑥整车检验技术评定	15
	2. 制动性能检测(考核时间为30min)	①安全操作	10
		②制动检测设备使用的规范性	10
		③制动性能检测项目的完整性	15
		④制动性能检测的科学性	25
		⑤制动性能检测结果分析	30
		⑥机动车制动性能评定	10
	3. 前照灯检测(考核时间为30min)	①安全操作	10
		②前照灯检测设备使用的规范性	10
		③前照灯检测项目的完整性	15
		④前照灯检测的科学性	25
		⑤前照灯检测结果分析	30
		⑥前照灯技术评定	10